Bernd Greiner

Krieg ohne Fronten

Schriftenreihe Band 648

Bernd Greiner

Krieg ohne Fronten

Die USA in Vietnam

bpb: Bundeszentrale für politische Bildung

Bonn 2007
Lizenzausgabe für die Bundeszentrale für politische Bildung
Adenauerallee 86, 53113 Bonn

Karten: Peter Palm, Berlin

Umschlaggestaltung: Michael Rechl, Kassel
Umschlagfoto: © picture-alliance / dpa / UPI
Ein US-Soldat leistet einem während der Kampfhandlungen bei Da Nang im September 1965 verletzten vietnamesischen Baby Erste Hilfe.

Typographie und Herstellung: Jan Enns
Satz: Dörlemann Satz, Lemförde
Druck und Bindung: Clausen & Bosse, Leck

ISBN 978-3-89331-803-2

www.bpb.de

Für Bettina Greiner

Inhalt

Einleitung

»Wenn wir uns daran gewöhnen, dergleichen hinzunehmen, gibt es nichts mehr, was wir nicht hinnehmen.«
(Jonathan Schell)[1]

Wahrscheinlich hatten die Zuschauer von CBS auf Nachrichten über Apollo 12 und die Rückkehr amerikanischer Helden von der zweiten Mondlandung gewartet. Und dann das: Walter Cronkite, die Nummer eins unter den Fernsehjournalisten und verschiedenen Umfragen zufolge der »vertrauenswürdigste Mann Amerikas«, kündigte am 20. November 1969 die Abendnachrichten als »möglicherweise jugendgefährdend« an. Was folgte, war eine langsame Kamerafahrt über eine Reihe von Farbfotos – von einem Armeefotografen in »My Lai (4)« aufgenommen, zeigten sie eine Gruppe erschossener Bauern auf einem Feldweg, Alte, Frauen, Kinder und Babys, Opfer der C Company, »Task Force Barker«, die am Morgen des 16. März 1968 mehrere Ortschaften in der Gemarkung Son My überfallen und innerhalb weniger Stunden an die 500 Zivilisten massakriert hatte.[2] Vier Tage später strahlte CBS in der Walter Cronkite Show ein Interview aus, das Mike Wallace mit einem der Täter, Paul Meadlo, geführt hatte: »Nun, ich hatte meine Waffe auf Automatik gestellt, man nimmt dann einfach ein bestimmtes Areal unter Feuer. Deshalb und weil es so schnell geht, kann man nicht sagen, wie viele man erschossen hat. Ich habe vielleicht zehn oder 15 von ihnen erschossen.« – »Männer, Frauen und Kinder?« – »Männer, Frauen und Kinder.« – »Und Babys?« – »Und Babys. [...] Wir hatten angefangen, sie zu erschießen, als uns jemand sagte, auf Einzelfeuer umzustellen, um unsere Munition zu sparen. Also schalteten wir auf Einzelfeuer und schossen noch ein paar Runden.« [...] »Warum haben Sie das getan?« – »Warum ich das getan habe? Weil ich den Eindruck hatte, dass man mir das befohlen hatte. Und damals dachte ich, dass ich das Richtige tat, weil ich Kameraden verloren hatte. [...] Als ich es getan hatte, fühlte ich mich gut, aber später am Tag hat es mich dann gepackt.« – »Sind Sie verheiratet?« – »Ja.« – »Kinder?« – »Zwei.« – »Wie

---

1 Schell, Observing the Nixon Years, S. 20.

2 Song (sic) My Details and Photos Shock, Sicken Congressmen, in: *The New York Times*, 27. 11. 1969. Zur Wirkungsmacht dieser Fotos siehe Thompson/Clarke/Dinitz, Reactions to My-Lai.

alt?« – »Der Junge ist zweieinhalb, das Mädchen anderthalb.« – »Dann drängt sich doch die Frage auf, wie der Vater von zwei kleinen Kindern Babys erschießen kann.« – »Damals hatte ich das kleine Mädchen noch nicht, nur den kleinen Jungen.« – »Hm. Wie erschießt man Babys?« – »Keine Ahnung. Es kommt halt vor.« – »Was glauben Sie, wie viele Menschen wurden an diesem Tag erschossen?« – »Ich schätze an die 370.« [...] »Und für wie viele Tote waren Sie verantwortlich?« [...] »Kann ich nicht sagen. Einfach zu viele.« [...] »Und Sie haben sich dabei nichts gedacht, haben nichts gefühlt?« – »Ganz oft, ganz oft.« – »Während Sie es getan haben?« – »Nicht während ich es getan habe. In der Situation selbst sah es so aus, als wäre es das Selbstverständlichste, was zu tun war. Keine Ahnung. Ich war, ich fühlte mich einfach erleichtert von all dem, was ich vorher dort drüben gesehen hatte.« – »Was heißt das?« – »Na ja, meine Kumpel wurden halt getötet oder verwundet und so weiter, wir bekamen einfach keine Genugtuung, es war zum größten Teil Rache.«[3]

Bis zu diesem Zeitpunkt hatten amerikanische Medien das Leben und Sterben vietnamesischer Zivilisten ignoriert. Von wenigen, an zwei Händen abzuzählenden Ausnahmen abgesehen,[4] spielten die im Bombenkrieg Getöteten oder von Bodentruppen Massakrierten in den Reportagen von Presse, Funk und Fernsehen keine Rolle – sie waren schlicht unsichtbar. »Wir haben das Entscheidende verpasst«, stellte Neil Sheehan von der *New York Times* im Rückblick auf seine jahrelange Berichterstattung selbstkritisch fest.[5] Ob der traditionelle, auf eine Heroisierung amerikanischer Soldaten abgestellte Kriegsjournalismus den Ausschlag gab oder ob man sich einer im Februar 1962 vom Außen- und Verteidigungsministerium ergangenen Weisung verpflichtet fühlte, der zufolge Berichte über Opfer unter der Zivilbevölkerung »eindeutig dem nationalen Interesse zuwiderlaufen«,[6] sei

---

3 Ex-GI Tells U.S. He Killed Women, Babies at Song (sic) My. Interview with the Ex-GI, in: *International Herald Tribune*, 26. 11. 1969.

4 Gemeint sind die Berichte von Orville Schell, Cage for the Innocents; Jonathan Schell, Quang Ngai and Quang Tin; Shepherd, Incident at Van Duong; Lang, Casualties of War sowie An American Atrocity, in: *Esquire*, August 1969, und zahlreiche Texte und Fotoreportagen in der Tagespresse von Malcolm W. Browne, Homer Bigart, Charley Mohr und Herbert Faas. Siehe auch Prochnau, Distant War, S. 26, 72f., 81.

5 Neil Sheehan, zit. n. Prochnau, Distant War, S. 483. Siehe ebenda, S. 109, 139, 410, 457.

6 Department of State, Department of Defense, United States Information Agency, Cable 1006, 20. 2. 1962, zit. n. Wyatt, Paper Soldiers, S. 92.

dahingestellt.[7] »Die Politik ist genau so, wie sie von ihnen [den Militärs, B.G.] dargestellt wird«, behauptete die *Washington Post* Mitte August 1965 in einem mit »Zivilisierte Kriegführung« überschriebenen Artikel, der sich mit Einsätzen des Marine Corps beschäftigte und in einen Vergleich mit den Praktiken der deutschen Wehrmacht mündete. »Gott sei Dank geben sich Marines nicht dieser Art von Barbarei hin. [...] Amerikaner sind dazu unfähig. [...] Das amerikanische Militär weiß, wie wichtig es ist, Zivilisten zu schützen, wann immer es möglich ist.«[8] Der Anlass für diese Verneigung vor dem »menschlichen, mitfühlenden und ritterlichen amerikanischen Kämpfer« war ein am 5. August 1965 bei CBS ausgestrahlter Film von Morley Safer, der Marines beim Niederbrennen eines Dorfes gezeigt hatte. Wie dem Dissidenten Safer erging es allen Journalisten, die von der fest gefügten Politik des *mainstream* abwichen. Als beispielsweise Harrison E. Salisbury kurz nach Weihnachten 1966 in der *New York Times* über die von US-Bombern in Nordvietnam angerichteten Verheerungen berichtete, bezichtigte ihn der zuständige Ressortleiter einer unverantwortlichen Parteinahme für Hanoi und konterte mit mehreren, die Politik Washingtons rechtfertigenden Artikeln.[9] Selbst im Gefolge der »Tet-Offensive« vom Januar 1968 – als die Kämpfe in ihre blutigste Phase traten und Terrorakte gegen Zivilisten sprunghaft zunahmen – kam der Preis des Krieges in der Berichterstattung der Presse allenfalls beiläufig und im Fernsehen so gut wie nie zur Sprache.[10]

Stattdessen hielten die meisten Medien an ihrer von Anfang an verfochtenen Haltung fest, der zufolge in Vietnam ein Vorposten der freien Welt verteidigt wurde und verteidigt werden musste – ablesbar an einer im Februar 1968 durchgeführten Analyse von 39 Tageszeitungen, von denen keine einzige für einen Rückzug aus Vietnam plädierte.[11] Ihre nach »Tet« lauter werdende Kritik richtete sich also nicht gegen die Ziele des Krieges, sondern gegen deren als unzulänglich empfundene Umsetzung seitens der Regierung Johnson. In anderen Worten: Es ging

---

7 Zur Diskussion dieser Hintergründe siehe Hallin, Uncensored War, S. 6, 20, 45, 54–58, 61, 77, 83f., 93f., 96–101, 119f., 129f., 137–148, 155f., 161, 176; Wyatt, Paper Soldiers, S. 92, 129, 138–155, 164; Halberstam, Powers, S. 442–448, 475f., 529 sowie Braestrup, Big Story, S. 475–484, 497, 515.

8 Civilized Warfare, in: *The Washington Post*, 15. 8. 1965.

9 Wyatt, Paper Soldiers, S. 153–156.

10 Hallin, Uncensored War, S. 119f., 161, 176.

11 Zur Genese und Zählebigkeit dieser Position siehe Greiner, Der kurze Sommer der Anarchie.

um die enttäuschte Erwartung eines Sieges, um falsche Versprechungen eines baldigen Endes der Kämpfe und um den Eindruck, dass die eigenen Opfer umsonst erbracht worden waren.[12] Weil das Leid der anderen nicht interessierte, wurden die Protokolle des 1967 in Stockholm durchgeführten »Russell-Tribunals« und mit ihnen die Belege für eine das internationale Kriegsrecht regelmäßig verletzende Kriegführung ebenso übergangen wie das kurz darauf vorgelegte Memorandum »In The Name of America« – eine 420 Seiten starke, von der Organisation »Clergy and Laymen Concerned« herausgegebene und von 29 protestantischen, katholischen und jüdischen Geistlichen verfasste Dokumentation über Kriegsgräuel und Kriegsverbrechen in Vietnam. »Liberale wie Konservative«, so der Jurist Richard Falk über diesen Presseboykott, »verwendeten ihre Energien darauf, das Offensichtliche zu diskreditieren.«[13] Im Anschluss an Clarence R. Wyatt lässt sich demnach festhalten, dass Vietnam der »journalistisch am intensivsten begleitete, aber am wenigsten verstandene Krieg« in der amerikanischen Geschichte war.[14]

Selbst das Massaker von »My Lai (4)« wurde anderthalb Jahre lang nicht zur Kenntnis genommen. Im Grunde hätten die in Südvietnam akkreditierten Journalisten leichtes Spiel gehabt. Soldaten verschiedener Einheiten kolportierten das Geschehen über Monate hinweg, Radio Hanoi verbreitete mehrfach einschlägige Meldungen, einige Reporter räumten im Nachhinein ein, informiert gewesen zu sein.[15] Doch das Gros der Kriegsberichterstatter hatte sich, wie Peter Braestrup von der *Washington Post* meint, einem »Herdenjournalismus« verschrieben. Sie bestätigten sich gegenseitig in der Erwartung, dass im Gefolge von »Tet« der Krieg in den Städten entschieden würde, und verloren in der kurzatmigen Konkurrenz um die eindrucksvollsten »Saigon Stories« den Rest des Landes aus dem Blick. »Die Konkurrenz zwischen NBC und CBS erschien zeitweise wie ein Wettbewerb, wer dieselben Worte am lautesten an den Mann bringen konnte. […] Sie lieferten Neuig-

---

12 Siehe Hallin, Uncensored War, S. 61, 83–85, 93–95, 146f. sowie Braestrup, Big Story, S. 500, 510.

13 Falk, Nuremberg. Siehe auch Braestrup, Big Story, S. 495.

14 Wyatt, Paper Soldiers, S. 129. Siehe ebenda, S. 138–142, 146–148, 168, 174f.; Braestrup, Big Story, S. 466f., 475–484, 497, 509, 511–527 sowie Hallin, Uncensored War, S. 6, 108, 161f., 168, 174, 197f.

15 Zur Verfügbarkeit einschlägiger Nachrichten siehe Prochnau, Distant War, S. 26, 72f., 81, 112; Hersh, Story Ignored sowie Unger, NLF Radio. »Wir hatten ein großes Problem mit der apathischen Presse«, stellte auch ein GI rückblickend fest: Larry Rottman, zit. n. USCR, 7. 4. 1971, S. E2911.

keiten, aber keine Informationen.«[16] Die wenigen Reporter, die nicht den wohlfeilen Nachrichten und dem schnellen, Karriere fördernden Erfolg hinterherjagten und stattdessen Kampftruppen bei Einsätzen begleiteten, hielten ebenfalls keine kritische Distanz zum Gegenstand ihrer Berichterstattung – teils, weil sie den Mut und die Entbehrung der Soldaten bewunderten, teils, weil sie ihrer als Beschützer bedurften, und teils, weil sie im Falle einer kritischen Berichterstattung um ihre Akkreditierung fürchteten.[17] Wer aber in diese Solidarisierungsfalle ging, unterwarf sich – so Neil Sheehan[18] – unweigerlich der Selbstzensur, egal, welches Interesse die Heimatredaktionen an politischer Bevormundung hatten und wie sie davon Gebrauch machten.

Erst ein Außenseiter brachte die journalistische Zunft in Zugzwang: der damals 32-jährige Seymour M. Hersh. Nach journalistischen Lehrjahren beim *City News Bureau* und einem anderen Regionalblatt seiner Heimatstadt Chicago wechselte er 1965 als Pentagon-Korrespondent zu *Associated Press* und machte mit Aufsätzen über biologische und chemische Kriegführung auf sich aufmerksam. Die 1968 übernommene Tätigkeit als Pressesprecher bei Eugene McCarthy, der sich als »Friedenssenator« um eine Präsidentschaftskandidatur bewarb, gab Hersh wegen politischer Meinungsverschiedenheiten nach kurzer Zeit wieder auf. Überzeugt, dass er als investigativer Reporter bei den etablierten Zeitungen mehr Probleme als Chancen bekommen würde, entschied sich Hersh für den freischaffenden Journalismus – und sah sich in dieser Einschätzung im Herbst 1969 auf unerwartete Weise bestätigt. Anfang September 1969 hatte die Presseabteilung von Fort Benning darauf hingewiesen, dass ein Lieutenant Calley wegen des Todes einer »unbekannten Zahl von Zivilisten« in »My Lai (4)« angeklagt würde. Die Kurzmeldung wurde von *Associated Press*, der *Washington Post*, *New York Times*, *Los Angeles Times* und zahlreichen anderen überregionalen Zeitungen gedruckt. Aber keine Redaktion gab weitere Recherchen in Auftrag – zum Erstaunen der Militärs, die eine rege Nachfrage befürchtet

16 Braestrup, Big Story, S. 519, 520.

17 John F. Kerry, damals Sprecher der »Vietnam Veterans Against the War«, behauptete Mitte April 1971 in einer Anhörung vor dem außenpolitischen Ausschuss des Senats, einen Korrespondenten von *Time* zu kennen, der aus Angst um seine Akkreditierung sein Wissen um ein Massaker an 150 Kambodschanern nicht publizierte: OSA, Memorandum for the Record, Subject: Resume of Congressional Hearings, 23. 4. 1971, in: NA, RG 319, AS, ODCS-PER, VWCWG, CaFi, Box 9, Folder: Rottman Allegation (CCI), Case 63.

18 Sheehan, War Crime Trials?

hatten.[19] Hersh selbst erfuhr erst Mitte Oktober 1969 über einen befreundeten Militärjuristen und einen weiteren Kontaktmann im Pentagon von dem anstehenden Militärtribunal. »Dieser Calley ist nur ein Wahnsinniger, Sy, nur ein Wahnsinniger. Er hat einfach all diese Leute umgebracht. Kleine Kinder! Das gibt doch nichts her. Der Kerl ist einfach jämmerlich und sollte in irgendeiner Einrichtung weggesperrt werden.« Auch ein Mitarbeiter des Kongresses riet ihm von Nachforschungen über den vermeintlichen Pathologen ab. »Da wusste ich«, erinnert sich Hersh, »dass ich hinter einer wirklichen Story her war.«[20]

Vom »Fund for Investigative Journalism« – einer vom Sears-Roebuck-Erben Philip Stern gegründeten Stiftung – mit 2000 Dollar Reisespesen ausgestattet, legte Hersh in drei Wochen für seine erste Recherche 30000 Flugkilometer zurück, sprach stundenlang mit William Calley und dessen Anwalt und konnte Mitte November 1969 mit einem Artikel aufwarten, der in den Grundzügen das Massaker von »My Lai (4)« korrekt darstellte. »Ich glaubte ihm [Calley] und wusste einfach, dass auch die anderen mir die Wahrheit sagten. Es gibt eben kein Geheimrezept für den Umgang mit Informanten.«[21] Dennoch wurde er überall abgewiesen: *Look* zeigte kein Interesse, *Life* wollte – obwohl die Redaktion unabhängig von Hersh bereits von dem ehemaligen GI Ronald Ridenhour über »My Lai (4)« in Kenntnis gesetzt worden war – das Risiko nicht eingehen, von der *New York Times* erhielt Hersh eine Absage und wurde von einem Herausgeber als »peddler« abgewimmelt – ein antisemitisch gefärbtes Synonym für »Hausierer«. »Es war der Snobbismus der Zeitung [der *New York Times*]«, meint deren langjähriger Reporter David Halberstam, »die sich jenseits der Niederungen und Streitereien des Alltags wähnte. Ihre Reporter hatten nicht den Auftrag, auf den Schattenseiten herumzuwieseln und Korruption und Ungerechtigkeit aufzuspüren.«[22] Erst auf dem Umweg über den bis dato unbedeutenden *Dispatch News Service* kam Hersh zum Ziel. Dessen

---

19 Der *Columbus Inquirer* berichtete am 6. 9. 1969 als erste Zeitung über die bevorstehende Anklage gegen Calley: Fort Benning Soldier Charged with Murder.

20 Seymour M. Hersh, zit. n. Eszterhas, Toughest Reporter, S. 50. Siehe auch Hersh, Story Ignored, S. 55f.

21 Seymour M. Hersh, zit. n. Halberstam, Powers, S. 682.

22 Halberstam, Powers, S. 679. Siehe ebenda, S. 680. James Reston bestätigte Halberstams Urteil und bezeichnete seine Zeitung in jenen Jahren als »risikoscheu« und als »traditionell allergisch gegen Reporter mit einer Mission«: James Reston, zit. n. Prochnau, Distant War, S. 450. Siehe auch Hersh, Story Ignored, S. 55f. sowie Eszterhas, Toughest Reporter, Part I, S. 80f.

Direktor, David Obst, brachte den Artikel mit einer Notlüge an den Mann – indem er den unentschiedenen und zögerlichen Redakteuren von 50 Zeitungen vorgaukelte, die Konkurrenz hätte bereits angebissen und stünde kurz davor, die Meriten für die Skandalgeschichte alleine einzuheimsen. Der Rest ergab sich fast von selbst: Am 13. November 1969 druckten 36 Zeitungen Hershs ersten Aufsatz über »My Lai (4)«, die *New York Times*, *Washington Post* und *Associated Press* zogen nach, die Auslandspresse und das britische Parlament griffen das Thema auf, Hersh publizierte am 20. November eine zweite Reportage mit der kalkuliert provokanten Überschrift »Es war eine Sache im Stil der Nazis«, am gleichen Tag erschienen die vom Armeefotografen Ronald Haeberle in »My Lai (4)« gemachten Aufnahmen im *Cleveland Plain Dealer* – jene Fotos, die CBS in den Abendnachrichten jenes Tages einem Millionenpublikum präsentierte.

Zu Recht wird Seymour M. Hersh das Verdienst zugeschrieben, im Alleingang die Geschichte eines der furchtbarsten, je in Vietnam verübten Massaker ans Licht gebracht zu haben. Die Weiterungen seiner Initiative werden indes gemeinhin unterschätzt. Denn am Ende zog der Skandal weit über »My Lai (4)« hinausgreifende Kreise. Dass Historiker heute in der Lage sind, das Geschehen auf den Schlachtfeldern Vietnams und damit das Profil eines asymmetrischen Krieges ohne Fronten darzustellen, ist einer Quellensammlung geschuldet, die erst unter dem Eindruck der von Hersh angestoßenen öffentlichen Diskussion angelegt wurde – ein Bestand, den niemand in individueller Arbeit je hätte erschließen können und den zu generieren wohl auch Forschergruppen überfordert hätte. Das Armeeministerium ließ diese Akten seit Anfang 1970 in einer bürokratischen Panikattacke zusammentragen, um eine öffentliche Kontroverse bestehen zu können, die mit den üblichen Mitteln der politischen Schadensbegrenzung anscheinend nicht mehr zu steuern war.

Erstens reagierten führende Medien auf die Schockstarre der ersten Stunde mit Fragen, die für einen Großteil des Publikums ebenso verstörend waren wie die Bilder aus Vietnam. »My Lai symbolisiert die Gewalt, die unter der Oberfläche des amerikanischen Lebens wabert«, hieß es in *Time*. »Wo und in welcher Gestalt wird sie das nächste Mal ausbrechen?« Leistete die in Vietnam verfolgte Militärstrategie dem Massenmord an Zivilisten Vorschub? Inwieweit kann eine Gesellschaft für das Verhalten ihrer Soldaten verantwortlich gemacht werden? »Sie waren der Jedermann, anständige Männer in ihrer alltäglichen Umgebung.« Hatte man es in den USA mit einer moralisch abgestumpften Bevölkerung zu tun? War Gewalt so amerikanisch wie das Sternenbanner?

»Als die Kerner-Kommission[23] Amerika als rassistische Nation bezeichnete, reagierte die Öffentlichkeit mit Unschuldsbeteuerungen: ›Das soll ich sein?‹ Und doch gibt es eine dunkle Seite der amerikanischen Geschichte.« Forderte die im Kalten Krieg betriebene mentale Aufrüstung, die Gewöhnung an einen permanenten Spannungszustand jetzt ihren Preis? »Wie viel Ungerechtigkeit und Korruption verzerren die Züge der Demokratie, die Amerika der Welt zum Vorbild anbietet? Über die Antworten mag man streiten, nicht aber über die Fragen.«[24] Unabhängig davon, ob das seit der Gründung gepflegte Selbstbild Amerikas – als von Gott zum Kampf um Erlösung auserwählte »redeemer nation« – ein Trugbild war[25] oder nicht und egal, wie viele »My Lais« es tatsächlich gegeben hatte, das Land stand an einem Scheideweg, wie Jonathan Schell Mitte Dezember 1969 im *New Yorker* schrieb: »Wenn wir uns daran gewöhnen, dergleichen hinzunehmen, gibt es nichts mehr, was wir nicht hinnehmen.«[26]

Zweitens meldeten prominente Politiker, darunter auffällig viele Konservative, sowie zivilgesellschaftliche Akteure ihren Anspruch auf Mitsprache bei der Ermittlung in Sachen »My Lai (4)« an. Statt des Militärstaatsanwalts sollte ein sogenanntes »Blue Ribbon Panel« – eine von Regierung und Bürokratie unabhängige und überparteiliche Kommission – einberufen und beauftragt werden, nicht allein die Hintergründe des Massakers zu recherchieren, sondern auch der Frage nachzugehen, ob die in Vietnam verfolgte Kriegsstrategie mit Geist und Buchstaben des internationalen Kriegsrechts vereinbar war. In diesem Sinne äußerten sich seit Ende November 1969 die Senatoren John Stennis

---

23 Eine unter dem Eindruck der politischen Morde und Rassenunruhen in den 1960er Jahren seitens der Regierung berufene Kommission von Sozialwissenschaftlern, die sich mit den Hintergründen und Ursachen der Alltagsgewalt in den USA befasste.

24 On Evil: The Inescapable Fact and My Lai: An American Tragedy, in: *Time*, 5. 12. 1969, S. 26–27. Siehe auch GI's in Battle: The ›Dink‹ Complex, in: *Time*, 1. 12. 1969, S. 37; Conscience and the War und An American Nightmare, in: *International Herald Tribune*, 24. 11. 1969; My Lai 4, in: *International Herald Tribune*, 27. 11. 1969; James Reston, Who Is to Blame for Song (sic) My?, in: *International Herald Tribune*, 27. 11. 1969; ›Abhorrent to Conscience‹, in: *International Herald Tribune*, 28. 11. 1969; Songmy Boy Pantomimes Slaying of Mother, in: *The New York Times*, 4. 12. 1969; My Lai Scapegoating, in: *International Herald Tribune*, 4. 12. 1969 sowie Atrocities and Politics, in: *The Wall Street Journal*, 1. 12. 1969.

25 Reinhold Niebuhr, zit. n. Bilton/Sim, Four Hours, S. 364.

26 Schell, Observing the Nixon Years, S. 20.

und Margaret Chase Smith, der ehemalige Vizepräsident Hubert Humphrey, eine Gruppe vormaliger Mitarbeiter des Außenministeriums nebst 34 renommierten Anwälten und Rechtsprofessoren.[27] Aus heutiger Sicht mag diese Forderung selbstverständlich erscheinen. Im Weißen Haus unter Richard Nixon witterte man freilich einen Generalangriff auf die Kompetenz der Exekutive. Für General Alexander Haig, Stellvertreter des Nationalen Sicherheitsberaters Henry Kissinger, gab es »nichts Schlimmeres, als eine Gruppe prominenter Zivilisten zusammenzurufen, die sich mit der Art und Weise militärischer Operationen befasst. [...] Die Disziplin und [...] Effektivität unserer Streitkräfte [würde] schwer in Mitleidenschaft gezogen.«[28] Henry Kissinger verwarf den Vorschlag aus anderen Gründen: »Sie [die Blue-Ribbon-Kommission] würde darauf hinauslaufen, das öffentliche Interesse an dem Vorfall, das hoffentlich bereits seinen Höhepunkt erreicht hat, in die Länge zu ziehen.« Auf der anderen Seite gab er die Unberechenbarkeit der Situation zu bedenken: »Es besteht die Möglichkeit, dass andere Vietnamveteranen weitere Gräueltaten an die Öffentlichkeit bringen, entweder, weil sie sich persönlich wichtig machen wollen, oder weil dieser Vorfall tatsächliche oder eingebildete Erinnerungen an ähnliche Ereignisse wachgerufen hat. Sollten in den nächsten Wochen weitere Anschuldigungen auftauchen«, so Kissinger an Richard Nixon, »so glaube ich, dass Sie gezwungen sein werden, eine Kommission von der vorgeschlagenen Art einzuberufen.«[29]

Drittens trat tatsächlich ein, was Henry Kissinger befürchtet hatte: Kaum waren die ersten Zeitungsartikel über »My Lai (4)« erschienen,

---

27 U.S. Lawyers Criticize Army on Green Beret, My Lai Case, in: *International Herald Tribune*, 29. 12. 1969; Mansfield Asks Congress Study Into Alleged Vietnam Massacre, in: *The New York Times*, 23. 11. 1969.

28 Alexander Haig, Memorandum for Henry A. Kissinger, Secret/Sensitive, Subject: My Lai Atrocities, 4. 12. 1969, in: NPMP, NSC, AMH-SF, Box 1004, Folder: My Lai Incident (2 of 2).

29 Henry A. Kissinger, Memorandum for the President, Secret/Sensitive, Subject: My Lai Atrocities, 4. 12. 1969, in: NPMP, NSC, AMH-SF, Box 1004, Folder: My Lai Incident (2 of 2). Siehe auch Bryce N. Harlow, Memorandum for the President, Subject: My Lai Atrocities, 3. 12. 1969, in: ebenda. Siehe auch NPMP, NSC, AMH-SF, Box 1004, Folder: Possible My Lai Commission; Henry A. Kissinger, Memorandum for the President, Secret/Sensitive, Subject: My Lai Atrocities, 6. 12. 1969, in: NPMP, AMH-CF, Box 960, Folder: Haig Chron Dec. 17–20, 1969 (1 of 2); ebenda, Box 961, Folder: Haig Chron Dec. 21.–31. 1969 (1 of 2) sowie NPMP, NSC, Staff Files – Lake Chron. Series, Box 1046, Folder: T. Lake Chron – December 1969.

suchten ehemalige Angehörige der dort eingesetzten Einheit[30] sowie Dutzende anderer GIs die Öffentlichkeit und legten Zeugnis von Verbrechen ab, die sie nicht als Ausnahme, sondern als Alltag in Vietnam verstanden wissen wollten.[31] Das »National Committee for a Citizens' Commission of Inquiry on United States War Crimes in Vietnam« – kurz CCI – war ihnen Anlaufstelle und Multiplikator. Als Reaktion auf die Nachrichten über »My Lai (4)« von Antikriegsaktivisten und bekannten Intellektuellen im Dezember 1969 gegründet,[32] ging es der CCI und ihrem Koordinator, Jeremy Rifkin, darum, landesweit öffentliche Anhörungen von Soldaten durchzuführen und mittels ihrer Aussagen den Kongress zu eigenständigen Untersuchungen aufzufordern oder ein internationales Tribunal unter der Schirmherrschaft der UNO auf den Weg zu bringen. 200 ehemalige Vietnamkämpfer berichteten im Lauf der folgenden Monate auf Einladung der CCI von ihren Erfahrungen bei unterschiedlichen Truppenverbänden und aus allen Teilen Vietnams.[33]

Das größte Aufsehen erregten indes nicht die CCI oder Initiativen wie das ihnen nahestehende »Concerned Officers Movement«,[34] sondern die »Vietnam Veterans Against the War«, eine 1967 ins Leben gerufene Vereinigung von mehreren tausend, ehemals in Vietnam eingesetzten

---

30 Zu den Zeugen der ersten Stunde gehörten Varnado Simpson, Michael Bernhardt und Michael Terry.

31 Siehe u.v.a.: The Killings at Song (sic) My, in: *Newsweek*, 8. 12. 1969, S. 33–41.

32 Im Vorstand der CCI saßen u.a. Noam Chomsky, Linguistik-Professor am Massachusetts Institute for Technology; Ralph Schoenman, der ehemalige Sekretär von Bertrand Russell; der Unterhaltungskünstler Dick Gregory; Melvin L. Wulf als Vertreter der American Civil Liberties Union und Eric Seitz als Repräsentant der National Lawyers Guild.

33 Unofficial Atrocities Attributed to Pentagon, in: *The Christian Science Monitor*, 10. 5. 1970. Zu den bekanntesten, vom CCI durchgeführten Anhörungen gehörte die »National Veterans' Inquiry into US War Crimes«, die Anfang Dezember 1970 im Du Pont Plaza Hotel in Washington, D.C., abgehalten wurde.

34 Beim »Concerned Officers Movement« handelte es sich um eine oppositionelle Gruppe aktiver Offiziere, die nach eigenen Angaben 600 Mitglieder hatte, von denen 20 zu Beginn des Jahres 1971 noch in Vietnam eingesetzt waren: Five Officers Seek War Crimes Inquiry, in: *The Washington Post*, 13. 1. 1971 sowie Neil Sheehan, Five Officers Say They Seek Formal War Crimes Inquiries, in: *The New York Times*, 13. 1. 1971. Im Frühjahr 1971 schickten 40 junge Offiziere, die ihren Marschbefehl nach Vietnam bekommen hatten, eine Eingabe an das Weiße Haus und drohten mit Befehlsverweigerung, falls der ihres Erachtens halbherzig geführte Krieg nicht alsbald beendet würde: Bilton/Sim, Four Hours, S. 311–313.

Soldaten.[35] Ende Januar 1971 gingen sie mit einer Veranstaltung in die Geschichte der Antikriegsbewegung ein, die in Detroit unter dem Namen »Winter Soldier«-Anhörung durchgeführt wurde – »Winter Soldier« in Anlehnung an die treu zu George Washington haltenden Truppen, die sich 1776 in der Schlacht von Valley Forge weder von überlegenen britischen Truppen noch von den Widrigkeiten eines harten Winters hatten abschrecken lassen. 150 Zeugen schilderten im Laufe von drei Tagen, was sie in Vietnam gesehen oder auch selbst begangen hatten: Sie berichteten von Vergewaltigungen, vom wahllosen Ermorden von Zivilisten, von Wasser- und Elektrofolter, von der Gewohnheit, getöteten Feinden das Zahngold herauszubrechen, ihnen Köpfe und Gliedmaßen abzuschneiden oder sie anderweitig zu verstümmeln, behaupteten, dass gefangene Vietcong als Minenhunde eingesetzt oder aus fliegenden Hubschraubern geworfen wurden, dass man überschüssige Munition zum Zielschießen auf Bauern im Feld oder auf Siedlungen verwendete, sprachen von einer an die Praktiken Dschingis Khans erinnernden Strategie der verbrannten Erde, genauer gesagt: der vorsätzlichen Vernichtung aller Lebensgrundlagen – und immer wieder von Massenexekutionen Unbeteiligter. »Vor diesem blutigen Hintergrund«, schrieben die Korrespondenten von *Life*, »erscheint das Massaker von My Lai nicht als einmalige Verirrung, sondern als Fortsetzung all dessen, was sich davor und auch parallel dazu abspielte. Einen Unterschied gibt es nur in zweierlei Hinsicht: Es wurden mehr Zivilisten getötet und einige Verantwortliche wurden gefasst und vor Gericht gestellt.«[36]

Zwar standen die »Winter Soldiers« im Verdacht einer mit unlauteren Mitteln betriebenen Effekthascherei. Weil sich die meisten Zeugen weigerten, die Namen von Tätern zu nennen und stattdessen auf die hauptsächliche Verantwortung der politischen und militärischen Führung abstellten, zogen einige Kritiker die Glaubwürdigkeit ihrer Aussagen grundsätzlich in Zweifel. Hinzu kam, dass eine Handvoll Teilnehmer unter falschem Namen aussagte.[37] Und schließlich hatte ein

35 Vertreter der »Vietnam Veterans Against the War« (VVAW) sprachen im Sommer 1971 von 15000, außenstehende Beobachter von 7000 Mitgliedern: Confessions of »The Winter Soldiers«, in: *Life*, 9. 7. 1971, S. 25; Fact Sheet, in: NA, RG 127, HMC-HDPT, TF, Box 4, Folder: Command Concerns: Drugs, Racial Strife, Fragging; Moser, New Winter Soldiers sowie Nicosia, Home to War.

36 Confessions of ›The Winter Soldiers‹, in: *Life*, 9. 7. 1971, S. 25. Siehe auch Vietnam Veterans Against the War, Winter Soldier Investigation; Stacewicz, Oral History, Die Protokolle der »Winter Soldier«-Anhörung in Detroit sind nachgedruckt im USCR, 7. 4. 1971, E2825–2936.

37 Lewy, America in Vietnam, S. 316–317.

prominenter »Winter Soldier«, Mark Lane, in einem Interviewband fahrlässigerweise etliche GIs zu Wort kommen lassen, die entweder nicht in Vietnam stationiert waren oder bei anderen als den angegebenen Einheiten Dienst getan hatten.[38] Andererseits konnten die Organisatoren des Detroiter Treffens auf die weit überwiegende Zahl vertrauenswürdiger Aussagen verweisen und mit dem Rechtsberater Ramsey Clark – ehemals Justizminister unter Lyndon B. Johnson – und ihrem Sprecher John F. Kerry Repräsentanten aufbieten, die auf jeder Bühne eine beeindruckende Figur machten. Als Kerry Mitte April 1971 vor dem Ausschuss für außenpolitische Angelegenheiten des Senats die Ergebnisse der diversen Anhörungen vortrug, wurde er vom Vorsitzenden J. William Fulbright und den fünf anderen anwesenden Senatoren mit Szenenapplaus bedacht. »Mr. Kerrys nachhaltiges Auftreten«, so ein Beobachter der Armee, »veranlasste den Vorsitzenden zu der Bitte, er möge wegen des Fehlverhaltens einiger nicht das Vertrauen in das politische System verlieren. [...] Die Ausschussmitglieder sympathisierten mit Mr. Kerrys Ansichten. Senator Pell war der Meinung, dass der Zeuge wohl bald ein ›Kollege‹ im Senat werden würde.«[39] So betrachtet, stellten die »Winter Soldiers« wie alle anderen aussagewilligen Veteranen ein unkalkulierbares Hintergrundrisiko dar. Und die Armee musste sich so gut wie möglich gegen eine Vielzahl möglicher Enthüllungen wappnen – zumal Richard Nixon von einer unabhängigen Untersuchungskommission nichts wissen wollte und das Krisenmanagement folglich allein beim Pentagon lag.

Am 11. Dezember 1969 forderte Verteidigungsminister Melvin Laird die zuständigen Minister der Teilstreitkräfte auf, alle in der Öffentlichkeit und Presse zur Sprache kommenden Vorwürfe über Kriegsgräuel und Kriegsverbrechen zusammenzustellen, entsprechende Untersuchungen auf den Weg zu bringen und über den Stand der Ermittlungen umgehend und regelmäßig Bericht zu erstatten.[40] Zu diesem Zweck setzte

38 Zur Kritik an Mark Lane, Conversations with Americans. Testimony from 32 Vietnam Veterans, New York 1970, siehe den vielbeachteten Aufsatz von Sheehan, War Crime Trials?

39 OSA, Memorandum for the Record, Subject: Resume of Congressional Hearings, 23. 4. 1971, in: NA, RG 319, AS, ODCS-PER, VWCWG, CaFi, Box 9, Folder: Rottmann Allegation (CCI), Case 63. In den 1990er Jahren wurde John F. Kerry tatsächlich in den Senat gewählt. Im November 2004 unterlag er bei der Wahl zum Präsidenten dem Amtsinhaber George W. Bush.

40 Elmer E. Snyder, Interoffice Memorandum, For: Acting Chief, Field Assistance Division, Subject: Desk Sheets, 1. 2. 1971, in: NA, RG 319, AS, ODCS-PER, VWCWG, CF, Box 4, Folder: Reporting and Investigating War Crimes

die Armee eine mit nichts anderem befasste Arbeitsgruppe ein – die »Vietnam War Crimes Working Group« (VWCWG), anfänglich eine politische Frühwarnstation und am Ende ihrer vierjährigen Tätigkeit das institutionelle Gedächtnis des Pentagon in Sachen Kriegsverbrechen. Gestützt auf Medienberichte und die Publikationen von Veteranenorganisationen, erstellten die Mitarbeiter der VWCWG mindestens monatlich, manchmal wöchentlich, »talking papers«, in denen Argumentationshilfen für Presseerklärungen oder für Hintergrundgespräche mit Politikern und Journalisten angeboten wurden – mitunter auch Hinweise, wie man die Glaubwürdigkeit von Kritikern, ehemaliger Offiziere zumal, erschüttern könnte. In Gestalt von »Central Files« und »War Crimes Allegations Case Files« dokumentierte man überdies alle zwischen 1970 und 1974 durchgeführten oder noch anhängigen Ermittlungen. Unter Verwendung von Akten der Criminal Investigation Division der Armee und der Militärstaatsanwaltschaft entstand auf diese Weise das umfangreichste Archiv über amerikanische Kriegsverbrechen in Vietnam, eine circa 10000 Blatt umfassende Sammlung, in der – das Massaker von »My Lai (4)« nicht eingerechnet – 246 Fälle und Beschuldigungen gegen mehrere Hundert Verdächtige dokumentiert sind.[41]

Nach Ablauf einer 20-jährigen Sperrfrist wurden die Akten der »Vietnam War Crimes Working Group« 1994 an das Nationalarchiv in College Park, Maryland, übergeben. Merkwürdigerweise haben Historiker bis dato von diesem, nur mit dem Begriff Goldgrube angemessen zu umschreibenden Bestand so gut wie keinen Gebrauch gemacht.[42] Bei der vorliegenden Arbeit handelt es sich um die weltweit erste Buchpublikation,

---

Allegations – Procedures and Regulations. Siehe auch ebenda, Folder: Action File – »Winter Soldier Investigation« Hearings, 1971 (Part 1 of 2).

41 NA, RG 319, ODCS-PER, VWCWG, CaFi, Box 3, Folder: War Crimes Allegations Index (For Allegations Other Than My Lai); NA, RG 319, ODCS-PER, VWCWG, CF, Box 3, Folder: War Crimes Allegations Working Papers (1); ebenda, Folder: SGS Tasking for Monitoring of War Crimes Allegations.

42 Nicolas Turse hat Ende 2005 beim Department of Epidemiology der Columbia University, New York City, eine bislang unveröffentlichte Dissertation über Kriegsverbrechen in Vietnam eingereicht, die einen Teilbestand der »Vietnam War Crimes Working Group« auswertet. Gestützt auf diese Akten, stellte Turse im Sommer 2006 in einer Artikelserie für die *Los Angeles Times* eine Handvoll Fälle und Täter vor. Siehe Deborah Nelson, Nick Turse, A Tortured Past, in: *The Los Angeles Times*, 20. 8. 2006. Die Journalisten Michael Sallah und Mitch Weiss haben in ihrer mit dem Pulitzerpreis ausgezeichneten Geschichte über die Kommandoeinheit »Tiger Force« auf die »Tiger Force«-Akten der VWCWG zurückgegriffen. Siehe Sallah/Weiss, Tiger Force, London 2006.

die sich zur Rekonstruktion des Kriegsalltags in Vietnam sowie des politischen wie juristischen Umgangs mit Kriegsverbrechen dieses Materials bedient.[43] Augenblicklich steht zu befürchten, dass Interessenten auf absehbare Zeit die Quellen nur noch eingeschränkt werden nutzen können. Die Geheimhaltungsmanie der Administration George W. Bush macht auch vor längst freigegebenen Dokumenten nicht halt. Als im Gefolge der neuen Balkankriege im Jahre 2000 eine Diskussion über sexuelle Gewalt im Krieg und deren völker- wie kriegsrechtliche Strafwürdigkeit einsetzte,[44] wurden auffällig viele Akten über Vergewaltigungen während des Vietnamkrieges ohne weitere Begründung wieder gesperrt oder »reklassifiziert«. Seit 2004 können auch die übrigen Bestände der VWCWG unter Verweis auf den Datenschutz nur noch in Teilen eingesehen werden. Gemeint sind insbesondere die von diversen Ermittlungsbehörden der Streitkräfte angefertigten Verhörprotokolle, in denen routinemäßig nicht nur der Name, sondern auch die Sozialversicherungsnummer der mutmaßlichen Täter vermerkt wurden – in einem Land ohne gesetzliche Meldepflicht der einzige Hinweis, um den Wohnort der Betreffenden zu ermitteln. Ob die Archivverwaltung die Mittel und das Personal zur Verfügung stellt, die inkriminierten Stellen zu schwärzen und am Ende den ungehinderten Zugang wieder zu ermöglichen, steht dahin. Ebenso offen ist die juristische Prüfung der Frage, ob der »Freedom of Information Act« in solchen Fällen tatsächlich keinen hinreichenden Anspruch auf Akteneinsicht vorsieht.

Ohne Beschränkungen einsehbar sind die Unterlagen der Peers-Kommission, eines Untersuchungsausschusses der Armee, der kurz vor der Einrichtung der »Vietnam War Crimes Working Group« und ebenfalls unter dem Eindruck des »My Lai (4)«-Skandals berufen worden war. Ursprünglich nur damit beauftragt, die interne Vertuschung des Massakers aufzuklären, setzte sich der Kommissionsleiter, General William R. Peers, mit seinem Anspruch auf eine detaillierte Rekonstruktion des Tatgeschehens durch. Jenseits von »My Lai (4)« und der tatverantwortlichen »Task Force Barker« erstellten mehrere Dutzend Rechercheure im Auftrag von Peers umfangreiche Dossiers über Art, Umfang und Dynamik von Gewaltexzessen in Vietnam, über die Geschichte der beteiligten Einheiten, ihre Zusammensetzung, Ausbildung und Kriegserfahrung sowie über die Mentalität des Offizierskorps – um nur einige Facetten ihres weit über

43 Zu einschlägigen Vorarbeiten siehe Greiner, Spurensuche; ders., »First To Go, Last to Know«; ders., Sexuelle Gewalt; ders., »Silent majority«; ders., Blutpumpe.

44 Siehe Mühlhäuser, Sexuelle Gewalt als Kriegsverbrechen.

hundert Archivboxen umfassenden Bestandes zu nennen, der für eine historische Annäherung an die Geschichte dieses Krieges unumgänglich ist und deshalb für die vorliegende Arbeit ebenfalls systematisch ausgewertet wurde. Im März und April 1970 reichte Peers seinen vierbändigen Abschlussbericht beim Armeeministerium ein: eine kommentierte Zusammenfassung des Materials, an die 500 schriftliche Beweisstücke sowie Aussagen von über 400 Zeugen vor der Criminal Investigation Division und gegenüber den von Peers bestellten Ermittlern. Seit Februar 1975 allgemein zugänglich und 1979 in gekürzter Version ediert,[45] haben diese vier Bände in einschlägige Darstellungen des Massakers von »My Lai (4)« Eingang gefunden.[46] Den Gesamtbestand der Peers-Kommission hingegen haben Historiker bis dato unbeachtet gelassen.

Gestützt auf die Akten der »Vietnam War Crimes Working Group« und der »Peers-Kommission« sowie eine Vielzahl korrespondierender Bestände, geht es in der vorliegenden Studie um eine vernachlässigte Perspektive auf den Vietnamkrieg. Die weit überwiegende Zahl der in den vergangenen 40 Jahren publizierten Darstellungen ist entweder einer politischen Geschichtsschreibung verpflichtet, beschäftigt sich also mit administrativen Entscheidungsprozessen, diplomatischen Weichenstellungen und den globalstrategischen Aspekten im Rahmen des Kalten Krieges.[47] Oder sie handelt – geprägt vom »cultural turn« in der internationalen Geschichtswissenschaft – von der kulturellen und psychologischen Seite des Geschehens: von Erinnerungen an den Krieg, von ästhetischer Repräsentation und Codierung in Medien, Literatur und Film, von Kriegstraumata, heimkehrenden Veteranen oder Akteuren an der »Heimatfront«. In zulässiger Überspitzung lässt sich sagen: Gemeinhin wird über den Krieg geschrieben, ohne dass der Krieg als solcher beschrieben wird.[48] Demgegenüber wird hier der Versuch unternommen, die viel zitierte Behauptung, in Vietnam habe es »von allem etwas mehr gegeben«, zu entschlüsseln und nach den Voraussetzungen

45 Peers, My Lai Inquiry.

46 Siehe Bilton/Sim, Four Hours; Lewy, America in Vietnam; Olson/Roberts, My Lai; Hersh, Report on the Massacre sowie ders., Cover-Up. Hersh waren die Akten noch vor ihrer offiziellen Freigabe von einem Gewährsmann im Armeeministerium zugespielt worden.

47 Zu den wichtigsten Ausnahmen gehören Schell, Real War; Schulzinger, Time for War; Moyar, Phoenix sowie Prados, Blood Road.

48 Dieser Hinweis ist auch als Kritik an den diversen Abhandlungen über das Massaker von »My Lai (4)« zu sehen. Auf einen engen Zeitrahmen und einen einzigen Vorgang fixiert, lassen sie wichtige Fragen nach der Dynamik und den Verlaufsformen eines zehnjährigen Kriegsgeschehens außer Acht.

und Erscheinungsformen einer Gewalt zu fragen, die mit der allfälligen Rede von der Gewalttätigkeit aller Kriege weder zu beschreiben noch zu verstehen ist.

»There was more of it in Vietnam.« Im Mittelpunkt stehen die von Bodentruppen verübten Kriegsgräuel und Kriegsverbrechen. Genauer gesagt: Gewalttaten, die aus der Nähe und im Wissen um die Identität der Opfer ausgeübt wurden. Es geht um Angriffe auf die körperliche Unversehrtheit von Nichtkombattanten oder am Kampfgeschehen nicht mehr Beteiligter, um Folter, Vergewaltigung, Mord und Verstümmelung. Die Opfer werden nicht aus anonymer Distanz gequält, geschändet und gemordet, kommen nicht durch Luftwaffe und Bomben zu Schaden, sondern bewegen sich in Sichtweite der Täter und stehen ihnen bisweilen Auge in Auge gegenüber. Wenn auch nicht ausschließlich, so beziehen sich die Bestimmungen des internationalen Kriegsrechts – von der Haager Landkriegsordnung bis zu den diversen Genfer Konventionen – hauptsächlich auf diese Form im Krieg verübter Gewalt. Sie kann weder als »Kollateralschaden« kleingeredet noch als unbeabsichtigter Preis des Krieges entschuldigt werden, sie zielt nicht auf die Truppen, auf die Logistik oder die materiellen Ressourcen des Feindes. Gemeint ist eine Gewalt, die abseits der Kriegsschauplätze und jenseits des Kampfgeschehens verübt wird, deren Akteure nicht wie Soldaten kämpfen, sondern wie Marodeure meucheln – weil sie keine Fronten gelten lassen, die Kampfzone regelmäßig, wenn nicht systematisch auf das Zivil ausdehnen und vor Übergriffen gegen Einzelne ebenso wenig zurückschrecken wie vor Massakern an Gruppen.

Bei der Analyse dieser entgrenzten Gewalt verdienen situative Umstände besondere Beachtung, Faktoren also, die mit einem Verweis auf strategische Planung, zielgerichtete Intention und abwägendes Kalkül nicht erfasst werden. Selbstverständlich spiegeln sich in der Art der Kriegführung doktrinäre und operative Vorgaben, die seitens der militärischen Führung konzipiert und von der politischen Elite gebilligt wurden. Und aus diesem Grund ist es unhintergehbar, die Rolle der Kriegsherren im Weißen Haus und der Generale im Pentagon ebenso ausführlich in Betracht zu ziehen wie das Verhalten der Offiziere, die am Ort des Geschehens die Befehlsgewalt innehatten und als Interpreten und Kommunikatoren strategischer Weisungen agierten. Andererseits folgen Kriege einer Logik eigener Art, einer von Zufall, Unvorgesehenem und Chaos diktierten Dynamik. Diese Binsenweisheit findet ihre empirische Bestätigung in allen seit der Frühgeschichte mit Waffen ausgefochtenen Konflikten – von Clausewitz in nach wie vor gültiger Weise theoretisch ausbuchstabiert. Sein Diktum von den »Friktionen des Krieges« gilt erst recht für asymmetrische Konstellationen, in denen sich die Kontrahenten nicht nur mit grundverschiedenen Mitteln, sondern mit einem diametral entgegengesetzten Verständnis von Krieg bekämpfen. Wenn ein Krieg – wie in Vietnam geschehen – obendrein über weite Strecken von Kleingruppen geführt wird, die tage- oder wochenlang auf eigene Faust und folglich oft bar jeder Kontrolle agieren, ergeben sich zusätzliche Möglichkeiten zur Ausübung exzessiver Gewalt. Damit sei nicht unterstellt, dass die vermehrten Optionen zur Gewalttätigkeit zwangsläufig wahrgenommen werden. Vielmehr geht es um spezifische »Gelegenheitsräume« der Gewalt, innerhalb deren entschieden und gehandelt wird. Kurz: um Handlungen und Entscheidungen, zu deren Analyse der Blick auf Kontingenz angemessener ist als die Unterstellung des Erwartbaren oder gar Folgerichtigen.

Die Frage, welchen Umfang die in Vietnam verübten Gewaltexzesse hatten oder wie viele der dort stationierten Infanteristen mittelbar und unmittelbar beteiligt waren, entzieht sich jeder seriösen Antwort. Wiederholt wurden Anstrengungen unternommen, die Menge der Opfer und die Zahl der Täter zu schätzen. Guenter Lewy macht eine Anleihe bei Kriminalstatistiken aus den späten 1960er Jahren, denen zufolge die amerikanische Polizei nur über die Hälfte der tatsächlich in den USA verübten Gewaltverbrechen informiert war – und unterstellt, dass die Zahl der an Vietnamesen begangenen Verbrechen ebenfalls doppelt so hoch liegen könnte wie die Zahl der von militärischen Strafermittlern eingeleiteten Untersuchungen.[49] So eingängig dieser Vergleich auch klingen mag, er wird angesichts einer banalen Tatsache gegenstandslos: Im Falle Vietnam fehlen die Referenzdaten. Weil in den amerikanischen Streitkräften von keiner Stelle über vorliegende Erkenntnisse, anhängige Ermittlungen, laufende oder abgeschlossene Militärgerichtsverfahren Buch geführt wurde, kann auch nicht auf eine der zivilen Verbrechensrate analoge Quote geschlossen werden. Andere Autoren ziehen Umfragen unter Soldaten zu Rate und verweisen darauf, dass zwischen 10 und 12 Prozent der Befragten sich als Täter zu erkennen gaben und 33 Prozent einschlägige Übergriffe angeblich beobachtet hatten.[50] Wie diese Daten erhoben wurden und ob sie auch nur annähernd repräsentativ sind, wird indes nicht diskutiert. Ganz und gar abwegig wäre der Versuch, in militärischen Einsatzberichten auf Spurensuche zu gehen. Abgesehen davon, dass Täter nicht freiwillig Bericht erstatteten, war niemand für die Überprüfung von

49 Lewy, America in Vietnam, S. 345.

50 Spector, After Tet, S. 202; Resic, American Warriors, S. 212–213; Oliver, My Lai in History, S. 13.

»Action« und »After Action Reports« zuständig. Sie wurden durchweg in der Gewissheit verfasst, dass selbst eklatante Widersprüche und Ungereimtheiten nicht zur Sprache kommen würden – noch nicht einmal im Nachgang zu vorsätzlicher Fälschung oder Vernichtung von Akten. So finden sich, um nur ein Beispiel zu nennen, im bürokratischen Bestand der für »My Lai (4)« verantwortlichen Einheiten ungezählte Hinweise, die Anlass zu zweifelnden Nachfragen hätten geben müssen – aber keine Belege, dass die naheliegenden Fragen gestellt, geschweige denn auf ihre Stichhaltigkeit untersucht worden wären.

Dessen ungeachtet bleibt die empirisch begrenzte Reichweite der verfügbaren Quellen zu bedenken. Erstens konzentrierten sich die »Vietnam War Crimes Working Group« und die Peers-Kommission ausschließlich auf Fälle, die von den zuständigen Stellen der Streitkräfte zur Überprüfung angenommen worden waren. Warum aus Hunderten von »allegations« 244 zur Einleitung von Ermittlungsverfahren ausgewählt wurden, ist ebenso wenig schlüssig zu beantworten wie die Frage, ob es sachlich begründet war, aus dem Kreis der angeblich Tatbeteiligten nur knapp die Hälfte vor ein Kriegsgericht zu stellen. Zweitens beziehen sich die weitaus meisten Akten auf zwei von insgesamt vier Kriegszonen – auf die I. Corps Tactical Zone im Norden Südvietnams und auf die IV. Corps Tactical Zone im Süden. Zweifellos geht damit eine Verengung der Perspektive einher. Andererseits handelte es sich bei den genannten Gebieten um strategische Schlüsselregionen des Krieges: In den nördlichen Provinzen ging es um Nachschubwege, Aufmarschgebiete und politische Hochburgen der Vietcong, in den nahe der Hauptstadt Saigon gelegenen Provinzen wurde um symbolische Präsenz und die Beglaubigung des Behauptungswillens beider Seiten gekämpft. Drittens schließlich decken die für unsere Zwecke relevanten Akten lediglich vier von zehn Kriegsjahren ab – die Zeit vom Sommer 1967, als die heftigsten Kämpfe in der I. und IV. Corps Tactical Zone einsetzten, bis zum Rückzug amerikanischer Kampftruppen, der im Frühjahr 1971 voll im Gange war.

Aus Vietnam selbst sind keine weiterführenden Informationen zu erwarten. Schon die Befragung von Zeitzeugen stößt dort an eng gezogene politische Grenzen. Journalisten, die sich in jüngster Zeit um Erinnerungsberichte zu hinlänglich bekannten Ereignissen wie »My Lai (4)« bemühten, wurde bedeutet, dass diese Thematisierung des Vergangenen in der Gegenwart keinen Platz hat – aus Rücksicht auf reale oder unterstellte Empfindlichkeiten des Wirtschaftspartners USA. In einer Gesellschaft, in der ungefähr 65 Prozent der Bevölkerung in den letzten Jahren des Krieges oder kurz nach dessen Ende geboren wurden, wird sich die Suche nach kompetenten, aus eigener Anschauung berichtenden Gesprächspartnern in absehbarer Zeit ohnehin erübrigt haben. Über Art und Umfang der schriftlichen Überlieferung ist kaum etwas bekannt. Ob sie je der historischen Forschung uneingeschränkt und ohne vorgängige Manipulation zur Verfügung stehen wird, ist eine legitime Frage. Denn der ausufernden Gewalt dieses Krieges nachzugehen, hieße in letzter Konsequenz, auch die an den eigenen Landsleuten verübten Gräuel zur Sprache zu bringen, Übergriffe nämlich, die zu vermutlich gleichen Teilen der südvietnamesischen Armee auf der einen Seite und der Guerilla sowie den mit ihr verbündeten nordvietnamesischen Streitkräften auf der anderen Seite zuzuschreiben sind.[51]

Egal, wie viele Daten und Fakten in Zukunft also noch ans Licht kommen mögen, es sind und bleiben Momentaufnahmen, aufschlussreich im Detail, aber untauglich für Rückschlüsse auf das Ganze. Diese unhintergehbaren Einschränkungen vorausgesetzt, ergibt sich für die am heftigsten umkämpften Regionen der I. und IV. Corps Tactical Zone in der Zeit vom Sommer 1967 bis Frühjahr 1971 folgendes Bild:

- Sieben Massaker wurden von amerikanischer Seite offiziell bestätigt. »My Lai (4)« und »My Khe (4)« forderten mit 420 beziehungsweise 90 Ermordeten die meisten Opfer, an fünf weiteren Orten wurden zusammen ungefähr 100 Zivilisten exekutiert – mitunter alle, die sich zu diesem Zeitpunkt in ihrem Ort aufhielten. Diese Fälle werden in der vorliegenden Studie ausführlich dargestellt.
- Zwei weitere Massaker wurden von beteiligten Soldaten angezeigt. Nördlich von Duc Pho, Provinz Quang Ngai (I. Corps Tactical Zone) sollen Angehörige der D Company, 19. Engineer Battalion, 18. Engineer Brigade (Separate) im Sommer 1968 wegen eines Minenopfers Rache an den Bauern der Umgegend genommen und 14 Menschen hingerichtet haben.[52] Angeblich war die Nachbarprovinz Binh Dinh (II. Corps Tactical Zone) am 20. Juli 1969 Schauplatz eines weiteren Massenmordes. Einige Soldaten der A Company, 1. Battalion, 503. Infantry Regiment, 173. Airborne Brigade (Separate) behaupten, ihr

51 In den seit den 1990er Jahren von offizieller vietnamesischer Seite vorgestellten Studien findet sich nicht der mindeste Hinweis auf diese Dimension des Krieges. Siehe Military History Institute, Victory. Auf die Kriegführung der Vietcong kommt zu sprechen: Diem, Jaws of History. In amerikanischen Akten kommt die Brutalität des »Bruderkrieges« wiederholt zur Sprache: Siehe Sworn Testimony, Anthony B. Herbert, 28. 9. 1970, in: NA, RG 319, AS, ODCS-PER, VWCWG, CaFi, Box 8, Folder: Herbert Allegation (Part 2 of 2), Case 58.

52 NA, RG 319, AS, ODCS-PER, VWCWG, CaFi, Box 4, Folder: Bentley Allegation, Case 12 (1).

Platoon hätte damals das Dorf Chau Truc gestürmt, niedergebrannt und 25 Menschen ermordet.[53] Die in beiden Fällen angestrengten Untersuchungen wurden wegen widersprüchlicher Zeugenaussagen eingestellt.

- Die »Tiger Force«, eine für Patrouillen eingesetzte Spezialeinheit, mordete innerhalb weniger Wochen Hunderte, möglicherweise über tausend Bauern. Weil ihr Treiben erst Jahre später untersucht wurde, konnten Orte und Zeitpunkte ihrer Taten nicht mehr präzise rekonstruiert werden. Dass keine genaueren Angaben über die Zahl der Getöteten gemacht werden können, ist auch dem Umstand geschuldet, dass die »Tiger Force« es sich zur Gewohnheit gemacht hatte, mit Granaten wahllos Keller und Schutzbunker voller verängstigter Dorfbewohner zu sprengen.
- Eine unbekannte Zahl von Massakern geht auf das Konto von Hubschrauberbesatzungen, die im Tiefflug und im Wissen um die Identität ihrer Opfer Zivilisten attackierten. Über die Zahl der Ermordeten gibt es nur Spekulationen. Einige Beobachter vermuten eine Größenordnung im unteren vierstelligen Bereich.
- Im Zuge von Großeinsätzen, die zwischen wenigen Tagen und mehreren Wochen währten, wurde eine im Nachhinein nicht mehr zu ermittelnde Anzahl von Nichtkombattanten getötet. Allein im Laufe der Operation »Speedy Express« – die im Kapitel »1968–1971« geschildert wird – sollen es, konservativ geschätzt, zwischen 5000 und 7000 gewesen sein. Die Toten von Artillerie- und Luftangriffen nicht eingerechnet, kann insgesamt eine Opferzahl im unteren fünfstelligen Bereich vermutet werden.
- Völlig unklar ist, wie viele Gefangene ermordet wurden und wie hoch die Zahl anderer Gewaltverbrechen wie Folter und Vergewaltigung lag. Festzuhalten bleibt, dass auffällig viele Veteranen dergleichen Gewalttaten als alltägliche Praxis oder »Standing Operating Procedure« beschrieben.
- Die meisten der von kommunistischer Seite erhobenen Anschuldigungen werden wohl ungeklärt bleiben. Dem »Informationsbüro der

---

53 Investigator's Statement, Interview John P. Casey, 14. 12. 1970; Sworn Statement John P. Casey. 6. 1. 1971; Sworn Statement Walter F. Berninger, 6. 1. 1971; Sworn Statement Joseph E. Benham, 13. 1. 1971; Sworn Statement John Robert Heintzelman, 22. 1. 1971; Sworn Statement Bruce A. Sprague, 18. 2. 1971; Sworn Statement Charles H. Boss, 16. 12. 1970, in: NA, RG 472, USFSEA, MACV, DRAC, IG, Preliminary Inquiry Re: Colonel Franklin, Box 2, Folder: Preliminary Investigation Re: Col. Franklin Vol. IV (Pt. 1 of 3) 1971.

Provisorischen Revolutionsregierung von Südvietnam« (PRG) zufolge sollen amerikanische Bodentruppen zwischen April 1968 und Ende 1970 – also nach »My Lai (4)« – im Laufe von 21 Operationen entweder allein oder an der Seite ihrer Verbündeten wiederholt Massenmorde begangen und ungefähr 6500 Zivilisten getötet haben. Diese Angaben über die Operation »Speedy Express« und das Massaker von Son Thang waren wohl zutreffend; bei »Speedy Express« lagen die von der PRG genannten Opferzahlen eher zu niedrig. In drei weiteren Fällen sahen amerikanische Ermittler einen begründeten Anfangsverdacht; die Untersuchungen wurden jedoch nach kurzer Zeit unter Verweis auf ausbleibende öffentliche Resonanz eingestellt. Drei von amerikanischer Seite nachgewiesene Massaker waren auf der Liste der PRG überhaupt nicht erwähnt. Alle weiteren Vorwürfe können weder verifiziert noch falsifiziert werden.

»Ich will keine Gefangenen. Je mehr ihr tötet und niederbrennt, desto mehr macht ihr mir eine Freude. Macht das Hinterland von Samar zu einer heulenden Wildnis.«[54] Mit dieser Weisung hatte Brigadegeneral Jacob Smith im Jahr 1899 amerikanische Truppen gegen widerständige Filipinos auf den Weg geschickt. Ähnliches ist vom »King Philipp's War« und dem Kampf gegen die Ureinwohner im früh besiedelten Neuengland überliefert oder aus der Zeit des »French-Indian War« Mitte des 18. Jahrhunderts, als sich Siedlermilizen und Soldaten der britischen Krone einen langjährigen Krieg gegen französische Einheiten lieferten und dabei auf die Guerillataktik phasenweise verbündeter, teilweise mit den Franzosen kooperierender Indianerstämme zurückgriffen. So gesehen war Vietnam ein Déjà-vu, die erneute Begegnung mit dem Szenario eines asymmetrischen Krieges. Die Prämissen und Verlaufskurven asymmetrischer Kriege werden in den Kapiteln »Kriegsherren« und »Generale« diskutiert, insbesondere die vielfach belegte Pointe derartiger Auseinandersetzungen – dass sich die Kontrahenten am Ende symmetrischer Mittel bedienen und eine Entscheidung durch den beiderseitigen Terror gegen alle zu erzwingen suchen, die im Verdacht der Kollaboration mit dem Feind stehen.[55] Doch Vietnam war mehr als eine Kopie der immer gleichen Ausweitung der Kampfzone auf das Zivil. An seinem Beispiel lässt sich studieren, wie sich die Imperative des globalen

---

54 Brigadegeneral Jacob Smith, zit. n. Lewy, America in Vietnam, S. 369. Siehe auch Friedman (Hg.), Law of War, S. 804–809 sowie Kramer, Race-Making.

55 Siehe Klein/Schumacher, Kolonialkriege; Walter, Symmetry and Asymmetry; Münkler, Wandel des Krieges.

Kalten Krieges mit einem regionalen Konflikt amalgamierten und eine unverwechselbare, den Umständen der Zeit geschuldete Dynamik freisetzten. Und deshalb waren die Nachfolger von Brigadegeneral Smith nicht nur Wiedergänger in anderer Kostümierung.

Zwei Probleme bedürfen in diesem Zusammenhang einer eigenständigen Erörterung: Warum die amerikanische Armee den Guerillakrieg in Vietnam mit einer für konventionelle Kriege ausgelegten Strategie führte und auf diese Weise die Weichen für eine zusätzliche Radikalisierung stellte. Und weshalb die politische Führung selbst dann keine »exit options«, Rückzugsoptionen, wahrnahm, als sie um das unabweisliche Scheitern ihrer Politik wusste. Für das Verhalten von Militärs wie Politikern reichen die gemeinhin bemühten Hinweise auf Unwissenheit, Selbsttäuschung oder Wunschdenken nicht aus. Von einem »Hineinschlittern« in den Krieg oder verhängnisvollen Fehlperzeptionen kann keine Rede sein. Im Gegenteil: Wir begegnen Eliten, die über ungeschminkte Lagebeurteilungen und vielfältige Alternativen verfügten und die mit der Rückendeckung eines erheblichen Teils ihrer bürokratischen Apparate einen anderen Kurs hätten einschlagen können – ohne politischen Schaden zu nehmen oder ihre Karrieren auf andere Weise zu gefährden. Woher rühren diese Inflexibilität, der Unwille und schließlich die Unfähigkeit zur Selbstkorrektur, kurz: die Politik des »Nicht-aufhören-Könnens«?

Die Antworten, die in den Kapiteln »Kriegsherren« und »Generale« skizziert werden, sind als Handreichungen für eine Interpretation amerikanischer Außen- und Militärpolitik während des Kalten Krieges und mithin als Thesen zu verstehen, die über das Thema Vietnam hinausweisen. Sie setzen bei den weltanschaulichen Zwillingen des Kalten Krieges – der Dominotheorie und dem Bild des monolithischen Kommunismus – an, gehen auf den Zusammenhang zwischen »imperialer Präsidentschaft« und politischer Selbstblockade ein und bringen die »institutionelle Krise« der amerikanischen Armee zur Sprache – einer Armee, die auf die Entwertung der »kleinen Kriege« im Schatten der Atombombe lange Zeit keine doktrinäre Antwort fand und Vietnam als Gelegenheit begriff, nebst ihrem Prestige auch ihr institutionelles Gewicht gegenüber den anderen Teilstreitkräften aufzuwerten. Vor allem aber geht es im Anschluss an Barbara Tuchman um die Art und Weise, wie eine auf politische und persönliche Glaubwürdigkeit fixierte Politik unter den Bedingungen des Kalten Krieges ausbuchstabiert wurde und am Ende in einer selbst gestellten Glaubwürdigkeitsfalle landete.[56]

---

56 Siehe Tuchman, Torheit.

Die Umsetzung politischer und militärischer Rahmenrichtlinien hängt in hohem Maße vom Verhalten der auf mittlerer Ebene tätigen Akteure ab, von jenen Offizieren also, die für die Führung der Truppen, für die Planung, Durchführung und insbesondere die Kontrolle militärischer Einsätze verantwortlich sind. In unserem Fall geht es um »Kings in the Field«, wie die Brigade-, Bataillons- und Kompanieführer im amerikanischen Heer genannt wurden – eine Anspielung auf ihren traditionell großen Ermessensspielraum und die damit einhergehende Neigung zu autonomen, wenn nicht selbstherrlichen Entscheidungen. In früheren Kriegen war diese Sonderstellung nie als Problem wahrgenommen worden. In Vietnam freilich erwies sie sich binnen kurzem als Belastung. Zum einen kamen wegen des immensen Bedarfs an Unteroffizieren Männer zum Einsatz, die weder den fachlichen noch charakterlichen Aufnahmetests gewachsen waren und unter anderen Umständen den Sprung aus den Mannschaftsdienstgraden kaum geschafft hätten. Zum anderen wurden überproportional viele Offiziere im Range von Captains, Majors oder Lieutenant Colonels nur aus einem Grund nach Vietnam geschickt – um den Beförderungsstau in einem seit Mitte der 1950er Jahre aufgeblähten Offizierskorps aufzulösen. Zu der großen Zahl Unqualifizierter gesellte sich also eine nicht minder große Gruppe Desinteressierter, die ihre grotesk kurze Verwendung von sechs Monaten hauptsächlich unter dem Gesichtspunkt eines individuellen Karrieremanagements sahen. Die abfällige Rede von der »Vietnam Only Army« oder »Shake and Bake Army« zielt auf diese Personalpolitik samt ihrer gravierenden Konsequenzen.

Offiziere und Unteroffiziere trugen in hohem Maße zur Radikalisierung der Gewalt gegen Nichtkombattanten bei. Stillschweigende Toleranz gegenüber Gewalttätern spielte dabei ebenso eine Rolle wie aktive Rückendeckung, Komplizentum und Mittäterschaft. Von einschlägigen, gut dokumentierten Fällen abgesehen, werden im Kapitel »Offiziere« auch die Ursachen des »leadership breakdown« diskutiert. Die Wurzel des Übels, so die These, lag nicht so sehr in der dürftigen Vorbereitung oder im mangelhaften Kontakt zu den Truppen. Den mit gutem Grund kritisierten Offizieren glitt die Gewalt nicht aus der Hand, sondern sie hatten mit Gewaltexzessen kein Problem. Darauf lässt bereits ihr Verständnis der »Rules of Engagement«, der allgemeinen Einsatzrichtlinien für Kampfeinsätze, schließen. Zwar waren diese Richtlinien deutungsoffen und ließen es zu, im Zweifel das Kriterium der »militärischen Notwendigkeit« über das Prinzip der Schutzbedürftigkeit von Zivilisten zu stellen. Dass aber in der Praxis alle Schlupflöcher genutzt und die Ausnahmebestimmungen zu verbindlichen Regeln erklärt wurden, spiegelt eine endemische Verachtung des internationalen Kriegsrechts. Die besonderen Umstände des Krieges taten ein Übriges. Wie es scheint, war die Entscheidung, Truppen an der langen Leine zu führen und Grenzüberschreitungen hinzunehmen, auch als Mittel zur Besänftigung der Wut und Rachebedürfnisse überforderter GIs gedacht. Vor allem aber zeigten viele Kommandeure ein persönliches Interesse an einer aggressiven, zu keiner Rücksicht verpflichteten Kriegführung. Weil ihr Erfolg an der »Body Count«-Bilanz gemessen wurde und künftige Beförderungen von einer positiven Bewertung in Vietnam abhingen, spielte es am Ende keine Rolle, mit welchen Mitteln und Methoden die gewünschten »Kill Ratios« erzielt wurden. So gesehen, haben wir es weniger mit einem »leadership breakdown« als mit der konsequenten Umsetzung eines spezifischen Verständnisses von Truppenführung zu tun.

Lange über das Ende des Krieges hinaus sorgten Rolle und Auftreten der Vietnamoffiziere für Unmut. Das Pentagon musste sich nicht nur mit der Kritik von Kriegsgegnern auseinandersetzen, sondern auch mit ungewohntem Protest aus den eigenen Reihen. Viele jüngere Offiziere quittierten ihren Dienst mit dem Hinweis, nie in einer ehrlichen Armee gedient zu haben, andere forderten eine von Grund auf revidierte und dem internationalen Kriegsrecht verpflichtete Offiziersausbildung. Noch am Vorabend von »Desert Storm«, des im Jahr 1991 geführten Krieges gegen Saddam Hussein, hallten die in Vietnam gemachten Erfahrungen nach. »Keine My Lais in dieser Division«, beschieden zwei Divisionskommandeure damals ihren Offizieren während einer Einsatzbesprechung.[57] Dass in den 1970er Jahren zahlreiche Reforminitiativen diskutiert und teilweise umgesetzt wurden, steht außer Zweifel.[58] Von wenigen Ausnahmen abgesehen,[59] hat sich die zeithistorische Forschung des Themas allerdings nicht angenommen – weder mit Blick auf

57 Anderson (Hg.), Facing My Lai, S. 47.

58 Siehe NA, RG 319, AS, PI-AC, Box 7, Folder: Conduct of the War, MACV Directives, ROEs, Chron. File # 2 (1 of 2) und (2 of 2); Army Response to Recommendation C of the Peers Inquiry, in: NA, RG 319, AS, PI-AC, Box 21, Folder: Peers Report Fallout; ebenda, Box 22, Folder: Psychological Aspect of Son My Incident – Chron. File # 1; ODCS-PER, Memorandum For: Secretary of the General Staff, Subject: Lessons Learned From the Son My Incident, in: NA, RG 319, AS, ODCS-PER, VWCWG, MLM, Box 6, Folder: Release of My Lai Documents under FOIA sowie ebenda, Box 7, Folder: Congressional Correspondence My Lai: Correspondence with Rep. Samuel S. Stratton.

59 Siehe Kitfield, Prodigal Soldiers.

die US-Streitkräfte noch hinsichtlich jener Offiziere, die von amerikanischem Personal in der Dritten Welt zum Zweck der Guerilla- und Aufstandsbekämpfung ausgebildet wurden und werden. Diesen Mangel kann auch die vorliegende Studie nicht beheben. Nach wie vor fehlt ein wichtiger Baustein in der Diskussion über den historischen Ort des Vietnamkrieges und mithin zu der Frage, wie es um Selbstbild und Mentalität jenes Führungspersonals bestellt ist, dem Amerika seine aktuellen wie künftigen Kriege anvertraut.

Die Analyse unterschiedlicher Akteure wird mit dem Kapitel »Krieger« abgeschlossen. Es handelt von jenen Soldaten, denen das Töten anderer und das Risiko, selbst getötet zu werden, eine alltägliche Erfahrung war. Diese »grunts« unterschieden sich von den »Frontschweinen« früherer Kriege auf mehrfache Weise. Erstens lag ihr Anteil an den US-Streitkräften niedriger als je zuvor. Nur zehn Prozent aller in Vietnam stationierten GIs wurden zu Kampftruppen abkommandiert und für die Verfolgung der Guerilla, das »Durchkämmen« von Siedlungsgebieten, die Zerstörung der vom Feind nutzbaren Infrastruktur oder für die Bekämpfung regulärer Einheiten der nordvietnamesischen Armee eingesetzt. Zweitens hatten sie – ausweislich ihrer Herkunft, Sozialisation, Bildung und Ausbildung – mit dem Ideal des »citizen soldier« noch weniger gemein als alle Vorgänger. Nicht ein repräsentativer Querschnitt junger Amerikaner trug die Hauptlast des Krieges, sondern die Jüngsten und die Ärmsten der Gesellschaft. Und drittens brachen die »grunts« mit einem über sämtliche Kriege sorgsam gepflegten Tabu: Sie legten Zeugnis von ihren Gewalterfahrungen ab – mit Wortmeldungen auf politischen Foren und im »Oral History«-Gespräch mit Journalisten, Psychologen und Historikern, mit Aussagen vor Untersuchungskommissionen der Armee oder vor Militärgerichten, schließlich in autobiographischen Erzählungen, die vom traditionellen Landserroman bis zu anspruchsvoller Belletristik und Lyrik reichen.

Dass diese Erzählungen in einer Gewaltgeschichte des Krieges besondere Beachtung verdienen, versteht sich keineswegs von selbst. Denn Soldaten, die als Verlierer nach Hause kommen und das Stigma des entgangenen Sieges loswerden wollen, kommunizieren in erster Linie Rechtfertigungen gegenüber Dritten. Gerade die »Winter Soldiers«, die mit ihren Berichten über Kriegsgräuel schockierten, wollten als Mörder wider Willen und letztlich als Opfer gesehen werden, als Opfer eines Militärapparates, der sie einer Gehirnwäsche unterzogen, entmenschlicht und jeder Wahlmöglichkeit beraubt hatte. »Ihr könnt sehen, welchen Sadisten meine Regierung aus mir gemacht hat. [...] Lasst nie zu, dass eure Regierung das auch mit euch macht. Okay, das bin ich. Ich halte einen toten Körper in meinen Armen – lächelnd.«[60] – »Sie mussten uns komplett resozialisieren. Und das ist ihnen perfekt gelungen.«[61] – »Die Hinrichtungen sind zweitrangig, weil die Hinrichtungen meiner Meinung nach das Ergebnis einer bewusst betriebenen Politik des Militärs sind.«[62] Man berichtete von Verbrechen, um klarzumachen, dass man im Grunde selbst kein Verbrecher ist, sondern ein Patriot, der um Amerikas wahre Werte kämpft – jenen Tugenden verpflichtet, die einst Thomas Paine den »Winter Soldiers« attestiert hatte: »Dieses ist die Zeit, in der unsere Seele auf dem Prüfstand steht. Die Sommersoldaten und Sommerpatrioten werden in dieser Krise ihrem Land den Dienst verweigern. Aber derjenige, der sich jetzt dieser Herausforderung stellt, verdient die Liebe und den Dank aller Männer und Frauen.«[63]

Ungeachtet des Einklagens von Anerkennung sollte eine entscheidende Dimension dieser soldatischen Selbstzeugnisse nicht übersehen werden: Sie spiegeln ebenso das Bedürfnis, mit schweren Belastungen zurechtzukommen und traumatische Erinnerungen zum Gegenstand einer öffentlichen Selbsttherapie zu machen.[64] In diesem Sinne können die Rückblicke auf Vietnam auch als Versuche gelesen werden, die eigene oder bei anderen beobachtete Gewalttätigkeit zu deuten. Und sich ein Bild von einem Krieg zu machen, der das Selbstbild aller beschädigte, weil ein jeder jederzeit zum Täter werden konnte. Wir haben es also mit einem Selbstgespräch über Gewalt zu tun, mit einem Bemühen

---

60 Carl Rippberger, zit. n. USCR, 7. 4. 1971, S. E2926; siehe ebenda, S. E2924 und E2909: »I was that tiny premature baby – born Christmas, 1942 at St. Mary's Hospital. [...] When I question the policies and the decisions and the people that made me a killer – When I ask you why you never asked why – You treat me like a stranger – Hey! Remember me?«

61 Jim Weber, zit. n. USCR, 7. 4. 1971, S. E2929; siehe ebenda, 7. 4. 1971, S. E2828, E2857 sowie Gross, Lieutenant Calley's Army und James D. Henry, Men of »B« Company. Ähnlich hatte sich auch Myrtle Meadlo geäußert, nachdem ihr Sohn Paul seine Beteiligung am Massaker von »My Lai (4)« im Fernsehen gestanden hatte: »He wasn't raised up like that. I raised him up to be a good boy and I did everything I could. They come along and took him to the service. He fought for his country and look what they done to him – made a murderer out of him, to start with.« Myrtle Meadlo, zit. n. Bilton/Sim, Four Hours, S. 263.

62 James D. Henry, zit. n. USCR, 6. 4. 1971, S. E2851; siehe ebenda, 6. 4. 1971, S. E2826, E2861–2862, E2865; ebenda, 7. 4. 1971, S. E2929–2930 sowie James Higgins, Horror Takes the Stand, in: *The Nation*, 4. 1. 1971, S. 6–8.

63 Thomas Paine, The American Crisis, Whitefish, Mt. 2004, S. 3.

64 Siehe die von *Life*-Journalisten geführten Interviews: Donald Jackson, Confessions of ›The Winter Soldiers‹, in: *Life*, 9. 7. 1971, S. 23–28.

um nachträgliches Verständnis, das über ein nachtragendes Einklagen von Einverständnis hinausweist.

Der wesentliche Ertrag dieses Quellenfundus liegt in der Antwort auf eine ebenso augenfällige wie selten gestellte Frage: Wieso es zur Selbstradikalisierung von Soldaten in Vietnam nur weniger Wochen oder Monate bedurfte und warum die aus anderen Kriegen abgeleiteten Erklärungen – vorweg der Verweis auf intensiven Kampfstress oder ähnliche, über lange Zeit akkumulierte Belastungen – in diesem Fall ins Leere gehen. »Disposable soldier« und »instant death«, Überflüssigkeit und Sekundentod: Um diese Achse kreisen die Erinnerungen der »grunts«. Egal, ob sie ihre Männlichkeit beweisen und sich als Kämpfer bestätigen wollten, ob sie eine unangenehme Pflicht erfüllen und möglichst schnell nach Hause kommen wollten – im Dschungel und in den Reisfeldern wurden alle Erwartungen und Hoffnungen abrupt zunichte gemacht. Der Feind war entweder nicht greifbar oder diktierte das Kampfgeschehen an Orten und Zeitpunkten seiner Wahl, überlegene Bewaffnung brachte keinen Vorteil, man erlitt Verluste, ohne der Gegenseite einen erkennbaren Verlust zufügen zu können, die Front war überall und nirgends, allen drohte jederzeit und aus dem Nichts der Tod durch Minen, Sprengfallen oder Heckenschützen. »Do something physical«: Mit diesem Satz machten GIs die Gewalt gegen Wehrlose als Botschaft an sich selbst kenntlich – als Beglaubigung von Macht mit anderen Mitteln und als Signum soldatischer Präsenz auf imaginierten Schlachtfeldern. Eine so verstandene Selbstvergewisserung aber verlangte nach unablässiger Wiederholung, weil weder die Kontrolle über unsichtbare Fronten noch die Bändigung diffuser Ängste in der Macht amerikanischer Dschungelkämpfer standen, weil sie vom ersten bis zum letzten Tag vom »instant death« bedrohte »disposable soldiers« blieben.

Selbstlegitimierung zur Gewalt auf unterster Ebene, »Body Count«-Manie in den mittleren Führungskadern, Kampf um politische Glaubwürdigkeit und militärisches Prestige auf Seiten des Oberkommandos in Washington und Saigon: Auf diesen Nenner lassen sich die Voraussetzungen amerikanischer Kriegführung in Vietnam bringen. Unter welchen Umständen und wie sie zum Tragen kamen, muss Gegenstand einer eigenständigen, nicht zuletzt auch die Kriegspraxis der Vietcong und der Nordvietnamesen einbeziehenden Betrachtung sein. Deshalb stehen diese Fragen im Mittelpunkt einer über drei Kapitel verteilten Chronologie der Gewaltgeschichte des Vietnamkrieges: »1967«, »16. März 1968« und »1968–1971«. Aus dem Bereich der I. und IV. Corps Tactical Zone – jener Kriegsgebiete, in denen beide Seiten die Entscheidung suchten –

werden drei unterschiedliche Einsätze samt ihrer Vorgeschichte und Folgen untersucht und zugleich drei für den Bodenkrieg typische Einheiten vorgestellt: eine Aufklärungspatrouille von ungefähr vier Dutzend Mann namens »Tiger Force«, eine als »Task Force Barker« bekannte Sondereinheit in Kompaniestärke und ein aus mehreren Brigaden zusammengesetzter Großverband der 9. Infantry Division. An diesen Fällen lässt sich exemplarisch studieren, wie weit der Einfluss »von oben« reichte und welche Definitionsmacht über das Geschehen »von unten« ausgeübt wurde.

Die von Truppen der 9. Infantry Division zwischen November 1968 und April 1969 im Mekongdelta durchgeführte Operation »Speedy Express« spielte in der Geschichtsschreibung bis dato keine Rolle – obwohl es die wohl größte und unbestreitbar blutigste »Pazifizierungskampagne« des gesamten Krieges war. Gestützt auf die Quellen der »Vietnam War Crimes Working Group«, der Peers-Kommission und etliche Korrespondenzakten, werden in der vorliegenden Studie erstmals die politischen Hintergründe und militärischen Planungen rekonstruiert und die operative Umsetzung eines Unternehmens geschildert, an dessen Ende knapp 11000 Tote, aber nur knapp 700 erbeutete Waffen zu Buche standen. Dass Zivilisten mindestens die Hälfte der Toten ausmachten, wurde in zeitgenössischen Evaluationen der US Army bestätigt und unter Verweis auf die vermeintlich zwingende Notwendigkeit des Einsatzes legitimiert. Gemeint war die vom »Military Assistance Command, Vietnam« (MACV) ausgegebene Weisung, die dramatischen Verluste der Vietcong während der »Tet-Offensive« auszunutzen und der südvietnamesischen Armee eine Bresche für die absehbare »Vietnamisierung« des Krieges zu schlagen.

Auch der Auftrag an die »Task Force Barker« war unter dem Eindruck der »Tet-Offensive« und im Zeichen einer »verschärften Befriedung« formuliert worden: In der Provinz Quang Ngai, einer traditionellen Hochburg der Vietcong, wollte man das 48. Local Force Battalion der Guerilla aufreiben und die politischen Kader der Aufständischen ausschalten. Doch das Morden, Brandschatzen und Vergewaltigen während des Einsatzes am 16. März 1968 sind mit strategischen Aufträgen nicht und mit dem Einfluss von Truppenführern nur bedingt zu erklären. Darauf deutet das unterschiedliche Verhalten der an verschiedenen Orten eingesetzten Platoons der C und B Company hin. Und dieser Schluss liegt nahe, sobald man die Verlaufszyklen des Massakers in »My Lai (4)« untersucht und fragt, unter welchen Voraussetzungen das Morden einsetzte und wann es seinen Höhepunkt erreichte, ob die Art des Tötens auf distanziertes Kalkül oder blindwütiges Berserkertum schließen lässt, an welchem Punkt und vor allem warum die Täter innehielten, wer als Zuschauer abseits stand und wie viele sich aktiv gegen das Meucheln auflehnten. Gemeinhin sind dergleichen Fragen mangels einschlägiger Quellen nur ungenügend zu beantworten. Die minuziöse Rekonstruktion der Ereignisse von »My Lai (4)« seitens der Criminal Investigation Division der Armee und der Peers-Kommission lässt demgegenüber empirisch dicht belegte Schlussfolgerungen zu – Thesen, die über den konkreten Fall hinausweisen und als grundsätzlicher Beitrag zur Entgrenzung kriegerischer Gewalt diskutiert werden können.

Die Spezialeinheit »Tiger Force«, die im Jahr 1967 in den Provinzen Quang Ngai und Quang Tin wie eine Todesschwadron wütete, fällt auf den ersten Blick aus dem Rahmen. Jedenfalls ist nicht bekannt, dass irgendeine andere Einheit derart lange und faktisch auf eigene Rechnung gemordet hätte. Wochenlang im Song Ve-Tal und im gebirgigen Dschungel nahe der Demarkationslinie am 17. Breitengrad auf sich allein gestellt, verschonte die Patrouille nichts und niemanden – weder auf ihren Feldern arbeitende Bauern noch die Alten, Frauen und Kinder, die sie bei nächtlichen Überfällen auf Dörfer vorfanden. Andererseits bleibt zu bedenken, dass der Krieg in Vietnam vielerorts von Kleingruppen geführt wurde, die sich ähnlich wie die »Tiger Force« an keine offiziellen Einsatzrichtlinien gebunden fühlten und abseits jeder Kontrolle ihren selbst verordneten »Rules of Engagement« folgten. Am Beispiel der »Tiger Force« können wir beobachten, warum gerade »small units« zu exzessiver Gewalt neigten und wie die gewalttätige Praxis von ihren Akteuren Besitz ergriff. Dass Gewalt Distinktions- und Reputationsgewinn verschafft und die Position in der Gruppenhierarchie festigen oder befördern kann, wird ebenso deutlich wie die Lust, das Vergnügen und der Spaß am Morden – Attribute, die von den Gewalttätern als Ausweis von Freiheit erfahren und gedeutet wurden. Letzteres verdeutlicht auch, dass bloße Gewöhnung oder der von Wortführern erzeugte Gruppendruck für die Binnenkohärenz einer Kleingruppe nicht ausschließlich und möglicherweise noch nicht einmal in erster Linie verantwortlich zu machen sind. Womit nicht gesagt sein soll, dass es keine Abweichler und Widerständigen gegeben hätte. Eine Handvoll GIs aus der »Tiger Force« machte sogar ihren Vorgesetzten Meldung. Konsequenzen seitens des Oberkommandos blieben freilich aus. Wer nämlich das Band zwischen Bevölkerung und Vietcong sprengen wollte, konnte nicht darauf verzichten, mit den Toten eine Botschaft an die Lebenden zu hinterlassen: dass alle mit allem rechnen mussten, weil einige zu allem fähig waren.

Um die Möglichkeiten und Grenzen einer strafrechtlichen Verfolgung von Kriegsverbrechen geht es im Kapitel »Richter«. Auf der rechtsnormativen Seite waren mit dem Uniform Code of Military Justice (UCMJ) die notwendigen Voraussetzungen gegeben. Die Grundsätze des internationalen Kriegsrechts galten ohne Einschränkung in allen Bestandteilen, in Anlehnung an die Nürnberger und Tokioter Prozesse hatte man die mit »respondeat superior« und »mens rea« umschriebenen Prinzipien übernommen – Klauseln also, mit denen Vorgesetzte für das Verhalten ihrer Untergebenen zur Rechenschaft gezogen werden konnten, ohne im Umkehrschluss den Untergebenen die Möglichkeit einzuräumen, sich zur Verteidigung illegalen Handelns auf Befehle ihrer Vorgesetzten zu berufen. Zu klären ist, warum sich nur ein Bruchteil mutmaßlicher Straftäter vor Militärgerichten verantworten musste und wieso das Militärstrafrecht in einem Gutteil der Fälle bis zur Unkenntlichkeit verwässert wurde. Zweifellos scheiterten viele Verfahren bereits im Vorwege, weil vor Gericht verwertbare Daten nicht oder nur in unzureichendem Umfang hatten erhoben werden können. Hinzu kam, dass Strafverfolger der Armee im Verein mit Bürokraten und hochrangigen Politikern mitunter Ermittlungen sabotierten beziehungsweise sich hinter den Kulissen erfolgreich für eine Niederschlagung einsetzten. Dennoch sollte die Bedeutung von Intrigen und brüchigen Beweismitteln nicht über die Maßen betont werden. Vielmehr konnte man das Kriegsrecht auch mit den Mitteln des Verfahrensrechts zum Erliegen bringen – und zwar unter Berufung auf den Uniform Code of Military Justice. Diesem zufolge mussten die Kommandierenden Generale, in deren Einheiten die inkriminierten Taten begangen worden waren, über den Umgang mit Ermittlungsergebnissen befinden. Ob sie Verdächtige verschonten oder rein administrative Strafen verhängten, ob sie eine nochmalige Beweisprüfung anordneten oder ein Militärtribunal erst gar nicht in Erwägung zogen, lag einzig und allein in ihrem Ermessen. Nicht zuletzt konnten sie Urteile jederzeit korrigieren oder gänzlich kassieren. Dass die »convening authorities« ihre Möglichkeiten in extenso ausschöpften, benennt den Kern des Problems: Wir haben es mit einer Erosion der militärischen Rechtskultur auf legalem Wege zu tun.

Seit Mitte des 19. Jahrhunderts war die amerikanische Öffentlichkeit wiederholt mit der Gewalttätigkeit eigener Truppen konfrontiert worden. Von den Soldaten, die 1862 im südlichen Minnesota einen Aufstand der Sioux-Indianer unter ihrem Häuptling Little Crow niedergeschlagen und binnen einer Woche an die 1000, möglicherweise 2000 Indianer ermordet hatten, wurden 306 erstinstanzlich zum Tode durch den Strang verurteilt und 38 nach einer Urteilsüberprüfung und dem zweifelsfreien Nachweis individueller Täterschaft im Dezember 1862 gehängt.[65] Auch im Gefolge des Sand-Creek-Massakers an 500 Cheyenne- und Arapaho-Indianern Ende November 1864 wurde gegen den Verantwortlichen, Colonel John M. Chivington von den Colorado-Milizen, eine Untersuchung angestrengt. Brigadegeneral Jacob Smith schließlich wurde wegen der auf den Philippinen begangenen Massaker aus dem Militärdienst entlassen. Von einer nachhaltigen Empörung konnte indes keine Rede sein.[66] Im Gegenteil: Der als »good war« apostrophierte Zweite Weltkrieg, in dessen Verlauf knapp 300 amerikanische Soldaten von Kriegsgerichten verurteilt und hingerichtet wurden, immunisierte die Öffentlichkeit gegen das Verhalten ihrer Truppen – obwohl die meisten Urteile wegen Vergewaltigung und Mord ausgesprochen worden waren. Einschlägige Berichte in auflagenstarken Zeitungen und Zeitschriften verhallten spurlos oder wurden mit der Rede »Krieg ist eben Krieg« abgetan.[67] Ein fernes Echo dieses Desinteresses bekam auch der in »My Lai (4)« anwesende Armeefotograf Ronald Haeberle zu spüren. Er hatte seine Aufnahmen des Massakers in einer Diashow über Vietnam in mehreren Vorträgen in Cleveland, Ohio, vor insgesamt 600 Gästen präsentiert – je einmal in einem »Optimist«- und »Kiwanis«-Club, zweimal vor Mitgliedern von »Jaycee«-Clubs, vor einem Lehrerverband, einer kirchlichen Jugendgruppe und Schülern einer High School.[68] Von wenigen Ausnahmen abgesehen, fühlten sich die meisten Zuschauer manipuliert und machten Haeberle zur Zielscheibe ihrer Kritik. »›Warum sollten amerikanische GIs so etwas tun, insbesondere gegen alte Männer, Frauen und Kinder?‹ Einige dachten, es wäre in Hollywood aufgenommen worden, dass es frei erfunden wäre. Sie wollten es einfach nicht glauben.«[69]

Auch das Entsetzen angesichts der von CBS ausgestrahlten und als authentisch beglaubigten Bilder erwies sich als vorübergehende Schockstarre. In den folgenden Wochen und Monaten wurden das Weiße Haus, das Pentagon und Zeitungsredaktionen mit Solidaritätsbekundungen

---

65 Major General Kenneth J. Hodson (Judge Advocate General, U.S. Army), From Nuremberg to Mylai, Vortrag vor der Minnesota State Bar Association, 18. 6. 1971, zit. n. *Congressional Record*, Senate, 29. 6. 1971, S. S10210.

66 Slotkin, Gunfighter Nation, S. 88–124.

67 Bilton/Sim, Four Hours, S. 366–367.

68 NA, RG 319, AS, PI-FR, Vol. II: Testimony, Box 18, Book 11, Haeberle: Sum App T-174, S. 4; ebenda, Vol. IV: CID Statements, Box 57, Sworn Statement Ronald L. Haeberle, 25. 8. 1969, S. 5.

69 Ronald Haeberle, zit. n. Bilton/Sim, Four Hours, S. 242.

für die Mörder von »My Lai (4)« buchstäblich zugeschüttet – mit Hunderttausenden von Briefen und Petitionen aus allen Landesteilen, verfasst von Schreibern aus allen Bevölkerungsgruppen und sämtlichen politischen Parteien und Lagern. Dass sich andere Historiker je mit diesem Material befasst und eine Auswertung vorgelegt hätten, ist dem Autor nicht bekannt.[70] Nicht zuletzt deshalb kommen die Texte zum Schluss dieses Buches ausführlich zur Sprache. Anhand von gut 900 Eingaben wird erörtert, von welcher politischen und moralischen Warte die Protestierenden schrieben und welchen Aufschluss ihre Erregungsgemeinschaft über das Verhältnis von Militär und Gesellschaft in den USA gibt.

Spätestens an dieser Stelle verschwimmen die Grenzen zwischen Zeitgeschichte und Diagnose der eigenen Zeit. Denn die an William Calley und andere adressierte »Fanpost« drängt zu der Frage, wie es um den politischen Willen und die institutionellen Möglichkeiten der amerikanischen Gesellschaft zur Selbstkorrektur bestellt ist. Und ob Richard Rorty mit seiner Beobachtung richtig liegt, dass seit den 1960er Jahren der Streit um konkurrierende Politik- und Gesellschaftsentwürfe zusehends von einer Politik der Emotionen verdrängt wird[71] – einer Politik, die zwecks Festigung der Solidargemeinschaft im Inneren des Ausnahmezustandes an unterschiedlichen »Fronten« bedarf und in letzter Konsequenz auch des Krieges nicht entraten kann.[72] Das aber wäre – und ist – das Thema eines weiteren Buches.

70 Die mit den Reaktionen auf »My Lai (4)« befassten Autoren konzentrieren sich auf eine Auswertung von Meinungsumfragen. Siehe Belknap, War on Trial, S. 191–216. Michael S. Foleys Quellensammlung bezieht sich auf den Vietnamkrieg im Allgemeinen und berührt das Thema Kriegsverbrechen nur am Rande: Foley (Hg.), Dear Dr. Spock.

71 Rorty, Stolz auf unser Land, S. 43–73.

72 Siehe Bacevich, New American Militarism.

Kriegsherren

»Wenn ich Vietnam verliere, würde Robert Kennedy in vorderster Front den Kampf gegen mich führen. Er würde aller Welt sagen, […] dass ich ein Feigling sei. Ein verweichlichter Mann. […] Jeden Abend vor dem Einschlafen sah ich mich in der Mitte eines langen, offenen Raumes an den Boden gefesselt. In der Entfernung konnte ich die Stimmen von Tausenden von Menschen hören. Sie schrien mich alle an und liefen auf mich zu: ›Feigling! Verräter! Schwächling!‹«

(Lyndon B. Johnson)[1]

»In Vietnam geht es im Kern darum, dem Anliegen der ›Befreiungskriege‹ den Todesstoß zu versetzen. Es ist ein Testgelände – wie ehedem Spanien für die Deutschen. Es geht um eine Botschaft an Lateinamerika und andere Zentren des Guerillakrieges.«

(Bernard B. Fall)[2]

Es war der längste heiße Krieg im Kalten Krieg. Und es ist ein Krieg, der bis heute den schauerlichsten Rekord in der Geschichte hält: Zu keiner anderen Zeit und an keinem anderen Ort wurden derart viele Vernichtungsmittel eingesetzt wie in Vietnam. In den Jahren 1966 bis 1968 klinkten Kampfflugzeuge der USA und ihrer Verbündeten 2865808 Tonnen Bomben über Vietnam, Laos und Kambodscha aus – das waren gut 800000 Tonnen mehr als auf allen Schauplätzen des gesamten Zweiten Weltkrieges zusammen. Bereits nach zwei Jahren Luftkrieg – zwischen August 1964 und Dezember 1966 – waren 860000 Tonnen Bomben allein auf den Norden des Landes niedergegangen. Bis 1975 verfeuerten die US-Streitkräfte sieben Millionen Tonnen Bomben und Artilleriegranaten in Nord- und Südvietnam. Auch diese Zahl liegt weit über der von den USA im Laufe des Zweiten Weltkrieges aufgewendeten Feuerkraft. Ein Land, das mit 330000 Quadratkilometern Fläche etwas kleiner ist als Deutschland, blieb am Ende des Krieges mit 26 Millionen Bombenkratern zurück.[3]

---

1 Lyndon B. Johnson im Interview mit Doris Kearns, zit. n. Karnow, Vietnam, S. 485.
2 Bernard B. Fall, This Isn't Munich, It's Spain, in: *Ramparts*, December 1965.
3 Lewy, America in Vietnam, S. 99; Spector, After Tet, S. 11; Anderson, Facing My Lai, S. 220; Olson, Handbook, S. 103.

»There was more of it in Vietnam« oder: Vietnam hatte von allem etwas mehr. Dieses unter amerikanischen Soldaten geflügelte Wort beschreibt nicht allein die Dimension des Luftkrieges. Es verweist zugleich darauf, dass der Krieg in Südostasien eine merkwürdige Mixtur aller bewaffneten Auseinandersetzungen war, wie wir sie seit der frühen Neuzeit kennen. Die Kämpfe im Dschungel und in den Reisfeldern trugen Züge der bereits im 16. Jahrhundert an der Peripherie des imperialen Systems geführten Kolonialkriege – ausgefochten an ständig wechselnden, unsichtbaren Fronten und oft über einen unerwartet langen Zeitraum. Zugleich findet man in Vietnam die Geschichte des Guerillakrieges gespiegelt. Anzutreffen ist dessen ursprüngliche Inszenierung aus der Mitte des 18. Jahrhunderts, als sich die Truppen der britischen Krone versprengter Freischärler bedienten, um Nachschublinien oder Forts des französischen beziehungsweise indianischen Feindes auszuschalten. Dieses Zusammenspiel von »Regulären« und »Irregulären« entwickelten die nordvietnamesische Armee und der Vietcong mit zunehmender Kriegsdauer zur Perfektion. Andererseits trat der Vietcong auch in der seit dem spanischen Untergrundkampf gegen Napoleon bekannten Rolle auf – als Guerilla auf eigene Rechnung, mit unkonventioneller Strategie und ohne den Rückhalt einer geordneten staatlichen Streitmacht. Jenseits dessen scheinen Parallelen zum Stellungskrieg des Ersten Weltkrieges auf, wenn man an die monatelange Belagerung von Khe Sanh oder die Schlacht am »Ap Bia Mountain« im A Shau-Tal denkt, wo sich im Mai 1969 amerikanische und nordvietnamesische Truppen ein sinnloses Gemetzel um eine strategisch wertlose Bergkuppe lieferten. »Hamburger Hill« nannten GIs fortan diesen Einsatz – eine zumindest unbewusste Anspielung auf den »Fleischwolf« vor Verdun. Nicht zuletzt wurde der Krieg in Vietnam über weite Strecken als »totaler Krieg« geführt. Und zwar in dem Sinne, dass die Unterschiede zwischen Kombattanten und Nichtkombattanten teilweise mit Vorsatz nicht respektiert, teilweise im Gefolge der kriegerischen Dynamik verwischt wurden.

Dementsprechend hoch war der Preis des Krieges. »There was more of it in Vietnam« deutet an, dass jeder Versuch, sich ein konkretes Bild zu machen, zum Scheitern verurteilt ist – insbesondere, wenn es um die Zahl der getöteten Zivilisten geht. Das Grauen tritt nur in Umrissen und in jenen Statistiken hervor, die mehr verschleiern als enthüllen. Eine übliche Schätzmethode – von der Zahl der in Krankenhäusern Behandelten auf die wahrscheinliche Menge an Toten zu schließen – erweist sich in diesem Fall als weltfremd. Viele der mit großflächigem Bombardement eingedeckten oder in andere Kampfzonen hineingezogenen Ortschaften lagen nicht im Einzugsbereich medizinischer Versorgung. In diesen Weilern und Dörfern grassierte ein namenloser Tod – von den ungezählten Siedlungen nicht zu reden, die auf keiner Landkarte verzeichnet waren und buchstäblich spurlos vom Erdboden getilgt wurden. Gegen eine Verwendung von Krankenhausstatistiken spricht des Weiteren der immer wieder geschilderte Alltag in den Spitälern. Schlecht ausgerüstet, personell chronisch unterversorgt und mit der Bändigung eines uferlosen Chaos konfrontiert, waren sie alles andere als ein Ort für zuverlässige Buchführung. Überdies bleibt zu bedenken, dass mindestens ein Drittel der als getötet verbuchten feindlichen Soldaten tatsächlich Zivilisten waren, die man in den Einsatzberichten zwecks Aufbesserung der Erfolgsbilanz zu Bewaffneten umdeklariert hatte.

Wenn wir den niedrigsten Schätzungen Glauben schenken, kamen zwischen 1965 und Ende 1974 an die 627000 Zivilisten in Nord- und Südvietnam infolge von Kriegshandlungen beider Seiten ums Leben – weit über 80 Prozent von ihnen lebten im Süden des Landes. Die nordvietnamesische Armee und der Vietcong verloren – abzüglich der in der Gefallenenstatistik fälschlicherweise aufgeführten Zivilisten – 444000 Mann, die USA knapp über 56000 und ihre Alliierten knapp 226000, so dass von ungefähr 726000 getöteten Soldaten auszugehen ist. Zusammengenommen beliefe sich die Zahl aller Kriegstoten demnach auf 1353000. Andere Autoren halten diese Angaben für weit untertrieben. Sie sprechen von einer Million gefallener vietnamesischer Soldaten und über zwei Millionen getöteten und über vier Millionen verwundeten Vietnamesen – in einem Land mit damals zwischen 60 und 70 Millionen Einwohnern. Sich auf die eine oder andere Zahl festzulegen ist müßig. Die Wahrheit liegt irgendwo dazwischen. Und in jedem Fall war der Anteil von Zivilisten unter den Kriegsopfern exorbitant – im mindesten Fall ist von 46 Prozent auszugehen, schlimmstenfalls von 66 Prozent. Jeder hier anzunehmende Mittelwert übertrifft die für den Zweiten Weltkrieg vermutete Zahl von 42 Prozent ziviler Opfer. Folglich entrichtete Vietnam neben Korea auch den höchsten Blutzoll aller heißen Kriege im Kalten Krieg.[4]

---

4 Die konservativen Schätzungen gehen zurück auf Lewy, America in Vietnam, S. 442f., 448–453. Lewy arbeitet mit den problematischen Krankenhausstatistiken. Andere Daten finden sich bei Anderson, Facing, S. 220; Spector, After Tet, S. 207; Olson, Handbook, S. 112; Tucker, Encyclopedia, S. 64, 140.

Die Dynamik eines asymmetrischen Krieges

Woher rührt diese überschießende Gewalt? Welche Bedingungen mussten zusammenkommen, um eine derartige Entwicklung anzustoßen? Und wie wirkten die unterschiedlichen Faktoren aufeinander ein? Zur Annäherung an diese Fragen empfiehlt es sich, auf die seit Mitte der 1970er Jahre geführte Diskussion über »asymmetrische Kriege« zurückzugreifen – über jene Kriege, in denen Konfliktparteien mit qualitativ anderer Ausrüstung, mit unterschiedlich geschulten Kämpfern und einem im Grundsatz verschiedenen Verständnis von Krieg aufeinandertreffen. Gemeint ist also die Konfrontation zwischen auf den ersten Blick starken und schwachen Gegnern. Und gemeint ist vor allem die Pointe, die bei einer historischen Betrachtung ein um das andere Mal zu konstatieren ist: Materielle Überlegenheit ist in solchen Kriegen nicht zwingend von Vorteil. Sie gerät eher zum Fluch. Egal, ob man auf Beispiele aus der Antike, dem Mittelalter, der frühen Neuzeit oder der Moderne zurückgreift – in asymmetrischer Konstellation geführte Kriege folgen einer eigenen Logik. Sie unterliegen nicht dem Diktat der Ökonomie oder Technologie, setzen das mathematische Kalkül mit Masse und Effizienz außer Kraft. Entscheidend ist vielmehr der Umgang mit der Ressource Zeit – und dass beide Seiten diese Ressource auf gegensätzliche Weise nutzen. Der vermeintlich Schwache hat kein Interesse an einer schnellen Beendigung des Krieges. Im Gegenteil. Die Zeit ist sein stärkster Verbündeter. Solange der Schwache nicht verliert, hat er gewonnen. »Wir mussten keine militärischen Siege erringen«, meinte ein früherer Colonel der nordvietnamesischen Armee, »wir mussten sie nur so lange mürbe machen, bis sie aufgaben und sich zurückzogen.«[5] Der vorgeblich Starke hingegen ist zum Sieg verdammt, um nicht zu verlieren. Je länger der Krieg dauert, desto schlechter steht es um seine Gewinnchancen und desto anfälliger wird seine Position. In einem solchen Kriegsmilieu aber gedeiht eine Bereitschaft zu exzessiver Gewalt. Mittels ihrer kann der Schwache eine Entscheidung hinauszögern – also Zeit gewinnen. Und der Starke verspricht sich davon, eine Entscheidung zu erzwingen – also verlorene Zeit wettzumachen. In anderen Worten: Zwischen Asymmetrie und entgrenzter Gewalt besteht ein unmittelbarer Zusammenhang.[6]

---

5 How North Vietnam Won the War, Interview with Colonel Bui Tin, in: *The Wall Street Journal*, 3. 8. 1995.

6 Zur Debatte über asymmetrische Kriege siehe Mack, Why Big Nations Lose Small Wars; Daase, Kleine Kriege – Große Wirkung; Arreguin-Toft, How the Weak Win Wars; Münkler, Wandel des Krieges; Gilbert, Why the North Won.

Hinsichtlich der Kriegsmittel und Bewaffnung hätte das materielle Gefälle im Vietnamkrieg kaum größer sein können. Die USA stellten eine vollmotorisierte Armee ins Feld, während die Guerilla oft mit Hilfe von Fahrrädern ihr Kriegsgerät durch das Dickicht des Ho-Chi-Minh-Pfades wuchtete. Der Luftraum gehörte amerikanischen Helikoptern, Jagdbombern und atomwaffenfähigen B-52, vor den Küsten ankerten US-Flugzeugträger – Waffensysteme, denen mit Kalaschnikows, überalterter Flak oder Patrouillenbooten nicht beizukommen war. Beispiele dieser Art können beliebig viele zitiert werden. Sie illustrieren stets den gleichen Sachverhalt: dass die schwache Seite nur überlebt, wenn sie sich nicht auf die Art der Kriegführung einlässt, auf die der Starke vorbereitet ist und die er am besten beherrscht. Unter asymmetrischen Bedingungen die offene Feldschlacht zu wagen oder in einen Wettlauf um gleichartiges Kriegsmaterial einzutreten, wäre für den Schwachen das sichere Ende. Er kann noch nicht einmal damit rechnen, eine zweite Chance zu bekommen.[7]

Der Guerilla bleibt einzig ein Ausweg: Die Nutzung unsichtbarer und indirekter Ressourcen. Sie bedarf der breiten Unterstützung durch Nichtkombattanten, sie muss mit der Bevölkerung verschmelzen, ihren Schutz in Anspruch nehmen. Wie der Fisch im Wasser zu schwimmen, um die berühmte Formulierung Maos aufzugreifen, setzt voraus, ein Ohr für die Nöte, Ängste und Wünsche der Unterprivilegierten zu haben und als Vertreter ihrer Interessen anerkannt zu werden. Aber dieser Anerkennung kann sich die Guerilla zu keinem Zeitpunkt gewiss sein, handelt es sich doch um eine »geliehene Stärke«. Denn auf eigenem Territorium einen an Feuerkraft ungleich überlegenen Gegner zu bekämpfen, heißt unmäßige Zerstörungen in Kauf zu nehmen. Ein Krieg, der in den Alltag eines jeden hineinragt, kann ein Kollektiv bekanntlich zusammenschweißen. Ebenso gut – und auch dafür gibt es zig Beispiele – können derartige Erfahrungen in Revolten münden. Und zwar umso eher, je länger der Krieg dauert. Im einen wie im anderen Fall gilt: Der Erfolg des Schwachen hängt von einer dauerhaft hohen Opfer- und Leidensbereitschaft des zivilen Umfelds ab. Wo deren Grenze erreicht ist und Zumutungen in Resignation, Aufmüpfigkeit oder gar offene Opposition umschlagen, ist nicht vorhersehbar. In diesem unkalkulierbaren Hintergrundrisiko aber keimt für den Schwachen die Versuchung zur Repression, wenn nicht zum Terror. Über die Wahl der Mittel entscheidet die Situation. Der Zweck hingegen ist beim Preis

7 Siehe Walter, Symmetry and Asymmetry.

der Selbstaufgabe nicht hinterfragbar. Nur mit einer stabilen Mobilisierung der Nichtkombattanten lassen sich die materiellen Defizite der Waffentragenden in Grenzen halten oder im besten Falle ausgleichen. Der Preis dieses Ausgleichs ist folglich eine Ausweitung der Kampfzone auf das Zivil – ideell wie materiell.

Dass der Vietcong über weite Strecken des Krieges und vielerorts als »Volksvertretung« anerkannt wurde, ist nicht zu bezweifeln. In den nördlichen Provinzen Quang Ngai, Quang Tin und Quang Nam beispielsweise kontrollierten Anfang der 1960er Jahre 30000 politische und militärische Kader das flache Land. Der Einfluss der Saigoner Regierung war auf wenige Städte begrenzt. Überall sonst lagen die öffentliche Verwaltung, das Schul- und Gesundheitswesen wie die Verteilung wirtschaftlichen Überschusses in kommunistischer Hand. »Der Vietcong ist hier nichts eigenes«, heißt es in einem Anfang 1967 verfassten Bericht der Army zur Lage in Quang Ngai. »Der Vietcong ist das Volk.«[8] In diesen Regionen wuchs eine Generation heran, die nie etwas anderes erfahren hatte. Für sie waren Bodenreform und soziale Sicherheit keine Versprechen für die Zukunft, sondern gelebte Erfahrung. Zumindest aber teilten sie die seit dem 19. Jahrhundert virulente und seit den 1930er Jahren militante Ablehnung von Fremdherrschaft oder äußerer Einmischung. Diese gegen Japaner, Franzosen wie Amerikaner gleichermaßen tief verwurzelte Opposition blieb die wichtigste Ressource der Vietcong – und von einer »emotionalen Produktivkraft« des Krieges zu sprechen, scheint durchaus angebracht. Andererseits gab es wichtige Bereiche des gesellschaftlichen Lebens auch jenseits der Städte, die kommunistischer Einflussnahme verschlossen blieben. Die ständige Präsenz von Steuereintreibern war bei ohnehin mit kargen Erträgen wirtschaftenden Bauern nicht unbedingt eine Empfehlung. Bis zum empirisch bis dato ausstehenden Gegenbeweis kann auch davon ausgegangen werden, dass ein erheblicher Teil der Landbevölkerung von Politik nichts wissen wollte und ihre tradierte Lebensform über alle Ideologie stellte. Erst recht im weltanschaulichen Feindverdacht standen Katholiken und Buddhisten, die nicht nur zahlenmäßig ins Gewicht fielen, sondern auch deutungsmächtige intellektuelle oder publizistische Eliten hervorbrachten und mit ihnen ein im Grundsatz anderes Verständnis von Volksvertretung teilten.[9]

---

8 Lagebericht der US Army, zit. n. Sheehan, Große Lüge, S. 687.

9 Zur politischen und sozialen Akzeptanz des Vietcong siehe Schell, The Real War. Schells Beobachtungen wurden auch von vielen Analysten des Pentagon geteilt: Headquarters Pacific Air Force, Directorate, Contemporary Historical Examination of Current Operations, Project Report: Air Support in Quang

Diese real oder imaginiert »Unzuverlässigen« spürten die Ausweitung der Kampfzone buchstäblich am eigenen Leib. Wenn Aufforderungen zur Selbstkritik oder Umerziehungsprogramme nichts fruchteten, scheuten die auf einzelne Dörfer angesetzten »Propagandateams« der Vietcong nicht davor zurück, Widerspenstige zu Kriegsdienst oder Zwangsarbeit zu nötigen oder vor einem »Volksgericht« aburteilen und anschließend öffentlich hinrichten zu lassen. Über zivile Funktionsträger des Feindes – Dorfvorsteher, Beamte, Polizisten, Sozialarbeiter, Gefängniswärter, Lehrer, Journalisten – führte ein auf 25000 Mann geschätzter »Sicherheitsdienst« regelrecht Buch. So entstanden Ziellisten für Mord- und Entführungskommandos, denen eine schwer zu schätzende Zahl von Menschen zum Opfer fiel. Wahrscheinlich wurden zwischen 1957 und 1972 circa 37000 Personen ermordet und an die 58000 entführt – eine hohe Zahl bis heute unbekannter Schicksale nicht mitgerechnet. »Der Kampf«, so ein vom 25. 2. 1968 datiertes Dossier, »muss wagemutig und gewaltsam sein. Auf keinen Fall dürfen wir uns mit juristischen Petitionen oder Appellen aufhalten.«[10] Wie es scheint, standen nur 20 Prozent der Opfer in Diensten der Regierung oder des Polizeiapparates. Eine wenig erstaunliche Tatsache, war doch die Parole, »Agenten der Marionettenregierung vollständig zu vernichten«,[11] offen für einen aus dem Ruder laufenden Terror. »Wir griffen an zu vielen Fronten gleichzeitig an«, räumte General Giap im Nachhinein ein, »und weil wir uns von Feinden umstellt glaubten, gingen wir zum Terror über. Dieses Mittels bedienten wir uns viel zu oft. [...] Schlimmer noch, die Folter wurde allmählich als normal angesehen.«[12] Als im

---

Ngai Province, Secret, 25. 2. 1970, S. 3f., in: NA, RG 319, AS, PI-AC, Box 27, Folder: RVN Trip Report Information – Folder # 3; Debriefing Report, Major General Charles M. Gettys, Commanding General, Americal Division, 19. 5. 1969, S. 1f., in: NA, RG 319, AS, PI-AC, Box 5, Folder: Background Americal Division; PI-FR, Vol. I: Analyses, Chapter 3, S. 3, in: NA, RG 319, AS, PI-FR, Box 1, Vol. I.

10 Das Dossier vom 25. 2. 1968 (»Plan for Political Struggle from February to April 1968«) wurde von US-Truppen im Süden (IV. Corps Tactical Zone) erbeutet, in: NA, RG 127, USMC, HMC-HMD, BM-68, Box 5, Folder: Enemy Plans 29 May 68.

11 Die Aufforderung zur vollständigen Liquidierung aller »Agenten« findet sich in einem erbeuteten, vom 5. 2. 1968 datierten Dokument des »Current Affairs Party Committee«, in: NA, RG 127, USMC, HMC-HMD, BM-68, Box 10, Folder: PRP Assessment of Tet 68. Siehe ebenda, Box 10, Folder: Strategy – 12/67 (Pike Assessment: December 1967).

12 General Vo Nguyen Giap, zit. n. Schell, Real War, S. 17.

Februar 1968 12 000 Soldaten der nordvietnamesischen Armee und der Vietcong die Stadt Huê 26 Tage lang besetzt hielten, wurden knapp 3000 auf schwarzen Listen vermerkte Zivilisten massakriert und noch einmal so viele verschleppt – »Hooligan-Lakeien« in der Diktion von Radio Hanoi.[13] Auch gibt es gute Gründe für die Annahme, dass Flüchtlingslager oder der »Feindkollaboration« verdächtigte Dörfer wiederholt beschossen wurden. Ob zur Bestrafung oder um des Nachweises willen, dass Amerikaner und Südvietnamesen ihrem Schutzanspruch nicht nachkommen konnten, sei dahingestellt. Hunderte, wenn nicht Tausende zahlten dafür mit ihrem Leben.[14]

Auch der Starke neigt dazu, den Krieg auf das Zivil auszudehnen. Die Geschichte europäischer Kolonialkriege seit dem späten 19. Jahrhundert in Asien und Afrika und nicht zuletzt der um die Jahrhundertwende auf den Philippinen geführte Krieg bilden ein immer wiederkehrendes Muster ab. Sobald der Feind von der Bevölkerung unterstützt wird und bei ihr Deckung findet, rücken die »weichen Ziele« ins Visier. Die Guerilla an der verwundbarsten Stelle zu treffen hieß, Rückzugsräume zu versperren und Quellen materieller Reproduktion zum Versiegen zu bringen. Mal wurden Tausende großräumig zwangsumgesiedelt und in »Wehrdörfer« verbracht, die von Stacheldraht umgeben und von Milizen abgeriegelt eine Kommunikation mit den Aufständischen verhindern sollten. Mal wurde Vieh beschlagnahmt oder die Ernte vernichtet, mal verwandelte man ganze Landstriche samt ihrer Siedlungen in tote Zonen – auch als Zeichen und Drohung an die Bewohner. Wer den Feind unterstützte, sollte wissen, dass er damit sein eigenes Leben aufs Spiel setzte und es mit einer Streitmacht zu tun bekam, die vor nichts zurückschreckte. In einer so definierten Strategie hatte auch vorsätzlicher Mord bis hin zum Massaker seinen Platz. Und sie wurde im Zweifel in ein buchstäblich entgrenztes Handeln übersetzt, das kein Objekt des natürlichen und gesellschaftlichen Umfeldes ausschloss. Zweifellos handelte es sich um Kriege

---

13 Radio Hanoi, zit. n. Office Chief of Staff Army, Office Memorandum: Hue Massacres, 31. 12. 1969, S. 3, in: NA, RG 319, AS, PI-AC, Box 12, Folder: Hue File (1 of 2).

14 Siehe Valentine, Phoenix Program, S. 43, 59; Lewy, America in Vietnam, S. 88, 109, 272–275. Ähnliche Angaben zu Ermordeten und Entführten finden sich in US-Militärakten: siehe Army Report: Law of Southeast Asia Rules of Engagement, Law of War, ohne Datum, Annex B, S. 6–9, in: NA, RG 319, AS, ODCS-PER, VWCWG, CF, Box 4. Zu den Angriffen auf Flüchtlingslager und Dörfer siehe Lewy, America in Vietnam, S. 245, 276; NA, RG 319, AS, ODCS-PER, VWCWG, CF, Box 4, Folder: Army Report – Law of Southeast Asia Rules of Engagement, Law of War, ohne Datum, S. 96 und Annex B, S. 5.

abseits aller Regeln und jenseits des Kriegsrechts. Aber weil die Senkung der Hemmschwellen als unumgänglich und mithin legitim angesehen wurde, hatte auch das *ius in bello* sein Recht verwirkt.[15]

Die amerikanische Kriegführung in Vietnam fügte sich nahtlos in diese Kontinuität. Auf fremdem Terrain und vor einer undurchdringlichen Kulisse aus Wäldern, Bergen und Sümpfen begegnete man einer als nicht minder bedrohlich wahrgenommenen Bevölkerung. Bauern, die ihren Beschützern keine Blumen streuten, die weder vor Hinterhalten warnten noch über den Verbleib von Sprengfallen Auskunft gaben, junge Männer wie alte Frauen, von denen man argwöhnte, dass sie nach ihrem Tagwerk auf den Feldern nachts zu Guerillas wurden. Wo die Grenze zwischen Realität und Phantasma zu ziehen ist, spielt dabei keine Rolle. Entscheidend war der Feindverdacht und die aus seinem Geist geborenen militärischen Mittel. Auch wenn man von den Opfern des Bombenkrieges absieht, bietet das Schicksal der Zivilbevölkerung ein Bild des Schreckens. Zehn Millionen wurden durch die Umsiedlungspolitik zur Flucht gezwungen; wie viele durch den Einsatz von Agent Orange und anderer Herbizide auf Jahre ihre Ernte verloren oder durch den Verzehr vergifteter Lebensmittel nebst der eigenen auch die Gesundheit ihrer Nachkommen schädigten, ist nicht bekannt; Tausende starben bei Feuerüberfällen auf ihre Dörfer; die Zahl der Massaker geht in die Dutzende; und ein unter dem Namen »Phoenix« bekanntes Programm zur Ausschaltung der Führungskader des Vietcong kostete von Mitte 1968 bis Mitte 1971 zwischen 20000 und 40000 Menschen das Leben – in neun von zehn Fällen war die Identität der Ermordeten unbekannt, und man heftete ihnen erst im Nachhinein das Etikett »Funktionsträger« an. Mag im historischen Vergleich auch vieles vertraut klingen – neu war die Radikalität, mit der man sich der bekannten Rezepte bediente: »There was more of it in Vietnam.«

Auf diese Ereignisse wird im Einzelnen zurückzukommen sein. Hier genügt der Hinweis auf die sie begründende Dynamik: So unterschiedlich ihre Interessen und Motive auch immer sein mögen, in asymmetrischen Kriegen bedienen sich die Kontrahenten letztlich symmetrischer Mittel. Nämlich eines vorsätzlichen, kalkulierten Terrors gegen Unbewaffnete und ihre Lebenswelt. Eine unabwendbare Notwendigkeit sei damit nicht unterstellt. Aber dass es sich um regelmäßig wiederkehrende Prozesse handelt, ist ausweislich einer Jahrhunderte umspannenden

15 Siehe Beckett, Modern Insurgencies and Counter-Insurgencies; James, Savage Wars; Vandervort, Wars of Imperial Conquest; Klein/Schumacher, Kolonialkriege; Walter, Symmetry and Asymmetry.

Bilanz nicht zu bestreiten. Die Guerilla mit ihren eigenen Waffen schlagen zu wollen, läuft am Ende also nicht allein auf eine Ausweitung der Kampfzone hinaus. Der Krieg gegen »weiche Ziele« impliziert zugleich eine Brutalisierung der Kriegführung – solange der Starke kein anderes Mittel sieht, seiner Schwäche Herr zu werden, und sobald der Schwache zu der Überzeugung kommt, seine prekäre Machtbasis nur auf diese Weise stärken zu können.

Aus Sicht der Vietcong versprach eine Entgrenzung des Kampfes auch aus anderen Gründen kriegswichtige Dividenden. Je mehr Angst und Schrecken verbreitet werden, so das Kalkül, desto rascher sind die moralischen Ressourcen des Gegners verbraucht. Eines Gegners, über den der oberste Militär Hanois, General Giap, sagte, dass er weder »die psychologischen noch die politischen Mittel für einen in die Länge gezogenen Krieg besitzt«.[16] Sätze wie diese wurden im Wissen um einen kaum aufzuwiegenden Vorteil der Guerilla formuliert: Die überlegene Kenntnis des geographischen Raums machte es ihr möglich, wie ein Phantom zu agieren. Die Stoßtruppen verschwanden ebenso schnell, wie sie aufgetaucht waren, an Orten und zu Zeitpunkten ihrer Wahl – unsichtbar, unberechenbar und folglich mit der Definitionsmacht über das Geschehen. Allerdings war es mit Angriffen auf »weiche Ziele« wie Nachschub- und Kommunikationswege, Waffendepots oder Truppenunterkünfte nicht getan. Wichtiger war die Auflösung der Fronten. Der Feind durfte sich nirgendwo sicher fühlen, keine Rückzugsräume haben, keine Etappe, in der er sich sammeln und neu formieren konnte. »Wenn man die Ausgangslage von Freund und Feind in Rechnung stellt, so muss davon ausgegangen werden, dass durch unsere verwegenen und überraschenden Attacken der starke Feind schwach wird und unsere kleine Streitmacht deutlich an Größe gewinnt.«[17] Deshalb musste jedes Reisfeld, jeder Deich, Baum oder Strauch als tödliche Gefahr wahrgenommen werden, deshalb wurde ein dicht geknüpftes Netz aus Millionen von Sprengfallen über das gesamte Land gelegt – in der Erwartung,

---

16 General Vo Nguyen Giap, zit. n. Fall, Street Without Joy, S. 34. Giaps auf die französische Armee gemünzte Bemerkung galt aus seiner Sicht für die US-Streitkräfte nicht minder. Siehe Giap, People's War.

17 Aus einem am 9. September 1968 von US-Truppen erbeuteten Dokument der nordvietnamesischen Armee (»Unit 500, Number: 154/L.12«, S. 31), in: NA, RG 127, USMC, HMC-HMD, BM-68, Box 5, Folder: PLAF/PAVN Assessment of Strategy 1965–68. Zur Tradition dieser Strategie siehe Fall, Street Without Joy, S. 15, 65, 130. Grundsätzlich zu diesem Zusammenhang: Münkler, Guerillakrieg und Terrorismus.

den in Kampfzonen üblichen Stress für den Feind zu einem Schritt auf Tritt dauerhaften Begleiter zu machen.

So klingt die Logik des Terrors, einer Politik, die auf Dauer der dramatischen Effekte zur Durchsetzung ihrer Absichten bedarf. Nadelstiche allein reichten zur Erschütterung von Psyche und Moral feindlicher Truppen nicht aus. Vielmehr sollten die GIs eine doppelte Botschaft empfangen: dass ihre überlegene Bewaffnung im Dschungel nutzlos war und – wichtiger noch – dass sie nicht damit rechnen konnten, gefangen genommen zu werden, sondern einem Feind gegenüberstanden, der keine Gefangenen machte. Dergleichen hatten bereits die Vietminh in den 1950er Jahren den Franzosen signalisiert. Und die einschlägigen Berichte aus den 1960er Jahren sind zu zahlreich, als dass man sie übergehen könnte. In Hinterhalten gestellte und von ihren Einheiten getrennte Amerikaner wurden gefoltert und verstümmelt, die entstellten Körper an prominenter Stelle zur Schau gestellt – gehäutet, aufgeschlitzt, mit abgetrennten Gliedmaßen oder Geschlechtsteilen.

Dass der Führung der US-Streitkräfte an einer Verbreitung derartiger Nachrichten nicht gelegen war, hatte einen guten Grund. Denn jenseits der Truppenmoral zielte dergleichen Terror auch auf die Heimatfront – in der Hoffnung, eine Schwachstelle zu treffen, die seit den 1990er Jahren »Mogadischu-Effekt« genannt wird. Gemeint ist das Spiel mit den moralischen Ressourcen der amerikanischen Zivilgesellschaft, mit ihrem Widerwillen, in kleinen Kriegen große Opfer zu bringen, und mit ihrer Neigung, eher für Rückzug zu plädieren, als sich vor den Augen der Weltöffentlichkeit in der Rolle des Hilflosen gedemütigt zu sehen. »Die amerikanische Heimatfront war verwundbar. Unsere Führung hörte jeden Morgen um 9 Uhr die Weltnachrichten im Radio, um das Anwachsen der amerikanischen Antikriegsbewegung zu verfolgen. [...] Das Gewissen Amerikas war Teil seiner Kriegsressourcen, und wir machten uns diese Ressource zunutze. Amerika verlor, weil es eine Demokratie war.«[18] In diesem Sinne kann Terror zu einem Kommunikationsmittel werden, dessen Effizienz mit Divisionen kaum aufzuwiegen ist. Zwar wäre es übertrieben, die Kriegsstrategie der Guerilla auf dieses Kalkül zu reduzieren. Aber die Strategie der psychologischen Abnutzung außer Acht zu lassen hieße, einen wesentlichen Teil des asymmetrischen Krieges in Vietnam zu übersehen.[19]

---

18 How North Vietnam Won the War, Interview with Colonel Bui Tin, in: *The Wall Street Journal*, 3. 8. 1995. Siehe Cheng Huan, The Vietnam War from the Other Side.

19 Zum Umgang der Vietminh mit französischen Gefangenen siehe Fall, Street Without Joy, S. 71, 100, 219.

Beim Angriff auf moralische Schwachstellen des Starken zahlt sich in der Regel jedes Mittel aus. Ob diese Schlussfolgerung aus einer Betrachtung von Kolonialkriegen im Allgemeinen oder den Erfahrungen im Krieg gegen die Franzosen gewonnen wurde, sei dahingestellt. In jedem Fall schien es der Guerilla in Vietnam legitim, das Zivil unmittelbar in die militärische Schusslinie zu ziehen – sei es als Schutzschild, sei es zur Provokation eines seiner Ziele unsicheren und ohnehin über die Maßen gereizten Feindes. Wer sich mit dem Kriegsgeschehen seit den 1950er Jahren befasst, wird immer wieder auf einschlägige Beispiele stoßen. Bernard B. Fall hat am Beispiel des an der Küste zum Südchinesischen Meer verlaufenden »Highway One« geschildert, wie die Vietminh Dutzende kleiner Dörfer mit Gräben und unterirdischen Stollen zu einem Festungssystem ausbauten, 30 Kilometer in der Länge und Hunderte von Metern in die Tiefe eines schwer überschaubaren Raumes reichend. Die zivile Lebenswelt war damit als Kampflinie definiert. Und Nichtkombattanten wurden nur dann nicht in Mitleidenschaft gezogen, wenn der Feind zwischen ihren Schutzbunkern und einer rein militärischen Anlage zu unterscheiden wusste. Die Guerilla nahm billigend in Kauf, dass dieser Unterschied nicht gemacht wurde, riskierte wissentlich, wenn nicht vorsätzlich Leib und Leben Unbeteiligter. Diese Praxis bestätigt Worte, mit denen ein politischer Funktionär in einer Expertise der amerikanischen Armee zitiert wird: »Die Partei hat sich von jeher von dem Prinzip leiten lassen, dass es besser ist, zehn Unschuldige zu töten, als einen Feind entkommen zu lassen.«[20]

Diese Pointe unterstrich auch der Vietcong in den 1960er Jahren. Immer wieder schickte man Truppen in Siedlungen, die in der Nähe viel befahrener Militärrouten lagen, und eröffnete von dort das Feuer auf US-Konvois – trotz oder wegen der Erfahrung, dass die Attackierten zu einem Terror eigner Art neigten und auch leichten Beschuss mit einem großkalibrigen Einsatz ihrer Luftwaffe beantworteten. Oder man besetzte Dörfer mit dem Vorsatz, amerikanische Truppen zur Erstürmung dieser »weichen Ziele« zu reizen. Welchen Preis die Zivilisten zahlten, blieb nebensächlich. Entscheidend war der vom Feind zu entrichtende Preis, die Tatsache, dass er seinen Anspruch, eine moralisch überlegene Sache zu vertreten, Schritt für Schritt ruinierte – bloßgestellt in den Augen derer, die zu beschützen er nach Vietnam gekommen war, und nicht zuletzt diskreditiert in den Augen der Weltöffentlichkeit. Ein auf

---

20 Hoang Phan An, zit. n. NA, RG 319, AS, ODCS-PER, VWCWG, CF, Box 4, Folder: Army Report – Law of Southeast Asia Rules of Engagement, Law of War, ohne Datum, Annex B, S. 4.

diese Weise radikalisierter Psychokrieg gehörte zu den effektivsten Waffen der Guerilla.[21]

Glaubwürdigkeit und Legitimation aber sind auf Seiten des Starken ein knappes Gut. Und mit ihnen wird sein Kriegskalkül im Kern berührt: Es geht um den Faktor Zeit. Lange vor den USA hatten an der Peripherie Krieg führende Kolonialmächte immer wieder die Erfahrung machen müssen, dass Parlamente mit dem Mittel der Budgetkürzung versuchten, unpopulär gewordene Kriege zu einem vorzeitigen Ende zu bringen. Damit hatte die britische Krone während des amerikanischen Unabhängigkeitskrieges zu kämpfen, damit musste sich die französische Truppenführung im Vietnam der 1950er Jahre auseinandersetzen. Da es für den Starken in solchen Kriegen nie um die nationale Existenz ging, waren hohe Investitionen ohne erkennbaren Gewinn auf Dauer nicht zu vertreten. »Get out or win«, lautete folglich die Parole der »schweigenden Mehrheit« in den USA der späten 1960er Jahre. Unter solchen Bedingungen ist für Kriegsherren die Versuchung groß, die Flucht nach vorne anzutreten. In anderen Worten: Je größer der moralische und politische Druck, desto stärker ausgeprägt scheint die Neigung, die Entscheidung mit einem Parforceritt herbeizuführen. Eine Erhöhung der Truppenstärken scheidet aus Kosten- und Akzeptanzgründen aus. Im Grunde ist der Wettlauf gegen die Zeit, wenn überhaupt, nur mit einer Maximierung des materiellen Einsatzes zu gewinnen. Die Wahlmöglichkeiten sind mit zwei Schlagworten definiert: »Spend shells, not men« und »set-piece battle« – Erhöhung der Feuerkraft das eine, das Stellen des Gegners in einer konventionellen Groß- und Entscheidungsschlacht das andere.

Freilich konnte die kommunistische Seite mit einer Mobilisierung von Ressourcen kontern, die das Bild des Schwachen endgültig zur untauglichen Metapher machen. Die USA hatten es mit einer zu exorbitanten Opfern fähigen Streitmacht zu tun. Deren Stärke belief sich zur Jahreswende 1967/68, also auf dem Höhepunkt des Krieges, auf circa 200 000 Kampftruppen, verteilt zur einen Hälfte auf Einheiten mindestens in Kompaniestärke, zur anderen auf Kleingruppen wie Platoons, die im Unterschied zu den größeren Verbänden nur lokal operierten. Rechnet man die Versorgungs- und Verwaltungseinheiten hinzu, ist von 240 000 Mann maximaler Truppenpräsenz auszugehen. In der Zeit von 1964 bis 1975 ließen aber ungefähr 444 000 Soldaten des Vietcong und

---

21 Siehe Fall, Street Without Joy, S. 16, 113f., 146f., 151, 162; Hammer, One Morning, S. 53–54; Lewy, America in Vietnam, S. 59, 71f., 102; Neil Sheehan, Not a Dove, But No Longer a Hawk, in: *The New York Times Magazine*, 9. 10. 1966, S. 137.

der Nationalen Volksarmee Nordvietnams ihr Leben auf den Schlachtfeldern.[22] In anderen Worten: Die kommunistische Seite verlor zweimal eine komplette Streitmacht, opferte – gemessen an der Vorkriegsbevölkerung – prozentual doppelt so viele Soldaten wie Japan im Zweiten Weltkrieg und zwölfmal so viele wie die Chinesen und Nordkoreaner während des Koreakriegs.[23] Hätte die US Army denselben Blutzoll entrichtet, wären statt 50000 Gefallener eine Million amerikanischer Soldaten nicht nach Hause zurückgekehrt. Dass eine Kriegspartei einen derartigen Preis entrichten will und kann, ist historisch selten, wenn nicht einmalig. Dazu mussten offenbar mehrere Faktoren zusammenkommen: ein unbändiger Wille, das Joch von Fremdbestimmung und Kolonialismus abzuwerfen, die Motivation durch Erfolge im Kampf gegen Japaner und Franzosen und eine kaum zu überbietende Skrupellosigkeit der politischen und militärischen Führung. »Jede Minute«, so General Vo Nguyen Giap, »sterben in der ganzen Welt Hunderttausende von Menschen. Das Leben oder der Tod von Tausenden, selbst wenn sie Landsleute sind, bedeutet in Wirklichkeit sehr wenig.«[24]

Den Ausschlag gab allerdings eine weltpolitische Besonderheit – der Solidarisierungseffekt des Kalten Krieges. Die Guerilla in Südvietnam war nämlich zu keinem Zeitpunkt auf sich allein gestellt, sondern konnte sich auf massive materielle und personelle Unterstützung aus Nordvietnam verlassen. Von den über 100000 in Großverbänden kämpfenden Soldaten kamen Ende 1967 mehr als die Hälfte aus dem Norden, gut ausgebildete Militärs in der Tradition einer Streitmacht, die unter dem Namen Vietminh in den frühen 1950er Jahren

---

22 MACV Briefing on Enemy Order of Battle, November 1967, in: NA, RG 127, USMC, HMC-HMD, BM-68, Box 5, Folder: MACV Order of Battle Briefing und Folder: Order of Battle – Statistics of Forces, Dec. 67 – Jan. 68. In diesen Zahlen sind die sogenannten »Selbstverteidigungskräfte« nicht berücksichtigt. Zu ihnen gehörten alle, die in irgendeiner Weise unterstützende Dienste für die regulären Truppen und die mit Kampfeinsätzen betrauten Guerillas leisteten – Informanten, Kuriere, Steuereintreiber, Sprengstoffexperten. Um wie viele Personen es sich dabei handelte, ist nicht bekannt. Schätzungen schwanken zwischen Hunderttausenden und 1,5 Millionen. Da sie mehrheitlich nicht oder allenfalls leicht bewaffnet waren und ihren festen Wohnsitz nicht verließen, wurden sie von amerikanischen Analysten auch nicht den feindlichen Streitkräften zugeordnet.

23 Spector, After Tet, S. 315.

24 General Vo Nguyen Giap, zit. n. NA, RG 319, AS, ODCS-PER, VWCWG, CF, Box 4, Folder: Army Report – Law of Southeast Asia Rules of Engagement, Law of War, ohne Datum, Annex B, S. 4.

die Franzosen zum Teil in offener Feldschlacht gestellt und besiegt hatte. General Giap, bereits zu dieser Zeit Oberkommandierender, verstand den Kleinkrieg deshalb nur als Auftakt. »Wenn wir die dritte Phase erreicht haben werden, [...] wird der Bewegungskrieg unser hauptsächliches Mittel sein, [...] und der Guerillakrieg wird ins zweite Glied rücken.«[25] Die Mittel kamen seit 1952 auch aus der Sowjetunion und der Volksrepublik China – zusammen stellten beide knapp 400 000 »militärische Berater« ab, sie lieferten schweres Gerät wie Lastwagen, Artillerie- und Flakgeschütze und griffen Nordvietnam mit erheblichen Geldern wirtschaftlich unter die Arme. Selbstlos war diese Hilfe nicht. Und schon gar nicht ging es allein um die Würde und Unabhängigkeit einer ehemaligen Kolonie. Moskau und Peking wollten in Vietnam die Kraft und Behauptungsfähigkeit des sozialistischen Modells bestätigt sehen. Eine Niederlage der USA wurde in diesem Sinne als Fanal verstanden, als Botschaft an Aufständische weit jenseits der Grenzen Vietnams. Wer aber einen Krieg um Symbole führt und diesen als weltumspannenden Kampf um letzte Werte definiert, ist der verlässlichste aller Partner. Und wird erpressbar obendrein: Denn aus der selbst gestellten Solidaritätsfalle gibt es nur um den Preis erheblichen Imageverlusts ein Entrinnen. Gerade diese politische Anfälligkeit seiner Verbündeten machte Nordvietnam stark.[26]

Damit ist zugleich die größte Schwäche des vermeintlich Starken benannt. In Nordvietnam einzumarschieren und das militärische Kraftzentrum der Guerilla auszuschalten, kam für die USA nicht in Frage. Zu groß war das Eskalationsrisiko eines grenznah zur VR China geführten Krieges, zu wenig durchschaubar das Interesse der dritten Atommacht Sowjetunion. Unter den gegebenen Bedingungen, zumal angesichts der schnell verrinnenden Ressourcen Legitimation und Zeit, schrumpfte das Spektrum militärischer Möglichkeiten auf eine Option: Neben den Nachschublinien für Menschen und Material vor allem die Wirtschaftszentren und die Infrastruktur des Nordens anzugreifen, mithin einen ausgedehnten Bombenkrieg zu führen. Lyndon B. Johnson und Richard Nixon schlugen diesen Weg bekanntlich ein – und kopierten den Terror

25 General Vo Nguyen Giap, zit. n. Fall, Street Without Joy, S. 35.

26 MACV Briefing on Enemy Order of Battle, November 1967, in: NA, RG 127, USMC, HMC-HMD, BM-68, Box 5, Folder: MACV Order of Battle Briefing. Zu den Kampferfahrungen der Vietminh siehe Fall, Street Without Joy, S. 33–48, 54, 70, 186f., 234f. Zur Rolle der UdSSR und der VR China siehe Gaiduk, The Soviet Union and the Vietnam; Zhai, China and the Vietnam Wars.

der Guerilla. Wiewohl mit ungleich massiveren Mitteln betrieben, fußte auch diese Strategie auf der gleichen gedanklichen Voraussetzung: Den Feind mittels der Verbreitung von Angst und Schrecken und hauptsächlich dadurch in die Knie zu zwingen, dass man als unberechenbarer Akteur auftritt. Nicht zufällig begegnet uns in den einschlägigen Einsatzplanungen für die US-Luftwaffe die Handschrift und Sprache von Folterern. Darin ist die Rede von »Daumenschrauben«, die es anzuziehen gilt, von »Schmerzgrenzen«, die man herausfinden und überschreiten muss, von »Heiß-und-kalt-Behandlungen« und immer wieder vom »breaking point«, der Bruchstelle im Gefüge der feindlichen Gesellschaftsordnung, die zu knacken ein rasches Ende des Krieges versprach.[27] In der Sache war der gezielte Angriff gegen zivile Zentren gemeint und mithin eine Anleihe bei der Strategie des totalen Krieges. Wer seinen Schwächen mit diesen Mitteln begegnen will, treibt die Logik des asymmetrischen Krieges auf die Spitze. Und schließt den Kreis einer auf wechselseitige Brutalisierung angelegten Dynamik.

Politische Weichenstellungen

Warum tappten die politischen und militärischen Entscheidungsträger der USA in diese Falle? Warum riskierten sie einen Krieg, der nur im Fiasko enden konnte und mit ungezählten Leben bezahlt werden musste? Welches Verständnis von Politik, welches Weltbild ging in diese Entscheidungen ein? Und vor allem: Woher rührt ihr stures Beharrungsvermögen – der Unwille zur Kurskorrektur und am Ende die Unfähigkeit, aufhören zu können?

Warnungen gab es zuhauf. Meinungsführer im Kongress wie Mike Mansfield, Richard Russell oder J. William Fulbright sprachen sich frühzeitig gegen den Krieg beziehungsweise für einen zeitigen Rückzug aus. Verbündete wie Charles de Gaulle und neutrale Vermittler wie der UN-Generalsekretär U Thant griffen ihre Stichworte auf und forderten ein »Neutralitätsmodell« für Vietnam. Von der CIA und anderen Geheimdiensten gingen auffällig viele skeptische bis ablehnende Memoranden ein. McGeorge Bundy, nationaler Sicherheitsberater unter Kennedy und Johnson, kommentierte im Juni 1965 die Forderung nach einer Aufstockung der Truppenzahl mit den Worten: »Dieses Programm ist so

---

27 Der Jargon der Luftkriegsplaner ist den »Pentagon-Papieren« entnommen. Siehe Ellsberg, Secrets, S. 364.

überstürzt, dass man schon von Torheit sprechen muss.«[28] Edward Landsdale, der Jahre zuvor die Aufstandsbekämpfung auf den Philippinen erfolgreich koordiniert hatte, schrieb Ende 1964 in *Foreign Affairs*, dass revolutionärer Elan immer und überall schierer Feuerkraft überlegen ist.[29] Sein militärischer Meisterschüler in Vietnam, John Paul Vann, prognostizierte das Scheitern einer überforderten US Army. Entweder die Südvietnamesen führten ihren Krieg selbst oder »wir [werden] am Ende auf alles schießen – auf Männer, Frauen, Kinder und Büffel«.[30] Um diesen Preis des Krieges wusste auch Verteidigungsminister Robert McNamara: »Der Vietcong und die nordvietnamesische Armee verlieren offenbar sechsmal weniger Waffen als Soldaten«, betonte er in einem Brief an Lyndon B. Johnson vom November 1966. »Dies aber legt nahe, dass viele der Getöteten unbewaffnete Unterstützer oder Unbeteiligte sind.«[31] Und Clark Clifford, der 1968 McNamara als Verteidigungsminister ablöste, meinte: »In dieser Region kann ich für unsere Nation nichts anderes erkennen als eine Katastrophe.«[32] Wie die Kritiker auch immer hießen, ihren verlässlichsten und scharfzüngigsten Fürsprecher hatten sie in George F. Ball, Staatssekretär im Außenministerium. Ball war schon unter John F. Kennedy als Kassandra verschrien. Lyndon B. Johnson muss seine Vorhaltungen auswendig gekannt haben, so oft bekam er sie zu hören: »Niemand kann Ihnen versichern, dass wir den Vietcong schlagen oder zu unseren Bedingungen an den Konferenztisch zwingen können – egal, wie viele Hunderttausende weißer amerikanischer Truppen wir entsenden. Kein Mensch hat bisher glaubhaft machen können, dass weiße Bodentruppen egal welcher Größe imstande sind, einen Guerillakrieg zu gewinnen.«[33]

Man könnte mühelos einen Dokumentenband mit diesen oder ähnlichen Aussagen füllen. Sie laufen auf den gleichen Befund hinaus: Von Harry Truman bis Richard Nixon waren alle Präsidenten mit nachhaltiger Kritik aus dem inneren Kreis der Macht konfrontiert, formuliert

---

28 McGeorge Bundy, zit. n. Ellsberg, Secrets, S. 82.

29 Zu Edward Landsdale siehe Ellsberg, Secrets, S. 99, 138.

30 John Paul Vann, zit. n. Sheehan, Große Lüge, S. 387; siehe ebenda, S. 528.

31 Robert S. McNamara an Lyndon B. Johnson, November 1966, zit. n. Lewy, America in Vietnam, S. 82 sowie Bilton/Sim, Four Hours, S. 42.

32 Clark Clifford, zit. n. Ellsberg, Secrets, S. 83.

33 George F. Ball, zit. n. Ellsberg, Secrets, S. 82. Siehe Tuchman, Torheit, S. 385; Head, Counterinsurgency in Vietnam, in: Olson, Handbook, S. 125–143; Berman, Planning a Tragedy; Gardner, Pay Any Price; Kaiser, American Tragedy; Logevall, Choosing War; Jones, Death of a Generation; Ball, The Past Has Another Pattern; Di Leo, Rethinking of Containment.

von Männern, die sie politisch schätzten und auf deren Urteil sie großen Wert legten. Je länger der Krieg dauerte, desto lauter wurden die Einreden und desto mehr Skeptiker aus der zweiten und dritten Reihe meldeten sich zu Wort. Daniel Ellsberg geht gar davon aus, dass die Bereitschaft zu einem vollständigen Rückzug Ende 1967 in Kreisen konservativer Offiziere größer war als in der Öffentlichkeit. Wie auch immer: Die Mahnungen wurden registriert. Jeder Präsident räumte auf seine Weise ein, dass die Hoffnungen auf einen Krieg kurzer Dauer illusionär waren, dass die Risiken eines Scheiterns in Vietnam deutlich größer waren als die Aussicht auf Erfolg und die Kosten den Ertrag bei weitem zu übersteigen drohten – außenpolitisch wie militärisch und in der Innenpolitik erst recht. In anderen Worten: dass die Regierungsübernahme durch die Kommunisten oder eine Koalitionsregierung mit kommunistischer Beteiligung zwar hinausgezögert, aber letztendlich nicht verhindert werden konnte. Truman und Eisenhower sahen das Scheitern der Franzosen in ihrer abtrünnigen Kolonie voraus – und finanzierten am Ende ungefähr 80 Prozent der französischen Kriegskasse. John F. Kennedy verglich seine Situation mit der eines Alkoholikers: »Das ist doch wie mit einem Drink. Die Wirkung lässt nach, und schon will man nachgießen.«[34] Dennoch gab er 10000 neuen Militärberatern den Marschbefehl und stieß damit das Tor zur Entsendung von Bodentruppen weit auf – eine Verhaltensweise, die Lyndon B. Johnson zur zweiten Natur wurde. Richard Nixon schließlich war sich, wie er im Rückblick mehrfach bestätigte, im Klaren, dass er Anfang 1969 den Krieg hätte beenden müssen und können. Seine Antwort: »Wir mussten die Sache durchstehen.«[35]

Die Geschichte amerikanischer Kriegsherren in Vietnam ist mithin die Geschichte von Männern, die sich selbst und ihrer Umwelt wider alle Evidenz einredeten, eine Lösung parat zu haben. Es geht um Politiker, denen es nicht an der Einsicht in das Offenkundige fehlte, wohl aber am Willen, die naheliegenden Schlüsse zu ziehen. Das viel bemühte Bild vom »Hineinschlittern« in den Krieg und von unwissenden, falsch informierten oder willentlich hinters Licht geführten Präsidenten bedarf also der Korrektur. Ebenso das Bild des Präsidenten, der den nächsten Schritt nur

---

34 John F. Kennedy, zit. n. Schlesinger, Thousand Days, S. 547. Siehe Jones, Death of a Generation, S. 232, 361, 267.

35 Richard Nixon am 15. 2. 1973, zit. n. The White House, Memorandum of Conversation, Secret, 15. 2. 1973, S. 2, in: NA, NPMP, NSC, Presidential/HAK MemCons, Box 1026, Folder: MemCons – Jan./March 1973, Presidential/HAK. Siehe Ellsberg, Secrets, S. 216.

in der Erwartung eines dann endgültigen Durchbruchs geht. Von Truman bis Nixon hatten sich zwar alle in ein »quagmire«, einen Sumpf und Morast, hineinbegeben – aber ihre Entscheidungen waren nicht tragischen Missverständnissen geschuldet, beruhten nicht auf einer naiven Neigung zu Optimismus und wurden schon gar nicht von intriganten Einflüsterern bei Hofe eingefädelt. Von einem Umherirren im »Nebel des Krieges«, wie Robert McNamara rückblickend behauptet, ist wenig zu sehen.[36] Vielmehr dominierte ein von düsteren Erwartungen patinierter Realismus. Unwissenheit war, wie Barbara Tuchman bereits vor der Öffnung einschlägiger Archive zu Recht vermutete, kein ausschlaggebender Faktor. Im Gegenteil: Es fällt schwer, Daniel Ellsbergs These zu bestreiten, dass die Dinge auch dann ihren bekannten Lauf genommen hätten, wenn noch mehr pessimistische Prognosen und noch mehr ungeschminkte Lagebeurteilungen eingebracht worden wären. Die Alternativen lagen vor, die Entscheidungsträger wussten um sie und hätten sich mit der Rückendeckung eines erheblichen Teils der politischen Elite dafür aussprechen können. Den Vietnamkrieg aus amerikanischer Sicht zu begreifen, heißt also zu verstehen, weshalb fünf Präsidenten 25 Jahre lang ein und denselben Satz zum Programm erhoben: »Wir mussten die Sache durchstehen.«[37]

Das Bemühen um eine Erklärung setzt gemeinhin bei den weltanschaulichen Zwillingen des Kalten Krieges an. Gemeint sind die Dominotheorie und das Bild eines monolithischen Kommunismus. Weil Letzterem eine schier unerschütterliche Kohärenz zugeschrieben wurde, schien es auch plausibel, den »Verlust« eines strategischen Bausteins als nicht mehr aufhaltbare Entwicklung zu deuten, die im schlimmsten Fall auf einen Kampf um die Freiheit an Kaliforniens Küste zusteuerte. Seit der chinesischen Revolution im Jahr 1949 besetzten derlei Szenarien, zumal die Vorstellung von einem dem Untergang geweihten Asien, die politische Phantasie – quer durch alle politischen Lager und unter Eliten ebenso wie bei gemeinen Wahlbürgern. Welchen Furor die extreme Rechte entfachen konnte, wenn sie sich die Rhetorik der »lebenswichtigen Regionen« zu eigen machte, war seit den späten 1940er Jahren bekannt. Die damalige Debatte über den »Verlust Chinas« hatte nicht allein Senator McCarthy groß gemacht, sondern allen Präsidenten eine deutliche Warnung mit auf den Weg gegeben. Wer sich dem Vorwurf

---

36 McNamara/Blight/Brigham, Argument Without End.

37 Ellsberg, Secrets, S. 192. Siehe ebenda S. 188–192, 274f. sowie Tuchman, Torheit, S. 290. Die »quagmire«-These geht hauptsächlich auf die Arbeiten von Arthur Schlesinger Jr. und David Halberstam zurück.

aussetzte, »weich« gegen die Kommunisten zu sein, lief Gefahr, die Unterstützung der konservativen Führung des Kongresses und damit die für Gesetzgebungsverfahren erforderlichen Mehrheiten zu verlieren. Entsprechend irritiert und auf merkwürdige Weise verunsichert zeigte sich die politische Klasse – als müsste sie jeden Augenblick gewärtig sein, von populistischen Machenschaften überrannt zu werden. Von einer heimlichen Dominanz der McCarthy-Rechten über den politischen Diskurs zu sprechen scheint nicht übertrieben. In jedem Fall haben wir es mit einer die Epoche des Kalten Krieges in Amerika prägenden Konstante zu tun.

Die politischen Weichenstellungen für den Abnutzungskrieg in Vietnam werden des Weiteren als Ausdruck jener Veränderungen diskutiert, denen das politische System der Vereinigten Staaten im Nachgang zum Zweiten Weltkrieg unterworfen war. Seit Arthur Schlesingers sprichwörtlich gewordenem Buchtitel über die »imperiale Präsidentschaft« geht es um eine kritische Prüfung exekutiver Befugnisse – von einer Verschiebung des politischen »Gravitationszentrums« zugunsten militärischer und geheimdienstlicher Bürokratien ist die Rede und mitunter gar von einer »Diktatur« nationaler Sicherheitseliten. Vor allem aber kommt die Ausweitung, wenn nicht Überdehnung präsidialer Kompetenzen zur Sprache. Mit dem »National Security Act« von 1947 wurde die bis dato sorgsam austarierte Architektur der Macht dauerhaft zu Gunsten der Exekutive und zu Lasten von Legislative und Judikative verschoben. Freilich beschreibt die Neujustierung des ordnungspolitischen Rahmens nur eine Seite des Problems. Hinzu kommt die normative Prämisse des »National Security Act« – eine auf das rein Militärische verengte Wahrnehmung nationaler Sicherheit. Im Begriff der »permanent preparedness« sind die Weiterungen dieser Maxime aufgehoben. Der Ausnahmezustand gilt nicht als Ausnahme von der Regel, sondern reguliert das Politische. Vor dem Hintergrund der totalitären Herausforderung konnte diese Faustformel wie ein ungeschriebener Verfassungszusatz gelesen werden. Dem Primat des Militärischen gerecht zu werden, definierte fortan das »Ethos der Exekutive« und das Selbstbild der Amtsinhaber im Weißen Haus. Insofern geht »imperiale Präsidentschaft« auch mit dem Anspruch einher, im Namen der »nationalen Sicherheit« die Usancen parlamentarischer Kontrolle und politischer Rechenschaftslegung zeitweise außer Kraft setzen zu dürfen oder zu müssen. Akteure, die sich diese Logik zu eigen machen, neigen – so Schlesingers Pointe – zur Selbstermächtigung. Selbstimmunisierung gegenüber kritischer Einrede wäre eine gleichermaßen zutreffende Beschreibung. Beides unterstellt eine Beschädigung jener Mechanismen, die in demokratischen Verfassungen zum Zweck der Selbstkorrektur vorgesehen sind.[38]

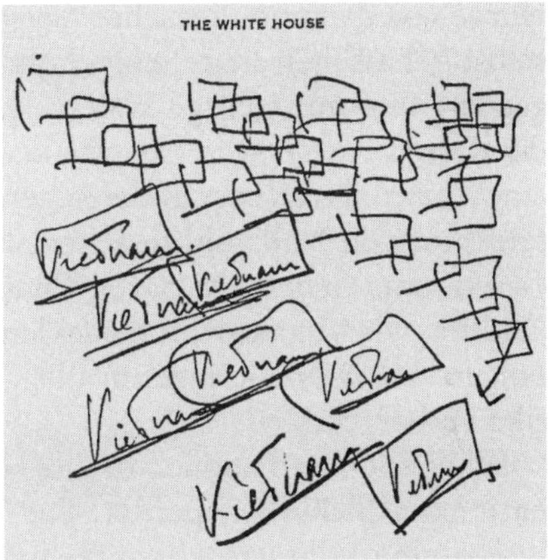

John F. Kennedy, Notizblock, o. D. Presidential Doodles: Two Centuries of Scribbles, Scratches and Scrawls From the Oval Office, from the creators of *Cabinet Magazine*, New York 2006.

In der Tat treffen die Hinweise auf »Dominotheorie«, »monolithischen Kommunismus«, »Imperiale Präsidentschaft« und »Verwaltung des Ausnahmezustands« ins Zentrum der politischen Entscheidungsfindung über Vietnam. Harry Truman glaubte, er wäre zum politischen Selbstmörder geworden, hätte er über Ho Chi Minhs Kontakte nach Moskau hinweggesehen und dem 1946 vorgetragenen Ersuchen aus Hanoi um Wirtschaftshilfe stattgegeben. Als kleineres Übel ließ man sich, wie Außenminister Dean Acheson meinte, von den Franzosen die Parteinahme für eine aussichtslose Intervention abpressen – als Gegenleistung für Frankreichs Hilfe wider die kommunistische Dampfwalze in Europa.[39] Auch John F. Kennedy hatte die Republikaner im Verdacht, jederzeit eine neue »loss of China«-Debatte anzetteln und ihn mit dem Vorwurf des »Appeasement« zu Fall bringen zu wollen, erst recht nachdem Nikita Chruschtschow nationale Befreiungskriege als Vehikel zur Ausbreitung des Kommunismus bezeichnet und vollmundig seine Unterstützung dieser »gerechten Kriege« avisiert hatte. Kennedy konterte mit dem eingängigen Bild von Vietnam als »Eckpfeiler der freien Welt in Südostasien«, als »Schlussstein des Bogens« oder wahlweise »Bruchstelle des Deiches«.[40] Lyndon B. Johnson drückte sich wie gewohnt drastisch aus: Der Verlust Chinas und der Aufstieg McCarthys seien »Hühnerdreck, verglichen mit dem, was geschehen würde, wenn wir Vietnam verlören«.[41] Auch Richard Nixon

38 Siehe Schlesinger, Imperial Presidency; Greiner, Zwischen »Totalem Krieg« und »Kleinen Kriegen«.

39 Zu Harry Truman und Dean Acheson siehe Tuchman, Torheit, S. 302f., 318.

40 John F. Kennedy, zit. n. Tuchman, Torheit, S. 353. Zu Kennedys Ängsten siehe Jones, Death of a Generation, S. 12, 238, 352; zu Chruschtschow siehe Fursenko/Naftali, One Hell of a Gamble, S. 73.

41 Lyndon B. Johnson, zit. n. Tuchman, Torheit, S. 398.

wurde von den populistischen Geistern, die er in den 1950er Jahren noch selbst gehätschelt hatte, eingeholt. Im Wahlkampf des Jahres 1972 begegnete ihm mit George Wallace ein Wiedergänger Joseph McCarthys, der dessen Parole vom »Siegfrieden« in Korea auf Vietnam münzte und eine Vorwahl nach der anderen gewann, ehe ihn die Kugeln eines Attentäters an den Rollstuhl fesselten. Nicht zuletzt deshalb war für Nixon Gesetz, was General Maxwell Taylor seinen Vorgängern gepredigt hatte: »Sollten wir Vietnam mit eingeklemmtem Schwanz verlassen, wären die Folgen dieser Niederlage im übrigen Asien, in Afrika und Lateinamerika verheerend.«[42]

Schließlich und endlich drehte sich Vietnam auch um die Dilemmata nationaler Sicherheitspolitik. Die USA hatten seit Eisenhowers »New Look« eine Militärmacht aufgebaut, die zum Krieg nicht taugte. Atomwaffen waren im Sinne der Abschreckung politische Waffen. Sollte dieser politische Zweck verfehlt werden, war die Vernichtung des Gegners ebenso garantiert wie die eigene Auslöschung. Aus diesem Grund verwarfen John F. Kennedy und Robert McNamara die Option nuklearer Ersteinsätze – gegen teilweise erhebliche Widerstände militärischer Eliten. Wenn er deren Einwände auch nicht gelten ließ, so war sich Kennedy mit der militärischen Führung doch in einem einig: Wenn die stärkste aller Waffen nicht zur Lähmung militärischer Stärke führen sollte, mussten schwächere Mittel zum Zuge kommen. Die Entwertung des »großen Krieges« zog also eine Aufwertung »kleiner Kriege« nach sich. So erklärt sich der in den frühen 1960er Jahren betriebene Kult um Aufstandsbekämpfung und »Special Forces«. Bereits Mitte Mai 1961 fassten Kennedys Berater die bis dato geführten Diskussionen in einem National Security Action Memorandum zusammen. Kennedy billigte die als NSAM Nr. 52 klassifizierte Vorlage und wies auf diesem Weg Verteidigungsminister Robert McNamara an, die personellen und materiellen Kapazitäten der Anti-Guerilla-Truppen deutlich aufzustocken. »Wir sehen uns weltweit einer monolithischen und rücksichtslosen Verschwörung gegenüber«, erklärte der Präsident damals in einer öffentlichen Rede, »einer Verschwörung, die sich hauptsächlich verdeckter Mittel zur Ausweitung ihrer Einflusszone bedient – der Infiltration statt der Invasion, der Subversion statt der Wahlen, der Einschüchterung auf Kosten der freien Wahlmöglichkeit, der in finsterer Nacht kämpfenden Guerillas statt der im Tageslicht kämpfenden Armeen. Es ist ein System, das riesige menschliche und materielle Ressourcen in den Aufbau einer

42 Maxwell Taylor, zit. n. Kolko, Anatomy of a War, S. 113. Zum Einfluss der »Vietnam-Lobby« siehe Morgan, The Vietnam Lobby.

vielgliedrigen und hocheffizienten Maschinerie investiert hat. [...] Wir werden aus dieser Lektion auf unsere Art einen Vorteil ziehen. Wir werden darangehen, alle uns zur Verfügung stehenden Mittel zu prüfen und sie einer neuen Verwendung zuzuführen [...]. Es ist unsere Absicht, die Anstrengungen für einen Kampf zu intensivieren, der in vielerlei Hinsicht schwieriger ist als ein normaler Krieg.«[43] Und aus diesem Grund avancierte Vietnam zum Laboratorium des »Krieges der Zukunft«. »Wir haben ein Problem damit«, meinte Kennedy, »unsere Macht überzeugend zur Geltung zu bringen, und Vietnam scheint die richtige Gelegenheit.«[44] Vietnam wurde zum Ort symbolischer Selbstvergewisserung und zum Mittel, den Atommächten Sowjetunion und Volksrepublik China eine unmissverständliche Botschaft auf den Weg zu geben: Amerika versteht sich darauf, Grenzen zu respektieren und zugleich seinem Militär neue Räume zu erschließen.[45]

Von John F. Kennedy wird behauptet, dass er trotz allem in Sachen Vietnam Zweifel hegte und die Militärberater bis Ende 1963 abziehen wollte. Andererseits scheint er diese Option an die Bedingung eines raschen Sieges über die Guerilla geknüpft zu haben.[46] Wie es schließlich gekommen wäre, hätte Kennedy das Attentat überlebt, ist und bleibt eine nicht zu beantwortende Frage. Sein Nachfolger Lyndon B. Johnson jedenfalls konnte oder wollte dergleichen noch nicht einmal denken. Weit davon entfernt, das militärisch verengte Credo nationaler Sicherheit in Frage zu stellen, agierte er zugleich wie ein von den Sicherheitseliten Getriebener. »Lasst mich nur die Wahl gewinnen, und dann könnt ihr euren Krieg haben.«[47] Bekanntlich konnte sich Johnson, wie auch Richard Nixon nach ihm, über Jahre behaupten – obwohl kein Licht am Ende des Tunnels zu sehen war, obwohl er den Kongress ein um das andere Mal hinterging, obwohl er die Öffentlichkeit über Umfang und

43 John F. Kennedy, zit. n. Gibson, Perfect War, S. 76.

44 John F. Kennedy, zit. n. Jones, Death of a Generation, S. 120. Siehe ebenda S. 14, 39f., 67, 117, 173f., 355.

45 Das damals nachdrücklichste Plädoyer für »kleine Kriege« hielt Henry Kissinger Ende der 1950er Jahre in seinem Buch Nuclear Weapons and Foreign Policy, New York 1957. Siehe auch Maxwell Taylor, The Uncertain Trumpet, New York 1960. Zum Kult um den Anti-Guerilla-Krieg siehe Lewy, America in Vietnam, S. 85; Greiner, »First To Go, Last to Know«.

46 Zur ambivalenten Haltung Kennedys siehe Jones, Death of a Generation, S. 45–50, 55, 59, 63, 112, 120f., 145, 159, 189f., 233f., 243f., 314f., 318–321, 338, 348, 355f., 377f., 426 sowie Newman, JFK and Vietnam.

47 Lyndon B. Johnson, zit. n. Jones, Death of a Generation, S. 449. Siehe ebenda, S. 444f., 446f.

Auftrag der Truppen täuschte. Beider Regierungszeiten nehmen sich wie ein empirischer Beleg für die These der Selbstermächtigung und des Verlusts von »cheques and balances« aus. Nicht zuletzt im Licht jenes Eingeständnisses, das Robert Komer stellvertretend für viele seiner Kollegen zu Papier brachte, die ihren Einsichten keine Taten folgen ließen: »Wenn der Präsident der Vereinigten Staaten etwas von dir will, dann sagst du eben nicht nein. Wenn er sagt, dass du derjenige bist, der den Job machen muss, derjenige, den er haben will, dann musst du es machen, egal, wie hoffnungslos es ist.«[48]

Vor diesem Hintergrund attestiert Barbara Tuchman eine »kognitive Dissonanz« und intellektuelle Selbstblockade. »Wenn feste Überzeugungen [...] widerlegt werden, dann kommt es nicht zu einer Ablehnung jener Überzeugungen, sondern zu ihrer Erstarrung, verbunden mit dem Versuch, alle Gegenbeweise wegzuerklären.«[49] Inwieweit diese Beobachtung verallgemeinerbar ist, sei dahingestellt. Auf die amerikanische Vietnampolitik jedenfalls trifft sie zu. Denn schließlich war noch ein weiterer Faktor im Spiel, der wie ein Katalysator auf die Neigung zum Handeln wider besseres Wissen wirkte. Die Rede ist von einem in den Annalen aller Großmächte verbuchten Handlungsmotiv: Glaubwürdigkeit.

Erstens schlüpften alle amerikanischen Präsidenten seit dem Zweiten Weltkrieg in die Rolle imperialer oder hegemonialer Machtverweser. Wie diese definierten sie »Glaubwürdigkeit« als die wichtigste psychologische Ressource der Macht – Wort zu halten, das Gesicht nicht zu verlieren und vor allen Dingen gegenüber Freund wie Feind gleichermaßen unmissverständlich aufzutreten. Weltmacht konnte demnach auf Dauer nur sein, wer nicht im Verdacht stand, beim Einsatz seiner Instrumente – der politischen, wirtschaftlichen, psychologischen wie militärischen – zu zögern. »Credibility« fußt also auf einer ebenso einfachen wie weit reichenden Prämisse: Machtmittel werden erst zu Insignien der Macht, wenn sie mit einem kontinuierlich demonstrierten Willen zu ihrer Wahrung und Mehrung einhergehen. Diesbezüglich aber kultivierte Amerikas politische Klasse eine Art Minderwertigkeitskomplex. Ungezählte Diskurse sind mit der Befürchtung unterlegt, als Neuankömmling im Club der Großen nicht ernst genommen zu werden. Amerika, so

48 Robert Komer, Leiter des »Civil Operations and Revolutionary Development Support«-Programms (CORDS) in Vietnam, zit. n. Ellsberg, Secrets, S. 178. Ähnlich wie Komer äußerten sich zahlreiche andere Mitarbeiter des Pentagon: siehe ebenda, S. 53, 56, 60.

49 Tuchman, Torheit, S. 435.

der Tenor, hatte noch nicht hinreichend Chancen zum Beweis seiner Glaubwürdigkeit und sieht sich daher einer renitenten Skepsis der internationalen Umwelt ausgesetzt – zumal die nach dem Ersten Weltkrieg offenbarte Sprunghaftigkeit als Beleg einer tief verwurzelten und daher kaum zu korrigierenden Tradition gedeutet werden konnte. Ein in dieser Weise verunsichertes Selbstbild ist mit der allseits bekannten Inszenierung von Allmacht durchaus vereinbar. Sie bedingen und bestärken sich gegenseitig. Auf diesem Nährboden gedeiht eine von Panik durchwirkte Dominotheorie ebenso gut wie die Versuchung, bei jeder sich bietenden Gelegenheit die realen oder phantasierten Zweifel Dritter dementieren zu müssen. In diesem Sinne deutete Lyndon B. Johnson den tragischen Tod seines Vorgängers als hinreichende Begründung für den Krieg in Vietnam. »Die [Chinesen] denken, wir hätten jetzt unseren Biss verloren, dass wir feige sind und nicht meinen, was wir sagen. [...] Die [Russen] werden sich jetzt fragen, wie weit sie gehen können. [...] Ich will um Himmels willen, dass sie [die amerikanischen Generale] ihren Hintern hochkriegen, dass sie in diesen Dschungel gehen und ein paar Kommunisten kräftig versohlen.«[50] Und in diesem Sinne meinte Richard Nixon: »Wir müssen den Respekt für unser Militär zurückgewinnen, oder wir werden am Ende mit einem unsicheren Land und einer unsicheren Welt dastehen.«[51]

Der geographische Ort Vietnam war demgegenüber irrelevant, ein Stück Land ohne nennenswerte Rohstoffe, als Markt randständig und ohne Gewicht als geostrategisches Pfund. Richard Nixon: »Vietnam als solches war nicht bedeutend. Was am Beispiel Vietnam zählte, war, dass Freunden und Verbündeten demonstrativ amerikanische Unterstützung und unseren Feinden amerikanische Willensstärke vor Augen geführt wurde.«[52] Es ging also um die Symbolik der Tat – neben der Schlüsselregion Europa auch in Asien mit einer Entschiedenheit aufzutreten, die Freund wie Feind dasselbe signalisierte: dass die USA zu

---

50 Lyndon B. Johnson, zit. n. Jones, Death of a Generation, S. 445.

51 Richard Nixon, zit. n. Memorandum of Conversation (Participants: President Nixon, Elliot Richardson, The Joint Chiefs of Staff, Brent Scowcroft), Secret/Nodis/XGDS, 15. 2. 1973, S. 2, in: NA, NPMP, NSC, Presidential/HAK MemCons, Box 1026, Folder: MemCons, Jan.–March 1973, Presidential/HAK.

52 Richard Nixon, zit. n. Memorandum of Conversation (Participants: President Nixon, Elliot Richardson, The Joint Chiefs of Staff, Brent Scowcroft), Secret/Nodis/XGDS, 15. 2. 1973, S. 2, in: NA, NPMP, NSC, Presidential/HAK MemCons, Box 1026, Folder: MemCons, Jan.–March 1973, Presidential/HAK.

ihren Verpflichtungen standen und erst recht niemanden im Stich ließen, der wie Südvietnam in Turbulenzen geriet. Und dass auch in schwierigen Zeiten der Isolationismus keine Versuchung mehr darstellte. Noch einmal Nixon: »Wir werden diesen Krieg nicht verlieren – ›wir‹, die Vereinigten Staaten. [...] Ich kann unter keinen Umständen umhin, [...] die ganze Macht dieses Amtes [...] dafür einzusetzen, eine Niederlage der Vereinigten Staaten zu verhindern. Ich sag es ganz offen und auf den Punkt genau: Südvietnam wird vielleicht verlieren, aber die Vereinigten Staaten können nicht verlieren.«[53] Wer aus einer jungen Weltmacht einen »erwachsenen« Souverän machen wollte, musste diesen vermeintlichen Lektionen der Geschichte Tribut zollen.

Zweitens kam einer so definierten Glaubwürdigkeit unter den Bedingungen des Kalten Krieges eine über die Maßen proportionierte Bedeutung zu. »Wenn du auch ein wenig Schwäche zeigst, und wenn diese Hurensöhne [die Russen] glauben, du wärst schwach, dann sind sie wie Straßenköter – bleibst du stehen, beißen sie dich tot, rennst du weg, reißen sie dir den Arsch auf.«[54] Mitunter hatte es gar den Anschein, so Barbara Tuchman, als kämpfte Amerika einzig und allein für seine Glaubwürdigkeit. Im Kalten Krieg im Allgemeinen wie in Vietnam im Besonderen ging es nämlich, wie der amerikanische Journalist und Politikberater Leslie Gelb zu Recht anmerkt, nicht um einen militärischen Sieg im klassischen Sinn der Eroberung, Behauptung und Beherrschung neuen Terrains. Vielmehr handelte es sich um einen psychologischen Abnutzungskrieg mit dem Ziel, Wille und Kraft der anderen Seite im besten Falle aufzuzehren, im mindesten Fall durch dauernden Verschleiß zu bändigen.[55] Eine Invasion Nordvietnams stand folglich nie ernsthaft zur Debatte. Aber der Norden musste unter allen Umständen und vor aller Augen mit dem Versuch scheitern, im Süden des Landes einen Guerillakrieg anzuheizen und zu gewinnen. Diesen Status als Garantiemacht wider Subversion und Aufstand wollten sich die USA verbriefen lassen – in Gestalt eines Abkommens für Vietnam, in dem die Gegenseite einen politischen Machtverzicht unterschrieb. Glaubwürdig war in dieser Sicht der Dinge, wer mit einem längeren Atem und einem größeren Stehvermögen ausgestattet den »breaking point« des Feindes knackte. Genauer gesagt, jenen Punkt erreichte, an dem der Feind die

---

53 Richard Nixon am 4. 5. 1972, zit. n. Kimball, War Files, S. 219/20.

54 Lyndon B. Johnson, zit. n. Foreign Relations of the United States (FRUS), 1964–68, Bd. XV, S. 402.

55 Tuchman, Torheit, S. 365; Leslie H. Gelb, Vietnam: Nobody Wrote the Last Act, in: *The Washington Post*, 20. 6. 1971.

Unzulänglichkeit seiner militärischen Mittel erkannte und auch politisch die Waffen streckte. Im Rennen um diesen »Kipp-Punkt« gegenüber einem Land wie Vietnam den Kürzeren zu ziehen, hätte in amerikanischer Perspektive alle Koordinaten ihrer Weltmachtpolitik, erst recht des Kalten Krieges, auf den Kopf gestellt. Es konnte nicht sein, was nicht sein durfte. »Ich weigere mich einfach anzuerkennen«, so Henry Kissinger im Sommer 1969, »dass eine kleine, viertklassige Macht wie Nordvietnam keinen ›breaking point‹ hat.«[56]

Wenn Barbara Tuchman davon spricht, dass das Streben nach Glaubwürdigkeit im Kalten Krieg bis zur Selbsthypnose aufgebläht wurde,[57] umschreibt sie ein drittes Charakteristikum amerikanischer Vietnampolitik: Wie eine auf Glaubwürdigkeit fixierte Politik sich sukzessive ihrer Optionen beraubt und am Ende in einer selbst gestellten »Glaubwürdigkeitsfalle« landet. Seit Truman erhöhte jeder Präsident den Einsatz in Vietnam und damit auch den Druck, den gesetzten Zielen gerecht zu werden. Die Grenzlinie von Selbstverpflichtung zur Selbstfesselung wurde an dem Tag überschritten, als zum ersten Mal das Wort »vital« – »lebenswichtig« – fiel. Mit diesem Wort veränderten sich die Maßstäbe, an denen Politik gemessen wird, grundlegend. Wer symbolisches Kapital und Prestige in diesem Umfang investiert, muss um den Preis politischer Bonität willen sein Versprechen einlösen. Er ist zum Erfolg verdammt und hat fortan »die Sache durchzustehen« – Entscheidungen wider besseres Wissen und Ignorieren der Realität inklusive. In diesem Sinne trifft der viel belächelte Satz, Berlin werde in Saigon verteidigt, den Kern der Sache. Wie Leslie Gelb schreibt: »Worte machten aus Vietnam ein Vorzeigeobjekt – ein asiatisches Berlin.«[58]

Die damit einhergehende Verengung des intellektuellen und politischen Horizonts setzte in den 1950er Jahren ein. John F. Kennedy erlag ihr auf seine Weise – zögernd, mit sich hadernd und schließlich in der Illusion befangen, einen Ausweg auf dem Umweg einer Eskalation finden zu können. Seine diesbezüglichen Entscheidungen sind hinreichend dargelegt und kommentiert worden. Sie reichen von der Aufstockung der Militärberater auf 11 000 Mann über geheime Kommandooperationen im Norden bis zum Einsatz von Entlaubungsmitteln und Napalm. Folgenreicher als alles andere war freilich die indirekte Unterstützung des Putsches gegen Diktator Ngo Dinh Diem Anfang November 1963. Damit ergriff Washington nicht nur Partei in den Ränkespielen der

56 Henry Kissinger, zit. n. Berman, No Peace, S. 55.
57 Tuchman, Torheit, S. 312.
58 Gelb, Last Act.

Saigoner Innenpolitik. Fortan hing die Wahrung des amerikanischen Prestiges auch vom Erfolg oder Misserfolg einer Clique zerstrittener Obristen ab. Deren Inkompetenz auszubügeln, war nur um den Preis eines erhöhten Engagements der USA möglich. Eben weil Kennedy die meisten Brücken hinter sich abgebrochen hatte, hegten sein Bruder Robert sowie die Berater Theodore Sorensen und William Bundy erhebliche Zweifel an der Möglichkeit einer Deeskalation. Die Pointe: Die neuen Machthaber wussten um diese Selbstfesselung ihres Partners und spielten ihre Karten bis zur Ratifizierung des Waffenstillstandsabkommens im Januar 1973 auf erpresserische Weise aus. »In einem Abhängigkeitsverhältnis«, bemerkt Barbara Tuchman, »vermag der Schützling seinen Beschützer stets zu kontrollieren, indem er damit droht, zusammenzubrechen.«[59] Auch das Bild vom Schwanz, der mit dem Hund wedelt, bietet sich an.

Zu Zeiten von Lyndon B. Johnson und Richard Nixon war die »Glaubwürdigkeitsfalle« endgültig zugeschnappt. Die monotone Rhetorik dieser Jahre kündet davon: Rückzug steht für Niederlage, Niederlage für Demütigung, Demütigung für nationale Katastrophe und mithin für das Ende der amerikanischen Weltmacht. Das politische Vokabular war auf den Fundus einer planierten Semantik geschrumpft und klang wie eine verhakte Schallplatte: »In Vietnam geht es zu 70 Prozent darum, nicht gedemütigt zu werden« – der stellvertretende Verteidigungsminister John McNaughton im März 1965.[60] »Amerika gewinnt die Kriege, die es anfängt. Behalten Sie das immer im Auge« – Lyndon B. Johnson im Jahr 1967.[61] »Es geht [...] um das Überleben der USA als Weltmacht. [...] Im Falle einer Niederlage in Vietnam wird das amerikanische Volk sich nie wieder an anderen Orten behaupten« – Richard Nixon im Herbst 1969.[62] Und: »Die Art, wie wir diesen Krieg beenden, ist entscheidend für Amerikas Position in der Welt und für den Zusammenhalt unserer

59 Tuchman, Torheit, S. 352. Zu Kennedys Vietnampolitik siehe Jones, Death of a Generation, S. 27, 52, 74f., 79, 89, 138, 146, 197, 201, 220; Shultz, Secret War; Bernd Greiner, Der »Alice in Wonderland«-Präsident, in: *Damals*, 11, 2003, S. 74–79. Zu den Hintergründen und Weiterungen des Putsches gegen Diem siehe Jones, Death of a Generation, S. 277f., 310–315, 343–370, 386–406, 422–428, 439f., 454f. Zur Kritik von Robert Kennedy, Theodore Sorensen und William Bundy siehe Jones, Death of a Generation, S. 452.

60 John Mc Naughton, zit. n. Kimball, War Files, S. 43/44.

61 Lyndon B. Johnson, zit. n. dem Dokumentarfilm von Erroll Morris, In the Fog of War – Robert S. McNamara and Vietnam, 2004.

62 Richard Nixon am 17. 10. 1969, zit. n. Kimball, War Files, S. 45.

Gesellschaft« – Henry Kissinger im Herbst 1969 sowie bei ungezählten anderen Gelegenheiten.[63]

Je länger der Krieg dauerte und je mehr sich die Aussichten auf einen Erfolg eintrübten, desto stärker trat eine vierte Dimension von »Glaubwürdigkeitspolitik« hervor: die persönliche Glaubwürdigkeit der Kriegsherren im Weißen Haus. Dass sie auf keinen Fall der erste Präsident sein wollten, der einen Krieg verliert, gaben Johnson und Nixon wiederholt zu verstehen. Und zwar in einer Weise, die vermuten ließ, dass sie ihr eigenes Ansehen mit dem Nimbus der USA als glaubwürdiger Weltmacht auf eine Stufe stellten. Zweifellos spielen Idiosynkrasien dabei eine wichtige Rolle – das Ensemble persönlicher Eigenheiten, Vorlieben und Neigungen. Jenseits der individuellen Charakteristika scheint zugleich eine allen Akteuren gemeinsame Erfahrung zu Buche zu schlagen: die weltanschauliche Prägung der »GI-Generation«. Jener Generation also, die den Zweiten Weltkrieg als Amerikas »finest hour« erlebt hatte und die Erfolgsgeschichte jener Jahre als nationale Meistererzählung fortschreiben wollte. Vor dieser Herausforderung nicht zu bestehen hieß, den Auftrag ihres Amtes zu verwirken – ein Versagen, das umso weniger entschuldbar war, als die »imperiale Präsidentschaft« ihnen historisch beispiellose Mittel und Möglichkeiten an die Hand gegeben hatte. Hier liegt der Kern der viel zitierten »Victory Culture« oder der für die 1960er Jahre typischen Inszenierung von Männlichkeit und Härte. Und im Grunde geht es um ein heroisches Verständnis von Politik, um die Unterstellung, dass die Zukunft des eigenen Landes von zweierlei abhängt: von der periodischen Bestätigung des Behauptungswillens in Krisen und Kriegen auf der einen Seite und von Politikern andererseits, die als Charismatiker des Ausnahmezustandes diesem Willen ein Profil geben. In anderen Worten: Amerikanische Präsidenten führten in und mit Vietnam auch einen persönlichen kalten Krieg.[64]

---

63 Henry Kissinger am 18. 9. 1971, zit. n. Kimball, War Files, S. 45. Siehe auch Memorandum of Conversation (Participants: John McCormack, Carl Albert, Bryce Harlow, Henry A. Kissinger, William Watts), Limited Official Use, 6. 11. 1969, in: NA, NPMP, NSC, Presidential/HAK MemCons, Box 1026, Folder: MemCons Jun.–Dec.1969, Presidential/HAK (1 of 2).

64 Zu Johnsons Obsession mit dem eigenen Bild in der Geschichte siehe Tuchman, Torheit, S. 388, 398; Ellsberg, Secrets, S. 49, 197f.; Jones, Death of a Generation, S. 443; Gardner, Any Price, S. 513f. Zu Nixon siehe Berman, No Peace, S. 56, 80; Kimball, War Files, S. 27f., 133f., 148f., 168, 174, 187, 197, 221f. Zur »GI-Generation« siehe Kaiser, American Tragedy; Engelhardt,Victory Culture sowie Cuordileone, Manhood and American Political Culture.

Gerade für Richard Nixon war der Vietnamkrieg Chiffre und Prüfstein seines individuellen Wirkens und Lebens. Kennedy und Johnson waren an Vietnam gescheitert, er, der Außenseiter aus dem ländlichen Kalifornien, würde dem Land Stolz und Würde zurückgeben. Und sich im wahren Leben verdienen, worüber JFK nur in Büchern räsoniert hatte: ein »profile in courage« und das unsterbliche Renommee eines Präsidenten »voller Charakter und mit einem Kern aus Stahl«.[65] Die Atmosphäre im Weißen Haus der späten 1960er und frühen 1970er Jahre ist der Nachwelt auf Tausenden von Tonbandmitschnitten erhalten geblieben. Sie zeugen davon, wie sich Nixon regelmäßig in eine kaum gezügelte Erregung hineinsteigert, brüllt, auf den Tisch schlägt, flucht, dass selbst Kesselflicker erröten würden, Landkarten mit Bombenzielen imaginiert. »Also, also, also fickt die Wichser.«[66] – »Macht euch keine Sorgen. Wir werden nicht mit einem Wimmern da rausgehen. Wir werden ihnen verdammt noch mal alles um die Ohren pusten.«[67] Zweifel und Unsicherheit belegt er mit einem Bann ritueller Selbstbeschwörung: »Zur Hölle damit! Wir werden gewinnen. Wir müssen es. Ich muss es. Wir haben einige Karten in der Hinterhand [...] und wir werden sie verdammt hart ausspielen.«[68] So hart, wie es keiner vor ihm wagte, und getragen von dem Wissen, der »schweigenden Mehrheit« ihre Sehnsucht nach Stärke, ihren Wunsch nach Siegen erfüllen zu können. »Ich bin der einzige Mann in diesem Land«, sagte er zu dem Berater »Bob« Haldeman, »der dies zuwege bringen kann.«[69]

Die Investition »persönlichen Kapitals« hatte für Nixon einen Namen: »Ich nenne es die Madman-Theorie«, erklärte er seinem Berater Haldeman und begründete ausführlich, wie man mit der Suggestion von Wahnsinn politische Gewinne einfahren könne. »Die Nordvietnamesen sollen glauben, dass ich für eine Beendigung des Krieges schlicht alles tun würde. Wir spielen ihnen einfach die Information zu, dass dieser

---

65 Zu Nixons Räsonnieren über ein »profile in courage« siehe Harry Robbins Haldeman, Tagebucheintrag vom 27. 1. 1973 sowie ders., »Vietnam White Paper«, undatiert, zit. n. Berman, No Peace, S. 236, 238.

66 Richard Nixon am 19. 3. 1971 zu Henry Kissinger, zit. n. Kimball, War Files, S. 146.

67 Richard Nixon am 27. 4. 1971 zu Henry Kissinger, zit. n. Kimball, War Files, S. 159.

68 Richard Nixon am 23. 6. 1971 zu Henry Kissinger, zit. n. Kimball, War Files, S. 167. (Hervorhebung, B. G.)

69 Richard Nixon zu Harry Robbins Haldeman, zit. n. Haldeman, Ends of Power, S. 82. Siehe Kimball, War Files, S. 90, 124, 140, 149, 162–165, 169, 226f.

Nixon vom Kommunismus besessen ist, dass man ihn nicht bändigen kann, wenn er wütend wird, und dass er obendrein auch noch den Finger auf dem Atomknopf hat. Ho Chi Minh höchstpersönlich wird innerhalb von zwei Tagen in Paris sein und um Frieden betteln.«[70] Immer wieder erläuterte Nixon den Sinn eines politischen Spiel mit der Irrationalität. In seinen Augen wies es einen Ausweg aus dem politischen Dilemma des Atomzeitalters: Ein Staat, der aus Angst vor atomarer Selbstvernichtung darauf verzichtet, bei der Verfolgung seiner Interessen Drohkulissen aufzubauen, verdammt sich langfristig zur politischen Ohnmacht. Handlungsfähig bleibt er nur, wenn Dritte sich zu keiner Zeit seiner Zurückhaltung und Rationalität sicher sein können. Wer im Ruf steht, im Zweifel jedes Augenmaß zu verlieren und exzessive Risiken einzugehen, wird ernst genommen. In anderen Worten: Er schreckt nicht länger sich selbst ab, sondern findet zum Kern des Politischen zurück – andere abzuschrecken. Dass Unkalkulierbarkeit und die Angst vor irrationalen Entschlüssen tatsächlich Gewinn abwerfen, illustrierte Nixon mit Anekdoten aus dem Koreakrieg. Eisenhower habe nur mit der Drohung, andernfalls den Norden mit Atomwaffen anzugreifen, einen Waffenstillstand erzwingen können. Ob diese Behauptung zutrifft oder – wie es eher scheint – aus der Luft gegriffen ist, spielt in diesem Zusammenhang keine Rolle. Entscheidend ist das Selbstbild eines Präsidenten, der aus dem Kult des Irrsinns politischen Mehrwert schlagen will und sich für berufen hält, einer machtvergessenen Gesellschaft den Nutzen dieser Strategie wieder in Erinnerung zu rufen.[71]

Spätestens mit Nixon werden die Konsequenzen einer auf die Demonstration von Glaubwürdigkeit fixierten Politik deutlich: Man landete in der Falle des Nicht-aufhören-Könnens. Nixon wusste, dass die Chancen für eine in seinem Sinne befriedigende Lösung von Tag zu Tag geringer wurden. Die Wahl 1968 hatte er nur mit dem Versprechen eines zügigen Rückzugs der Bodentruppen gewinnen können. Und im Herbst 1970 musste er bei den Pariser Verhandlungen den Verbleib

---

70 Richard Nixon, zit. n. Haldeman, Ends of Power, S. 96. Siehe Sagan/Suri, Madman Nuclear Alert; Burr/Kimball, Nuclear Ploy; Ellsberg, Secrets, S. 344 sowie Kimball, War Files, S. 15–19, 54–64, 175, 206.

71 Zu Nixons Interpretation der Eisenhower'schen Koreapolitik siehe Memorandum of Conversation (Participants: President Nixon, Elliot Richardson, The Joint Chiefs of Staff, Brent Scowcroft), Secret/Nodis/XGDS, 15. 2. 1973, S. 2, in: NA, NPMP, NSC, Presidential/HAK MemCons, Box 1026, Folder: MemCons, Jan.–March 1973, Presidential/HAK. Die diesbezüglichen Diskussionen mit Henry Kissinger sind dokumentiert bei Kimball, War Files, S. 63, 117, 183f. und Berman, No Peace, S. 49.

nordvietnamesischer Truppen im Süden als Basis eines Waffenstillstandes akzeptieren. Damit war das jahrelang als unverhandelbar bezeichnete Prinzip des beiderseitigen Truppenrückzugs außer Kraft gesetzt. Dass die südvietnamesische Armee dennoch die Stellung würde halten können, war illusorisch. Von ihrem als »Härtetest« gedachten Einsatz in Laos zwischen Dezember 1970 und März 1971 war noch nicht einmal die Hälfte ihrer 16000 Elitesoldaten zurückgekehrt. Aber mittels der »Madman«-Politik war Nixon entschlossen, für die Saigoner Regierung noch eine Übergangszeit herbeizubomben – ein »decent interval«. Wenn ihr Sturz auch unvermeidlich war, so sollte er doch nicht unmittelbar nach dem Abzug aller US-Truppen ins Werk gesetzt werden können, sondern frühestens nach der Wahl im November 1972, im besten Fall erst nach dem Ende seiner zweiten Amtszeit im Januar 1977. Nur mit einem um Jahre in die Länge gezogenen Krieg schien der Eindruck zu vermeiden, dass die USA einen Verbündeten im Stich gelassen hatten und die Hauptverantwortlichen für dessen Niedergang waren. Und nur auf diesem Weg schien das persönliche Prestige des Präsidenten als geschickter Krisenmanager und großer Kriegsherr garantiert.[72]

Den Preis zahlten die Zivilisten in Nordvietnam. Sie waren die Leidtragenden eines Krieges, der nach Abzug der Bodentruppen nur noch mit der Luftwaffe zu führen war. Dem nicht besiegbaren Feind noch für einige Jahre schmerzhafte Wunden zu schlagen und ihm den höchsten Preis für seinen verzögerten Triumph abzuverlangen – so lautete Nixons auf den Tonbändern der Jahre 1971 und 1972 dokumentierte Strategie. »Wir werden die Deiche zerstören und die Kraftwerke, wir werden Haiphong ausradieren«, so ein mit den Fäusten auf den Tisch trommelnder Nixon am 2. Juni 1971.[73] »Wir werden dieses gottverdammte Land dem Erdboden gleichmachen! [...] Das ist keine leere Drohung. [...] Jetzt haben wir verdammt noch mal nichts mehr zu verlieren. Nichts mehr zu verlieren. [...] Wir werden sie mit Schlägen eindecken, wir werden ihnen alle Kraft aus dem Leib bomben.«[74] Henry Kissinger hörte es gerne. »Mr. President, ich werde Sie aus ganzem Herzen unterstützen, und ich glaube, dass Sie das Richtige tun.«[75] »Operation Linebacker« hieß der Großangriff, der ab dem 8. Mai 1972 gegen industrielle Zentren

72 Siehe Kimball, War Files, S. 27f., 133f., 148f, 168, 174, 187, 197, 221f.; Berman, No Peace, S. 80 sowie Greiner, Die Falle des Nicht-aufhören-Könnens.
73 Richard Nixon am 2. 6. 1971, zit. n. Kimball, War Files, S. 163.
74 Richard Nixon am 2. 6. 1971, zit. n. Kimball, War Files, S. 165; siehe ebenda, S. 151, 169.
75 Henry Kissinger am 23. 6. 1971, zit. n. Berman, No Peace, S. 58.

und militärische Infrastruktur im Norden geflogen wurde. Welche Zerstörungen angerichtet wurden, ist schwer zu beurteilen. Mit einer Dauer von sechs Monaten und einer Bombenlast von 155000 Tonnen war es in jedem Fall einer der massivsten Angriffe in der Geschichte des Luftkrieges. Und ab dem 14. Dezember 1972 schlug noch einmal die Stunde des »madman« – weil Nixon gegenüber der Saigoner Regierung die Glaubwürdigkeit amerikanischer Beistandsgarantien über den Tag des Rückzugs amerikanischer Bodentruppen demonstrieren wollte. Im Zuge von »Operation Linebacker II«, besser bekannt als das »Weihnachtsbombardement«, wurden knapp 3500 Einsätze mit der expliziten Absicht geflogen, die Zivilbevölkerung in Hanoi und Haiphong zu demoralisieren. Nur 12 Prozent der Angriffe galten militärischen Zielen. Dass in Hanoi nicht mehr als 2200 Menschen starben und knapp 1600 verwundet wurden, war den umfangreichen Evakuierungen nach »Linebacker I« im Frühjahr 1972 zu verdanken.[76]

76 Zu den Hintergründen des »Weihnachtsbombardements« siehe Berman, No Peace, S. 174f., 187, 196–206, 212, 215, 218f. sowie Kimball, War Files, S. 262, 272–279.

Generale

»Wir gingen in ein fremdes Land, in dem unsere einzige Überlegenheit in unserer Bewaffnung bestand. [...] Die andere Seite verfügte über eine absolute politische Überlegenheit, die es ihr ermöglichte, immer mehr und immer neue Kräfte zu mobilisieren. Im Endeffekt kämpften wir gegen die Geburtenrate einer Nation.«
(David Halberstam)[1]

Richard Nixons Bombenterror ist ein Spiegelbild der in Vietnam durchweg angewandten Militärstrategie. Man könnte auch von einer Art »Tonnenideologie« sprechen und mithin von einem Denken, das optimalen Erfolg und maximalen Einsatz von Feuerkraft in eins setzt. »Die Lösung in Vietnam sind mehr Bomben, mehr Granaten, mehr Napalm [...] bis die andere Seite zusammenbricht und aufgibt. [...] Wir werden sie zu Brei zerstampfen.«[2] Dergleichen Aussagen – in diesem Fall von William DePuy, Operationschef des Oberkommandierenden der US-Streitkräfte in Vietnam – sind Legion. Man kann sie als konsequente und auf die Spitze getriebene Fortsetzung jener »Abnutzungsstrategie« deuten, die bei amerikanischen Militärs seit dem Unabhängigkeitskrieg populär war. Auch wäre es legitim, von einem Verlust des »institutionellen Gedächtnisses« zu sprechen – denn die Erfahrungen, die in diversen Guerillakriegen vom »French-Indian War« Mitte des 18. Jahrhunderts bis hin zur Aufstandsbekämpfung im Lateinamerika der 1930er Jahre gesammelt worden waren, schienen spurlos getilgt. In jedem Fall aber handelt es sich um die Übertragung eines Prinzips totaler Kriege auf den Schauplatz eines »kleinen Krieges«: »shock and awe«. Womit der Vorsatz gemeint ist, einen Gegner durch die Kombination unberechenbaren Handelns und unvorgesehener Zerstörungsmittel in die Knie zu zwingen.[3]

Die in Vietnam praktizierte Abnutzungsstrategie ist unter dem Namen »Search and Destroy« bekannt geworden. Eine auf den ersten Blick

---

1 David Halberstam, zit. n. Anderson (Hg.), Facing My Lai, S. 132.

2 William DePuy, zit. n. Bilton/Sim, Four Hours, S. 33 sowie Sheehan, Große Lüge, S. 569.

3 Siehe Spector, After Tet, S. 220. Zu den Charakteristika »totaler Kriegführung« siehe Chickering/Greiner/Förster (Hg.), World at Total War, S. 1–19, 375–385.

wenig überraschende Umschreibung, denn von Streitkräften wird überall und zu jeder Zeit ebendies erwartet – den Feind aufzuspüren und aufzureiben. Wie bereits dargelegt, ist in asymmetrischen Kriegen damit auch die Zerstörung der vom Feind genutzten Rückzugsräume und der militärisch nutzbaren Infrastruktur gemeint – vom Ausheben seiner Nachschublager über die Vernichtung der Ernte bis hin zum großflächigen Umsiedeln der Bevölkerung. Auf die besondere Konstellation in Vietnam aber reagierten die amerikanischen Kriegsplaner mit einer spezifischen Weiterung. Weil US-Bodentruppen aus politischen Gründen nicht in Nordvietnam einmarschieren konnten, galt es, so viele Soldaten des Nordens wie möglich in den Süden zu locken und dort zu vernichten. Und zwar so lange, bis die Waffenbrüder der Guerilla ausgeblutet waren. Im Unterschied zu den Abnutzungskriegen der Vergangenheit ging es nicht um das Erobern, Verteidigen und Halten strategisch wichtigen Terrains. Vielmehr verlegte man sich auf das Modell der »Vakuumfalle«: Ein Gebiet wird besetzt, geräumt, abermals besetzt und erneut von eigenen Truppen entleert – immer und immer wieder und stets in der Hoffnung, dass der Feind mit frischen Truppen nachrückt und diese im massiven Feuer amerikanischer Einheiten fallen. Seit Mitte 1966 wurden mehr als 90 Prozent der mit Kampfaufträgen ausgestatteten Bataillone für »Search and Destroy«-Einsätze verwendet. Im Grunde war ihr ständiges »Durchkämmen« ein und derselben Territorien, das Ködern, Zuschlagen und sofortige Abrücken eine Kopie der vom Vietcong gepflegten »Hit-and-Run«-Taktik. Im Pentagon wählte man das noch bessere Bild vom »meat grinder«, des Fleischwolfs also. »Wir werden sie einfach so lange ausbluten«, meinte der von 1965 bis Frühjahr 1968 das Oberkommando in Vietnam führende William Westmoreland, »bis die Führer in Hanoi eines Tages realisieren, dass sie mit diesem Aderlass ihr Land für Generationen an den Rand des Untergangs gebracht haben. Dann werden sie neu über ihre Position nachdenken müssen.«[4] In anderen Worten: »Search and Destroy« handelte vom Kampf gegen die Geburtenrate einer Nation.

Konsequenterweise wurde die Zahl der feindlichen Toten zum hauptsächlichen Maßstab militärischen Erfolgs. Was interessierte, waren nicht Geländegewinne, nicht die Behauptung strategisch wichtiger Bastionen

---

4 William Westmoreland während einer Pressekonferenz am 14. 4. 1967, zit. n. Lewy, America in Vietnam, S. 73. Siehe Sheehan, Große Lüge, S. 642; Anderson (Hg.), Facing, S. 132. Zum Anteil von »Search and Destroy« an allen Kampfeinsätzen siehe Lewy, America in Vietnam, S. 63 sowie Leepson, Dictionary, S. 363.

oder Siedlungsräume, nicht der Wert erbeuteten Materials oder die Zahl der Gefangenen. Was zählte, war die Totenstatistik – der »Body Count«. Noch 1967 war die Truppenführung der Meinung, alsbald den »cross-over-point« erreicht zu haben, jenen Punkt also, jenseits dessen Nordvietnam nicht mehr in der Lage wäre, seine Verluste mit neu rekrutierten Soldaten auszugleichen. Welche Erwartungen auch immer in dieses Kalkül eingingen, es war allein mit Blick auf die Kostenseite weltfremd. 185 000 Dollar, so eine interne Schätzung, mussten die USA aufwenden, um nur einen einzigen Guerilla zu töten.[5] Den »cross-over-point« zu erreichen, hätte vorausgesetzt, Jahr für Jahr 250 000 vietnamesische Kämpfer zu töten und zu diesem Zweck die Zahl der in Indochina eingesetzten US-Truppen mindestens auf das Doppelte, nämlich eine Million, aufzustocken. Dennoch rückte man nicht vom Abnutzungskrieg ab. Im Gegenteil. Dessen Planer verordneten den Einsatz von noch mehr Material und noch mehr Feuerkraft. Teilweise, indem US-Verbände als Köder zur Provokation von Angriffen ausgeschickt wurden, die man umstandslos mit dem großkalibrigen Einsatz von Kampfflugzeugen und Artillerie beantwortete. Teilweise, indem man den Druck auf jede einzelne Einheit massiv erhöhte, ihre »Tötungsquote« zu verbessern – und selbstredend in Kauf zu nehmen, dass im Süden des Landes ausgerechnet jene zu Opfern wurden, die zu beschützen man gekommen war: die Bauern in den dicht besiedelten Regionen zwischen der Demarkationslinie am 17. Breitengrad und dem Mekongdelta.[6]

Militärische Weichenstellungen

Die Alternative zur »Blutpumpe« wurde bereits zu Beginn des Krieges diskutiert. Sie basierte auf der Überlegung, dass der Starke in einer asymmetrischen Konstellation seine Schwächen nicht durch den Einsatz überlegener Kriegstechnologie kompensieren kann. Ein Verzicht

---

5 Department of State, Outgoing Telegram, Dean Rusk for American Embassy Saigon (Ambassador Lodge), 27. 8. 1968, S. 2, in: NA, RG 338, USAC, HD22-CR, Box 16, Folder: Confidential 511-02 Vietnam, US Operation of PW Camps in SVN (1965–66). Dean Rusk stellt die zitierten Kosten den seines Erachtens völlig unzureichenden Aufwendungen für Kriegsgefangenenlager gegenüber.

6 Zum »cross-over point« siehe Lewy, America in Vietnam, S. 68, 74. Zur weltfremden Erwartungshaltung der »Attrition«-Strategen siehe Tuchman, Torheit, S. 415; Berman, Lyndon Johnson's War; Krepinevich, Army and Vietnam.

auf militärische Intervention war damit keineswegs gemeint. Die Guerilla einzudämmen und vor aller Augen ihre Chancenlosigkeit zu beweisen, galt als unverzichtbare Bedingung. Entscheidend war freilich die Selbstbeschränkung in der Wahl der Gewaltmittel. Wer die Lebenswelt der Bauern zur Kampfzone erklärte, so die Argumentation, hatte seine Aussicht auf Erfolg von Anfang an verwirkt. Stattdessen wurde ein Katalog von »civic action«-Maßnahmen vorgeschlagen: Wirtschaftshilfe, Ausbau der materiellen und sozialen Infrastruktur und, nicht zuletzt, eine Bodenreform, die den ausgebeuteten Bauern eine langfristige Perspektive bieten und sie gegen die Verheißungen der Sozialrevolutionäre immunisieren sollte. Was immer im Detail vorgeschlagen wurde, lief auf eine radikale Neudefinition des militärischen Auftrags hinaus. Amerikanische Soldaten in Vietnam mussten zugleich Entwicklungshelfer in Uniform sein – »Pazifizierungsarbeiter«, die mit der lokalen Bevölkerung lebten und sich jenseits ihres Schutzauftrages auch an der Realisierung der Reformprojekte beteiligten. Vor allem aber war eines gefordert: die Bereitschaft, eine auf kurzfristige Erfolge fixierte Offensivstrategie zugunsten einer Defensive des langem Atems aufzugeben – Zeit zu investieren und sich viel Zeit zu lassen.

In diesem Sinne argumentierten Mitarbeiter des Außenministeriums, der Agency for International Development, des Geheimdienstes CIA und führende Generale des Marine Corps wie Victor Krulak, Wallace Greene Jr., Lewis W. Walt und Admiral Ulysses S. Grant Sharp, der langjährige Kommandeur der Marines. Ob man deshalb die Führungsriege der Marines wie der Vietnam-Korrespondent der *New York Times*, Neil Sheehan, als »Schule von Pazifizierungsstrategen« bezeichnen sollte, sei dahingestellt – zumal im Licht der leidenschaftlichen Fürsprache Sharps für einen ausgedehnten Bombenkrieg gegen Nordvietnam. Festzuhalten bleibt allerdings, dass sie bemüht waren, ihre Vorstellungen in der Praxis zu realisieren – in Gestalt der »Combined Action Platoons« (CAP). Im August 1965 erstmals aufgestellt, sollten sie zum Vorbild kombinierter »Pazifizierungseinheiten« werden. Ein im Schnitt 53 Mann starkes CAP bestand zu einem Drittel aus US Marines und zu zwei Dritteln aus Soldaten der lokal rekrutierten »Popular Forces«. Dauerhaft in einem Dorf stationiert, gehörte die alltägliche Unterstützung der Bewohner ebenso zu ihrem Auftrag wie das Ausspionieren feindlicher Stellungen und die Anlage weiträumiger »Sicherungsperimeter«, um den Aktionsradius des Feindes zu beschneiden. Kurz: um den »Fisch« Guerilla physisch vom »Wasser« seines sozialen Umfeldes fernzuhalten. Überdies sollte mit den CAP ein symbolträchtiges Signal gesetzt werden – an die Adresse der südvietnamesischen Kameraden, die von den Amerikanern

Major General Victor Krulak, United States Marine Corps, Sonderberater von Präsident John F. Kennedy für Aufstandsbekämpfung.
© U.S. Federal Government

Major General Lewis Walt, United States Marine Corps, Kommandeur der US Marines in Vietnam.
© U.S. Federal Government

zwar ausgebildet, bei den gemeinsamen Einsätzen aber nicht von ihnen kommandiert wurden, ferner an die Adresse der Bauern, die damit rechnen konnten, dass US Marines tatsächlich ihr Leben für sie aufs Spiel setzten.[7]

Gegen das Modell der »Combined Action Platoons« lassen sich allerlei kritische Einwände vortragen: dass die Erfahrungen der in den 1950er Jahren erfolgreichen Aufstandsbekämpfung auf den Philippinen zum Maßstab genommen wurden, ohne die gänzlich anderen Voraussetzungen in Vietnam zu bedenken. Dass man auch in diesem Fall der vielfach blamierten Vorstellung anhing, soziale Prozesse von oben herab steuern und mit westlichen Modernisierungsvorstellungen die Kraft

7 Sheehan, Große Lüge, S. 631. Siehe ebenda, S. 83, 114–120, 149f.; Tuchman, Torheit, S. 432; Olson, Handbook, S. 115, 128, 133; Lewy, America in Vietnam, S. 116; Spector, After Tet, S. 282. Zu den »Combined Action Platoons« siehe Peterson, Other War in Vietnam; Cable, Counterinsurgency Doctrine. Zur Aufgabenverteilung in den »CAP« siehe MACV, Handbook for Military Support of Pacification, February 1968, S. 53f., in: NA, RG 319, AS, PI-FR, Vol. III: Exhibits, Box 54, Book 4: Miscellaneous Documents.

eines indigenen Nationalismus aushebeln zu können. Oder dass man selbst wie der »Fisch im Wasser« schwimmen wollte und damit einer naiven Kopie kommunistischer Strategien das Wort redete. Für unseren Zusammenhang ist hingegen anderes von Belang: zum einen, dass die Untauglichkeit der Abnutzungsstrategie zur Sprache gebracht wurde; zum anderen, dass die einschlägige Kritik an der Theorie und Praxis von »Search and Destroy« nicht von außen an die politischen und militärischen Eliten herangetragen wurde. Sie kam aus dem inneren Kreis der Entscheidungsträger. Und sie wurde von Personen vorgetragen, die den Krieg in Vietnam im Prinzip nicht ablehnten, sondern auf eine prinzipiell andere Art und Weise führen wollten. Unter diesem Gesichtspunkt sind die immanenten Schwächen des Gegenentwurfs von zweitrangiger Bedeutung. Entscheidend ist, wie mit den Einwänden umgegangen wurde.

Die administrative und politische Gegenwehr hätte rabiater kaum sein können. Von George S. Patton III, dem Kommandierenden General des 11. Armored Cavalry Regiment, ist die Anweisung an seinen Stab überliefert, dass »ein Verhältnis von 10 Prozent Pazifizierung und 90 Prozent Töten genau das Richtige ist«.[8] Er spiegelte damit die Meinung der meisten in Vietnam eingesetzten Offiziere. Andere wählten – selbst an die Adresse von Vorgesetzten – noch drastischere Worte: »Ich will lieber zur Hölle fahren, als meine Zustimmung dafür zu geben, dass die Armee der Vereinigten Staaten, ihre Institutionen, ihre Doktrin und ihre Tradition kaputtgemacht werden, nur um diesen lausigen Krieg zu gewinnen.«[9] An einer sachlichen Begründung war den Kritikern der »Pazifizierung« kaum gelegen. Dementsprechend sollte auch nicht von einer Diskussion gesprochen werden, sondern eher von einem Stakkato emotional eingefärbter Verdikte. Vermutlich verbarg sich dahinter eine Ahnung um die politische Brisanz des Themas. Die Alternative ernst zu nehmen hätte nämlich bedeutet, die Regierung in Saigon von einem wirtschaftlichen Reformkurs zu überzeugen und obendrein die Umstrukturierung einer ineffizienten, wenn nicht korrupten südvietnamesischen Armee zu verlangen. Auch mögen institutionelle Erwägungen eine Rolle gespielt haben – beispielsweise die Vorstellung, auf diese

8 George S. Patton III, zit. n. Department of the Army, Office of the Secretary of the Army, Memorandum for the Record, 27. 4. 1971, S. 2, in: NA, RG 319, AS, ODCS-PER, VWCWG, CF, Box 5, Folder: Memorandums for Record – Summaries of Congressional Hearings on War Crimes, April 1971.

9 Ein namentlich nicht identifizierter höherer Offizier, zit. n. Lewy, America in Vietnam, S. 138.

Weise Soldaten auszubilden, die zur Erfüllung ihres Auftrags ein hohes Maß an Autonomie beanspruchten und kaum in das Gefüge tradierter Hierarchien einzugliedern waren. So weit wollte William Westmoreland erst gar nicht gehen. Er machte rein operative Gründe geltend und gab seinen Offizieren eine deutliche Botschaft auf den Weg: Wer sich für die »Combined Action Platoons« einsetzte, stellte einen raschen und mit weniger Aufwand zu erzielenden Sieg in Frage. Und brauchte fortan keinen Gedanken mehr auf eine Karriere in den US-Streitkräften zu verschwenden.[10]

Die Politik der »Aufstandsbekämpfung«, »Pazifizierung« oder »Counterinsurgency« war am Ende, bevor sie überhaupt begonnen hatte. Bis Ende 1967 hatte man gerade einmal 79 »Combined Action Platoons« auf die Beine gestellt. Allesamt dem I. Corps unterstellt und gut 4000 Mann stark, operierten sie zwischen den Provinzen Quang Tri und Quang Ngai in einem Terrain, das mit 17000 Guerillas und 34000 Soldaten der nordvietnamesischen Armee zu den Hochburgen des Feindes zählte. Auf dem Höhepunkt des Krieges dienten maximal zwei Prozent amerikanischer Marines in den »Combined Action Platoons« (CAP).[11] Aber nicht allein das Zahlenverhältnis sprach gegen eine erfolgreiche Bewältigung ihres Auftrages. Statt der Elite der Truppe waren nur diejenigen den CAP zugewiesen worden, für die man bei den Marines keine anderweitige Verwendung hatte. »Wir waren alles andere als die kampferprobten Botschafter in Grün, von denen in Büchern und offiziellen Berichten die Rede ist«, gab einer der Beteiligten zu verstehen. »Ich bin der Meinung, dass wir ohnehin nicht eine ausreichende Zahl von Marines mit der Intelligenz, dem Einfühlungsvermögen und der Toleranz hätten finden können, die nötig gewesen wären, um das Programm der gemeinsamen Einsätze zu einem durchschlagenden Erfolg zu machen.«[12] Ein Blick in die Kriegskasse bestätigt diesen Befund. Im Haushaltsjahr 1968 wurden 14 Milliarden Dollar für Einsätze im Rahmen des Abnut-

10 Lewy, America in Vietnam, S. 138.

11 Zwischen 1965 und 1971 operierten 114 »Combined Action Platoons« in den fünf zum Kampfgebiet des 1. Corps gehörenden Provinzen. Im Jahr 1969 hatten die USA dafür 1735 Marines abgestellt, 1970 waren es 1949 – oder zwei Prozent der damals 100000 in Vietnam stationierten Marines. Die südvietnamesische Armee hatte in diesen Jahren 3875 beziehungsweise 4330 Soldaten zu den CAP überstellt: Dunnigan/Nofi, Secrets, S. 91; Spector, After Tet, S. 34.

12 Ein namentlich nicht identifizierter Angehöriger eines »Combined Action Platoon«, zit. n. Spector, After Tet, S. 195.

zungskrieges aufgewendet. 850 Millionen Dollar standen für zivile Hilfsprojekte einschließlich der »Pazifizierungsprogramme« zur Verfügung. Die Folgen dieser Politik wurden wiederum zu einem Argument gegen die »Combined Action Platoons« umgemünzt – namentlich die Tatsache, dass die Verluste dieser schlecht ausgebildeten und unzureichend besetzten Einheiten weit über dem Durchschnitt des übrigen Marine Corps lagen.[13]

Zwar gehörte der Begriff Pazifizierung weiterhin zum politischen Vokabular der Zeit. Die sich seiner bedienten, betrieben aber nichts als Etikettenschwindel. Als Lyndon B. Johnson im Sommer 1966 mit Robert Komer einen »Sonderassistenten für Pazifizierung« berief und ihm wenige Monate später die Leitung einer neuen Abteilung unter dem Namen »Civil Operations and Revolutionary Development Support« (CORDS) übertrug, hatte er sich für einen Mann entschieden, der seinen Auftrag hauptsächlich unter militärischen Gesichtspunkten definierte. »Wir zermalmen den Feind einfach durch unser Gewicht und unsere Masse.«[14] Dass solche und andere ähnliche Bemerkungen keine leeren Worte waren, demonstrierte Komer im Rahmen der Operation »Phoenix«. »Phoenix« gilt zu Recht als das anschaulichste Beispiel, wie das Modell der Pazifizierung seiner politischen und sozialen Ansätze entledigt wurde und in eine von Repression, Folter und Mord geprägte Politik mündete.

Insbesondere illustriert die Operation »Phoenix« eine wichtige Ursache für den militärisch verengten Horizont der entscheidungsbefugten Eliten. Ihnen galten aufständische Bewegungen nämlich weniger als Träger eines nationalen oder sozialen Gedankens, sondern in erster Linie als Verschwörungen einer radikalen Minderheit an der Grenzlinie zwischen Politik und Kriminalität. Man könnte auch von einer anders akzentuierten Lesart des »monolithischen Kommunismus« sprechen. »Die Infrastruktur des Vietcong«, heißt es in einem Ende Dezember 1969 verfassten Memorandum des US-Oberkommandos in Vietnam, »ist […] zu verstehen als die geheime, hinter den Kriegsanstrengungen

13 Zu den Angaben über die finanziellen Aufwendungen, die Mannschaftsstärke und die Verlustraten der »CAP« siehe Spector, After Tet, S. 188, 192f.; Lewy, America in Vietnam, S. 89, 116; MACV, Handbook for Military Support of Pacification, February 1968, S. 52–54, in: NA, RG 319, AS, PI-FR, Vol. III: Exhibits, Box 54, Book 4: Miscellaneous Documents. Grundlegend zu diesem Thema ist die Studie von Blaufarb, Counter-Insurgency Era.

14 Robert Komer, zit. n. Sheehan, Große Lüge, S. 666. Siehe Tuchman, Torheit, S. 360.

stehende ›Mafia‹ in der südvietnamesischen Gesellschaft.«[15] Diese auf 75000 Mann geschätzte »Mafia« zu »enthaupten«, gehörte seit den frühen 1960er Jahren zu den Aufgaben diverser »Counter Terror Teams« der südvietnamesischen Armee und Geheimpolizei. Angeleitet von Mitarbeitern der CIA, verteilten sich circa 3500 Mann auf Kleingruppen, zogen Todesschwadronen gleich durch Dörfer, verhafteten, entführten und ermordeten zivile Funktionsträger des Vietcong – oder besser gesagt: wen sie dafür hielten. Ihre Devise: »Wirb sie an. Kannst du sie nicht zu Überläufern machen, nimm sie gefangen. Wenn du sie nicht gefangen nehmen kannst, töte sie.«[16] Zwar stellte sich alsbald heraus, dass die Razzien mit einer Bekämpfung des Vietcong nicht das Mindeste zu tun hatten: Die Einsätze richteten sich in aller Regel nicht gegen namentlich identifizierte Gruppen oder Personen, die weitaus meisten Verdächtigen – schätzungsweise über 80 Prozent – wurden zum Zweck der Erpressung von Lösegeld verhaftet und innerhalb von sechs Monaten wieder freigelassen. Außer Angst und Schrecken zu verbreiten und einige Freibeuter in den Reihen südvietnamesischer Provinzfürsten zu bereichern, hatte »Phoenix« nichts bewirkt. Trotzdem ließen amerikanische Militärs und Geheimdienste den »Gegenterror« gewähren. Wenn es schon nicht gelang, die »Mafia« dingfest zu machen, so klammerte man sich an die Hoffnung, den Verhafteten wenigstens militärisch relevante Informationen abpressen zu können.[17] Gerade deshalb wurde das »Phoenix«-Programm im Jahr 1968 forciert. Seit dem 1. Juli dieses Jahres formell der südvietnamesischen Regierung übertragen, drängten William Colby (CIA) und Robert Komer (CORDS) auf Wei-

---

15 MACV, Memorandum: Phung Hoang (Phoenix) Program, 24. 12. 1969, S. 1, 3, in: NA, RG 338, USAC, HD22-UR, Box 43, Folder: S11–02 Vietnam. Phung Hoang (Phoenix) Program (1969). Siehe auch Republic of Vietnam, Central Pacification and Development Council, Guidelines: Pacification Campaign 1969, 15. December 1968, in: NA, RG 472, USAV, II. FFV, CSO-CGR, Box 5, Folder: Pacification Files 1969.

16 Ein namentlich nicht identifizierter Angehöriger eines »Counter Terror Teams«, zit. n.Valentine, Phoenix Program, S. 109.

17 Siehe Valentine, Phoenix Program, S. 44f., 61f., 107f., 115, 119, 126, 151, 154, 170f., 214, 221f., 230, 359, 365f., 381; Lewy, America in Vietnam, S. 281f., 291; Head, Other War, in: Olson, Handbook, S. 129f. Zum militärisch-operativen Interesse an »Phoenix« siehe »Operation Dragnet«, in: *Newsweek*, 24. 7. 1967, S. 25; NA, RG 338, USAC, HD22-UR, Box 50, Folder: S11–04: »Operation Dragnet« Newsweek Article (1967); Bilton/Sim, Four Hours, S. 88f.; Valentine, Phoenix Program, S. 91, 138, 141, 145, 151, 161, 203–211, 284f.

sung des Weißen Hauses darauf, monatlich 3000 Mitglieder der »Vietcong Infrastructure« zu »neutralisieren« und verstärkt auf Berater und Einsatzpersonal der US Army zurückzugreifen.[18]

Über Ausbildung und Alltag amerikanischer Antiterrorexperten wissen wir noch immer vergleichsweise wenig. Oder die zur Verfügung stehenden Quellen können nur unzureichend auf ihre Zuverlässigkeit überprüft werden. Einer dieser Berichte stammt von Lieutenant Francis Reitemeyer, der 1968 mehrere Monate lang ein Training in der US Army Intelligence School in Fort Holabird, Maryland, absolviert hatte und wegen der dort gemachten Erfahrungen seine Entlassung aus der Armee beantragte. Im Laufe der juristischen Auseinandersetzungen legte Reitemeyers Anwalt einem Zivilgericht in Maryland eine umfangreiche Stellungnahme seines Mandanten vor. Ihr zufolge war Reitemeyer als Führungsoffizier von acht chinesischen Söldnern vorgesehen. Um die »Kill-Quote« von 50 Vietcong oder ihrer Sympathisanten pro Monat zu erreichen, wurde er von den Ausbildern angeblich zur Anwendung jedweder Form der Folter angehalten und mit einschlägigen Beispielen aus Vietnam instruiert. Die Geschichten handelten von Gefangenen, die nach dem Verhör enthauptet wurden, von Leichen, denen man zur Einschüchterung Dritter Gliedmaßen abtrennte und Augen ausstach, schließlich von Verdächtigen, die man mittels Handgranaten aus einem Gewässer bombte: »Es machte großen Spaß, die Körper der Cong-Soldaten wie Fische durch die Luft fliegen zu sehen«, zitierte Reitemeyer einen seiner Vorgesetzten.[19]

Wie gesagt: Die Zuverlässigkeit dieses Berichts ist nicht verbürgt. Aber Reitemeyer steht nicht allein. Aufklärungsoffiziere, die 1968 in Vietnam eingesetzt waren, beschrieben ihre Erfahrungen in ähnlich drastischen Worten. »Wir hatten überhaupt keine Möglichkeit, unsere Informanten zu überprüfen oder herauszufinden, was sie bewog, amerikanischen Einheiten Informationen zukommen zu lassen. [...] Sie hätten ebenso gut Provokateure sein können oder Opportunisten, die noch eine Rechnung offen hatten. [...] Im Endeffekt warfen wir ein riesiges Schleppnetz in unserem Einsatzgebiet aus, und wer immer sich darin verdächtig machte, wurde als Vietcong Infrastructure eingestuft – ob es

---

18 Sheehan, Große Lüge, S. 731 ff.

19 In the Matter of the Application of Lieutenant Francis Theodore Reitemeyer (Petitioner) vs. Lieutenant Colonel Hector McCrea, Commanding Officer, Troop Command, Fort Holabird, Maryland and United States Army (Respondents), 29. 1. 1969, S. 5, in: NPMP, NSC, AMH-SF, Box 1004, Folder: My Lai Incident (1 of 2).

dafür Beweise gab oder nicht.«[20] Damit aber hatten Terror und Willkür noch kein Bewenden. Die auf diesem Wege erpressten Informationen wurden vielfach an militärische Leitstellen weitergegeben und dort in die Einsatzplanungen von Artillerieeinheiten und Jagdgeschwadern der Luftwaffe eingespeist. »Ich konnte eine Meldung an die 1. Marine Division durchgeben und innerhalb einer Stunde einen B-52-Einsatz gegen ein Terrain von einem Quadratkilometer Ausdehnung haben. Und wir haben das tatsächlich getan.«[21] Mit B-52-Bombern gegen vermutete Verstecke von Vietcong-Funktionären – auch so sahen die Ergebnisse des politisch vermittelten Drucks aus, den Abnutzungskrieg auf schnellstem Wege zum Erfolg zu bringen. Ob »Phoenix« deshalb gleich für Dutzende von My Lais verantwortlich ist, wie der Historiker Douglas Valentine behauptet, sei dahingestellt. In jedem Fall aber besteht Grund zu der Annahme, dass die zwischen 20000 und 40000 schwankende Zahl der im Rahmen von »Phoenix« Getöteten eine allzu konservative Schätzung ist.[22]

»Indem wir stur darauf gesetzt haben, eine Vernichtung der feindlichen Truppen zustande zu bringen«, hieß es in einem »Strategic Objectives Plan« des US-Oberkommandos vom Frühjahr 1969, »haben wir das Dringendste versäumt: für eine immer größere Zahl von Menschen Schritt für Schritt tatsächliche Sicherheit zu schaffen.«[23] Dieses

---

20 Michael Uhl, Aussage vor dem Subcommittee on Foreign Operations and Government Informations, US House of Representatives, Committee on Government Operation, 2. 8. 1971, S. 1101, 1104, in: NA, RG 319, AS, ODCS-PER, VWCWG, CF, Box 4, Folder: House Hearings: Currency Exchange in Southeast Asia, 2 August 1971 (Includes War Crimes Allegations). Zur gleich lautenden Aussage von Kenneth B. Osborn, siehe ebenda, S. 1111, 1119. Weitere Erinnerungsberichte zu »Phoenix« haben verfasst: Cook, Advisor; Herrington, War in the Villages, 1982.

21 Michael Uhl, Aussage vor dem Subcommittee on Foreign Operations and Government Informations, US House of Representatives, Committee on Government Operation, 2. 8. 1971, S. 1176, in: NA, RG 319, AS, ODCS-PER, VWCWG, CF, Box 4, Folder: House Hearings: Currency Exchange in Southeast Asia, 2 August 1971 (Includes War Crimes Allegations). Zum Einsatz von Artillerie und Luftwaffe gegen die »Vietcong Infrastructure« siehe auch Colby, Lost Victory, S. 247–250.

22 Valentine, Phoenix Program, S. 399, 171, 188f., 257, 381f., 420. Zu den geschätzten Todeszahlen siehe Moyar, Birds of Prey, S. 235–241; Dunnigan/Nofi, Secrets, S. 196; Tucker (Hg.), Encyclopedia, S. 67; Lewy, America in Vietnam, S. 281f. sowie Gibson, Perfect War, S. 302f.

23 MACV, Strategic Objectives Plan, Frühjahr 1969, zit. n. Lewy, America in Vietnam, S. 78.

wie eine Vielzahl weiterer Memoranden lassen keinen Zweifel daran: Der militärischen Führung war bewusst, dass man einen Krieg gegen die Bevölkerung führte und folglich auf eine politische Niederlage zusteuerte. Umso rätselhafter erscheint der Unwille oder die Unfähigkeit zu einem Kurswechsel. Warum standen die Kritiker von Anfang an auf verlorenem Posten? Wieso kamen die Initiativen zu einer »politischen Pazifizierung« über kümmerliche Ansätze nie hinaus? Und weshalb wurde keine ernsthafte Debatte über »exit options« geführt – über Modalitäten eines geordneten und zeitigen Rückzugs? Woher also rührt die Bewegungsunfähigkeit, die doktrinäre und operative Verbohrtheit des amerikanischen Militärapparates?[24]

In der seit den frühen 1970er Jahren geführten Debatte über diese Fragen kommen drei Aspekte zur Sprache, die für sich genommen und erst recht infolge ihrer dynamisierenden Wechselwirkung Aufmerksamkeit verdienen. Es geht um den Hinweis, dass Erfolge in der Vergangenheit zum Fluch für eine zukunftsfähige Innovationsbereitschaft werden können. Sodann scheint die massive Aufrüstung zur Zeit des Kalten Krieges unerwartete Kollateralschäden im eigenen Haus bewirkt zu haben – indem sie ausgerechnet den traditionellen Kern der Streitkräfte, die Armee, in eine Krise stürzte. Und drittens ist zu fragen, ob ein Gutteil der Malaise nicht auf das Konto der politischen Führung geht – genauer von vier Administrationen, die sich in ihren selbst gestellten Fallen verrannt hatten und in der Folge auch nicht mehr in der Lage waren, als zivile Kontrolleure oder Korrektoren des Militärischen aufzutreten.

Wenn es eine Konstante in der Geschichte moderner, um nicht zu sagen aller Armeen zu jeder Zeit gibt, dann folgende: Kriege der Zukunft werden mit Schlachtplänen aus der Vergangenheit entworfen, zumal wenn man mit denselben gute Erfahrungen gemacht hatte. Und zu der Maxime, einen Waffengang so schnell wie möglich und mit möglichst geringen Verlusten auf der eigenen Seite zu beenden, gibt es keine Alternative. Vielleicht ist die Fixierung auf »Feuerkraft« und »Abnutzung« bei den US-Streitkräften traditionell besonders ausgeprägt. Die Art und Weise, wie in den 1920er und 1930er Jahren intern über den Ersten Weltkrieg diskutiert wurde, legt diesen Schluss jedenfalls nahe: Demokratien, hieß es damals, vertragen keine langen Kriege, die Opferbereitschaft ist rasch verbraucht und allenfalls wiederaufzurichten, sobald der Krieg auf eigenes Terrain übergreift – ein Szenario, das den Vereinigten Staaten bekanntlich erspart blieb. In anderen Worten: Wer mit

24 Die Unfähigkeit zum Kurswechsel wird ebenfalls thematisiert von Isaacs, Without Honor sowie von Paul Joseph, Cracks in the Empire.

der knappen Ressource Zeit fahrlässig umgeht, besiegt sich selbst. Nach dem Zweiten Weltkrieg verwandelte sich diese Lektion in einen doktrinären »Traditionalismus«. Und Andrew Krepinevich spricht wie andere Militärhistoriker von einem »ehernen Konzept«, in Stein gemeißelt wie die Zehn Gebote.[25]

»Wir können nicht verlieren«: Hinter diesem Mantra der 1950er und 1960er Jahre steht die Überzeugung der unfehlbaren Wirkung und universellen Anwendbarkeit der im Zweiten Weltkrieg praktizierten Abnutzungsstrategie. Neil Sheehan und Loren Baritz sprechen von der »Krankheit der Sieger« und meinen eine von Macht und Erfolg genährte Überheblichkeit an oder jenseits der Grenze zur Selbstverblendung.[26] Und Barbara Tuchman fühlte sich an die »Unverwundbarkeitsillusion der Päpste« erinnert.[27] Wie immer man die zweifellos vorhandene Faszination überlegener Technologie, das Wissen um einen schier unerschöpflichen Reichtum, um Erfolg und Macht deuten mag – schlechte Ratgeber für eine erneuerte Militärstrategie jenseits des Gewohnten waren sie allemal. Dass auch ein minderwertig bewaffneter, an den Boden gefesselter, ohne Luftwaffe operierender Feind erfolgreich sein kann, wurde als vorübergehende Irritation gewertet. Und mit der üblichen Antwort bedacht: »More of the same«. Ein Colonel der »Americal« Division umriss die in Vietnam dominante Haltung wie folgt: »Man kämpft auf die Weise, die im Zweiten Weltkrieg und in Korea gelernt wurde. Man bekämpft den Feind offensiv, indem alle zur Verfügung stehenden Waffen klug eingesetzt werden.«[28] Die in den 1960er Jahren von der zivilen Spitze des Pentagon unter Robert McNamara formulierten Ideen zu »kleinen Kriegen« waren nicht geeignet, diesen verengten Horizont aufzubrechen. Im Gegenteil: Sein Insistieren auf dem »Body Count« samt der Vorstellung eines mathematisch berechenbaren »Bruchpunktes« des Feindes präsentierten den üblichen Machbarkeitswahn in der unüblichen Form einer betriebswirtschaftlichen Statistik.

---

25 Siehe Krepinevich, Army and Vietnam; Weigley, American Way of War; Greiner, Der »Totale Krieg« im Spiegel amerikanischer Militärzeitschriften.

26 Sheehan, Große Lüge, S. 19, 289f., 694; Loren Baritz, Backfire, S. 17–55, 233–282.

27 Tuchman, Torheit, S. 396.

28 Colonel Frank Barker, zit. n. Bilton/Sim, My Lai, S. 192. Ob und wie die innerhalb der Armee in den 1950er Jahren erstellten Expertisen über Partisanen- und Antiguerillakrieg zur Zeit des Zweiten Weltkrieges rezipiert wurden, ist eine noch offene Frage an die Militärgeschichtsschreibung.

Die »institutionelle Krise« der US Army verfestigte das Dogma des Abnutzungskrieges auf ihre Weise. Von einer zufriedenstellenden Bestandsaufnahme dieser Krise sind wir noch weit entfernt. Aber mit Dennis Showalter lassen sich der Ausgangspunkt und die wichtigsten Charakteristika markieren. »Seit sie 1940 moderne Gestalt angenommen hat, funktionierte die amerikanische Armee unter Notfallbedingungen. Und auf ihrer institutionellen Uhr war es immer fünf vor zwölf.«[29] Dass der zu Beginn des Zweiten Weltkrieges vorhandene Torso binnen weniger Monate kriegstauglich und ab 1943 gar an zwei Fronten einsetzbar war, gehört zu den erstaunlichsten Leistungen der Militärgeschichte. Ironischerweise führte ihr größter Erfolg die Army erneut in schweres Wetter. Denn der Triumph des Jahres 1945 fiel ausgerechnet dem schärfsten Rivalen im Kampf um finanzielle Ressourcen zu: Die Luftwaffe war das Symbol für nukleare Übermacht, auf ihre Wünsche und Bedürfnisse wurde die von Eisenhower treffend »New Look« genannte Strategie der Zukunft zugeschnitten. Am Hungertuch nagte die Army deshalb nicht. Aber bei der Mittelvergabe stand sie in der zweiten Reihe. Sollte die Abschreckung versagen und eine »massive Vergeltung« zum Zuge kommen, galten Langstreckenbomber und Interkontinentalraketen als Garanten des Überlebens. Im Ernstfall war die Armee nicht viel mehr als eine aus der Tiefe der Etappe nachrückende Putztruppe. Und seit John F. Kennedy im Weißen Haus saß, musste man obendrein auch noch um die Verwendung in »kleinen Kriegen« bangen. Die Aufwertung der »Special Forces« und anderer Spezialkräfte für Aufstandsbekämpfung wurden von vielen innerhalb der Army wie eine Kriegserklärung aufgenommen. Auf dem Spiel standen demnach das Prestige als Institution und das Selbstbild ihrer Angehörigen.

Auch und gerade in diesem Sinne war die »institutionelle Uhr« auf fünf vor zwölf gestellt. Im Prinzip ist es nicht ausgeschlossen, dass dergleichen Druck zum Anlass einer programmatischen Runderneuerung genommen wird. Die US Army freilich zollte ihrem Traditionalismus Tribut und erklärte die Revitalisierung des Alten zum Weg aus der Legitimationskrise. Dass sie die treibende Kraft hinter dem Entschluss zum Krieg gewesen wäre, ist damit nicht gesagt. Wohl aber nutzte sie das berühmte Kennedy-Wort für ihre Zwecke: »Vietnam ist der Ort.« Es war der Ort des Beweises, dass eine auf maximale Feuerkraft fixierte Strategie auch in »kleinen Kriegen« unentbehrlich war – wartete doch unmittelbar hinter der Demarkationslinie am 17. Breitengrad

29 Showalter, The War That Was Never Fought, S. 16. Zur institutionellen Krise siehe auch Sheehan, Große Lüge, S. 66; Olson, Handbook, S. 95–124.

eine reguläre Armee vermeintlich auf den Befehl zum konventionellen Großangriff auf den Süden. Vietnam war der Ort, an dem man sich mit der Air Force keine Rangeleien um institutionelle Zuständigkeiten und Prärogativen liefern würde. Denn auch die Luftwaffe hatte ein Interesse an der Erprobung ihrer neuen Technologie, vorweg der für einen »großen Krieg« entwickelten Kampfjets, die in Südostasien über 90 Prozent aller Einsätze flogen. Und Vietnam war der Ort, um einer Generation konventionell ausgebildeter Offiziere die Gelegenheit zur Bewährung und letzten Endes zum professionellen Aufstieg zu geben. Aus ihren Reihen kam der massive Widerstand gegen eine alternative »Pazifizierungsstrategie«, sie neigten dazu, Kommandeure zu maßregeln, die am Dogma des Abnutzungskrieges zweifelten. Selten lagen individuelle Karriereinteressen und die Aussicht auf ein institutionelles »comeback« derart eng beieinander. Und beide zusammen neutralisierten alle am Einsatzort gesammelten Erfahrungen über die Untauglichkeit von »firepower« und »attrition«.[30]

Folglich hätte der Impuls zur Korrektur des doktrinären Traditionalismus von der politischen Führung kommen müssen. An der notwendigen Einsicht fehlte es nicht. Aber alle Administrationen konterten mit dem Hinweis auf den politischen Kalender: Für Experimente fehlte es an der Zeit. Und wer – wie die Vertreter der Pazifizierungsstrategie – Zeitaufwendiges vorschlug, wurde rigoros abgewiesen. So erging es dem Chef des Marine Corps, als er mit Robert McNamara diskutierte, so erging es ungezählten anderen. Dem Verteidigungsminister reichten zwei Wörter, um jede Diskussion im Keim zu ersticken: »Zu langsam«.[31] Überraschend ist dieses Verdikt nicht. Gerade im Kalten Krieg galt Zeit als symbolisches Kapital und prekär knappe Ressource. Im Großen auf Dauer gestellt, duldete die Blockkonfrontation nichts weniger als den Eindruck der Unentschlossenheit im Kleinen. Sich auf ein jahrelang unentschiedenes Ringen mit einem Schwachen einzulassen, hätte den Nimbus des Starken nachhaltig beschädigt. Und wer wie die

30 Ausführlich Cable, Counterinsurgency Doctrine sowie Lewy, America in Vietnam, S. 98, 119; Sheehan, Große Lüge, S. 122 und Spector, After Tet, S. 220. Unter diesem Druck wandelte sich selbst ein entschiedener Advokat der Pazifizierungsstrategie wie John Paul Vann am Ende zu einem Anhänger des mit B-52 geführten Bombenkrieges. Wie sein Biograph Neil Sheehan schreibt, fand Vann einen beinahe erotischen Gefallen daran, die B-52-Einsätze dirigieren zu können: Sheehan, Große Lüge, S. 784.

31 Robert McNamara, zit. n. Tuchman, Torheit, S. 408. Zu McNamaras Kritik an den Pazifizierungsvorschlägen des Marine Corps siehe Sheehan, Große Lüge, S. 635.

politische Klasse der USA mit einer Vielzahl kleiner Kriege in der Zukunft rechnete, tat gut daran, die Geduld im Inneren nicht über die Maßen zu strapazieren. Oder musste, in den Worten McNamaras, »die Fähigkeit entwickeln, einen begrenzten Krieg zu führen, [...] ohne den Zorn der Öffentlichkeit zu erregen. [...] Denn wahrscheinlich ist dies die Art von Krieg, mit der wir es in den nächsten fünfzig Jahren zu tun haben werden.« Mithin gab es eine außen- wie innenpolitisch definierte Prämie für die Beschleunigung des Krieges. Sprich: zu dessen Intensivierung.[32]

Die Geschichte der Kriegspräsidenten kann daher als vergebliches Rennen gegen die Zeit beschrieben werden. Einerseits ließen sie nichts unversucht, Zeit zu gewinnen – durch die ständig wiederkehrenden Wahlversprechen, den Krieg nicht weiter zu eskalieren oder in Kürze zu beenden. Oder durch eine vorübergehende Beruhigung der Heimatfront mittels Zugeständnissen an die mittelständische Hauptklientel: Dafür steht Johnsons Weigerung, die Reserve einzuberufen, das sture Beharren auf einer nur einjährigen Dienstzeit der nach Vietnam Abkommandierten und nicht zuletzt der Entschluss, Studenten mit großzügigen Freistellungen vom Kriegsdienst entgegenzukommen. Andererseits wurde die so gewonnene Zeit im Handumdrehen wieder verspielt. Denn die Wahlversprechen entpuppten sich im Licht der realen Politik binnen kurzem als Täuschung, Lüge und Betrug – in Johnsons Fall im Frühjahr 1965, als er wenige Monate nach dem Urnengang die ersten Bodentruppen nach Vietnam schickte, in Nixons Fall, als er Wochen nach dem Einzug ins Weiße Haus den Bombenkrieg auf Kambodscha ausweitete. Lügen aber machen politisch verwundbar. Selbst wenn sie keine Skandale nach sich ziehen, nagen sie hintergründig am Vertrauen in die Wetterfestigkeit des eingeschlagenen Kurses. Und verleiten deshalb zu einem forcierten, auf eine vorzeitige Entscheidung fixierten Fahrplan. Eben weil ihnen die Zeit davonzulaufen schien, mischten sich die Präsidenten regelmäßig in die Umsetzung der Militärstrategie ein – Johnson, weil er der Meinung war, durch eine abgestufte Eskalation des Bombenkrieges im Norden schneller zum Ziel zu kommen, Nixon, weil er den gleichen Zweck mittels eines scheinbar aus dem Ruder laufenden Bombenterrors erreichen wollte. Die Kriegsherren im Weißen Haus taten vieles zum Ärger ihrer autonomiebewussten Militärs. Nur eines unterließen sie: das

32 In den Primärquellen ist dieses McNamara-Zitat nicht überliefert. Aber neben Tuchman, Torheit, S. 408, bürgen weitere Autoren für die Authentizität: Siehe Rosenberg, Arms and the American Way, S. 170 und Summers, On Strategy, S. 18.

Veto gegen die Abnutzungsstrategie. Offenbar war die Hoffnung auf eine Wiederholung vergangener Triumphe stärker als alle Evidenzen der Gegenwart.[33]

Die prägnanteste Umschreibung für den Widerwillen gegen eine Kurskorrektur in Vietnam stammt von den Politikwissenschaftlern Leslie Gelb und Richard K. Betts: »The System Worked«. Nicht so sehr Fehlperzeptionen und ihre kumulative Dynamisierung sind das Problem, sondern das Zusammenspiel von historischen Erfahrungen, hegemonialen Selbstbildern, persönlichen Idiosynkrasien und bürokratischen Interessen. Nicht die Abweichung von der Regel definierte die Vietnampolitik, sondern das Einhalten eingeübter Spielregeln in einer Situation, für deren Bewältigung man keine Übung hatte. Durch die Pole »Glaubwürdigkeit« auf der politischen Seite und »Abnutzung« auf der militärischen Seite definiert, konnte sich eine Programmatik behaupten, die zum einen auf einen Krieg langer Dauer ausgelegt war. Und die zum anderen gegenüber einem Denken in »exit options« resistent war.[34]

»In the Line of Fire«: Das Zivil im Abnutzungskrieg

Der Krieg in Vietnam hatte zu verschiedenen Zeiten und an unterschiedlichen Orten ein jeweils eigenes Gesicht. Im Zentralen Hochland stellte sich das Geschehen anders dar als im Mekongdelta, die Kämpfe in den südlich des 17. Breitengrades gelegenen Provinzen zwischen Quang Tri und Quang Ngai tobten heftiger als in der Landesmitte zwischen Kontum und Lam Dong, seit Januar 1968 wurden auch die Städte mehr in Mitleidenschaft gezogen, während parallel zum Häuserkampf die Anzahl der Feldschlachten im offenen Gelände zunahm. Und je nach Waffengattung oder Stationierungsort erlebten die Soldaten diesen Krieg in unterschiedlicher Weise. Viele gehörten zu Einheiten, die schier endlos und ohne Feindkontakt patrouillierten, andere lagen wochen- oder monatelang unter Feuer. Und die große Mehrheit der Truppe – Angehörige der Versorgungs-, Verwaltungs- und Logistikverbände – kannten den »shooting war« nur aus der Ferne. Ähnlich erging es den Vietnamesen. Ob ein Bauer seine Felder im Gebiet der I. Corps Tactical Zone oder der III. Corps Tactical Zone bestellte, definierte oft den Unterschied ums

33 Ausführlich zum Zusammenhang von politischer Lüge, Legitimationskrise und Eskalation des Krieges siehe Ellsberg, Secrets.

34 Gelb/Betts, The System Worked.

Ganze. Ersterer war fortwährend amerikanischen Flugzeugen und Infanterieeinsätzen nebst den Drangsalierungen durch den Vietcong ausgesetzt, Letztere erlebten zumindest phasenweise ruhigere Zeiten. Gab es im Zentralen Hochland noch Rückzugsgebiete, konnte davon im »Eisernen Dreieck« nordwestlich von Saigon und jenseits der kambodschanischen Grenze angesichts eines fast ununterbrochenen Luftkrieges nicht die Rede sein.

Trotz und jenseits derlei Differenzen trägt dieser Krieg eine charakteristische Signatur. Gemeint ist eine stetige Radikalisierung kriegerischer Gewalt und vornehmlich die Ausweitung der Kampfzone auf das Zivil. In den folgenden Kapiteln wird dazu das Nötige im Detail ausgeführt. An dieser Stelle geht es um eine Typologie der Grenzüberschreitungen – am Beispiel des »overkill« bei Kampfeinsätzen und der »politischen Säuberung« ländlicher Siedlungsräume. Den Preis zahlten in beiden Fällen vorwiegend Unbeteiligte.

»Wenn ihr auf solche Taktiken zurückgreifen müsst, dann werden wir den Krieg verlieren.« Mit diesen Worten eines südvietnamesischen Vertrauten schloss der amerikanische Diplomat Charles Sweet einen geharnischten Brief an Botschafter Bunker.[35] Anlass der Beschwerde war ein Großeinsatz der 3. Brigade der 9. Infantry Division, die im Mai 1968 zusammen mit südvietnamesischen Soldaten der 5. Ranger Group im Umfeld der Hauptstadt Saigon operierte. Südlich des Kinh-Doi-Kanals und im Gebiet um Phu Tho Hoa ging es darum, einer gut 3000 Mann starken Truppe des Vietcong und der nordvietnamesischen Armee den Zugang zum östlichen Weichbild Saigons zu versperren. Als die Kämpfe nach sechs Tagen abgeflaut waren, lagen auf einem Gebiet von 470000 Quadratmetern mehr als 10000 Häuser in Trümmern. 500 Zivilisten waren ums Leben gekommen, Tausende hatten schwere Verletzungen davongetragen. Eine durch Sweets Eingabe auf den Weg gebrachte Untersuchung seitens des US-Oberkommandos bestätigte, dass die Bewohner von Phu Tho Hoa allen Grund zur Erbitterung hatten. Die Verwüstungen gingen in erster Linie auf das Konto amerikanischer Truppen, die mit einem exzessiven Einsatz von Feuerkraft gekämpft und zumal den Hubschrauberverbänden keinerlei Beschränkungen auferlegt hatten. »Die Befehlshaber der Bodentruppen«, so hieß es weiter, »gehen mit Helikoptern um, als wären es normale Gewehre. Dement-

35 Charles Sweet an Edward Landsdale, 12. 5. 1968, Visit to Districts 6 and 8, in: NA, RG 472, USFSEA, MACV, IG, ID, RI, Box 5, Folder: MIV-16-68 Damage in Saigon, Part 1 of 4.

sprechend gibt es so gut wie keine Kontrolle und Überwachung, [...] aber eine Tendenz, den Overkill zu akzeptieren.«[36]

Berichte über unkontrolliertes oder »unobserved fire« gehören zum gängigen Repertoire der Vietnamkämpfer, vom einfachen Soldaten bis zum Vier-Sterne-General. »Im Delta waren die Dörfer sehr klein, wie Erdhügel in einem Sumpf. Einige hatten noch nicht einmal einen Namen. [...] Unsere Luftwaffe hatte eigens Beobachter abgestellt, die nach Mündungsfeuer Ausschau hielten. Sobald sie etwas Verdächtiges auf diesen Punkten sahen, wurde das betreffende Dorf ausradiert. So einfach war das.«[37] Schon Ende 1965 berichtete der *New York Times*-Reporter Neil Sheehan über Artillerieangriffe auf fünf Fischerdörfer, in deren Verlauf circa 600 Zivilisten getötet wurden.[38] Offensichtlich machte man sich in Vietnam eine bereits während des Koreakrieges eingeübte Praxis zur Gewohnheit: »Close air support« hieß, bei geringfügigen Anlässen Luft- und Artillerieunterstützung anzufordern und selbst den Beschuss durch Heckenschützen mit dem Einsatz von Kampfbombern zu beantworten. Auch sind Fälle aktenkundig, in denen Kommandeure eine Feindberührung nur vortäuschten und auf diesem Wege für die Zerstörung ganzer Ortschaften aus der Luft sorgten.[39] »Das ist unser ›Search and Destroy‹. Wenn es da draußen keinen Feind gab, dann besorgten wir uns eben einen Feind«[40] – sei es aus Rache, Frustration oder purer Gier nach reputationsdienlichen Kampfstatistiken. Was auch immer der Anlass gewesen sein mag: Angesichts der Vielzahl individueller Erzählungen wie offizieller Dossiers seitens der Armee scheint es nicht übertrieben, von einem auf allen Schauplätzen in Vietnam feststellbaren Muster amerikanischer Kriegführung zu sprechen.[41]

---

36 MACIG, Report of Investigation Concerning Destruction Resulting from the VC Offensive of 5–13 May 1968, in: NA, RG 472, USFSEA, MACV, IG, ID, RI, Box 5, Folder: MIV-16-68 Damage in Saigon, Part 1 of 4.

37 Ein Hauptmann der US-Luftwaffe, zit. n. Valentine, Phoenix Program, S. 216.

38 Im Zuge der Debatte über My Lai kam Neil Sheehan auf dieses frühe Erlebnis zu sprechen: Sheehan, War Crimes Trials?

39 Siehe NA, RG 319, AS, ODCS-PER, VWCWG, CaFi, Box 12, Notley Allegation (CCI), Part 1 of 2, Case 85; USCR, 7. 4. 1971, S. E2885.

40 Ein namentlich nicht identifizierter Infanterist, zit. n. Baker, S. 212. Siehe ebenda, S. 277.

41 Siehe Cooling (Hg.), Air Support; Sheehan, Große Lüge, S. 116; Showalter, The War That Was Never Fought, S. 17; Schell, Real War, S. 220, 313, 318–322, 351, 359–362, 366. Zu internen Untersuchungen seitens der US Army siehe NA, RG 319, AS, ODCS-PER, VWCWG, CaFi, Box 10, Dell Allegation, Part 1 of 6, Case 70.

Bodengestützte Waffen trugen das ihre zum »overkill« bei – in Gestalt des »Reconnaissance by Fire«, des »Harassment-and-Interdiction-Fire« sowie der »Pre-Assault Strikes«. In allen Fällen ging es darum, einen unsichtbaren Feind durch großflächigen Beschuss aus der Deckung zu zwingen, den Vietcong in Bewegung zu halten oder eine undurchdringliche »Feuerwand« zwischen die eigenen und die feindlichen Truppen zu legen. Von Tränengas über kleinkalibrige »Miniguns« mit 4000 Schuss pro Minute bis zu 8-Zoll-Granaten, die in einem Radius von 75 Metern alles Leben auslöschten, kamen dabei unterschiedliche Waffen zum Einsatz, je nachdem, ob auf Verdacht beschossen oder eine vorab identifizierte Stellung des Feindes ins Visier genommen wurde. Die Einsatzleiter waren gehalten, Zivilisten vorab zum Verlassen der entsprechenden Gebiete aufzufordern – es sei denn, die operative Lage und das Gebot der Schnelligkeit sprachen dagegen. In diesen Fällen war es erlaubt, selbst im unmittelbaren Umfeld von Siedlungen überraschend und mit größtmöglicher materieller Übermacht zuzuschlagen. Und zwar »unter Absehung humanitärer Erwägungen«, wie es im »After Action Report« eines einschlägigen Einsatzes hieß.[42] Keine Region war vor dergleichen Einsätzen sicher. Und überall mussten die Bauern gewärtig sein, es mit Einsatzleitern zu tun zu haben, die keinen Gedanken an ihr Leben verschwendeten. »Dann sitzen sie eben in der Scheiße. Sie wissen doch, dass wir uns in dieser Gegend aufhalten, sie können uns hören, und sie sollten in ihren Bunkern sein. Um meiner Männer willen gehe ich jedenfalls keine unnötigen Risiken ein.«[43]

Der Stabschef der Armee, Harold K. Johnson, zeigte sich am Ende einer 1967 unternommenen Inspektionsreise entsetzt über diese Praktiken. Seiner Beobachtung nach hatten über 90 Prozent des Artilleriebeschusses mit tatsächlichen Kampfhandlungen am Boden nichts zu tun. Vielmehr wurde in neun von zehn Fällen auf vermeintliche, also nicht positiv identifizierte Ziele geschossen, oder es wurden unbestimmte Terrains prophylaktisch unter Feuer gelegt[44] – so etwa in der Provinz

---

42 Headquarters, 3d Brigade, 1st Air Cavalry Division, Combat Operations After Action Report, Masher/Whitewing, Binh Dinh Province, 10. 3. 1966, S. 11, in: NA, RG 319, AS, ODCS-PER, VWCWG, CaFi, Box 4, Folder: Applegate Allegation, Case 22. Mit dieser Art Kriegführung wurde die Provinz Binh Dinh bis Ende 1967 überzogen: siehe Lewy, America in Vietnam, S. 58, 71.

43 Ein namentlich nicht identifizierter Lieutenant, zit. n. Ellsberg, Secrets, S. 165. Siehe Schell, Real War, S. 220, 236, 114.

44 Spector, After Tet, S. 197/198; Schell, Real War, S. 68.

Quang Ngai, wo 52 000 nahe Duc Pho lebende Menschen im Sommer 1967 Nacht für Nacht mit »Harassment-and-Interdiction-Fire« leben mussten.[45] Eine in der Folge vom Verteidigungsministerium durchgeführte Studie bestätigte Johnsons Vermutung und kam für die Luftwaffe zu einem noch schlechteren Befund: Nur vier Prozent ihrer Gefechtsflüge galten der Unterstützung von Truppen, die akut in Kämpfe verstrickt waren. In anderen Worten: Die Regel waren sogenannte »unobserved missions«, der Einsatz von Granaten und Bomben gegen unspezifische Objekte und mit nicht abschätzbaren Wirkungen. In den meisten Fällen hatte man der Zielauswahl veraltete Informationen zugrunde gelegt oder in Ermangelung verwertbaren Wissens feindliche Truppenbewegungen schlicht nach Kartenlage taxiert.[46] »In den letzten zehn Jahren«, schrieb John Paul Vann im Rückblick auf seine Dienstzeit bei der Armee und bei CORDS, »bin ich durch Hunderte von Siedlungen gekommen, die [...] mehrheitlich durch schweren Beschuss der eigenen Truppen zerstört wurden. [...] Es war alles andere als ungewöhnlich, in ein zerstörtes Dorf zu kommen und keinerlei Hinweise auf feindliche Opfer zu finden. Ich erinnere mich, dass im Mai 1969 in einem in der Provinz Chau Doc gelegenen Dorf 900 Häuser von der Luftwaffe niedergebrannt wurden, ohne dass wir einen einzigen getöteten Feind vorfanden.«[47]

Wenn überhaupt, wurden die im zivilen Umfeld angerichteten Schäden in »friendly fire«-Statistiken oder »accident case files« vermerkt. Mehr als die sprichwörtliche Spitze des Eisberges ist diesen Akten freilich nicht zu entnehmen.[48] Zum einen wurden sie erst seit Januar 1968 geführt. Zum anderen ist davon auszugehen, dass eine nicht zu ermittelnde Zahl Geschädigter keine Beschwerde einreichte. Definitiv bekannt wurden im letzten Quartal 1968 und in den ersten drei Monaten des Jahres 1969 jeweils an die 100 Zwischenfälle mit durchschnittlich 500 Opfern. Demnach müsste auf ein Jahr gerechnet von ungefähr 400 »Zwischenfällen« mit insgesamt 2000 Toten und Verwundeten auszugehen sein – allerdings enthalten diese Daten keinerlei Angaben

---

45 Siehe Schell, Real War, S. 214.

46 Siehe ebenda, S. 274, 301, 349; Ellsberg, Secrets, S. 135 ff.

47 John Paul Vann, zit. n. Lewy, America in Vietnam, S. 104.

48 Immer wieder stößt man in den Akten auf gravierende Vorwürfe, die nicht untersucht wurden. Siehe stellvertretend für viele andere die Eingabe einer Mitarbeiterin des Foreign Service, Alison Palmer, die vergeblich um Aufklärung ersuchte, wieso das Flüchtlingslager Khiem Chan in der Provinz Khanh Hoa (II. Corps Tactical Zone) Anfang Dezember 1968 zerstört wurde: NA, RG 319, AS, ODCS-PER, VWCWG, CaFi, Box 2, Folder: Khiem Can Incident.

über die Verwüstungen durch das »friendly fire« der Luftwaffe.[49] Aufschlussreicher als derlei Zahlenspiele sind daher die in militärischen Führungsstäben zirkulierenden Memoranden, in denen über eine inakzeptable Häufung von Fällen Klage geführt wird. So heißt es in einem undatierten, wahrscheinlich Ende 1969 verfassten und an den stellvertretenden Stabschef der »US Army Vietnam« adressierten Bericht: »Wenn Zivilisten [...] durch den Einsatz von Gewehr- oder Maschinengewehrfeuer getötet oder verletzt werden, beziehungsweise durch Panzerbeschuss, Granaten, Artilleriegeschosse, Minen oder anderes zu Schaden kommen, so werden solche Vorfälle nicht automatisch untersucht. Auch wird nicht geprüft, ob die Richtlinien für den Kampfeinsatz oder andere Regularien eingehalten wurden. Daraus ergibt sich, dass ein Vorfall wie jener, der sich mutmaßlich in My Lai zugetragen hat, tatsächlich geschehen könnte, ohne dass darüber etwas an irgendeiner Stelle innerhalb des Systems der Armee in einem Bericht vermerkt würde. Es scheint also, als hätten wir es mit einem schwerwiegenden Problem zu tun, aber da wir nicht auf einschlägige Daten zurückgreifen können, kann niemand sagen, wie gravierend es ist.«[50]

Folglich sind die Untersuchungen zu »friendly fire«-Schäden von sehr begrenztem Wert. Sie unter quantifizierenden Gesichtspunkten zu lesen ist sinnlos. Wohl aber geben sie Auskunft über die Hintergründe des fehlgeleiteten Feuers und insbesondere über das Verhalten der beteiligten Truppen wie ihrer Offiziere. Zweifellos waren in dem einen oder anderen Fall tragische Verwicklungen im Spiel – von defekter Munition bis hin zu alltäglichen Fehlern bei der Übertragung oder Auswertung

---

49 Army Chief of Staff, G 3, 20. 5. 1969, Artillery, Mortar, Army Aviation Accidents and Incidents, in: NA, RG 472, USAV, DCSO, PSOT, AOC, Accident Case Files, Box 1, Folder: Accident Case Files October 1968. Siehe ebenda, Box 1, Folder: Accident Case Files September 1968; Box 2, Folder: Reports of Investigations (General) 1969; NA, RG 472, USAV, II. FFV, S 3, Reports of Artillery Accidents and Incidents, Box 1, 2, 3, 4, Folders: Volume August 1966 – May 1968.

50 Lieutenant Colonel Douglas A. Huff, Change to USARV Regulations Pertaining to Investigations of Friendly Fire Incidents, undatiertes Memorandum, in: NA, RG 472, USAV, DCSO, PSOT, AOC, Accident Case Files, Box 2, Folder: Reports of Investigations (General) 1969. Zur internen Kritik dieser Praxis siehe Schreiben an den Kommandierenden General der II. Field Force, 20. 8. 1966, in: NA, RG 472, USAV, II. FFV, S 3, Reports of Artillery Accidents and Incidents, Box 1, Folder: Volume August 1966; Lieutenant General Jonathan O. Seaman, Errors in Artillery and Mortar Fires, 21. 3. 1967, in: ebenda, Box 2, Folder: Volume IV, March 1967.

von Daten. Auch lag die Ausführung und Kontrolle von Einsätzen bisweilen in der Hand unqualifizierten Personals – die Rede ist von Vorgesetzten, die von der Zerstörungskraft der ihnen anvertrauten Waffen wie von den Richtlinien zu ihrer Handhabung keine Ahnung hatten, oder aber von GIs, die weder Karten lesen noch die Flugbahnen von Geschossen berechnen konnten.[51] Und schließlich wurden die Verfahren zur Freigabe von Artilleriefeuer mitunter vorsätzlich ignoriert. Letzteres gilt nicht zuletzt für südvietnamesische Provinzverwalter, die auf dem Papier die einschlägigen Einsätze der US Army und Luftwaffe genehmigen mussten – und dabei dem Schutz von Zivilisten weniger Bedeutung beimaßen als dem Ziel, die Bauern aus ihrer Unterstützung für die Guerilla herauszubomben.[52] So unterschiedlich die Anlässe im Einzelnen gewesen sein mögen, stets tritt ein hintergründiges Gemeinsames hervor: das Desinteresse und die Gleichgültigkeit der unmittelbar zuständigen Truppenführer. Auf die Maximen der Abnutzungsstrategie eingeschworen, nahmen sie die Opfer des »friendly fire« wie einen bedauerlichen und gleichwohl unvermeidlichen Kollateralschaden wahr.[53]

Die Lizenz zum großflächigen Zerstören und Vernichten galt ohne Einschränkung in den sogenannten »Free Fire Zones«. Von südvietnamesischen Stellen – entweder der regional zuständigen Zivilverwaltung oder dem Befehlshaber eines Armeekorps bzw. einer Division[54] – festgelegt, bewegten sich die US-Streitkräfte dort wie in rechtsfreien Räumen. »Bevor wir ein solches Gebiet betraten, wurde uns Soldaten gesagt, dass

---

51 Zu Missverständnissen, Ausbildungsmängeln und Verletzung der Vorschriften siehe: NA, RG 472, USAV, DCSO, PSOT, AOC, Accident Case Files, Box 1, Folder: Accident Case Files, October 1968; ebenda, Box 2, Folder: Reports of Investigations (General) 1969.

52 Die Kritik an südvietnamesischen Provinzverwaltern taucht in der Literatur wie in internen Memoranden der US Army immer wieder auf. Siehe Sheehan, Große Lüge, S. 117f.; NA, RG 472, USAV, DCSO, PSOT, AOC, Accident Case Files, Box 1, Folder: Accident Case Files October 1968; NA, RG 472, USAV, II. FFV, S 3, Reports of Artillery Accidents and Incidents, Box 1, Folder: Volume August 1966; ebenda, Box 2, Folder: Volume IV, March 1967; ebenda, Box 3, Folder: Volume XIV, November 1967.

53 Zur Indifferenz gegenüber »friendly fire«-Zwischenfällen siehe NA, RG 472, USAV, DCSO, PSOT, AOC, Accident Case Files, Box 1, Folder: Accident Case Files September 1968 und Accident Case Files October 1968.

54 Von dieser Seite konnte kein Schutz für Zivilisten erwartet werden; ihre Loyalität galt der Zentralregierung und nicht der lokalen Bevölkerung. Dementsprechend klagten amerikanische Beobachter wiederholt über eine Politik, die den Bock zum Gärtner machte: Siehe van den Haag, War Crime?, in: *National Review*, 5. 11. 1971, S. 1230.

die Zivilisten evakuiert wären und alle, die sich dort noch aufhielten, Vietcong und folglich Freiwild seien.«[55] Kaum eine Erinnerung an den Krieg, in der solche oder ähnliche Äußerungen fehlten. Sie verweisen gleichzeitig darauf, dass seinen Anspruch auf Schutz verwirkt hatte, wer sich nicht evakuieren lassen wollte. Denn in den »Free Fire Zones« war der Unterschied zwischen Kombattant und Nichtkombattant a priori aufgehoben. »Wenn diese Leute dort bleiben und die Kommunisten unterstützen wollen«, so ein Berater der 25. Infantry Division, »dann müssen sie sich auf Bomben gefasst machen.«[56] Folglich wurden auch besiedelte Gebiete als »Free Fire Zones« ausgewiesen – der Verdacht auf aktive oder passive Unterstützung der Vietcong war Begründung genug. »Das Wesen dieses Krieges machte es unumgänglich«, so ein interner Kommentar zu den Richtlinien für Kampfeinsätze, »dass die Bewegungsfreiheit des Feindes beschnitten wurde, weil dieser jede Gelegenheit nutzte, sich tagsüber unter die Zivilbevölkerung zu mischen und nachts zu kämpfen. [...] Das Programm [die Auswahl von »Free Fire Zones«, B.G.] war darauf ausgelegt, jene Gebiete ständig mit wahllosem Feuer zu belegen, in denen feindliche Truppen, Einrichtungen und Infiltrationsrouten lagen. [...] Wenn der Vietcong ein Dorf zu seinem Stützpunkt machte, dann waren zivile Opfer und die Zerstörung von Häusern und Eigentum die notwendige Folge.«[57] In den Worten von James A. May, amerikanischer »Senior Advisor« in der Provinz Quang Ngai: »Die Vietcong nutzen Dörfer als Schutzschild, wie ein Gangster eine Geisel. Wenn man daher hinter ihnen her ist, ist es unvermeidlich, dass auch die Dörfer das ihre abkriegen. [...] Man kann sie nur stellen, wenn auch die Dörfer plattgemacht werden, in denen sie sich aufhalten.«[58]

---

55 Elliott L. Meyrowitz, Brief an General Creighton Abrams, 8. 11. 1972, in: NA, RG 319, AS, ODCS-PER, VWCWG, CaFi, Box 18, Folder: Meyrowitz Allegation, Case 210, 2. Siehe ebenda, Box 16, Folder: Torres Allegation, Case 161 sowie ebenda, Box 6, Folder: Senning-Wilson Allegation.

56 Ein Berater der 25. Infantry Division, zit. n. Sheehan, Große Lüge, S. 543. Ähnliche Äußerungen finden sich auch im internen Schriftverkehr der Army: siehe NA, RG 472, USAV, II. FFV, S 3, Reports of Artillery Accidents and Incidents, Box 3, Folder: Volume XV October – December 1967 sowie ebenda, Box 4, Folder: March 1968.

57 Army Report: Law of Southeast Asia Rules of Engagement, Law of War, Undatiertes Memorandum, S. 35, 43, in: NA, RG 319, AS, ODCS-PER, VWCWG, CF, Box 4, Folder: Army Report – Law of Southeast Asia Rules of Engagement, Law of War (Undated).

58 James A. May, zit. n. Schell, Real War, S. 386. Siehe ebenda, S. 271, 286, 302, 350. Zur Praxis, auch besiedelte Gebiete als »Free Fire Zones« auszuweisen,

In anderen Worten: Die von offizieller Seite standardisierte Rede über die »Free Fire Zones« als evakuiertem Gebiet ist eine Schutzbehauptung.[59] Und lässt überdies eine Sicht des Krieges erkennen, die mit dem bäuerlichen Alltag in Vietnam nichts zu tun hatte. Dörfer waren in den Augen ihrer Bewohner weit mehr als Orte des Wohnens oder der materiellen Reproduktion. Sie wurden wie Heiligtümer verehrt: die Natur ringsum als Heimstatt angebeteter Geister, die Grabstätten der Vorfahren als Symbole des Todes und der Wiedergeburt. Diese Orte zu verlassen, kam nur im äußersten Notfall in Frage. Viele, die dem Druck des US-Militärs nachgegeben und sich in Flüchtlingslager oder befestigte Wehrdörfer hatten umsiedeln lassen, nutzten daher jede Gelegenheit zur Rückkehr – auch, weil die Aufnahmelager heillos überfüllt waren oder unwürdige Lebensbedingungen boten. Gegen Tradition und individuelle Würde setzten amerikanische Truppen Lautsprecherwagen und Millionen aus der Luft abgeworfener Flugblätter – in der Erwartung, Analphabeten könnten die Warnungen verstehen oder Bauern, die mit dem Rhythmus der Natur lebten, würden sich an Ausgangssperren halten, die den Tag in freie und verbotene Zeitzonen unterteilten. Im Wesentlichen erfüllten diese Flugblätter nur einen Zweck: den eigenen Soldaten das Gefühl zu geben, sie hätten im Zweifel doch die Richtigen getroffen. »Liebe Bürger. [...] Die US Marines werden nicht zögern, jede Siedlung oder jedes Dorf sofort zu zerstören, das dem Vietcong Sicherheit bietet. [...] Ihr habt die Wahl. [...] Achtung, Dorfbewohner: [...] Ihr könnt eure Häuser schützen, wenn ihr mit der Regierung Südvietnams und den alliierten Truppen kooperiert.«[60]

---

siehe Headquarters, III. Marine Amphibious Force, Standing Operating Procedure for Ground and Air Operations (SOP), 10. 11. 1967, Section 4, S. 4, in: NA, RG 319, AS, PI-AC, Box 8, Folder: Conduct of the War, MACV Directives, ROE – Chron. File # 3; NA, RG 472, USAV, II. FFV, S 3, Reports of Artillery Accidents and Incidents, Box 2, Folder: Volume V, April 1967; ebenda, Box 2, Folder: Volume VI, May 1967; ebenda, Box 3, Folder: Vol. VIII, July 1967; ebenda, Box 3, Folder: Volume IX, August 1967; ebenda, Box 3, Folder: Volume XV, October – December 1967. Siehe Lewy, America in Vietnam, S. 106; Solis, Son Thang, S. 8, 30.

59 Zur offiziellen Lesart der »Free Fire Zones« siehe Westmoreland, A Soldier Reports, S. 152: Demnach war es das Ziel, »die Menschen zu evakuieren und das Dorf zu zerstören. Unter dieser Voraussetzung konnten Einsätze ohne Furcht vor zivilen Opfern durchgeführt werden.«

60 Über der Provinz Quang Ngai abgeworfene Flugblätter, zit. n. Schell, Real War, S. 206/207. Zwischen Mai und August 1967 wurden beispielsweise im Rahmen der Operation »Malheur« 23 Millionen Flugblätter über der Provinz Quang Ngai abgeworfen: Lewy, America in Vietnam, S. 69.

Am Ende kam es, wie es kommen musste. Sobald ein Kommandeur der Meinung war, der Erfolg des Einsatzes könnte durch vorzeitige Warnungen an die Bewohner gefährdet sein, wurden noch nicht einmal Flugblätter abgeworfen. Sobald Bodentruppen in »militärischen Sperrgebieten« verdächtige Beobachtungen machten, schossen sie umstandslos auf alles, was sich bewegte – ohne Sichtkontakt, ohne Identifizierung und ohne Rücksicht auf die Folgen. Ob in den »Free Fire Zones« tatsächlich – wie es in einer Studie des amerikanischen Senats hieß – 300000 Menschen von 1965 bis Ende 1968 getötet wurden, ist im Nachhinein nicht mehr festzustellen.[61] Aktenkundig sind zahlreiche, in ihren Erzählmustern identische Berichte von Soldaten, in denen stets von Dutzenden Opfern die Rede ist[62] – sowie interne Untersuchungen, die sich nur in der Offenheit ihrer Sprache unterschieden. Zum Beschuss eines Dorfes, in dessen Verlauf 21 Bewohner getötet und weitere 21 verwundet worden waren, hieß es: »Der stellvertretende Senior Advisor [...] ist mit dem Leiter der Provinz einer Meinung, dass regierungsfreundliche Bürger in der fraglichen Region nichts verloren hatten. Hielten sie sich dennoch dort auf, dann zahlten sie dem Vietcong entweder Steuern oder halfen ihm, Amerikaner zu töten.«[63] Und über einen Einsatz der Co A, 2. Battalion, 60. Infantry Regiment, 25. Infantry Division – in dessen Verlauf zehn Bauern auf dem Nachhauseweg in einen Hinterhalt von GIs gerieten und ohne Vorwarnung erschossen wurden – hieß es: »Der Zwischenfall erfüllt die Kriterien eines ›Unfalls unter Feuer‹, [...] wie er im Verlauf militärischer Operationen [...] in Sperrgebieten vorkommt.«[64]

---

61 Tucker, Encyclopedia, S. 64, 140.

62 Siehe NA, RG 319, AS, ODCS-PER, VWCWG, CaFi, Box 13, Folder: Record Allegation (Congressional Inquiries and Background Information) Case 90; ebenda, Box 13, Folder: New York Times Allegation (Part 1 of 2) Case 92 sowie Folder: New York Times Allegation (Correspondence, Congressional Inquiries and Background Information) Case 92. Siehe Lewy, America in Vietnam, S. 102; Schell, Real War, S. 157, 212f., 235, 272, 284, 337f, 342f. sowie Spector, After Tet, S. 198.

63 Report of Facts Concerning Artillery Firing Vicinity Grid XT 1674, 23. 1. 1968, in: NA, RG 472, USAV, II. FFV, S 3, Reports of Artillery Accidents and Incidents, Box 4, Folder: January 1968.

64 Report of Investigation – Firing Incident Involving Vietnamese Nationals During Combat Operations by Elements of Company A, 2d Battalion, 60th Infantry Regiment, 25th Infantry Division, 5. 9. 1970, in: NA, RG 472, USFSEA, MACV, IG, ID, Miscellaneous Reports of Investigations, Box 9, Folder: ROI – Firing Incident Involving Vietnamese Nationals during CBT OPS by Elements of Co A, 2nd BN, 60th Inf, 1 of 2. Es ging um einen Ende August 1970 in der

Jenseits des »overkill« mittels überlegener Waffentechnik hatte die Strategie des Abnutzens und Verschleißens feindlicher Ressourcen noch eine zweite Seite: die »politische Säuberung« oder das »antimaoistische Prinzip«. Um die Guerilla, die sich wie ein Fisch im Wasser bewegte, trockenzulegen, ging man dazu über, das Hinterland unbrauchbar zu machen. Offiziell wurde diese Politik nie deklariert oder in Form militärischer Direktiven festgehalten. Faktisch aber verfolgte man drei Ziele mit rigoroser Entschlossenheit: Bewohner umsiedeln, Dörfer niederbrennen und die Ernte vernichten. Mit der Schaffung »toter Zonen« schien gewährleistet, dass die Bauern nicht wieder in feindlich kontrolliertes Gebiet zurückkehrten, sondern unter Aufsicht der Saigoner Regierung ein neues Leben begannen. Und vielleicht ließ sich mittels dauerhafter Familientrennung auch die Kampfmoral der Guerilla untergraben, wie bisweilen von US-Militärs zu hören war. Folglich empfanden viele Einheiten ihre Politik der verbrannten Erde als »Standing Operating Procedure« – als ohne weitere Nachfrage zu erledigenden Job.[65]

Die US-Streitkräfte setzten damit ein von Diktator Diem in den späten 1950er Jahren initiiertes Projekt fort. »Agrovilles« oder »Strategic Hamlets« hießen die knapp 3000 befestigten Orte, in die innerhalb weniger Jahre mehr als vier Millionen Menschen zwangsumgesiedelt wurden.[66] Selbst diese Zahlen verblassen hinter der Radikalität des amerikanischen Vorgehens. Nach dem Abtransport der Bewohner, teilte ein Verantwortlicher dem Journalisten Jonathan Schell mit, »werden wir alles zerstören [...] und zu einem plattgewalzten Gebiet machen. Der Vietcong wird sich dort nicht mehr verstecken können.«[67] Gemeint war die »Operation Cedar Falls« im »Eisernen Dreieck« 50 Kilometer nördlich von Saigon. Was Schell dort im Januar 1967 im Dorf Ben Suc beobachtete, war typisch für den gesamten Einsatz: Zuerst rückten Pioniere mit Bulldozern ein, rissen die Häuser nieder und steckten sie in Brand. Anschließend pulverisierte die Luftwaffe den Schutt mit schweren

---

Provinz Binh Long, Chon Thanh District, III. Corps Tactical Zone, an der Grenze zu Kambodscha geführten Einsatz.

65 Siehe Schell, Real War, S. 158, 375–384; Lewy, America in Vietnam, S. 259; Terry, Bloods, S. 24, 94; Witness Statement Richard T. Altenburger, 31. 12. 1970, in: NA, RG 472, USFSEA, MACV, DRAC, IG, Preliminary Inquiry Re: Colonel Franklin, Box 2, Folder: Preliminary Investigation Re: Col. Franklin, Vol. IV, Pt. 1 of 3.

66 Siehe Valentine, Phoenix Program, S. 36, 50; Sheehan, Große Lüge, S. 294, 315.

67 Ein Mitarbeiter der Agency for International Development, zit. n. Schell, Real War, S. 136. Siehe ebenda, S. 122–159, 187f., 262, 356.

Bomben, in der Hoffnung, auf diese Weise die unter der Erde vermuteten Tunnelanlagen der Guerilla zum Einsturz zu bringen. »Cedar Falls« hatte zig Vorgänger und Nachfolger – etwa Operation »Masher/Whitewing« oder »Russell Beach/Bold Mariner«, um nur die bekanntesten zu nennen. Letztere fand von Januar bis Juli 1969 in der Provinz Quang Ngai statt, einer Gegend, in der US-Truppen samt ihrer Alliierten bis Ende 1967 bereits 70 Prozent der Dörfer und aller bewohnten Häuser zerstört hatten.[68]

Eine Bestandsaufnahme der im gesamten Land angerichteten Schäden steht noch immer aus. Hier und da genannte Einzeldaten vermitteln jedoch eine Ahnung der Dimension. So hätte man mit der infolge des Einsatzes von Vernichtungsmitteln unbrauchbaren Ernte jährlich 600000 Menschen ernähren können.[69] Und Millionen entbehrten in dieser Zeit das Notwendigste, vorab die vorsätzlich Entwurzelten, Vertriebenen und Deportierten, die euphemistisch »Flüchtlinge« genannt wurden. Zwischen 1964 und 1969 verbrachten 3,5 Millionen Südvietnamesen ihr Leben ganz oder teilweise auf der Flucht – 20 Prozent der Bevölkerung. In der Provinz Quang Ngai lag dieser Anteil phasenweise bei über 40 Prozent. Wie viele wann in ihre Heimat zurückkehrten, ist unklar. Fest steht nur, dass die meisten länger als zwei Jahre in Lagern ausharren mussten – hinter Stacheldraht in provisorischen Hütten, unter unsäglichen hygienischen Bedingungen, ohne adäquate Nahrung und Bekleidung. Diese wie andere Beispiele illustrieren am Ende den stets gleichen Befund: In den besonders umkämpften Gebieten des Zentralen Hochlandes oder der nördlichen Provinzen Südvietnams lief die Kriegspolitik der USA auf einen Ruin des bäuerlichen Lebens hinaus.[70] Dass man seitens der

---

68 Zur Operation »Masher/Whitewing« siehe NA, RG 319, AS, ODCS-PER, VWCWG, CaFi, Box 4, Folder: Applegate Allegation, Case 22; Sheehan, Große Lüge, S. 583. Zur Operation »Russell Beach/Bold Mariner« siehe NA, RG 319, AS, PI-AC, Box 29, Folder: Sensitive Material – My Lai – Folder # 6; Lewy, America in Vietnam, S. 141. Zu den Zerstörungen in der Provinz Quang Ngai von 1965 bis 1967 siehe Schell, Real War, S. 198.

69 USCR, 6. 4. 1971, S. E2838. Dergleichen Zahlen sind nur als Schätzwerte zu verstehen. Gleiches gilt für die offiziellen Angaben über die Menge der eingesetzten Entlaubungsmittel.

70 Siehe Draper, Abuse of Power; Kahin/Lewis, United States in Vietnam; Lewy, America in Vietnam, S. 59, 65, 70, 108, 111; Spector, After Tet, S. 207, 210; Schell, Real War, S. 133–59, 198, 215, 246–249, 254–258, 368, 375–393; Schell, Cage for the Innocents, S. 32; Sheehan, Große Lüge, S. 620; USCR, 6. 4. 1971, S. E2895. Philip Jones Griffiths hat die Zerstörung ländlichen Lebens in eindrucksvollen Bildern festgehalten: siehe Greiner, Gesellschafts-Bilder.

US Army ein Gespür für die menschlichen Kosten dieses Krieges entwickelt hätte, ist nicht zu erkennen. Im Gegenteil: Hohe Flüchtlingszahlen wurden als erfolgreiche Schwächung der Vietcong interpretiert.[71] Und überdies ging man davon aus, dass Vietnamesen wie alle Asiaten kein Verhältnis zu Zeit und Ort hatten, folglich überall leben konnten. »Diese mit Stroh gedeckten Häuser können doch sowieso wieder über Nacht aufgebaut werden.«[72] Ein Satz, der von unterschiedlichen Korrespondenten in unterschiedlichen Medien immer wieder zitiert wurde, und zugleich ein Beleg für die hausgemachte Malaise: Das amerikanische Militär verschärfte die Probleme, die zu lösen man vorgeblich ins Land gekommen war.

Der selbst verschuldete Zulauf zur Guerilla und die vermeintliche »Undankbarkeit« der Bevölkerung rief ein weiteres Element der »antimaoistischen Strategie« auf den Plan: die Jagd auf Verdächtige und das systematische und großflächige »Durchkämmen« von Einsatzorten. Kriegsgefangene, das heißt mobile Kämpfer der Guerilla, wurden dabei nur selten gestellt. In erster Linie ging es darum, tatsächliche oder vermeintliche Unterstützer der Vietcong ausfindig zu machen, die Verdächtigen zu verhören oder festzusetzen. Abhängig von der Größe des Einsatzgebietes und der zur Verfügung stehenden Truppen, fielen die Razzien unterschiedlich aus: Mal wurden nur Personen in Gewahrsam genommen, die Waffen mit sich führten oder in anderer Weise verdächtigt erschienen; mal wurden alle, deren man habhaft werden konnte, zum Verhör in sogenannte »interrogation center« gebracht – auch Frauen, Alte und Kinder. Ein beteiligter US-Offizier: »Wir wissen doch, dass sie allesamt Charlies [Armeeslang für Vietcong] sind – vielleicht Saboteure, Kollaborateure oder sonst noch was. [...] Diese hier gehören zum Kern der Guerilla. Man braucht sie nur anzusehen.«[73] Im Prinzip konnte jeder Kommandeur nach eigenem Belieben verfahren. Und auf Begründungen der »Untersuchungshaft« kam es nicht an; sie waren beliebig austauschbar. »In Duc Pho«, berichtete ein zur »Americal« Division gehörender Militärpolizist, »konnte wir im Umfeld des Hauptquartiers der 11. Brigade willkürlich jeden vietnamesischen Zivilisten

71 Siehe Headquarters, III. Marine Amphibious Force, Overall Status of the Pacification Effort, 14. 7. 1968, in: NA, RG 319, AS, PI-OI, Box 4, Folder: MACV Reports (2).

72 James A. May, Senior Advisor in der Provinz Quang Ngai, zit. n. Schell, Real War, S. 386.

73 Ein namentlich nicht identifizierter Offizier, zit. n. Schell, Cage for the Innocents, S. 29.

16. März 1968, »My Khe (4)«: Am Dorfrand warten mehrere Dorfbewohner gefesselt und mit über den Kopf gestülpten Kapuzen auf ihr Verhör. © Lawrence Congleton

verhaften und einsperren lassen.«[74] Auch sind Reportagen von Journalisten überliefert, denen zufolge Verdächtige in Handschellen und mit über den Kopf gestülpten Säcken in Transportflugzeuge gepfercht und in das nächstgelegene Lager ausgeflogen wurden – nicht ohne unterwegs misshandelt oder gedemütigt zu werden. Die Einschüchterung der Zurückgebliebenen war offenbar genauso wichtig wie die Erwartung, von den Verhafteten verwertbare Informationen zu bekommen.[75]

Statistiken der US Army zufolge nahmen die Alliierten von Anfang 1966 bis Ende Oktober 1970 ungefähr 220000 Personen in Gewahrsam – für knapp die Hälfte der Verhafteten zeichneten amerikanische Truppen verantwortlich. Hinzu kam eine unbekannte Anzahl von Personen, die von der Polizei und den Geheimdiensten Saigons aufgespürt worden waren – vermutlich Zehntausende, wenn nicht mehr. Die Überprüfung

---

74 Michael Uhl, Aussage vor dem Subcommittee on Foreign Operations and Government Informations, US House of Representatives, Committee on Government Operation, 2. 8. 1971, S. 1103; siehe ebenda, S. 1155, 1172, in: NA, RG 319, AS, ODCS-PER, VWCWG, CF, Box 4, Folder: House Hearings: Currency Exchange in Southeast Asia, 2. August 1971 (Includes War Crimes Allegations).

75 Siehe Schell, Cage for the Innocents; Schell, Real War, S. 241f.

aller oblag südvietnamesischen Behörden. Welche Kriterien dabei zugrunde gelegt wurden, ist heute so obskur wie damals. Und ob die den Amerikanern mitgeteilten Daten der Realität entsprachen, erscheint nicht minder fraglich. Diese Einschränkungen vorausgesetzt, ergibt sich für die 220000 offiziell Verhafteten folgendes Bild: Circa 13 Prozent wurden als Kriegsgefangene eingestuft und in eigens dafür eingerichtete Lager überstellt. Um die 60 Prozent oder 132000 galten als »Innocent Civilians« – unbelastete Zivilisten, die nach kurzer Überprüfung entlassen wurden.[76] Den Rest, also circa 56000 Personen oder 27 Prozent der Arretierten, teilte man der Gruppe der »Civilian Defendants« zu – angeblich handelte es sich um Spione, Saboteure, Kollaborateure oder Terroristen. Wahrscheinlich befanden sich auch Hunderte feindlicher Soldaten unter ihnen – Gefangene, denen man nicht den besonderen, in den Genfer Konventionen vorgeschriebenen Schutz von »POW« angedeihen lassen wollte.[77] Um wen es sich bei der weit überwiegenden Mehrheit der »Civilian Defendants« tatsächlich handelte, ist kaum zu sagen. »Es ist eine bequeme Kennzeichnung für jeden, von dem sich die Verhörteams kein genaues Bild machen können«, schrieb Orville Schell vor dem Hintergrund wochenlanger Recherchen in der Provinz Quang Ngai.[78]

In der Regel landeten »Civilian Defendants« in den Folterkellern der Saigoner Despoten, verteilt auf vier nationale und 37 Provinzgefängnisse. Dass dort 200000 Personen eingesessen hätten, war eine von Hanoi lancierte Lüge.[79] Realistischer scheinen amerikanische Schätzungen, die für den Sommer 1970 von 41000 Häftlingen ausgingen, darunter auch viele gewöhnliche Kriminelle. Die Zustände in den Gefängnissen wurden erstmals bekannt, als zwei Abgeordnete des amerikanischen Repräsentantenhauses, Augustus F. Hawkins und William R. Anderson, an die

76 94000 Personen wurden in diesem Zeitraum von US-Soldaten verhaftet, 126000 von Truppen aus Südvietnam, Australien, Neuseeland, Südkorea und Thailand. Zu diesen Angaben und der Unterteilung der Häftlingskategorien siehe NA, RG 338, USAC, HD22-CR, Box 32, Folder: Confidential 511-05 Vietnam. Office of the Provost Marshal General (1970); ebenda, Box 32, Folder: Confidential 511-05 Vietnam. Office of the Provost Marshall General (1968); NA, RG 338, USAC, HD22-UR, Box 23, Folder: S11-02 Vietnam EPW/CI/D Gen Info Files (1973). Südvietnam hatte damals circa 17,5 Millionen Einwohner.

77 Auch die Tatsache, dass die Vietcong zwischen 1967 und 1970 insgesamt 70 Befreiungsaktionen gegen Zivilgefängnisse durchführten, lässt auf die dortige Inhaftierung von Kriegsgefangenen schließen.

78 Schell, Cage for the Innocents, S. 29.

79 Siehe Lewy, America in Vietnam, S. 294f.

Öffentlichkeit gingen. Sie hatten die mit 10000 Insassen größte Anstalt Con Son – auf einer Insel 140 Meilen südöstlich von Saigon gelegen – besucht und festgestellt, dass ein Viertel der Inhaftierten ohne Verfahren und Urteil festgehalten wurde. Manche verbrachten Wochen in Isolationshaft, viele wurden in »Tigerkäfigen« auf engstem Raum wie Tiere gehalten, andere lagen angekettet in ihren Zellen, aßen mit Sand und Steinen versetzte Reisgerichte oder getrockneten Fisch, der normalerweise als Pflanzendünger verwendet wurde.[80] Als amerikanische Ärzte in Begleitung von Militärberatern im September und November 1970 Con Son inspizierten, lagen 1500 Häftlinge in Ketten. Bei 109 von 110 untersuchten Häftlingen stellte man Lähmungserscheinungen an den unteren Extremitäten fest.[81] In jedem Fall handelte es sich um Folgen der erzwungenen Bewegungslosigkeit, wahrscheinlich aber auch um Symptome anderer Foltermethoden. Insgesamt deutet alles darauf hin, dass die Südvietnamesen nicht nur in ihren Kriegsgefangenenlagern, sondern auch in den Zivilgefängnissen über Jahre hinweg systematisch folterten.[82]

»Amerikanische Offizielle, Diplomaten und Kongressabgeordnete machen sich der Vertuschung einer unannehmbaren Situation schuldig«, schrieb der *Washington Star* am 8. Juli 1970 über den Bericht von Hawkins und Anderson.[83] Intern hatten hochrangige US-Militärs wiederholt

---

80 NA, RG 338, USAC, HD22-CR, Box 28, Folder: Confidential 511-04 Vietnam. Reports on Con Son (1970); ebenda, Box 32, Folder: Confidential 511-05 Vietnam. Office of the Provost Marshal Gen. (1970). Siehe auch U.S. Assistance to the Vietnam Corrections System, in: NA, RG 338, USAC, HD22-UR, Box 43, Folder: S11-02 Vietnam. Misc. Correspondence VN (1966).

81 Embassy Saigon to Secretary of State, Washington D.C., Subject: Conditions at Con Son Prison, Confidential, 16. 12. 1970, in: NA, RG 338, USAC, HD22-CR, Box 28, Folder: Confidential 511-04 Vietnam. Reports on Con Son (1970).

82 Das Internationale Rote Kreuz sprach nach wiederholten Inspektionen des Kriegsgefangenenlagers Phu Quoc von gewohnheitsmäßiger Folter: NA, RG 338, USAC, HD22-CR, Box 27, Folder: Confidential 511-04 Vietnam. ICRC Visit to Phu Quoc Camp (1970–1971); ebenda, Box 27, Folder: Confidential 511-04 Vietnam. ICRC Visit to Phu Quoc Island (1970); ebenda, Box 27, Folder: Confidential 511-04 Vietnam. ICRC Visit to Phu Quoc Island (1971); ebenda, Box 28, Folder: Confidential 511-04 Vietnam. Conditions at Phu Quoc PW Camp (1970, 72). Siehe *The Washington Post*, 8. 6. 1972: Prisoners of War Protest Conditions in S.Vietnam Camp sowie *Newsweek*, 18. 12. 1972: Thieu's Political Prisoners.

83 *Washington Star*, Editorial, 8. 7. 1970. Ferner verglich das Blatt die Zustände in Con Son mit einem NS-Konzentrationslager.

Bedenken gegen die Inhaftierungspolitik der Südvietnamesen im Allgemeinen angemeldet und die Behandlung von Kriegsgefangenen im Besonderen als Bruch des internationalen Kriegsrechts kritisiert.[84] Gemäß den Genfer Konventionen und der darin festgelegten Klausel, dass eine Krieg führende Macht weiterhin für die einer anderen Partei überstellten Personen Verantwortung trägt, hätten amerikanische Stellen in Saigon intervenieren müssen. Doch weder das US-Oberkommando noch die Botschaft zeigten sich interessiert. »Wir sind der Meinung, dass einige Defizite [...] deshalb kritisiert werden, weil in unrealistischer Weise westliche Maßstäbe für den Osten und für die Vietnamesen geltend gemacht werden«, hieß es in einem Memorandum der Vereinten Stabschefs vom Oktober 1970, die Zustände im Kriegsgefangenlager Phu Quoc betreffend.[85] Und zur Situation in Zivilgefängnissen meinte ein US-Diplomat im Juli 1970: »An asiatischen Standards gemessen, sind die Gefängnisse wahrscheinlich gar nicht so schlecht.«[86]

Folter gehörte auch zu den Alltagspraktiken der amerikanischen Armee. 1968 und 1969 hatten Vertreter des Internationalen Roten

---

84 J. William Doolittle, General Counsel, Memorandum for Major General Thomas N. Wilson, Deputy Director of Plans, DCS/P&O, 5. 12. 1967, in: NA, RG 319, AS, PI-AC, Box 5, Folder: Background Info; U.S. Assistance to the Vietnam Corrections System, in: NA, RG 338, USAC, HD22-UR, Box 43, Folder: S11-02 Vietnam. Misc. Correspondence VN (1966); Secretary of State, Washington D.C. to Embassy Saigon, Secret, 11. 10. 1966, in: NA, RG 338, USAC, HD22-SR, Box 3, Folder: S11-04 Vietnam Prisoners of War (1966); Joint Embassy/MACV Message to Secretary of State, Washington, D.C., Secret, 1. 9. 1966, in: ebenda, Box 3, Folder: S11-02 Vietnam, Joint Embassy/MACV MSG (1966). Siehe auch *The Sunday Star* (Washington, D.C.), 12. 7. 1970: Saigon: ›Tiger Cage‹ Case Poses Bigger Problem.

85 Joint Chiefs of Staff, Memorandum for the Secretary of Defense, Subject: Phu Quoc PW Camp, 16. 10. 1970, in: NA, RG 338, USAC, HD22-CR, Box 28, Folder: Confidential 511-04 Vietnam. Conditions at Phu Quoc PW Camp (1970, 72).

86 Roy W. Johnson, Informationsabteilung der US-Botschaft in Saigon, zit. n. *The Washington Post*, 8. 7. 1970: U.S. Denies Responsibility for »Tiger Cages« at Conson. Ähnlich äußerte sich auch der Kongressabgeordnete Philip M. Crane: News from Congressman Philip M. Crane (13. District Illinois), undatiert, in: NA, RG 338, USAC, HD22-CR, Box 28, Folder: Confidential 511-04 Vietnam. Reports on Con Son (1970). Die Abgeordneten Hawkins und Anderson verwiesen darauf, dass das US-Außenministerium mit Frank E. Walton einen hochrangigen, für die Verachtung von Bürgerrechten bekannten Polizeioffizier aus Los Angeles zum Berater für südvietnamesische Sicherheitskräfte ernannt hatte: *The Washington Post*, 9. 7. 1970, Choice of Police Aide to S. Viet Prison.

Kreuzes 60-mal in US-geführten »detainee facilities« und »collecting points« vorgesprochen – Durchgangs- und Sammellagern, in denen Verdächtige vor ihrer Überstellung an südvietnamesische Autoritäten verhört wurden. Das Resümee: In allen Lagern wurden Zivilisten und Kriegsgefangene misshandelt, konnten Wunden diagnostiziert werden, die von Schlägen, Verbrennungen und Elektroschocks herrührten.[87] Nachdem zurückgekehrte Veteranen wiederholt ähnliche Vorwürfe publik gemacht hatten, erhärtete sich der Folterverdacht gegen zahlreiche Einheiten. Beschuldigt wurden insbesondere die 173. Airborne Brigade (Separate), die 101. Airborne Division, die 9., 23. und 25. Infantry Division, die 1. und 3. Marine Division, das 11. Armored Cavalry Regiment und andere Truppen der 1. Cavalry Division sowie verschiedene Abteilungen der »Special Forces«. Damit war, wie ein Blick auf die Stationierungskarte zeigt, keine Region Südvietnams ausgenommen. Und zugleich deckten die Anschuldigungen einen Zeitraum von mehreren Jahren ab. Die Rede war von Elektro- und Wasserfolter, sexueller Demütigung, Schlägen, Verstümmelung und davon, dass Verdächtige mit Würgeschlangen in einen Raum gesperrt, mit Moskitos anziehender Flüssigkeit besprüht, dehydriert oder in enge Stacheldrahtkäfige gesperrt wurden.[88] Nicht zu vergessen der verschiedentlich erwähnte »half chopper ride« oder die »airborne interrogation«: Verdächtige

---

87 NA, RG 338, USAC, HD22-CR, Box 26, Folder: Confidential 511-04 Vietnam. ICRC Visits to PW Installations (1968–69); RG 338, USAC, HD22-UR, Box 23, Folder: S11-02 Vietnam. EPW/CI/D Gen Info Files (1973).

88 NA, RG 338, USAC, HD22-CR, Box 26, Folder: Confidential 511-04 Vietnam. ICRC Visits to PW Installations (1968–69). RG 338, USAC, HD22-UR, Box 4, Folder: S11-01 Vietnam. Report of Detainee Incident 1967. RG 319, AS, PI-AC, Box 19, Folder: Other Allegations/Incidents – Unreported Allegations; ebenda, Box 53, Folder: War Crimes Allegations – 124: De John Incident. RG 319, AS, ODCS-PER, VWCWG, CF, Box 1, Folder: War Crimes Allegations Talking Papers – September 1971; ebenda, Box 5, Folder: Memorandums for Record – Summaries of Congressional Hearings on War Crimes, April 1971; ebenda, Box 5, Folder: Congressional Correspondence – War Crimes Allegations, 1971–1972; ebenda, Box 5, Folder: Public Correspondence – White House, A–L: War Crimes and other Topics, 1971. RG 319, AS, ODCS-PER, VWCWG, CaFi, Box 3, Folder: War Crimes Allegations Index (For Allegations Other Than My Lai). RG 472, USFSEA, MACV, DRAC, IG, Preliminary Inquiry Re: Colonel Franklin, Box 3, Folder: Preliminary Investigation Re: Col. Franklin, Vol. IV (Pt. 3 of 3). USCR, 7. 4. 1971, S. E2837, 2867f., 2874–78. Gross, Lieutenant Calley's Army, S. 154f.

wurden zum Reden gebracht, indem man aus ihrer Mitte willkürlich einen oder mehrere herausgriff und mitten im Flug aus dem Hubschrauber stürzte.[89]

Die Anschuldigungen gegen die 173. Airborne Brigade (Separate) wurden mit dem vergleichsweise größten Aufwand und Nachdruck untersucht, nicht zuletzt, weil ein hochrangiger Offizier, Lieutenant Colonel Anthony B. Herbert, im September 1970 mit drastischen Details an die Öffentlichkeit gegangen war. »Der Lärm, das Weinen und die Schreie und das ganze Drumherum waren für eine Einrichtung der US Army einfach unglaublich.«[90] Nach 16 Monaten und weltweit mit 333 Zeugen geführten Interviews war die Anklage in allen wesentlichen Punkten bestätigt: Auf dem Gelände der »Landing Zone English« in der Provinz Binh Dinh wurden Männer wie Frauen anderthalb Jahre lang – von März 1968 bis Oktober 1969 – regelmäßig von südvietnamesischen und amerikanischen Verhörspezialisten gequält. Die Folterer traten zu und schlugen mit Stöcken, sie urinierten auf die Körper ihrer Opfer, stülpten ihnen Kapuzen über und begossen das Tuch so lange, bis die Betreffenden am Wasser zu ersticken drohten, sie banden Verdächtige auf Metallstühle, befestigten anschließend Elektrokabel an Fingern, Ohrläppchen oder Genitalien und jagten mit Hilfe eigens präparierter Feldtelefone Stromstöße durch die Körper. Auf US-Seite waren mindestens 23 Militärpolizisten der 173. Airborne Brigade beteiligt, die gewalttätigen Verhöre wurden von GIs wiederholt besucht und als »Unterhaltungsprogramm« weiterempfohlen. Und, so der Kommandeur der Brigade in einem Telegramm an die Oberbefehlshaber der US-Streitkräfte im Pazifik und in Vietnam: »Mehrere amerikanische Soldaten

89 NA, RG 319, AS, ODCS-PER, VWCWG, CaFi, Box 6, Folder: Rottman-Uhl Allegation; ebenda, Box 7, Folder: Barbour-Drolshagen-Morton Allegation (CCI), Case 55,1; ebenda, Box 9, Folder: Rottman Allegation (CCI), Case 63; ebenda, Box 11, Folder: Hale Allegation, Case 71; ebenda, Box 11, Folder: Lloyd Allegation (VVAW-WSI), Case 81; ebenda, Box 15, Folder: Somers Incident, Case 144. RG 319, AS, PI-AC, Box 19, Folder: Other Allegations/ Incidents – Unreported Allegations. Ähnliche Vorwürfe wurden auch gegen südvietnamesische Einheiten laut: RG 319, AS, ODCS-PER, VWCWG, CF, Box 5, Folder: Memorandum for Record – Summaries of Congressional Hearings on War Crimes, Apr 1971.

90 Sworn Testimony of Anthony B. Herbert, 28. 9. 1970, S. 8, in: NA, RG 319, AS, ODCS-PER, VWCWG, CaFi, Box 8, Folder: Herbert Allegation (Pt. 2 of 2), Case 58. Siehe Statement Franklin T. Booth, in: ebenda, Box 8, Folder: Herbert Allegation (Pt. 2 of 2), Case 58 sowie Folder: Herbert Allegation (Part 1 of 2).

wurden dabei beobachtet, wie sie bei einer dieser ›Sitzungen‹ Marihuana rauchten.«[91]

Diese und vergleichbare Vorfälle waren der militärischen Führung lange vor dem Untersuchungsbericht zur 173. Airborne Brigade (Separate) bekannt. Im Büro des Stabschefs der Armee zirkulierten Anfang 1968 mehrere Memoranden, die auf den »Imageschaden« für die Streitkräfte Bezug nahmen. »Die überzeugend vorgetragenen Anschuldigungen zeigen eine grausame, durchdachte und kalkulierte Folter zur Erpressung von Informationen und machen die Erklärungen des Präsidenten über unseren Umgang mit Gefangenen zu scheinheiligen Argumenten.«[92] Der Stabschef, Harold K. Johnson, merkte seinerseits an, dass amerikanische Gefangene in Händen der Vietcong scheinbar besser behandelt würden als im umgekehrten Fall – zumindest ließen die Ende 1967, Anfang 1968 bekannt gewordenen Fotos von Folterungen diesen Schluss zu. »Die Teilnahmslosigkeit der [Folterer], die auf den Fotos zu sehen sind, drängt dem Betrachter den Schluss auf, dass die Betreffenden kein Gefühl von Scham oder Fehlverhalten hatten, dass sie keine Missbilligung seitens ihrer Vorgesetzten erwarteten und dass sie sich völlig sicher fühlten, als sie bei der Ausübung als akzeptabel empfundener Handlungen vor einer Kamera standen.«[93]

Im Juni 1968 wies der stellvertretende Kommandeur der US Army (Vietnam), Lieutenant General Bruce Palmer, den Stabschef der Armee darauf hin, dass die meisten Vergehen unmittelbar nach der Festnahme oder während der Evakuierung begangen wurden – und zwar

---

91 Commanding General, US Army (Vietnam), Long Binh, to CINUSARPAC, COMUSMACV, 8. 10. 1968, Info: CG 173d Abn Bde, Confidential, in: NA, RG 338, USAC, HD22-CR, Box 29, Folder: Confidential 511-04 Vietnam. Treatment of EPW/D and Reports of Maltreatment Allegations (1968). Siehe RG 319, AS, ODCS-PER, VWCWG, CaFi, Box 15, Folder: Swain Allegation, Case 143; ebenda, Box 15, Folder: Kneer Incident, Case 148; RG 472, USFSEA, MACV, DRAC, IG, Box 1, Folder: Preliminary Investigation Re: Col. Franklin, Vol. I (Pt. 1 of 3, 1971); ebenda, Box 3, Folder: Preliminary Investigation Re: Col. Franklin, Vol. IV (Pt. 3 of 3, 1971).

92 Lieutenant General Connor, Deputy Chief of Staff for Personnel, Capture Point Handling of PW, undatiertes Memorandum, in: NA, RG 338, USAC, HD22-CR, Box 29, Folder: Confidential 511-04 Vietnam. Treatment of EPW/D and Reports of Maltreatment Allegations (1968).

93 From: Chief of Staff Army (Harold K. Johnson) to CGUSARV (Commanding General US Army Vietnam) Long Binh, Subject: Repeated War Crimes at Capture Point, 24. 1. 1968, in: NA, RG 338, USAC, HD22-CR, Box 29, Folder: Confidential 511-04 Vietnam. Treatment of EPW/D and Reports of Maltreatment Allegations (1968).

Eine Patrouille der 1. Cavalry Division (Airmobile) im Einsatz während der Operation »Wheeler/Wallowa« (1967) 25 Meilen südlich südlich von Danang, Provinz Quang Nam (I. Corps Tactical Zone). Ein Verdächtiger wird von GIs und einem südvietnamesischen Übersetzer der »Wasserfolter« unterzogen.
© UPI

mit Wissen und Billigung von Offizieren, denen offensichtlich daran gelegen war, auf dem schnellsten Weg an andernfalls wertlose Hinweise über Stärke und Aufenthaltsorte des Feindes heranzukommen.[94] Zugleich war man sich darüber im Klaren, dass Folter unterschiedslos gegen Soldaten wie auch gegen Zivilisten angewandt wurde, die man der Kollaboration bezichtigte. Vor dem Hintergrund einschlägiger Vorwürfe gegen Soldaten der 5. Special Force Group (Airborne) stellte Brigadier General Edward Bautz im Sommer 1971 in einem »Fact Sheet« fest: Folter wurde als militärische Notwendigkeit angesehen und gehörte überall zur Alltagsroutine in Vietnam. »Es scheint, dass es deutlich zu viele gibt, die in den Regeln zum Umgang mit Gefangenen nichts weiter als Geschwätz zur Beruhigung alter Frauen sehen« – gemeint waren nicht zuletzt aus Vietnam zurückkehrende Ausbilder, die mit ihrem Expertenwissen Soldaten einschüchterten und die Folter als unhintergehbar darstellten. Zweitens zeigten die Verantwortlichen im vorliegenden Fall wie anderweitig kein Interesse an einer Aufklärung, sondern schickten die Opfer hastig in ihre Dörfer zurück – in der Erwartung, mit Geld und anderen Geschenken Schweigen erkaufen zu können. Drittens, so Bautz, war vielen Offizieren nicht an einer Durchsetzung des Kriegsrechts, sondern nur am Schein korrekten Verhaltens gelegen. »Wie ständen wir da, wenn die heute vorliegenden Fakten weltweit bekannt würden?«[95] Erst unter dem Eindruck der öffentlichen Diskussion

---

94 Lieutenant General Bruce Palmer Jr., Brief an General Harold K. Johnson, 15. 6. 1968, in: NA, RG 319, AS, PI-FR, Vol. III: Exhibits, Box 55, Book 5; Information Officer, Provost Marshal, Treatment of Captured Enemy Personnel, 11. 6. 1968, in: NA, RG 472, USFSEA, USAV, PM, AO-CGR, Box 2, Folder: Correspondence File – Outgoing April – June 1968. Siehe RG 319, AS, PI-FR, Vol. II: Testimony, Box 21, Book 13, Summary of Testimony: Witness John L. Pittman, Sum App T-191, S. 3.

95 Brigadier General Edward Bautz Jr. to Deputy Chief of Staff for Personnel, Fact Sheet: Torture of PW by U.S. Officers, in: NA, RG 319, AS, PI-AC, Box 53, Folder: War Crimes Allegations – 124: De John Incident. Der Adressat dieses Schreibens, der Deputy Chief of Staff for Personnel, war im Generalstab für Kriegsgefangene zuständig. Zum Foltervorwurf gegen Co A, Detachment B-36, 1st Special Forces, 5th Special Force Group (Airborne) siehe RG 338, USAC, HD22-CR, Box 26, Folder: Confidential 511-04 Vietnam. ICRC Visits to PW Installations (1968–69). Zur Rolle der aus Vietnam zurückkehrenden Ausbilder siehe USCR, 6. 4. 1971, S. E2874; Department of the Army, Memorandum for the Record: Resume of Hearing, 28. 4. 1971, S. 2, in: RG 319, AS, ODCS-PER, VWCWG, CF, Box 5, Folder: Memorandums for Record – Summaries of Congressional Hearings on War Crimes, Apr 1971; Veteran of Special Forces Denounces U.S. Policy in Vietnam as a ›Lie‹, in: *The*

über das »My Lai (4)«-Massaker kam die Army zu der Einsicht, dass das Field Manual »30-15« – das die Erzeugung von Angst als Mittel des Verhörs freistellte – der Genfer Konvention widersprach und deshalb korrigiert werden sollte.[96]

»Es ist doch egal, was du mit denen machst. [...] Keiner hier sieht die Vietnamesen als Menschen.« Und: »Wir kommen einfach nicht dahinter, was die denken. Als wir hierherkamen, landeten wir auf einem anderen Planeten. In Deutschland und Japan, da gab es ein gewisses Verständnis, aber selbst wenn ein Vietnamese perfektes Englisch spricht, weiß ich verdammt noch mal nicht, worüber er redet.«[97] Diese Bemerkungen zweier GIs aus Texas und Kalifornien hätten viele ihrer Kameraden unterschrieben, teilten sie doch das Misstrauen gegen Vietnamesen an sich und in erster Linie gegen jene, mit denen sie es bei Kampfeinsätzen zu tun bekamen. In der Praxis des »Durchkämmens« verdächtiger Regionen zeigte sich, dass die rigoros markierte Barriere zwischen »wir« und »sie« zugleich Trennlinien anderer Art verflüssigen kann – nämlich die Grenzen zwischen Gewaltbereitschaft und praktizierter Gewalt, zwischen Kriegsgräueln und Kriegsverbrechen.

So gehört neben der Folter auch das wahllose »Zielschießen« auf Zivilisten zum Gesicht dieses Krieges. Ein auch nur einigermaßen realistisches Gesamtbild rekonstruieren zu wollen, scheint angesichts der lückenhaften Aktenbestände ausgeschlossen. Festzuhalten bleibt indes, dass – wie ein ehemaliger Militärberater in der *New York Times* schrieb – »zuständige Offiziere und Zivilberater in den höchsten Rängen fortlaufend Beschwerden erhielten über wahllosen Raketenbeschuss aus [...] Beobachtungsflugzeugen und über ›Spaßschießen‹ [›joy rides‹] aus Hubschraubern, Praktiken, die im Massakrieren von Bauern

---

New York Times, 10. 2. 1966 sowie Duncan, New Legions. Ein Nachrichtenoffizier, der im Rang eines Captain bei einem Bataillon der 9. Infantry Division diente, behauptete, dass US-Rekruten während ihrer Ausbildung in Fort Benning bis zu sieben Stunden gefoltert wurden – und zwar von Veteranen, die in die Rolle des Vietcong schlüpften und den Neulingen beweisen wollten, dass man jeden Gefangenen zum Reden bringen könne: Ronald Dellums, Vietnam War Crimes Hearings, zit. n. http://members.aol.com/warlibrary/vwch1g.htm, 31. 8. 2004.

96 Administrative Review of Son My Cases, 17. 5. 1971, in: NA, RG 319, AS, ODCS-PER, VWCWG, MLM, Box 4, Folder: Administrative Review – Cpt. Eugene M. Kotouc sowie Memorandum of Law (Cpt. Kotouc), undatiert, S. 11, in: ebenda.

97 Zwei namentlich nicht identifizierte GIs, zit. n. Schell, Real War, S. 230.

endeten.«[98] Bei internen Untersuchungen der Army stellte sich heraus, dass zwischen Januar und Oktober 1969 in einem einzigen Distrikt der Provinz Binh Long, nämlich Chon Thanh, 14 Fälle nachweisbar waren, in denen Hubschrauberstaffeln der 1. Cavalry Division, der 1. Infantry Division sowie der 12. Aviation Group Waldarbeiter, im Feld arbeitende Bauern und ganze Dörfer unter Beschuss nahmen und dabei an die 30 Menschen töteten. Die Besatzungen hatten sich die Feuererlaubnis mittels vorsätzlicher Täuschung der Einsatzzentralen erschlichen[99] – eine offensichtlich langjährig geübte Praxis, wie der Aussage eines im Jahr 1967 eingesetzten Piloten zu entnehmen ist: »Er gab an, dass der eine Helikopter beim Hauptquartier um Feuererlaubnis bat, während ein anderer, niedriger fliegender Hubschrauber sofort das Feuer eröffnete. Wenn es keine Erlaubnis gab, wurden die Opfer nicht erwähnt, andernfalls meldete man einen ›Body Count‹. Ferner beschrieb der Pilot, wie Helikopter seiner Einheit im Tiefflug und mit eingeschalteten Sirenen über Reisfelder flogen. Wenn die Menschen davonrannten, nahm man sie unter Beschuss, weil sie sich durch Flucht verdächtig gemacht hatten.«[100] Einige Piloten waren vom Verhalten ihrer Bordschützen derart angewidert, dass sie an der Rückseite ihrer Sitze Schilder anbrachten: »Es verstößt gegen das Gesetz, aus diesem Flugzeug heraus das Feuer zu eröffnen.«[101]

Für den Terror aus der Luft gab es einen eigenen Slang: »joy rides«, »Eichhörnchenjagd«, »Jäger- und Killerteams« oder »MAM« – Letzteres steht für »military-age male« und die Praxis, nach Personen in scheinbar wehrfähigem Alter Ausschau zu halten. »Der Kerl hatte halt einen wirklich

---

98 William J. Simon, Leserbrief, in: *The New York Times*, 3. 6. 1971. Simon war 1970 US-Militärberater im Mekongdelta. Zu den angesprochenen Beschwerden siehe auch NA, RG 319, AS, PI-AC, Box 54, Folder: War Crimes Allegations – 219: Brooks Incident. RG 319, AS, ODCS-PER, VWCWG, CF, Box 4, Folder: Helicopter Incident. CID Reports – Testimony # 1, Case 8 (2); ebenda, Box 5, Folder: Memorandums for Record – Summaries of Congressional Hearings on War Crimes, April 1971; ebenda, Box 13, Folder: Jackson Allegation. RG 472, USFSEA, MACV, IG, ID, IR, Box 12, Folder: Hai Dong (Part 1 of 2).

99 NA, RG 472, USAV, II. FFV, S 3, CGR, Box 1, Folder: Accident/Incident Report 69. RG 472, USFSEA, USAV, IG, ICD, RICF, Box 14, Folder: Case # 69–65.

100 David Bressem, 1. Cavalry Division, zit. n. OSA, Memorandum for the Record, Subject: Resume of Hearing, 29. 4. 1971, S. 2, in: NA, RG 319, ODCS-PER, VWCWG, CF, Box 5, Folder: Memorandums for Record – Summaries of Congressional Hearings on War Crimes, Apr 1971.

101 Hersh, Cover-Up, S. 48.

stolzen Gang«, so ein Pilot über ein Opfer, das sich zur falschen Zeit am falschen Ort aufgehalten hatte, »bewegte sich so federnd wie ein Soldat, nicht so schlurfend wie die Bauern das machen.«[102] Offiziell hießen dergleichen Einsätze »people snatcher operations«,[103] ein Begriff, den manche Besatzungen als Lizenz begriffen, Bauern mit dem Lasso einzufangen und so lange mit ihnen herumzufliegen, bis sie den Halt verloren und in die Tiefe stürzten oder ihr Genick gebrochen war. »Das alles wird öfter gemacht, als man sich vorstellen kann«, behauptete der für die Aufdeckung des »My Lai (4)«-Massakers verantwortliche Journalist Seymour M. Hersh im Juli 1971 während eines Fernsehinterviews. »Der klassische Killer in Vietnam sitzt an Bord eines Hubschraubers, fliegt durch die Gegend und schießt auf alles und jeden. [...] Ich übertreibe nicht. [...] Was die Zahlen betrifft, so haben Hubschrauberbesatzungen bestimmt mehr Massaker begangen als Leute wie Calley.«[104]

Derlei weit reichende Vorwürfe sind kaum zu verifizieren und schwer zu dementieren. Kein Journalist ist je über belastende Anfangsrecherchen hinausgekommen. Und andererseits legten die zuständigen Stellen bei der Aufklärung ein offenkundiges Desinteresse an den Tag – trotz gravierender, selbst den Mord an Hunderten von Menschen anzeigender Indizien.[105] Dazu sechs Beispiele aus einem lückenhaften und zum Teil nachträglich gesäuberten Aktenbestand:[106]

– Eine Hubschrauberstaffel der 3. Brigade, 25. Infantry Division wurde beschuldigt, im Juni 1967 69 »Verdächtige« erschossen zu haben. Obwohl die Ermittler der Criminal Investigation Division dem Dementi des Brigadekommandeurs James G. Shanahan wenig Glauben schenkten, wurden die Nachforschungen eingestellt.[107]

---

102 Ein namentlich nicht identifizierter Pilot, zit. n. Schell, Real War, S. 293.

103 Schell, Real War, S. 233–234, 303, 321, 329–330. Viele dieser Einsätze wurden im Beisein hoher Offiziere durchgeführt: siehe NA, RG 319, AS, ODCSPER, VWCWG, CF, Box 4, Folder: Helicopter Incident – CID Reports, Testimony # 1, Case 8 (2).

104 Seymour M. Hersh, zit. n. dem Transkript der Fernsehsendung »Firing Line«, WETA-TV, 7. 7. 1971, S. 9, in: NA, RG 319, AS, PI-AC, Box 38, Folder: Son My Chron. File # 20 (1 of 2).

105 Joseph S. Lelyveld, Most Helicopter Pilots are Eager for Duty in Vietnam, in: *The New York Times*, 26. 4. 1971.

106 Teilweise sind einschlägige Akten seit Anfang 2000 ohne Angabe von Gründen wieder klassifiziert. Siehe NA, RG 472, USFSEA, USAV, IG, ICD, RICF, Box 33, Folder: Case # 71–6.

107 Witness Statement Paul Duane Halverson, 24. 11. 1970 und Investigator's Statement, Ralph R. Scott, 11. 3. 1971, in: NA, RG 472, USFSEA, MACV,

- Im Juni oder Juli 1967, so die eidesstattliche Erklärung eines beteiligten Bordschützen, griff ein Hubschrauber des Dragon Platoon, 334. Armed Helicopter Company, 145. Aviation Group westlich von Duc Hoa (III. Corps Tactical Zone) neun unbewaffnete Personen an. »Falls sie stehen blieben, galten sie als unverdächtig. Wenn sie wegrannten, dürften sie erschossen werden.«[108] 13 Unbewaffnete sollen den Tod gefunden haben. Angesichts widersprüchlicher Zeugenaussagen schloss die Criminal Investigation Division die Akte mit dem Vermerk »unbegründet«.
- Anfang August 1967 soll die B Troop, 1. Squadron, 9. Cavalry Regiment der 1. Cavalry Division 33 Zivilisten in der Nähe von Duc Pho ermordet haben. Trotz glaubwürdiger Anhaltspunkte legte die Criminal Investigation Division nach einer oberflächlichen Untersuchung den Fall wegen »unzureichender Beweise« zu den Akten.[109]
- Angeblich nahmen Kampfhubschrauber des Joker Platoon, 48. Aviation Company, 1. Aviation Brigade (Separate) am 28. November 1967 auf dem Sung-Chau-Fluß nördlich von Nha Trang (II. Corps Tactical Zone) 100 Boote, sogenannte Sampans, unter Beschuss und töteten eine unbekannte Zahl von Menschen, die sich vorher durch das Schwenken südvietnamesischer Flaggen als Flüchtlinge zu erkennen gegeben hatten. Ein Zeuge unterrichtete das Weiße Haus im Mai 1970. Nachdem jedoch drei Angehörige der Einheit zu Protokoll gegeben hatten, keine Kenntnis von dem Vorfall zu haben, wurden keine weiteren Ermittlungen angestrengt.[110]
- Ende Januar oder Anfang Februar 1968 sollen – so die Aussagen dreier GIs – sechs »Cobra«-Helikopter der D Troop, 1. Squadron, 10. Cavalry Regiment, 4. Infantry Division das Dorf Thanh An unweit von Pleiku (II. Corps Tactical Zone) angegriffen und 300 Montagnards, Ureinwohner des Zentralen Hochlandes, niedergemetzelt haben. Ob sie zuvor aus dem Dorf heraus beschossen worden waren oder Unbewaffnete für Truppen der Vietcong hielten, oder ob gänzlich

---

DRAC, IG, Preliminary Inquiry Re: Colonel Franklin, Box 2, Folder: Preliminary Investigation Re: Col. Franklin, Vol. III, Pt. 2 of 4 (1971).

108 William J. Patterson, zit. n. Patterson Allegation, in: NA, RG 319, AS, ODCS-PER, VWCWG, CaFi, Box 12, Folder: Patterson Allegation, Case 87.

109 NA, RG 319, AS, ODCS-PER, VWCWG, CaFi, Box 6, Folder: Bressem Allegation.

110 NA, RG 319, AS, ODCS-PER, VWCWG, CaFi, Box 7, Folder: Rice Allegation, Case 50.

andere Gründe im Spiel waren, ging aus den Aussagen nicht eindeutig hervor.[111] Die Untersuchungen seitens des Oberkommandos MACV verliefen sehr schleppend und wurden alsbald mit dem lapidaren Hinweis abgeschlossen, dass die beschuldigten Einheiten »an diesem Tag einen ›großen‹ Kampf hatten und offensichtlich ihre Aufgabe hervorragend erledigt haben. [...] Bei den Vorwürfen scheint es sich um einen weiteren Fall einer durch die My-Lai-Untersuchung stimulierten ›Erinnerung‹ zu handeln.«[112]

- Im Mai und August 1969 sollen Flieger der 2. Squadron, 8. Cavalry Regiment, 1. Cavalry Division circa 30 Gefangene der Vietcong beziehungsweise der nordvietnamesischen Armee hingerichtet haben. Die Akte wurde im März 1971 mit dem Vermerk »unzureichende Hinweise für einen Beweis/Nichtbeweis« geschlossen.[113]

Wegen sich häufender Übergriffe im Mekongdelta wurden im März 1968 mehrere Reishändler beim Wirtschaftsministerium in Saigon vorstellig und beklagten einen infolge des Hubschrauberterrors drastisch zurückgehenden Handel. Robert Komer, der für dergleichen Beschwerden zuständige stellvertretende Leiter von CORDS, leitete das Sitzungsprotokoll an den Zivilberater der IV. Corps Tactical Zone mit den Worten weiter: »Ich weiß nicht, ob Westy [General William Westmoreland] mit Ihnen darüber gesprochen hat oder ob diese Praxis tatsächlich weit verbreitet ist. Aber ich neige dazu, dem Autor recht zu geben.«[114] Wie es scheint, führte Komers Intervention zumindest zu einer genaueren Beobachtung von Hubschraubereinsätzen in diesem Gebiet. Viel mehr ist indes nicht bekannt – abgesehen davon, dass Ende 1970 gegen acht Crewmitglieder aus der 335. Aviation Company, 1. Aviation Brigade (Separate) ein Kriegsgerichtsverfahren vorbereitet wurde. Sie hatten in

---

111 NA, RG 319, AS, ODCS-PER, VWCWG, CaFi, Box 7, Folder: Murphy-Patton-Uhl Allegation (National Citizens' Commission), Case 52. RG 472, USFSEA, USAV, IG, ICD, RICF, Box 22, Folder: Case # 70-18: Alleged Killing of 100 Innocent Montagnards sowie Joseph S. Lelyveld, Most Helicopter Pilots are Eager for Duty in Vietnam, in: *The New York Times*, 26. 4. 1971.

112 Headquarters USAV, Memorandum for: USARV Inspector General, Subject: MACIG Inquiry into Activities Vicinity of Fire Base Oasis [...] o/a 1 February 1968, in: RG 472, USFSEA, USAV, IG, ICD, RICF, Box 22, Folder: Case # 70-18 Alleged Killing of 100 Innocent Montagnards.

113 NA, RG 319, AS, ODCS-PER, VWCWG, CaFi, Box 10, Folder: Connelly Allegation.

114 Robert Komer an General Eckhardt, 7. 4. 1968, in: NA, RG 319, AS, PI-OI, Box 3, Folder: MACV Directives (3).

den zurückliegenden Monaten mehrfach Dörfer, Bauern im Feld oder Händler auf Kähnen angegriffen. Aufgrund einer Intervention des Kommandierenden Generals der Separate Troops, USARV wurde das Verfahren jedoch im Vorwege niedergeschlagen.[115]

Das »Zielschießen« auf Zivilisten war auch unter Infanteristen eine weit verbreitete Praxis – selbst in »No Fire Zones« oder »Controlled Fire Zones«. Ob in Interviews, Memoiren oder öffentlichen Stellungnahmen, auffallend oft ist davon die Rede, dass Bauern im Feld, Fischer, Händler mit ihren Dschunken und Sampans auf Flüssen, Brennholz sammelnde Frauen oder Kinder, die auf Abfallhalden in der Nähe von Militärstützpunkten nach Verwertbarem suchten, mit gezieltem Feuer terrorisiert wurden. »Wenn wir eine Schwangere erschießen, verbuchen wir sie als zwei tote Vietcong – einen Soldaten und einen Kadetten.«[116] Einige bezeichneten sogar die »mad minutes« als »Standing Operating Procedure« – als gehörte es zum militärischen Alltag, zwecks Überprüfung der Waffen oder zur Entsorgung überschüssiger Munition wahllos in die Gegend zu ballern. »Eine verrückte Minute heißt, dass sich die gesamte Kompanie in einer Reihe aufstellt und ›Machine Gun Murphy‹ spielt. Du durchlöcherst einfach die Landschaft – üblicherweise nach sechs Uhr abends, weil man dann die Leuchtspuren der Munition besser sieht.«[117] Auf die Frage, warum ihre Einheit im Juni 1969 einige Hütten unter Beschuss nahm, in denen sich für alle erkennbar nur Frauen und Kinder aufhielten, antworteten zwei GIs der C Company, 2. Battalion, 39. Infantry Regiment, 1. Brigade, 9. Infantry Division unter Eid wie folgt: »Ich würde meinen, weil ich herausfinden wollte, ob ich auch treffen würde.«[118] – »Er [der Kompaniechef] sagte mir, noch ein paar

---

115 NA, RG 319, ODCS-PER, VWCWG, CaFi, Box 8, Folder: Helicopter Gunship Incident, Case 57.

116 Ein von Jonathan Schell interviewter Lieutenant, zit. n. Schell, Real War, S. 327.

117 Aussage eines Soldaten der 9. Infantry Division anlässlich der »Winter Soldier Investigation« in Detroit, 31. 1.–1. 2. 1971, zit. n. USCR, 7. 4. 1971, S. E2919; siehe ebenda, S. E2881. Siehe auch NA, RG 472, USFSEA, MACV, DRAC, IG, Preliminary Inquiry Re: Colonel Franklin, Box 2, Folder: Preliminary Investigation Re: Col. Franklin, Vol. III (Part 1 of 4) 1971 sowie RG 319, AS, ODCS-PER, VWCWG, CaFi, Box 10, Folder: Dell Allegation (Part 1 of 6), Case 70.

118 Sworn Statement Ross L. Cowan, 1. 6. 1970, S. 5, in: NA, RG 319, AS, OCMH, Records Relating to the Courts Martial of 1st Lt. W. Calley, Capt. V. Hartman, 1st Lt. R. Lee, and Capt. O. O'Connor, Box 25, Folder: 708-07 Adverse Information File – Vincent N. Hartman (Folder 221) (1 of 2).

Runden auf die Hütte abzugeben, um zu sehen, ob ich diese ›Gooks‹ auch erledigen kann.«[119]

Viele der einschlägigen Berichte gehen auf Kleingruppen wie Platoons oder Squads zurück, die lange Zeit auf sich allein gestellt und fernab größerer Verbände patrouillierten. Noch häufiger aber findet sich der Hinweis, dass dergleichen Verhalten bei Razzien in Dörfern an der Tagesordnung war. Wer aus Angst vor den einrückenden Truppen flüchtete, hatte sein Leben verwirkt. »Auf der Flucht erschossen«, lautete die Standardformulierung in den Einsatzberichten. Nicht minder groß war das Risiko für jene, die Zuflucht in unterirdischen Bunkern suchten. Weil Schutzräume auf den ersten Blick nicht von Tunnelanlagen des Feindes zu unterscheiden waren, gingen viele GIs kein Risiko ein und sprengten das Verdächtige unbesehen in die Luft. Und selbst die stoisch in ihren Häusern ausharrenden Bewohner konnten sich nicht sicher sein. Ob aus Angst, Mordlust oder infolge tragischen Versehens – viele starben im Kugelhagel der eindringenden Soldaten. »Sie sind allesamt Vietcong oder helfen ihm zumindest – wo liegt der Unterschied? Du kannst sie nicht auf deine Seite ziehen, sondern nur töten. Mach dir wegen der toten Kinder keine schlaflosen Nächte. Das sind doch nur nachwachsende Kommunisten. [...] Wir haben Krieg und müssen die Kommies mit allem stoppen, was wir haben.«[120] Diese 1967 publizierte Erinnerung kommt dem prekären Kern der Razzien am nächsten: Sie waren massakerträchtige Situationen.

Selbstverständlich hat Jonathan Schell recht, wenn er vor unzulässigen Verallgemeinerungen warnt und auf die ungenannten Beispiele all jener verweist, die auch unter Stress den Respekt vor dem Leben anderer

---

119 Sworn Statement David Jay Startzer, 1. 12. 1969, S. 1, in: NA, RG 319, AS, OCMH, Records Relating to the Courts Martial of 1st Lt. W. Calley, Capt. V. Hartman, 1st Lt. R. Lee, and Capt. O. O'Connor, Box 22, Folder: CID Report of Investigation – Hartman and Lee (Folder 206) (2 of 3). Sowohl die Criminal Investigation Division als auch die Militärjuristen der II. Field Force, Vietnam empfahlen, die Verantwortlichen wegen vorsätzlichen Mordes vor ein Militärgericht zu stellen. Dazu kam es jedoch nicht, weil die Hauptbelastungszeugen im letzten Moment ihre Aussagen mit fadenscheinigen Argumenten zurückzogen: NA, RG 319, AS, OCMH, Records Relating to the Courts Martial of 1st Lt. W. Calley, Capt. V. Hartman, 1st Lt. R. Lee, and Capt. O. O'Connor, Boxes 22, 23, 25, 33 sowie RG 319, AS, ODCS-PER, VWCWG, CaFi, Box 3, Folder: Hartman Incident (Sugarman Allegation).

120 Duncan, New Legions, S. 169. Siehe auch Schell, Cage for the Innocents, S. 32f.; Terry, Bloods, S. 2, 91f.; Solis, Son Thang, S. 33, 82f.; NA, RG 472, USFSEA, MACV, IG, ID, RI, Box 14, Folder: MIV-30-68 Harbor Patrol.

bewahrten. Als Exkulpation soll dieser Hinweis aber nicht verstanden werden, vielmehr als Aufforderung, den Ursachen für die überschießende Gewalt nachzuspüren.[121] Kein Krieg in der Geschichte ist frei von diesem »Überschuss« – zumal in einem kolonialen oder postkolonialen Umfeld, wenn auf dem Boden einer fremden, peripheren Kultur gekämpft wird und die Kontrahenten sich in einer asymmetrischen Konstellation gegenüberstehen. Und doch musste Weiteres hinzukommen, um den Vietnamkrieg zum blutigsten heißen Krieg nach 1945 zu machen: Erstens die aus dem Geist des Kalten Krieges geborene Weigerung Washingtons, die Konsequenzen aus der Einsicht in das Unerreichbare zu ziehen. Und zweitens die Festlegung auf eine Kriegsstrategie, die auf eine Selbstbrutalisierung der Streitkräfte und eine Einladung zum Kriegsverbrechen hinauslaufen musste. »Sieg war gleichbedeutend mit einem hohen Body Count, eine niedrige Tötungsrate stand für Niederlage, der Krieg wurde zu einer arithmetischen Angelegenheit. Der Druck auf die Kommandeure [...] war enorm, und sie gaben ihn an ihre Soldaten weiter. Im Endeffekt wurden Zivilisten als Vietcong gezählt. ›Wer tot ist und ein Vietnamese, ist ein Vietcong‹, hieß die Faustregel des Dschungels.«[122] Der Schriftsteller Philip Caputo, als Marine in Vietnam eingesetzt, will die von seinen Kameraden praktizierte Verachtung billigen Lebens damit nicht entschuldigen. Er sagt das Gleiche wie Jonathan Schell, nur in umgekehrter Reihenfolge. Und wie jene Soldaten, die in ihr Tagebuch schrieben: »Zu Hause würden sie kein Wort glauben.«[123] So gesehen, hat der Journalist Peter Arnett im Zitat eines Majors der US Air Force die treffendste Beschreibung gefunden: »Wir mussten diese Stadt [Ben Tre] zerstören, um sie zu retten.«[124]

---

121 Schell, Real War, S. 192.

122 Caputo, Rumor of War, Einleitung, S. xix/xx. Siehe auch David Halberstam, in: Anderson (Hg.), Facing, S. 124, 132; Schell, Real War, S. 240, 326, 365f.

123 Schell, Real War, S. 231.

124 Ein namentlich nicht identifizierter Major, zit. n. Sheehan, Große Lüge, S. 718 sowie Hammond, Military and the Media, S. 355.

Offiziere

> *»Dem Soldaten, egal welcher Kriegspartei, obliegt der Schutz der Schwachen und Unbewaffneten. Das ist die Essenz, das ist das Wesen seiner Existenz. Wenn er diese hehre Verantwortung verletzt, zieht er nicht nur seinen gesamten Stand in den Schmutz, sondern bedroht den Zusammenhalt der internationalen Gemeinschaft im Innersten.«*
>
> *(Douglas MacArthur)*[1]

> *»Es liegt auf der Hand, dass die Vorkehrungen der US Army zur Verhinderung, Aufdeckung und Bestrafung von Kriegsverbrechen auf entsetzliche Weise versagt haben.«*
>
> *(Telford Taylor)*[2]

»Berichte, die unserem Hauptquartier vorliegen, lassen darauf schließen, dass sich unter unseren Truppen allmählich eine verächtliche Stimmung gegenüber den Vietnamesen breitmacht. [...] Es gibt genügend Beweise, die ein nachdrückliches und sofortiges Eingreifen seitens der Truppenführung gebieten. Die Mannschaften müssen entsprechend unterwiesen werden, um eine potentiell gefährliche Entwicklung bereits in ihren Anfängen aufzuhalten. [...] Sprüche wie ›Das einzig gute Dorf ist ein niedergebranntes Dorf‹ zeigen, worum es geht.«[3] Während seiner vier Dienstjahre in Saigon verschickte William Westmoreland, der oberste militärische Befehlshaber über die US-Streitkräfte in Vietnam, mindestens ein Dutzend derartiger Mahn- und Beschwerdebriefe an die Kommandeure aller Einheiten. Die Misshandlung von Kriegsgefangenen kam dabei ebenso zur Sprache wie der

---

1 General Douglas MacArthur in seiner Stellungnahme zum Todesurteil gegen den japanischen General Tomoyuki Yamashita: General Headquarters, United States Army Forces, Pacific, 7. 2. 1946, in: NA, RG 319, AS, ODCS-PER, VWCWG, CF, Box 6, Folder: Background Information – History of War Crimes.

2 Telford Taylor, The Course of Military Justice, in: *The New York Times*, 2. 2. 1972. Taylor war amerikanischer Anklagevertreter bei den Nürnberger Prozessen.

3 COMUSMACV, Subject: Relationship Between US Military and Vietnamese, 18. 11. 1966, in: NA, RG 319, AS, PI-FR, Vol. III: Exhibits, Box 53, Book 1: Directives.

rücksichtslose Einsatz von Feuerkraft in besiedelten Gebieten. Vor allem aber kritisierte er das Verhalten gegenüber der Zivilbevölkerung. »In diesem Krieg geht es nicht in erster Linie um Geländegewinn, sondern um Menschen, und wir können und werden eine Rücksichtslosigkeit gegenüber diesen Menschen nicht hinnehmen.«[4] Allein zwischen Oktober 1967 und Februar 1968 meldete sich Westmoreland in diesem Sinne sechsmal zu Wort – in Rundschreiben, Neujahrsbotschaften oder Vorträgen bei Kommandeurstreffen. Man muss nicht zwischen den Zeilen lesen, um die Botschaft zu verstehen: Ohne drastisch verbesserte Truppenführung wird der Krieg in einem Desaster enden. »Wir haben es mit einem ernsthaften Problem zu tun.«[5]

General William Westmoreland, Oberkommandierender der US-Streitkräfte in Vietnam, 1964–1968.
© Associated Press

---

4 William Westmoreland, zit. n. *Congressional Record*, 6. 4. 1971, S. E2826.

5 Ebenda. Zur Kritik Westmorelands siehe *The New York Times*, 1. 12. 1965: Obey P.O.W. Code, U.S. Soldiers Told sowie: Army Report – Law of Southeast Asia Rules of Engagement, Law of War (Undated), S. 30–38, 86–92, in: NA, RG 319, AS, ODCS-PER, VWCWG, CF, Box 4, Folder: Army Report – Law of Southeast Asia Rules of Engagement, Law of War (Undated); Summary of Remarks by COMUSMACV Relating to Noncombatant Casualties, 28. 8. 1966, in: NA, RG 319, AS, PI-FR, Vol. III: Exhibits, Box 53, Book 1: Directives; ebenda, Vol. III: Exhibits, Box 55, Book 5: Miscellaneous Documents, Overlaps, Sketches and Statements; Memorandum, MACV Commanders' Conference 3 December 1967, in: RG 319, AS, PI-AC, Box 6, Folder: Conduct of the War in Vietnam, Chron. File # 2 (Part 2 of 2); Fact Sheet, MACV Actions – Proper Treatment of Noncombatants, undatiert, in: ebenda, Box 6, Folder: Conduct of the War in Vietnam, Chron. File # 2 (Part 2 of 2); Message, For All Commanding Officers, Jan. 68, S. 2, in: ebenda, Box 10, Folder: Documents Obtained in Vietnam by Peers Inquiry (Part 2 of 2): Mistreatment of Detainees and PW, in: ebenda, Box 48, Folder: Untitled – 22. September 1972 (Part 2 of 2); Letter to Lieutenant General Bruce Palmer Jr., 16. 10. 1967, in: RG 319, AS, PI-OI, Box 13, Folder: Americal Division, Miscellaneous (1).

Unter diesem Eindruck wurden auch die Direktiven des Oberkommandos für die Planung und Durchführung militärischer Operationen verfasst – die sogenannten »Rules of Engagement«. »Die oben geschilderten Probleme«, hieß es beispielsweise in MACV 525-3, »gebieten eine Zurückhaltung, die unter normalem Umständen von Soldaten auf dem Schlachtfeld nicht gefordert ist. [...] Alle Kommandeure sind angehalten, fortlaufend dafür zu sorgen, dass die kurz- und langfristige Bedeutung einer auf den Schutz von Nichtkombattanten ausgelegten Kriegführung verstanden wird«[6] – und zwar nicht nur während der Grundausbildung, sondern auch im Rahmen der unmittelbar vor Kampfeinsätzen üblichen Truppenunterweisung. In anderen Worten: Wer sich auf einen asymmetrischen Krieg ohne klare Fronten einlässt, muss über ein Reservoir von Vorgesetzten verfügen, die militärische Expertise mit politischem Sachverstand verbinden und die Konsequenzen ihres Handelns auch und gerade unter moralisch-ethischen Gesichtspunkten wägen – die es also nicht zulassen, dass das Umfeld eines Heckenschützen mit wahllosem Feuer belegt oder ein Dorf wegen einiger versprengter Vietcong niedergemacht wird. William Peers in seinem Abschlussbericht zu My Lai: »Direktiven und Regeln können so gut gemeint sein, wie sie wollen, sie bleiben ein Stück Papier, solange niemand dafür sorgt, dass sie jederzeit entschieden und unnachgiebig auf allen Kommandoebenen durchgesetzt werden.«[7]

»Bevor wir zu Scharfrichtern werden, ist es besser, nach Hause zu gehen.«[8] Hinter dieser im August 1965 vorgetragenen Mahnung des

---

6 MACV 525-3, Combat Operations Minimizing Noncombatant Battle Casualties, 14. 10. 1966 und 2. 3. 1969, in: NA, RG 319, AS, PI-AC, Box 8, Folder: Conduct of the War, MACV Directives, ROE – Chron. File # 3. Siehe Rules of Engagement in Republic of Vietnam, in: RG 319, ODCS-PER, VWCWG, MLM, Box 7, Folder: Congressional Correspondence My Lai: Hebert Subcommittee Investigation.

7 William Peers, Leadership Requirements in a Counterinsurgency Environment, 18. 3. 1970, in: NA, RG 319, PI-AC, Box 11, Folder: General Correspondence: Security Classified Review – Peers Report.

8 US Army Aviation Group (Provisional), Command Memorandum No. 1, 4 August 1965, zit. n. Army Report – Law of Southeast Asia Rules of Engagement, Law of War (Undated), S. 40, in: NA, RG 319, AS, ODCS-PER, VWCWG, CF, Box 4, Folder: Army Report – Law of Southeast Asia Rules of Engagement, Law of War (Undated). Weiter heißt es in diesem Memorandum: »Ich erwarte auch, dass jeder Kommandeur seinen Piloten und Bordschützen ins Gewissen redet. In der Armee gibt es für Flieger keine einseitige Lizenz zum Jagen und zur Selbstermächtigung. Unter meinem Kommando [...] wird dergleichen nicht toleriert.«

Kommandeurs der US Army, 1. Aviation Brigade (Provisional) steckt unausgesprochen eine von Militärsoziologen und Historikern auch jenseits von Vietnam behauptete Faustregel: Truppen, die keine fortwährende Verpflichtung auf die Normen des Kriegsrechts erfahren, neigen dazu, von gewalttätigen Wortführern dominiert zu werden – von »bullies«, die binnen kurzem die Rücksichtslosigkeit einer Minderheit als mehrheitlich akzeptierte Verhaltensnorm durchsetzen. Je unerfahrener und jünger eine Einheit, desto höher ist unter diesen Umständen die Wahrscheinlichkeit ihrer Verwandlung in einen marodierenden Haufen.[9] Ob und mit welchen Konsequenzen die abschüssige Bahn betreten wird, hängt also nicht allein vom Wortlaut eines Befehls, sondern in erster Linie davon ab, wie Befehle kommuniziert, welche Praktiken toleriert und ob strafbewehrte Sanktionen auch tatsächlich verhängt werden. Zu fragen ist folglich nach dem professionellen Selbstverständnis, nach dem Auftreten und der Autorität von Offizieren im Feld. Ohne deren Rolle und Verantwortung über die Maßen herauszuheben, lässt sich festhalten: Vorgesetzte mit Kommandogewalt definieren die Grenzen des Erlaubten, Gebotenen und Verbotenen, sie bestimmen das »command climate«.

Die »Vietnam Only«-Armee

Angesichts der öffentlichen Diskussion über das Massaker von »My Lai (4)« gab das Army War College 1970 eine groß angelegte Studie über das »moralische und ethische Klima in der US Army« in Auftrag. Von April bis Juni wurden Gruppeninterviews mit 250 Offizieren durchgeführt, 450 weitere beantworteten individuell Fragebogen. Laut Auskunft der Projektleiter handelte es sich bei den Befragten um eine repräsentative Auswahl von Offizieren an sieben Militärakademien und um Führungskader, die innerhalb der nächsten zehn Jahre für mittlere und höhere Positionen vorgesehen waren. Sie sollten Auskunft über die grundsätzlich an Kommandeure zu stellenden Erwartungen einerseits und über die Realität im militärischen Alltag andererseits geben. Die Ergebnisse wurden durchweg als »überraschend«, zu Teilen als »schockierend« bewertet. In der Tat stellte eine große Mehrheit der Interviewten der Armee ein verheerendes Zeugnis aus. Sie galt ihnen als Institution, die Selbstsucht, Inkompetenz sowie Unehrlichkeit bis hin zur Korruption

9 Solis, Son Thang, S. 26; Lewy, America in Vietnam, S. 330f.

prämierte und alle Versuche zur internen Reform im Keim erstickte – und zwangsläufig einen als »flüchtige Gestalt« charakterisierten Kommandeurstyp hervorbrachte. Gemeint waren »ehrgeizige [Offiziere], die für die Komplexität ihrer Aufgaben unzureichend qualifiziert sind, die sich vorzugsweise auf die Ausarbeitung von Statistiken verstehen und jedes persönliche Risiko scheuen, die ob ihrer Geschäftigkeit keinen Kontakt zu ihren Untergebenen pflegen und stattdessen auf deren Kosten geschönte Berichte mit vorgetäuschten Erfolgsbilanzen abgeben«.[10] Dass gefälschte Tätigkeits- und Einsatzberichte genauso verbreitet waren wie der Unwille, derlei Praktiken abzustellen, provozierte die abfälligste Kritik. Sie verwandelte sich in zynische Verachtung, sobald es um die operative Vorbereitung und Durchführung von Einsätzen ging und mithin um ungezählte Fälle, in denen die Gier nach dem raschen, prestigeträchtigen Erfolg zum Spiel mit unnötigen Risiken und letztlich mit dem Leben auch der eigenen Soldaten verleitet hatte. Welche Beispiele auch immer zur Sprache kamen, am Ende war von einer Erosion professioneller und ethischer Standards die Rede, die weniger nach behutsamer Reform als zu einem »fundamentalen und revolutionären Wandel« drängte.[11]

Zu einem Politikum wurde dieser Befund, weil ranghohe Offiziere zeitnah mit ähnlichen Klagen an die Öffentlichkeit traten, unter ihnen Colonel David H. Hackworth, der mit 78 Kampforden am höchsten dekorierte Infanterist der US Army im 20. Jahrhundert[12], Edward L. King, ein nach 20 Dienstjahren mit dem »Verdienstorden des Präsidenten« ausgezeichneter Lieutenant Colonel, Anthony Herbert, ein in Korea wie Vietnam als brillanter Stratege geschätzter Lieutenant Colonel, und nicht zuletzt General Bruce Palmer Jr., der nach seinem Einsatz in Vietnam zum stellvertretenden Stabschef der Armee befördert worden war. In Büchern, Zeitungsartikeln und Interviews setzten sie sich über das bis dato fraglos akzeptierte Schweigegelübde ihrer Kaste hinweg.

---

10 Results of the United States Army War College Study on Military Professionalism, Annex E, S. 38, in: NA, RG 319, PI-AC, Box 21, Folder: Peers Report Fallout. Das Army War College publizierte die Studie im Oktober 1971 unter dem Titel: Leadership for the 1970's: USAWC Study of Leadership for the Professional Soldier.

11 Aspects of Army War College Study on Military Professionalism, Enclosure 3, S. 1, in: NA, RG 319, PI-AC, Box 21, Folder: Peers Report Fallout. Siehe Cincinnatus, Self-Destruction, S. 130f., 167, 175 sowie Kitfield, Prodigal Soldiers, S. 107–113.

12 David H. Hackworth war das Vorbild für Lieutenant Colonel Bill Killgore in dem Film »Apocalypse Now«.

Die Armee, so der von allen angeschlagene Tenor, wird nicht mehr von Militärs geführt, die das Kriegshandwerk als ihre Berufung verstehen, sondern von Managern, die in möglichst kurzer Zeit auf einen besser dotierten Job berufen werden möchten – »unterwürfige, jasagende Stiefellecker« (King)[13] und »auf Karriere versessene Prinzen« (Hackworth),[14] die das Kommando über eine Truppe als notwendiges Übel beim Erklimmen der Beförderungsleiter sehen. Unter diesen Voraussetzungen aber, so King, begibt man sich in einen Teufelskreis. Wer kein Interesse an der Führung seiner Soldaten zeigt, lädt zur Disziplinlosigkeit ein und muss im Gegenzug alles tun, dass die Effekte der korrumpierten Truppenmoral nicht auf ihn selbst zurückfallen. Makellose Einsatzberichte und Personalakten spiegeln in diesem Sinne nicht die Realität an der Front, sondern die beruflichen Ängste ihrer im Hinterland tätigen Verfasser: »Die gesamte Armee ist zerfressen von der Furcht vor negativen Bewertungen, eine Furcht, die noch nicht einmal den Hauch von Widerspruch aufkommen lässt.«[15]

Auf den ersten Blick liegt ein Schatten des Verdachts auf diesen Vorwürfen. Wurden sie möglicherweise von enttäuschten Verlierern in die Welt gesetzt? Von Männern also, die selbst jahrelang die Spielregeln des Krieges in Vietnam akzeptiert hatten und sich nun unter Verweis auf das Wirken anonymer Strukturen aus der persönlichen Verantwortung stehlen wollten? Die sich für verpasste Beförderungen rächten? Im Falle von Anthony Herbert hallten diese Fragen über Jahre nach – auch deshalb, weil er den selbstgerechten Gestus des von allen verkannten Strategen ebenso sehr pflegte wie den Mythos der verlorenen Siege.[16] Oder wünschten sich andere in die Zeit zurück, als Offiziere noch »Gladiatoren« waren und in der Nachfolge von Theodore Roosevelt die Inszenierung einer heroischen Männlichkeit pflegten? Diese Patina liegt zumindest über den Auftritten von David H. Hackworth, der überdies keinen

---

13 King, Making It. Diesen Aufsatz erweiterte King zu dem Buch The Death of the Army.

14 David H. Hackworth, The War Was Winnable. Army Leadership Is Ineffective, in: *The Washington Post*, 29. 6. 1971.

15 King, Making It. Colonel Lucian K. Truscott 3d wählte fast identische Formulierungen in einem Beitrag für die *New York Times*: Duty, Honor (and Self), in: *The New York Times*, 4. 2. 1972. Siehe Palmer, The 25-Year War; Hackworth, About Face.

16 Herbert, Soldier. Siehe das Interview mit Anthony B. Herbert in *Life*, 9. 7. 1971 sowie NA, RG 472, USFSEA, MACV, DRAC, IG, Preliminary Investigation Re: Col. Franklin, Box 2, Folder: Preliminary Investigation Re: Col. Franklin, Vol. III (Pt. 2 of 4) 1971.

Zweifel an seinen politischen Hintergedanken ließ: Die Armee zu reformieren, hieß seines Erachtens in erster Linie, kampferprobte Praktiker gegen die Einrede fachfremder Dilettanten abzuschirmen. »Gebt der Armee ihren ursprünglichen soldatischen Auftrag zurück. [...] Sagt dem Kongress, er soll sich aus den inneren Angelegenheiten der Armee heraushalten und stattdessen zusichern, dass sich die Armee selbst überwachen kann.«[17] Ging es in diesem Fall also nur um einen wohlfeilen Vorwand zur Denunziation der zivilen Kontrolle über die Streitkräfte? Dass man die Kritik von Hackworth oder Herbert in zahlreichen Erinnerungen einfacher Soldaten gespiegelt findet, räumt die Zweifel nicht aus. Gerade Veteranen neigen dazu, ihre eigene Geschichte als Geschichte des Versagens von Vorgesetzten zu schreiben.

Zur Beantwortung dieser Fragen müsste im Grunde eine vergleichende Geschichte der im Laufe von zehn Jahren in Vietnam eingesetzten Kampfeinheiten vorliegen. Oder zumindest eine mikrohistorische Gegenüberstellung zweier Divisionen mit unterschiedlichem Leumund. Dafür würde sich auf der einen Seite die 1. Infantry Division (»The Big Red One«) anbieten, deren Kommandeur William E. DePuy angeblich ein strenges Regiment führte und Übergriffe seiner Mannschaften einzudämmen wusste. »Falls Artilleriegeschosse näher als hundert Meter vor einem Heiligtum oder einem Tempel niedergingen, konnte der Bataillonskommandeur sicher sein, dass er seines Postens enthoben wurde«, so Harry G. Summers über seine Zeit unter DePuy. »Damit will ich sagen, dass das ›command climate‹ in dieser Einheit Schutz vor Kriegsgräueln bot.«[18] Demgegenüber ging der 9. Infantry Division der Ruf ungebremster Skrupellosigkeit voraus. Eine synoptische Betrachtung beider könnte also ein tiefenschärferes Gesamtbild liefern. Gleiches gilt für eine Gegenüberstellung der 173. Airborne Brigade (Separate) und einer beliebigen Einheit der Marines, die traditionell das Selbstbild einer disziplinierten Truppe pflegen. Allein: Ein solcher Vergleich liegt bis dato nicht vor. Und es ist zweifelhaft, ob er je wird geschrieben werden können – auf der Basis von Divisionsakten, in denen penibel über vermeintlich erbeutete Säcke Reis oder die Stückzahl requirierten Federviehs Buch geführt wird, aber von stereotypen Erfolgsmeldungen abgesehen wenig über das »command climate« zu finden ist.

Trotz alledem lässt sich sagen: Der Krieg in Vietnam handelt über weite Strecken vom Unwillen oder der Unfähigkeit der mittleren und unteren Kommandoebene, den Anforderungen des Kriegsrechts Genüge

---

17 Hackworth, Soldier's Disgust.
18 Harry G. Summers, zit. n. Anderson (Hg.), Facing My Lai, S. 125.

zu tun. Zu diesem Fazit kommen militärsoziologische und zeithistorische Untersuchungen, diesen Schluss zog General William Peers am Ende einer mehrmonatigen Aktenexpertise, darauf ist die unter Historikern allfällige Rede vom »leadership breakdown« bei Brigade-, Bataillons-, Kompanie- oder Zugführern gemünzt.

Die Gründe des Versagens reichen weit über Vietnam hinaus. Den »worst case«-Szenarien des Kalten Krieges verpflichtet, wollten die Planer des Pentagon jederzeit für einen »großen Krieg« gegen den Warschauer Pakt gewappnet sein. Zu diesem Zweck wurde nicht zuletzt das Offizierskorps drastisch erweitert. Vor allem aber kam es darauf an, die Führungskader langfristig zu binden und gegen einen vorzeitigen Wechsel in das Zivilleben Vorsorge zu treffen. In der Tat waren die Aufstiegschancen in der US Army seither besser denn je. Eine bürokratische Hürde aber blieb. Wer in die mittlere Kommandoebene und erst recht in höchste Ränge kommen wollte, brauchte nicht bloß gute Zeugnisse der Militärakademien. Für Führungsaufgaben in Bataillonen, Brigaden, Divisionen oder in der Administration des Pentagon musste ein Truppenkommando nachgewiesen werden. Im Prinzip hätten Bewerber dieser Verpflichtung weltweit auf allen Stützpunkten der US Army nachkommen können. Aber ein unter Gefechtsbedingungen absolviertes Kommando wog ungleich schwerer und versprach Positionsgewinne gegenüber Konkurrenten. Nach dem Rückzug aus Korea gab es jedoch zu wenige heiße Kriege mit amerikanischer Beteiligung, in denen die notwendige Kampferfahrung hätte gesammelt werden können. Vietnam war der Ort, an dem sich die Interessen beider Seiten kreuzten. Die Stabschefs konnten einen über die Jahre aufgebauten Beförderungsstau auflösen, ehrgeizigen Aspiranten bot sich die Gelegenheit zum vorzeitigen Karrieresprung. Alsbald standen für Vietnam mehr Bewerber als offene Stellen zur Verfügung. »Offiziere reißen sich geradezu um diese Positionen, weil sie eine schnellstmögliche Beförderung versprechen«, hieß es in einem internen Memorandum, »und zwar ohne Rücksicht darauf, welche Konsequenzen sich für die betreffende Einheit ergeben oder was für diese Einheit am besten wäre.«[19] In mehr als 1500 Fällen lehnte

---

19 Department of the Army, Office of the Deputy Chief of Staff for Personnel, Subject: Lessons Learned From the Son My Incident, 19. 5. 1972, Enclosure 5: The Officer Personnel Management System, in: NA, RG 319, AS, ODCS-PER, VWCWG, MLM, Box 6, Folder: My Lai Lessons Learned Reports (Drafts and Working Papers). Siehe Lewy, America in Vietnam, S. 118; Sheehan, Große Lüge, S. 649; Gabriel/Savage, Crisis in Command; Dunn, Modern Counterinsurgency.

das Pentagon sogar Pensionierungsgesuche mit dem Hinweis ab, dass Lieutenant Colonels, Majors und Captains vor ihrem Ausscheiden noch eine »Vietnam Tour« zu absolvieren hätten.[20] »Ticket punchers« wurden sie genannt – Militärs auf Dienstreise, die eine Fahrkarte nach Südostasien gelöst hatten, aber an ganz anderen Orten ankommen wollten.

Die Ergebnisse sind bekannt. Ungezählte Truppen wurden in Vietnam jungen Offizieren anvertraut, die bis zu diesem Zeitpunkt noch keine Einheiten geführt hatten. Ein derartiges Handikap ausgerechnet im Ernstfall ausgleichen zu wollen, ist eine große, aber nicht unlösbare Herausforderung – den von einem Tag auf den anderen aus ihren Zivilberufen gerissenen »civil soldiers« des Zweiten Weltkrieges oder Koreakrieges war es ebenso ergangen. Doch in Vietnam gab man nicht einmal den Willigen eine Chance. Um die Vielzahl der Bewerber nicht zu enttäuschen, entschied sich das Pentagon für eine beispiellose Rotationspolitik und begrenzte das Kommando über Kampftruppen auf sechs Monate. Von Ausnahmen abgesehen: In der 1. Marine Division wurde das 1. Bataillon des 7. Regiments binnen fünf Monaten von drei Kommandeuren befehligt.[21] Die von Militärsoziologen wie Morris Janowitz seit den frühen 1950er Jahren gemachte Beobachtung, dass technologisch hochgerüstete Armeen ohnehin dazu neigen, Kenntnisse in Management und Technologie zu Lasten qualifizierter Menschenführung aufzuwerten, wurde in Vietnam auf die Spitze getrieben.[22] Kaum hatten die Befehlshaber erste Erfahrungen im Dschungel gesammelt, als sie schon wieder versetzt wurden – abgelöst von Nachfolgern, die für ihre eigene Unerfahrenheit zahlten, indem sie längst bekannte Fehler aufs Neue machten. Andere wollten um einer makellosen Personalakte willen erst gar nicht in diese Verlegenheit kommen. Sie bevorzugten den Dienst nach Vorschrift und gingen – wie ein Brigadegeneral der 1. Marine Division in seinem Abschlussbericht festhielt – in klimatisierten Büros weitab von der Kampfzone administrativen Aufgaben nach.[23]

Das Weiße Haus manövrierte eine im Ansatz fehlgeleitete Politik endgültig in die Sackgasse. Lyndon B. Johnson wollte, um ein amerikanisches Sprichwort zu bemühen, seinen Kuchen essen und zugleich

---

20 Lieutenant Colonel Edward L. King machte 1969 diese Erfahrung. Siehe ders., Making It.

21 Solis, Son Thang, S. 18.

22 Janowitz, Professional Soldier; Janowitz/Little, Military Establishment.

23 Brigadier General Edwin H. Simmons, U.S. Marine Corps, Debriefing, 24. 5. 1971, S. 10, in: NA, USMC, HMC-HDPT, TF, FRC Box 4, Folder: Command Info Notebook; 1st Mardiv; Apr 1971 Debriefing; 3rd MAB; May 1971.

behalten. In anderen Worten: Der Entschluss zur Eskalation stand seit Frühjahr 1965 fest. Aber den zur Bekämpfung eines »viertklassigen Gegners« notwendigen Aufwand sollte die Öffentlichkeit nicht erfahren. Vietnam wurde wie eine lästige Polizeiaktion inszeniert, wie ein Routineeinsatz, der keiner weiteren Begründung in Form einer offiziellen Kriegserklärung bedarf. An eine Einberufung der Reserve und von Teilen der Nationalgarde war unter diesen Voraussetzungen nicht zu denken. Diesbezügliche Forderungen seiner Militärs lehnte Johnson wiederholt ab – auch um den Preis einer Ausdünnung der US-Streitkräfte an strategischen Knotenpunkten wie Europa. Reservisten zu mobilisieren, wäre dem Eingeständnis eines nationalen Notstandes nahe gekommen und hätte unweigerlich die Kontroverse um den Sinn und Zweck des Krieges verschärft. Vor allem aber hätte der Durchhaltewille einer Gesellschaft zur Diskussion gestanden, die aller Heldenrhetorik zum Trotz einen ausgesprochenen Widerwillen äußerte, eigene Opfer zu bringen oder viel Zeit in einen Waffengang zu investieren. Um die psychisch-moralischen Ressourcen der Zivilgesellschaft zu schonen, war Johnson bereit, die Belastbarkeit der personellen Führungsressourcen des Militärs auf die Probe zu stellen.

Ob das riesige Potential an Offizieren und Unteroffizieren, die in der Reserve und Nationalgarde auf Abruf bereitstanden, ausgereicht hätte, um den mit der Entsendung immer neuer Truppen gestiegenen Bedarf an Kommandeuren auf der unteren und mittleren Ebene auszugleichen, sei dahingestellt. Und ob sie ihrer Aufgabe im Endeffekt besser gerecht geworden wären als die »ticket punchers«, ebenfalls. Fest steht nur, dass bis dato zuverlässige Abhilfen auch nicht mehr griffen, nachdem protestierende Studenten das »ROTC«-Programm an den Universitäten ins Visier genommen und die Rekrutierung junger Offiziere aus dem akademischen Nachwuchs vielerorts stillgelegt hatten. Was im Rahmen der präsidialen Agenda übrig blieb, waren Improvisationen und Notlösungen.

Zum einen suchte man in einer drastischen Verkürzung der Ausbildungsprogramme Zuflucht und wertete die im Vergleich zu traditionellen Militärakademien schlecht beleumundeten »Officer Candidate Schools« auf. Obwohl für ihre defizitäre Unterrichtung bekannt, stellten sie im Jahr 1967 die Hälfte aller neu berufenen Offiziere mit Patent. Allein 1967 absolvierten mehr frischgebackene Lieutenants die »OCS« als im gesamten vorherigen Jahrzehnt zusammen.[24] Ließ die Qualifikation dieser Commissioned Officers zu wünschen übrig, so wurde die

24 Belknap, War on Trial, S. 33.

Professionalität der Offiziere ohne Patent zum Gegenstand offener Lästerei. »Shake and Bake«-Kurse nannte man die Seminare, aus denen Ende der 1960er Jahre im Schnitt jährlich 13000 »Non-Commissioned Officers« entlassen wurden – Unteroffiziere im Rang eines Corporal, Sergeant, Staff Sergeant oder Sergeant Major, mehrheitlich zur Verwendung in Vietnam. Zweifellos verbietet sich ein pauschaliertes und Differenzen in Abrede stellendes Urteil über Individuen. Umso bemerkenswerter ist der selbstkritische Blick auf die Gruppe dieser Offiziere in zeitnahen Bestandsaufnahmen für die Personalabteilung beim Stabschef der Armee. Dort ist die Rede von Offizieren, die unter normalen Umständen diesen Rang niemals hätten erwerben können und dürfen. Ferner von einer fahrlässigen Missachtung schriftlich fixierter Auswahl- und Beurteilungskriterien. »Die Art, in der wir gegenwärtig über unsere Offiziersanwärter gutachten, führt allzu oft dazu, dass Informationen außer Acht gelassen oder unterdrückt werden, die auf charakterliche Mängel oder professionelle Schwächen hinweisen. In einigen Fällen werden folglich Offiziere mit fragwürdiger Eignung für wichtige Leitungsfunktionen in Erwägung gezogen.«[25] So gesehen, steckt im Kommentar eines Colonel zum »My Lai (4)«-Prozess mehr als nur ein Körnchen Wahrheit. »Wir haben mindestens 2000 oder 3000 weitere Calleys in der Armee, die für die nächste Katastrophe jederzeit gut sind.«[26]

Zum anderen wurden die Ausbildungsdefizite durch eine fragwürdige Beförderungspolitik zusätzlich verstärkt. Ende der 1960er Jahre konnte man bereits nach 12 Dienstmonaten zum 1. Lieutenant und nach zwei Jahren zum Captain befördert werden – im einen Fall sechs Monate, im anderen Fall 24 Monate vor der bis dahin üblichen Zeit.[27] Auch diesbezüglich steht das Beispiel William Calleys für einen Trend.

---

25 Department of the Army, Office of the Deputy Chief of Staff for Personnel, Subject: Lessons Learned From the Son My Incident, 19. 5. 1972, Enclosure 3: Personnel – Officer Records, in: NA, RG 319, AS, ODCS-PER, VWCWG, MLM, Box 6, Folder: My Lai Lessons Learned Reports (Drafts and Working Papers). Siehe Department of the Army, Office of the Chief of Staff, Subject: Survey of Policies Concerning Personnel Records Systems, 1. 10. 1971, in: RG 319, AS, PI-AC, Box 10, Folder: Fire Support Base Mary Ann File # 1 (Part 2 of 2, 4 Jul 71–9 Feb 72) sowie Spector, After Tet, S. 33f.

26 Ein namentlich nicht identifizierter Colonel, zit. n. Lewy, America in Vietnam, S. 330.

27 Department of the Army, Office of the Deputy Chief of Staff for Personnel, Subject: Lessons Learned From the Son My Incident, 15. 6. 1972, § 5 (b), in: NA, RG 319, AS, ODCS-PER, VWCWG, MLM, Box 6, Folder: Release of the My Lai Documents under FOIA.

War es schon fragwürdig genug, ihn zum Unteroffizier zu ernennen, so verstieß seine noch vor der Entsendung nach Vietnam ausgesprochene Beförderung zum 2. Lieutenant gegen gültige Verfahrensregeln. Diese sahen nämlich einen viermonatigen und als kompetent beurteilten Einsatz als mindeste Bedingung vor.[28] Gerade die für Kampfeinsätze neuralgischen Positionen der Platoon- und Kompanieführer wurden vielfach mit vor der Zeit beförderten und von ihren Aufgaben überforderten Offizieren besetzt – selbst in den Reihen der ansonsten für die Wahrung des Senioritätsprinzips gelobten Marines.[29] Entsprechend häufig waren die Fälle, in denen einfache Soldaten über die »Lifers«, die Berufssoldaten, nicht nur die Nase rümpften. Bisweilen wurde deren mangelnde Erfahrung auch als bedrohlich empfunden. »Von den Offizieren sollte man sich einfach fernhalten, weil sie gefährlich sind. Die führen dich in den Tod. Weil sie keine Ahnung haben.«[30]

Aus der Verschränkung militärbürokratischer Personalpolitik und politischer Weichenstellungen durch das Weiße Haus war eine »Vietnam Only«-Armee hervorgegangen, eine Armee, die sich von den Streitkräften vergangener Kriege vor allem wegen ihres Führungspersonals unterschied. Auf der unteren Ebene waren die schlecht Ausgebildeten und Unerfahrenen stark vertreten, in den mittleren Rängen fielen die Desinteressierten ins Gewicht, die höheren Ränge vom Brigadekommandeur aufwärts standen im Ruf der »remote officers«, unsichtbar und unansprechbar.[31] Gegen eine solche Melange ist grundsätzlich schwer und unter den Sachzwängen eines heißen Krieges kaum anzukommen. Gerade deshalb empfanden viele Offiziere ihre Ablösung nach sechs Monaten als Befreiung aus einer ausweglosen, auf ein Desaster zusteuernden Situation. Entweder kümmerten sich Vorgesetzte nicht um die Bedürfnisse und Nöte ihrer Truppen, blieben taub für Stimmungen und blind für Situationen, die eines korrigierenden Eingriffs bedurften. Oder sie wollten fehlende Anerkennung durch Kumpanei und Fraternisierung wettmachen und übersahen dabei, wie fließend die Grenzen zwischen Nachgiebigkeit auf der einen, Gleichgültigkeit und Disziplinlosigkeit auf der anderen Seite sind. Vor allen Dingen aber versäumten sie eines: eine klare Grenze zwischen im Krieg erlaubter und krimineller, weil gegen das Kriegsrecht verstoßender Gewalt zu ziehen.

---

28 Army's Records Dispute My Lai Findings, in: *The Sunday Oklahoman*, 14. 5. 1972.

29 Solis, Son Thang, S. 20, 26; Lewy, America in Vietnam, S. 118.

30 Ein namentlich nicht identifizierter GI, zit. n. Terry, Bloods, S. 123.

31 Spector, After Tet, S. 45, 313.

Die »Rules of Engagement«

Wie gesagt: Die vom amerikanischen Hauptquartier in Saigon erlassenen Rahmenrichtlinien für Kampfeinsätze forderten eine derartige Grenzziehung nachdrücklich ein. Seit 1966 wurden die »Rules of Engagement« zweimal jährlich überarbeitet und allen Einheiten mit der Auflage zugestellt, die Mannschaften bis ins Detail damit vertraut zu machen.[32] Wollte man die bis Ende 1968 in mehr als 40 Direktiven ausformulierten Kriterien für den Einsatz am Boden, in der Luft und zu Wasser in einem Satz zusammenfassen, so müsste er lauten: Sie waren ein stetiger Appell zur Selbstkontrolle und Selbstdisziplinierung. »Kommandeure auf allen Ebenen haben dafür zu sorgen«, hieß es etwa in MACV 525-3, »dass die zum Erreichen ihrer militärischen Ziele notwendigen Mittel vereinbar bleiben mit der Sicherheit der an den Kämpfen nicht beteiligten Bevölkerung.«[33] Das Oberkommando hatte ein

---

32 MACV Directives Nr.: *20-4*, Inspections and Investigations, War Crimes and Similar Prohibitive Acts, 20. 4. 1965; *95-2*, Aviation: Employment of and Operational Restrictions on US Military Air Delivered Firepower in RVN, 20. 12. 1965; *95-4*, Aviation: US Air Operations in RVN, 28. 6. 1966; *525-3*, Combat Operations: Minimizing Non-Combatant Battle Casualties, 7. 9. 1965, 14. 10. 1966 und 2. 3. 1969; *525-4*, Tactics and Techniques for the Employment of US Forces in the Republic of Vietnam, 17. 9. 1965; *525-9*, Safeguarding VN Property and Food Supplies, 2. 2. 1966; *525-13*, Combat Operations: Rules of Engagement in the RVN for Use of Artillery, Tanks, Mortars, Naval Gunfire and Air and Armed Helicopter Support, 12. 10. 1968 und 9. 3. 1969. Siehe Department of the Army, Office of the Deputy Chief of Staff for Military Operations, Subject: An Analysis of the Evolution of MACV Rules of Engagement Pertaining to Ground Operations 1965–1969, in: NA, RG 319, AS, PI-AC, Box 7, Folder: Conduct of the War, MACV Directives, ROE, Chron. File # 1 sowie Talking Paper: Air Operations Rules of Engagement – South Vietnam and Laos, 14. 4. 1971, in: ebenda, Box 7, Folder: Conduct of the War in Vietnam, Chron. File # 4 (Part 1 of 2); Headquarters III. Marine Amphibious Force, Subject: Standing Operating Procedure for Ground and Air Operations, 10. 11. 1967, in: ebenda, Box 8, Folder: Conduct of the War, MACV Directives, ROE – Chron. File # 3; ebenda, Box 6, Folder: Conduct of the War in Vietnam, Chron. File # 2 (Part 2 of 2); ebenda, Box 10, Folder: Documents Obtained in Vietnam by Peers Inquiry (Part 2 of 2).

33 MACV Directive 525-3, 2. 3. 1969, S. 1, in: NA, RG 319, PI-AC, Box 8, Folder: Conduct of the War, MACV Directives, ROE – Chron. File # 3. Auf dieser Prämisse fußten auch die von Teilkommandos herausgegebenen Direktiven: siehe Headquarters III. Marine Amphibious Force, 13. 12. 1966, Subject: Minimizing Noncombatant Battle Casualties, in: NA, RG 319, AS, PI-FR, Vol. III: Exhibits, Box 53, Book 2: Directives.

Kompendium jener Bestimmungen zusammengestellt, die wir aus der Haager Landkriegsordnung von 1899 und 1907 sowie den Genfer Konventionen der Jahre 1929 und 1949 zum Schutz von Zivilisten und Kriegsgefangenen kennen.

Für die Einhaltung dieser Regeln waren diverse Sicherungs- und Kontrollauflagen vorgesehen. Sie galten in erster Linie für Luft- und Artillerieangriffe innerhalb oder in der Nähe bewohnter Gebiete. Dergleichen Einsätze wurden nur erlaubt, wenn die Leiter der vietnamesischen Provinz- und Distriktsverwaltung einverstanden waren, wenn der US-Truppenführer zweitens einen höherrangigen Vorgesetzten kontaktiert hatte und drittens ein amerikanischer »Forward Air Controller« zwecks Beobachtung und regelkonformer Feinsteuerung zur Verfügung stand. Seit März 1969 blieb die Entscheidung auf amerikanischer Seite entweder dem Bataillons- oder dem zuständigen »Task Force«-Kommandeur vorbehalten. Im Prinzip waren diese Beschränkungen auch für den Fall bindend, dass eigene Truppen von Dörfern aus unter Feuer gerieten und Luftunterstützung nötig hatten. In den »Free Fire Zones« oder »Specified Strike Zones« bedurfte es zwar keiner vorherigen Koordination mit südvietnamesischen Stellen. Sollten aber Siedlungen im Einsatzbereich liegen, musste dennoch mit US-Stäben Rücksprache gehalten werden – seit März 1969 entweder mit den Kommandeuren der I. oder II. Field Force oder mit dem obersten Zivilberater in der Region.[34]

Ein fernes Echo dieser Vorschriften findet sich bis heute in den Klagen enttäuschter Militärs, die ihre Niederlage auf bürokratische Gängelung zurückführen und dem Oberkommando vorwerfen, die Armee mit einer auf dem Rücken gefesselten Hand in den Kampf geschickt zu haben. Dieses Bild ist ebenso abwegig wie die im Umfeld von William Peers populäre Unterstellung, der zufolge die »Rules of Engagement« makellos waren, aber an verständnislosen Untergebenen oder mangelhafter Unterweisung der Mannschaften scheiterten.

Bei näherer Betrachtung zeigt sich vielmehr, dass die »Rules of Engagement« an ihrer eigenen Widersprüchlichkeit krankten. Deutungsoffen für gegenläufige Interpretationen, ließen sie es zu, weniger als Verpflichtung denn als Empfehlung interpretiert zu werden. In anderen

---

34 Department of the Army, Office of the Deputy Chief of Staff for Military Operations, Subject: An Analysis of the Evolution of MACV Rules of Engagement Pertaining to Ground Operations 1965–1969, in: NA, RG 319, AS, PI-AC, Box 7, Folder: Conduct of the War, MACV Directives, ROE, Chron. File # 1. Siehe ebenda, Box 6, Folder: Conduct of the War in Vietnam, Chron. File # 2 (Part 2 of 2).

Worten: Die Führungsprobleme sind mitnichten nur auf der mittleren und unteren Ebene zu verorten. Sie hatten ihren Ausgangspunkt ganz oben – in den Hauptquartieren der Divisionen und Corps und bei der Spitze des Military Assistance Command, Vietnam. Dort saßen die für die »Rules of Engagement« zuständigen Planer, Männer wie Westmoreland, die sich über die Dynamik asymmetrischer Kriege im Klaren waren und ausweislich ihrer Rundschreiben wussten, dass man mit der Abnutzungsstrategie eine Grauzone entgrenzter Gewalt betreten hatte. Zweifellos war ihnen nicht an einer uferlosen Eskalation gelegen. Und zweifellos waren es Generale, die sich wie ihr Mentor Douglas MacArthur zum Schutz der Schwachen und Unbewaffneten berufen sahen. Trotzdem verabschiedeten sie »Rules of Engagement« von schillernder Zweideutigkeit. »Wir halten die MACV-Direktiven hinsichtlich ihrer Intention für eindeutig«, hieß es im Resümee einer internen Revision, »aber wie gewisse Definitionen vorgenommen und Vorgehensweisen festgelegt werden, ist auf nicht akzeptable Weise unverbindlich.«[35]

Die Unverbindlichkeit hatte einen Namen: »Military Necessity« oder die »Wahrung operativer Flexibilität«. Ihretwegen wurden in den »Rules of Engagement« die mit der Regel vereinbaren Ausnahmen dekliniert. Sie betrafen im Wesentlichen drei Szenarien. Erstens das Konsultations- und Freigabeverfahren: Hubschrauberpiloten durften ohne Rücksprache das Feuer auf Dörfer eröffnen, sobald sie beschossen wurden und sofern »der Standort der Schützen visuell bestimmt werden konnte und es möglich war, genau diesen Standort unter Feuer zu nehmen oder wenn der Angriff so intensiv war, dass eine Gegenmaßnahme notwendig wurde«.[36] Ebenso vage war die Vorgabe, schweren Beschuss auf die eigenen Truppen anders beantworten zu dürfen als durch leichtes

35 MACV, Office of the Inspector General, Subject: Report of the Investigation Concerning Destruction Resulting from the VC Offensive of 5–23 May 1968, 2. 6. 1968, S. 40, in: NA, RG 472, USFSEA, MACV, IG, ID, RI, Box 5, Folder: MIV-16-68 Damage in Saigon (Part 1 of 4). Diese Kritik bezieht sich auf MACV 95-4 und 525-18, kann aber im Kern auf die »Rules of Engagement« in ihrer Gesamtheit angewendet werden: siehe James D. Hataway, Memorandum to the Ambassador, 26. 1. 1968, Subject: Destruction in Quang Ngai and Quang Tin, in: NA, RG 319, AS, PI-CI, Box 5, Folder: LTG Peers' Notes # 4: Colonel Henderson Interrogation (Part 2 of 2).

36 Department of the Army, Office of the Deputy Chief of Staff for Military Operations, Subject: An Analysis of the Evolution of MACV Rules of Engagement Pertaining to Ground Operations 1965–1969, S. 7, in: NA, RG 319, AS, PI-AC, Box 6, Folder: Conduct of the War in Vietnam, Chron. File # 2 (Part 2 of 2).

Feuer. Sollte der Feind aus Dörfern heraus mit schwerem Kaliber operieren, durfte ein Einsatzleiter unter Berufung auf außergewöhnliche Umstände ohne die Erlaubnis vorgesetzter Stellen den Gegenschlag führen.[37] Für diesen Fall standen Kampfjets auf Abruf bereit, für deren Munitionierung es keine Auflagen gab. Wer wollte, konnte ohne das Risiko eines disziplinarischen Nachspiels die Schutz- und Sorgepflicht gegenüber den eigenen Soldaten in eine operative Carte blanche umdeuten. Zweitens wurde auch der Grundsatz, dass vor Luft- und Artillerieangriffen auf Siedlungen die Bevölkerung gewarnt werden musste, zur Disposition gestellt. Ob und in welchen Abständen derlei Warnungen wiederholt wurden, entschieden allein die Einsatzleiter.[38] »Einmal gewarnt, ist immer gewarnt«, gehörte alsbald zu den beliebten Redewendungen unter GIs.[39] Mehr noch: Eine vorherige Information der Bewohner war hinfällig, sobald ein Kommandeur geltend machte, um den Erfolg seiner Unternehmung willen den Überraschungseffekt nutzen zu müssen.[40] Drittens wurde der Schutz von Eigentum, Häusern, Vieh und

---

37 Department of the Army, Office of the Deputy Chief of Staff for Military Operations, Subject: An Analysis of the Evolution of MACV Rules of Engagement Pertaining to Ground Operations 1965–1969, S. 18, in: NA, RG 319, AS, PI-AC, Box 6, Folder: Conduct of the War in Vietnam, Chron. File # 2 (Part 2 of 2). Die Definition von »larger caliber fire« ist deutungsoffen. Siehe MACV, Office of the Inspector General, Subject: Report of the Investigation Concerning Destruction Resulting from the VC Offensive of 5–23 May 1968, 2. 6. 1968, S. 43, in: NA, RG 472, USFSEA, MACV, IG, ID, RI, Box 5, Folder: MIV-16-68 Damage in Saigon (Part 1 of 4).

38 Ein Angriff durfte erfolgen, »sobald die Einwohner eines als Zielareal ausgewählten Gebietes hinreichend gewarnt sind, dass ihr Wohnort als Angriffsobjekt ausgewählt worden ist und wenn sie genügend Zeit zum Verlassen des Gebietes hatten«. Damit war nicht gesagt, dass die Warnung zeitnah zu einem Angriff erfolgen musste: Department of the Army, Office of the Deputy Chief of Staff for Military Operations, Subject: An Analysis of the Evolution of MACV Rules of Engagement Pertaining to Ground Operations 1965–1969, S. 8, in: NA, RG 319, AS, PI-AC, Box 6, Folder: Conduct of the War in Vietnam, Chron. File # 2 (Part 2 of 2).

39 James D. Hataway, Memorandum to the Ambassador, 26. 1. 1968, Subject: Destruction in Quang Ngai and Quang Tin, in: NA, RG 319, AS, PI-CI, Box 5, Folder: LTG Peers' Notes # 4: Colonel Henderson Interrogation (Part 2 of 2).

40 MACV 525-18, Conduct of Artillery, Mortar and Naval Gunfire, 21. 1. 1968, § 4d (e), zit. n. Report of the Department of the Army Review of the Preliminary Investigation into the My Lai Incident (Peers Report), Chapter 9: Policy and Directives as to Rules of Engagement and Treatment of Noncombatants, in: NA, RG 319, AS, PI-AC, Box 8, Folder: Conduct of the War, MACV Directives, ROE – Chron. File # 3.

Vorräten gleichermaßen unter eine Vorbehaltsklausel gestellt: Als »unvermeidbare Folge von Kampfhandlungen« war ihre Zerstörung nicht zu beanstanden. Oder wenn man auf diesem Weg die Versorgung und den Nachschub des Feindes schädigen konnte.[41] Erneut wurde der Ermessensspielraum zum Maß aller Dinge: »Es ist erlaubt, Wohnkomplexe in Gegenden zu zerstören, die dem Vietcong als Basislager dienen oder die vom Vietcong in der erkennbaren Absicht gebaut wurden, sie für militärische Zwecke zu nutzen.«[42] Was unter einem »Basislager« zu verstehen war oder wie man eine »erkennbare Absicht« ausmachte, blieb dem subjektiven Empfinden der zuständigen Offiziere vorbehalten. Im Zweifel stand ihnen eine Politik der verbrannten Erde mit noch anderen Mitteln anheim: »Die Vernichtung der Häuser und des Viehs von Nichtkombattanten zwecks Schädigung [des Feindes] ist südvietnamesischen Autoritäten oder Einheiten der RVNAF [Streitkräfte der Republik Südvietnam] zu überlassen.«[43]

Auch im Fall der »Free Fire Zones« war in die »Rules of Engagement« ein Dementi ihres Anspruchs eingeschrieben. Die in diesen Gebieten operierenden Einheiten hatten nämlich Richtlinien zur Hand, in denen zwischen »befreundeter« und »nicht befreundeter Bevölkerung« und mithin zwischen Zivilisten erster und zweiter Klasse unterschieden wurde.[44] Einerseits ging es um »jene Nichtkombattanten, die man im

41 MACV 525-9, Combat Operations: Control, Disposition, and Safeguarding of Vietnamese Property, Captured Materiel and Food Supplies, 10. 4. 1967, § 4 a (2, 3), in: NA, RG 319, AS, PI-AC, Box 8, Folder: Conduct of the War, MACV Directives, ROE – Chron. File # 3.

42 MACV 525-13, Combat Operations: Use of Artillery, Tanks, Mortars, Naval Gunfire and Air and Armed Helicopter Support, 9. 3. 1969, § 6 (C): Rules Governing Destruction of Dwellings by Ground Forces, zit. n. Rules of Engagement in Republic of Vietnam, in: NA, RG 319, AS, VWCWG, MLM, Box 7, Folder: Congressional Correspondence My Lai: Hebert Subcommittee Investigation.

43 MACV 525-9, Combat Operations: Control, Disposition, and Safeguarding of Vietnamese Property, Captured Materiel and Food Supplies, 10. 4. 1967, § 4 a (3), in: NA, RG 319, AS, PI-AC, Box 8, Folder: Conduct of the War, MACV Directives, ROE – Chron. File # 3.

44 MACV 525-3, Military Operations: Minimizing Noncombatant Battle Casualties, 2. 3. 1969, § 4 (1), in: NA, RG 319, AS, PI-AC, Box 8, Folder: Conduct of the War, MACV Directives, ROE – Chron. File # 3 sowie Department of the Army, Office of the Deputy Chief of Staff for Military Operations, Subject: An Analysis of the Evolution of MACV Rules of Engagement Pertaining to Ground Operations 1965–1969, S. 16, 17, in: NA, RG 319, AS, PI-AC, Box 6, Folder: Conduct of the War in Vietnam, Chron. File # 2 (Part 2 of 2).

Laufe der Zeit für die eigene Sache zurückgewinnen muss«,[45] Menschen, die sich gegen die Repressalien der Vietcong nicht zu wehren wussten. Sie verdienten den vom Kriegsrecht für Zivilisten vorgesehenen Schutz. Wer andererseits freiwillig in den Hochburgen des Feindes lebte, galt als dessen verlängerter Arm und hatte alle Rücksichtnahmen verwirkt. Wo die Differenz zwischen freiwilliger und unfreiwilliger Unterstützung liegen sollte, blieb naheliegenderweise unbeantwortet. Und in der Praxis spielte die Unterscheidung zwischen »befreundeten« und »feindlichen Zivilisten« ohnehin keine Rolle. Sobald südvietnamesische Distriktchefs ein Gebiet als »Free Fire Zone« ausgewiesen hatten, konnten die »Rules of Engagement« von den lokalen Befehlshabern als Lizenz zum unbeschränkten Handeln gedeutet werden. Dementsprechend hieß es in einem Rundschreiben aus dem Hauptquartier der III. Marine Amphibious Force vom 13. Dezember 1966: »Bei der Bestimmung von Specified Strike Zones [oder Free Fire Zones] werden besiedelte Gebiete ausgenommen, es sei denn, sie liegen in bekannten Rückzugsgebieten des Vietcong.«[46] Und in den Standing Operating Procedures derselben Einheit war von »Zonen ohne befreundete Bevölkerung« die Rede, »die vom Vietcong und/oder der NVA [der nordvietnamesischen Armee] genutzt werden und in denen Zivilisten, soweit vorhanden, den Vietcong/die NVA aktiv unterstützen. [...] Feuer von Unterstützungswaffen[47] kann ohne weitere Rücksprache in diesem Areal eingesetzt werden.«[48] Der Alltag in den »Free Fire Zones« handelt folglich nicht von Grenzüberschreitungen einzelner Offiziere oder unbotmäßiger Mannschaften. Das Oberkommando der US-Streitkräfte hatte die Voraussetzungen

45 MACV 525-4, Tactics and Techniques for Employment of U.S. Forces in the Republic of Vietnam, 17. 9. 1965, II. General, § 4, in: NA, RG 319, AS, PI-AC, Box 8, Folder: Conduct of the War, MACV Directives, ROE – Chron. File # 3. Siehe MACV 525-9, Combat Operations: Control, Disposition, and Safeguarding of Vietnamese Property, Captured Materiel and Food Supplies, 10. 4. 1967, § 2 a (1), in: ebenda; MACV 525-3, Combat Operations: Minimizing Noncombatant Battle Casualties, 14. 10. 1966, § 2 (a), in: ebenda.

46 Headquarters III. Marine Amphibious Force, Subject: Minimizing Noncombatant Battle Casualties, 13. 12. 1966, § 4 a (7), in: NA, RG 319, AS, PI-FR, Vol. III: Exhibits, Box 53, Book 2: Directives, Exhibit D-21.

47 Darunter fällt auch der Beschuss durch schwere Waffen wie Artillerie. Luftschläge sollten von einem »Forward Air Controller« beobachtet werden.

48 Headquarters III. Marine Amphibious Force, Subject: Standing Operating Procedure for Ground and Air Operations, 10. 11. 1967, Section IV, § 405 (2), in: NA, RG 319, AS, PI-FR, Vol. III: Exhibits, Box 53, Book 2: Directives, Exhibit D-22.

für einen totalen Krieg schriftlich fixiert und im Lauf von zehn Jahren fortlaufend beglaubigt.

Nachdem Telford Taylor, der ehemalige US-Ankläger in Nürnberg, die US-Kriegführung in Vietnam massiv angegriffen und national wie international von zahlreichen Intellektuellen Unterstützung erfahren hatte,[49] gab die US Army intern eine Studie zu den »Rules of Engagement« in Auftrag. Verstießen sie gegen das international anerkannte Kriegsrecht? Was sagen die Haager Landkriegsordnung und die Genfer Konventionen über den Guerillakrieg? Und vor allem: Wie urteilten die Nürnberger Richter über Recht und Unrecht bei der Partisanenbekämpfung? Dass die Autoren der Army-Studie nach Rechtfertigungen suchten und die in Vietnam praktizierte Strategie in Teilen auch legitimieren konnten, ist nicht überraschend. Denn in der traditionellen Landkriegsordnung geht es hauptsächlich um die Einhegung des normalen Krieges zwischen regulären Streitkräften und nur am Rande um die für einen Guerillakrieg typische Konfrontation zwischen »Regulären« und »Irregulären«. Überdies erlauben Artikel 26 der Haager Landkriegsordnung und Artikel 49 der Genfer Konvention unter bestimmten Voraussetzungen den Angriff auf bewohntes Gebiet ohne vorherige Warnung beziehungsweise eine Deportation von Zivilisten samt der anschließenden Zerstörung militärisch nutzbarer Infrastruktur. Entscheidend ist, wie diese Klauseln ausgelegt werden, ob man sie als Optionen wertet, die nur in Ausnahmefällen zum Zuge kommen dürfen, oder als Vorgaben, die ausnahmslos und mithin ohne weitere Begründung rechtens sind. Die Antwort fiel ebenso schlicht wie radikal aus: Eine Verletzung des internationalen Kriegsrechts, so das Resümee, liegt nur dann vor, wenn eine Politik des intentionalen Massenmords betrieben wird, mithin ein Wille zum Genozid nachweisbar ist. Fehlt dergleichen Intention, kann auch von einer gegen Recht und Gesetz verstoßenden Kriegsstrategie nicht die Rede sein.[50]

Deutlicher hätte die juristische Immunisierung von Truppenkommandeuren kaum ausfallen können. Traditionell ohnehin mit einem

---

49 Taylor, Nuremberg and Vietnam; ders., Nuremberg and Son My, in: *The New York Times*, 21. 11. 1970.

50 Army Report – Law of Southeast Asia Rules of Engagement, Law of War, o.D., S. 33–35, 43–44, 52, 95, in: NA, RG 319, ODCS-PER, VWCWG, CF, Box 4, Folder: Army Report – Law of Southeast Asia Rules of Engagement, Law of War (Undated) sowie ebenda, Legal Annex, Annex A, S. 1–14. So argumentierte auch Townsend Hoopes, Staatssekretär im Luftwaffenministerium, in einem 1970 publizierten Aufsatz: The Nuremberg Suggestion.

großen Ermessensspielraum ausgestattet und deshalb als »Götter im Feld« apostrophiert, wurde die Autonomie der »field commanders« in Vietnam noch großzügiger als in anderen Kriegen gehandhabt. Im Grunde konnten sie die »Rules of Engagement« nach eigenem Gutdünken auslegen.[51] Es war daher keine billige Selbstentlastung, als ein aus Vietnam heimkehrender Soldat zu Protokoll gab: »Wenn die Befehlshaber kleiner Einheiten über eine derartige Autonomie verfügen, wenn Lieutenants und Captains Herr über das Geschehen sind, dann kann ein Individuum tatsächlich einen großen Unterschied ausmachen. Sobald einer von denen ein Dorf niederbrennen will, hindert ihn niemand daran.«[52] General Westmoreland wollte oder konnte lange Jahre an diesem Status nicht rühren. Erst sein Nachfolger Creighton Abrams verordnete Anfang 1969 vorsichtige Korrekturen, ohne freilich jenen Passus der »Rules of Engagement« außer Kraft zu setzen, der den Aggressivsten unter den Truppenführern alle Freiheiten einräumte: »Es ist unbedingt erforderlich, dass amerikanische Truppen sich den Ruf erwerben, überall in Südvietnam zu ihren eigenen Bedingungen auftreten und jede beliebige Einheit des Feindes besiegen zu können. Dieser Ruf der Unbesiegbarkeit wird unschätzbaren psychologischen Gewinn abwerfen und zu einer schnelleren Beendigung des Krieges beitragen.«[53]

Im Grunde hätte es der Ermunterung zu Eigenmächtigkeit und Selbstherrlichkeit gar nicht bedurft. Egal, ob man Berichte von Journalisten, von Historikern geführte Interviews oder Selbstzeugnisse der Beteiligten zu Rate zieht – allesamt bestätigen sie eine zwischen Desinteresse und Denunziation schwankende Ablehnung der »Rules of Engagement« im Offizierskorps.[54] Man gewinnt diesen Eindruck nicht allein bei einer

---

51 Lewy, America in Vietnam, S. 114. Siehe auch Marshall, Battles in the Monsoon.

52 Sam Bunge, 1. Lieutenant, B Company, 3. Battalion, 187. Regiment, 101. Airborne Division, 1968/69, zit. n. USCR, 7. 4. 1971, S. E2913.

53 MACV 525-3, Combat Operations. Minimizing Noncombatant Battle Casualties, 14. 10. 1966, § 3 a (11), in: NA, RG 319, AS, PI-AC, Box 8, Folder: Conduct of the War, MACV Directives, ROE – Chron. File # 3. Dieser Passus wurde in identischer Formulierung auch von den Marines übernommen. Siehe Headquarters, III. Marine Amphibious Force, Subject: Minimizing Noncombatant Battle Casualties, § 4 c, in: ebenda.

54 Lewy, America in Vietnam, S. 234. Über den Widerstand gegen eine Unterrichtung im Kriegsrecht berichtete die Armeezeitschrift *Soldiers* in ihrer Ausgabe vom August 1971, S. 4–8. Siehe William Greider, Teaching of War Law Revitalized by Army, in: *The Washington Post*, 14. 2. 1971.

Betrachtung der wegen Kriegsgräueln oder Kriegsverbrechen in Verruf gekommenen Einheiten. Ein Colonel der 101. Airborne Division, die damals als die am besten ausgebildete Einheit der US Army galt, beantwortete die Frage nach dem Kriegsrecht mit zwei apodiktischen Bemerkungen: »Das ist Unfug. [...] Und mit der Realität auf dem Schlachtfeld hat es sowieso nichts zu tun.«[55] Ähnlich ein Captain einer Artillerieeinheit: »In Vietnam gab es doch für alles und jedes eine Vorschrift. Im Tagesgeschäft der Kompanie ignorierte ich das meiste einfach. Niemand kümmerte sich darum.«[56] Neben der Vielzahl beinahe identischer Formulierungen fällt auf, dass hochrangige Offiziere – unter ihnen der Kommandeur der 11. Light Infantry Brigade, »Americal« Division und der Assistant Chief of Staff for Operations derselben Brigade – im Rahmen kriegsgerichtlicher Ermittlungen das Unwissen der Mehrheit zur Entschuldigung ihrer eigenen Ignoranz anführten – und damit durchkamen.[57]

Zwei von der Armeeführung in Auftrag gegebene Untersuchungen zeigen, dass die Geringschätzung des Kriegsrechts keineswegs nur bei den in Vietnam stationierten Truppen anzutreffen war. Im Sommer 1967 kamen interne Ermittler nach einem Besuch der »Officer Candidate School« in Fort Benning zu dem Ergebnis, dass viele angehende Offiziere wie ein Gutteil der Mannschaften den schnellen militärischen Erfolg deutlich höher bewerteten als die Imperative des Gesetzes. Die Hälfte der Teilnehmer eines Kurses mit 149 Teilnehmern war der Meinung, Folter zur Beschaffung relevanter Informationen anwenden zu dürfen. Und 20 Prozent der Befragten zeigten sich bereit, die von ihnen in Obhut genommen Kriegsgefangenen zu erschießen, sollte ihre Einheit in einen Hinterhalt geraten.[58]

---

55 Ein namentlich nicht identifizierter Colonel, zit. n. Anderson (Hg.) Facing, S. 45. Siehe Captain William A. Beinlich, Statement, 15. 1. 1971, in: NA, RG 319, AS, PI-AC, Box 7, Folder: Conduct of the War in Vietnam, Chron. File # 4 (Part 2 of 2) sowie *Newsweek*, 12. 4. 1971, Who Else is Guilty?, S. 32.

56 Ein namentlich nicht identifizierter Captain, zit. n. Gibson, Perfect War, S. 148. Siehe Michael Erard, 3. Battalion, 503. Infantry Regiment, 173. Airborne Brigade (Separate), 1969/70, in: USCR, 7. 4. 1971, S. E2916.

57 NA, RG 319, AS, PI-FR, Vol. II: Testimony, Box 20, Book 12, Henderson: APP T-1, S. 61–62; ebenda, Box 21, Book 13, McKnight: SUM APP T-2, S. 4 sowie Pittman: SUM APP T-191, S. 2.

58 Der Journalist William Greider kam auf diese Untersuchung des Jahres 1967 in einem Jahre später publizierten Bericht zu sprechen: Teaching of War Law Revitalized by Army, in: *The Washington Post*, 14. 2. 1971.

Wesentlich umfangreicher als diese in Fort Benning genommene Stichprobe war eine Studie angelegt, die Armeeminister Stanley R. Resor nach der Aufdeckung des »My Lai (4)«-Massakers Mitte Dezember 1969 in Auftrag gab. Das Büro des Judge Advocate General erstellte einen Katalog mit 28 Fragen, die von 4000 Offizieren und Soldaten in Einzelinterviews und von 18000 weiteren schriftlich beantwortet wurden. Man konfrontierte die Interviewten mit hypothetischen, aber für den Kriegsalltag plausiblen Situationen und wollte insbesondere ihr Verständnis illegaler Befehle herausfinden: Wussten sie um ihr Recht auf Verweigerung und die Pflicht, Meldung zu erstatten? Anfang April 1970 lagen die bei Einheiten in den USA und Europa ermittelten Ergebnisse vor.[59] Dass 30 Prozent der Befragten mehr als die Hälfte der Aufgaben zur Genfer Konvention falsch beantwortet hatten, war für sich genommen bereits ein gravierender Befund. Noch aufschlussreicher allerdings waren die Auskünfte der im Kriegsrecht Kundigen. Sobald ein Befehl vorausgesetzt oder eine Notwehrsituation unterstellt wurde, waren auch sie bereit, sich über die Rechtsnorm hinwegzusetzen. Ein Viertel der Offiziere (und die Hälfte der Mannschaften) reklamierte unbedingte juristische Immunität für den Fall, dass sie einen Befehl zum Foltern oder Ermorden von Gefangenen ausführten. Einzig das Erteilen eines verbrecherischen Befehls hielten sie für justitiabel. Je niedriger der Dienstgrad, desto ausgeprägter war die Bereitschaft zu blindem Gehorsam – und erst recht zur Selbstermächtigung im Namen militärischer Notwendigkeit. Letztere legitimierte verbrecherisches Handeln auch jenseits des »Befehlsnotstands«. Knapp 20 Prozent der Captains und 25 Prozent der 1. und 2. Lieutenants sowie der Warrant Officers bejahten die Frage, ob Zivilisten, die man beim Spionieren oder Ausbringen von Sprengfallen ertappt hatte, sofort erschossen werden dürften. Über 60 Prozent aller Captains, 1. und 2. Lieutenants und Warrant Officers gaben an, dass sie auch ohne Befehl Gefangene zwecks relevanter Informationen foltern oder mit Folter bedrohen würden. Und auf die Frage, ob man Gefangene töten dürfte,

---

59 William Westmoreland, Memorandum for Secretary of the Army, Subject: Training Concerning the Geneva Conventions, 6. 4. 1970, in: NA, RG 319, AS, PI-AC, Box 7, Folder: Conduct of the War, MACV Directives, ROE – Chron. File # 1; ebenda, Folder: Conduct of the War, MACV Directives, ROE – Chron. File # 2 (Part 1 of 2); ebenda, Folder: Conduct of the War in Vietnam, Chron. File # 4 (Part 2 of 2); Department of the Army, Survey of Opinions of Army Personnel Concerning the Rules of Land Warfare as of 31 January 1970, OPOPM Report 3-70-E, April 1970, in: ebenda, Box 22, Folder: Personnel Appearing Before Congressional Committees.

deren Anwesenheit den Erfolg eines Einsatzes gefährdete, antworteten 28 Prozent aller Offiziere (und 33 Prozent der Mannschaften) mit »Ja«.[60]

In Vietnam nahmen sich untergeordnete Führungsstäbe bisweilen die Freiheit, die vom Oberkommando in Saigon erlassenen »Rules of Engagement« nicht nur zu modifizieren, sondern gänzlich davon abweichende Ausführungsbestimmungen in Umlauf zu bringen. Mit dem Ergebnis, dass sich Einheiten ein und desselben Verbandes auf unterschiedliche Richtlinien berufen konnten. Als beispielsweise die 9. Infantry Division im Frühjahr 1968 einen Großeinsatz in der Nähe von Saigon durchführte, hatten die Hubschrauberstaffeln im Unterschied zur Artillerie und taktischen Luftwaffe freie Hand – obwohl sie ihre Einsätze in bewohnten Gebieten flogen.[61] Eine interne Studie über die Kriegführung in den Provinzen Quang Ngai und Quang Tin stellte ähnliche Differenzen innerhalb der 4. Infantry Division fest. »In einer Brigade ist es erlaubt, sofort das Feuer auf flüchtende Zivilisten zu eröffnen, während eine andere den positiven Nachweis verlangt, dass die Verdächtigen Uniform oder Waffen tragen«:[62] Wer zur 198. Light Infantry Brigade gehörte, durfte feindliche Soldaten sofort nach Sichtkontakt töten, während GIs der 3. Brigade angehalten wurden, Gefangene zu machen und nur in Notwehr zu schießen. Entsprechende Abweichungen gab es bei den zwecks Vermeidung ziviler Opfer gemachten Auflagen.[63] Und in Kambodscha eingesetzte Soldaten berichteten, dass

---

60 Ein ähnliches Stimmungsbild unter Offizieren protokollierte ein Colonel aus der Rechtsabteilung des Armeeministeriums, der im April 1970 damit beauftragt war, Einheiten in Vietnam, Südkorea, Japan und auf Hawaii über den Stand der Ermittlungen gegen William Calley zu berichten. Er traf auf Offiziere, die für einen Krieg wie in Vietnam andere Maßstäbe reklamierten und überdies der Meinung waren, dass Kriegsgerichtsverfahren die Moral und Kampfbereitschaft der Truppe erodierten: Robert E. Miller to Lieutenant General Walter T. Kerwin, Jr., Deputy Chief of Staff für Personnel, Department of the Army, 14. 4. 1970, in: NA, RG 319, AS, PI-AC, Box 35, Folder: Son My Chron. File # 10 (2 of 2).

61 MACV, Office of the Inspector General, Subject: Report of the Investigation Concerning Destruction Resulting from the VC Offensive of 5–23 May 1968, 2. 6. 1968, S. 13, 20–23, 40, 43–44, in: NA, RG 472, USFSEA, MACV, IG, ID, RI, Box 5, Folder: MIV-16-68 Damage in Saigon (Part 1 of 4).

62 James D. Hataway, Memorandum to the Ambassador, 26. 1. 1968, Subject: Destruction in Quang Ngai and Quang Tin, S. 1, in: NA, RG 319, AS, PI-CI, Box 5, Folder: LTG Peers' Notes # 4: Colonel Henderson Interrogation (Part 2 of 2).

63 James D. Hataway, Memorandum to the Ambassador, 26. 1. 1968, Subject: Destruction in Quang Ngai and Quang Tin, S. 3/4, in: NA, RG 319, AS, PI-CI, Box 5, Folder: LTG Peers' Notes # 4: Colonel Henderson Interrogation (Part 2 of 2).

sie dort keinerlei Beschränkungen unterlagen. »Wenn keine südvietnamesischen Truppen in der Nähe sind, wird jederzeit eine ungeschränkte Feuererlaubnis erteilt, selbst im Umfeld von Städten und Dörfern.«[64]

Eine Durchsicht der Aktenbestände legt den Schluss nahe, dass Vorschriften umso laxer gehandhabt wurden, je kleiner die Einheiten waren.[65] Auf der Ebene der Companies und Platoons war es beispielsweise üblich, Siedlungen auf Verdacht zu beschießen – nur um herauszufinden, ob sich in der fraglichen Gegend Vietcong aufhielten. In den nördlichen Provinzen hatte diese Praxis Ende 1967 derart um sich gegriffen, dass ein hochrangiger Zivilbeamter einen Beschwerdebrief an General Westmoreland sandte: »Ich glaube«, schrieb Robert Komer in seiner Funktion als stellvertretender Leiter von CORDS, »dass wir es mit einem ernsten ›politischen Problem‹ zu tun haben.«[66] Das US-Oberkommando in Saigon hatte faktisch die Kontrolle über die Handhabung der »Rules of Engagement« verloren. Genauer gesagt: widerstandslos aus der Hand gegeben.

Man kann also davon ausgehen, dass bei der Ausbildung der Truppen und ihrer Unterweisung vor Kampfeinsätzen die »Rules of Engagement« bzw. das Kriegsrecht keine Rolle spielten. Vorgesetzte glaubten ihrer Verpflichtung Genüge getan zu haben, wenn sie den neu eintreffenden Soldaten nebst ihren Uniformen kommentarlos vier Broschüren zur gefälligen Lektüre aushändigten.[67] Nur jeder Zweite kam dem ohnehin bescheidenen Auftrag nach, die Mannschaften einmal jährlich für eine Stunde mit dem Kriegsrecht und den Ge- und Verboten im Feld vertraut zu machen.[68] Weil er der Meinung war, dass die Armeeführung die Konsequenzen dieser Versäumnisse herunterspielen und sich mit dem Hinweis auf bedauerliche Einzelfälle aus der Affäre ziehen wollte,

---

64 Headquarters, Third Regional Assistance Command, Subject: Report of Investigation – Firing Incident in Cambodia, 23. 10. 1971, S. 8, in: NA, RG 472, USFSEA, MACV, TRAC, SJA, RI, Box 1, Folder: R.O.I. (Law of War/Rules of Engagement).

65 Policy and Directives as to Rules of Engagement and Treatment of Noncombatants, S. 23, in: NA, RG 319, AS, PI-AC, Box 8, Folder: Conduct of the War, MACV Directives, ROE – Chron. File # 3 sowie Department of the Army, Office of the Deputy Chief of Staff for Military Operations, Subject: MACV Directives Concerning Treatment of Vietnamese Civilians, 16. 12. 1970, § 6, in: ebenda.

66 Robert Komer, zit. n. Lewy, America in Vietnam, S. 113.

67 »The Enemy in Your Hands«, »Nine Rules«, »Code of Conduct« und »Geneva Convention«.

68 So das Ergebnis einer im Mai und Juni 1969 in Vietnam durchgeführten Inspektion: Lewy, America in Vietnam, S. 366.

schrieb General Peers Mitte Februar 1970 einen geharnischten Brief an seine Vorgesetzten im Pentagon: »Betr.: Nichteinverständnis«. »Es sollte zur Kenntnis genommen werden, dass es so gut wie keine schriftlichen Informationen über illegale Befehle gibt. Der Begriff kommt im Wörterbuch der Armee überhaupt nicht vor. [...] Das Armeeministerium muss Richtlinien erlassen, die nicht allein die Verantwortung des Einzelnen mit Blick auf illegale Befehle betonen, sondern muss ebenso deutlich wie nachdrücklich darauf bestehen, dass derartige Befehle von Männern in verantwortlichen Positionen weder erlassen noch geduldet werden dürfen.«[69]

Zuschauer, Komplizen und Mittäter

Dass illegale Befehle weder erlassen noch geduldet werden: In einem Halbsatz kam William Peers auf eine Entwicklung zu sprechen, die das »command climate« wie keine andere beschädigte. Gemeint ist die durchlässige Grenze zwischen einer Geringschätzung des Kriegsrechts einerseits und der stillschweigenden oder expliziten Autorisierung von Kriegsgräueln und Kriegsverbrechen andererseits. General Peers hielt sich mit seiner Kritik noch vergleichsweise zurück. Aus den Streitkräften nach langen Dienstjahren ausscheidende, vom Army War College nach ihren Erfahrungen befragte Offiziere gaben mehrheitlich zu Protokoll, niemals in einer »ehrlichen Armee« gedient zu haben, sondern in einer Institution, die am Erhalt ihrer Bürokratie mehr interessiert war als an der Pflege professioneller Ethik.[70] Mit Blick auf die 23. Infantry Division, unter dem Namen »Americal« bekannt und wegen der Beteiligung am Massaker von »My Lai (4)« verschrien, machte sogar das Wort vom »moralischen Vakuum« und einer »auf Eis gelegten Zurückhaltung und Selbstkontrolle« die Runde.[71] Ungeachtet des Umstandes, dass die Zustände bei der »Americal« Division nicht verallgemeinert werden können und beispielsweise einen Vergleich mit der 1. Infantry Division nicht aushalten, attestierte General Harry G. Summers einen großräumigen »Verfall moralischer Standards« und regte an, die Ge-

69 William Peers, Memorandum for Secretary of the General Staff, Subject: Nonconcurrence, 16. 2. 1970, § 3 c (1, 4), in: NA, RG 319, ODCS-PER, VWCWG, CF, Box 6, Folder: Publicity – War Crimes and Other Sensitive Topics, 1973.
70 Anderson, Facing, S. 135; siehe ebenda, S. 21, 45, 137, 157.
71 Bilton/Sim, Four Hours, S. 79.

schichte der US Army seit den 1950er Jahren neu zu schreiben. »All das hatte Auswirkungen, die man einfach nicht für möglich hält.«[72] Im Kern geht es um Offiziere und Unteroffiziere, die direkt oder indirekt in die Stimulierung exzessiver Gewalt eingebunden waren: durch Duldung, Komplizenschaft und schließlich auch Mittäterschaft. Da dieser Gruppe auch die Buchführung über ihre Tätigkeit oblag, sind die Militärakten nur von begrenztem Wert – ein Problem, auf das im Zusammenhang mit den Ermittlungen der Criminal Investigation Division und der Durchführung von Kriegsgerichtsprozessen zurückzukommen sein wird.[73] Aber die Konturen des von General Peers und anderen beklagten Zustandes werden allemal deutlich.

Von Duldung ist die Rede, wenn Täter sich unausgesprochen in einem geschützten Raum bewegen und nicht mit moralischer Ächtung oder strafrechtlichen Konsequenzen rechnen müssen. Oder wenn sie sich der Rückendeckung durch Vorgesetzte gewiss sein dürfen. Was darunter zu verstehen ist, illustrieren zwei Beispiele aus dem Alltag von Kampfhubschrauberstaffeln. Piloten der D Troop, 1. Squadron, 1. Cavalry Regiment, 23. Infantry Division (»Americal«) sowie der A Troop, 1. Squadron, 9. Cavalry Regiment, 3. Brigade (Separate) konnte nachgewiesen werden, dass sie Anfang Juli 1969 beziehungsweise Mitte Mai 1971 ihre Einsatzleitungen mit der Behauptung, sie lägen unter feindlichem Feuer, vorsätzlich täuschten, nach der Erlaubnis zur Gegenwehr mehrere Dörfer beschossen und insgesamt 18 Bewohner töteten und 30 verletzten.[74] In beiden Fällen lag ein durch nichts zu legitimierender Bruch der »Rules of Engagement« vor. Und in beiden Fällen gab es eine Vielzahl glaubwürdiger Zeugen – ein für Einsätze in entlegenen Gebieten seltener Vorteil für die Ermittler.

Die mit Hilfe der Criminal Investigation Division vorgenommenen Untersuchungen führten zu einem eindeutigen Ergebnis: Die Besatzungen der A Troop und D Troop hatten ohne Not erkennbar am Krieg Unbeteiligte ermordet. Aber ein Kriegsgericht wurde nicht einberufen. Die Beschuldigten der D Troop erhielten eine mündliche Abmahnung,[75]

---

72 Harry G. Summers, zit. n. Anderson (Hg.), Facing, S. 134. Siehe Karlin, Rumors and Stones; Hauser, Army in Crisis; Cincinnatus, Self-Destruction.

73 Siehe unten, S. 439–510.

74 Zum Einsatz der D Troop siehe unten, S. 380f. Zum Einsatz der A Troop siehe NA, RG 319, AS, PI-AC, Box 54, Folder: War Crimes Allegations – 219: Brooks Incident.

75 NA, RG 319, AS, PI-AC, Box 20, Folder: Other Than Son My. Ky Trong Incident: Subject/Suspects: Bell, Barnhart, Herron, Applegath.

drei Soldaten der A Troop wurden schriftlich verwarnt.[76] »Wir müssen uns auf ihre Seite stellen«, so Major General Lloyd B. Ramsey von der »Americal« Division. »Ich glaube nicht, dass sie vor ein Gericht gestellt werden sollten, nur weil ihnen das Urteilsvermögen fehlte und weil sie die Rules of Engagement nicht hinreichend kannten.«[77] Im Untersuchungsbericht der für die A Troop operativ zuständigen 12. Combat Aviation Group wurden die »Rules of Engagement« zu einer »broad guidance« herabgestuft, zu einer unverbindlichen Richtlinie, die der Realität von »Männern im Gefecht« nicht gerecht werde. »Bedauerlicherweise waren die Ermittlungen unzureichend und deshalb unfair gegenüber den Verdächtigten, weil das Umfeld des Vorfalls nicht ausgelotet wurde. Um am Leben zu bleiben, müssen Besatzungen sofort und mit effektiver und tödlicher Feuerkraft reagieren. [...] Diese Männer müssen entschieden und furchtlos handeln, und in diesem Sinne müssen ihre Entscheidungen akzeptiert werden. [...] Unter diesen Bedingungen sehen Soldaten die Dinge anders.« Und als weltfremd wurde die Bestimmung zurückgewiesen, der zufolge südvietnamesische Stellen die Erlaubnis zum Beschuss besiedelten Gebietes geben mussten. »Einige [der Verbindungsoffiziere] sprechen schlechtes Englisch. Und viele können sich von der Lage kein Bild machen.«[78] Der Kommandeur der 3. Cavalry Brigade (Separate) schloss die Akte »A Troop« mit der Bemerkung: »Es ist vollkommen klar, dass die Soldaten den Rules of Engagement folgten, und zwar so, wie sie diese Vorschriften verstanden und obwohl dieses Verständnis falsch war. [...] Obwohl handwerkliche Verletzungen vorliegen, glaube ich nicht, dass irgendein Militärgericht einen Schuldspruch verhängen würde.«[79] »Technical violations«: Deutlicher hätte eine Demontage der »Rules of Engagement« kaum ausfallen können.

Wie eng Rückendeckung und Komplizenschaft beieinanderlagen, zeigte erst recht der Alltag der Bodentruppen. Und zwar am Beispiel einer Politik, die bis heute die Erinnerungen dominiert. »Für mich als Angehörigen der jüngeren Generation«, sagte Major General Jim Johnson,

---

76 NA, RG 319, AS, PI-AC, Box 54, Folder: War Crimes Allegations – 219: Brooks Incident sowie Hersh, The Reprimand.

77 Major General Lloyd B. Ramsey, zit. n. *The Washington Post*, 6. 10. 1971, S. A3: Hersh Says U.S. Copters Killed 10 in Friendly Vietnam Villages in ’69.

78 Headquarters, 12. Combat Aviation Group, Subject: Report of Investigation – Firing Incident in Cambodia, 11. 12. 1971, § 2 (a, b, c), in: NA, RG 319, AS, PI-AC, Box 54, Folder: War Crimes Allegations – 219: Brooks Incident.

79 James F. Hamlet, Brigadier General, Report of Investigation – Firing Incident in Cambodia, 24. 2. 1972, § 5, in: NA, RG 319, AS, PI-AC, Box 54, Folder: War Crimes Allegations – 219: Brooks Incident.

Kommandeur der 82. Airborne Division im Golfkrieg des Jahres 1991, »ist das Bild von Vietnam bestimmt vom ›Body Count‹-Syndrom, von der Art, wie meine ranghöheren Vorgesetzten davon kompromittiert wurden, wie sie darin verstrickt waren und darüber hinweggesehen haben.«[80] Der »Body Count« steht nicht nur im Zentrum des Kriegsnarrativs. Er illustriert vielmehr, was es mit der Rede vom »leadership breakdown« – von der schleichenden Auflösung disziplinierter und disziplinierender Truppenführung – im Detail auf sich hat. Als das Army War College seine erwähnte Offiziersbefragung durchführte, »konnten sie [die Interviewten] gar nicht damit aufhören. Durch die Bank fixierten sie sich auf den ›Body Count‹ als Ursache, als eine Art Virus, der alles vergiftete.«[81]

Bekanntlich wurde der Erfolg des Krieges an der Zahl toter Soldaten des Feindes gemessen.[82] Mit dem Ergebnis, dass aus buchstäblich allen Kriegsgebieten und von allen Fronttruppen Berichte vorliegen, wie Offiziere ihre Mannschaften unablässig zu einer Optimierung der »Body Count«-Bilanz anstachelten. Mal wurden ex cathetra Tötungsnormen pro Monat und Woche festgelegt, mal verlängerter Urlaub für eine verbesserte »Kill Ratio« gewährt, mal damit gedroht, bei Nichterfüllung die beliebten »Rest and Recuperation«-Aufenthalte in Thailand, Japan oder Südkorea zu streichen.[83] Ob es für das Erschießen von Schwangeren, wie vielfach behauptet, tatsächlich zehn Extrapunkte gab oder Soldaten zum Beweis ihrer Effizienz abgeschnittene Ohren vorlegten, sei ebenso dahingestellt wie die Berichte über von Geistlichen vorgetragene »Body Count«-Gebete.[84] Verbürgt ist hingegen, dass ein Lieutenant

---

80 Jim Johnson, zit. n. Anderson (Hg.), Facing, S. 157.

81 Harry G. Summers, zit. n. Anderson (Hg.), Facing, S. 135.

82 Siehe oben, S. 74–119.

83 Gibson, Perfect War, S. 113f., 120. Siehe Baker, Nam, S. 232, 198 sowie NA, RG 319, AS, ODCS-PER, VWCWG, CaFi, Box 3, Folder: Duffy – Lanasa Incident; ebenda, Folder: Keck Allegation – Rep. Schneebeli Letter (Keck Letters Incl.); ebenda, Box 18, Folder: Meyrowitz Allegation (Correspondence and Messages), Case 210, 2.

84 Über die zehn »Extrapunkte« berichtete die Nachrichtenagentur AFP am 26. 11. 1969: NA, RG 319, AS, ODCS-PER, VWCWG, CaFi, Box 3, Folder: Hartmann Incident – Messages. Siehe ebenda, Box 17, Folder: Shepard Allegation (VVAW-WSI), Case 190. Bei einer öffentlichen Anhörung in Washington, D. C. behauptete ein Veteran, der Regimentskaplan der 11. Armored Cavalry habe regelmäßig folgendes Gebet gesprochen: »Oh Herr, hilf uns, den Auftrag dieses Regiments zu erfüllen. Gib uns die Weisheit, die Bastarde zu finden – und die Stärke, sie übereinanderzustapeln.« Ein namentlich nicht identifizierter GI, zit. n. *The Nation*, 4. 1. 1971, S. 6.

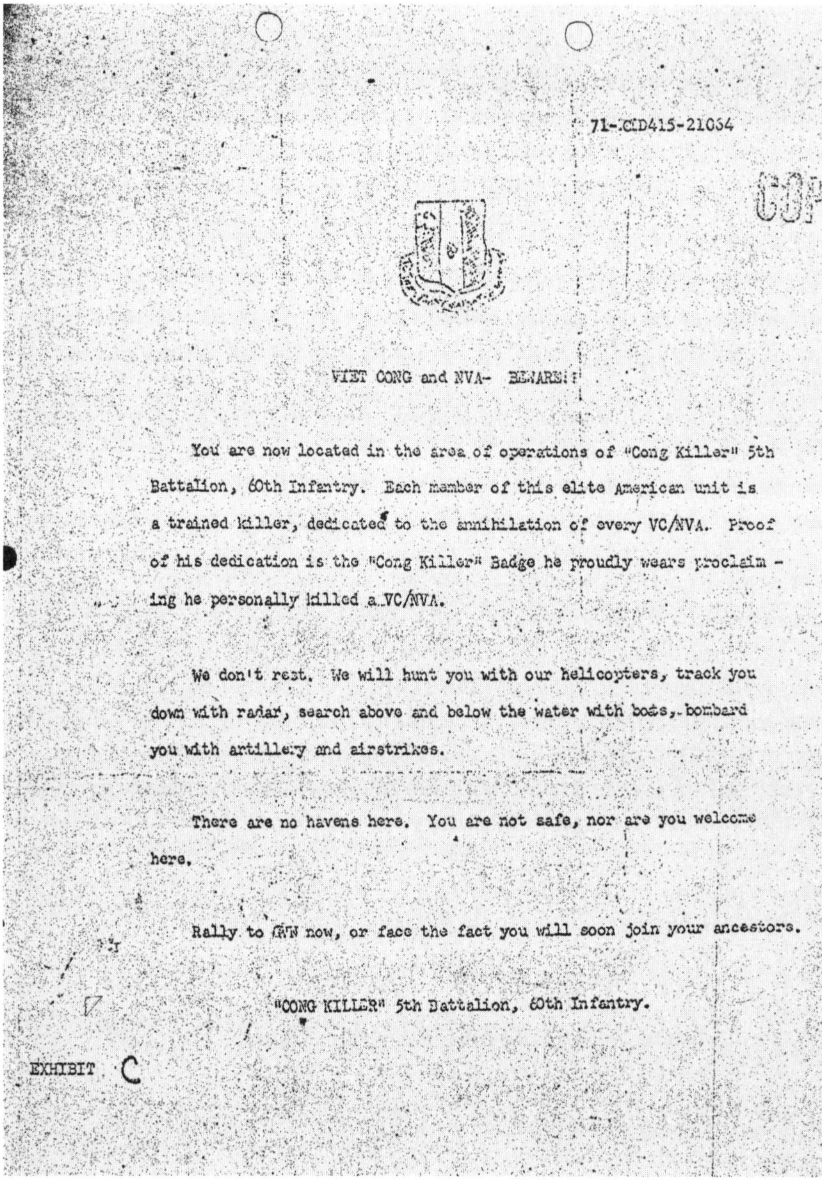

71-CID415-21064

VIET CONG and NVA- BEWARE!!

You are now located in the area of operations of "Cong Killer" 5th Battalion, 60th Infantry. Each member of this elite American unit is a trained killer, dedicated to the annihilation of every VC/NVA. Proof of his dedication is the "Cong Killer" Badge he proudly wears proclaiming he personally killed a VC/NVA.

We don't rest. We will hunt you with our helicopters, track you down with radar, search above and below the water with boats, bombard you with artillery and airstrikes.

There are no havens here. You are not safe, nor are you welcome here.

Rally to GVN now, or face the fact you will soon join your ancestors.

"CONG KILLER" 5th Battalion, 60th Infantry.

EXHIBIT C

Flugblatt der »Cong Killer«, 5. Battalion, 60. Infantry Regiment, 3. Brigade, 9. Infantry Division, die über Aufenthaltsorten von Vietcong-Einheiten abgeworfen wurden.
NA, RG 319, AS, ODCS-PER, VWCWG, CaFi, Box 17, Folder: Shepard Allegation, Case 190.

Colonel, Kommandeur des 5. Battalion, 60. Infantry Regiment, 3. Brigade, 9. Infantry Division besondere Leistungsabzeichen auslobte – sogenannte »Sat Cong«- oder »Cong Killer«-Aufnäher, die gesammelt und beim Erreichen einer bestimmten Stückzahl im Hauptquartier des Bataillons gegen Vergünstigungen eingetauscht werden konnten.[85] Von derselben Einheit wurden Flugblätter in englischer und vietnamesischer Sprache in Umlauf gebracht, die den Mannschaften eine Politik des »Keine-Gefangene-Machens« nahelegten. »Soldaten der Vietcong und der NVA [nordvietnamesische Armee] – Nehmt euch in Acht. Ihr befindet euch im Einsatzgebiet der ›Cong Killer‹ vom 5. Battalion, 60. Infantry Regiment. Jeder Soldat dieser amerikanischen Eliteeinheit ist ein ausgebildeter Killer, der an nichts anderes als die Auslöschung jedes Angehörigen der Vietcong und der NVA denkt. [...] Wir werden euch mit unseren Hubschraubern jagen, euch mit Radar aufspüren, euch über und unter Wasser mit Booten suchen, euch mit Artillerie und Luftwaffe bombardieren. Hier gibt es keine sicheren Verstecke.«[86] Die besagten Aufnäher wurden nach einer Intervention von Senator Philip A. Hart Ende November 1969 aus dem Verkehr gezogen.[87] Zu diesem Zeitpunkt befand sich der größte Teil der 9. Infantry Division bereits auf dem Rückzug aus dem Mekongdelta. Ihre Soldaten hatten dort, so

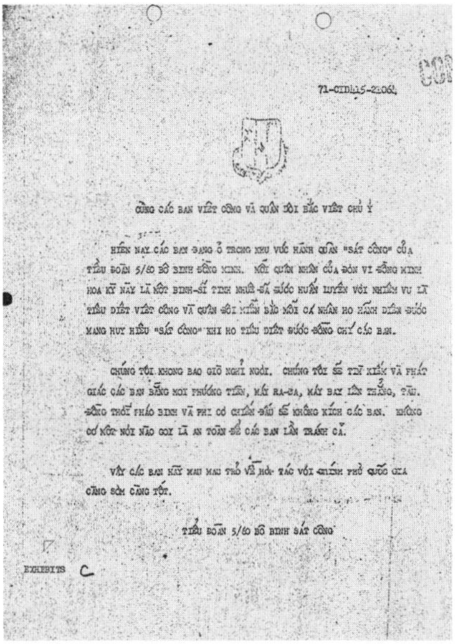
71-CID415-21061

CÙNG CÁC BẠN VIỆT CỘNG VÀ QUÂN ĐỘI BẮC VIỆT CHÚ Ý

HIỆN NAY CÁC BẠN ĐANG Ở TRONG KHU VỰC HÀNH QUÂN "SÁT CỘNG" CỦA TIỂU ĐOÀN 5/60 BỘ BINH ĐỒNG MINH. MỖI QUÂN NHÂN CỦA ĐƠN VỊ ĐỒNG MINH HOA KỲ NÀY LÀ MỘT BINH-SĨ TINH NHUỆ ĐÃ ĐƯỢC HUẤN LUYỆN VỚI NHIỆM VỤ LÀ TIÊU DIỆT VIỆT CỘNG VÀ QUÂN ĐỘI MIỀN BẮC MỖI CÁ NHÂN HỌ HÃNH DIỆN ĐƯỢC MANG HUY HIỆU "SÁT CỘNG" KHI HỌ TIÊU DIỆT ĐƯỢC ĐỒNG CHÍ CÁC BẠN.

CHÚNG TÔI KHÔNG BAO GIỜ NGHỈ NGƠI. CHÚNG TÔI SẼ TÌM KIẾM VÀ PHÁT GIÁC CÁC BẠN BẰNG MỌI PHƯƠNG TIỆN, MÁY RA-ĐA, MÁY BAY LÊN THẲNG, TÀU. ĐỒNG THỜI PHÁO BINH VÀ PHI CƠ CHIẾN ĐẤU SẼ KHÔNG KÍCH CÁC BẠN. KHÔNG CÓ MỘT NƠI NÀO GỌI LÀ AN TOÀN ĐỂ CÁC BẠN LẨN TRÁNH CẢ.

VẬY CÁC BẠN HÃY MAU MAU TRỞ VỀ HỢP TÁC VỚI CHÍNH PHỦ QUỐC GIA CÀNG SỚM CÀNG TỐT.

TIỂU ĐOÀN 5/60 BỘ BINH SÁT CỘNG

EXHIBITS C

Flugblatt der »Cong Killer« (vietnamesische Fassung)

85 NA, RG 319, AS, ODCS-PER, VWCWG, CaFi, Box 17, Folder: Shepard Allegation (VVAW-WSI), Case 190 sowie Franklin Shepard, 5. Battalion, 60. Infantry Regiment, 9. Infantry Division, 1968/69, in: USCR, 7. 4. 1971, S. E2923.

86 »Cong Killer«-Flugblatt des 5. Battalion, 60. Infantry Regiment, 3. Brigade, 9. Infantry Division, in: NA, RG 319, AS, ODCS-PER, VWCWG, CaFi, Box 17, Folder: Shepard Allegation (VVAW-WSI), Case 190.

87 Investigator's Statement, 5. 10. 1971, in: NA, RG 319, AS, ODCS-PER, VWCWG, CaFi, Box 17, Folder: Shepard Allegation (VVAW-WSI), Case 190.

John Paul Vann gegenüber dem Journalisten David Halberstam, im Rahmen der Operation »Speedy Express« wie »Schlächter« gewütet.[88]

Dass es guten Grund gibt, die »Body Count«-Manie mit dem Mord an Zivilisten in Verbindung zu bringen, zeigt das Beispiel der 1. Marine Division. Wer das Hauptquartier des 1. Battalion, 7. Regiment dieser Division betrat, kam an einem als »Kill Board« beschrifteten Schwarzen Brett vorbei – einer Rangliste, die an das Motto des Bataillons erinnerte und über die Erfolge einzelner Einheiten Auskunft gab: »Get Some«. »Holt euch welche«, gehörte auch zum rhetorischen Repertoire, dessen sich der Divisionskommandeur, Lieutenant Colonel Frank Clark, bei der Einweisung seiner Kompanie- und Zugführer bediente.[89] Gefragt, wie er seine Richtlinien in Bezug auf Frauen und Kinder interpretierte, antwortete einer von ihnen: »Wenn es Nacht ist und wenn sich etwas bewegt – dann war's das eben.«[90]

In diesem Sinne führte auch 1. Lieutenant Lewis R. Ambort die Company B des 1. Battalion. Vom Ehrgeiz getrieben, den ersten Platz auf dem »Kill Board« zu erobern, stellte er auf eigene Faust und jenseits der für die Marines geltenden Organisationsprinzipien vier- bis fünfköpfige »Killer Teams« mit dem Auftrag zusammen, auf nächtlichen Patrouillen Verstecke, Vorräte und Waffen des Vietcong aufzustöbern. Wie mehrfach bestätigt, war es für die »Killer Teams« an der Tagesordnung, mit geballter Aggressivität Dörfer zu »durchkämmen«, Bauern bei geringfügigen Anlässen zu erschießen oder Handgranaten in ihre Unterkünfte zu werfen.[91] Im Februar 1970 bereitete Ambort fünf Marines auf ihren Einsatz südwestlich von Da Nang in der Provinz Quang Nam vor. »Verhindert, dass sie uns weitere Verluste zufügen. Ich will, dass ihr es den kleinen Bastarden heimzahlt. [...] Schießt als Erste und stellt keine Fragen.«[92] Feindkontakt hatte die Streife in der Nacht zum 19. Februar nicht. Auch beim Durchsuchen des Dorfes Son Thang fanden sich keine Hinweise auf den Vietcong. Wie ein Militärgericht später feststellte, zwangen die Soldaten unbewaffnete Bewohner dreier Hütten ins Freie und erschossen sie nacheinander – 16 Frauen und Kinder, unter

---

88 David Halberstam über John Paul Vann, zit. n. Anderson (Hg.) Facing, S. 124.

89 Solis, Son Thang, S. 22, 78, 96, 153f., 177.

90 Ein namentlich nicht identifizierter Kompanieführer des 1. Battalion, 7. Regiment, 1. Marine Division, zit. n. Solis, Son Thang, S. 98. In diesem Sinne äußerten sich auch andere Soldaten dieser Einheit: siehe ebenda, S. 40.

91 Solis, Son Thang, S. 20–22, 29, 150f.

92 1. Lieutenant Lewis R. Ambort, zit. n. Solis, Son Thang, S. 27; siehe ebenda, S. 94.

ihnen Babys und eine Blinde im Alter von 20 Jahren. Der Verteidigung stand keine der üblichen Entschuldigungen zur Verfügung – weder Notwehr noch Kampfstress, noch Unübersichtlichkeit. Die Marines hatten nicht wie Soldaten getötet, sondern wie Mörder gemeuchelt – wahrscheinlich aus Frustration, weil ihnen der erwartete »Body Count« entgangen war.[93]

Zwar hatte 1. Lieutenant Ambort bei seiner Einsatzbesprechung keinen expliziten Befehl zum Mord an Zivilisten gegeben. Dergleichen gab es auch in den meisten anderen Fällen nicht – das Massaker von »My Lai (4)« eingeschlossen. Aber er hatte eine Ansprache gewählt, die gerade auf die Aggressivsten wie ein Stimulans wirken musste. So sagte einer der wegen Son Thang vor Gericht Gestellten: »Was kümmern mich Frauen und Kinder der ›Gooks‹. Wenn sie mir über den Weg laufen, haben sie eben Pech gehabt.«[94] Diese Art von »prep talk« war in der Tat weit verbreitet, ablesbar an Einsatzbesprechungen, in deren Verlauf die GIs »heiß« gemacht wurden. Und zwar mit – oft völlig aus der Luft gegriffenen – Behauptungen über die Stärke und Kampfkraft feindlicher Einheiten oder mit dem Hinweis, dass ausnahmslos alle Bewohner eines zu säubernden Ortes auf der Seite der Vietcong standen und folglich bei den geringsten Anzeichen von Widerstand keine Schonung verdient hätten. »Als wir dort ankamen, war ich völlig überrascht, in dem Dorf überhaupt normale Leute vorzufinden«, meinte ein GI über seinen Einsatz in der Nähe von Bong Son (II. Corps Tactical Zone). »Gemessen an dem Ton der Befehle, hatte ich eine sehr feindliche Atmosphäre erwartet.«[95] »So war es eben«, schreibt der Militärjurist und ehemalige Kompanieführer bei den Marines, Gary D. Solis, in seiner Untersuchung zu Son Thang, »nicht in jeder Einheit, nicht in den gut geführten Einheiten. Aber in den meisten.«[96]

Die von der Spitze des Pentagon verordnete Obsession mit dem »Body Count« wurde auf mittlerer und unterer Kommandoebene als Wahl zwischen Pest und Cholera wahrgenommen. Wer seine Auf-

---

93 Solis, Son Thang, S. 31, 45–48.

94 Der Angeklagte Samuel Green, zit. n. Solis, Son Thang, S. 73; siehe ebenda, S. 27.

95 James Robert Barrett, Sworn Statement, S. 1, 13. 12. 1970, in: NA, RG 472, USFSEA, MACV, DRAC, IG, Preliminary Inquiry Re: Colonel Franklin, Box 2, Folder: Preliminary Investigation Re: Col. Franklin, Vol. IV (Pt. 1 of 3) 1971. Siehe auch Dugan Robert Ersland, Sworn Statement, S. 3, 31. 12. 1970, in: ebenda.

96 Solis, Son Thang, S. 14.

stiegschancen wahren wollte, konnte entweder Statistiken fälschen und phantasierte Opferzahlen in die Welt setzen – oder Gewaltexzesse tolerieren, wenn nicht gar fördern, um nicht der Fälschung überführt zu werden. Beide Haltungen sind zur Genüge nachweisbar. Und im letzteren Fall legen sie eine präzisere Definition von »leadership breakdown« nahe. Es handelt sich um das wissentliche oder fahrlässige Inkaufnehmen wahllosen Tötens – um einen Freibrief, so viele Vietnamesen wie möglich zu töten. In der Logik des »Body Count« galt jeder Tote als Vietcong. »Tote erzählen keine Geschichten.«[97]

»Das Programm sollte ein Anreiz sein, um der Einheit Kampfgeist einzuflößen.«[98] Mit diesen Worten wollte ein Captain die besagten »Sat Cong«-Abzeichen entschuldigen. Man hört das Echo einer seit der Antike bekannten Praxis und des damit verbundenen Kalküls: Um den Aggressionsstau in der Truppe aufzulösen, müssen die Zügel ab und zu gelockert und die Grenzen des Erlaubten oder Tolerierten erweitert werden. In der frühen Neuzeit wurde deshalb – um nur ein Beispiel zu nennen – nach der Einnahme von Städten bisweilen eine befristete Erlaubnis zum Plündern und Vergewaltigen eingeräumt.[99] Truppenführer in Vietnam schrieben diese Geschichte in zigfacher Variation fort. So war die Rede vom »Indian Country« und die Assoziation rechtsfreier Räume keine Erfindung von GIs. Die zwischen November 1968 und Januar 1969 geführten Einsätze der 1. Cavalry Division hießen offiziell »Commanche Falls«, »Liberty Canyon«, »Navajo Warhorse I«, »Navajo Warhorse II« und »Sheridan Sabre«.[100] Ähnliche Signaturen wurden für eine Reihe anderer Operationen gewählt. Von »Apache Snow« bis »Rolling Thunder« wurden indianische Mythologie und hintergrün-

---

97 Ein namentlich nicht identifizierter GI über den Einsatzbefehl seines vorgesetzten Offiziers, zit. n. Baker, Nam, S. 198. Siehe ebenda, S. 191, 232 sowie NA, RG 319, AS, ODCS-PER, VWCWG, CaFi, Box 1, Folder: Concerned Sergeant Allegation.

98 Statement Philip Francis Kearns, Company Commander, 5. Battalion, 60. Infantry Regiment, 3. Brigade, 9. Infantry Division, 1968, in: NA, RG 319, AS, ODCS-PER, VWCWG, CaFi, Box 17, Folder: Shepard Allegation (VVAW-WSI), Case 190.

99 Lynn, History of Combat, S. 134; Best, Humanity in Warfare, S. 61–67; Rogers, Hundred Years' War, in: Grimsley/Rogers (Hg.), In the Path of War, S. 60–62.

100 Headquarters, 1. Cavalry Division (Airmobile), Subject: Operational Report for Quarterly Period Ending 31 January 1969, 15. 2. 1969, in: NA, RG 127, USMC, HMC-HmD, BM-68, Box 8, Folder: 1st Cavalry Div., Lessons Learned, 6/6/69.

dige Bilder des Guerillakrieges an der amerikanischen »frontier« aufgerufen. Und wie es schien, avancierten die Haudegen dieser Zeit – von George Armstrong Custer bis Samuel Sturgis – zu Souffleuren: Truppen, die fortwährend aus dem Hinterhalt angegriffen werden und in Sprengfallen mehr Opfer zu beklagen haben als im offenen Gefecht, brauchen die Gelegenheit zur Rache und symbolischen Abrechnung.

So kalkulierte auch Brigadegeneral John W. Donaldson, dem vorgeworfen wurde, während seiner Zeit als Kommandeur der 11. Light Infantry Brigade, »Americal« Division persönlich das Zielschießen auf erkennbar Unbewaffnete praktiziert zu haben.[101] Donaldson bezeichnete seine Opfer als Vietcong.[102] Die Criminal Investigation Division hingegen hielt in ihrem Abschlussbericht Mitte April 1971 fest: »Zwischen Oktober 1968 und März 1969 gab Brigadegeneral Donaldson [...] bei dreizehn verschiedenen Hubschrauberflügen über der Provinz Quang Ngai entweder eigenhändig Schüsse ab oder befahl anderen, das Feuer zu eröffnen, mit dem Ergebnis, dass offensichtlich unbewaffnete und keinen Widerstand leistende Vietnamesen getötet wurden.«[103] Seit dem 1902 eingeleiteten Verfahren gegen Jacob Smith, Kommandeur der 6. Separate Brigade im amerikanisch-philippinischen Krieg, war Donaldson der erste General, dem seitens der Armee Kriegsverbrechen vorgeworfen wurden.[104] »Wir hatten ihn am Kanthaken«, sagte einer der damaligen Ermittler in einem 1996 geführten Interview. »Sie haben morgens immer Wetten abgeschlossen, wie viele sie wohl zur Strecke bringen würden – alte Leute, Zivilisten, es war völlig egal. Einiges von diesem Zeug lässt einem die Haare zu Berge stehen.«[105] Aber zum Prozess gegen Donaldson und seinen Mitbeschuldigten, Lieutenant Colonel

---

101 NA, RG 319, AS, ODCS-PER, VWCWG, CaFi, Box 12, Folder: Notley Allegation (Appearances of Danny S. Notley and LTC Anthony B. Herbert at a CCI News Conference, 2 Jun 1971), Case 85. Diese Vorwürfe gegen Brigadier General Donaldson waren auch von anderer Seite erhoben worden: Siehe ebenda, Folder: Seger Allegation (Talking Papers, Fact Sheet), Case 86.

102 *The New York Times*, 3. 6. 1971: General, Ex-Aide Accused of Murdering Vietnamese.

103 Talking Paper, Subject: BG Donaldson and LTC McCloskey Case, in: NA, RG 319, ODCS-PER, VWCWG, CaFi, Box 12, Folder: Seger Allegation (Talking Papers, Fact Sheet), Case 86.

104 *The Washington Post*, 3. 6. 1971: Donaldson Case First in 70 Years.

105 Ein seine Anonymität wahrender Ermittler im Fall Donaldson, zit. n. Robert Parry, Norman Solomon, Behind Colin Powell's Legend – Pentagon-Man, in: *The Consortium*, zit. n. http://www.consortiumnews.com/archive/colin4.html.

William J. McCloskey,[106] kam es dennoch nicht – zwei Hubschrauberpiloten hatten nach ihrer Versetzung auf einen anderen Stützpunkt ihre belastenden Aussagen zurückgezogen.[107]

Als Lieutenant Colonel Anthony Herbert im Sommer 1971 an die Öffentlichkeit ging und mit der Autorität eines Offiziers das Verhalten seiner Kollegen anprangerte,[108] lag eine kaum zu überschauende Fülle ähnlicher Beschuldigungen vor. Eine Auswahl: Auch das 2. Battalion, 12. Infantry Regiment, 25. Infantry Division hatte einen »Fall Donaldson«, vorgebracht gegen Lieutenant Colonel Burton J. Walrath Jr., der um der »Body Count«-Bilanz willen Helikopterpiloten in der Provinz Tay Ninh (III. Corps Tactical Zone) das Zielschießen auf Bauern befohlen hatte und darüber hinaus verdächtigt wurde, die Zerstörung eines Dorfes und die Ermordung aller seiner Einwohner angeordnet zu haben;[109] ein Kompanieführer und Bataillonskommandeur vom 47. Infantry Regiment, 3. Brigade, 9. Infantry Division standen am Ende einer internen Untersuchung im dringenden Verdacht, den Mord an Gefangenen toleriert, wenn nicht dazu aufgefordert zu haben;[110] ein Lieutenant Colonel hatte eingeräumt, der 173. Aviation Company des 11. Aviation Battalion während eines Einsatzes in der Provinz Gia Dinh (IV. Corps Tactical Zone) den Befehl zu einem »Luftbegräbnis« gegeben zu haben – gemeint war die »Entsorgung« eines gefallenen Nordvietnamesen über Feindesgebiet, also Leichenschändung zwecks Einschüchterung

---

106 Die Criminal Investigation Division sah es als erwiesen an, dass Lieutenant Colonel William J. McCloskey im Januar 1969 den Befehl gab, einen wegen seines Fahrrades verdächtig gewordenen Bauern zu erschießen und einen Festgenommenen aus einem fliegenden Hubschrauber werfen ließ: NA, RG 319, ODCS-PER, VWCWG, CaFi, Box 12, Folder: Seger Allegation, Case 86.

107 Mitte Juni 1970 wurde auch ein Patrouillenführer der B Company (Aeroscout), 123. Aviation Battalion, »Americal« Division von einem Kriegsgericht freigesprochen, obwohl die Criminal Investigation Division bestätigt hatte, dass er, vorsätzlich und ohne provoziert worden zu sein, zwei minderjährige Jungen ermordet hatte: NA, RG 319, AS, ODCS-PER, VWCWG, CaFi, Box 5, Folder: SP 4 Miller Allegation.

108 Neun Monate zuvor hatte Herbert seine Beschwerden bereits auf dem Dienstweg vorgebracht: NA, RG 319, ODCS-PER, VWCWG, CaFi, Box 8, Folder: Herbert Allegation (Part 1 of 2) und (Part 2 of 2), Case 58.

109 Auch dieser Fall zog keine strafrechtlichen Weiterungen nach sich: NA, RG 319, ODCS-PER, VWCWG, CaFi, Box 21, Folder: Crowe Allegation, Case 237.

110 NA, RG 319, AS, PI-AC, Box 5, Folder: Army Staff Monitor Summary and Backup Material sowie Box 29, Folder: Sensitive Material – My Lai – Folder # 6.

der Guerilla und ihrer Unterstützer;[111] ein Kompaniechef des 2. Bataillon, 503. Infantry Regiment der 173. Airborne Brigade (Separate) hatte Druck und Vertrieb von Weihnachtskarten geduldet, auf denen neben dem Abzeichen der Brigade und dem Schriftzug »Frieden auf Erden – Als Botschaft guten Willens« das verstümmelte Gesicht eines Vietnamesen zu sehen war[112] – wahrscheinlich hatte er sich Colonel George S. Patton III, Sohn des bekannten Generals aus dem Zweiten Weltkrieg, zum Vorbild genommen, der zu Weihnachten 1968 Grußkarten samt Farbfotos verstümmelter, übereinandergestapelter Vietcong und dem Aufdruck: »Von Colonel und Frau George S. Patton III – Frieden auf Erden« verschickt hatte.[113] Und so weiter und so fort in einer Liste, die anhand der in den folgenden Kapiteln dargestellten Einzelfälle um zig weitere Beispiele ergänzt werden kann.

Anthony Herbert wusste, dass seine Intervention mit dem Rückzug der Bodentruppen zusammenfiel und mithin viel zu spät kam. Was ihm blieb, war eine emotionale Abrechnung: »Wir hieven die Schlechtesten in Kommandopositionen. Die Besten streben zu den hohen Posten im Pentagon. [...] Dieser Kram würde aufhören, wenn wir ein paar der altgedienten Kommandeure hängen würden. Wenn nicht länger der Mantel des Schweigens darüber ausgebreitet würde, dann wird es auch aufhören. [...] Als ich nach Vietnam kam und sah, wie in meinem Bataillon gefoltert wurde, sprach ich andere Offiziere an. Und bekam zur Antwort: ›So ist das eben. Du kannst nichts dagegen tun. Du darfst den großen Drachen nicht gegen dich aufbringen, [...] oder du bist weg vom Fenster.‹«[114] Bei den »Winter Soldiers« und bei anderen Teilen der Öffentlichkeit fand er damit zweifellos Anklang. Aber im Pentagon fühlten sich jene bestätigt, die jenseits von »My Lai (4)« keine weiteren Nachforschungen anstellen wollten. So wurde Herberts Kritik am Ende

---

111 NA, RG 319, ODCS-PER, VWCWG, CF, Box 4, Folder: Helicopter Incident, Case 8 (1); ebenda, Folder: Helicopter Incident CID Reports – Testimony # 1, Case 8 (2); ebenda, Folder: Helicopter Incident CID Reports Testimony # 2, Case 8 (3). Zu Leichenschändungen siehe auch NA, RG 319, ODCS-PER, VWCWG, CaFi, Box 19, Folder: Potter Incident (FSB Mary Ann Incident), Case 226.

112 Anthony B. Herbert, Sworn Testimony, 28. 9. 1970, in: NA, RG 319, AS, ODCS-PER, VWCWG, CaFi, Box 8, Folder: Herbert Allegation (Part 2 of 2), Case 58 sowie RG 472, USFSEA, MACV, DRAC, IG, Preliminary Inquiry Re: Colonel Franklin, Box 1, Folder: Preliminary Investigation Re: Col. Franklin, Vol. I (Part 1 of 3), 1971.

113 Hersh, My Lai 4, S. 9.

114 Anthony B. Herbert, Interview mit *Life*, 9. 7. 1971, S. 24.

zu einem »Fall« – will heißen, zu einem weiteren Anlass des Vertuschens hinter einer »grünen Wand des Schweigens«.

Im Licht der geschilderten Umstände und Entwicklungen haftet William Westmorelands Mahnungen an Geist und Buchstabe der »Rules of Engagement« etwas Rituelles an. Sie erscheinen wie ein Akt bürokratischer Beschwörung – als könnte der erforderliche Respekt mittels einer verregelten Wiedervorlage hergestellt werden. Auch ist ein auf Prävention bedachtes Kalkül nicht von der Hand zu weisen. Ein Oberkommando, das über die Gewaltexzesse und Kriegsverbrechen seiner Truppen hinreichend informiert ist, aber den Dingen dennoch ihren Lauf lässt, bedarf der Rückversicherung – in diesem Fall in Gestalt eines durch Aktenumlauf erbrachten Beweises, dass man die in Nürnberg eingegangenen Selbstverpflichtungen ernst nimmt und über den Vorwurf erhaben ist, das wahllose Töten lizenziert zu haben. Wie dem auch sei: Die Kluft zwischen Anspruch und Wirklichkeit des Krieges, zwischen deklaratorischer politischer Doktrin und praktizierter militärischer Strategie stand der Führung des »Military Assistance Command« klar vor Augen. Mit einem Katalog erlaubter Regelverletzungen, niedergelegt in den Ausnahmebestimmungen zu den »Rules of Engagement«, hatte sie diese Kluft eigenhändig fixiert. Insofern spiegelt sich in Westmorelands Appellen das Bewusstsein um ein kalkuliertes und bedacht in Kauf genommenes Risiko: Offiziere, die sich nicht an das Gesetz des Krieges halten, entbinden auch die Mannschaften von Verantwortungsgefühl. Dazu noch einmal Anthony Herbert: »Wenn man einem Soldaten nicht sagt, was rechtens ist, glaubt er, dass das stillschweigend Akzeptierte das ist, was man von ihm will. Und entsprechend wird er sich verhalten. Es gehört kein Mut dazu, brutal zu sein.«[115]

---

115 Anthony B. Herbert, Interview mit *Life*, 9. 7. 1971, S. 24. Herbert C. Kelman spricht diesbezüglich von der Ausschaltung der »moralischen Instanz«: Kelman, Context of Torture, in: Crelinsten/Schmid (Hg.), Politics of Pain.

Krieger

> *»Alle diese Augen auf mich gerichtet – die Stadt, das ganze Universum –, und ich konnte diese Blamage nicht riskieren. […] Ich konnte hören, wie sie mich anschrien. Verräter!, brüllten sie. Opportunist! Feigling! Ich fühlte die Röte in meinem Gesicht. Ich konnte es nicht aushalten. […] Blamage, nur darum ging es.«*
>
> *(Tim O'Brien)*[1]
>
> *»U-U-U-U«*[2]

»Man Crazy« nannte Joyce Carol Oates ihren im Herbst 1997 erschienenen Roman über eine aufgewühlte Seelenlandschaft im Amerika der 1980er Jahre. Die Geschichte dreht sich um etwas Unfassbares, das zeitweise im Nebel des Vergangenen versunken scheint, aber jederzeit mit zerstörerischer Macht in die Gegenwart treten kann – verkörpert in der Figur eines ehemaligen Kampffliegers der US Air Force, der nach seiner Rückkehr aus Vietnam offenbar straffällig wurde und ständig auf der Flucht ist. Nur ein einziges Mal tritt er leibhaftig auf. Dennoch begleitet er seine Angehörigen auf Schritt und Tritt, flüstert ihnen ein, schleicht sich in ihre Träume. Je weiter Frau und Tochter sich von ihm entfernt wähnen, desto näher rückt er ihnen. »It's crazy, man« – »This man is crazy«: Wie man den Titel auch lesen mag, es geht um einen Menschen, der seinen Platz in der Gesellschaft nicht mehr findet, weil er sich selbst verloren hat. »Ich habe Menschen in Nam getötet, Männer, Frauen, Kinder, weiß Gott, was sonst – Wasserbüffel. […] Ich wusste, ich würde nicht sterben, oder wenn ich sterben würde, wär es scheißegal. Menschen sind Dreck. Was soll's also. Wenn ich einem den Kopf wegpuste, einem Typen, der ein aufrecht wandelndes, quasselndes, stinkendes Stück Scheiße ist und alle, auch seine Freunde, selbst die Bullen, würden es hinnehmen – erwartest du dann von mir, dass *ich* es ernst nehme? […] Dass ich nicht lache. In den Augen Gottes bin ich ein Stück Dreck, daher ist auch nichts von Bedeutung, was ich tue, oder getan habe oder

---

1 O'Brien, Things They Carried, S. 59.

2 »U-U-U-U« – Auf Stahlhelmen amerikanischer Vietnamsoldaten gekritzeltes Kürzel für »Die Unwilligen, geführt von den Unqualifizierten, die das Unnötige für die Undankbaren erledigen«. – »The unwilling, led by the unqualified, doing the unnecessary for the ungrateful.«

tun werde.« Er lebt in einem Niemandsland, umgeben von Gespenstern, die ihn umso mehr peinigen, als sie jenseits der Erinnerung an die Schmach eine trügerische Hoffnung auf Erlösung nähren. Trotzig entgegnet er im gleichen Atemzug seiner Frau: »Ich der Ruin unseres Lebens? Von wegen. [...] Ich bin ein stolzer Mann. Ich habe meinen Stolz behalten.«[3]

»Grunts« und Cracks

Im Herbst 1964 standen 184000 US-Soldaten, einschließlich diverser Spezialeinheiten, in Vietnam. 1969 waren es 541000. Und als mit dem Fall der südvietnamesischen Hauptstadt Saigon der Krieg im April 1975 zu Ende ging, blickten 3400000 GIs – unter ihnen ein paar tausend Frauen – auf eine Dienstzeit in Vietnam, Laos, Kambodscha, Thailand und im Südchinesischen Meer zurück. Von ihnen waren über einen Zeitraum von knapp elf Jahren 2600000 in Südvietnam stationiert gewesen. Diese Zahlen sagen viel über den politischen Stellenwert, aber wenig über den Alltag des Krieges. Letzteren zu begreifen, heißt sich ein Bild von den Dschungelkriegern zu machen. Für Kampfeinsätze ausgebildet und Tag für Tag im Gelände unterwegs oder in Gefechte verwickelt, trugen sie die Hauptlast. Sie liefen das größte Risiko, getötet zu werden. Und zugleich war das Töten anderer ihre hauptsächliche Aufgabe. Indem sie fortwährend ihr eigenes Leben aufs Spiel setzten, hatten sie zugleich das letzte Wort über das Leben anderer – von ihrer Kampfmoral hing das Schicksal feindlicher Soldaten ab, ihr Verhalten hatte maßgeblichen Einfluss darauf, ob und wie Unbeteiligte in den Kriegszonen überlebten. Doch ausgerechnet mit Blick auf die »grunts« oder »legs«, wie die »Frontschweine« im amerikanischen Jargon hießen, sind die Statistiken diffus. Wer wissen möchte, wie viele Tonnen Speiseeis oder Pizza nach Vietnam geflogen wurden, ist mit den Akten des Pentagon gut bedient. Nach wie vor umstritten und offensichtlich nicht präzise zu beantworten ist hingegen die Frage, wie viele GIs an der Front standen und tatsächlich Kampfeinsätze absolvierten und wie viele in der Etappe für Versorgung, Logistik und Kommandoaufgaben zuständig waren.

Offiziell ist in den Organisationsplänen der US Army vorgesehen, dass eine Kampfdivision mit durchschnittlich 16000 Mann von 32000

---

3 Oates, Man Crazy, S. 88/89. (Hervorhebung im Orig.)

»support troops« unterstützt wird. Doch keine Division oder Brigade, kein Regiment oder Bataillon in Vietnam erzielten je dieses Verhältnis von eins zu zwei. Weil die Guerilla sich auf Angriffe gegen »weiche Ziele« konzentrierte, musste der größte Teil der amerikanischen Truppen zum Schutz von Stützpunkten, Kommunikationswegen sowie Bevölkerungszentren abgestellt werden. Jenseits dessen betrieb man einen extrem personalintensiven Aufwand, um den Soldaten möglichst viele Annehmlichkeiten aus dem zivilen Leben angedeihen zu lassen – von der Verpflegung über klimatisierte Unterkünfte bis hin zu Kurzurlauben im asiatischen Raum. Und nicht zuletzt schlug zu Buche, dass die Amerikaner von Häfen bis hin zu Rollbahnen einen guten Teil der kriegsrelevanten Infrastruktur mit eigenen Kräften bauten. In einer internen Bestandsaufnahme ist davon die Rede, dass nur 20 Prozent – also 520000 von insgesamt 2,6 Millionen Soldaten – bei »primären Kampftruppen«, mithin bei der Infanterie, bei gepanzerten Verbänden oder der Artillerie eingesetzt waren.[4] Womit freilich nichts über ihre konkrete Verwendung gesagt ist. Im Schnitt, so eine Ende der 1970er Jahre vorgelegte Schätzung, wurde nur die Hälfte eines Infanteriebataillons der Army und des Marine Corps den »rifle platoons« zugewiesen, also mit einem Kampfauftrag betraut. Und weniger als die Hälfte aller »maneuver forces«, der klassischen Kampftruppen, stand für offensive Einsätze zur Verfügung.[5] Zeitgenössische Berechnungen oder nachträgliche Aussagen von Offizieren weisen in dieselbe Richtung. Folglich können wir davon ausgehen, dass nur jeder zehnte Soldat der regulären Armee unmittelbar mit dem Krieg im traditionellen Sinne, mit dem Töten und Getötetwerden, konfrontiert war. Demnach dürfte die Zahl dieser Dschungelkrieger insgesamt bei 260000 gelegen haben. Bezogen auf 1969, das Jahr der größten Truppenkonzentration, waren es ungefähr 54000.[6]

Waren während des Zweiten Weltkrieges und im Koreakrieg fast alle Wehrfähigen eines Jahrgangs mobilisiert worden, so galt Mitte der 1960er Jahre die allgemeine Wehrpflicht nur noch auf dem Papier. Auch diesbezüglich ist die Datenlage verworren. Je nachdem, ob die gesamte

---

4 Fact Sheet, undatiert, in: NA, RG 127, USMC HMC-HDPT, TF, FRC Box 4, Folder: Command Concerns: Drugs, Racial Strife, Fragging. Siehe Spector, After Tet, S. 40, 43.

5 Lewy, America in Vietnam, S. 175.

6 Hinzu kommen für das Jahr 1969 noch circa 34000 Frontkämpfer aus den Reihen der mit den USA verbündeten Truppen: Lewy, America in Vietnam, S. 175; Dunnigan/Nofi, S. 91, 168, 181; Tucker (Hg.), Encyclopedia, S. 74, 241, 249, 371, 435 sowie Gibson, Perfect War, S. 189f.

Kriegszeit oder ein einzelnes Jahr in den Blick genommen wird, schwankt die Zahl der vom Kriegsdienst Befreiten zwischen 35 und 60 Prozent.[7] In der Tendenz kann man davon ausgehen, dass ungefähr die Hälfte der 27 Millionen junger Männer, die in den 1960er Jahren im wehrpflichtigen Alter waren, von sogenannten »deferments« profitierten – von Ausnahmeregelungen jedweder Art, mit denen man sich zeitweise zurückstellen lassen oder dafür sorgen konnte, seinen Verpflichtungen geruhsam in der amerikanischen Provinz nachzukommen. Das »Selective Service System« war zu einem »Selective System« verkommen. In den Worten des Historikers Christian Appy: Die amerikanische Gesellschaft war dazu übergegangen, den männlichen Nachwuchs der Mittel- und Oberschichten für die Universitäten zu rekrutieren und die Kinder aus Arbeiterhaushalten sowie Unterschichten in Uniform zu stecken.[8] Obwohl der sozialwissenschaftliche Umgang mit dem Klassen- und Schichtbegriff zu ähnlicher Skepsis Anlass gibt wie die Statistiken des Pentagon, ist der Befund eindeutig. Mehr als die Hälfte aller nach Vietnam abkommandierten Soldaten entstammte Arbeiterfamilien, ein weiteres Viertel kam aus »armen Verhältnissen« mit ungesicherten, oft unter der Armutsgrenze liegenden Einkommen. Der gut ausgebildete und über dem Durchschnitt verdienende Mittelstand war nur mit einem knappen Viertel vertreten.[9] Die allfällige Selbstbeschreibung als »Unwillige« hängt zweifellos mit dieser Wahrnehmung eines unfairen Auswahlprozesses zusammen.

Dass 65 Prozent aller GIs sich als Freiwillige gemeldet hatten, ist kein Einwand gegen den weithin attestierten Unwillen zum Krieg.[10] Wer nämlich nicht auf den Einberufsbescheid wartete und sich vorzeitig zur Army meldete, konnte auf die Mitnahme von Vorteilen spekulieren: auf eine von drei auf zwei Jahren verkürzte Dienstzeit und vor allem darauf, nicht den Fahrschein nach Vietnam lösen zu müssen. Während von den Zwangsrekrutierten zwischen 50 und 80 Prozent in den Krieg geschickt

---

7 Baritz, Backfire, S. 277–281 sowie Spector, After Tet, S. 29.

8 Appy, Working-Class War, S. 6, 18, 37.

9 Fact Sheet, undatiert, in: NA, RG 127, USMC HMC-HDPT, TF, FRC Box 4, Folder: Command Concerns: Drugs, Racial Strife, Fragging. Siehe auch Baskir/Strauss, Vietnam Generation sowie Appy, Working-Class War, S. 27. Zu den Schwierigkeiten im Umgang mit dem Zahlenmaterial siehe Resic, Warriors in Vietnam, S. 53f.

10 Fact Sheet, undatiert, in: NA, RG 127, USMC HMC-HDPT, TF, FRC Box 4, Folder: Command Concerns: Drugs, Racial Strife, Fragging sowie Dunnigan/Nofi, Secrets, S. 3.

wurden, lag dieser Anteil bei den Freiwilligen deutlich niedriger.[11] Das Paradox, es mit Freiwilligen für einen unfreiwilligen Dienst zu tun zu haben, hatte auch einen sozialökonomischen Hintergrund. 79 Prozent aller Vietnamsoldaten konnte einen High-School-Abschluss vorweisen – während des Koreakrieges und des Zweiten Weltkrieges hatte diese Zahl noch bei 63 Prozent beziehungsweise 45 Prozent gelegen.[12] Vergleichsweise gute Bildung aber war in der damaligen Zeit ein Versprechen für einen guten Arbeitsplatz. Und ein Argument gegen die Army, die im Unterschied zu späteren Jahren noch nicht als attraktive »Jobagentur« wahrgenommen wurde. Aus den Benachteiligungen der sozialen Herkunft kann also nicht zwingend auf eine unterprivilegierte Lebensperspektive geschlossen werden. So gesehen, trifft Ronald Spector mit dem Hinweis den Punkt, dass die US-Streitkräfte in Vietnam »in vielerlei Hinsicht die beste Truppe waren, die von den Vereinigten Staaten je nach Übersee geschickt worden war«[13] – »All American Boys« eben.

Ob es die »beste Truppe« war, sei trotz allem dahingestellt. Die jüngste war es in jedem Fall. Das Durchschnittsalter der »draftees«, der Eingezogenen, lag knapp unter 20 Jahren, die »enlistees«, die Freiwilligen, waren im Schnitt noch einige Monate jünger. Rechnet man die Grundausbildung oder die Monate anderweitiger Verwendung hinzu, so war der »typische GI« bei seiner Ankunft in Vietnam 22 Jahre alt und damit vier bis fünf Jahre jünger als die während des amerikanischen Bürgerkrieges oder im Laufe des Zweiten Weltkrieges eingesetzten US-Soldaten.[14] Noch drastischer wird der Unterschied bei den Gefallenen. Zwei Drittel derer, die in Vietnam ihr Leben ließen, waren 21 Jahre und jünger.[15] Dass des Weiteren überproportional viele Katholiken und Südstaatler in der Vietnamarmee vertreten waren, erscheint demgegenüber

---

11 Dunnigan/Nofi, Secrets, S. 5; Spector, After Tet, S. 32.

12 Fact Sheet, undatiert, in: NA, RG 127, USMC HMC-HDPT, TF, FRC Box 4, Folder: Command Concerns: Drugs, Racial Strife, Fragging sowie Fact Sheet: Company C, 1. Battalion, 20. Infantry Division, 21. 12. 1969, in: NA, RG 319, AS, ODCS-PER, VWCWG, MLM, Box 1, Folder: My Lai Army Staff Monitor. Summaries, Jan. 1970; Dunnigan/Nofi, Secrets, S. 4; Spector, After Tet, S. 36. Die detaillierteste Studie zu familiären Hintergründen und Bildungsniveau stammt von Baskir/Strauss, Vietnam Generation.

13 Spector, After Tet, S. 26. Siehe ebenda, S. 38 sowie Moskos, Enlisted Man.

14 Spector, After Tet, S. 35; Dunnigan/Nofi, Secrets, S. 3–7; Gibson, Perfect War, S. 214–217.

15 Fact Sheet, undatiert, in: NA, RG 127, USMC HMC-HDPT, TF, FRC Box 4, Folder: Command Concerns: Drugs, Racial Strife, Fragging.

als vernachlässigenswertes Charakteristikum. Entscheidend ist der Preis, den die politische Führung für ihre Rücksichtnahme auf den Mittelstand, genauer gesagt für die Weigerung zahlte, Reservisten und Nationalgardisten einzuberufen. Sie schickte die jüngsten Söhne derer ins Feld, die nicht in »suburbia« wohnten und im Kalkül der Wahlkampfstrategen eine zunehmend randständige Rolle spielten.

Auf die »grunts« im engeren Sinne trifft das Gesagte ausnahmslos zu – Herkunft, Alter und im Großen und Ganzen auch Bildung. Und doch gibt es im Vergleich zu den restlichen 90 Prozent der Vietnamarmee bemerkenswerte Differenzen. Das Sprichwort, dass stets die Letzten von den Hunden gebissen werden, scheint wie gemacht für sie. Die Army steckte vorzugsweise jene in Kampfeinheiten, die sich nicht freiwillig gemeldet hatten. In anderen Worten: Jene, die über die alternativen Möglichkeiten innerhalb des Systems nicht informiert waren oder nicht damit zu spielen wussten. Im Jahr 1970 waren 88 Prozent aller Schützen der Infanterie »draftees«.[16] Und allen offiziellen Beteuerungen zum Trotz war die Zuweisung zu Truppenteilen nicht farbenblind. Zwischen 1964 und 1966 waren zwischen 20 und 25 Prozent aller bei Kampfeinsätzen getöteten Amerikaner Schwarze – während der Anteil von Afroamerikanern in Vietnam bei 10,6 Prozent lag und damit der demographischen Verteilung in der US-Bevölkerung entsprach.[17] Zwar wurde diese Todesrate bis Mitte 1969 halbiert, weil die Army nicht zuletzt unter dem Eindruck brennender Ghettos in amerikanischen Großstädten weniger Schwarze an die Front schickte. Aber auch in der Folge gab eine Schützenkompanie der Infanterie alles andere als ein repräsentatives Abbild von Amerikas junger Generation ab: Sie bestand zur Hälfte aus Schwarzen sowie Soldaten lateinamerikanischer und asiatischer Abstammung.[18]

Unklar ist, wie viele der im Rahmen des »Project 100 000« rekrutierten Soldaten bei den »grunts« landeten. Unter dem Druck eines erhöhten Mannschaftsbedarfs hatte das Pentagon 1967 die Aufnahmekriterien

---

16 Resic, Warriors, S. 77.

17 Gibson, Perfect War, S. 215; Spector, After Tet, S. 37; Lewy, America in Vietnam, S. 154 sowie Fact Sheet, undatiert, in: NA, RG 127, USMC HMC-HDPT, TF, FRC Box 4, Folder: Command Concerns: Drugs, Racial Strife, Fragging.

18 Spector, After Tet, S. 37; Dunnigan/Nofi, Secrets, S. 7; Lewy, America in Vietnam, S. 155 sowie Appy, Working-Class War, S. 18 f.: 48 Prozent aller Soldaten lateinamerikanischer Abstammung wurden zu Kampfeinheiten abkommandiert, 34 Prozent der schwarzen GIs, aber nur 29 Prozent der Weißen.

für die Armee drastisch nach unten korrigiert und verfügt, fortan jährlich 100000 Mann zuzulassen, die in die »Kategorie 4« eingestuft worden waren und aufgrund mentaler Defizite eigentlich als untauglich hätten abgewiesen werden müssen. Bis Dezember 1971 stießen auf diese Weise 354000 Ungeeignete zur Vietnamtruppe – sieben Prozent zu den Marines[19] und 93 Prozent zur Army.[20] Sicherlich kamen aus der »Kategorie 4« nicht die besten Soldaten. Aber für den Disziplinverfall an der Front und andernorts trägt diese Minderheit keine über das übliche Maß hinausgehende Verantwortung. »Ihr Anteil an Kriegsgerichtsverfahren«, so eine Studie des Pentagon, »lag zu guter Letzt nur unwesentlich höher als bei allen anderen Wertungsgruppen.«[21]

Egal, wie man diese Spezifika der »grunts« am Ende wertet, sie sind allesamt nur Variationen der sozialen Dimension. Wie zu keinem anderen Zeitpunkt in der amerikanischen Geschichte trugen Angehörige aus dem unteren Drittel des gesellschaftlichen Spektrums die Hauptlast des Krieges. Mehr als alles andere entschied die soziale Zugehörigkeit über die Wahrscheinlichkeit, kämpfen und das Risiko, sterben zu müssen. 18465 oder knapp 32 Prozent aller amerikanischen Kriegstoten kamen aus den Reihen der Infanterieschützen.[22] Erst vor diesem Hintergrund wird die Selbstwahrnehmung der »grunts« als »Unwillige« und »Missbrauchte« in ihrer Brisanz deutlich. Sie wurde mehrheitlich von Soldaten vorgetragen, die am wenigsten von der amerikanischen Gesellschaft zu erwarten hatten.[23] Und die mit dem Etikett der »All American Boys« nichts, mit den Begriffen »race« und »class« umso mehr anzufangen wussten.

Die kleinste Gruppe der Front- oder Dschungelkämpfer waren die eigens für Aufstandsbekämpfung ausgebildeten »Special Forces« – Spezialeinheiten in der Nachfolge der Marines, die zwischen 1919 und 1939 gegen Insurgenten in Lateinamerika und der Karibik eingesetzt worden waren, oder der während des Unabhängigkeitskrieges und im Zweiten Weltkrieg zu Ruhm gekommenen »Army Rangers«. Sie werden

19 Solis, Son Thang, S. 118.

20 Dunnigan/Nofi, Secrets, S. 4; Gibson, Perfect War, S. 217 sowie Fact Sheet: Company C, 1. Battalion, 20. Infantry Division, 21. 12. 1969, in: NA, RG 319, AS, ODCS-PER, VWCWG, MLM, Box 1, Folder: My Lai Army Staff Monitor. Summaries, Jan. 1970.

21 Zit. n. Solis, Son Thang, S. 117.

22 Dunnigan/Nofi, Secrets, S. 3, 7; Gibson, Perfect War, S. 215 sowie Resic, Warriors, S. 54f.

23 Spector, After Tet, S. 37.

von den militärischen Geheimdiensten traditionell gut abgeschirmt, bisweilen wird gar ihre Existenz geleugnet. Oder die offiziell zur Verfügung gestellten Informationen sind Desinformationen zur Irreführung des Gegners, wenn nicht der Öffentlichkeit im eigenen Land. Selbst die wenigen mittlerweile vorliegenden Spezialstudien verlieren sich daher an wichtigen Punkten im Ungefähren – beispielsweise hinsichtlich der Mannschaftsstärken. Wenn wir die verfügbaren Daten zusammenfassen, so wurden auf dem Höhepunkt des Krieges – also in den Jahren 1967 bis 1969 – jährlich zwischen 3500 und 4000 dieser Elitesoldaten in Vietnam, Laos und Kambodscha eingesetzt. In anderen Worten: Auf 13 oder 14 normal ausgebildete Dschungelkämpfer der Armee kam ein Angehöriger der »Special Forces«.[24] In keinem bis dato geführten Krieg hatte man auf so viele Sondereinheiten zurückgegriffen. Für ein soziokulturelles Profil taugen die verfügbaren Daten aber nicht, allenfalls für eine Skizze der organisatorischen Zugehörigkeit, der Aufgabenverteilung und des soldatischen Selbstbildes.

1945 fast gänzlich demobilisiert, fristeten die »Special Forces« bis in die frühen 1960er Jahre ein Schattendasein. Im Ausbildungszentrum Fort Bragg, North Carolina, waren bis zu diesem Zeitpunkt zwar 5000 »Green Berets« trainiert worden. Aber mit ihnen ließen sich nur drei unterbesetzte Bataillone bestreiten. Erst John F. Kennedy leitete die Wende ein. Zu Beginn seiner Amtszeit veranlasste er, dass diese Spezialtruppen der Army binnen weniger Monate von 2500 auf 10000 Mann aufgestockt wurden und zum Zeichen ihrer künftig hervorgehobenen Stellung erstmals die Erlaubnis erhielten, ihre namengebenden »Green Berets« auch öffentlich zu tragen. Luftwaffe und Marine begannen in der Folge ebenfalls mit der Ausbildung eigener Einheiten für »begrenzte Kriege«. Major General Victor Krulak vom Marine Corps, der neue Koordinator des Anti-Guerilla-Programms, wurde mit Sitz und Stimme in die Reihen der Vereinten Stabschefs aufgenommen. Und 1964 richtete das Pentagon eine »Studies and Observations Group« (SOG), wahlweise auch »Special Operations Group« genannt, zur Koordination der geheimen Front in Südostasien ein. Das Oberkommando in Saigon hatte mittels der SOG jederzeit Zugriff auf die Elitetruppen aller Waffengattungen und machte von diesem Privileg bis zum Ende des Krieges ausführlich Gebrauch. Ein Wunsch von SOG, so die unmissverständliche Botschaft aus Washington, war als Befehl zu verstehen. Als A-, B-, C&C-Teams oder »Projekt Delta« camoufliert, operierten die von SOG

24 Dunnigan/Nofi, Secrets, S. 91, 168, 181; Tucker, Encyclopedia, S. 74, 241, 249, 371, 435; Gibson, Perfect War, S. 189f. sowie Shultz, Secret War.

zusammengestellten Sondereinheiten auch jenseits der Grenzen von Südvietnam.[25]

Mit den »Green Berets« und den »Long Range Reconnaissance Patrols« (LRRP oder »Lurps«) stellte die Army das größte Kontingent klandestiner Kämpfer. Gegen Ende der 1960er Jahre kamen im Jahresmittel circa 1500 »Green Berets« zum Einsatz, die meisten bei der 5., alle anderen bei der 1. und 7. Special Forces Group.[26] Die »Lurps« hingegen waren in allen Divisionen und an allen Einsatzorten vertreten. Mit zunehmender Dauer des Krieges bestückte man ihre Teams nicht nur mit den in der »Jungle Warfare School« in Panama Ausgebildeten, sondern auch mit Freiwilligen, die eine dreiwöchige »Recondo School« in Vietnam absolviert hatten.[27] Die offizielle Zahl von 5000 während des gesamten Krieges eingesetzten »Lurps«[28] dürfte daher deutlich zu niedrig angesetzt sein. Manche Beobachter gehen allein für den Februar 1969 von circa 1800 LRRP-Truppen aus. In jedem Fall trug das Pentagon dem zahlenmäßigen Wachstum der »Lurps« auch administrativ Rechnung und unterstellte sie im Rang von »Ranger«-Kompanien dem 75. Infantry Regiment.[29] Der Beitrag der Navy nahm sich demgegenüber bescheiden aus. Ihre »Sea-, Air-, Land-Commandos« oder »SEALs« – der »Task Force 115 und 116« zugeordnet und überwiegend im Mekongdelta aktiv – erreichten 1968 mit circa 100 Mann ihre maximale Jahresstärke.[30]

Die »Special Forces« operierten in der Regel in Kleingruppen zu sechs Mann, häufig im Schutz der Nacht, in unwegsamem, mitunter nur durch Helikopter erreichbarem Terrain und bisweilen tage- oder

---

25 Die kleinsten Einheiten waren die »Recon Teams« mit bis zu zwölf Soldaten, gefolgt von den »Hatchet Forces«, die in Platoon-Stärke von bis zu 35 Mann operierten. Die »Slam Forces« schließlich hatten Kompaniestärke: Siehe USCR, 6. 4. 1971, S. E2884; Dunnigan/Nofi, Secrets, S. 171 sowie Tucker, Encyclopedia, S. 386. Zur Geschichte der »Special Forces« siehe Marquis, Unconventional Warfare und Greiner, Amerikanische Guerilla.

26 Dunnigan/Nofi, Secrets, S. 168f.; Leepson (Hg.), Dictionary, S. 375 sowie Tucker, Encyclopedia, S. 74, 241, 249, 386.

27 MHD, 9. Infantry Division, Subject: Combat After Action Interview 12-67, S. 2, in: NA, RG 472, USAV, MHD, AAI, Box 9, Folder: Folder I, AA Interviews (68).

28 Tucker, Encyclopedia, S. 241.

29 Dunnigan/Nofi, Secrets, S. 81f., beziffern die Zahl der »Lurps« zu diesem Zeitpunkt mit 15 Kompanien. Die Zahl 1800 ergibt sich, wenn man die durchschnittliche Kompaniestärke von 120 Mann zugrunde legt.

30 Tucker, Encyclopedia, S. 371.

wochenlang auf sich allein gestellt. Feindliche Stellungen und Gefangenenlager ausspähen, Zielpunkte für Luftangriffe oder Truppenlandungen markieren, Sabotageaktionen in Laos, Kambodscha und Nordvietnam durchführen, in »hunter-killer teams« Funktionäre des Vietcong entführen oder ermorden, Agenten einschleusen, abgeschossene Piloten lokalisieren und Kriegsgefangene befreien, Hinterhalte legen, Gelände verminen, Nachschubwege unterbrechen und in Ausnahmefällen Kommandoangriffe auf Stützpunkte des Feindes vortragen – das waren ihre wichtigsten Aufgaben. Und nicht zu vergessen die Anleitung einheimischer Truppen. Die »SEALs« bildeten südvietnamesische Polizei- und Agententrupps aus, die als »Provincial Reconnaissance Units« im Rahmen der Operation »Phoenix« Jagd auf Verdächtige machten. Und die »Green Berets« unterwiesen die »Civilian Irregular Defense Groups«, eine auf 80 Stützpunkte im Zentralen Hochland verteilte Truppe von circa 50000 Mann, die zum größten Teil aus dem Bergvolk der Montagnards rekrutiert worden war.[31]

Im Unterschied zu den »grunts« sollten die »Special Forces« keine Kampfeinsätze durchführen. Doch wurde diese Richtlinie umso weniger beherzigt, je länger der Krieg dauerte. »Es entwickelte sich zu einem Problem, die Männer vom Schießen abzuhalten«, hieß es in einer Auswertung der 9. Infantry Division über die Praxis der »Lurps« vom Dezember 1967. »Am letzten Tag eines Einsatzes, wenn eine Patrouille ohnehin kurz davor steht, ausgeflogen zu werden, steht es ihr frei, sich bietende Gelegenheiten zu nutzen.«[32] Im Laufe von zehn Jahren rückten die »Lurps« ungefähr 23000-mal aus, in über 14000 Fällen hatten sie Feindkontakt. Angeblich gingen 10000 getötete Vietcong auf ihr Konto, während die eigenen Verluste mit 450 angegeben wurden – ein unglaublich anmutendes Verhältnis von 1:22, das die »Tötungsquote« regulärer Einheiten um das Siebenfache übertraf.[33] Was sich hinter diesen Zahlen verbirgt, wie viele der Opfer feindliche Soldaten waren und in welcher Zahl Nichtkombattanten getötet wurden, ist schwer zu sagen. Bis heute stehen keine verlässlichen Quellen über »Special Force«-Einsätze zur Verfügung, gibt es keine solide Gesamtdarstellung – allenfalls Momentaufnahmen, die von den einen als Heldengeschichte, von anderen als

31 Tucker, Encyclopedia, S. 67, 75 sowie Dunnigan/Nofi, Secrets, S. 181f.

32 MHD, 9. Infantry Division, Subject: Combat After Action Interview 12-67, S. 5, in: NA, RG 472, USAV, MHD, AAI, Box 9, Folder: Folder I, AA Interviews (68).

33 Dunnigan/Nofi, S. 80f. sowie Tucker, Encyclopedia, S. 241.

Illustration wahllosen Mordens gedeutet werden.[34] Selbst vom größten Einsatz, der je seitens der SOG koordiniert wurde, weiß man im Grunde nur, dass er stattgefunden hat: Anfang 1969 in Laos, durchgeführt von 8000 Montagnard-Kämpfern und 2000 Elitesoldaten der US Army, gerichtet gegen Stützpunkte und Transportwege der nordvietnamesischen Armee. Auf jeden gefallenen US-Soldaten sollen 100 bis 150 tote Nordvietnamesen gekommen sein. Das kann man glauben oder nicht. In jedem Fall ging den SOG-Teams damals der Ruf der »tödlichsten Kämpfer« voraus.[35] Und verbürgt ist auch, dass an Angehörige der »SEALs« und der Army-Spezialkommandos pro Kopf mehr Kriegsorden verliehen wurden als an alle anderen Verbände in Vietnam.[36]

»Ich leitete ein Lurp-Team. [...] Die ganze Zeit lauerten wir im Hinterhalt. Wir wurden zu Vietcong.« – »Macho, der ich bin, jung und stark, schloss ich mich an. Ein böser, starker Krieger. Es war aufregend.« – »Es war eine kleinere Gruppe und ich konnte [...] selbst einige Entscheidungen treffen. In einer regulären Kompanie bist du doch nichts weiter als ein Klecks auf der Karte.«[37] Die »Special Forces« schlüpften in die Rolle der Wächter des Empire, vorgeschobene Posten an der Peripherie und Spezialisten für das Unkonventionelle – Einzelgänger, die umso schneller zum Ziel gelangten, je freier sie in ihren Entscheidungen und in der Wahl ihrer Mittel waren. Schwarze Overalls oder grüne Tarnanzüge mit Tigermuster waren ihr Markenzeichen, exotische Bemalung, futuristische Waffen und ungezwungenes Auftreten festigten ihren Ruf als »true believers« in der langen Tradition einsamer Helden. Man muss lange suchen, um eine weltanschauliche Konstruktion zu finden, die das Anarchische im amerikanischen Selbstbild und die damit verbundenen anti-institutionellen Affekte derart gekonnt mit dem Berufsbild des professionellen Militärs aussöhnt. Gute Gründe also, weshalb sich bei den »Lurps« mehr Freiwillige meldeten, als aufgenommen werden konnten, und weshalb viele »Specials«, als wäre der Krieg zu ihrer Lebensform geworden, mehrere Touren in Vietnam absolvierten.

---

34 Dazu gehört etwa der Skandal um den demokratischen Senator und späteren Präsidenten der New School for Social Research in New York City, Robert Kerrey, der in Vietnam bei den »SEALs« gedient hatte: siehe unten, S. 404–406.

35 Dunnigan/Nofi, Secrets, S. 170f., 199f. sowie Tucker, Encyclopedia, S. 74, 241, 249, 386.

36 Marquis, Unconventional Warfare, S. 26.

37 Drei namentlich nicht identifizierte »Special Force«-Soldaten, zit. n. Terry, Bloods, S. 251, 239, 91. Siehe auch USCR, 6. 4. 1971, S. E2884.

»Ein Angehöriger der Green Berets«, schreibt Michael Baker über Gespräche mit Vietnamveteranen, »fand überall in Südvietnam, Kambodscha oder Laos einen freien Barhocker, solange er sein Barett und seinen Kampfdrillich trug. Wer Sonderaufgaben erledigte, dem ging ein Glamour wie eines künftigen Filmhelden voraus.«[38]

Selbstzeugnisse

Amerikanische Dschungelkämpfer haben in seltener, wenn nicht einmaliger Fülle Zeugnis über ihren Weg zum Militär und die Erfahrungen im Krieg abgelegt. Zuerst und vor allem in Gestalt öffentlicher Wortmeldungen nach ihrer Heimkehr. Sodann mittels literarischer Publikationen, die von der traditionellen Landsererzählung bis hin zu anspruchsvollen Romanen und Gedichtbänden reichen. Und nicht zuletzt anlässlich von »Oral History«-Interviews und protokollierten Gesprächsrunden bei Psychologen, die ähnlich wie Tagebücher oder Feldpostbriefe in großem Umfang für eine öffentliche Verwendung autorisiert wurden. Mitunter nutzten sie sogar Verhöre durch die Criminal Investigation Division oder Aussagen vor Militärgerichten als Gelegenheit, sich selbst beziehungsweise ihrer Umwelt Rechenschaft abzulegen. Ihrer Form nach sind diese Zeugnisse in bemerkenswerter Weise »farbenblind«. Zwar dominieren Weiße die Literatur. Aber auf dieses Metier verstand sich ohnehin nur eine Minderheit der Veteranen. Für die Mehrheit, unter Weißen wie Farbigen, war der mündliche Bericht das wesentliche Kommunikationsmittel. Alles zusammen fügt sich zu einem Blick von unten, mehrheitlich aus der Perspektive jener zehn Prozent der Mannschaften, die als »grunts« oder »Special Forces« an die unsichtbaren Fronten geschickt worden waren.[39]

Ihre Kindheit und Jugend hatten die Dschungelkämpfer in einer von der Gloriole des »American Century« umrankten Welt verbracht. Wie

---

38 Baker, Nam, S. 148. Siehe ebenda, S. 174 sowie Terry, Bloods, S. 260/261.

39 Zu den öffentlichen Stellungnahmen siehe Stacewicz, Winter Soldiers; Nicosia, Home to War. Zur literarischen Produktion siehe stellvertretend die Romane von Philip Caputo, Tim O'Brien und Michael Herr. Zur Veteranenliteratur insgesamt siehe Lewis, Tainted War; Herzog, War Stories; Myers, Walking Point; Appy, Patriots; Kindsvatter, American Soldiers. Zu »Oral History«-Interviews siehe COHRO: Interviews conducted for the Oral History Research Office by Professor Clark Smith; Maurer, Strange Ground; MacPherson, Long Time Passing. Zu Gesprächen mit Psychologen: Lifton, Home from the War; Shay, Achill in Vietnam.

wir wissen, neigt die amerikanische Gesellschaft seit jeher zu dramatischen Stilisierungen ihrer Kriege. Ob im Falle des Bürgerkrieges, der als Ilias der Neuen Welt in die Erinnerung einging, oder im Falle des als »war to end all wars« apostrophierten Ersten Weltkrieges: Der »Exzeptionalismus« Amerikas legitimierte den Krieg und erneuerte in einer langen Reihe von Siegen seine Legitimation. Mit gutem Grund spricht Tom Engelhardt daher von einer einzigartigen »Victory Culture«.[40] Dass diese »Victory Culture« nach 1945 stärker denn je die Phantasien okkupierte, war angesichts der Dauer und Kosten des Zweiten Weltkrieges zu erwarten. Film und Fernsehen taten ein Übriges, um aus den Heroen des Krieges alltäglich präsente Ikonen zu machen. Bis ins Jahr 1970, damals mit »Patton« und »Tora! Tora! Tora!«, erreichten einschlägige Filme ein Millionenpublikum – Indizien, wie Kulturhistoriker betonen, für eine allmähliche Transformation der politischen Kultur. In den 1950er und 1960er Jahren können wir beobachten, wie das Streben nach Besonderheit sich in Visionen der Allmacht verwandelt. David Halberstam spricht daher von einer »Kultur der Härte«, einer »Draufgänger-Haltung« mit besonderer Anziehungskraft für die Jugend: »Wir waren davon infiziert.«[41] Eine »Kultur der Gewalt«, eine Welt entfesselter Leidenschaft oder aufgestauter Aggressionen, ist damit nicht gemeint. Wohl aber eine Haltung, die zur Selbstbeschreibung John F. Kennedys passt: »Siegen. Siegen um jeden Preis.« Zur Zeit seiner Präsidentschaft wurde daraus eine Art Staatsdoktrin, deren symbolische Vervielfältigung, von der geschriebenen Sprache bis hin zur Sprache der Körper, einer eigenen Untersuchung wert wäre. »Losing is not an option«: Man muss und wird gewinnen, weil man als Amerikaner zum Gewinnen geboren ist.

Andererseits war der Triumphalismus nach dem Zweiten Weltkrieg von tiefen Selbstzweifeln unterlegt. Was war ein Sieg wert, was taugte die Hoffnung auf eine vom Bösen befreite Welt, wenn der nächste Krieg mit Atomwaffen ausgefochten und Amerika in ein nukleares »wasteland« verwandeln würde? Und mag es ihnen nur am Profit gelegen haben – zahlreiche Medien kultivierten die Angst mit Filmen über Atomangriffe auf amerikanische Städte, Immobilienfirmen verdienten am Verkauf von Grundstücken, die angeblich außerhalb potentieller Nuklearziele gelegen waren, und Ausrüster für private Atomschutzbunker

40 Engelhardt, Victory Culture, S. 73f., 86f., 236. Siehe auch Bates, Conflict and Storytelling, S. 9–48 sowie Goodwin, Remembering America.

41 David Halberstam, zit. n. Anderson (Hg.), Facing My Lai, S. 123. Siehe auch Cuordileone, Manhood and Political Culture.

machten das Geschäft ihres Lebens.[42] Noch ein Weiteres demonstrierten die Visionen einer verstrahlten Zukunft: Die Zeiten des heroischen Kämpfers waren vorbei, der Atomkrieg bedurfte der Tugenden des klassischen Kriegers nicht mehr. Vielleicht wurde deshalb das »Containment«, die Abwehr überall lauernder Gefahren, zu einer nationalen Obsession. Mit der Entzauberung des Krieges ging jedenfalls ein Gefühl kränkender Ohnmacht und verletzten Stolzes einher, grundiert von einer ebenso konturlosen wie allzeit präsenten Angst.

Sobald Dschungelkrieger auf ihre Kindheit zu sprechen kommen, muten ihre Erzählungen wie eine Wiederbelebung des Heroischen im Zeitalter seiner Entwertung an. Ihre Visionen von Männlichkeit und Einzelkämpfertum haben sogar einen Namen: »The John Wayne-Thing«. »Ein Mann sieht sich ganz alleine einer scheinbar unlösbaren Aufgabe gegenüber«, schreibt Michael Baker über diese weit verbreitete Haltung, »er stellt den Apachenhäuptling im Zweikampf, um das von Gott gewollte Vorwärtskommen des Planwagentrecks zu sichern, [...] oder er wirft sich auf eine Handgranate, um seine Kumpel im Erdloch zu retten. Und am Ende nimmt er mit einer Verbeugung den donnernden Applaus entgegen. Der Tod ist nur etwas, was Haustiere und Großeltern trifft.«[43] Aus dieser Sicht waren die Westernfilme von John Wayne und Audie Murphy ein die Zukunft verklärendes Versprechen, der auf Zelluloid gebannte Moment, in dem der Ausbilder nicht mehr »Good morning, girls«, sondern »Get ready, Marines« bellt. In ihnen wurde wahres Heldentum vorgelebt – nicht die »Schwuchteln«, genannt »sissies«, in ihren fliegenden Maschinen hatten dieses Attribut verdient, sondern die in Bronze gegossenen GIs des Iwo-Jima-Denkmals, die sich aus scheinbar aussichtsloser Situation gegen eine japanische Übermacht durchgesetzt hatten. »Fiktionale Darstellungen des Krieges [...] verfestigten in mir die Vorstellung«, berichtet ein Vietnamveteran, »dass der Krieg ein Ort ist, an dem man Dinge entdecken kann.«[44] Hier wurden in epischer Breite »passages to manhood« zelebriert, in denen das Risiko des eigenen Todes aufgehoben ist und Krieg nicht mehr Schmerz und Trauer bedeutet, sondern Spaß, Freude und Abenteuer. Und wenn es einen doch erwischt, so stirbt er in dem Bewusstsein, für immer als Held erinnert zu werden. Daniel Ellsberg, in den 1950er Jahren Kommandeur

---

42 Engelhardt, Victory Culture, S. 9, 13, 56f., 157. Siehe Rose, Nation Underground sowie Lutz, Homefront.

43 Baker, Nam, S. 23.

44 Ein namentlich nicht identifizierter GI, zit. n. Baker, Nam, S. 27; siehe ebenda, S. 52.

Rekrutierungsposter der US Army und der US Marines aus dem Zweiten Weltkrieg.
NA

einer Schützenkompanie der Marines, zitiert zum Beleg dieser Selbstwahrnehmung ein zufälliges Zusammentreffen mit John Wayne in einem Restaurant in Italien. »Das war nicht wie die Begegnung mit einer Berühmtheit. Das war, als würde ich Moses vorgestellt werden. Er hatte uns alle rekrutiert.«[45]

Unterhaltsam sind derlei Gleichnisse allemal. Ob sich hinter dem »John Wayne-Thing« allerdings mehr verbirgt als eine zur Antwort herausgeputzte Frage, scheint zweifelhaft – auch und gerade angesichts lebensgeschichtlicher Studien, die vor einer Überbewertung romantisierter Kriegsbilder warnen und die Entscheidung zum Kriegsdienst in Vietnam mit wesentlich profaneren Motiven in Verbindung bringen. Mit Motiven, die auf einen Satz zusammenschrumpfen: »Man ging halt«, weil Krieg als unabweisliches Schicksal im Leben junger Männer

45 Daniel Ellsberg, zit. n. Appy, Patriots, S. 432. Siehe Wills, John Wayne's America; Slotkin, Gunfighter Nation; Suid, Guts and Glory; Murphy, To Hell and Back sowie Kovic, Fourth of July.

verstanden wurde.[46] »Verunsichert«, »orientierungslos« und »entscheidungsschwach«, lauten die Attribute, die in den Erinnerungen mindestens so häufig auftauchen wie Referenzen an John Wayne. Sie zielen auf eine Selbstbeschreibung bar jeder Orientierung und jenseits verklärter Illusionen. »Ich wollte, dass etwas mit mir passiert, und es war sehr schwer für mich, überhaupt irgendeine Wahl zu treffen.«[47] Sätze wie diese klingen nicht nach dem Drehbuch von »Rio Bravo«, sondern erinnern an »American Graffiti« und die dort porträtierten Jahrgänge, die von den gesellschaftlichen wie kulturellen Umbrüchen der 1960er Jahre ebenso fasziniert wie überfordert waren und mit dieser Überforderung nicht umzugehen wussten.

So gesehen, ging es nur um eines: sich aus der Enge von Elternhaus, Schule oder Kleinstadt befreien und in einer anderen Welt Zuflucht finden – egal welcher. »Sie hatten schlicht keine Vorstellung«, notierte der Veteran Tim O'Brien in seinem Roman »Going After Cacciato«.[48] Gemeint sind GIs, die in Vietnam landeten, aber eigentlich nur in einer Army-Band hatten Musik machen wollen; die in den Kampf geschickt wurden, obwohl sie sich doch erhofft hatten, mit Hilfe der Army Europa kennenzulernen; die ihren Sold für eine College-Ausbildung hatten ansparen wollen und das Geld am Ende in Nachtclubs von Saigon oder Bangkok verjuxten[49] – und die vor allem dem Druck ihres patriotischen Umfelds nicht gewachsen waren. Als »Verräter«, »Opportunist« und »Weibchen« hörte sich Tim O'Brien, Infanterist bei der »Americal« Division, in seinen Träumen beschimpft. »[Wir] schleppten die größte Angst des Soldaten, die Angst, [...] wegen Unehrenhaftigkeit zu erröten. [...] Also zog ich in den Krieg, also würde ich töten und vielleicht getötet werden, weil es mir peinlich war, es nicht zu tun.«[50] Die Blamage, als Feigling geschnitten und aus der Gemeinschaft der »guten Amerikaner« ausgeschlossen zu werden, konnte selbst nagende Ängste vor einem Tod in frühen Jahren aushebeln. Politische Vorbehalte hatten demgegenüber erst recht keine Chance. Und so weiter und so fort im Jargon junger Männer, die nicht wie John Wayne die Welt, sondern sich selbst vor ihren Adoleszenzängsten retten wollten.

---

46 Siehe Appy, Working-Class War, S. 61f.

47 Ein namentlich nicht identifizierter GI, zit. n. Baker, Nam, S. 33.

48 O'Brien, Cacciato, S. 321.

49 Terry, Bloods, S. 4, 174, 229–237. Siehe auch Baker, Nam, S. 23, 56, 27–31, 34–39.

50 O'Brien, Things Carried, S. 21, 59. Siehe ebenda, S. 39–61.

Im Grunde trugen die Veteranen den Daheimgebliebenen einen Pakt der Generationen an, eingekleidet in die Bitte um Verständnis und Nachsicht: Wir waren jung und naiv und sind von eurem Fleisch und Blut. »Ich hatte keine Ahnung, worauf ich mich freiwillig einlasse.«[51] Und: »Junge, ich will nicht, dass du zum Militär gehst. Aber dein Vater wollte es so. Er wollte einen Jungen in Uniform und ein Mädchen im Rotkreuzkittel.«[52] Egal, ob es sich um weiße oder farbige GIs handelt, um Soldaten lateinamerikanischer oder indianischer Abstammung, durchgängig begegnen uns diese Motive in individuell modulierter Diktion. Sie handeln von Gutgläubigen, die in die Fußstapfen der Väter treten, sie nachahmen oder gar übertreffen wollten. »Jeder hat daran seinen Anteil, am Flaggenschwenken und den Fanfaren«, sagte der wegen »My Lai (4)« angeklagte Captain Ernest Medina. »Und ich glaube einfach, dass ich darin eingebettet war.«[53] Michael Bernhardt, der sich dem Morden in »My Lai (4)« verweigert hatte, klang zum Verwechseln ähnlich, wenn er über den Krieg als selbstverständliche Pflicht eines Mannes sprach. »Das habe ich im Gepäck mitgeführt. Ich bin durch und durch Soldat.«[54] Als Treuhänder des amerikanischen Patriotismus wollten sie gesehen werden und als Soldaten, die für einen schmutzigen Krieg missbraucht worden waren und sich dennoch nicht als Kronzeugen wider ihr Land missbrauchen ließen. In diesem Sinne bemühten die »Winter Soldiers« Mark Twain als ihren Kronzeugen. »Wir haben unsere ordentlichen jungen Männer aufgefordert, [...] die Arbeit von Banditen unter einer Flagge zu verrichten, die Banditen zu fürchten gelernt haben«, hatte Twain über die von den Philippinen zurückkehrenden Soldaten geschrieben und ihnen attestiert: »Unsere Uniform [...] erfüllt uns mit Stolz. [...] Wir lieben und verehren sie [...] wie unsere Flagge, unseren größten Stolz.«[55] Und so sollte auch die Botschaft der Vietnamheimkehrer verstanden werden: »Wir sind nicht hier, um gegen Amerika Zeugnis abzulegen, sondern

---

51 Ein namentlich nicht identifizierter GI, zit. n. Baker, Nam, S. 56.

52 Ein namentlich nicht identifizierter GI, zit. n. Terry, Bloods, S. 145. Siehe ebenda, S. 4, 119.

53 Ernest Medina während eines Auftritts in der David Frost Show, WTTG TV, Washington, D.C., 5. 10. 1971, zit. n. WTTG TV, An Interview with Captain Ernest Medina & F. Lee Bailey, 5. 10. 1971, 8:30 PM, S. 4, in: NA, RG 319, AS, ODCS-PER, VWCWG, MLM, Box 4, Folder: Administrative Review – Cpt. Ernest L. Medina.

54 Michael Bernhardt, zit. n. Lelyveld, A Soldier Who Refused to Fire.

55 Mark Twain, To The Person Sitting In Darkness, in: *North American Review*, 172, Februar 1901.

gegen jene Politiker, die Amerika pervertieren. [...] Es wird kein Urteil gegen Uncle Sam geben.«[56]

Sosehr es den Veteranen um Anerkennung und Wiederaufnahme in die Gesellschaft ging, so sehr weisen ihre Selbstzeugnisse über dieses vordergründige Motiv hinaus. Um eine Erklärung der Niederlage bemüht, berichteten sie über Töten und Getötetwerden, legten eine von Zorn diktierte Abrechnung jenseits der üblichen Heldennarrative vor und gaben – ob gewollt oder ungewollt – Einblicke in Erfahrungswelten, die aus einer Rekonstruktion exzessiver Gewalt nicht wegzudenken sind.

»Them and Us«

»Wir kamen uns wie jemand vor, den sie in Übersee in die vorderste und zu Hause in die hinterste Linie stecken. [...] Und wir sagten uns: Was zum Teufel machen wir überhaupt in Vietnam, Mann?«[57] »Them and us«, »wir gegen sie« – ob die GIs von antikommunistischen Idealen beseelt ins Land kamen oder sich vorab überhaupt keine Gedanken gemacht hatten, war letztendlich egal. Ob sie von vornherein aggressiv auftraten oder den Menschen offen und hilfsbereit begegneten, spielte am Ende ebenfalls keine Rolle mehr. Vietnam galt als Synonym des Bedrohlichen. Menschen, Sprache, Kultur, Landschaft, Klima, nichts war ihnen zugänglich, aber alles deutete in dieselbe Richtung: Man fand sich in einer »no win situation« wieder, in einem Spiel, dessen Regeln unbekannt waren und dessen Ausgang deshalb gewiss schien. »[Vietnam ist] derart schroff, dass seine Wappenblume [...] ein riesiger Dorn sein sollte«, meinte ein Veteran rückblickend.[58] Der einzig verlässliche Begleiter war das Gefühl der Nutz- und Ziellosigkeit eigenen Tuns. »Es bedeutet alles überhaupt nichts. [...] Ein Haufen Kinder versucht, den asiatischen Esel beim Schwanz zu packen. Aber da ist kein gottverdammter Schwanz. Da ist kein gottverdammter Esel.«[59]

---

56 1. Lieutenant William Crandell, 199. Light Infantry Brigade (Separate), zit. n. USCR, 6. 4. 1971, S. E2826. Siehe auch The Voice of the Winter Soldier, in: *Playboy*, August 1971, S. 48/49.

57 COHRO, Interview Sanders, S. 222/223.

58 Ein namentlich nicht identifizierter GI, zit. n. Anderson (Hg.) Facing, S. 97.

59 Ein namentlich nicht identifizierter GI, zit. n. O'Brien, Cacciato, S. 48. Siehe auch die »dichte Beschreibung« dieser Stimmung in den autobiographischen Texten von Caputo, Rumor of War und Herr, Dispatches.

»The World« hieß das vertraute Universum jenseits der unsichtbaren Fronten. Für Vietnam selbst gab es kein griffiges Äquivalent, aber eindeutige Zuschreibungen: unnahbar, undurchschaubar und schmutzig. Mit diesen Attributen ließ sich die gesamte Gesellschaft auf eine Weise sortieren, die ein Interviewter mit Blick auf vietnamesische Frauen erläuterte. Ganz oben stand eine elitäre Minderheit, zum Zeichen ihrer Unerreichbarkeit in weiße Seide gehüllt. In der mittleren Position verortete er die schillernden Gestalten in den Städten – versinnbildlicht in den Huren, »amerikanisiert, aber in der bastardisierten Version«. Den Ausschlag gab die auf dem Land lebende Mehrheit, »die ständig in schwarze Pumphosen [...] Gekleideten. Und sie sind [...] schmutzig – durch und durch.«[60] Man hört das ferne Echo jener Obsession mit Hygiene, die von Kulturwissenschaftlern als Teil des »American way« gewertet wird – oder fühlt sich an die vielfach attestierte Neigung erinnert, Zivilisation nur dort zu erkennen, wo sich die eigene Lebenswelt gespiegelt findet. »Wir glaubten, dass wir außerhalb der verdammten Welt angekommen waren. Weil es in allem so merkwürdig war. Allein die Landschaft schien so anders, so fremd. Die Hälfte der Zeit glaubte ich, dass gleich ein Drachen oder ein Dinosaurier oder so etwas in der Art auftaucht. Genauso war das.«[61]

Hier hat die Rede vom »orientalischen Lebewesen« ihren Platz. Nahtlos konnte die Feststellung, dass Vietnamesen im Dreck lebten, in das Verdikt übergehen, dass diese Menschen Dreck sind und der Mühen nicht wert, die man den GIs abverlangte.[62] »Das Verhalten einer kleinen Gruppe amerikanischer Soldaten führt allmählich dazu, das von der Mehrheit geschaffene positive Bild zu beschmutzen«, hieß es in einem Memorandum des Armeeministeriums Ende Dezember 1967. »Die tatsächlichen Auswirkungen können genauso wenig bemessen werden wie die Zahl der Zwischenfälle, da viele Vorkommnisse unbeobachtet bleiben oder der Militärpolizei nicht gemeldet werden.«[63] Gemeint waren überall im Land zu beobachtende Verhaltensweisen, die sich zu einem Muster von Alltagsschikanen und alltäglichem Terror fügten. GIs machten sich

---

60 COHRO, Interview Lemke, S. 56/57.

61 COHRO, Interview Sanders, S. 104. Siehe auch Baker, Nam, S. 51f., 254.

62 Terry, Bloods, S. 83, 264; Spector, After Tet, S. 200f.; Schell, Real War, S. 230f.; Bilton/Sim, Four Hours, S. 21; Lewy, America in Vietnam, S. 310 sowie Solis, Son Thang, S. 33, 82f.

63 Headquarters, USAV, Memorandum, 31. 12. 1967, in: NA, RG 472, USFSEA, USAV, PM, AO-CGR, Box 1, Folder: Crime Prevention Program File (Pt. 2 of 2) 1968.

einen Spaß daraus, mit ihren schweren Fahrzeugen Vietnamesen von den Straßen abzudrängen oder zu überfahren; Passanten von Panzern und Geländewagen herab mit Lebensmitteldosen und Steinen zu bewerfen; vergiftete oder mit Sprengladungen versehene Essensrationen in der Nähe von Abfallhalden zu deponieren und die in die Falle gelockten Vietnamesen, Kinder eingeschlossen, zu beschießen. Auch der vorsätzliche Beschuss von Unterkünften und Stellungen südvietnamesischer Truppen ist dokumentiert.[64] Häuser niederzubrennen bereitete erst recht keine Probleme. »Wir glauben nicht, dass ihre Häuser ihnen so wichtig sind, wie es ein Zuhause für uns ist.«[65] Wiederholt wurden hochrangige Offiziere deshalb beim Oberkommando MACV mit der Bitte um Abhilfe vorstellig.[66] General Peers sah darin gar den »am meisten beunruhigenden Aspekt« seiner Untersuchung.[67] Er hatte es bekanntlich mit Tätern oder Tatgehilfen des »My Lai (4)«-Massakers zu tun. Einer von ihnen beschrieb die »Orientalen« als »komische Menschen. Du kommst nicht dahinter, was sie denken. Sie scheinen keinen Begriff vom Leben zu haben. Es ist ihnen egal, ob sie leben oder sterben.«[68]

Wie schnell Verständnislosigkeit in Wut oder Überheblichkeit in Aggression umschlagen kann, zeigt sich insbesondere in der Wahrnehmung vietnamesischer Frauen. Die Kultur- und Sittengeschichte aller seit der Antike geführten Kriege belegt zweifelsfrei, dass Frauen in der Phantasie von Kriegern eine Doppelrolle spielen. Sie sind Madonna und Hure in einem, werden zu Objekten sexueller Begierde degradiert und als Samariterinnen verehrt, die verwundete Seelen heilen und beschädigtes männliches Ego sanieren. Die Erinnerungen von Vietnamveteranen illustrieren das bekannte Muster.

Von Frauen in Vietnam wurde eine Beglaubigung erwartet, dass die Kämpfer noch immer Männer waren, dass die Angst noch nicht vollends von ihnen Besitz ergriffen hatte, dass sie jenseits der im Dschungel erfahrenen Ohnmacht nach wie vor machtvolle, potente Beschützer sein

---

64 NA, RG 472, USAV, II. FFV, G3, CGR, Box 1, Folder: Friendly Casualty Report 69 sowie Folder: Accident/Incident Report 69.

65 Gregory J. Hayward, Brief an Major General Ellis W. Williamson, 2. 5. 1971, S. 2, in: NA, RG 319, AS, ODCS-PER, VWCWG, CaFi, Box 12, Folder: Hayward Allegation (reported separately), Case 84.

66 Lieutenant General Walter T. Kerwin, Jr. to Lieutenant General Frank T. Mildren, o.D., in: RG 472, USFSEA, USAV, PM, SGR, Box 1, Folder: Provost Marshal Instruction File 1968 sowie RG 472, USAV, II. FFV, G3, CGR, Box 1, Folder: Accident/Incident Report 69.

67 William Peers, zit. n. Solis, Son Thang, S. 104.

68 Garry Crossley, zit. n. Hammer, Interviews with My Lai Veterans, S. 56.

konnten. »Wir bettelten darum. [...] Der Irrsinn, die ständigen Lügen und Grausamkeiten um uns herum weckten in uns den Wunsch nach dem zarten, sanften Fleisch einer Frau, einer Frau, die jenseits aller Gefahr sich auf eine Ruhepause vom Töten einließ, um das Leben wieder intim und lebenswert zu machen. [...] Wir hatten diese Hingabe so dringend nötig, und sie gaben sie uns auf so natürliche Weise. Sie brauchten einen Mann, der sich um sie kümmerte und beschützte.«[69]

»Instant sex« als Kehrseite des »instant death«. Verklärt klingt ihre Rede, wenn GIs über »hootch-maids« sprechen, die sich Offiziere in den frühen 1960er Jahren in die Unterkünfte bestellten. Und über Frauen, die nächtens an den Wachen vorbei in die Quartiere der Mannschaften schlichen oder als Angestellte der Armee ohnehin auf dem Gelände waren und aus Angst vor Entlassung nicht wagten, einschlägige Forderungen zurückzuweisen. Am beliebtesten aber waren die Bordelle, Bars, Nachtclubs oder die eingezäunten, von Militärpolizei bewachten »Sexlager« wie »Sin City« in An Khe, die teils privat, teils unter Aufsicht amerikanischer Medizinalabteilungen, teils von der südvietnamesischen Mafia in der Nähe von Militärstützpunkten betrieben wurden[70] – Orte, an denen die Grenzen zwischen Prostitution und Sexsklaverei ebenso fließend waren wie in Thailand, Indonesien, Singapur, Taiwan, Hongkong oder Japan. Dorthin wurden monatlich 32000 Soldaten auf Kosten der Armee für mehrere Tage ausgeflogen – zur Steigerung der Kampfmoral, wie es hieß.[71] Manchmal drängt sich der Eindruck auf, es mit einer Armee von »Sexaholics« zu tun zu haben. »In Nam hast du dir einfach irgendeine Mieze gegriffen und sie gefickt. [...] Wir haben alles gefickt, was Beine hatte.«[72]

---

69 Ein namentlich nicht identifizierter GI, zit. n. Shay, Odysseus in America, S. 71.

70 Sworn Statement, Richard D. James, 1. 12. 1970, S. 2 und Sworn Statement, David W. Hoh, 2. 12. 1970, S. 1, in: NA, RG 472, USFSEA, MACV, DRAC, IG, Preliminary Inquiry Re: Colonel Franklin, Box 2, Folder: Preliminary Investigation Re: Col. Franklin, Vol. III (Pt. 2 of 4), 1971 sowie USCR, 6. 4. 1971, S. E2855 und 7. 4. 1971, S. E2934. Siehe auch Schell, Real War, S. 164/165 sowie Bilton/Sim, Fours Hours, S. 80/81.

71 Spector, After Tet, S. 272. Siehe ebenda, S. 268f.; Terry, Bloods, S. 26, 262f.; Valentine, Phoenix Program, S. 229; Shay, Odysseus in America, S. 115ff. Vier der 16 Strophen des Divisionsliedes der 9. Infantry Division (»Try Harder«) haben einen explizit sexuellen Inhalt: NA, RG 472, USAV, 9. Infantry Division, Organizational History, Box 1, Folder: Unit Song.

72 Ein namentlich nicht identifizierter GI, zit. n. Shay, Odysseus in America, S. 115.

Die lüsterne Schwärmerei lag wie ein dünner Firnis über Enttäuschung, Hass und Angst, über der Frustration derjenigen, die Unzumutbares wollten, Unmögliches erwarteten und stets aufs Neue an dem Versuch scheitern mussten, sich ihrer soldatischen Männlichkeit durch gekauften oder erzwungenen Sex zu vergewissern. »Die sind so kalt. [...] Das ist keine Liebe, nur Ficken. Diese Nutte konnte dabei ein Buch lesen oder einen Apfel essen. Völlig desinteressiert. [...] Das ging allen Jungs so, wir haben darüber gesprochen.«[73] Die »Mieze« stand stets im Verdacht der besonderen Niedertracht, ablesbar an den Gerüchten, die wie ein Lauffeuer die Runde machten: Huren, die gegen Antibiotika resistente Geschlechtskrankheiten verbreiten, Prostituierte, die ihre Freier einschläfern, auf dass eilig herbeigerufene Vietcong ihnen die Genitalien abschneiden, Liebesdienerinnen als kämpfende Kader und einfache Frauen als Vergegenwärtigung des unsichtbaren Feindes. »Irgendwie lebten wir dort drüben in der Vorstellung, mehr Angst vor Frauen als vor Männern haben zu müssen. Ich weiß nicht, warum, aber bei den Frauen wusstest du nie, woran du warst. Also haben wir uns besonders ins Zeug gelegt. [...] Wir wollten einfach nicht blamiert dastehen wie Leute, denen eine Horde von Frauen den Hintern versohlt.«[74]

Man kann hinter solchen Phantasmen alles Mögliche vermuten. Kastrationsängste oder eine verquere und in der Adoleszenz häufig auftretende Angst vor weiblicher Sexualität; oder eine aus dem Lot geratene Mischung von Realität und Fiktion angesichts der tatsächlich existierenden Gruppen weiblicher Guerillas. Auch lässt – wie Susan Brownmiller meint[75] – das wahnhaft verzerrte Bild vom »Todesengel« darauf schließen, dass Frauen nicht gehasst wurden, weil sie zum Feind gehörten, sondern weil sie selbst als Feind galten. In jedem Fall sind aus diesem Stoff Phobien gemacht, an dieser Stelle wird das unverstanden Mehrdeutige in leicht zu begreifende Eindeutigkeit verwandelt. »Wenn du in ein Dorf kommst und siehst eine Menge junger, schwangerer Frauen und nur alte Männer – na ja, irgendwer muss es ja wohl gemacht haben. Diese jungen Dinger müssen mit ihnen in Verbindung stehen. [...] Wenn du eine junge, sehr gesunde Frau siehst, dann ist sie wahrscheinlich die Frau oder Freundin eines Vietcong.«[76]

---

73 COHRO, Interview Sanders, S. 150.

74 Ein namentlich nicht identifizierter GI, zit. n. USCR, 6. 4. 1971, S. E2831.

75 Brownmiller, Gegen unseren Willen.

76 Sworn Testimony of Captain Thomas K. Willingham, 8. 5. 1969, S. 19, in: NA, RG 319, AS, PI-AC, Box 47, Folder: Son My – Other Individuals (1 of 3) sowie Sworn Statement, Max D. Hutson, 28. 10. 1969, S. 2, in: RG 319, AS,

Am Ende geriet jeder Tag in Vietnam zum spöttischen Dementi des beim Eintritt in die Armee geschätzten Werbeslogans: »In der US Army lernt ihr kennen, was es bedeutet, sich wie ein Mann zu fühlen.«[77]

Hass und Selbsthass

Die Ausbildung in der Armee tat das Ihre zur Einübung des manichäischen Blicks. Es handelte sich, um den Psychiater Frank J. Barrett zu zitieren, um ein Hasstraining,[78] in dessen Verlauf zweierlei eingebläut wurde: dass es keinen Guerillakrieg ohne eine großflächige Unterstützung seitens der Bevölkerung gibt und dass den Aufständischen wie ihren Sympathisanten das Politische wichtiger als das eigene Leben ist. Letzteres erklärt die emotionale Aufladung von Schimpfworten wie »gook«, »dink«, »dope«, »slope« oder wie immer die Vietnamesen im soldatischen Kauderwelsch genannt wurden: Man durfte sie wie »Kaninchen« und »Eichhörnchen« zur Strecke bringen,[79] weil sie eine unberechenbare Gefahr darstellten, und man konnte es ohne moralische Skrupel tun, weil die Moral dieser Menschen mit westlichen, auf die Wertschätzung individuellen Lebens fixierten Maßstäben nicht zu begreifen war. Andernfalls würden sich nicht Kinder als lebendige Sprengfallen zur Verfügung stellen, andernfalls müsste ein GI nicht damit rechnen, von einem Jungen um Kaugummi angebettelt und im nächsten Augenblick mit einem Messerstich tödlich verletzt zu werden – und andernfalls gäben sich schwangere Frauen nicht dazu her, den unter ihren Blusen versteckten Granatgürtel mitten in einer Gruppe argloser Soldaten zu zünden. Ob sie in Fort Benning, auf Hawaii oder andernorts ihre Grundausbildung absolvierten, auf diese Geschichten kommen Frontkämpfer wie auch Offiziere in ihren Erinnerungen regelmäßig zu sprechen.[80]

PI-FR, Vol. IV: CID Statements, S. 262, Box 57. Siehe auch Bilton/Sim, Four Hours, S. 54, 61, 76; Hammer, Court-Martial of Lt. Calley, S. 161/162; Shay, Odysseus in America, S. 116; Gibson, Perfect War, S. 29 sowie Baker, Nam, S. 70, 73, 75.

77 Werbespruch der US Army, zit. n. Gibson, Perfect War, S. 216.

78 Barrett, Hegemoniale Männlichkeit, in: Eifler/Seifert (Hg.), Soziale Konstruktionen, S. 71–94.

79 Laut Gibson bedienten sich Ausbilder dieses Vergleichs: Gibson, Perfect War, S. 181.

80 Siehe Bilton/Sim, Four Hours, S. 74f.; Baker, Nam, S. 36–45, 81, 119; Anderson (Hg.), Facing, S. 173; Interview Anthony B. Herbert, in: *Life*, 9. 7. 1971, S. 24; An Old Man's Death Haunts State GI, in: *The Detroit News*,

Und auf die Dynamik, die der Kolportage des Immergleichen eingeschrieben war: Wer auf diese Weise versucht, den Truppen Wachsamkeit, allseitige Umsicht und Kampfmoral einzuschärfen, läuft Gefahr, die Angst vor dem Tod in einen grenzenlosen Hass gegen jene zu überführen, die den Tod vermeintlich nicht fürchten. »Mit dieser Art des Denkens war es viel einfacher für uns, Menschen zu töten – weil es uns einleuchtete.«[81]

»Einleuchten« steht als Synonym für die Suche nach einer ununterbrochenen Beglaubigung – wie auch dafür, dass der soldatische Alltag hinreichend Anlass bot, sich bestätigt zu sehen. Zwar war nicht zu leugnen, dass der Vietcong einen Gutteil der ihm gewährten Unterstützung mittels Einschüchterung und Terror zuwege gebracht hatte. Mitunter berichteten US-Soldaten sogar davon, mit eigenen Augen gemeuchelte und in der Dorfmitte zwecks Abschreckung zur Schau gestellte Leichen von Ortsvorstehern gesehen zu haben.[82] Auch stieß man beim »Durchkämmen« von Ortschaften regelmäßig auf verängstigte, keiner Seite zugeneigte, sondern allein auf ihr Hab und Gut bedachte Bauern. Aber diese Eindrücke verflüchtigten sich angesichts der Vielzahl von Waffen- und Lebensmitteldepots, die in Wohnhäusern aufgespürt worden waren. Dass es obendrein vereinzelte Fälle von Granaten werfenden Kindern gab, war ebenso wenig zu bestreiten wie die Rekrutierung von Küchenbediensteten und Reinigungskräften, die im Auftrag des Vietcong amerikanische Stützpunkte ausspionierten und – so geschehen beim Angriff auf das Depot Long Binh Ende Januar 1968[83] – selbst zu den Waffen griffen. Zivilisten in den Kampf zu schicken und mit ihrem Tod den Feind moralisch zu desavouieren, gehörte nun einmal zur Logik des asymmetrischen Krieges und zur eingestandenen Praxis der Vietcong.[84] Wie es scheint, ist auch gegen die Kehrseite dieser Logik kein Ankommen – gegen die Versuchung, ausnahmslos jedem zu misstrauen, auch Kleinigkeiten als existentielle Bedrohung zu begreifen und das Faktische ins Phantastische umzudeuten.

---

11. 12. 1969 sowie Captain Jerry L. Cooper, Brief, 6. 4. 1971, S. 3, in: NA, RG 319, AS, PI-AC, Box 37, Folder: Son My Chron. File # 17 (2 of 2). In einem Leserbrief an *Look* vom 2. 6. 1970 gab Lieutenant General Ira C. Eaker, US Air Force, diese Gerüchte als Realität des Krieges aus.

81 COHRO, Interview Camil, S. 79. Siehe auch Terry, Bloods, S. 90, 166.

82 COHRO, Interview Sanders, S. 130.

83 Siehe Terry, Bloods, S. 121 f.

84 Solis verweist auf einschlägige Aussagen von gefangenen Vietcong: Solis, Son Thang, S. 144 f. sowie Spector, After Tet, S. 75.

»Man muss mir erst einmal beweisen, dass diese Leute nicht alle Vietcongs waren. Man zeige mir jemand, der für die amerikanischen Einheiten war, jemand, der uns half, den Vietcong zu besiegen, jemand, der uns wirklich wollte: nur einen einzigen! Ich jedenfalls habe keinen gesehen.«[85] – »Wenn diese Leute [...] als ›Zivilisten‹ zu bezeichnen waren, dann war jeder andere Feind, dem wir begegneten, auch ein ›Zivilist‹, ob mit Waffe oder ohne. [...] Wir machten die Erfahrung, dass zum Vietcong sehr wohl Männer und Frauen gehören konnten, alt wie jung und Kinder ab ungefähr fünf Jahren.«[86] Sätze von Lieutenant William Calley und einem anderen Solddaten seiner Einheit, die verdeutlichen, wie sich Hass in Angst verwandelt und die Angst den Hass befeuert. Sie stehen für die hintergründige Erwartung, die uns in der Mehrzahl der Kriegserinnerungen begegnet: Wer Medikamente in ein Dorf brachte, verließ den Ort in der Erwartung, geradewegs einem Bataillon Vietcong in die Hände zu laufen. Wer in der Nähe von Siedlungen auf Sprengfallen stieß, sah entweder in den Bauern die Täter und machte sie für unterlassene Informationen haftbar. Wer sich mit der Machete seinen Weg durch den Dschungel bahnte, glaubte in herabhängenden Zweigen eine vom Feind präparierte Würgeschlange zu erkennen. Nichts schien ausgeschlossen, alles wurde geglaubt. Am Ende wucherten in der Melange aus Indoktrination, Erfahrung und Gerücht auch Vorstellungen, die man gemeinhin in der Welt des klinischen Wahnsinns verortet: Dass Frauen in der Vagina Rasierklingen versteckt halten. Oder dass jedes Baby zu einer tödlichen Waffe werden kann. Und deshalb ist davon auszugehen, dass Paul Meadlo auf die Frage nach dem Erschießen von Frauen und Kleinkindern in »My Lai (4)« eine subjektiv ehrliche Antwort gab: »Sie hätten eine aktivierte Granate bei sich tragen können. Die Mütter hätten sie in unsere Richtung werfen können. [...] Ich rechnete in jedem Augenblick damit, dass sie zum Gegenangriff übergingen.«[87]

Je ausführlicher Frontsoldaten über die Zeit in Vietnam berichten, desto offenkundiger tritt zutage, wie nahe Hass und Selbsthass oder

---

85 William Calley, zit. n. Sack, Leutnant Calley berichtet, S. 62.

86 Sworn Statement, Stephen R. Glimpse, Gefreiter, 3. Platoon, Company C, »Task Force Barker«, 13. 12. 1969, S. 6, in: NA, RG 319, AS, PI-FR, Vol. IV: CID Statements, S. 218, Box 57.

87 Paul Meadlo, zit. n. Hammer, Court-Martial, S. 161. Zu den Angstphantasien siehe Edelmann (Hg.), Letters Home; Bilton/Sim, Four Hours, S. 40, 54, 61, 74–76, 85; Spector, After Tet, S. 308; Baker, Nam, S. 70–75 sowie COHRO, Interview Camil, S. 79; Interview Hemple, S. 34; Interview Heiden, S. 34 und Interview Sanders, S. 91, 99.

die Verachtung Dritter und fehlende Selbstachtung beieinanderliegen. In anderen Worten: Die rigide Trennung zwischen »wir« und »sie« beschreibt nur einen Teil ihres Narrativs. Ebenso präsent sind Erzählungen über Erniedrigung, Entwürdigung, wenn nicht Missbrauch, über eine Verletzung von Gerechtigkeitsgefühl und vor allem über die Kränkung ihres männlichen Stolzes. Im Kern geht es um das Selbstbild des heroischen Soldaten, der sich plötzlich in der Fratze des »disposable soldier« gespiegelt findet – verwaltet wie militärisches Gerät, hin und her geschoben wie wohlfeile Ware, im Leben wie Überflüssige behandelt und noch im Tod durch Respektlosigkeit degradiert. Folgen wir diesen Erinnerungen, so reichten wenige Wochen aus, um aus naiven jungen Männern teils verängstigte, teils wütende Krieger zu machen oder Berserker, deren Selbstbestätigung sich in der Selbstermächtigung zur Gewalt erschöpfte. Die einen wie die anderen teilten die Beschreibung eines unwiederbringlichen Verlusts: »Wenn du die ganze Prozedur erst einmal hinter dir hast, kommst du dir wie das übelste Geschöpf vor, das jemals das Licht der Welt gesehen hat.«[88]

Dass Rekruten geschunden und für die »Verwendung« im Krieg zugerichtet werden, gehört zu den überzeitlichen Tatsachen der Militärgeschichte. Allerdings fühlte sich die US Army mit Blick auf Vietnam in besonderer Weise herausgefordert. Einerseits war klar, dass ein Dschungelkrieg ohne Fronten den Soldaten über die Maßen viel abverlangte. Andererseits wusste man um die Defizite des Kampfverhaltens in der Vergangenheit. Schätzungen aus der Zeit des Ersten und Zweiten Weltkrieges zufolge schossen nur 15 bis 20 Prozent amerikanischer Frontsoldaten während eines Gefechts gezielt und in Tötungsabsicht – nicht, weil sie den Feind schonen wollten, sondern weil sie ihrer Panik nicht Herr wurden und wild um sich ballerten. In Korea hatte die Zahl der kontrollierten Schützen bei nach wie vor unbefriedigenden 55 Prozent gelegen.[89] Die für Vietnam vorgesehene Korrektur lief, in den Worten von Joanna Bourke, auf eine Aktivierung von »savage instincts« hinaus[90] – auf ein »Abhärtungsprogramm« mit dem Ziel, die Soldaten an das Gesicht des Todes zu gewöhnen und das Töten zur Gewohnheit werden zu lassen. Lieder mit einem unvermeidlich auf »kill, kill, kill« endenden Refrain gehörten ebenso dazu wie Poster, in denen das Ab- und Ausschlachten feindlicher Körper als Ausweis abgebrühten Kämpfertums gepriesen

88 Ein namentlich nicht identifizierter GI, zit. n. Baker, Nam, S. 45. Siehe ebenda, S. 36–39 sowie Spector, After Tet, S. 261.
89 Grossman, On Killing, S. 3f., 333f.
90 Bourke, History of Killing, S. 153.

wurde. Einige Ausbilder rissen zur Demonstration toten Kaninchen die Innereien heraus und warfen sie ihren Rekruten zu Füßen.[91] Die Botschaft: Wer sich daran nicht gewöhnt, wird Vietnam in einem Leichensack verlassen. »Und dies ist unser Programm für heute. Ihr werdet in Vietnam getötet werden. Wir leben hier in einer anderen Welt. Wenn ihr nicht tut, was ich euch sage, werdet ihr euch aus dieser Welt verabschieden.«[92] Demnach gab es in Vietnam nur zwei Sorten von Soldaten – die schnellen und die toten.

In Vietnam wurden diese Initiationsriten fortgesetzt. In welchem Umfang und in welcher Intensität, entzieht sich unserer Kenntnis. Auffällig aber ist die Beharrlichkeit, mit der Veteranen auf einschlägige Beispiele zu sprechen kommen. So geht es in den Gesprächen, die Jonathan Shay oder Robert J. Lifton führten, immer wieder darum, dass man die ersten Patrouillen als Brutalisierungskurs erlebte. Die Rede ist von Vorgesetzten, die dazu aufforderten, keine Gefangenen zu machen, die bei geringfügigen Anlässen Zivilisten schikanieren oder zur Abschreckung töten ließen, die es untersagten, verwundeten Feinden oder ihren vermeintlichen Sympathisanten zu Hilfe zu kommen, und die tolerierten, dass Leichen auf jede erdenkliche Art verstümmelt wurden.[93] »Wochenlang haben wir auf Patrouille dieses Dorf passiert. Plötzlich heißt es: ›Das ist eine bekannte Bastion des Vietcong. Geht rein und brennt sie nieder.‹«[94] Bisweilen fühlt man sich bei diesen Geschichten an Szenen aus Horrorfilmen erinnert und hegt gegen ihre Zeugen den Verdacht des nachträglichen Vermengens imaginierter und erlebter Welten.[95] Andererseits sind zahlreiche Fälle zweifelsfrei dokumentiert, beispielsweise aus der Praxis des Ranger Team 35, H Company, 75. Ranger Battalion, 1. Cavalry Division. Dessen Gruppenführer konfrontierte einen noch unerfahrenen GI mit dem abgeschnittenen Ohr eines gefallenen Soldaten

---

91 USCR, 6. 4. 1971, S. E2829; Department of the Army, Memorandum for the Record: Resume of Hearing, 29. 4. 1971, S. 1, in: NA, RG 319, AS, ODCS-PER, VWCWG, CF, Box 5, Folder: Memorandums for Record – Summaries of Congressional Hearings on War Crimes, Apr 1971 sowie Confessions of »The Winter Soldiers«, in: *Life*, 9. 7. 1971, S. 24.

92 Ein namentlich nicht identifizierter Ausbilder, zit. n. Baker, Nam, S. 81. Siehe ebenda, S. 23, 27–36, 56, 119; Spector, After Tet, S. 60 sowie COHRO, Interview Sanders, S. 33f., 55, 72.

93 Shay, Achill, S. 58–76, 119–151 sowie Lifton, Home From the War, S. 135–189. Ähnliche Vorwürfe wurden bereits während des Krieges von Donald Duncan erhoben: Duncan, New Legions.

94 Ein namentlich nicht identifizierter GI, zit. n. Baker, Nam, S. 110.

95 Siehe Baker, Nam, S. 78 sowie Terry, Bloods, S. 45f.

der nordvietnamesischen Armee – angeblich um die Notwendigkeit dauerhafter Wachsamkeit im Dschungel zu unterstreichen. Bezeichnenderweise werteten die Vertreter der Criminal Investigation Division und des Inspector General diesen Vorfall nicht als Kriegsverbrechen, sondern als »Fehler bei der Unterweisung von Novizen«.[96] »Du sagst dir also«, fasste ein Infanterist ähnlich gelagerte Erfahrungen zusammen, »irgendjemand müsste doch dagegen einschreiten, wenn es nicht in Ordnung wäre. Und am Ende sagst du dir, dass es wohl so sein muss.«[97]

Ob es in Resignation und Zynismus mündete, ob es auf Unverständnis, gar Empörung stieß und Anlass zu innerlicher Verweigerung gab oder den Tötungswillen tatsächlich befeuerte – seinen eigentlichen Zweck verfehlte das »Schocktraining«. Von einer kontrollierbaren Zurichtung und einer kontrollierten Kampfmaschine konnte so wenig die Rede sein wie in der Vergangenheit. Ausweislich ihrer Selbstzeugnisse und der Beobachtung Dritter fand sich die Mehrheit der Dschungelkämpfer zu keinem Zeitpunkt mit den Umständen und Anforderungen des Krieges zurecht. Diesen Teil der Geschichte teilten sie mit Veteranen anderer Kriege. Doch im Unterschied zur Generation ihrer soldatischen Väter und Großväter gaben die »grunts« und »Special Forces« aus Vietnam dem Unbehagen einen Namen: Angst und Wut. Wut auf das eigene Militär und Angst vor einem undurchdringlichen Terrain und einem unsichtbaren Feind.

»Weißt du überhaupt, wie sie sich auf einer Patrouille mitten in der Nacht bewegen? Man hält sich gegenseitig an den Händen fest und am Hemd des Kerls, der vor dir läuft – wie kleine Kinder, wie hintereinander hertrottende Elefantenbabys.«[98] Der Dschungel wurde von den GIs als ein Raum extremer Bedrohung erlebt, undurchschaubar, undurchdringlich, unberechenbar, ein feindliches Etwas, dessen Abmessungen, Geräusche und Gerüche von ihnen nicht gedeutet werden konnten. »Ich habe mich nie daran gewöhnt. Es war wie die Hölle, Mann – du weißt

---

96 Report of Investigation Concerning Alleged Violations of the Law of Land Warfare, 27. 2. 1970, in: NA, RG 472, USAV, II. FFV, SJA, RI, Box 1, Folder: R.O.I. (Maltreatment of Dead Body, 1. Cav. Div.). Derselben Einheit wurden weitere Verstümmelungen angelastet. Auf Grund gravierender Unterschiede in beeideten und nicht beeideten Aussagen verliefen die Untersuchungen aber im Sande.

97 Ein namentlich nicht identifizierter GI, zit. n. Baker, Nam, S. 81. Dieser »Gewöhnungseffekt« kam auch im Laufe des Prozesses gegen William Calley wiederholt zur Sprache: siehe Engelhardt, Victory Culture, S. 195, 209, 220f.

98 Ein namentlich nicht identifizierter GI, zit. n. Baker, Nam, S. 129. Siehe ebenda, S. 98, 100, 102f., 108; Terry, Bloods, S. 55; Gibson, Perfect War, S. 108f., 151 sowie O'Brien, Things Carried, S. 220f.

Soldaten der A Company, 2. Battalion, 60. Infantry Regiment, 25. Infantry Division bei einem Einsatz am 26. August 1970 (Kartenkoordinaten XT 572688), in dessen Verlauf in einem militärischen Sperrgebiet (»off limits area«) zehn vietnamesische Zivilisten erschossen und ein elfter verwundet wurde. Den Hinterbliebenen wurde eine Abfindung gezahlt. Die Armee ging von einem »Feuerzwischenfall« aus und eröffnete deshalb kein Strafverfahren.
NA, RG 472, USFSEA, MACV, IG, MACIG, ID, Box 9, Folder: 71-15 (2 of 2).

einfach nicht, was los ist.«[99] Jede Bewegung eines Blattes, jedes Geräusch eines Tieres im Unterholz hätte auch von einem im Hinterhalt lauernden Vietcong stammen können. »Es war Geisterland. Und Charlie Cong war der Obergeist.«[100] – »Für mich war Vietnam wie ein Albtraum, aus dem ich ein Jahr lang nicht erwachte. [...] Es kommt so weit, dass du einfach nur noch Angst hast. Und das macht etwas mit dir.«[101] Die Natur, die Elemente, buchstäblich alles nahm die Gestalt des Feindes an. Im Grunde unbezwingbar musste der Dschungel erscheinen, denn hier zählte die technologische Überlegenheit moderner Waffen nicht viel. Auch deshalb galt Vietnam als »Indian Country«, als Terrain,

99 COHRO, Interview Sanders, S. 73. Siehe ebenda, S. 207f. sowie COHRO, Interview Branham, S. 6.
100 O'Brien, Things Carried, S. 202. Siehe ebenda, S. 205.
101 COHRO, Interview Sanders, S. 108.

in dem der Vietcong in die Rolle des Indianers schlüpfte. Nur er konnte diese Landschaft lesen, sich in ihr bewegen, mit ihr eins werden und zu seinem Vorteil nutzen – wie in den Reisfeldern oder im Elefantengras, wo es ein Leichtes war, die Vorhut von der Kolonne zu trennen und GIs vor die Wahl zu stellen, sich sofort zu ergeben oder die in der Feuerlinie stehenden Kameraden in Todesgefahr zu bringen. »Die konnten drei Meter entfernt sein, ohne dass du es merktest. [...] Und er ist verschwunden, bevor du realisierst, woher die Schüsse überhaupt kamen.«[102] – »Da habe ich begriffen, was Angst ist. Es ist dieses dumpfe Gefühl, dass etwas passieren könnte. Ein Feuergefecht ist etwas ganz anderes. In der Hitze des Gefechts denkst du nicht daran, verletzt zu werden. [...] Aber wenn nichts passiert – die Angst, diese Angst, Mann.«[103]

Die ultimative Drohung mit einem »instant death«, dem aus dem Nichts zuschlagenden Sekundentod, stellten Sprengfallen und Minen dar. Manche Schätzungen besagen, dass ein Viertel aller amerikanischen Toten und Verwundeten diesen »booby traps« – den »Bouncing Betties« oder »Toe Poppers« – geschuldet war.[104] Wahrscheinlich ist diese Zahl zu hoch gegriffen. Für das erste Halbjahr 1967 sind beispielsweise 17 Prozent verbürgt. Wobei es zum Teil dramatische Unterschiede zwischen unterschiedlichen Kriegszonen und einzelnen Einheiten gab. Bei einigen wurden – insbesondere in Phasen schwacher Kampfhandlungen – mehr als die Hälfte aller Verluste auf diese Weise verursacht, bei der 1. Marine Division waren es 18 Prozent im Schnitt der Jahre 1970 und 1971. Die Zahl der Soldaten, die an den unteren Gliedmaßen schwer verwundet wurden oder sich gar Amputationen unterziehen mussten, lag im Vietnamkrieg um 300 Prozent höher als während des Zweiten Weltkrieges und um 70 Prozent über der Statistik für den Koreakrieg. Mehrfachamputationen mussten dreimal öfter als im Zweiten Weltkrieg durchgeführt werden.[105] Diese Zahlen sagen

---

102 COHRO, Interview Sanders, S. 114.

103 Ein namentlich nicht identifizierter GI, zit. n. Terry, Bloods, S. 92/93. Siehe auch Spector, After Tet, S. 46/47. Zur plastischen Schilderung eines Einsatzes im Reisfeld siehe Ellsberg, Secrets, S. 155 f.

104 Lewy veranschlagt ungefähr 25 Prozent für die Hochphase des Krieges zwischen Januar 1967 und September 1968: Lewy, America in Vietnam, S. 309.

105 Lewy, America in Vietnam, S. 101; United States Marine Corps, Headquarters, 3. Marine Amphibious Brigade, Subject: Brigadier General Edwin H. Simmons, Debriefing Viet Nam Service, 24. 5. 1971, S. 7, in: NA, RG 127, HMC-HDPT, TF, Box 4, Folder: Command Info Notebook; 1. Mardiv; Apr 1971 Debriefing; 3. MAB; May 1971 sowie Fact Sheet, in: ebenda, Folder: Command Concerns: Drugs, Racial Strife, Fragging.

nichts über individuelle Schicksale, wohl aber über kollektive Wahrnehmungen. »Booby traps«, egal ob tatsächlich erlebt oder auf Grund von Gerüchten imaginiert, versetzten die gesamte Armee in Unruhe. Gegen diese Atmosphäre permanenter Angst war ebenso wenig auszurichten wie gegen die Versuchung, unterschiedslos alle Vietnamesen in moralische Schuldhaft zu nehmen. »When you halfstep, it may be your last step«,[106] hieß die Umschreibung eines nervlichen und mentalen Zustands am Rande der Paranoia: Ein falscher Schritt kann dein letzter gewesen sein.

Ähnlich unberechenbar wie »booby traps« waren die Kriegsstrategie und das Kampfverhalten der Vietcong beziehungsweise der nordvietnamesischen Armee. Sie diktierten das Kriegsgeschehen und demonstrierten auf ihre Weise, dass der Dschungel ein einziges Schlachtfeld war, ohne Rückzugsmöglichkeiten, ohne sichere Zonen. Aber auch ein Terrain ohne erkennbare Angriffsflächen: Eine Anfang Januar 1969 für den Nationalen Sicherheitsrat in Washington erstellte Studie kam zu dem Ergebnis, dass in den beiden zurückliegenden Jahren ungefähr zwei Millionen Mal Kompanien, Platoons oder Squads ins Feld geschickt worden waren. Aber nur knapp ein Prozent dieser Einsätze hatte tatsächlich zu Feindkontakten geführt – und war in der Regel nach kurzen, heftigen Feuergefechten ohne erkennbares Ergebnis zum Erliegen gekommen. In drei von vier Fällen bestimmte der Feind Zeitpunkt, Ort, Art und Dauer der Konfrontation. Auf Hinterhalte spezialisiert, machte sich die Guerilla über weite Strecken auch das Überraschungsmoment zunutze und behielt operativ die Oberhand.[107] »Was du mit als Erstes nach deiner Ankunft in Vietnam gelernt hast, war, dass wir diesen Krieg nicht gewinnen würden.«[108] Allenfalls eine Minderheit unter den GIs mochte an einen Sieg glauben. Zumal ihnen der Vietcong als zäher, mutiger und von seiner Sache überzeugter Kämpfer begegnete – als »wirklicher Mann«,[109] wie es ein GI formulierte. Im Repertoire der Spitznamen war daher neben »Victor Charlie« auch »Mr. Charles« oder »Sir Charles« zu finden. »Wir kämpften gegen jemanden, den wir nicht besiegen konnten. [...] Sie verdroschen uns einfach nach Belieben. Und

---

106 COHRO, Interview Sanders, S. 113. Siehe auch Gibson, Perfect War, S. 29; Baker, Nam, S. 100 sowie Lewy, America in Vietnam, S. 309.

107 National Security Study Memorandum # 1, Januar 1969, in: Ellsberg, Secrets, S. 240. Siehe auch Gibson, Perfect War, S. 108f.; Lewy, America in Vietnam, S. 82f. sowie Spector, After Tet, S. 54.

108 Ein namentlich nicht identifizierter GI, zit. n. Baker, Nam, S. 112.

109 Ein namentlich nicht identifizierter GI, zit. n. Terry, Bloods, S. 61.

selbst wenn wir sie verdroschen, schockten sie uns mit ihrer Entschlossenheit.«[110]

Zu der Angst kam die Wut, eine in der Tatsache begründete Wut, dass es in diesem Krieg selbst für Verständnisvolle nichts zu verstehen gab. Angeblich war man ins Land gekommen, um an der Seite der südvietnamesischen Armee gegen die Kommunisten zu kämpfen. Als der Journalist Neil Sheehan nach jahrelangen Beobachtungen der ARVN (Army of the Republic of Vietnam) eine »institutionalisierte Kampfunwilligkeit«[111] attestierte, hatte er einen angemessenen Begriff für die Alltagsbeobachtungen amerikanischer Soldaten gefunden. »Wir sind mit denen nie klargekommen. [...] Wir haben sie faule Ärsche und so was genannt. Wir waren dort drüben, um für sie zu kämpfen, und diese Kerle hatten zuviel Schiss, für sich selbst zu kämpfen. Meistens haben sie ihren Kram gepackt und sind abgehauen. An Nachteinsätze mit denen war überhaupt nicht zu denken.«[112] Nepotismus bei der Offiziersausbildung, eine politische Führung, die ständig in Angst vor einem Putsch lebte und deshalb darauf bedacht war, jeden fähigen Militär so schnell wie möglich aus dem Weg zu räumen, eine auch für Feindesgeld anfällige Korruption im Dienst, Eifersüchteleien und offene Feindschaft in den Führungsrängen, das Wissen um die Vergeblichkeit der eigenen Sache – was immer den Ausschlag gegeben haben mag, die ARVN erwies sich nicht als Hilfe, sondern war eine Belastung. Selbst Waffenverkäufe an den Vietcong waren keine Seltenheit. Während 1965 und 1966 die Zahl der US-Toten und Verwundeten um 400 Prozent beziehungsweise 1000 Prozent anstieg, blieb die Zahl der Opfer aus den Reihen der ARVN auf einem – absolut wie relativ gesehen – konstant niedrigen Niveau. Statt »Search and Destroy« praktizierten die Südvietnamesen »search and avoid« – eine Suche nach solchen Orten, in denen sich bekanntermaßen kein Vietcong aufhielt.[113] Dafür behandelten sie ihre eigenen Landsleute auf dem Land wie Feinde. Amerikanische Beobachter gingen davon aus, dass südvietnamesische Soldaten bei der Durchsuchung von Dörfern beinahe in jedem zweiten Fall plünderten, verge-

110 Ein namentlich nicht identifizierter GI, zit. n. Gibson, Perfect War, S. 151. Siehe auch Baker, Nam, S. 98, 100, 102f., 108, 112, 129 sowie COHRO, Interview Sanders, S. 114, 209.

111 Sheehan, Große Lüge, S. 99.

112 COHRO, Interview Sanders, S. 90. Siehe auch Terry, Bloods, S. 67, 169.

113 Spector, After Tet, S. 105f., 116, 190f., 293; Ellsberg, Secrets, S. 115f., 172 sowie Sheehan, Große Lüge, S. 131.

waltigten oder gar mordeten.[114] Im Grunde stand die ARVN im Ruf einer Besatzungsarmee und musste stets gewärtig sein, von Bauern tätlich angegriffen oder an den Vietcong verraten zu werden.[115] »Wir fühlten uns einfach ausgebeutet.«[116]

Ausgebeutet, betrogen und verraten – auf dieses Vokabular schrumpfte auch die Wahrnehmung der eigenen Einsätze. Bis zum Ende der 1960er Jahre hieß der Auftrag in neun von zehn Fällen: »Search and Destroy«. Es war eine Umschreibung für Patrouillen, bei denen außer erschöpfenden Gewaltmärschen und nervtötender Langeweile nichts zu vermelden war. In zahlreichen Erinnerungen dominiert daher das Bild eines endlosen Marschierens im Kreis, Berge rauf, Berge runter, durch Täler, Sümpfe, in brütender Hitze mit bis zu 50 Kilo Gepäck auf dem Rücken, das Gesicht zerstochen von Moskitos, Beine und Füße befallen von Blutegeln, die sich wie Saugnäpfe festgesetzt hatten – manchmal für die Dauer von zwei, drei Monaten, oft ohne Verbindung zur Außenwelt und mitunter ohne Nachschub.[117] »The Things They Carried« wählte Tim O'Brien als Titel eines Romans über seine Zeit als Infanterist bei der »Americal« Division. In ihm hat er seinen eigenen Erfahrungen wie den Erzählungen der Kameraden eine in jeder Beziehung verdichtete Form gegeben. »Sie bewegten sich wie Maultiere. Tagsüber wurden sie von Heckenschützen beschossen, nachts mit Granaten, aber es war kein Kampf, es war nur ein endloser Marsch, von Dorf zu Dorf, zwecklos, ohne etwas zu gewinnen oder zu verlieren. Sie marschierten um des Marschierens willen. [...] Und wenn du nicht rumgelaufen bist, hast du gewartet. Ich fühle noch immer die Monotonie. [...] Selbst im tiefen Dschungel, wo du auf jede erdenkliche Art sterben konntest, war der Krieg auf eine schamlose und aggressive Art langweilig. [...] Und dann hörst du hinter dir Gewehrschüsse, deine Eier drücken sich hoch bis in deine Kehle und du quiekst wie ein Schwein. Diese Sorte von Langweile.«[118] Die vielfach bemühte Rede vom »Zombie« läuft auf das Gleiche hinaus – auf die Beschreibung von Soldaten, die jede Orientierung verloren haben, die ohne Gespür für Raum und Zeit durch Dörfer stolpern, nicht wissend, wen oder was sie suchen, die zwi-

---

114 Lewy, America in Vietnam, S. 178, 181; Sheehan, Große Lüge, S. 118 sowie Ellsberg, Secrets, S. 128–131.

115 Spector, After Tet, S. 110f. Zur Geschichte der ARVN als Repressionsorgan im Inneren siehe Sheehan, Große Lüge, S. 195f.

116 COHRO, Interview Sanders, S. 90. Siehe auch Spector, After Tet, S. 62.

117 COHRO, Interview Sanders, S. 67, 85, 92f., 96 sowie Solis, Son Thang, S. 11.

118 O'Brien, Things They Carried, S. 15, 34.

schen Front und Hinterland nicht mehr unterscheiden können, denen die Ziele ebenso wie das Wissen um ihren Auftrag verloren gegangen sind. Und die vor allem eines nicht haben: das Gefühl, dass ihre Anstrengungen und Mühen zu irgendetwas taugen. »Das Opfer war eine Lüge. Der Krieg war ein Betrug.«[119]

Nicht nur schien die Strategie in Vietnam ins Leere zu laufen. Sie forderte auch unnütze eigene Verluste, ohne den Feind tatsächlich zu treffen. »Eine Anhöhe rauf, sich abknallen lassen, und der Rest auf der anderen Seite wieder runter. Wir machten das dreimal hintereinander.«[120] Das war das Gesicht des Krieges jenseits der öden Patrouillen: feindliches Terrain durchstreifen, unterirdische Bunker, Vorräte, Infrastruktur und Kommunikationswege zerstören, Rückzug und Warten auf die Rückkehr des Feindes und schließlich das Gleiche ein zweites, drittes und nicht länger gezähltes Mal. Von Glück konnte sagen, wer nur für »sweeps« und »scrubbings« eingesetzt wurde. Anderen Einheiten prägte sich Vietnam als »Fleischwolf« ein – beispielsweise jenen drei Bataillonen der 101. Airborne Division, denen im Rahmen der Operation »Apache Snow« im Mai 1969 befohlen wurde, im A Shau-Tal, Provinz Thua Thien (I. Corps Tactical Zone), einen dicht bewaldeten, mit schweren Waffen verteidigten und auf den Karten als »Hügel Nr. 937« ausgewiesenen Berg zu stürmen. Nach zehn Tagen, in deren Verlauf 56 GIs gefallen und 420 verwundet worden waren, in denen die Luftwaffe 500 Tonnen Bomben abgeworfen und die Artillerie über 20000 Salven abgefeuert hatte, stand man endlich auf dem Gipfel. Und erhielt den Befehl zum sofortigen Rückzug – eine nur aufgrund des Umstandes zu rechtfertigende Entscheidung, dass »Hill 937« in der operativen Planung für das grenznahe Gebiet zu Laos ohnehin nie eine Rolle gespielt hatte und auch in Zukunft nicht spielen würde.[121]

---

119 Ein namentlich nicht identifizierter GI, zit. n. Baker, Nam, S. 310. Siehe ebenda, S. 100–104, 112, 189, 240, 291; COHRO, Interview Sanders, S. 92f.; Lewy, America in Vietnam, S. 150f. sowie Bilton/Sim, Four Hours, S. 70.

120 Ein namentlich nicht identifizierter GI, zit. n. Baker, Nam, S. 233. Siehe auch Terry, Bloods, S. 21.

121 Zaffiri, Hamburger Hill sowie Lewy, America in Vietnam, S. 144f. Von der 101. Airborne Division waren beteiligt: das 1. Battalion des 506. Infantry Regiments, das 2. Battalion des 501. Infantry Regiments und das 3. Battalion des 187. Infantry Regiments. Sie wurden unterstützt von zwei Bataillonen der 1. Infantry Division der südvietnamesischen Streitkräfte. Angeblich verloren die Nordvietnamesen 633 Soldaten am »Hamburger Hill«. Allerdings ist völlig unklar, wie viele von ihnen in den weit verzweigten Tunnelanlagen durch Handgranaten und Bomben getötet wurden.

Obwohl »Hamburger Hill« weder der verlustreichste Einsatz des Krieges und schon gar nicht typisch für den Dschungelkrieg war, galt das Unternehmen fortan als Symbol. Es stand für die Bereitschaft der militärischen Führung, bei der Rückeroberung vermeintlich unverzichtbaren Terrains einen höheren Preis an Menschenleben zu zahlen als während der ursprünglichen Erstürmung. Die Soldaten sprachen von »baiting« und brachten die Strategie ihrer Vorgesetzten mit einem zynischen Kalkül in Verbindung: Wer Feindberührung hatte, durfte mit einem für die Statistik und die eigene Karriere positiven »Body Count« rechnen – auch um den Preis, die eigenen Truppen als »Köder« zu missbrauchen.[122] Ob sie mit ihrer Einschätzung immer richtig lagen oder nicht, spielte am Ende keine Rolle. Sie sahen sich als Versuchskaninchen.

»Die US Army [in Vietnam] war wie eine Mutter, die ihre Kinder verriet, damit deren Vater sie vergewaltigen konnte, um so ihre [der Army] eigenen Interessen schützen zu können.«[123] Was immer dieser bizarre Vergleich alles implizieren mag, Ausdruck eines nachhaltig beschädigten Selbstbildes ist er zweifellos. Er handelt von jungen Männern, denen der Selbstrespekt des Soldaten fehlt. Viele waren, wie Tim O'Brien schreibt, nur deshalb in der Armee, weil sie die patriotischen Erwartungen ihrer Familien und Freunde nicht hatten enttäuschen wollen. In Vietnam angekommen, mussten sie erkennen, dass eine noch größere Blamage drohte. Wie sollte man sich in Abwesenheit eines Feindes als Soldat beweisen? Der Gelegenheiten zu einem offenen Kampf beraubt und ohne Kontrolle über das Kriegsgeschehen, sahen sich die Dschungelkämpfer ihren Phobien über Verweiblichung und Feigheit ausgeliefert. Hier hat die ständig wiederkehrende Rede vom verletzten Rechts- und Gerechtigkeitsempfinden ihren Platz, an dieser Stelle wird deutlich, dass die Attribute einer mühevoll konstruierten Männlichkeit keine Orientierung mehr boten. Im Gegenteil. Sie traten hinter einer als »weiblich« stigmatisierten Angst, vor allem aber hinter Kastrationsängsten zurück. Und deshalb spiegelt sich im Hass auf den Feind, der bisweilen GIs tatsächlich verstümmelte und mit abgetrenntem Penis im Mund zur Schau stellte,[124] immer auch Selbsthass – eine in

---

122 Ronald Dellums, Vietnam War Crimes Hearings, in: http://members.aol.com/warlibrary/vwch1g.htm: 31. 8. 2004.

123 Ein namentlich nicht identifizierter GI, zit. n. Shay, Achill, S. 35.

124 NA, RG 319, AS, ODCS-PER, VWCWG, CaFi, Box 14, Folder: APC Incident, Case 109; COHRO, Interview Sanders, S. 136f., 208f. sowie Terry, Bloods, S. 241.

Selbstverachtung gewendete Wut darüber, gegen die Bedrohung nicht ankommen und die Übermacht der Waffen nicht in die erwartete Beglaubigung von Mut oder das erhoffte Einwerben von Anerkennung ummünzen zu können. »Niedergeschlagen ist überhaupt kein Ausdruck. Mann, wir waren 25 Millionen Jahre darunter. Die Hälfte der Zeit fühlten wir uns so mies, dass wir nicht wussten, was wir als Nächstes tun sollten. Es war uns einfach egal.«[125] Verständnislosigkeit, Verachtung für das eigene wie für das Leben anderer, Resignation, Zynismus: Das Amalgam des Negativen war am Ende mehr als die Summe seiner Teile. Oder, in den Worten von Michael Herr: »Sie waren in einer surrealen Welt einfach verloren.«[126]

Selbstermächtigung

Die Transformation vom teils indifferenten, teils stolzen und teils widerwilligen Soldaten zum wütenden Krieger vollzog sich in Vietnam oft binnen weniger Wochen. GIs, die in der Regel nicht länger als zwölf Monate im Einsatz waren, erweckten binnen kürzester Frist den Eindruck, als wären sie den Entbehrungen, Grausamkeiten und Schockerfahrungen eines Krieges jahrelang ausgesetzt gewesen. Und sie legten eine gewaltbereite Radikalisierung an den Tag, noch bevor eine Schlacht geschlagen war und sie den Feind zu Gesicht bekommen hatten.

Die sogenannte »combat fatigue« – eine durch lang andauernden Kampfstress aufgebaute Brutalisierung – scheidet als Erklärung aus. Wurden noch während des Zweiten Weltkrieges 23 Prozent aller Lazarettaufenthalte mit »combat fatigue« in Zusammenhang gebracht, so lag diese Zahl in Vietnam unter sechs Prozent. Selbst als die Kämpfe intensiver wurden und die Verlustrate stieg, kam prozentual die gleiche Anzahl Soldaten in psychotherapeutische Betreuung wie bei den fernab stationierten Truppen in den USA. Psychische Erkrankungen nahmen erst in dem Augenblick signifikant zu, als der Krieg abflaute – eine in ihr Gegenteil gewendete Erfahrung aus anderen Kriegen.[127] Auch bedurfte es keiner weltanschaulichen, auf ein konzises Feindbild abgestellten Imprägnierung. Zwar waren die Dschungelkämpfer in einer Gesellschaft

125 COHRO, Interview Sanders, S. 207. Siehe auch Baker, Nam, S. 60, 94, 112, 189, 240.
126 Herr, Dispatches, S. 44.
127 Spector, After Tet, S. 63; Solis, Son Thang, S. 247f. sowie Bourne, Men, Stress, and Vietnam.

aufgewachsen, die vor und insbesondere während des Zweiten Weltkrieges antijapanische Ressentiments gepflegt hatte. Aber von einer virulenten Aversion gegen Vietnamesen konnte keine Rede sein, erst recht nicht vor dem Hintergrund der medial und politisch inszenierten Solidarität zwecks Abwehr eines gemeinsamen Feindes.

Wenn überhaupt, bieten sich klassische Kolonialkriege zum Vergleich an. Hier wie da beobachten wir eine ebenso schnelle wie radikale Unterscheidung von »Wir«- und »Sie-Gruppe«, im einen wie im anderen Fall blieb die Anerkennung durch die Heimatfront prekär und stets dementierte die Realität des Krieges die insgeheim oder offen gehegten Erwartungen der Soldaten an sich selbst. Nichts zerstört die Truppenmoral schneller und nachhaltiger als das Gefühl der Nutzlosigkeit eigenen Tuns oder gar der eigenen Person.[128] Unter diesen Bedingungen geht der Attacke stets die Panikattacke voraus – und eine Selbstermächtigung zur exzessiven Gewalt.

Aus dem großen Fundus soldatischer Selbstzeugnisse ragen die Berichte der Vietnamkämpfer heraus, weil sie um Erklärungen für diese Selbstermächtigung bemüht sind. Im Unterschied zu vielen, wenn nicht den meisten Kriegserzählungen aus anderer Zeit und über andere Orte stehen also nicht die Leugnung, Abwehr oder Relativierung von Schuld und Verantwortung im Mittelpunkt, erschöpfen sich die Rückblicke nicht in der Konstruktion einer passiven Opferschaft. Zwar ist durchgängig die Rede von Zwang, Zurichtung, Überforderung und fremdbestimmtem Handeln. Aber Ursachen und Dynamik eigener Gewalttätigkeit werden auch im Kontext individuellen Wollens und Entscheidens gesucht. An diesen Stellen dominiert das Aktiv über das Passiv, ablesbar an drei das Narrativ strukturierenden Leitbegriffen: Selbstvergewisserung, Besiegen der Angst und Rache. Kategorial unterschiedlich, beschreiben sie eine von fließenden Übergängen und mannigfachen Verschränkungen geprägte Praxis. Und nicht zuletzt verweisen sie darauf, wie nahe heißes und kaltes Töten, kalkulierter Vorsatz und Raserei, Leidenschaft und Gleichmut beieinanderlagen.

Selbstvergewisserung: »Es ist wirklich schwierig, sie [die Vietcong] mit einer Waffe gefangen zu nehmen. Nach einem Gefecht schaffen sie alle Waffen und Leichen aus dem Weg – und wir haben nichts vorzuweisen, es sieht so aus, als hätten wir nie etwas zustande gebracht. Alles, was nach einem Gefecht übrig war, waren die abgerissenen Arme und

---

128 Manning, Esprit de Corps, in: Mangelsdorff et. al. (Hg.), Military Psychology.

Beine, die leblosen Körper meiner Kameraden.«[129] Es war nicht nur ein Krieg gegen einen unsichtbaren Gegner, sondern auch ein Krieg, in dem man selbst keine Spuren hinterlassen konnte – keine weithin sichtbaren Symbole eines Sieges wie eroberte Gebiete oder große Kriegsgefangenenlager, befreite Städte oder zerstörte Rüstungsbetriebe. »Ich betete um ein Feuergefecht, einfach nur, dass wir eine Weile vor dem Patrouillieren Ruhe hätten.«[130] Selbst in handgemalten Schildern schlug sich die Frustration über die verwehrte Soldatenehre nieder: »Feindkontakt – unser Glück liegt im heftigen Feindkontakt«, stand am Eingang zum Befehlsstand einer Einheit zu lesen.[131] »Do something physical« wurde, so Lieutenant Colonel Anthony Herbert, zu einer fixen Idee und einem Leitmotiv für Ersatzhandlungen:[132] seine Anwesenheit demonstrieren, unter Beweis stellen, dass man selbst die Initiative ergreifen konnte, das Stigma des insgeheim vom Feind verlachten Verlierers und des Spielballs anonymer Mächte loswerden. Im Grunde war es egal, welcher Mittel man sich dabei bediente. Hauptsache, es wurde ein Zeichen gesetzt. Eine Zeit lang wurde es – zum Verdruss des Oberkommandos in Saigon – bei einigen Einheiten zum Ritual, sich zum Beweis der eigenen Unerschrockenheit mit Ketten abgeschnittener Ohren und Finger zu schmücken oder Schädel getöteter Vietcong als Trophäen auszustellen.[133]

---

129 Marine Lance Corporal Denzil R. Allen, Co A, 1. Battalion, 27. Regiment, 1. Marine Division, der Anfang Mai 1968 zusammen mit einigen Kameraden östlich von Huê drei Vietnamesen in einen Hinterhalt gelockt und in einer Art Schießwettbewerb ermordet hatte, zit. n. Shepherd, Incident at Van Duong, S. 31. Zu diesem Fall siehe auch Memorandum: An Analysis of Misconduct in Combat in Vietnam, June 1968, in: NA, RG 127, HMC-HDPT, TF, Box 4, Folder: War Crimes – Copies of Items in Mr. Bill Anderson's File. Zur »Selbstvergewisserung« siehe auch USCR, 7. 4. 1971, S. E2915/16 sowie James D. Henry, The Men of »B« Company, S. 26–31.

130 Ein namentlich nicht identifizierter GI, zit. n. Baker, Nam, S. 97.

131 Ronald Dellums, Vietnam War Crimes Hearings, in: http://members.aol.com/warlibrary/vwch1g.htm: 31. 8. 2004, S. 5.

132 Anthony B. Herbert, Interview mit *Life*, Confessions of »The Winter Soldiers«, 9. 7. 1971, S. 24.

133 NA, RG 319, AS, ODCS-PER, VWCWG, CaFi, Box 15, Folder: Ulysses Williams Incident; Statement of Franklin D. Massey, 1. 9. 1972. Siehe auch ebenda Box 19, Folder: Goodwin Allegation, Case 227; Report of Investigation Concerning C/3/17 Air Cavalry Incident, 5. 2. 1971, in: RG 334, IA, MACV, DRAC, SJA, Box 1, Folder: War Crime Investigation – LTC Lowell K. White (1 of 2) 1971 sowie RG 319, AS, PI-AC, Box 53, Folder: War Crimes Allegations – 129: Ashbaugh Incident: Dieser Fall bezieht sich auf einen Offizier, der die Leiche eines Gefangenen köpfen ließ und den Kopf anschlie-

Andere hinterließen »death cards« auf ihren Wegen, mitunter auch auf den Körpern gefallener Feinde – Spielkarten wie Karo-Ass –, die ihre Entschlossenheit unterstreichen und Furcht einflössen sollten. Auch ist aktenkundig, dass man zum gleichen Zweck tote Vietcong aus Hubschraubern über feindlichem Terrain abwarf oder ihre an gepanzerte Fahrzeuge gebundenen Körper durch Siedlungen schleifte. »Das Hinterlassen von Feindesleichen in Feindesland zeigt, dass wir wissen, wo sie stecken, und hat eine psychologische Wirkung auf das Verhalten des Feindes.«[134] Wenn keine anderen Mittel zur Verfügung stehen, wird Erfolg am Ende in diesen Maßeinheiten gemessen.

So gesehen, erscheinen das wahllose Niederbrennen von Häusern und das wilde Geballere beim Betreten von Siedlungen erst recht wie symbolische Inszenierungen. Sie gehörten zum Repertoire von Soldaten, die in Ermangelung realer Schlachtfelder sich am Ende phantasierte Kampfzonen schufen und in ihrer Phantasie alles und jeden zum Feind erklärten – zu einem Feind, den sie lokalisiert, gestellt und vernichtet hatten.[135] »Es fing mit ganz gewöhnlichen Gefangenen an«, berichtete ein Angehöriger der »Americal« Division, »mit Gefangenen, von denen man dachte, dass sie der Feind waren. Dann ging es weiter mit Gefangenen, die keine Feinde waren, schließlich mit Zivilisten, weil man keinen Unterschied mehr sah zwischen dem Feind und Zivilisten. Schließlich war ein Punkt erreicht, wo sie imstande waren, einfach jeden zu töten.«[136] Gewalt barg das Versprechen wiedergewonnener Kontrolle, sie schuf klare Verhältnisse jenseits aller Ambivalenzen und Unsicherheiten – und vor allem hinterließ sie eine mit Blut getränkte Spur eigener Macht. Darin lag ihr symbolischer Wert, ihre moralische Produktivkraft. Sie war der Beweis, etwas bewirken zu können – eine Botschaft an sich selbst und ein Mittel zur Kommunikation mit anderen, vorweg mit

---

ßend 18 Stunden in kochendem Wasser präparierte. Zum Ritual der Verstümmelungen siehe auch Ex-Pilot Alleges Civilian Slayings, in: *The New York Times*, 7. 4. 1970; COHRO, Interview Sanders, S. 138; Baker, Nam, S. 84, 174f., 199; Gibson, Perfect War, S. 147; Lewy, America in Vietnam, S. 329 sowie Terry, Bloods, S. 244.

134 Statement of CW2 Randall Bert Cassels, 23. 9. 1970, S. 3, in: NA, RG 319, ODCS-PER, VWCWG, CF, Box 4, Folder: Helicopter Incident, CID Reports, Testimony # 2, Case 8 (3). Siehe auch ebenda, Folder: Helicopter Incident, CID Reports, Testimony # 1, Case 8 (2) sowie Terry, Bloods, S. 207.

135 Robert Jay Lifton vor dem Veterans' Subcommittee, U.S. Senate, 27. 1. 1970, in: *UPI Wire Service News*, UPI-91, 27. 1. 1970. Siehe auch Ellsberg, Secrets, S. 167.

136 Michael Bernhardt, zit. n. Bilton/Sim, Four Hours, S. 78.

jenen Zivilisten, die ihre Loyalität verweigerten und denen man auf diesem Wege den Preis ihrer fortgesetzten Verweigerung vor Augen führen konnte: Sie mussten mit allem rechnen, weil man selbst zu allem bereit war.[137]

Besiegen der Angst: Teilweise muten die Rituale, mit denen die Dschungelkämpfer ihrer Angst Herr werden wollten, burlesk an. »Wir setzten beim Marsch durch den Dschungel Sonnenbrillen auf. Wenn ich heute darüber nachdenke, war es einfach lächerlich. Aber wir wollten zeigen, wie böse wir waren. Dass wir keine Angst haben.«[138] Andere zogen sich nach Art der Montagnards an und trugen wie das Bergvolk des Zentralen Hochlandes Lendenschurz und Stirnband, dazu die aus Autoreifen geschnittenen »Ho-Chi-Minh-Sandalen«.[139] Offenbar unterschieden sie sich nur wegen der schweren Patronen- und Granatengürtel von Komparsen eines Indianerfilms. Aber dieser Mummenschanz blieb einer Minderheit vorbehalten. Die Mehrheit schien zu wissen, dass man vordergründiger Accessoires ebenso wenig bedurfte wie archaischer Mutproben – weil nämlich Ohnmacht und Angst mit einer in der Geschichte der US Army beispiellosen Macht gepaart waren. Jeder Infanterist in Vietnam verfügte im Vergleich zu einem Soldaten des Koreakrieges über das Sechsfache an Feuerkraft – das M-16-Sturmgewehr mit einem Magazin von 20 Schuss oder wahlweise das M-60 und M-79 führten alle mit sich.[140] »Das gab dir ein Gefühl der Überlegenheit. Du läufst durch ein Dorf und hast diese riesige kugelsichere Weste an. Du hast einen Helm auf und bist über und über mit Patronengürteln behängt. Du hast dein Gewehr. Du stehst haushoch über diesen Leuten.«[141] – »Weißt du, wie es sich anfühlt, mit zwölf bis an die Zähne bewaffneten Typen eine Straße runterzugehen und zu wissen, dass jeder, der auf dich schießt, richtige Probleme kriegen wird?«[142]

In solchen Momenten schienen alle Selbstzweifel gebannt, auf solche Momente zielen die scheinbar paradoxen Hinweise, gerne in Vietnam gewesen zu sein. Und an dieser Stelle geben Dschungelkämpfer zu verstehen, wie der Terror mittels überlegener Machtmittel auf sie wirkte.

---

137 Auf diesen Gesichtspunkt wird im Zusammenhang mit dem »My Lai (4)«-Massaker zurückzukommen sein. Siehe auch Oliver, My Lai in History and Memory, S. 184.
138 Ein namentlich nicht identifizierter GI, zit. n. Terry, Bloods, S. 35.
139 Terry, Bloods, S. 244.
140 Schell, Real War, S. 153.
141 Ein namentlich nicht identifizierter GI, zit. n. Baker, Nam, S. 195.
142 Ein namentlich nicht identifizierter GI, zit. n. Baker, Nam, S. 301.

Ob man Wasserbüffel mit großkalibrigen Waffen buchstäblich in Einzelteile zerlegte oder wie bei einer Entenjagd hilflose Bauern zu Dutzenden auf einem Feld niedermähte, ob man eine wahllos aufgegriffene Frau hinrichtete, um herauszufinden, wie groß das Einschussloch sein würde, oder einen Dreijährigen zu Tode steinigte und sich anschließend ein Gefühl wie bei einem »massiven Orgasmus« bescheinigte, oder ob man nichts weiter tat, als das jährlich in die Tausende gehende Register von Verletzung und Tod durch bewusste Fahrlässigkeit bei Überlandfahrten um einen neuen Vorfall zu erweitern[143] – unüberhörbar sind Befriedigung, Lustgewinn und Faszination. »Ich glaube, wir taten das, um einfach zu beweisen, dass wir tatsächlich harte Scheißkerle waren.«[144] Mitunter klang gar kindische Freude durch, so furchtlos wie Filmhelden agiert zu haben. »Es war wie im Kino. [...] Ich halte mich für einen anständigen Kerl, aber ich habe diese Menschen von meinem Hubschrauber aus zusammengeschossen.«[145] Welche emotionalen Zuschreibungen man immer wählen mag, der vom Psychoanalytiker Robert J. Lifton vorgeschlagene Begriff des »power surge« trifft den Kern – einen Machtzuwachs, der von einer schweren Last befreit und nach Wiederholung verlangt, weil die Befreiung die Angst nicht bannen kann und deshalb stets eine scheinbare bleibt.[146]

Rache: Sobald es um Reaktionen auf unmittelbar erlebtes oder selbst erfahrenes Leid geht, ist die Tonlage sogar im Abstand mehrerer Jahre noch von Wut verzerrt. Oder Gewalt wird aus kühler Distanz als etwas Selbstverständliches geschildert, als unausweichliche Entscheidung derer, die sich nicht vorstellen konnten, je wieder nach Hause zu kommen, und davon überzeugt waren, einen ebenso sinnlosen Tod wie viele ihrer Kameraden sterben zu müssen. In diesem Licht geraten Mord und Tot-

---

143 Über diese Exzesse wird (in der genannten Reihenfolge) berichtet bei Terry, Bloods, S. 129; O'Brien, Things Carried, S. 78f.; Baker, Nam, S. 152f., 196; Memorandum: An Analysis of Misconduct in Vietnam, June 68, in: NA, RG 127, HMC-HDPT, TF, Box 4, Folder: War Crimes – Copies of Items in Mr. Bill Anderson's File; Gross, Lieutenant Calley's Army, S. 158; Statement of Joseph Norbert Konwinski, 26. 10. 1969, S. 2, in: NA, RG 319, AS, PI-FR, Volume IV: CID Statements, S. 288, Box 57; Lewy, America in Vietnam, S. 311; RG 472, USFSEA, USAV, PM, SGR, Box 1, Folder: Provost Marshal Instruction File 1968; ebenda, Folder: Crime Prevention Program File (2 of 2) 1968 sowie RG 472, USAV, II. FFV, S 3, CGR, Folder: Accident/Incident Report 69.

144 Ein namentlich nicht identifizierter GI, zit. n. Baker, Nam, S. 197. Siehe ebenda, S. 126, 170, 203, 226, 301.

145 Ein namentlich nicht identifizierter GI, zit. n. Baker, Nam, S. 154.

146 Lifton, Home from the War, S. 135–161.

schlag, Vergewaltigung und Plündern zur sinnstiftenden Wiedergutmachung, zum schlagenden Beweis, der Brutalität der anderen mit eigener Unbarmherzigkeit begegnen zu können und an anderen Körpern die Gewalt zu vollziehen, die einem selbst drohte. Unter dieser Voraussetzung lag es auch nahe, dem Feind noch im Tod die Würde zu nehmen, seine Leichen auf Müllhalden zu deponieren oder sie übereinandergestapelt zu verbrennen, als wollte man ihre Existenz restlos tilgen. »Ich habe sie brennen gesehen und ich habe gesehen, wie sie zum Verrotten zurückgelassen wurden. [...] Ich habe nichts Störendes an dieser Art der Entsorgung gefunden.«[147]

»Ich musste einfach einen umbringen. [...] Ich musste den Jungs helfen, die gefallen waren. Ich musste etwas für sie tun, ein Zeichen setzen, dass sie nicht umsonst gestorben waren.«[148] Mehr als alles andere löste die Detonation von Sprengfallen buchstäblich Kettenreaktionen der Vergeltung aus. »Danach gingen wir mit einer völlig veränderten Haltung in den Dschungel. Wir gingen hinein und suchten nach etwas, das wir umbringen konnten, suchten quitt zu werden für etwas, was uns selbst angetan worden war.«[149] Vom klarsichtigen Kalkül bis zur blinden Raserei reicht die Palette der Reaktionen, von Kompanieführern, die ein in der Nähe gelegenes Dorf einäschern ließen, über Platoons, die ihre eigenen Sprengfallen bauten und großflächig ausbrachten oder vergiftete Konservenbüchsen auslegten, bis hin zu Soldaten, die wild um sich schossen oder in Tobsucht gleichen Anfällen Feindesleichen bis zur Unkenntlichkeit verstümmelten.[150] Als »Achill in Viet-

147 Sworn Statement Murray L. Cable, 10. 11. 1970, S. 2, in: NA, RG 319, AS, ODCS-PER, VWCWG, CF, Box 4, Folder: Helicopter Incident, CID Reports Testimony # 2, Case 8 (3) sowie ebenda, Folder: Helicopter Incident, Case 8 (1).

148 Lance Corporal Frank C. Schultz, zit n. William T. Anderson, Misconduct in Combat and Mental Responsibility. A Case Study, S. 10, in: NA, RG 127, HMC-HDPT, TF, Box 4, Folder: War Crimes – Copies of Items in Mr. Bill Anderson's File. Siehe auch Shay, Achill, S. 93.

149 Baker, Nam, S. 90. Siehe ebenda, S. 114/115, 197.

150 USCR, 6. 4. 1971, S. E2836; Sworn Statement McNeil Rigby, Jr., 30. 4. 1971, in: NA, RG 319, AS, ODCS-PER, VWCWG, CaFi, Box 4, Folder: Bentley Allegation – Case 12 (1); Sworn Statement Norman Ryman, 4. 3. 1970, S. 1, in: ebenda, Box 5, Folder: Ryman Incident; ebenda, Box 16, Folder: Hunter Allegation (VVAW-WSI) Case 168; ebenda, Box 16, Folder: Mallory Allegation (VVAW-WSI) Case 169; ebenda, Box 16, Weber Allegation (VVAW-WSI) Case 170; ebenda, Box 16, Folder: Duffy Allegation (VVAW-WSI) Case 171; ebenda, Box 16, Folder: Stephens Allegation (VVAW-WSI) Case 173 sowie Baker, Nam, S. 203.

nam« bezeichnet Jonathan Shay den Typus des Berserkers, der ihm in seinen Therapiegesprächen mit Vietnamveteranen wiederholt begegnete. Gemeint sind Soldaten, deren lädiertes Empfinden für Fairness und Gerechtigkeit durch den Tod eines Kameraden in grenzenlose Wut umschlägt. Vor Troja war es der Verlust des engsten Freundes Patrokles, der Achill so in Rage versetzte, dass er noch nicht einmal vor dem zu seiner Zeit am meisten verabscheuten Verbrechen zurückschreckte und den Leib des toten Hektor schändete. Und in Vietnam war es eine Häufung von Kränkungen, die dazu veranlassten, Unverstandenes mit schwer zu Verstehendem zu beantworten.

Wer Feuer mit Feuer bekämpft und mittels der Rache die »Waffengleichheit« mit einem ebenso hemmungslosen Feind wiederherstellen will, bedarf weder der Rechtfertigung noch der Entschuldigung für sein Handeln. Im Gegenteil: Er zielt vorsätzlich auf die Grenzüberschreitung, auf den Bruch von Regeln, die vermeintlich stets jene übervorteilen, die sich daran halten. Und er möchte seine Taten dokumentiert sehen, lässt sich fotografieren oder greift selbst zur Kamera und verschickt die Bilder an Freunde und Angehörige – eine Praxis, die in Vietnam offenkundig weit verbreitet war, aber bis dato kaum erforscht ist.[151] Hier wurzelt auch die zwischen Verständnis, Anerkennung und Wertschätzung changierende Reverenz an William Calley oder alle anderen wegen Kriegsverbrechen Angeklagten. Und in dieser Hinsicht traf Lieutenant Colonel Cooper, 1. Battalion, 7. Regiment, 1. Infantry Division den Punkt, als er sagte: »Man hätte drei Wochen darauf verwenden

151 Ständig stößt man in den Akten auf Hinweise auf gewohnheitsmäßiges Fotografieren von Gräueltaten: NA, RG 319, PI-FR, Vol. II: Testimony, Box 28, Book 18, Dahner: SUM APP T-152, S. 4; Box 31, Book 20, Michener: SUM APP T-209, S. 12; Box 33, Book 21, Duff: SUM APP T-268, S. 3; Box 35, Book 22, Harlow: SUM APP T-295, S. 3; Box 38, Book 24, Carter: SUM APP T-53, S. 3; Vol. III: Exhibits, Box 54, Book 4: Miscellaneous Documents, S. 301 (Exhibit M-86); Vol. IV: CID Statements, Box 57, S. 204, 381, 427; RG 319, AS, PI-AC, Box 47, Solder: Son My – Other Individuals (3 of 3); RG 319, AS, ODCS-PER, VWCWG, CF, Box 4, Folder: Helicopter Incident, Case 8 (1) und Folder: Helicopter Incident, CID Reports – Testimony # 1, Case 8 (2); Conduct of the Men of Charlie Company, 1/20, during the Assault on My Lai 4 on 16 March 1968, S. 30, in: RG 319, AS, ODCS-PER, VWCWG, MLM, Box 5, Folder: Administrative Review – SSG Kenneth L. Hodges (Part 3 of 4); RG 319, AS, PI-CI, Box 1, Folder: Vol. III – Chronology; ebenda, Box 8, Folder: Admin. File – Feb.; ebenda, Box 11, Folder: Admin. – Secret # 1. Siehe auch Schell, Real War, S. 378–379.

können, den Truppen [...] die Regeln des Landkrieges beizubringen. Es hätte nicht gefruchtet.«[152]

An dieser Stelle holt uns die von Joyce Carol Oates erzählte Geschichte wieder ein. Der Lebensweg ihres Helden dementiert alle Vorstellungen vom Leben eines »citizen soldier«. In den »warrior dreams«, wie sie noch in den 1950er Jahren geträumt wurden, reifte der Junge im Krieg zum Mann. Aber er blieb sich bewusst, dass der Dienst an der Waffe schmutzig war und wie ein Job erledigt werden sollte, den man so schnell wie möglich hinter sich bringen möchte. Deshalb suchten die damaligen Helden den Weg zurück in das zivile Leben, heirateten, erwarben Land, gründeten eine Familie. In »Man Crazy« hingegen erliegt der Protagonist der selbstverzehrenden Dynamik des Krieges. Seine destruktive Energie verbraucht sich nicht, das Bedürfnis nach Rache ist durch nichts zu stillen. Und die Hoffnung auf eine Welt, die am Ende der Gewalt eine bessere sein möge, hat er längst aufgegeben. Deshalb will er gar nicht mehr in die Gesellschaft zurückkehren, sondern entscheidet sich im Zweifel für eine zweite Tour nach Vietnam. Er bleibt für immer der Mann ohne Namen, fixiert auf die Erfüllung einer Mission. Er gehört zu den Männern mit einer lebenslänglichen »licence to kill«.[153]

---

152 Lieutenant Colonel Cooper, zit. n. Solis, Son Thang, S. 58.

153 Siehe Gibson, Warrior Dreams, S. 31, 41, 44, 48f., 81f., 89, 107–117, 161, 285, 305. Die Parallelen wie die Unterschiede zum »gunfighter Western« der 1950er Jahre hat Slotkin en détail herausgearbeitet: siehe Slotkin, Gunfighter Nation, S. 389–405, 461–490.

1967 – Todesschwadrone in den nördlichen Provinzen

> *»Wenn das Leben seinen Wert verliert, hat zumindest das Sterben seinen Preis.«*
> *(Aus dem Film »Für ein paar Dollar mehr«)*

> *»Vietnam war an seinem Geruch erkennbar. Dem Geruch. Du hast das Napalm gerochen, und du hast den Geruch verbrannten Menschenfleischs in der Nase gehabt. [...] Nur Vietnam riecht so.«* [1]

Für die Frontkämpfer der US Army war es schlicht »Indian Country«, Indianerland. Die Rede ist von den fünf Provinzen Quang Ngai, Quang Tin, Quang Nam, Thua Thien und Quang Tri. Im schmalen Mittelstück Vietnams zwischen dem 17. Grad nördlicher Breite und der Halbinsel Batangan gelegen, grenzen sie im Westen über eine Strecke von gut 350 Kilometern an Laos und im Osten an das Südchinesische Meer. Die meisten der damals auf eine Million geschätzten Einwohner der Region lebten im küstennahen Flachland, einer Landschaft, die wegen ihrer sanften Hügel und schneeweißen Strände mittlerweile Motive für Tourismusbroschüren liefert. In den Jahren des Krieges galten die mit Reis, Rohrzucker und Maniok bestellten Felder allerdings als tödliche Falle, auf mehrere Quadratkilometer durchzogen von unterirdischen Tunneln und Bunkeranlagen.

Jederzeit und überall konnte es zu einem Feuergefecht kommen, nirgendwo war man vor Sprengfallen sicher. Deshalb hieß der »Highway No. 1«, die noch heute wichtigste Verkehrsader, umgangssprachlich »Street Without Joy«, ein Euphemismus für »Straße ohne Wiederkehr«. Westlich von ihr kann man mit bloßem Auge die Konturen jener Gebirgslandschaft ausmachen, die zu drei Vierteln die Topographie dieser Provinzen bestimmt. Von wenigen, auf 2000 Meter hochragenden Ausnahmen abgesehen, messen die Berge zwischen 300 und 500 Meter. Dennoch fügen sie sich zu einem unwirtlichen Extrem, überwuchert von Dschungel und getrennt von Schluchten, die in der Regenzeit zu Schlammwüsten werden. In diesem Terrain betrug die Sicht unter optimalen Bedingungen etwa 100 Meter. Und selbst gut trainierte Soldaten legten in Tagesmärschen nicht mehr als fünf Kilometer zurück.

---

1 Ein namentlich nicht identifizierter GI, zit. n. Baker, Nam, S. 84.

Auf amerikanischen Militärkarten ist das Gebiet als I. Corps Tactical Zone (I. CTZ) markiert, als eine von insgesamt vier Kriegszonen in Südvietnam. Orte und Regionen dieser I. CTZ haben sich als Signaturen des Vietnamkrieges auf Dauer eingeprägt: Da Nang, die Hafenstadt, in der im Frühjahr 1965 die ersten US-Kampftruppen an Land gingen und vor laufenden Fernsehkameras eine Choreographie des Zweiten Weltkrieges nachstellten; Khe Sanh, das Anfang 1968 für Monate eingekesselte und wegen der Nähe zur entmilitarisierten Zone vielfach als »Schicksalsfestung« apostrophierte Basislager der Marines; das A Shau-Tal, Einfallstor für den am Ho-Chi-Minh-Pfad aus dem Norden herangekarrten Nachschub und Schauplatz der legendären Schlacht um »Hamburger Hill«; Huê, der alte Kaisersitz, in der Vietcong- und NVA-Truppen im Februar 1968 Tausende von Zivilisten massakrierten, ehe die US-Luftwaffe den größten Teil der Stadt pulverisierte; und schließlich »My Lai (4)«, das 500-Seelen-Dorf, in dem amerikanische Soldaten Freiheit als Lizenz zum Töten verstanden und zu Terroristen wurden.

Für beide Kriegsparteien waren die fünf nördlichen Provinzen die Kampfzone mit der höchsten Truppenkonzentration, dem intensivsten Kampfgeschehen und folglich auch den größten Verlustraten. Hier wurde der Krieg mit B-52-Bombern und mit Bambusfallen geführt, mit Napalm und Handfeuerwaffen, zwischen Einheiten in Bataillonsstärke und Nachtpatrouillen von fünf Mann, in Minenfeldern und vor befestigten Stellungen, in der Einsamkeit des Dschungels und inmitten bewohnter Siedlungen. Hier kamen Spezialkommandos mit langjähriger Erfahrung neben »rookies« zum Einsatz, die gerade ihre Grundausbildung an der M-16 abgeschlossen hatten, hier kämpften »Freizeitguerillas« an der Seite regulärer Verbände der nordvietnamesischen Armee, die ihre Strategie und Taktik unter dem Eindruck früherer Siege über japanische und französische Truppen festlegte – und sich trotz allem nur behaupten konnte, weil auch ungezählte chinesische Soldaten ihre Uniform trugen. 54 Prozent aller in Vietnam gefallenen GIs ließen ihr Leben in der I. CTZ.

Die I. Corps Tactical Zone ist mithin ein Mikrokosmos, in dem alle Charakteristika des Vietnamkrieges zeitgleich vertreten waren – die asymmetrische Konstellation eines Guerillakrieges, die Materialschlachten des klassischen Abnutzungskrieges und die Eskalationslogik des Kalten Krieges. Vor allem aber lässt sich dort eines beobachten: wie der Krieg um die Bevölkerung zu einem Krieg gegen die Bevölkerung übergeht, wie sich Schlachtfelder in entgrenzte Räume der Gewalt verwandeln – in »killing fields«.

»Indianerland«

Die Bewohner der nördlichen Provinzen standen – wie die meisten ihrer Landsleute – seit alters her im Ruf eigensinniger Beharrlichkeit. Man könnte auch von geistiger Unabhängigkeit sprechen, gepaart mit dem Willen, ihre Kultur und traditionelle Lebensweise gegen Anfechtungen jedweder Art zu bewahren. Wer sein Leben im Rhythmus der Natur, im Geiste der Ahnen und im Sinne der Götter leben möchte, sieht weltliche Potentaten als flüchtige Gestalten oder unvermeidliche Übel. In der Regel hielt man zu ihnen eine aus dem Geist der Gleichgültigkeit geborene Distanz. Und umgekehrt waren sich französische Kolonialherren, amerikanische Modernisierer und kommunistische Weltanschauungskrieger deshalb in einem Punkt einig – in ihrem Misstrauen gegenüber einer Bevölkerung, der weder mit Geld noch mit Ideen und schon gar nicht mit Waffen beizukommen war. Lethargisch, opportunistisch, zynisch, hinterhältig und unberechenbar lauteten die Attribute, die allseits zur Charakterisierung der Unwilligen aufgeboten wurden, aber im Grunde über etwas anderes Auskunft gaben – nämlich darüber, dass sich politische Missionare nie sicher sein konnten, wie belastbar die Geduld der Missionierten war.

Von der Provinz Quang Ngai ging im 19. Jahrhundert der Widerstand gegen die französischen Kolonialherren aus, ihre Bewohner zettelten in den 1930er und 1940er Jahren erneut die Opposition gegen Fremdbestimmung an. Dass die aufständischen Wortführer, die Vietminh, damals die »Herzen und Seelen« der Landbewohner gewonnen hätten, kann man nicht behaupten. Als patriotische Widersacher der Eindringlinge wurden sie freilich anerkannt – allen voran die berühmtesten Söhne von Quang Ngai: Ho Chi Minh und der spätere Premierminister Nordvietnams, Pham Van Dong. Und nicht zuletzt fand die Wirtschafts- und Sozialpolitik der Vietminh Anklang. Die vorübergehende Abwesenheit der Franzosen hatten sie für überfällige Reformen in der Landwirtschaft genutzt. Großgrundbesitzer, die sich seit Jahr und Tag nicht mehr um ihre Ländereien gekümmert hatten, wurden zu Gunsten der Bauern enteignet, korrupte Steuereintreiber ihrer Ämter enthoben und durch Funktionäre ersetzt, die sich an Geist und Buchstaben eines die Armen begünstigenden Abgabensystems hielten. Als Frankreich am Ende des Zweiten Weltkrieges erneut seine Ansprüche geltend machte, hatte Ho Chi Minh die Provinz Quang Ngai bereits zur »befreiten Zone« erklärt und auch in den Nachbarprovinzen zahlreiche junge Männer für den militärischen Widerstand rekrutiert.

Doch ausgerechnet in der Stunde des größten Sieges zeigte sich, wie begrenzt Macht und Einfluss der Vietminh trotz alledem waren. Als die französischen Truppen endgültig abzogen und das Land am 17. Breitengrad geteilt wurde, stand es allen Vietnamesen frei, sich für ein Leben nördlich oder südlich der Demarkationslinie zu entscheiden. Verlässliche Statistiken über die Binnenwanderung liegen nicht vor. Aber schätzungsweise war die Zahl derer, die dem kommunistischen Norden den Rücken kehrten, um ein Zehnfaches höher als die Zahl der Abwanderer aus dem Süden. Vornehmlich Katholiken verließen den Norden – aus Furcht vor politischer Repression. Und zahlreiche Anhänger der Vietminh wählten den umgekehrten Weg – aus ähnlichen Gründen und wohl auch infolge unzuverlässigen Rückhalts in der Bevölkerung.[2]

Das korrupte Regime in Saigon bereitete den Boden für eine neuerliche Wende. Es verhalf den alten »landlords« zur Rückkehr, machte die Steuerreform auf dem Land rückgängig und schuf sich mit einer intoleranten Politik gegenüber den Buddhisten auch in den Städten viele Gegner, wenn nicht Feinde – Wasser auf die Mühlen alter Vietminh-Kader, die sich Ende 1959 im Untergrund neu formierten und in den folgenden Monaten das Politbüro in Hanoi dazu brachten, die Kritik an einem überhasteten Aktionismus hintanzustellen und den Widerstand im Süden personell wie materiell zu unterstützen. Die Frühzeit der Vietcong und ihres »politischen Arms«, der »Nationalen Befreiungsfront« (NLF), ist zwar noch immer nicht hinreichend erforscht.[3] Unstrittig ist jedoch, dass sie die nördlichen Provinzen – neben dem Mekongdelta – zu ihrem wichtigsten Operationsgebiet machten. Und unstrittig ist auch, dass das Saigoner Regime mit seinem Anti-Guerilla-Programm kläglich scheiterte. Der 1962 gestartete Versuch, die Landbevölkerung Quang Ngais in militärisch gesicherte Wehrdörfer oder »Strategic Hamlets« umzusiedeln, wurde im Herbst 1963 abgebrochen – weil das systematische Niederbrennen von Dörfern dem Vietcong nicht geschadet, sondern neuen Zulauf beschert hatte.[4]

---

2 Hammer, One Morning, S. 28–53.

3 Die meisten einschlägigen Studien datieren aus den 1970er und 1980er Jahren. Siehe Duiker, The Communist Road to Power; Pike, Vietnamese Communism; FitzGerald, Fire in the Lake; Trullinger, Village at War; Moise, Land Reform; Diem, In the Jaws of History; Chanoff/Toai, People at War. Aus jüngster Zeit liegt vor: Duiker, Ho Chi Minh.

4 So der Vorsteher der Provinz Quang Ngai, Ton That Khien, in einem Memorandum vom 30. 11. 1969: Results of the Investigation of the Case of the American Operation in the Son My Area (East of Son Tinh), 30. 11. 1969, S. 1, in: NA, RG 319, AS, PI-OI, Box 56, Folder: Exhibits: Reports (4). Siehe auch

Im Schatten spektakulärer Übergriffe auf Polizeistationen und andere Symbole staatlicher Macht vollzog sich zwischen Quang Ngai und Quang Tri im Laufe von drei Jahren eine Revolution auf leisen Sohlen. Es war das politische Ebenbild der späteren Guerillataktik im Krieg: Ein »Hit-and-Run«-Wettlauf um weiche Ziele, abwartend und flexibel vorgetragen, aber unerbittlich in der Verteidigung gewonnener Bastionen.

Gestützt auf Interviews mit Bewohnern des Siedlungsbezirks Son My – Schauplatz des »My Lai (4)«-Massakers – hat der Journalist Richard Hammer eine anschauliche Schilderung dieses geräuschlosen Umsturzes vorgelegt. Nachdem im Winter 1963 ein paar Dutzend emigrierter Aktivisten in ihre Heimatdörfer zurückgekehrt waren, vergingen nur wenige Tage bis zur Entmachtung der Dorfräte. Ob dabei die Kraft der Rhetorik, das Vertrauen von Verwandten und alter Bekannter, der Blick in Gewehrläufe oder schlicht die in dieser Region typische Abwesenheit staatlicher Machtapparate den Ausschlag gaben, sei dahingestellt. In jedem Fall regte sich kein nennenswerter Widerstand gegen die Verhaftung von Dorfvorstehern und die Einberufung von »Volksgerichten«. »Sie beschuldigten uns der Kooperation mit der ›Marionettenregierung‹ in Saigon«, erinnert sich ein »Angeklagter«. »Sie warfen uns vor, die Reichen bevorzugt und Bestechungsgelder eingestrichen zu haben. Und so weiter. [...] Im Dorf selbst haben sie niemanden getötet. Einige haben sie verhaftet und in den Dschungel geführt. Diese Leute sind nicht zurückgekommen. Möglich, dass sie vom Vietcong dort umgebracht wurden.«[5] In der Regel wurden »Unzuverlässige« – so auch der zitierte Zeitzeuge – in »Umerziehungslager« nach Nordvietnam geschickt oder zum dauerhaften Verlassen ihrer Dörfer aufgefordert. Wer fliehen wollte, musste freilich seinen Besitz zurücklassen. Fast alle blieben und verlegten sich in der Folge auf das bekannt stoische Arrangement mit neuen Herren. »Wer auch immer unser Dorf regierte«, so ein in der Nähe von »Quang Ngai City« aufgewachsener Bauer, »ob es die Franzosen waren, die Japaner, der Vietminh, Saigon, die Vietcong – das spielte doch überhaupt keine Rolle.«[6]

Headquarters Pacific Air Force, Contemporary Historical Examination of Current Operations Report, Air Support in Quang Ngai Province (U), 25. 2. 1970, Secret, S. 6, in: RG 319, AS, PI-AC, Box 27, Folder: RVN Trip Report Information – Folder # 3.

5 Ein namentlich nicht identifizierter Zeitzeuge, zit. n. Hammer, One Morning, S. 43/44.

6 Ein namentlich nicht identifizierter Zeitzeuge, zit. n. Hammer, One Morning, S. 39.

Das Arrangement mit dem Vietcong brachte indes auch Vorteile. Nichtbewirtschaftete Ländereien und der Besitz von Flüchtlingen wurden – wie schon in den frühen 1950er Jahren – erneut aufgeteilt, arme Bauern konnten Felder zu geringen Abgaben pachten und überdies von einem progressiven Steuersystem profitieren – so sie denn überhaupt belastet wurden. Auch brachten die Guerillas Abwechslung in das Einerlei des bäuerlichen Alltags. In unregelmäßigen Abständen beriefen sie Dorfversammlungen ein, die zwar mit ausufernden Predigten zu revolutionärer Wachsamkeit überfrachtet waren, sich aber nicht im politischen Pathos erschöpften. Im offiziellen Teil konnte über die Verwaltung des Dorfes diskutiert werden, im inoffiziellen Teil wurde man mit Gesang oder melodramatischem Laientheater unterhalten. So durchsichtig die politische Absicht gewesen sein mag, so wenig verfehlten diese Veranstaltungen ihre Wirkung – und sei es nur auf Grund des augenfälligen Kontrasts zu der ausbeuterischen Geringschätzung, die man seitens der Saigoner Regierung erfahren hatte.[7]

Im Gegenzug erwartete der Vietcong Loyalität. In anderen Worten: die Abgabe eines Teils der Ernte, die Bereitstellung von Unterkünften, Hilfe beim Bau von Tunnelanlagen, Bunkern und Straßen, bei Kurierdiensten oder auch beim Verfertigen und Ausbringen von Sprengfallen. Wer es an der verordneten Freiwilligkeit fehlen ließ, musste mit Verhaftung und militärischer Zwangsrekrutierung seiner Söhne rechnen. Im Falle offener Ablehnung wurden Dörfer bisweilen gar zur Zerstörung freigegeben – von Heckenschützen, die das Feuer auf patrouillierende Feinde in dem Wissen eröffneten, dass Südvietnamesen wie Amerikaner vor Vergeltungsschlägen gegen bewohnte Orte nicht zurückschreckten. Wie oft der Vietcong sich dieser terroristischen Disziplinierung bediente, ist unmöglich zu beurteilen. Fest steht nur, dass Bauern aus Son My wiederholt davon berichteten. Und dass die disziplinierende Wirkung des Terrors selbst dann nicht verfehlt wurde, wenn es sich um Einzelfälle oder glaubhaft dramatisierte Gerüchte handelte. Richard Hammer berichtet daher von zahlreichen Familien, die der Not gehorchend beiden Seiten dienten. Sobald ein Sohn von der südvietnamesischen Armee rekrutiert wurde, tat man gut daran, einen Bruder oder Verwandten der Guerilla zur Verfügung zu stellen.[8]

»Im Laufe der 1960er Jahre«, hieß es im Abschlußbericht der Peers-Kommission zum Massaker in »My Lai (4)«, »war dort [in der Provinz Quang Ngai] eine ganze Generation junger Menschen herangewachsen,

---

7 Hammer, One Morning, S. 46, 51–53.
8 Ebenda, S. 47–49.

die nichts anderes kannten als die Kontrolle seitens der Vietminh und später der Nationalen Befreiungsfront.«[9] Einzig die Provinzhauptstadt »Quang Ngai City« und ihr unmittelbares Umfeld wurden von Regierungstruppen kontrolliert. Wie weit es mit dieser Kontrolle bestellt war, zeigte sich am 29. August 1967, als ein Stoßtrupp der Vietcong das dortige Zivilgefängnis stürmte und 1200 Gefangene – die meisten von ihnen als »Civilian Defendants« eingestufte »Terrorverdächtige« – befreite. Unter dem Eindruck weiterer Zwischenfälle erwog die Regierung in Saigon sogar einen vollständigen Rückzug aus der Stadt. Wie es scheint, wurde diese Idee erst nach massiver Einrede seitens der USA verworfen.[10] Eine Aufgabe Quang Ngais hätte – einer kleinteiligen Anwendung der Dominotheorie entsprechend – unabsehbare Auswirkungen auf die anderen, nicht minder instabilen Regionen in der Nachbarschaft gehabt. Offenkundig hielten alle Konfliktparteien die »Kampfzone Nord« für unverzichtbar. In den nördlichen Provinzen Südvietnams wurde also nicht allein um militärische Schlüsselpositionen gekämpft. Vielmehr, wenn nicht in erster Linie, galt die Gegend zwischen Quang Tri und Quang Ngai als symbolischer Ort. Wer dort die Oberhand behielt, konnte sich gute Chancen auf den Sieg im gesamten Land ausrechnen. Oder lief im umgekehrten Fall Gefahr, die Definitionsmacht über den Krieg zu verlieren.

Von den rund 200 000 Kampftruppen, die zu Beginn des Jahres 1968 und damit auf dem Höhepunkt des Krieges von kommunistischer Seite aufgeboten wurden, war ein gutes Viertel für die »Kampfzone Nord« abgestellt – für fünf von damals 44 Provinzen und 15 Prozent des gesamten Terrains in Südvietnam. Neben ungezählten Kleingruppen, Zügen und Kompanien standen 65 Bataillone zu Buche, die im Wesentlichen zur 2., 324 (B) und 325. Infanteriedivision der nordvietnamesischen Armee gehörten.[11] Wie viele »Selbstverteidigungskräfte«, also

---

9 NA, RG 319, PI-FR, Vol. I: Analyses, Box 1, Chapter 3, S. 3. Siehe auch Debriefing Report, Major General Charles M. Gettys, Commanding General, Americal Division, June 1968 – May 1969, S. 1, in: RG 319, AS, PI-AC, Box 5, Folder: Background Americal Division.

10 Bilton/Sim, Four Hours, S. 57f.

11 MACV Briefing on Enemy Order of Battle, November 1967, in: NA, RG 127, USMC, HMC-HMD, BM-68, Box 5, Folder: MACV Order of Battle Briefing. Siehe auch ebenda, Folder: Order of Battle – Statistics of Forces, Dec. 67 – Jan. 68 sowie RG 319, PI-FR, Vol. I: Analyses, Box 1, Chapter 3, S. 1; Debriefing Report, Major General Charles M. Gettys, Commanding General, Americal Division, June 1968 – May 1969, S. 1–2, in: RG 319, AS, PI-AC, Box 5, Folder: Background Americal Division. Siehe auch Pearson, War in the Northern Provinces, S. 97f.

Informanten, Kuriere, Sprengstoffexperten oder Steuereintreiber, den Guerillas sowie den regulären Truppen Hanois zur Hand gingen, ist nicht in Erfahrung zu bringen. Weil sie mehrheitlich nicht oder nur leicht bewaffnet waren, ihren festen Wohnsitz nicht verließen und unregelmäßig in Erscheinung traten, fehlen sie in den offiziellen Statistiken. Nach Lage der Dinge dürften aber die Helfer und Helfershelfer gerade in dieser Region sehr zahlreich gewesen sein.

Wie auch andernorts üblich, vermied man die offene Konfrontation mit den an Mannschaften, Waffen und Transportmitteln weit überlegenen Amerikanern und zog es vor, sie in Hinterhalte zu locken oder mittels ebenso unerwarteter wie kurzer Feuergefechte mürbezumachen. Doch nicht die Kampftaktik des Feindes setzte den US-Truppen am meisten zu, sondern die extreme Verminung des Terrains. Hier begegneten sie dem mit »Billigwaffen« geführten Abnutzungskrieg der Guerilla in seiner extremsten Form. »Wenn eine Mine hochging, wusste man nie, wer sie gelegt hatte«, schreibt General Norman Schwarzkopf über seine Erfahrungen als junger Offizier auf der Halbinsel Batangan. »Es konnte eine kleine Druckmine aus ehemals französischen Beständen sein [...] oder eine Bouncing Betty, wie sie die US Army im Zweiten Weltkrieg verwendet hatte [...], ein Blindgänger oder eine Artilleriegranate von heute, die vom Vietcong wieder scharf gemacht worden waren. Wir [...] kartographierten die Explosionsstellen [...] und heraus kam ein Piktogramm todbringender roter Punkte, die sich von einem Ende der Halbinsel bis an das andere erstreckten.«[12] In anderen Worten: Die Minen erwiesen sich als klassischer »force multiplier« – als Mittel zur Vervielfachung der Kampfstärke mit vergleichsweise geringem Aufwand.

Sobald eine Kampfzone in ein Minenfeld verwandelt wird, muss der Feind seine logistischen und personellen Ressourcen umschichten. Er kann sich nicht mehr frei im Gelände bewegen, braucht zusätzliche Patrouillen zur präventiven Sicherung und Gerätschaften zur Räumung von Sprengfallen, ist gezwungen, seine Routen ständig zu ändern und abseits der bekannten Trampelpfade neue Schneisen zu schlagen. Am Ende gingen amerikanische Einheiten weite Umwege oder rückten – zur Freude der weiträumig verteilten Heckenschützen – nur noch im Schneckentempo vor. Auch ließen sie sich wiederholt von der sogenannten »sucker tactic« in die Falle locken, von Guerillas, die sich jenseits der Schussweite kurz zeigten – in der Gewissheit, dass die GIs den kürzesten Weg zur Verfolgung einschlagen und schnurstracks in ihr Verderben

12 Schwarzkopf, Autobiography, S. 163/164.

rennen würden. Auf diese Weise wurde ein entscheidender Vorteil der US-Truppen zunichtegemacht – ihre Mobilität. Der durch Hubschraubertransport in der Luft gewonnene Vorsprung wurde am Boden in der Regel wieder verspielt. Selbstverständlich konnten diese Nachteile durch taktische Umsicht ausgeglichen werden. Aber gewiefte Truppenführer waren in Vietnam eher selten. Auch deshalb mussten viele Einheiten exorbitante Verluste durch Sprengfallen hinnehmen. Das zwischen Herbst 1967 und Frühjahr 1968 in Quang Ngai eingesetzte 1. Battalion, 52. Infantry Regiment der »Americal« Division beispielsweise hatte innerhalb von fünf Monaten 77 Verwundete und 23 Gefallene zu beklagen – 87 von ihnen waren Opfer von Minen. Von ähnlichen Erfahrungen geplagt, verweigerte das 5. Battalion, 46. Infantry Regiment der »Americal« faktisch den Kriegsdienst. »Wenn Nachtpatrouillen ausgeschickt wurden«, so Norman Schwarzkopf, »machten sie 200 Schritt hinter der befestigten Stellung halt. Am nächsten Morgen kamen sie zurück, meldeten Vollzug und behaupteten, keine Feinde gesichtet zu haben.«[13] Die Angst vieler GIs erwies sich als wichtiger Verbündeter der Guerilla.

In der Nutzung personeller, materieller und zeitlicher Ressourcen gehindert, gingen amerikanische Einheiten dazu über, ihrer Infanterie mittels Artillerie und Luftwaffe den Weg buchstäblich freizuschießen. Minenräumung und Neutralisierung von Sprengfallen aus der Luft: Diese Taktik avancierte zu einer »Standing Operating Procedure«, seit mit der III. Marine Amphibious Force im Mai 1965 die ersten US-Kampftruppen in der »Kampfzone Nord« gelandet waren. Hubschrauber oder Kampfflugzeuge belegten ohne Rücksicht auf »Kollateralschäden« die Einsatzzonen von Bodentruppen mit »Harassment and Interdiction«-Feuer, schweres Geschütz wurde aufgeboten, um den Feind in Bewegung zu halten und letztendlich aus der Deckung zu zwingen – und um verlustreiche Einsätze eigener Truppen in erträglichen Grenzen zu halten. Es war, wie es in einer Bestandsaufnahme der Luftwaffe hieß, über weite Strecken ein Beschuss auf Verdacht, angeordnet auf der Basis unzuverlässiger Informationen und durchgeführt unter erheblichem Zeitdruck. »Diese Faktoren und der Umstand, dass die meisten Objekte von dichtem Dschungelbewuchs verdeckt waren, erschwerten den FAC [Forward Air Controllers] eine positive Zielidentifikation erheblich.«[14]

---

13 Ebenda, S. 163.

14 Headquarters Pacific Air Force, Contemporary Historical Examination of Current Operations Report, Air Support in Quang Ngai Province (U), 25. 2. 1970, Secret, S. 35; siehe auch S. 32, 36, 39, 58, in: RG 319, AS, PI-AC,

Wenn in Einsatzberichten der ominöse Eintrag »Ergebnisse nicht festgestellt« auftaucht, kann man entweder davon ausgehen, dass ins Leere geschossen wurde – oder dass zivile Ziele ins Visier geraten waren. Letzteres war in Quang Ngai und den angrenzenden Provinzen nicht die Ausnahme, sondern die Regel. Bisweilen findet man sie in »After Action Reports« dokumentiert – beispielsweise anlässlich der im August 1965 durchgeführten »Operation Starlight«, in deren Verlauf angeblich 688 Vietcong getötet, aber nur 109 Waffen erbeutet wurden.[15] Die einzig detaillierte Darstellung aus dieser frühen Zeit stammt freilich von dem Journalisten Neil Sheehan, der im November 1965 ein Fischerdorf in Quang Ngai besuchte und feststellte, dass innerhalb weniger Wochen mindestens 180, möglicherweise 600 Zivilisten durch Luftangriffe getötet worden waren. In den Augen der US Army hatten die Fischer ihr Schicksal herausgefordert – weil sie ihre Häuser in einem Operationsgebiet der Vietcong nicht aufgegeben hatten. »Die fünf Weiler dieser Gemeinde, einst eine prosperierende Siedlung mit 15000 Einwohnern, bestanden nur noch aus Schutt.«[16] Sheehan beschrieb, wie es scheint, nur ein Beispiel aus ungezählt vielen Fällen.

Von einer erfolgreichen Bekämpfung der Aufständischen konnte freilich keine Rede sein. Zwar wurden die US Marines seit 1966 von der 1. und 2. Infanteriedivision der südvietnamesischen Armee sowie von einer Brigade südkoreanischer Marines unterstützt. Aber aus dem amerikanischen Hauptquartier in Saigon kamen düstere Prognosen: Sollte die Infiltration nordvietnamesischer Soldaten entlang der entmilitarisierten Zone am 17. Breitengrad nicht gestoppt werden, würde die Provinz Quang Tri in absehbarer Zeit vollends in die Hände der Kommunisten fallen. Und wenn man die Guerilla in Quang Ngai nicht entscheidend schwächte, drohte gar ein strategisches Desaster – ein feindlicher Verteidigungsgürtel von der laotischen Grenze bis zum Südchinesischen Meer und damit eine Teilung Südvietnams.[17] »Die Provinz Quang Ngai«, schrieb Westmoreland im März 1967 an den Ober-

---

Box 27, Folder: RVN Trip Report Information – Folder # 3. Zur geschilderten »Standing Operating Procedure« siehe auch Schwarzkopf, Autobiography, S. 129.

15 Hersh, My Lai 4, S. 4 sowie Lewy, America in Vietnam, S. 54f. Zu Westmorelands Blick auf die I. CTZ siehe auch die Memoiren seines langjährigen Geheimdienstchefs, Lieutenant Phillip Davidson, Vietnam at War.

16 Neil Sheehan, zit. n. Bilton/Sim, Four Hours, S. 36. Sheehans Reportage erschien in der *New York Times* vom 9. Oktober 1966.

17 Sallah/Weiss, Tiger Force, S. 28f.

kommandierenden der amerikanischen Streitkräfte im Pazifik, Admiral Ulysses S. Grant Sharp, »ist augenblicklich eines der kritischsten Gebiete im gesamten Vietnam. Selbst wenn wir im Laufe des Jahres 1967 dort eine größere Operation durchführen würden, könnten wir allenfalls mit einer vorübergehenden Erleichterung rechnen. Wir brauchen eine Streitmacht, die den Feind kontinuierlich unter Druck setzt, die seine Kräfte samt der zahlreichen Stützpunkte vernichtet und ihm die Kontrolle über große Teile der Bevölkerung sowie über Nahrungsmittelvorräte entzieht.«[18]

In den folgenden Monaten kam es tatsächlich zu einer Truppenverlegung riesigen Ausmaßes. Zu Beginn des Jahres 1968 standen nicht mehr 20000, sondern 170000 Mann in der I. Corps Tactical Zone – ein Drittel aller damals in Vietnam stationierten amerikanischen Soldaten.[19] Von den »maneuver battalions«, den Kampfeinheiten in Bataillonsstärke also, waren mehr als die Hälfte verlegt worden. In anderen Worten: 50 Prozent aller beweglichen US-Kampftruppen in Vietnam befanden sich im Januar 1968 in der I. CTZ.[20] Sie wurden unterstützt von rund 33000 Soldaten aus der 1. und 2. Infanteriedivision der südvietnamesischen Armee und – hauptsächlich mit Sicherungsaufgaben betrauten – 44000 »Regional« und »Popular Forces«.[21] Aus »Indian Country« war, wie Westmoreland anmerkte, eine »wirkliche Kampfzone« geworden.[22]

»Task Force Oregon«

Diese Umgruppierung zog sich aus Sicht der US-Truppenführung aber zu lange hin. Auf schnelle Erfolge fixiert, stampfte sie deshalb im April 1967 einen improvisierten Kampfverband aus dem Boden – die »Task Force Oregon«, bestehend aus drei Brigaden, die man kurzfristig von ihren »Mutterdivisionen« abgezogen hatte. Mit der 196. Light Infantry Brigade der 23. Infantry Division, der 1. Brigade der 101. Airborne Division

18 William Westmoreland an Ulysses S. Sharp, März 1967, zit. n. Bilton/Sim, Four Hours, S. 58.

19 Hammer, One Morning, S. 88.

20 Spector, After Tet, S. 109.

21 Intelligence Estimate of the Situation in I. Corps Zone (I CTZ), Republic of Vietnam, Secret, 8. 1. 1968, S. 1, in: NA, RG 127, USMC, HMC-HMD, BM-68, Box 5, Folder: Order of Battle – Statistics of Forces, Dec. 67 – Jan. 68.

22 William Westmoreland, zit. n. Hammer, One Morning, S. 88.

und der 3. Brigade der 25. Infantry Division[23] griffen – unter der operativen Kontrolle der III. Marine Amphibious Force – erstmals Einheiten der US Army auf dem Kriegsschauplatz der nördlichen Provinzen ein, vorwiegend in Quang Ngai und teilweise auch in Quang Tin. Westmoreland räumte ihnen »maximale operative Unabhängigkeit« ein. Ob die Befehlshaber der drei »Mutterdivisionen« vor Einsätzen konsultiert wurden, war in das Belieben der Brigadekommandeure gestellt. Im Zweifel konnten sie auch »ohne vorherige Rücksprache tätig werden«.[24] Dabei ruhten die größten Erwartungen auf dem 1. Battalion, 327. Infantry Regiment, 1. Brigade der 101. Airborne Divison und den drei Kompanien dieses Bataillons, die seit 1965 immer wieder als »Feuerwehr« in sechs verschiedenen Provinzen eingesetzt worden waren. Ihnen ging der Ruf voraus, fehlende Mannschaftsstärke im Zweifel durch hohe Motivation und operative Rücksichtslosigkeit ausgleichen zu können – Eigenschaften, die im Frühjahr 1967 von oberster Stelle mehr denn je gefragt waren.

»Säubert das Land!« – »Bringt den Kampf zum Vietcong!« – »Ringt sie nieder! Sie werden sich ergeben!«[25] – »Da draußen ist nichts von Wert für uns. In diesem Gebiet gibt es keine uns freundlich Gesinnten.«[26] So oder ähnlich stimmten hohe Offiziere die Truppen der »Task Force Oregon« ein. Sollten die Soldaten dabei an das 48. Local Force Battalion der Vietcong gedacht haben, sahen sie sich getäuscht. Zweifellos gehörte es auch zu ihren Aufgaben, diese legendäre Phantomtruppe endlich aufzureiben. Doch zum damaligen Zeitpunkt stand anderes im Vordergrund.

Westmoreland wollte erstens so viele Bewohner wie möglich umsiedeln. Genauer gesagt: von einem Tag auf den anderen aus ihren Dörfern vertreiben und für die Dauer des Krieges in Flüchtlingslagern festsetzen. 68 dieser mit Betonmauern, Stacheldrahtverhauen und bewaffneten Patrouillen gesicherten Lager gab es in der Provinz Quang Ngai – faktisch Gefängnisse, in denen die Menschen nur mit dem Nötigsten versorgt

---

23 Die 3. Brigade der 25. Infantry Division wurde kurz darauf in 3. Brigade der 4. Infantry Division umbenannt.

24 NA, RG 319, PI-FR, Vol. II: Testimony, Box 4, Book 2, Granger: SUM APP T-367, S. 2; siehe ebenda Granger: APP T-367, S. 5–10, 16–18.

25 Sallah/Weiss, Tiger Force, S. 27, 29.

26 Sworn Statement Kenneth A. Smith, 15. 3. 1975, S. 4, in: NA, RG 319, AS, ODCS-PER, VWCWG, CaFi, Box 19, Folder: Coy Allegation (CID ROI 72 – CID 46-27852; Exhibits 260–350; Part 5 of 7) Case 221. Siehe auch Sworn Statement Anthony J. Curcio, Jr., 24. 1. 1975, S. 4 und Sworn Statement Joseph A. Westbrook, 19. 1. 1975, S. 5, in: ebenda.

General William Westmoreland, Oberkommandierender der
US-Streitkräfte in Vietnam, 1964–1968.

unter Wellblechdächern ihre Tage verbrachten, unter unsäglichen hygienischen Bedingungen und von Krankheiten geplagt. Arbeit hatten sie keine, wer tagsüber stundenweise mit einem Passierschein ins Umland durfte, konnte sich glücklich schätzen. Und nachts wurden die Gestrandeten wieder eingeschlossen. Denn, so die in einer internen Studie buchstabierte Logik dieser Politik, »die Bevölkerung verhält sich gegenüber der Regierung Südvietnams bedingungslos feindlich. Man kann davon ausgehen, dass sie völlig auf der Seite der Nationalen Befreiungsbewegung steht, [...] eine militante, gut disziplinierte, auf den Vietcong fixierte Bevölkerung. [...] Jeder Junge und jedes Mädchen in den Dörfern hat eine militärische Aufgabe. Totale Verpflichtung und totale Ergebenheit sind die Regel.«[27] Wer so denkt, kann sich auch nur eine Lösung vor-

27 Comments on the Schell Manuscript. Secret, o.D., S. 1–3, in: NA, RG 319, AS, PI-CI, Box 11, Folder: Admin.-Secret # 2. Bei diesem Text handelt es sich um eine interne Expertise zu einem Aufsatz, den Jonathan Schell am 9. und 16. 3. 1968 im *New Yorker* unter dem Titel »Quang Ngai and Quang Tin«

stellen: totale Abschottung. Die Regierung Diem hatte mit ihrer Umsiedlungspolitik schon einmal Schiffbruch erlitten. Westmoreland setzte sich über diese Lektion hinweg. Woran auch die Marines wenige Monate zuvor gescheitert waren, wurde jetzt der »Task Force Oregon« aufgetragen – nämlich binnen kurzem bis zu 300000 Menschen oder die Hälfte aller Bauern Quang Ngais in »relocation center« unterzubringen.

Zweitens sollten die Rückzugsräume des Feindes weiträumig unbrauchbar gemacht werden. »Jedes Haus«, heißt es in der genannten Expertise weiter, »[ist] Teil eines durchdachten Verteidigungssystems. Manchmal wurden Häuser nur zur Camouflage von Bunkern und Stellungen errichtet.«[28] Im Klartext: Ein geräumtes Dorf war zum Niederbrennen freigegeben – und die Reisfelder zur Vergiftung durch Herbizide ebenfalls. Es galt, mit den Menschen auch das Vieh zu evakuieren und der Guerilla ihre Lebensader, die Versorgung aus dem Land, zu kappen – auch um den Preis, dass die Landwirtschaft in Quang Ngai vollends zum Erliegen kam und die Flüchtlingslager mit importiertem Reis versorgt werden mussten. »Das ist«, gab Westmoreland in einer Besprechung seines Stabes zu verstehen, »so wichtig wie alles andere, was wir tun können.«[29]

Die Konsequenzen dieser operativen Vorgaben waren absehbar. »Es war, als müsste man Wellen ins Meer zurückdrücken.«[30] Wie schon in den Jahren zuvor, würden die Bauern nach kurzer Zeit den Weg zurück in ihre Dörfer suchen. Und dass eine »Task Force« in der Stärke von drei Brigaden oder 9000 Mann sie daran nicht hindern konnte, lag ebenso sehr auf der Hand wie die Einsicht, dass verwüstete Siedlungen und Lebensräume ein schlechtes Argument im Kampf um »Herzen und Köpfe« waren. Westmoreland setzte sich unbeirrt über dergleichen Einwände hinweg. Und zwar in dem Glauben, trotz alledem einen Ausweg zur Verfügung zu haben – den psychologischen Abnutzungskrieg nämlich.

Auf der materiellen Seite kalkulierte Westmorelands Strategie mit den Effekten fortschreitender Verelendung. So exorbitant der wirtschaftliche und ökologische Schaden auch sein mochte und so sehr

---

veröffentlicht hatte. Jenseits einer empirischen Überprüfung von Schells Aussagen wurden auch die operativen Vorgaben für den Krieg in der I. Corps Tactical Zone rekapituliert.

28 Comments on the Schell Manuscript, Secret, o.D., S. 2, in: NA, RG 319, AS, PI-CI, Box 11, Folder: Admin.-Secret # 2.

29 William Westmoreland, zit. n. Sallah/Weiss, Tiger Force, S. 36.

30 Sallah/Weiss, Tiger Force, S. 54.

eine Politik der verbrannten Erde auf ihre Verursacher zurückfiel, so wenig würde die Guerilla daraus Nutzen ziehen. Denn den Verlust an Nahrungsmitteln und die Schwierigkeiten in der Bevorratung konnte der Vietcong nur gutmachen, wenn er den Druck auf die verbliebenen oder zurückgekehrten Teile der Bauernschaft erhöhte, also mehr Abgaben unter erschwerten Bedingungen einforderte – im Zweifelsfall auch mit Gewalt. Unter diesen Bedingungen war es eine Frage der Zeit, bis die unersetzlichen politischen Sympathien aufgezehrt waren und der Sinn des Krieges auch den Gutwilligsten nicht mehr vermittelt werden konnte. Mit einer enttäuschten und zugleich von amerikanischer Feuerkraft zermürbten Bevölkerung ließ sich auf Dauer kein Guerillakrieg führen. Den Fisch vom Wasser zu trennen schien also ein realistisches Ziel – vorausgesetzt, man verstand sich auf die »schwarze Psychologie« der Strafe und überließ die Rede vom Kampf um »hearts and minds« den politischen Propagandisten an der amerikanischen Heimatfront.[31]

Unter psychologischen Gesichtspunkten ging es um Angst und Schrecken, um »shock and awe«, wie es in der Terminologie der US-Streitkräfte hieß. Wenn es schon nicht gelang, die Bauern von der amerikanischen Sache zu überzeugen, so sollten sie doch zu der Überzeugung kommen, dass sich die Solidarität mit dem Vietcong noch weniger auszahlte. Eine Eskalation des Krieges, hatte der Oberkommandierende bereits 1965 angemerkt, »wird für den einfachen Bauern den Moment der Entscheidung bringen. Falls er noch am Leben ist, wird er wählen müssen. Bis dato hatte er drei Alternativen: Er konnte unbeweglich bleiben und seinen natürlichen Instinkten folgend an der Scholle kleben, in einem Leben bei den Gräbern der Vorfahren. Er konnte in ein Gebiet unter Regierungskontrolle übersiedeln. Oder er konnte sich dem Vietcong anschließen. Wenn er freilich jetzt noch bleibt, warten andere Gefahren auf ihn.«[32] In anderen Worten: Die Bauern mussten begreifen, dass es lebensgefährlich war, der Umsiedlung in die Lager nicht Folge zu leisten, dass sie sich in ihren Häusern und Feldern zu keiner Zeit mehr sicher fühlen konnten. Vor Soldaten des 1. Battalion, 327. Regiment,

31 AB 143, Combined Campaign Plan 1968, Annex L (Neutralization of VC/NVA Base Areas), o.D., Confidential, S. L1, in: NA, RG 319, AS, PI-AC, Box 17, Folder: (OCLL) Miscellaneous Documents from Peers. Auch in rückblickenden Betrachtungen des Krieges betonten amerikanische Militärs diesen Nutzen des psycholgischen Abnutzungskrieges: siehe Pearson, War in the Northern Provinces, S. 94.

32 William Westmoreland, zit. n. Bilton/Sim, Four Hours, S. 35.

1. Brigade der 101. Airborne Division machte Westmoreland daraus Ende Juni 1967 eine Farbenlehre der Abschreckung. »Die Leute in den Umsiedlungslagern, die sind grün. [...] Diese lassen wir in Ruhe. Der Vietcong und die NVA sind rot, Freiwild für uns. Aber wenn dort draußen Leute sind – außerhalb der Lager –, dann sind die für uns rosa. Das sind kommunistische Sympathisanten. Die haben dort nichts verloren.«[33]

William Westmoreland hätte auch sagen können: Wir bomben die Bauern aus der Solidarität mit dem Vietcong heraus, suchen den »breaking point« der Bevölkerung und brechen ihren Eigensinn durch Terror. Die Grammatik des psychologischen Abnutzungskrieges handelt nämlich nicht davon, dass man zwischen Kombattanten und Nichtkombattanten nicht unterscheiden kann, sondern dass man diesen Unterschied unter bestimmten Bedingungen und in einer entscheidenden Phase des Krieges nicht machen will. Egal, ob sie auf Seiten des Vietcong standen oder nicht – der Preis des Krieges musste für die Bewohner unerträglich in die Höhe getrieben werden. Wer aber den Lebenden mit den Toten drohen will, überschreitet die Grenzlinie zum totalen Krieg. Westmoreland ließ diese Seite des Krieges in der Kampfzone Nord nie zu Papier bringen – aus naheliegenden Gründen des politischen »Image-Management« und erst recht zum Zweck des Selbstschutzes vor juristischen Konsequenzen.[34] Der Sache nach aber gab er seinen Truppenführern zu verstehen: Um der Abwendung einer Niederlage willen ist der geschilderte Preis unumgänglich.

In der Folge wurde faktisch die gesamte Provinz Quang Ngai zu einer »Free Fire Zone« erklärt. Bekanntlich konnten in derart deklarierten Gebieten die für Zivilisten geltenden Schutzbestimmungen mit dem Hinweis auf »militärische Notwendigkeiten« ignoriert werden – vorausgesetzt, südvietnamesische Zivilverwaltungen oder Militärs stimmten der Auswahl des Ortes und dem Zeitpunkt des Einsatzes zu.[35] Ausgerechnet in den nördlichen Provinzen zeigte sich der Verbündete wenig kooperativ – nicht wegen grundsätzlicher operativer Vorbehalte, sondern weil amerikanische Kommandeure ihre Partner wie Soldaten zweiter Klasse und störendes Beiwerk behandelten. In den Worten von Norman Schwarzkopf: »Im Laufe der Zeit haben wir auch vergessen, dass wir uns im Land von jemand anderem aufhielten.«[36] Aus Protest gegen diese Entmündigung und zur Erinnerung, dass die

33 William Westmoreland, zit. n. Sallah/Weiss, Tiger Force, S. 30.
34 Siehe oben, S. 156.
35 Siehe oben, S. 96–99, 133–137.
36 Schwarzkopf, Autobiography, S. 125f.

»Task Force Oregon« sich auf dem Operationsgebiet der 2. südvietnamesischen Infanteriedivision bewegte, wurde die Einrichtung von »Free Fire Zones« wiederholt zurückgewiesen. Mit dem Effekt, dass die Amerikaner sich erst recht wie die Hausherren aufspielten.[37] Sie fragten immer seltener um Erlaubnis und gingen am Ende dazu über, die Lizenz zum unterschiedslosen Töten nicht für Ausnahmefälle zu reklamieren, sondern als Regel für sich in Anspruch zu nehmen – als »Standing Operating Procedure«.[38]

Diese »SOP« bedurfte weder einer besonderen Begründung noch eines ausdrücklichen Befehls. Sie verstand sich von selbst. Davon zeugen die Aussagen von Mannschaften und Offizieren, die im Verlauf von sechs Jahren in der Kampfzone Nord Krieg führten: »Ich glaube, sie wären in ihrem Dorf geblieben, hätten sie die freie Wahl gehabt. Wir mussten eine ganz schöne Menge Artillerie aufbieten. [...] Danach verbesserte sich ihre Haltung zur Umsiedlung«[39] – ein 1965 bei Da Nang mit der »Pazifizierung« des flachen Landes beauftragter Offizier. »Es war egal, ob sie Zivilisten waren oder nicht. Wenn es nicht vorgesehen war, dass sie sich in dem Gebiet aufhielten, haben wir sie erschossen. Wenn sie nicht wussten, was Angst ist, habe ich ihnen beigebracht, sich zu fürchten«[40] – ein 1967 im Song Ve-Tal eingesetzter GI. »Die Piloten sind hartgesottene, bedenkenlose Profis. Sie brechen zwar nicht die gültigen Richtlinien, aber nehmen sich im Rahmen dieser Richtlinien die größtmöglichen Freiheiten. Wenn sich befreundete Zivilisten nicht in einem Gebiet aufhalten sollen, dann sind alle – egal, was sie tun – Feinde«[41] – eine interne Expertise über die Praxis von »Forward Air Controllers«, die 1967 in Quang Ngai Ziele für Bombereinsätze identifizierten. »Wir gaben über Funk durch: ›Sieben

37 Hammer, One Morning, S. 58.

38 Siehe unten, S. 279, 294. Der Umstand, dass bei der Untersuchung des Massakers von »My Lai (4)« nicht geklärt werden konnte, ob oder wann dieses Gebiet zu einer »Free Fire Zone« deklariert worden war, deutet auf die zur Gewohnheit gewordene Praxis hin, nicht mehr zwischen »No Fire Zones« und »Free Fire Zones« zu unterscheiden.

39 Ein namentlich nicht identifizierter Offizier, zit. n. Bilton/Sim, Four Hours, S. 35.

40 William Doyle, Reconnaissance Platoon (»Tiger Force«) 1. Battalion, 327. Infantry Regiment, 1. Brigade, 101. Airborne Division, zit. n. Michael Sallah, Mitch Weiss, Demons of Past Stalk Tiger Force Veterans, in: *The Toledo Blade*, 22. 10. 2003.

41 Comments on the Schell Manuscript, Secret, o.D., S. 14, in: NA, RG 319, AS, PI-CI, Box 11, Folder: Admin.-Secret # 2.

Vietcong auf der Flucht aus einer Hütte. Beschossen und getötet‹. Verdammt, die sind nicht gerannt. Wir wussten noch nicht einmal, ob es Vietcong waren«[42] – ein GI über seine Erfahrungen im Song Ve-Tal, Sommer 1967. »Während meiner Tour in Vietnam redeten alle von Free Fire Zone. Und es bedeutete, draufzuhalten und alles zu töten, was sich bewegte«[43] – ein 1967 in den Reihen der 1. Brigade, 101. Airborne Division diensthabender Arzt. »Wenn ein Vietnamese in einer Free Fire Zone getötet wurde, verbuchten wir ihn als Kombattanten«[44] – ein 1967 im Song Ve-Tal eingesetzter Soldat. »Von Ermittlern der Armee befragt, sagten mindestens acht Offiziere [des 1. Battalion, 327. Regiment, 1. Brigade, 101. Airborne Division], die meisten von ihnen Captains und Majors, unter Eid aus, dass Soldaten in Free Fire Zones das Recht hatten, umstandslos alle zu töten«[45] – ein Untersuchungsbericht der Criminal Investigation Division der Armee. »Mach dir keine Sorgen. Wir können die Waffen auch später noch beschaffen«[46] – ein »Tiger Force«-Soldat, der 1967 mit seiner Einheit wiederholt Unbewaffnete im Song Ve-Tal erschoss. »Die Kompanie griff diese Vorgaben mit Lust auf. Wir gingen in dieser spärlich besiedelten Gegend von Hütte zu Hütte. Jedes männliche Wesen wurde erschossen, ohne dass groß Fragen gestellt wurden. Es war einfach die Politik, dass

---

42 Rion Causey, Reconnaissance Platoon (»Tiger Force«) 1. Battalion, 327. Infantry Regiment, 1. Brigade, 101. Airborne Division, zit. n. Michael Sallah, Mitch Weiss, Day 1: Rogue GIs Unleashed Wave of Terror in Central Highlands, in: *The Toledo Blade*, 22. 10. 2003.

43 Sworn Statement Bradford E. Mutchler, 21. 1. 1975, S. 4, in: NA, RG 319, AS, ODCS-PER, VWCWG, CaFi, Box 19, Folder: Coy Allegation (CID ROI 72 – CID 46-27852; Exhibits 260–350; Part 5 of 7) Case 221.

44 Sworn Statement Joseph A. Westbrook, 19. 1. 1975, S. 5, in: NA, RG 319, AS, ODCS-PER, VWCWG, CaFi, Box 19, Folder: Coy Allegation (CID ROI 72 – CID 46-27852; Exhibits 260–350; Part 5 of 7) Case 221.

45 Michael Sallah, Mitch Weiss, »Free Fire« Situation Set Stage for Abuses, in: *The Toledo Blade*, 22. 10. 2003. Siehe auch Sworn Statement Larry J. Cottingham, 24. 1. 1973, S. 2, in: NA, RG 319, AS, ODCS-PER, VWCWG, CaFi, Box 18, Folder: Coy Allegation (CID 72 – CID 46-27852; Exhibits 1–60; Part 2 of 7) Case 221.

46 Harold Trout, Reconnaissance Platoon (»Tiger Force«), 1. Battalion, 327. Infantry Regiment, 1. Brigade, 101. Airborne Division, zit. n. Gustav A. Apsey, Sworn Witness Statement by James Robert Barnett, 3. 12. 1974, S. 2, in: NA, RG 319, AS, ODCS-PER, VWCWG, CaFi, Box 18, Folder: Coy Allegation (CID ROI 72 – CID 46-27852; Exhibits 151–259; Part 4 of 7) Case 221. Sallah/Weiss, Tiger Force, S. 197, schreiben das Zitat Lieutenant James Hawkins zu.

in diesem Gebiet niemand leben sollte«[47] – ein im Herbst 1968 zu der »Americal« Division abkommandierter Soldat. »Sir, wir haben die Erlaubnis, jeden hier zu töten, falls wir es wollen«[48] – ein im Frühjahr 1970 in der Nähe von »My Lai (4)« eingesetzter und des Mordes an einer Frau beschuldigter Marine.

Wie es scheint, gaben die auf diese Weise geöffneten Gelegenheitsräume auch Anlass zum Ausleben inoffizieller »Standing Operating Procedures«. Gemeint ist die stillschweigende Übereinkunft, im Zuge von Kampfeinsätzen keine Gefangenen zu machen und während des »Durchkämmens« von Ortschaften wahllos zu vergewaltigen. Wie oft und in welchem Umfang derartige Übergriffe vorkamen, ist nicht zu quantifizieren. Allerdings verweisen zahlreiche mündliche Überlieferungen und in geringerem Umfang auch die Protokolle kriegsgerichtlicher Ermittlungen darauf, dass man es mit einer weit verbreiteten, wenn nicht alltäglichen Praxis der »Task Force Oregon« zu tun hat.

»Keine Gefangenen machen«: Diese allfällige Redeweise amerikanischer Soldaten verweist zunächst und grundsätzlich auf eine Besonderheit von Guerillakriegen. Im Unterschied zum konventionellen Krieg sind offene Feldschlachten die Ausnahme. Mithin reduzieren sich auch die Chancen auf eine anschließende Entwaffnung unterlegener Kämpfer. Indem die Guerilla überfallartig attackiert und – mit intimer Ortskenntnis ausgestattet – sich ebenso schnell wieder zurückzieht, senkt sie zwar das Risiko der Gefangennahme erheblich, läuft aber stattdessen Gefahr, mit präventivem Feuer belegt zu werden. Für diesen Versuch der Rückzugsblockade steht der Begriff des »indiscriminate fire«: Wie die meisten an der kolonialen Peripherie mit Aufständischen konfrontierten Truppen hatten es sich auch amerikanische Einheiten zur Gewohnheit gemacht, Verdächtige bereits beim ersten Sichtkontakt wahllos unter Beschuss zu nehmen – oder den großräumigen Einsatz von Artillerie und Luftwaffe gegen vermutete Stellungen der Vietcong anzufordern. Weil es keine klar definierte Schlachtordnung gab und weil man in

---

47 Robert L. Keck, C Company, 3. Battalion, 21. Infantry Regiment, 196. Light Infantry Brigade, 23. Infantry Division (»Americal«) in einem Brief an seinen Kongressabgeordneten Herman T. Schneebeli, 27. 11. 1969, in: NA, RG 319, AS, ODCS-PER, VWCWG, CaFi, Box 3, Folder: Keck Allegation – Rep. Schneebeli Letter (Keck Letters Incl.).

48 Der beschuldigte Marine gehörte zu einem »Combined Action Platoon« und wurde zusammen mit Truppen der Troop H, 17. Cavalry Regiment, 198. Light Infantry Brigade, 23. Infantry Division (»Americal«) eingesetzt: Sworn Statement Edwin B. Jackson, 4. 5. 1971, S. 2, in: NA, RG 319, AS, ODCS-PER, CaFi, Box 13, Folder: Jackson Allegation, Case 91.

unübersichtlichem Terrain keine Risiken eingehen wollte, wurden andere Mittel und Möglichkeiten zur Neutralisierung feindlicher Kombattanten in der Regel nicht in Erwägung gezogen. Gleichwohl wurden, wie offiziellen Statistiken der US Army und südvietnamesischer Stellen zu entnehmen ist, von Anfang 1966 bis Ende 1972 insgesamt 37451 »POW« registriert.[49] 13073 dieser Internierten waren von amerikanischen Einheiten aufgegriffen worden.[50] Zum Vergleich: Während des Koreakrieges hatten die alliierten Streitkräfte in nur drei Jahren ungefähr 170000 Nordkoreaner und Chinesen gefangen genommen.

Für eine Rekonstruktion des Kriegsalltags sind diese Zahlen freilich ungeeignet. Statt Antworten zu geben, werfen sie neue Fragen auf. Wieso zeichneten die US-Streitkräfte, die bekanntlich die Hauptlast des Krieges in Vietnam trugen und bei weitem die größte Zahl von Frontkämpfern stellten, für nur 35 Prozent der namentlich erfassten Gefangenen verantwortlich? Warum geben die Internierungsakten keine Auskunft darüber,

---

49 Sieben von zehn Gefangenen waren auf der Insel Phu Quoc im Golf von Thailand interniert, die restlichen 30 Prozent auf fünf weitere Lager verteilt. Ungefähr ein Viertel der Kriegsgefangenen waren Angehörige der nordvietnamesischen Armee, drei Viertel galten als Vietcong: Report of EPW/Detainee Data and Information Relative to EPW/Detainee in RVN, Tab B: Enemy PW/Detainee Totals, S. 5, in: NA, RG 338, USAC, HD22-UR, Box 23, Folder: S11-02 Vietnam EPW/CI/D Gen Info Files (1973). Zum Sozialprofil dieser Gefangenen siehe Stephen T. Hosmer (RAND Corporation), Profiles of Communist Prisoners of War in South Vietnam, 22. 12. 1971, in: RG 338, USAC, HD22-UR, Box 13, Folder: Unclassified, S11-02, Korea. Student Study – »Name, Rank + Serial Number« 1956. Zu den Zuständen in den Lagern siehe RG 338, USAC, HD22-CR, Box 27, Folder: Confidential 511-04 Vietnam. ICRC Visit to Phu Quoc Camp (1970–1971); ebenda, Folder: Confidential 511-04 Vietnam, ICRC Visits to PW Camps (1970); ebenda, Folder: Confidential 511-04 Vietnam, ICRC Inspections of Phu Quoc Island (1970); ebenda, Folder: Confidential 511-04 Vietnam, ICRC Inspection rpts of Phu Quoc Island (1971) sowie ebenda, Box 28, Folder: Confidential 511-04 Vietnam, Conditions at Phu Quoc PW Camp (1970, 72).

50 Office of the Provost Marshal General, Memorandum, 31. 1. 1973, Subject: PW/Detainee Activities, Incl. 1: Enemy Prisoner of War Camp Population (as of 31 Dec 72), in: NA, RG 319, AS, PI-AC, Box 23, Folder: PW/Detainee Activities Report, Aug. 67–Jan. 73 (1 of 3). Die meisten Gefangenen hatte man in den Jahren 1967 und 1968 gemacht: Siehe Headquarters MACV, Command History 1970, Vol. II, Secret NoForn, S. 4, 45, 51, in: NA, RG 127, USMC, HMC-HDPT, TF, FRC Box 4, Folder: MACV Command Histories – Extracts; RG 338, USAC, HD22-CR, Box 29, Folder: Confidential 511-05 Vietnam, COMUSMACV (1966) sowie Box 16, Folder: Confidential 511-02 Vietnam, UCSA Memo PW Activities Rpt. 1971 (Folder 1 of 2).

wie viele Kriegsgefangene beim »Durchkämmen« von Dörfern – im Zuge von Razzien und Umsiedlungen also – arretiert und wie viele im Gefolge von Kampfhandlungen gestellt wurden?[51] Sosehr sich der Verdacht einer vorsätzlichen Vertuschung von Gefangenenmord im Feld aufdrängt, zu beweisen ist er nicht. Der bürokratische Schriftverkehr deutet vielmehr darauf hin, dass man auf amerikanischer Seite zu keinem Zeitpunkt differenziert Buch führte. Kriegsgefangene fielen in die Zuständigkeit der Südvietnamesen. Hauptsache, sie wurden nach zehn, spätestens 90 Tagen in deren Obhut überstellt. Woher sie kamen und was aus ihnen wurde, interessierte niemanden.[52]

Vor allem Kleingruppen – zwischen fünf und 25 Mann stark – neigten zu Folter und Mord an Gefangenen. Wegen ihrer schwachen Besetzung scheuten sie den Versuch einer risikoreichen Gefangenennahme und belegten reale oder imaginierte Feinde sofort mit gezieltem Feuer: »Shoot first and ask questions later«.[53] Zu ihrer Rechtfertigung machten Angehörige von Squads und Platoons auch operative Einwände gegen das Bewachen oder Ausfliegen von Feinden geltend. Im einen Fall wären Gefangene eine Belastung für Mobilität und Flexibilität gewesen,

---

51 Siehe oben, S. 102–111.

52 Zum Desinteresse an der Herkunft von Gefangenen und ihrer Behandlung siehe NA, RG 338, USAC, HD22-UR, Box 51, Folder: S11-05. Rpt. Of Proceedings by Board of Officers »Classification of Detainees« (1972); RG 338, USAC, HD22-CR, Box 1, Folder: Confidential – 511-01 – Vietnam (Request for List of EPW who died in captivity); ebenda, Box 3, Folder: Confidential – 511-02 – Vietnam Civil Prison Conditions (1967–71); ebenda, Box 4, Folder: Confidential, 511-02, Vietnam Proposed DoD-Directive on PW Program (1969); ebenda, Box 4, Folder: Confidential 511-02 Vietnam DoD Task Group Indochina War (1971); ebenda, Box 5, Folder: Confidential 511-02 Vietnam EPW/D Program (Gen Info + Requirements); ebenda, Box 5, Folder: Confidential 511-02 Vietnam Identification + Classification of EPW (1965–71); ebenda, Box 5, Folder: Confidential 511-02 Vietnam Accountability of EPW (1966–70); ebenda, Box 5, Folder: Confidential 511-02 Vietnam Reclass/Rescreening of EPW (1967); ebenda, Box 5, Folder: Confidential 511-02 Vietnam Movement Plan – Finalized Copy (EPW) 1972; ebenda, Box 7, Folder: Confidential 511-02 Vietnam Trip Report Chief PW Br. To Vietnam (1968); ebenda, Box 17, Folder: Confidential 511-02 Vietnam Talking Paper – Central PW Camp Phu Quoc (1969).

53 Zu einem typischen, von der Criminal Investigation Division im Detail rekonstruierten Fall siehe NA, RG 472, USFSEA, MACV, IG, ID, Miscellaneous Reports of Investigation, Box 9, Folder: ROI – Firing Incident Involving Vietnamese Nationals during CBT OPS by Elements of Co A, 2nd BN, 60th Inf. (1 of 2).

im anderen Fall hätte man sorgsam camouflierte Verstecke und Laufwege preisgegeben. Von taktischen Überlegungen und logistischen Zwängen abgesehen, waren viele nicht bereit, ihre knapp bemessenen und für einen oft wochenlangen Einsatz ohne Nachschub bestimmten Vorräte mit zusätzlichen Essern zu teilen.[54] Andere mordeten, um in den feindlichen Reihen Angst und Schrecken zu verbreiten, mitunter auch um sicherzustellen, dass Gefangene nach einer eventuellen Entlassung sich nicht erneut dem Vietcong oder der nordvietnamesischen Armee anschlossen. Oder sie gaben sich ihren Rachegelüsten an dem ansonsten kaum greifbaren Feind hin.[55] Nicht gering zu schätzen ist schließlich die Rolle von Kommandeuren, die mit Blick auf einen hohen »Body Count« zum unterschiedslosen Töten anstachelten: »Ihr wisst, was ihr zu tun habt«, »Kümmert euch um sie« oder »Was macht man mit einem Pferd, das sich ein Bein gebrochen hat?«, lauteten die codierten Anweisungen; in vielen Fällen wurde der Mord an Gefangenen gar explizit befohlen.[56] »Da draußen im Dschungel, da gab es keine Polizei, keine

---

54 Auf diese Aspekte kamen GIs im Rahmen der »Winter Soldiers«-Anhörungen wiederholt zu sprechen. Siehe USCR, 7. 4. 1971, S. E2914–2916.

55 Zum Umgang mit Gefangenen in der II., III. und IV. CTZ siehe: NA, RG 319, AS, ODCS-PER, VWCWG, CaFi, Box 3, Folder: Duffy – Lanasa Incident; darauf bezieht sich auch ein Aufsatz in *Scanlan's*, 1 (1970) 3, S. 77. In diesem Text wird Captain Turner, C Company, 2. Battalion, 47. Infantry Regiment, 3. Brigade, 9. Infantry Division mit den Worten zitiert: »Legt den Kerl einfach um, gebt ihm keine Chance. […] Die wurden doch nicht ordentlich erfasst. Sie wurden entlassen, kamen zurück und bekämpften uns aufs Neue.« Zu Vorfällen aus weiteren Einheiten siehe RG 319, AS, ODCS-PER, VWCWG, CaFi, Box 10, Folder: Connelly Allegation; ebenda, Box 11, Folder: Carmon Allegation, Case 79. Zur Folter und Ermordung von Kriegsgefangenen legte Susan Sheehan bereits 1967 ein Buch vor: Ten Vietnamese.

56 Sworn Statement Stanley R. Newton, 18. 3. 1971, in: NA, RG 472, USFSEA, MACV, DRAC, IG, Preliminary Inquiry Re: Colonel Franklin, Box 1, Folder: Preliminary Investigation Re: Col. Franklin Vol. I (2 of 3), 1971; ebenda, Box 2, Folder: Preliminary Investigation Re: Col. Franklin Vol. II (4 of 4), 1971; ebenda, Box 3, Folder: Preliminary Investigation Re: Col. Franklin Vol. IV (2 of 3), 1971; RG 319, AS, ODCS-PER, VWCWG, CaFi, Box 3, Folder: Brown Allegation – Brown Letter; Coy-Allegation – Investigative Summary, S. 7, in: ebenda, Box 18, Folder: Coy Allegation (CID ROI 72 – CID 46-27852, Part 1 of 7), Case 221 sowie Sworn Statement Leland W. Carpenter, 18. 1. 1973, in: ebenda, Folder: Coy Allegation (CID ROI 72 – CID 46-27852, Exhibits 1–60, Part 2 of 7), Case 221. Siehe auch Sallah/Weiss, Tiger Force, S. 112, 162. »Kümmert euch um sie«, lautete auch Lieutenant Calleys berühmte Anweisung in »My Lai (4)«. Calley verstand darunter einen Mordbefehl: siehe unten, S. 336.

Richter, kein Recht und keine Ordnung«, so ein Soldat der »Task Force Oregon«. »Wann immer jemandem danach war, irgendetwas zu tun, hat er es einfach getan.«[57]

Vergewaltigung: Auch und gerade die Schändung von Frauen galt unter Dschungelkriegern als inoffizielle »Standing Operating Procedure« – als eine Gewohnheit, an der zwar nicht alle teilhatten, die aber fast allen bekannt war und der nur in Ausnahmefällen widersprochen wurde.[58] Und die nur in den wenigsten Fällen ein Verfahren vor Kriegsgerichten nach sich zog. Letzteres hätte nämlich vorausgesetzt, dass die Opfer Anzeige erstatten, ihre Peiniger zweifelsfrei identifizieren und interessierte Strafverfolger sich ihrer Sache annehmen. Eine unwahrscheinlichere Kombination von Umständen war in diesem Krieg kaum vorstellbar. Die Zahl der Opfer wird daher für immer im Dunkeln bleiben. Fest steht nur, dass die Täter vor nichts zurückschreckten. Individuelle Gewaltakte stehen neben Massenvergewaltigungen, rituelle Inszenierungen vor Publikum neben der heimlichen Tat des Einzelnen, spontane Entscheidungen sind ebenso dokumentiert wie geplante Entführungen, in deren Verlauf junge Mädchen und Frauen unter Drogen gesetzt und oft tagelang missbraucht wurden.[59]

---

57 Ken Kerney, 1. Battalion, 327. Infantry Regiment, 1. Brigade der 101. Airborne Division., zit. n. Sallah/Weiss, Tiger Force, S. 210. Siehe auch Sworn Statement Joseph N. Konwinski, 26. 10. 1969, S. 2, in: NA, RG 319, AS, PI-FR, Vol. IV: CID-Statements, Box 57, S. 288 sowie Alexander Casella, The Politics of Prisoners of War, in: *The New York Times Magazine*, 28. 5. 1972. Zum Umgang mit Gefangenen in der I. CTZ siehe: RG 319, PI-AC, Box 55, Folder: War Crimes Allegations – 221: Coy Allegation, Part III; RG 319, AS, ODCS-PER, VWCWG, CaFi, Box 9, Folder: Halverson Allegation II (Investigation Reports), Case 65; ebenda, Box 10, Folder: Dell Allegation (Part 1 of 6), Case 70; ebenda, Box 18, Folder: Coy Allegation (CID ROI 72 – CID 46-27852, Part 1 of 7), Case 221; ebenda Folder Coy Allegation (CID ROI 72 – CID 46-27852, Exhibits 1–60, Part 2 of 7); ebenda, Box 19, Folder Coy Allegation (CID ROI 72 – CID 46-27852, Exhibits 151–259, Part 4 of 7); ebenda, Box 19, Folder Coy Allegation (CID ROI 72 – CID 46-27852, Exhibits 260–350, Part 5 of 7).

58 Stellvertretend für eine unüberschaubare Menge an Belegen siehe Bilton/Sim, Four Hours, S. 80f.; Baker, Nam, S. 191–193, 206–211, 237; Terry, Bloods, S. 8, 82 sowie zahlreiche im Zuge der »Winter Soldiers«-Anhörungen gemachten Aussagen: USCR, 6. 4. 1971, S. E2837, E2880–2882.

59 Subject: Alleged War Crimes, in: NA, RG 319, AS, ODCS-PER, VWCWG, CF, Box 4, Folder: Reporting and Investigating War Crimes Allegations – Procedures and Regulations; ebenda, Box 4, Folder: Brooks Allegation, Case 23; RG 472, USFSEA, MACV, DRAC, IG, Preliminary Inquiry Re: Colonel

Auch wird berichtet, dass Kompanieärzte die ausgewählten Opfer auf ansteckende Geschlechtskrankheiten untersuchten und bei positivem Befund von einer Vergewaltigung abrieten.[60]

Die einschlägigen Belege aus der »Kampfzone Nord« und den Reihen der »Task Force Oregon« fügen sich in dieses Muster. Und sie illustrieren zugleich die Bedeutung des Begriffs »Double Veteran«, eines Ehrentitels für alle, die einen Einsatz überlebt und obendrein vergewaltigt hatten – und mitunter die geschändeten Frauen auch noch ermordet hatten.

Vergewaltigungen waren, in Vietnam ebenso wie in allen Kriegen seit der Antike, mit der Hoffnung auf strategischen Gewinn verbunden: Kollaboration mit der Gegenseite bestrafen und die Recht- wie Schutzlosigkeit von Kollaborateuren unterstreichen; dem Feind vor Augen halten, dass er die schwächsten Mitglieder seines Kollektivs nicht schützen kann und sie als Beute preisgeben muss; dem Opfer demonstrativ das Recht auf Selbstbestimmung aberkennen; oder den Widerstands- und Behauptungswillen brechen, indem man die Aussicht auf eine Regeneration und Reproduktion nach dem Krieg in Zweifel stellt, wenn nicht dementiert: »Die Eier vernichten, aus denen die Jungen schlüpfen«, lautete eine in der frühen Neuzeit gebräuchliche Metapher.[61] Und stets ging es um eine Variation von »shock and awe«, um einen weiteren Versuch, die eingeschüchterte und im Wortsinn übermannte Bevölkerung zum Verlassen der strategisch relevanten Gebiete zu zwingen. Unter diesen Bedingungen gerieten Vergewaltigungen zur Arbeit, die es auch dann zu verrichten galt, wenn einem nicht danach war. »Zwei von ihnen sagten, dass sie keinen hoch kriegten«, heißt es über eine Ende September 1966 in Xuan Ngoc, Provinz

---

Franklin, Box 1, Folder: Preliminary Investigation Re: Col. Franklin Vol. III (1 of 4), 1971; RG 472, USFSEA, USAV, IG, ICD, RICF, Box 12, Folder: Case # 69–16, Alleged Misconduct of US Military Personnel. Ein durch Zufall bekannt gewordener Fall von Entführung und Mord – begangen von Soldaten der C Company, 2. Squadron, 8. Cavalry Regiment, 1. Cavalry Division – ist dokumentiert bei Lang, Die Meldung. Langs Buch wurde im Jahr 1989 von Brian De Palma mit Michael J. Fox und Sean Penn in den Hauptrollen unter dem Titel »Casualties of War« verfilmt.

60 Siehe United States vs. John D. Potter, Jr., Board of Review, US Navy, 21. 1. 1967, in: NA, RG 127, USMC, HMC-HDPT, TF, FRC Box 1; Baker, Nam, S. 90, 211 sowie Greiner, Sexuelle Gewalt.

61 Darstellung der Schlacht bei Zernsdorf, 25. August 1758, in: Christian Wilhelm von Prittwitz und Gaffron, Unter der Fahne des Herzogs von Bevern. Jugenderinnerungen, Breslau 1935, S. 213f.

Quang Tin, von Soldaten des 2. Platoon, B Company, 1. Battalion, 5. Regiment, 1. Marine Division begangene Schändung. »Ein anderer stand da, hatte seinen Penis aus der Hose hängen und versuchte eine Erektion zu bekommen.«[62] Die kriegswichtige Pflicht oder Arbeit erledigten andere.

»Der Körper der geschändeten Frau«, so Susan Brownmiller, »wird zum zeremoniellen Schlachtfeld, zum Platz für die Siegesparade des Überlegenen.«[63] Die Zeremonie der Abschreckung wurde in Vietnam auf unterschiedliche Weise ins Werk gesetzt. Als wollten sie ihre Opfer für alle sichtbar zu Gefallenen deklarieren und Unbeteiligte an die Stelle des unsichtbaren Vietcong treten lassen, ritzten Soldaten mit dem Bajonett ein großes »C« in die Haut ermordeter Frauen – ein Kürzel für den im soldatischen Slang »Charlie« genannten männlichen Feind. Sie hinterließen die Abzeichen ihrer Kompanie auf den entstellten Leibern, verstümmelten die Geschlechtsorgane ihrer Opfer auf jede erdenkliche Weise – mit Tritten, Leuchtspurmunition und Gewehrkolben.[64] »Frauen, die man für Unterstützer der Vietcong hielt, wurde die Vagina zugenäht oder die Brüste mit erhitzten Bajonetten gebrandmarkt.«[65] Und schließlich gehörte eine Vergewaltigung in aller Öffentlichkeit, oft in Anwesenheit von Verwandten – so ein Dschungelkämpfer –, zum Ritual, »weil sie einen bleibenden Eindruck bei dem Kerl hinterlässt, [...] der beobachten muss, wie seine Tochter rangenommen wird. [...] Was wir mit Frauen gemacht haben, war im Vergleich zu Männern noch einmal verdoppelt.«[66]

Eine »verdoppelte Gewalt«: Treffender kann die übersteigerte Symbolik und die emotionale Aufladung des Missbrauchs von Frauen kaum formuliert werden. Mochten Vergewaltigungen und Schändungen die unhintergehbare Folge einer auf das Zivil ausgeweiteten Kampfzone sein, mochten sie ausweislich ihrer Duldung gar zum zweckrationalen Kalkül des Krieges gehören – sie darauf zu reduzieren hieße, nur die Hälfte zu verstehen.

---

62 An American Atrocity, in: *Esquire*, August 1969 sowie Department of the Navy, Office of the Judge Advocate General. United States vs. John D. Potter, Jr., Board of Review, US Navy, 21. 1. 1967, S. 3, in: NA, RG 127, USMC, HMC-HDPT, TF, FRC Box 1.

63 Brownmiller, Gegen unseren Willen, S. 45. Siehe auch Seifert, Geschlechtsspezifische Gewalt.

64 NA, RG 319, PI-FR, Vol. II: Testimony, Box 21, Book 13, Lackey: SUM APP T-389, S. 1 sowie ebenda, Box 22, Book 14, Ridenhour: SUM APP T-266, S. 5.

65 Tucker (Hg.), Encyclopedia, S. 30.

66 USCR, 6. 4. 1971, S. E2831.

Dem »Double Veteran« ging es auch und vielleicht in erster Linie um eine Beglaubigung individueller Macht und Virilität – genauer gesagt um die Demonstration von Eigenschaften, die im Laufe eines nicht zu gewinnenden Krieges in Frage gestellt worden waren. Diesbezüglich war es mit der Einrichtung von Bordellen nicht getan. »Du willst doch nicht immer eine Nutte haben. Du hast deine M-16. Warum also für eine Lady bezahlen? Du gehst ins nächste Dorf und holst dir, was du willst.«[67] Eben mit Hilfe jener Gewehre, die als Synonym für Penis verstanden und mithin als Versprechen sexueller Lust gedeutet wurden. »This is a rifle and this is a gun«, lautete der Refrain eines Liedes, das in der Grundausbildung, begleitet vom Griff an die eigenen Geschlechtsteile, gesungen wurde: »This is for shooting and this is for fun.«[68] Wie die Anteile von Lust an der Macht über andere einerseits und sexueller Lust andererseits verteilt sind, gehört zu den mit Recht immer wieder thematisierten, aber schwer zu beantwortenden Fragen.[69] Die Selbstzeugnisse der GIs deuten zumindest darauf hin, dass Quälen und Zufügen von Schmerzen als lustvoll empfunden wurde. »Ein Gewehr bei sich zu haben, war für einige Leute, als hätten sie permanent einen Ständer.«[70] Der eine sprach von einem »gottähnlichen Gefühl«, das sich beim Vergewaltigen einstellte. »Niemand konnte dir etwas anhaben.«[71] Für einen anderen bedeutete Vergewaltigung, zum ersten Mal wie ein richtiger Kerl »Liebe gemacht« zu haben – »mit angezogenen Stiefeln«.[72] Weitere Beispiele ließen sich mühelos zitieren. Sie beschreiben Momente, in denen alle Selbstzweifel gebannt schienen, Augenblicke der Stärke, Übermacht und Allmacht – und der nie gekannten Freiheit. Dass es sich um flüchtige Phantasien handelte, blamiert schon im Verlauf des nächsten Einsatzes, änderte nichts an ihrer auf Dauer einnehmenden Faszination. Im Gegenteil. Das Verlangen nach hyperviriler Wiedergeburt schien umso stärker, je illusionärer es war.[73]

---

67 Ein namentlich nicht identifizierter GI, zit. n. Baker, Nam, S. 206.

68 O'Brien, Combat Zone, S. 48.

69 Siehe Stuhldreher, Rape in Viet Nam.

70 Ein namentlich nicht identifizierter GI, zit. n. Baker, Nam, S. 206.

71 Ein namentlich nicht identifizierter GI, zit. n. Baker, Nam, S. 191; siehe ebenda, S. 193, 211, 237; Bilton/Sim, Four Hours, S. 81, 128f., 131f. sowie Gilkes, Missing from History, S. 63.

72 Ein namentlich nicht identifizierter GI, zit. n. Heinemann, Paco's Story, S. 180. Siehe auch Lang, Meldung, S. 44f.

73 Siehe Seifert, Krieg und Vergewaltigung; Zipfel, ›Blood, Sperm and Tears‹; Neill, Duty, Honor, Rape.

Sobald eine Kampfzone als Zone des »instant death« erlebt wird, verschwimmt die Grenze zwischen sexueller Gewalt und Sexualmorden. Auf diesen Punkt laufen die Berichte aus der »Kampfzone Nord« zu, aus einem Gebiet, in dem der Feind unsichtbar und der Tod dennoch allgegenwärtig war – in Gestalt von Minen, über die keine Karte Auskunft gab, von Heckenschützen, die überall versteckt sein konnten, von Feuer aus den eigenen Reihen, das auf Verdacht angefordert wurde und allzu oft die Falschen traf. »Ihr solltet verdammt noch mal Angst haben, weil es nämlich passieren wird. Einer oder zwei von euch – euer Arsch ist doch jetzt schon Gras«, zitiert Tim O'Brien einen Kameraden.[74] Und Jonathan Shay protokollierte: »Es ging darum, zu wissen, dass du noch ein menschliches Wesen bist. [...] Sex beweist dir, dass du kein verdammtes Tier bist. Stell dir das mal vor – du kommst von einem Einsatz zurück, [...] einige deiner Freunde sind tot. [...] Du hast gestunken vor Angst [...] – du musstest einfach bumsen. [...] Ficken war die einzige Erleichterung.«[75] So klingt die Rede von Soldaten, die beim Anblick jeder Frau glaubten, »dass [sie] die Letzte wäre, die sie je würden vögeln können«[76]. Oder von Männern, die im Akt des Vergewaltigens die Angst vor dem plötzlichen Tod besiegen wollten und am Ende das Leben ihrer Opfer auslöschten, um sich der eigenen Lebendigkeit zu vergewissern. Töten als Triumph über den Tod, Töten aus Verzweiflung wie aus Lust – auch so lässt sich das »Doppelte« im »Double Veteran« buchstabieren.

Quang Ngai und Quang Tin

»Wheeler«, »Malheur I und II«, »Hood River«, »Benton«, »Cook« und »Dragon Head V« hießen die Großeinsätze der »Task Force Oregon« zwischen Frühjahr und Spätherbst 1967 – Einsätze, die in vielfacher Hinsicht das Kriegsgeschehen der folgenden vier Jahre in den nördlichen Provinzen vorwegnahmen. Kaum jemand forderte explizit zum Töten von Zivilisten auf. Aber das Votum für eine Kriegführung der verbrannten Erde brachte es mit sich, dass auch kaum jemand nach den Folgen fragte und zur Rücksicht auf ziviles Leben mahnte – und viele

74 O'Brien, Combat Zone, S. 72.
75 Ein namentlich nicht identifizierter GI, zit. n. Shay, Odysseus in America, S. 115/116.
76 Ein namentlich nicht identifizierter GI, zit. n. Terry, Bloods, S. 211.

dazu übergingen, die Exekution strategischer Übermacht als Gelegenheit zur Demonstration persönlicher Allmacht zu begreifen. Diese Verkoppelung von Strategie und individuellen Entscheidungen, von »oben« und »unten«, setzte eine Dynamik eigener Art in Gang. Genauer gesagt: Sie mündete in einem Milieu exzessiver und am Ende massakerträchtiger Gewalt.

Auf das 1. Battalion, 327. Regiment, 1. Brigade der 101. Airborne Division setzte der Oberkommandierende William Westmoreland besondere Hoffnungen. Wiederholt sprach er von »meiner Feuerbrigade« und ließ Offiziere wie Mannschaften wissen, dass sie den harten Kern der »101« stellten.[77] Worte, die ein vielfaches Echo fanden: Colonel Gerald E. Morse hatte gerade das Kommando über das 1. Battalion übernommen, als er aus seinem »Command and Control«-Helikopter heraus auf vier nicht identifizierte, ihm aber verdächtige Personen in einem Reisfeld feuern ließ. Zwei von ihnen wurden im Logbuch des Kommandeurs als getötete Vietcong verbucht, zusammen mit der Bemerkung, dass »das Bataillon seine Tötungsbereitschaft auf allen Kommandoebenen [zeigen muss]«.[78] Im Laufe der vom 11. September bis zum 27. November 1967 durchgeführten »Operation Wheeler« gab Colonel Morse den drei Kompanien seines Verbandes neue Namen: A Company hieß fortan »Assassins«, B Company »Barbarians« und C Company »Cutthroats«, also »Mörder«, »Barbaren« und »Verstümmler«. Sein eigenes Erkennungszeichen für den Funkverkehr war fortan »Ghost Rider«, der Kompanieführer der B Company meldete sich unter dem Code »Barbarian Bear«. »Wir waren eben der Meinung«, so einer der zuständigen Offiziere, »dass diese netten, in den USA üblichen Namen hier draußen einfach keinen Sinn machten.«[79] Auch ließ man sich von einem Spielkartenfabrikanten in den USA 10 000 Pik-Ass-Karten schicken, die regelmäßig in den Einsatzgebieten

---

77 Sallah/Weiss, Tiger Force, S. 28.

78 Logbuch von Colonel Gerald E. Morse, zit. n. Sallah/Weiss, Tiger Force, S. 143.

79 Sworn Statement Lawrence M. Jackson, 17. 1. 1975, S. 22, in: NA, RG 319, AS, ODCS-PER, VWCWG, CaFi, Box 19, Folder: Coy Allegation (CIDROI 72 – CID 46-27852, Exhibits 260–350, Part 5 of 7), Case 221. Zur Namensgebung siehe ebenda, Sworn Statement Gerald E. Morse, 17. 3. 1975, S. 6; ebenda, Sworn Statement Kenneth A. Smith, 11. 3. 1975, S. 6 sowie ebenda, Box 18, Folder: Coy Allegation (CIDROI 72 – CID 46-27852, Exhibits 61–150, Part 3 of 7), Case 221: Sworn Statement James W. Alexander, 5. 2. 1975, S. 2.

hinterlassen und bisweilen auch auf die Körper getöteter Vietnamesen geheftet wurden. »Wir hatten jede Menge davon, und jeder hat sich welche genommen«[80] – als Todessymbole und zum Ausweis besonderer Aggressivität.

Eine Konkurrenz um den höchsten »Body Count« auszurufen, galt als selbstverständlicher Bestandteil der Truppenmotivation. Unzufrieden mit den bis dato erzielten Resultaten, verlangte Colonel Morse im November 1967 über Funk von seinen Einheiten, endlich auf die Zahl 327 zu kommen und sich der Ordnungsnummer ihres Regiments würdig zu erweisen. »Wollt ihr sie vor oder nach dem Frühstück?«[81] – diese Antwort eines Untergebenen beweist noch nicht, dass sich das 1. Battalion tatsächlich und geschlossen auf Menschenjagd begab. Allerdings meldete eine Aufklärungsabteilung namens »Tiger Force« innerhalb von zehn Tagen einen »Body Count« von 54. Erbeutete Waffen: 2.[82] Das auf den ersten Blick extreme Verhältnis von 27:1 beschreibt die Normalität des gesamten Bataillons. In dessen »After Action Reports« am Ende der »Operation Wheeler« wird die Relation getöteter Vietnamesen zu sichergestellten Waffen mit 20:1 angegeben.[83] Und einer der beteiligten GIs behauptete, dass man im gesamten Jahr 1967 nur vier oder fünf Gefangene gemacht hätte.

---

80 Sworn Statement Lawrence M. Jackson, 17. 1. 1975, S. 10, in: NA, RG 319, AS, ODCS-PER, VWCWG, CaFi, Box 19, Folder: Coy Allegation (CID ROI 72 – CID 46-27852, Exhibits 260–350, Part 5 of 7), Case 221. Siehe ebenda, Sworn Statement, Bradford E. Mutchler, 21. 1. 1975, S. 2; ebenda, Box 18, Folder: Coy Allegation (CID ROI 72 – CID 46-27852, Exhibits 61–150, Part 3 of 7), Case 221: Sworn Statement John J. Colligan, 22. 11. 1972, S. 3 sowie ebenda, Box 19, Folder: Coy Allegation (CIDROI 72 – CID 46 – 27852, Exhibits 151–259, Part 4 of 7), Case 221: Statement of Gustav A. Apsey, prepared at 3. 12. 1974.

81 Sworn Statement Leland W. Carpenter, 18. 1. 1973, S. 13, in: NA, RG 319, AS, ODCS-PER, VWCWG, Box 18, Folder: Coy Allegation (CID ROI 72 – CID 46-27852, Exhibits 1–60, Part 2 of 7), Case 221 sowie ebenda, Folder: Coy Allegation (CID ROI 72 – CID 46-27852, Exhibits 61–150, Part 3 of 7) Case 221: Sworn Statement John J. Colligan, 22. 11. 1972, S. 3.

82 Coy Allegation, Investigative Summary, S. 7, in: NA, RG 319, AS, ODCS-PER, VWCWG, Box 18, Folder: Coy Allegation (CID ROI 72 – CID 46-27852, Part 1 of 7), Case 221.

83 Sworn Statement Lawrence M. Jackson, 17. 1. 1975, S. 8, in: NA, RG 319, AS, ODCS-PER, VWCWG, CaFi, Box 19, Folder: Coy Allegation (CID ROI 72 – CID 46 – 27852, Exhibits 260–350, Part 5 of 7), Case 221. Siehe ebenda, Sworn Statement Bradford E. Mutchler, 21. 1. 1975, S. 2–4.

»Wahrscheinlich waren sie auch noch stolz darauf. [...] Ich glaube, dass ihre Art des Kämpfens voraussetzte, keine Rücksicht zu erwarten und keine zu nehmen.«[84]

Dank der zeitnahen Reportagen des Journalisten Jonathan Schell wissen wir um den Preis dieser Kriegführung für die Bevölkerung von Quang Ngai und Quang Tin:[85] »Operation Dragon Head V« im Norden der Provinz: Fast vollständige Vertreibung der Einwohner und Zerstörung der Häuser zu 40 Prozent. »Operation Benton«, offiziell ein Einsatz »mittlerer Größe«: Abwurf von 282 Tonnen Bomben und 116 Tonnen Napalm auf ein Gebiet von 200 Quadratkilometern innerhalb von 14 Tagen; Abschuss von über 130000 Granaten des Kalibers 20 mm und von 8500 Artilleriegeschossen; 65 Prozent der Häuser oder der Lebensraum für 17000 Menschen vollständig zerstört. »Operation Wheeler«: Fortschreibung dieser Bilanz mit unwesentlich anderen Zahlen. Insgesamt lagen am Ende des Jahres 1967 fast 70 Prozent aller Siedlungen in der Provinz in Trümmern, Gebiete wie Duc Pho waren gänzlich pulverisiert; 40 Prozent der Bevölkerung Quang Ngais waren zeitweilig oder dauerhaft auf der Flucht.[86] Wie viele Tote und Verwundete zu beklagen waren, ist allenfalls grob zu schätzen. Ärzte des Krankenhauses von »Quang Ngai City« bezifferten die Zahl auf jährlich 50000, darunter viele, die willkürlich aus Hubschraubern heraus niedergestreckt worden waren.[87] Jonathan Schell sprach von einem jede Vorstellung übersteigenden Maß der Vernichtung. Und die Armee kam in einer internen Begutachtung seiner Berichte zu dem Ergebnis: »Die Darstellung des Schadens [...] ist überzeichnet, aber nicht

---

84 Sworn Statement Bradford E. Mutchler, 21. 1. 1975, S. 3, in: NA, RG 319, AS, ODCS-PER, VWCWG, CaFi, Box 19, Folder: Coy Allegation (CID ROI 72 – CID 46 – 27852, Exhibits 260–350, Part 5 of 7), Case 221. Siehe ebenda, Box 18, Folder: Coy Allegation (CID 72 – CID 46 – 27852, Exhibits 1–60, Part 2 of 7), Case 221: Sworn Statement James R. Barnett, 27. 4. 1973 sowie Statement taken by Gustav A. Apsey, 21. 8. 1974, in: ebenda, Box 18, Folder: Coy Allegation (CID ROI 72 – CID 46-27852, Exhibits 61–150, Part 3 of 7) Case 221.

85 Schell, Quang Ngai and Quang Tin.

86 Siehe Headquarters Pacific Air Force, Contemporary Historical Examination of Current Operations Report, Air Support in Quang Ngai Province, Secret, 25. 2. 1970, S. 10, in: NA, RG 319, AS, PI-AC, Box 27, Folder: RVN Trip Report Information – Folder # 3; Bilton/Sim, Four Hours, S. 44 sowie USCR, 6. 4. 1971, S. E2895–2897.

87 Bilton/Sim, Four Hours, S. 44.

in einer Weise, dass [Schells] Urteil deswegen diskreditiert würde. [...] Die Angaben von Mr. Schell sind im Wesentlichen korrekt.«[88]

Was Jonathan Schell damals nicht ahnen konnte und vier Jahrzehnte auch der Aufmerksamkeit von Historikern entging, waren Vorfälle im Schatten dieser Großoperationen. In erster Linie geht es dabei um ein »Reconnaissance Platoon«, eine Aufklärungseinheit, die aus den drei Kompanien des 1. Battalion, 327. Regiment, 1. Brigade der 101. Airborne Division rekrutiert worden war. Zwischen Mai und November taten insgesamt 120 Fallschirmjäger, allesamt kriegserprobte Freiwillige, in diesem Platoon Dienst. Zu einzelnen Einsätzen rückten sie aber nur mit maximal 45 Mann aus – unter einem Kampfnamen, der in keiner Truppenregistratur verzeichnet war: »Tiger Force«.

Die »Tiger Force« waren die »Special Forces« der 101. Airborne Division. Ende November 1965 von Major David H. Hackworth gegründet, hatten sie den Auftrag »to outguerilla the guerillas« – also die Guerillas mit deren eigenen Waffen zu schlagen. Gerade deshalb waren sie zusammen mit der 1. Brigade der »101« an die »Task Force Oregon« ausgeliehen worden. Unsichtbar und mit dem Terrain verschmolzen, sollten sie feindliche Positionen ausmachen, Zielpunkte für Luftangriffe beziehungsweise Landeoperationen markieren, Sabotageakte durchführen, Nachschublinien unterbrechen oder Kader des Vietcong entführen, im Zweifel auch ermorden. Wie die »Tiger« ihre Missionen erledigten, blieb ihnen überlassen. »Sie waren«, in den Worten eines Soldaten der »Task Force Oregon«, »ein Haufen von Arschtretern, die ihren Krieg so führten, wie sie es für richtig hielten. [...] Mit Leuten außerhalb ihrer selbst gaben sie sich erst gar nicht ab.«[89] Versorgt mit Rationen für 30 Tage, operativ auf sich allein gestellt und gehalten, den Funkverkehr auf ein Minimum zu reduzieren, hatten sie eine Lizenz zur Improvisation – und mithin die Erlaubnis, sich in einer Grauzone zwischen Eigen-

88 Comments on the Schell Manuscript, Secret, o.D., S. 1, in: NA, RG 319, AS, PI-CI, Box 11, Folder: Admin.-Secret # 2. Siehe ebenda, S. 7 sowie US House of Representatives, Hearing Held before Subcommittee on Foreign Operations and Government Informations of the Committee on Government Operation, Currency Exchange in Southeast Asia, 2. 8. 1971, S. 1176, in: RG 319, AS, ODCS-PER, VWCWG, CF, Box 4, Folder: House Hearings: Currency Exchange in Southeast Asia, 2. Aug. 1971 (Includes War Crimes Allegations).

89 Gustav A. Apsey, Agent's Statement, 28. 3. 1975, in: NA, RG 319, AS, ODCS-PER, VWCWG, CaFi, Box 18, Folder: Coy Allegation (CID 72 – CID 46 – 27852, Exhibits 1–60, Part 2 of 7), Case 221.

Einheitsabzeichen der »Tiger Force«, Reconnaissance Patrol, 1. Battalion, 327. Infantry Regiment, 1. Brigade, 101. Airborne Division.
NA

ständigkeit und Eigenmächtigkeit zu bewegen. »Falls sie töten mussten, dann konnten sie es tun, ohne anderen davon zu berichten.«[90]

Ihren Sonderstatus dokumentierten die »Tiger« auch nach außen. Sie trugen keine reguläre Uniform, sondern im Tigermuster gestreifte Kampfanzüge ohne Truppen- und Rangabzeichen, verzichteten auf den Stahlhelm zu Gunsten eines breitkrempigen Allwetterhutes, durften sich als Einzige Bärte wachsen lassen und als besonderes Statussymbol eine Handfeuerwaffe offen mit sich führen. In ihrer Selbstwahrnehmung waren sie die »Elite der Elite«, in den Augen ihrer Kameraden teils bewunderte, teils gefürchtete »Männer fürs Grobe«, die für die Disziplin einer regulären Kompanie nichts übrig hatten und nur ihren selbst verordneten Regeln verpflichtet waren. Meist wurden nur Altgediente für diese Einheit ausgewählt, Soldaten, die ihren Dienst in Vietnam freiwillig verlängert hatten oder denen der Krieg längst zu einer Lebensform geworden war. »Sie pflegten das Image der supermännlichen Kampfmaschine. [...] Rückblickend würde man sie für blutrünstige Verrückte halten, aber damals brauchten wir aggressive Kämpfer, und diese Typen übernahmen die Initiative.«[91]

Bei der »Task Force Oregon« sollte die »Tiger Force« weit mehr als nur klassische Aufklärungsarbeit leisten. Man setzte sie vornehmlich zur »Befriedung« und »Säuberung« der nördlichen Provinzen ein, teils

---

90 Sallah/Weiss, Tiger Force, S. 277; siehe ebenda, S. 13.

91 Sworn Statement Lawrence M. Jackson, 17. 1. 1975, S. 4, in: NA, RG 319, AS, ODCS-PER, VWCWG, CaFi, Box 19, Folder: Coy Allegation (CID ROI 72 – CID 46 – 27852, Exhibits 260–350, Part 5 of 7), Case 221. Siehe ebenda, S. 5 sowie Box 18, Folder: Coy Allegation (CID ROI 72 – CID 46 – 27852, Exhibits 61–150, Part 3 of 7), Case 221: Sworn Statement James W. Alexander, 5. 2. 1975, S. 3; ebenda, Box 19, Folder: Coy Allegation (CID ROI 72 – CID 46 – 27852, Exhibits 260–350, Part 5 of 7), Case 221: Sworn Statements Gerald E. Morse, 10. 8. 1972 und 17. 3. 1975, Sworn Statement Bradford E. Mutchler, 21. 1. 1975, S. 2 und Sworn Statement Joseph A. Westbrook, 19. 1. 1975, S. 1.

in der Absicht, eine Bresche für größere Kampfeinheiten zu schlagen, teils als Nachhut, die dort weitermachen sollten, wo andere an das Ende ihrer Mittel und Möglichkeiten gestoßen waren. Für die Männer der »Tiger« war es ein attraktiver Auftrag – und sie erledigten ihn in der Manier von Todesschwadronen.

Dass die Praktiken der »Tiger Force« im Detail rekonstruiert werden können, ist einer Verkettung von Zufällen geschuldet. Anfang 1971 meldete sich Gary D. Coy, ein GI aus der C Company (»Cutthroats«) des 1. Battalion, bei der Criminal Investigation Division der Army und berichtete über Gräueltaten seiner Einheit während der »Operation Wheeler«.[92] Unter dem Druck des damals anstehenden »My Lai (4)«-Prozesses ging man den Anschuldigungen unverzüglich und mit vergleichsweise großem Aufwand nach. Ausschlaggebend scheint allerdings, dass mit Gustav Apsey ein Jurist die Untersuchung übernahm, der für sein unbestechliches Urteil und noch mehr für seine Zähigkeit bekannt war.[93] Apsey, wegen seines linkischen Auftretens unterschätzt und von Kollegen als »Columbo der CID« belächelt, rollte einen korrespondierenden, aber längst abgelegten Fall wieder auf – die sogenannte »Stout Allegation«. Dennis Lee Stout, ehemals Presseoffizier, hatte Ende 1969 in der *Phoenix Arizona Gazette* über Vergewaltigungen, Folter, Gefangenenmord und Verstümmelungen seitens der B Company (»Barbarians«) des 1. Battalion berichtet, aber die Ermittler der Armee nicht überzeugen können. Trotz einer Vielzahl ähnlicher Zeugenaussagen hatten sie ihre Arbeit wegen angeblich mangelnder Beweise eingestellt.[94] Gustav Apsey hingegen drängte zu weiteren Nachforschungen, nicht zuletzt, weil Gary D. Coy von einem geköpften Baby und einem mit dem Halsband des Kindes prahlenden Soldaten erzählte hatte. Ein systematischer Vergleich der »Coy« und »Stout Allegation« brachte Apsey tatsächlich auf die Spur jener ominösen Einheit, die es offiziell gar nicht gab und über die ihm niemand im Pentagon hatte Auskunft geben können oder wollen: die »Tiger Force«.

Fast drei Jahre zogen sich die Ermittlungen hin, länger als bei jedem zuvor oder danach recherchierten Kriegsverbrechen. Zwischen Mai

92 NA, RG 319, ODCS-PER, VWCWG, Box 18, Folder: Coy Allegation (CID ROI 72 – CID 46-27852, Part 1 of 7), Case 221.

93 Siehe Sallah/Weiss, Tiger Force, S. 217–234.

94 NA, RG 319, AS, PI-AC, Box 51, Folder: War Crimes Allegations – 13: Stout Allegation (1 of 2). Dennis Stout hatte sich aus Empörung über den Prozess gegen William Calley an die Öffentlichkeit gewandt und wollte darauf aufmerksam machen, dass nicht Soldaten wie Calley, sondern die vom Pentagon verordnete Art der Kriegführung für Gräueltaten verantwortlich war.

1972 und Anfang 1975 führten 100 Agenten der »Criminal Investigation Division« weltweit 137 Interviews mit ehemaligen »Tigers«. Ungefähr ein Drittel der Befragten zeigte sich kooperationsbereit und überraschte mit präzisen Angaben zu Tätern und Tatumständen.[95] »Da ich jetzt Zivilist bin, weiß ich ja, dass mich die Armee nicht mehr belangen kann.«[96] Mit dem gleichen Argument verweigerten allerdings zwei Drittel, darunter fast alle Offiziere der Einheit, die Aussage.[97] Trotz dieses Schweigekartells und obwohl opponierende Mitarbeiter der CID ihre Gesprächspartner bisweilen zur Aussageverweigerung aufgefordert hatten,[98] konnte Gustav Apsey im Juli 1975 ein Dossier mit erdrückenden Beweisen vorlegen. Aber mit dem Ende des Krieges sah die Armeeführung auch die Gelegenheit gekommen, das Kapitel Kriegsverbrechen zu beenden. »Eine Strafverfolgung«, so die interne Beurteilung, »könnte augenblicklich nicht zu fruchtbaren oder konstruktiven Ergebnissen führen.«[99] Apsey wurde zu einer Dienststelle in Südkorea versetzt, die Akte »Tiger Force« verschwand im Archiv.

Zwar sind die »Coy« und »Stout Allegation« seit den 1990er Jahren zugänglich. Aber mit diesen Dokumenten hätte nur eine lückenhafte Geschichte der »Tiger Force« geschrieben werden können. Das Bild rundete sich erst, als im Jahr 2002 der ehemalige Leiter der Criminal Investigation Division, Henry Tufts, die in seinem Besitz befindlichen Handakten an die University of Michigan übergab und zwei Reporter der Tageszeitung *Toledo Blade* noch vor der Archivierung Einsicht nehmen konnten. Vielleicht war es historisches Interesse, vielleicht gab die zeitnahe Kontroverse um Kriegsverbrechen während des Irakkrieges den Ausschlag – in jedem Fall konnten die Journalisten Michael Sallah und Mitch Weiss ihre Chefredakteure von der Notwendigkeit einer

95 Siehe NA, RG 319, AS, PI-AC, Box 55, Folder: War Crimes Allegations – 221: Coy Allegation, Part III.

96 Sworn Statement James R. Barnett, 27. 11. 1974, S. 1, in: NA, RG 319, AS, ODCS-PER, VWCWG, CaFi, Box 19, Folder: Coy Allegation (CID ROI 72 – CID 46-27852, Exhibits 151–259, Part 4 of 7), Case 221.

97 Siehe NA, RG 319, AS, ODCS-PER, VWCWG, CaFi, Box 19, Folder: Coy Allegation (CID ROI 72 – CID 46-27852, Exhibits 151–259, Part 4 of 7), Case 221 und Folder: Coy Allegation (CID ROI 72 – CID 46-27852, Exhibits 260–350, Part 5 of 7).

98 Michael Sallah, Mitch Weiss, Day 2: Inquiry Ended without Justice. Army Substantiated Numerous Charges – Then Dropped Case of Vietnam War Crimes, in: *The Toledo Blade*, 22. 10. 2003 sowie Comment: Uncovered, in: *The New Yorker*, 22. 1. 2004

99 Memorandum zum Apsey-Report, zit. n. Sallah/Weiss, Tiger Force, S. 306.

Investition überzeugen, die normalerweise jenseits des Möglichen liegt. Fast zwölf Monate lang ihrer sonstigen Verpflichtungen entbunden, machten Sallah und Weiss 43 ehemalige »Tiger« ausfindig und führten ausführliche Interviews, besuchten Vietnam, sprachen mit Überlebenden und brachten schließlich den aus Loyalität zur US Army stets verschwiegenen Gustav Apsey dazu, erstmals zu den Hintergründen seiner Ermittlungen Stellung zu nehmen. Insbesondere die Täter und Tatgehilfen gaben Antworten auf Fragen, die ansonsten wohl nie geklärt worden wären – darunter Hinweise auf ein knappes Dutzend bislang unbekannter Kriegsverbrechen der »Tiger«.[100] Eine synoptische Betrachtung der nunmehr komplettierten Quellen unterstreicht, weshalb die Charakterisierung der »Tiger Force« als Todesschwadron unvermeidlich ist.

Henry H. Tufts, Leiter der Criminal Investigation Division, US Army, 1971–1975.
© US Army CID

Zwischen Juni und November 1967 wurde die »Tiger Force« im Song Ve-Tal und in der Provinz Quang Tin eingesetzt. Song Ve, ein sieben Kilometer breites und zehn Kilometer langes Flussbecken in der Provinz Quang Ngai, gehörte zu den fruchtbarsten Regionen Vietnams. Eben darin lag in den Augen der US Army das Problem. Obwohl die dortigen Bauern nicht als Unterstützer der Vietcong bekannt waren und – wie sie selbst sagten – einfach nur ihre Ruhe haben wollten,[101] galt der von ihnen im Überfluss produzierte Reis als potentielle Beute der Aufständischen. Die drei Kompanien des 1. Battalion der 1. Brigade, 101. Airmobile Division sollten deshalb die Felder unbrauchbar machen und die knapp 7000 Bauern samt ihres Viehs in das Lager Nghia

100 Michael Sallah und Mitch Weiss publizierten ihre Ergebnisse im Oktober 2003 erstmals in der Tageszeitung *Toledo Blade* und im Jahr 2006 in Form des bereits zitierten Buches »Tiger Force«.

101 Lu Thuan, zit. n. Michael Sallah, Mitch Weiss, Day 1: Rogue GIs Unleashed Wave of Terror in Central Highlands, in: *The Toledo Blade*, 22. 10. 2003.

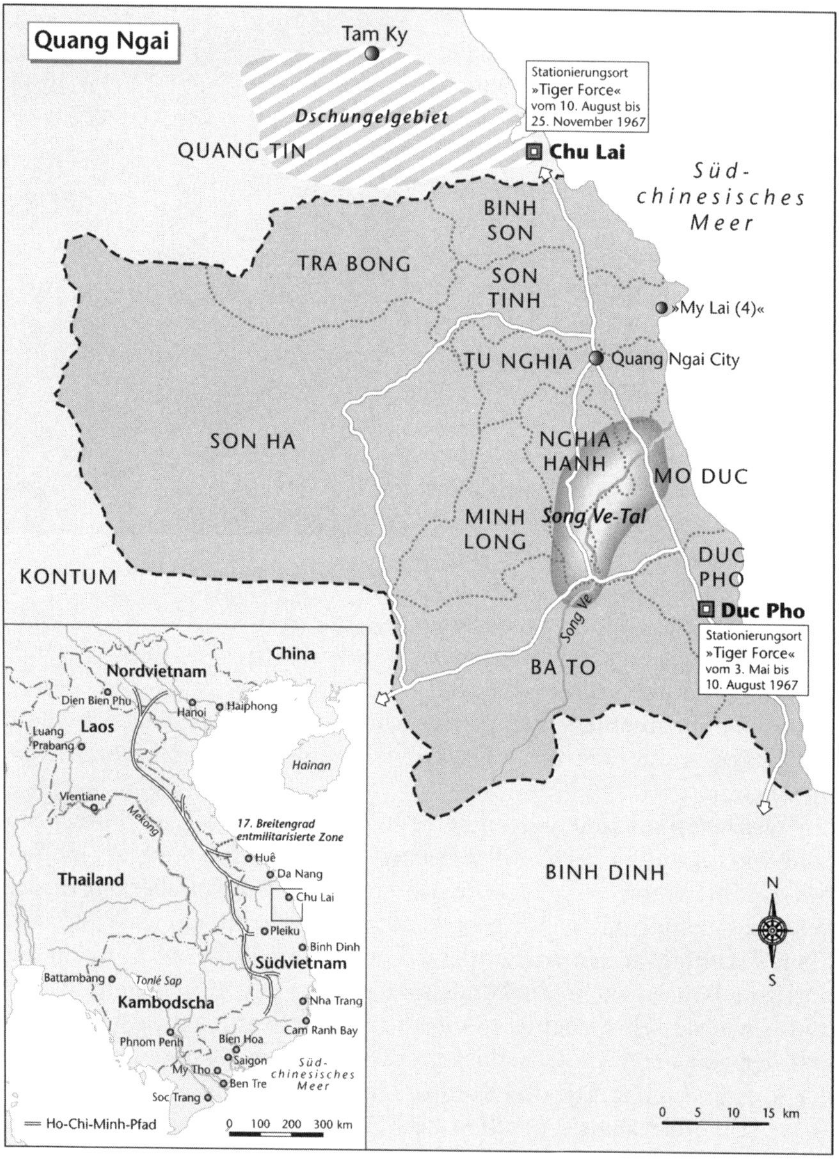
Quang Ngai
Tam Ky
Dschungelgebiet
Stationierungsort »Tiger Force« vom 10. August bis 25. November 1967
QUANG TIN
Chu Lai
Süd-chinesisches Meer
BINH SON
TRA BONG
SON TINH
»My Lai (4)«
TU NGHIA
Quang Ngai City
SON HA
NGHIA HANH
MO DUC
MINH LONG
Song Ve-Tal
DUC PHO
KONTUM
Duc Pho
Stationierungsort »Tiger Force« vom 3. Mai bis 10. August 1967
Song Ve
BA TO
BINH DINH
N
S
0 5 10 15 km
China
Nordvietnam
Dien Bien Phu
Hanoi
Haiphong
Laos
Luang Prabang
Hainan
Vientiane
Mekong
17. Breitengrad entmilitarisierte Zone
Huê
Da Nang
Thailand
Chu Lai
Pleiku
Binh Dinh
Südvietnam
Battambang
Tonlé Sap
Kambodscha
Nha Trang
Cam Ranh Bay
Phnom Penh
Bien Hoa
Saigon
My Tho
Ben Tre
Süd-chinesisches Meer
Soc Trang
Ho-Chi-Minh-Pfad
0 100 200 300 km

Hanh evakuieren. Wie die meisten dieser Aktionen, brachte auch »Operation Rawhide« außer Anarchie nichts zuwege.[102] An die 2000 Bauern hatten sich versteckt oder binnen kurzem in die Heimatdörfer zurückgefunden. Und die Befehlshaber der »Task Force Oregon« antworteten mit ihrer berüchtigten »Schocktherapie«: Häuser niederbrennen und den Bewohnern signalisieren, dass außerhalb der Flüchtlingslager fortan alle wie Vogelfreie behandelt würden. In anderen Worten: Zwei Drittel des Gebietes wurden zur »Free Fire Zone« erklärt[103] und die »Tiger Force« zum angsteinflößenden Stoßtrupp bestimmt. »In diesem Tal gehört alles uns«, instruierte Lieutenant James Hawkins die »Tiger«. »Hier gibt es keine befreundeten Zivilisten. Ist das klar? Keine befreundeten Zivilisten. Hier hat niemand etwas verloren. Schießt auf alles, was sich bewegt.«[104]

In Quang Tin fand die »Tiger Force« gänzlich andere Verhältnisse vor. In einem von dichtem Dschungel überwucherten Berggebiet hatte man es nicht mehr mit Zivilisten oder versprengten Vietcong zu tun, sondern mit Teilen der gefürchteten 2. Infanteriedivision der nordvietnamesischen Armee. 7500 Soldaten aus dem Norden strömten nach Erkenntnis des US-Oberkommandos Monat für Monat auf den Ausläufern des »Ho-Chi-Minh-Pfades« in die Provinz ein, brachten Nachschub und legten neue Basislager an. Faktisch war das Grenzland zu Laos in feindlicher Hand.[105]

Für William Westmoreland drängte also die Zeit. Um eines raschen Erfolges willen ließ er die »Task Force Oregon« Ende September 1967 reorganisieren und tauschte die 3. Brigade der 25. Infantry Division gegen zwei neue Brigaden aus, nämlich die 11. und 198. Light Infantry Brigade der 23. Infantry Division. Unter dem neuen Namen »Americal« Division sollten sie die »Operation Wheeler« übernehmen. Weil sich Ausbildung und Verlegung aber unerwartet in die Länge zogen, lag die Hauptlast weiterhin bei jenen Einheiten, die aus der »Task Force Oregon« übernommen worden waren.[106]

---

102 Die versuchte Evakuierung wurde anschaulich geschildert von Schell, Real War, S. 189–398.

103 Sworn Statement Lawrence M. Jackson, 17. 1. 1975, S. 16, in: NA, RG 319, AS, ODCS-PER, VWCWG, CaFi, Box 19, Folder: Coy Allegation (CID ROI 72 – CID 46 – 27852, Exhibits 260–350, Part 5 of 7), Case 221.

104 Lieutenant James Hawkins, zit. n. Sallah/Weiss, Tiger Force, S. 108.

105 Sallah/Weiss, Tiger Force, S. 134, 170.

106 Die 196. Light Infantry Brigade der 23. Infantry Division blieb fester Bestandteil der »Americal« Division bis zu deren Auflösung im November 1971, die 1. Brigade der 101. Airmobile Division schied mit dem Abschluss

Dass »Operation Wheeler« gerade in Quang Tin Priorität hatte, ist an dem erweiterten Auftrag für die »Tiger Force« zu erkennen: Sie sollten nicht nur die Basislager von Vietcong und NVA aufspüren, sondern zerstören und so viele Kleingruppen des Feindes wie möglich aufreiben. »Ihr seid die Tiger. Und ich erwarte von euch, dass ihr euch wie Tiger benehmt«,[107] gab ihnen ihr Bataillonskommandeur mit auf den Weg. Die »Tiger« selbst sprachen von einer weiteren Gelegenheit, »Eier an die Wand zu nageln«. »Wir hatten [uns] daran gewöhnt«, so ein Beteiligter, »alles zu töten, was uns im Laufe eines Einsatzes in die Quere kam. [...] Von wenigen Ausnahmen abgesehen, kann man das wohl so sagen.«[108]

Sieben Monate lang zog die »Tiger Force« eine Blutspur durch Quang Tin und das Song Ve-Tal. Sie erschossen ohne jeden Anlass Bauern im Feld und mordeten Menschen, die ihnen zufällig über den Weg liefen, folterten Gefangene und führten sie einzeln oder in Gruppen zur Exekution, fielen spätabends oder am frühen Morgen in Dörfer ein und streckten mit Maschinengewehren alle nieder, deren sie habhaft werden konnten – Bauern, die sich zum Essen versammelt hatten oder schliefen, Kinder, die im Freien spielten, Alte beim Spaziergang. »Wir wussten, dass sie Zivilisten waren, nicht Vietcong.«[109] Sie stahlen und brandschatzten, prügelten ihre Opfer zu Tode oder vergewaltigten sie bis zur Bewusstlosigkeit, sie erschossen Bewohner, die kurz zuvor abgeworfene Flugblätter in Händen hielten und der Aufforderung zur Evakuierung nachkommen wollten, sie veranstalteten »Zielschießen« auf Personen, die sich zur falschen Zeit am falschen Ort aufhielten. Sie verschonten weder Verwundete noch Kranke, schossen aus der Distanz mit der M-16 wie aus nächster Nähe mit Handfeuerwaffen. Und manchmal, wenn sie sich in Fünfergruppen aufgeteilt hatten und getrennt auf

---

des ersten Teils der »Operation Wheeler« Ende November 1967 aus der »Americal« aus.

107 Colonel Gerald E. Morse, zit. n. Sallah/Weiss, Tiger Force, S. 179.

108 Sworn Statement Leland W. Carpenter, 18. 1. 1973, S. 7, in: NA, RG 319, AS, ODCS-PER, VWCWG, CaFi, Box 18, Folder: Coy Allegation (CID ROI 72 – CID 46 – 27852, Exhibits 1–60, Part 2 of 7), Case 221. Ähnliche Aussagen wurden von nahezu allen »Tigers« gemacht, die sich im Laufe der Jahre zu ihren Einsätzen äußerten. Siehe ebenda, Folder: Coy Allegation (CID ROI 72 – CID 46 – 27852, Exhibits 260–350, Part 5 of 7), Case 221: Sworn Statement Bradford E. Mutchler, 21. 1. 1975, S. 4 sowie Michael Sallah, Mitch Weiss, Day 3: Pain Lingers 36 Years after Deadly Rampage, in: *The Toledo Blade*, 22. 10. 2003.

109 Rion Causey, zit. n. Sallah/Weiss, Tiger Force, S. 360.

Patrouille gingen, konnten sie gegenseitig ihre Salven hören.[110] Gestützt auf eine Auswertung des Funkverkehrs kam Gustav Apsey auf 49 Morde in elf Tagen.[111] Aber die »Tiger« hielten nur spärlichen Funkkontakt mit der Einsatzleitung des Bataillons. Und sie hatten es ohnehin aufgegeben, ihre Opfer zu zählen. »Wer weiß schon, wie viele es tatsächlich waren?«, fragte einer aus ihren Reihen[112] und spielte auf die unsichtbare Seite des Marodierens an – den Mord an Personen, die in Kellern und Bunkern Schutz suchten. In der von Luftangriffen regelmäßig heimgesuchten Provinz Quang Tin hatten sich die meisten Bewohner primitive Schutzanlagen gebaut, die zur tödlichen Falle wurden, sobald die »Tiger Force« den Ort betrat und ohne Vorwarnung ihre Handgranaten in die Zugänge warf. Zu den Dutzenden von Massengräbern, an denen noch heute der Toten gedacht wird, kommt also eine unbekannte Zahl anonymer Todesstollen.[113]

Von mehreren Hundert Toten auszugehen, ist realistisch; auch eine vierstellige Zahl liegt im Bereich des Möglichen. Ende November 1967 war die erste Phase der »Operation Wheeler« abgeschlossen, die »Tiger Force« wurde samt den anderen Truppenteilen der 1. Brigade, 101. Airmobile Division weiter südlich in die II. Corps Tactical Zone verlegt. Den Bewohnern freilich war nur eine kurze Ruhepause vergönnt – bis die »Americal« Division voll einsatzbereit zur Verfügung stand und mit neuen Mannschaften den alten Kurs unter dem Namen »Operation Wheeler/Wallowa« weiterführte.

---

110 Siehe NA, RG 319, AS, ODCS-PER, VWCWG, CaFi, Box 18, Folder: Coy Allegation (CID ROI 72 – CID 46 – 27852, Part 1 of 7), Case 221; ebenda, Folder: Coy Allegation (CID ROI 72 – CID 46 – 27852, Exhibits 1–60, Part 2 of 7); ebenda, Folder: Coy Allegation (CID ROI 72 – CID 46 – 27852, Exhibits 61–150, Part 3 of 7); Michael Sallah, Mitch Weiss, Witness to Vietnam Atrocities Never Knew About Investigation, in: *The Toledo Blade*, 22. 10. 2003 sowie dies., ›Free Fire‹ Situation Set Stage for Abuses, in: ebenda. Gary D. Coy und Dennis Lee Stout berichteten von Überfällen auf 12 Dörfer. Zu einer ausführlicheren Darstellung des Mordens siehe auch Sallah/Weiss, Tiger Force, S. 96–104, 112–114, 141, 146, 150f., 162, 184, 199, 208f., 223, 238, 244–250, 256, 301f., 382f.

111 Sallah/Weiss, Tiger Force, S. 279.

112 Rion Causey, zit. n. Sallah/Weiss, Tiger Force, S. 212. Siehe auch das Interview mit einem ehemaligen Angehörigen der »Tiger Force« in der *Washington Post* vom 16. 2. 2004, S. A13: U.S. Reportedly to Probe Charges of Vietnam Killings.

113 Coy-Allegation, Investigation Summary, S. 9, in: NA, RG 319, AS, ODCS-PER, VWCWG, CaFi, Box 18, Folder: Coy Allegation (CID ROI 72 – CID 46 – 27852, Part 1 of 7), Case 221.

»Es war etwas, über das niemand offen reden wollte. Und es war etwas, das man einfach versuchte, unter den Teppich zu kehren und zu vergessen, weil man eigentlich nicht wissen wollte, ob es stimmte oder nicht.«[114] Tatsächlich entsprachen die Gerüchte, die dem Chirurgen des 1. Battalions zu Ohren gekommen waren, der Wahrheit: Die »Tiger« hatten es sich zur Gewohnheit gemacht, Ermordete zu verstümmeln und Leichenteile zur Schau zu tragen. Sam Ybarra verfügte sogar über eine Sammlung in Essig konservierter Ohren, um verrottete und stinkende Halsketten jederzeit austauschen zu können.[115] 27 Angehörige des Platoons gaben in Verhören durch die Criminal Investigation Division zu Protokoll, dass das Abschneiden von Ohren eine »akzeptierte Praxis« war. »Es gab eine Zeit, da trug fast jeder ein Halsband aus Ohren. Wenn die Männer aber verwundet wurden, dachten sie, das brächte Unglück und warfen sie weg. Skalps waren eine Zeit lang auch der Renner, aber nicht so lange. Sie waren nämlich voller Läuse und man hat sie weggeworfen.«[116] Das aus Zähnen herausgebrochene Gold hingegen wurde sorgsam aufbewahrt. Ob es zutrifft, dass auch Augen ausgestochen und im Gepäck mitgeführt, dass Köpfe auf Stangen aufgespießt und abgetrennte Geschlechtsteile zwischen den Augen wieder angenäht wurden,[117] dass man Brüste und Hoden absäbelte und Angehörigen zu

---

114 Sworn Statement, Bradford E. Mutchler, 21. 1. 1975, S. 3, in: NA, RG 319, AS, ODCS-PER, VWCWG, CaFi, Box 19, Folder: Coy Allegation (CID ROI 72 – CID 46 – 27852, Exhibits 260–350, Part 5 of 7), Case 221.

115 Sallah/Weiss, Tiger Force, S. 202/203.

116 Sworn Statement Larry J. Cottingham, 24. 1. 1973, S. 3, in: NA, RG 319, AS, ODCS-PER, VWCWG, CaFi, Box 18, Folder: Coy Allegation (CID ROI 72 – CID 46 – 27852, Exhibits 1–60, Part 2 of 7), Case 221. Siehe ebenda, Sworn Statement Leland W. Carpenter, 13. 1. 1973, S. 2; ebenda, Sworn Statement James R. Barnett, S. 5; sowie ebenda, Folder: Coy Allegation (CID ROI 72 – CID 46 – 27852, Exhibits 61–150, Part 3 of 7), Case 221: John R. Espy, Agent's Statement; Folder: Coy Allegation (CID ROI 72 – CID 46 – 27852, Exhibits 151–259, Part 4 of 7), Case 221: Sworn Statement Frederick E. Tomlin, S. 1; RG 319, AS, PI-AC, Box 55, Folder: War Crimes Allegations – 221: Coy Allegation, Part III: Investigative Summary, S. 21. Siehe auch Sallah/Weiss, Tiger Force, S. 202f., 207, 383.

117 Sworn Statement Leland W. Carpenter, 18. 1. 1973, S. 12, in: NA, RG 319, AS, ODCS-PER, VWCWG, CaFi, Box 18, Folder: Coy Allegation (CID ROI 72 – CID 46 – 27852, Exhibits 1–60, Part 2 of 7), Case 221.

Füßen warf,[118] spielt vor diesem Hintergrund keine Rolle mehr. Noch in den wildesten Phantasien spiegelte sich die Realität – ein weiterer Grund für die Kolportage und Karriere von Gerüchten.

Auf den ersten Blick scheinen diese Berichte wenig überraschend. Auch außerhalb der Kampfzone Nord verstümmelten Dschungelkämpfer ihre Opfer und sammelten Leichenteile.[119] Überliefert sind Fotos, auf denen Soldaten vor entstellten Körpern posieren, als wollten sie Mut und Verwegenheit beglaubigen oder Zeugnis ihrer Arbeit ablegen; Mitglieder von Geheimkommandos, die im Rahmen des »Phoenix«-Programms kommunistische Kader jagten, führten das Attribut »heads and ears guys« wie einen Ehrentitel; mancherorts konnten sie abgeschnittene Ohren gegen Drinks oder Prostituierte eintauschen.[120] »Selbst in Krankenhäusern zeigten [GIs] Bilder mit entstellten Körpern noch herum«, behauptete ein Soldat während der »Winter Soldiers«-Anhörungen. »Es ging um den Beweis: Das machen wir mit den Gooks, so macht es Spaß, mit den Gooks umzugehen.«[121] Nicht zuletzt stieß der amerikanische Zoll bei Zufallskontrollen auf Dutzende von Paketen mit menschlichen Schädeln, Knochen und getrockneten Ohren –

---

118 So die Aussage von David B. Johnson, in: *The Leavenworth Times*, 8. 1. 1972: Deserter, Ashamed of U.S. is an Escapee from USDB.

119 Siehe NA, RG 319, ODCS-PER, VWCWG, CaFi, Box 16, Folders: Hunter Allegation – Case 168; Mallory Allegation – Case 169; Weber-Allegation – Case 170 sowie Stephens Allegation – Case 173. Siehe auch Sworn Statement Franklin D. Massey, 1. 9. 1972, S. 3, in: ebenda, Box 19, Folder: Goodwin Allegation – Case 227.

120 Aus einer Vielzahl von Beispielen siehe: 1. Platoon, Troop B, 3. Squadron, 4. Cavalry Regiment, 25. Infantry Division nach einem Einsatz im Juni 1967 in der Provinz Binh Duong nördlich von Saigon, III. CTZ: NA, RG 319, AS, ODCS-PER, VWCWG, CaFi, Box 14, Folder: Esquire Allegation – Case 113; B Company, 1. Battalion, 503. Infantry Regiment, 173. Airborne Division nach einem Einsatz Anfang Mai 1970 in der Nähe der »Landing Zone Uplift«, II. CTZ: ebenda, Box 19, Folder: Goodwin Allegation. Siehe auch Baker, Nam, S. 82f., 164, 174f., 199, 213; Gibson, The Perfect War, S. 147 sowie Tucker (Hg.), Encyclopedia, S. 29.

121 John Geymann, zit. n. USCR, 6. 4. 1971, S. E2857. Siehe ebenda, S. E2828. Siehe auch CID Report of Investigation: 70-CID448-37587, 20. 6. 1970, S. 3, in: NA, RG 319, AS, ODCS-PER, VWCWG, Box 4, CF, Folder: Helicopter Incident, Case 8 (1) sowie Sworn Statements Robert A. Gebhardt, 31. 3. 1970; Robert L. Asplin, 2. 12. 1969, S. 3; Randell B. Cassels, S. 7; Julian P. Bellak, 15. 12. 1969, S. 20, in: ebenda, Folder: Helicopter Incident. CID Reports – Testimony # 1, Case 8 (2); RG 319, AS, ODCS-PER, VWCWG, CaFi, Box 15, Folder: Ulysses Williams Incident, Case 136.

oft adressiert an Freunde, Verwandte, Ehefrauen. »Der Beschuldigte sagte aus, dass ihm von einem Verbot der Einfuhr von Schädeln nichts bekannt war.«[122] Vielleicht waren die Absender identisch mit den Tätern, vielleicht hatten sie wie Touristen ihre Trophäen auf dem Schwarzmarkt in Vietnam erstanden. Ein fernes Echo jener Freischärler, die in der zweiten Hälfte des 19. Jahrhunderts und im Schatten der Indianerkriege durch den amerikanischen Südwesten gezogen waren, ist in jedem Fall zu hören, erst recht das Echo jener GIs, die im Zweiten Weltkrieg in Asien Krieg führten.[123]

Andererseits deuten die Erzählungen von Angehörigen der »Tiger Force« auf eine ungewöhnliche Radikalität hin. In zeitnahen Verhören seitens der Criminal Investigation Division und im Abstand von 36 Jahren im Gespräch mit Journalisten zogen sie stets dasselbe Fazit: Die »Tiger« hatten die Entscheidung getroffen, auf nichts und niemanden mehr Rücksicht zu nehmen. »Was mich betrifft«, so Sergeant William Doyle am Ende eines Feuergefechts mit nordvietnamesischen Truppen, »ich werde niemanden in irgendein Flüchtlingslager bringen. [...] Um Tote muss man sich keine Sorgen machen.«[124] Für Sam Ybarra war das Song Ve-Tal ein riesiger Jagdgrund: »Dort sind nun einmal die Gooks. [...] Ich werde alle diese Gooks umbringen.«[125] Von Angst, Wut und Hass ist die Rede – und vor allem von Rache. »Jeder war damals blutdürstig, jeder sagte ›Wir zahlen es ihnen heim. [...] Wir werden die Bilanz ausgleichen.‹«[126] Nachträglich zu rächen war der Tod gefallener Kameraden, im Vorwege wollten sie Rache für den eigenen Tod nehmen. »Wir lebten von Tag zu Tag. Wir gingen nicht davon aus, dass wir überleben würden. Niemand da draußen, der seinen Verstand einigermaßen beisammenhatte, gab noch etwas auf sein Leben. Wenn wir die

---

122 NA, RG 319, AS, ODCS-PER, VWCWG, CaFi, Box 20, Folder: Truax Incident, Case 230. Diese Zufallsfunde sind dokumentiert in: ebenda, Box 5, Folder: Ryman Incident; ebenda, Box 18, Folders: Rauch Incident, Case 211; Baker Allegation, Case 216; Cardello Allegation, Case 217; Long Allegation, Case 218; Allen Allegation, Case 220; ebenda, Box 19, Folders: Diede Allegation, Case 222; Goodwin Allegation, Case 227; Webb Incident, Case 228; ebenda, Box 20, Folders: Callander Incident, Case 229; Jordan Incident, Case 233; ebenda, Box 21, Neal Allegation, Case 238.

123 Siehe John Dower, War Without Mercy.

124 William Doyle, zit. n. Sallah/Weiss, Tiger Force, S. 92, 120.

125 Sam Ybarra, zit. n. Sallah/Weiss, Tiger Force, S. 120, 60.

126 William Carpenter, zit. n. Michael Sallah, Mitch Weiss, Day 1: Rogue GIs Unleashed Wave of Terror in Central Highlands, in: *The Toledo Blade*, 22. 10. 2003.

nächste Woche noch erlebten, waren wir überrascht. [...] Ich will damit nicht sagen, dass man einfach aufgibt und stirbt. Du kämpfst um dein Leben. Aber leben kann man nur, indem man tötet.«[127] »The way to live is to kill«: Wie immer man diese Worte übersetzt, sie künden nicht allein von Emotionen, sondern auch von kühlem Verstand – von vorausschauender Absicht und dem Vorsatz, zu jeder Zeit und unter allen Umständen zu töten, zu schänden, zu verstümmeln.

Mord als Routine: In der Tat war es den »Tiger« egal, wo sie sich gerade aufhielten und unter welchen Umständen sie zum Einsatz kamen. Gewiss gerieten Kameraden auch im Song Ve-Tal in Hinterhalte, wurden verwundet und getötet. Aber Song Ve war kein Vergleich zur »Hölle von Quang Tin«. In diesem Gebiet blieben die Verluste deutlich geringer, dort musste man nicht Schritt auf Tritt vor Minen auf der Hut sein, dort standen im Frühsommer des Jahres 1967 nur wenige der gut ausgebildeten und kampferprobten Soldaten aus dem Norden. In Song Ve bewegte man sich in vergleichsweise übersichtlichem Terrain, nicht in einer Natur, die wie der stumme Verbündete des Feindes anmutete. Und in diesem Tal waren die »Tiger« nicht tagelang auf sich allein gestellt, ohne Aussicht auf rasche Hilfe oder Entlastung. In anderen Worten: Song Ve war kein Milieu der Extreme. Und dennoch erdolchten, skalpierten, bajonettierten, strangulierten und exekutierten sie auch im Song Ve-Tal, dennoch machten sie wie in Quang Tin Jagd auf Fliehende oder Versteckte. Ihr Auftreten erinnert weniger an Meuten und Lynchmobs als vielmehr an Killerkommandos, die ihr Soll erfüllen und auf den nächsten Auftrag warten. Und je länger das Morden währte, desto leichter schien es ihnen von der Hand zu gehen.

Routinierte und rasende Gewalt sind bekanntlich keine Gegensätze. Nachdem sein langjähriger und einziger Freund, Kenneth »Boots« Green, Ende September 1967 aus einem Hinterhalt erschossen worden war, verwandelte sich Sam Ybarra von einem Mordbrenner in einen Berserker. Einmal stürmte er unter Missachtung von Flankenschutz auf ein verdächtiges Ziel los, das Feuer der M-16 mit wüstem Geschrei übertönend – als wollte er Tötungswillen und Unverwundbarkeit in einem demonstrieren.[128] Ein anderes Mal enthauptete Ybarra im Zuge einer Razzia mit seinem Buschmesser ein Baby, das er in einer

---

127 William Doyle in einem Telefoninterview mit Mitch Weiss, zit. n. Sallah/Weiss, Tiger Force, S. 316; siehe ebenda, S. 149. Jonathan Shay zitiert einen von ihm interviewten Veteranen einer anderen Einheit mit ähnlichen Worten: Achill in Vietnam, S. 93.

128 Sallah/Weiss, Tiger Force, S. 197.

Hütte weinend neben der Mutter vorgefunden hatte.[129] Andere prügelten sich in einen Rausch und schlugen noch auf Tote ein, Wütende wurden blind vor Wut, nahmen keine Skalps oder Ohren mehr als Trophäen, sondern stachen wie von Sinnen auf leblose Körper ein.[130] Vor diesen Soldaten mussten selbst Truppenführer auf der Hut sein, die für riskante Befehle wie infolge unvorhersehbarer Unfälle wiederholt mit dem Tode bedroht wurden.[131] Und diese »Tiger« vermittelten selbst Kameraden aus der eigenen Kompanie ein Gefühl des Bedrohlichen und Unberechenbaren.

Wie oft die Gewalt ihre Form wechselte, ist indes schwer zu beurteilen. In Verhören und Interviews wurde nur beiläufig nach den »Kipp-Punkten« gefragt. Und die »Tiger« selbst kamen auf das Problem nicht zu sprechen, sei es, weil sie sich im Abstand von Wochen und manchmal Jahren nicht mehr in die Situation versetzen konnten, sei es, weil Kontrollverlust mit dem Bild des abgeklärten Elitekämpfers nicht vereinbar ist. Folglich könnten ihre Erzählungen im Allgemeinen und die Unterstellung kalkulierten Handelns im Besonderen auch nachgängige Rationalisierungen sein – also eine Abschottung gegenüber dem Eingeständnis, dass in jedem ein Sam Ybarra steckte. Der Verdacht bewusster oder unbewusster Täuschung wird mangels überzeugender Gegenrede aber auf Dauer ein Verdacht bleiben.

Ebenso spärlich sind die Hinweise auf Mordlust. Genauer gesagt: auf die körperliche Erregung, die sich beim Quälen und Schänden fremder Körper einstellte. Wie in den meisten soldatischen Narrativen wird dergleichen von den Erzählungen über Angst, Hass, Wut und Rache bis zur Unkenntlichkeit überlagert. Auch wenn die »Tiger« keine Worte finden, ihre Taten sprechen für sich. Erwiesen ist, dass ein »Tiger« darauf wettete, einen Gefangenen mit einem Hieb bewusstlos schlagen zu können, aber im ersten Anlauf scheiterte – und mit dem zweiten Schlag wartete, bis ein Kamerad sein Bajonett auf das Genick des Opfers gerichtet hatte. »Der Gefangene verblutete, und alle Anwesenden hielten das für

---

129 Sworn Statement Robert W. Ledbetter, 19. 1. 1973, in: NA, RG 319, AS, ODCS-PER, VWCWG, CaFi, Box 18, Folder: Coy Allegation (CID ROI 72 – CID 46 – 27852, Exhibits 260–350, Part 5 of 7), Case 221. Siehe auch Sworn Statements Harold E. Fischer, 30. 11. 1972, S. 1 sowie Sworn Statement Larry J. Cottingham, 24. 1. 1973, S. 1, 3, in: ebenda, Folder: Coy Allegation (CID 72 – CID 46 – 27852, Exhibits 1–60, Part 2 of 7), Case 221. Siehe auch Sallah/Weiss, Tiger Force, S. 212–214, 255, 265, 360–364, 372.

130 Sallah/Weiss, Tiger Force, S. 203.

131 Ebenda, S. 182/183.

lustig.«[132] Und der Killer durfte sich fortan mit dem Beinamen »one punch Varney« schmücken. Erwiesen sind Wetten über die Anzahl der Schüsse, deren es bedurfte, um ein menschliches Ziel zur Strecke zu bringen.[133] Ob man sich im »turkey shot« übte, Kehlen aufschlitzte oder Gliedmaßen abhackte, stets wurde der Anblick von Blut mit Lachen und Johlen begrüßt.[134] Und erwiesen sind Schüsse aus nächster Nähe ins Gesicht oder Verletzungen, die in einer Weise zugefügt wurden, dass die Opfer eines langsamen und qualvollen Todes starben.[135] Noch die Vorstellung, wie selbst gebastelte und in zurückgelassenen Lebensmittelrationen versteckte Sprengsätze die Leiber der hungrigen Finder zerfetzten, bereitete Vergnügen.[136] Dass die Misshandlung wehrloser Körper Spaß bereitete und um des Spaßes willen betrieben wurde, liegt nahe. Ein andernorts in Vietnam eingesetzter GI meinte dazu: »Ich weiß, was es heißt zu töten. Und ich weiß, welche Erleichterung sich einstellt, wenn man jemanden tötet. [...] In Wahrheit machten sie es nur für den Kick.«[137]

Ungefähr ein Dutzend »Tiger« distanzierten sich von diesen Praktiken – ein Viertel jener 45 Männer, die während eines Einsatzes aufgeboten wurden. Sie sonderten sich zeitweise ab, legten die Gewehre beiseite

---

132 CID Report of Investigation 72-CID046-27852, 10. 6. 1974, S. 15, in: NA, RG 319, AS, PI-AC, Box 55, Folder: War Crimes Allegations – 221: Coy Allegation, Part III sowie Sworn Statement Leland W. Carpenter, 18. 1. 1973, S. 11, in: RG 319, AS, ODCS-PER, VWCWG, CaFi, Box 18, Folder: Coy Allegation (CID 72 – CID 46 – 27852, Exhibits 1–60, Part 2 of 7), Case 221.

133 CID Report of Investigation 72-CID046-27852, 10. 6. 1974, S. 17–24, in: NA, RG 319, AS, PI-AC, Box 55, Folder: War Crimes Allegations – 221: Coy Allegation, Part III sowie Sworn Statement Gerald W. Bruner, 12. 2. 1974, S. 7, in: RG 319, AS, ODCS-PER, VWCWG, CaFi, Box 18, Folder: Coy Allegation (CID ROI 72 – CID 46 – 27852, Exhibits 61–150, Part 3 of 7), Case 221.

134 Sallah/Weiss, Tiger Force, S. 64, 184, 238f., 255f.

135 Michael Sallah, Mitch Weiss, Day 1: Rogue GIs Unleashed Wave of Terror in Central Highlands, in: *The Toledo Blade*, 22. 10. 2003.

136 Sworn Statements Robert P. Mohs, 20. 6. 1974, S. 3 und Cecil L. Peden, 25. 6. 1974, S. 4, in: NA, RG 319, AS, ODCS-PER, VWCWG, CaFi, Box 19, Folder: Coy Allegation (CID ROI 72 – CID 46 – 27852, Exhibits 151–259, Part 4 of 7), Case 221. Von einer in der Nähe von Dong Ha, I. CTZ stationierten Einheit der Marines wird Folgendes berichtet: »Wir nahmen immer Kekse aus unseren Feldrationen, bestrichen sie mit Erdnussbutter, steckten eine Trioxylenkapsel hinein und gaben sie einem Kind zum Reinbeißen. [...] Das Trioxylen ätzt die Schleimhäute im Rachen weg, mehr oder weniger.« Bill Hatton, USMC, zit. n. Gross, Lieutenant Calley's Army, S. 158.

137 COROH, Branham Interview, S. 29, 44. Siehe Baker, Nam, S. 153.

oder brachten auf andere Weise ihre Verachtung zum Ausdruck.[138] Genauere Beschreibungen liegen nicht vor, abgesehen von jenen drei GIs, die dem Treiben ihrer Kameraden aktiv Einhalt gebieten wollten. Bill Carpenter verwickelte seinen Platoonführer, der auf einen Bauern angelegt hatte, in eine lautstarke Auseinandersetzung – verhindern konnte er den Mord nicht.[139] Donald Wood forderte einige Schützen zur Verweigerung auf, denen Lieutenant James Hawkins den Befehl zum Erschießen zweier alter Frauen gegeben hatte – vergeblich. »Du hast kein Recht, meine Anordnungen zu widerrufen. Dies ist mein Platoon.«[140] Und Gerald Bruner zielte mit seiner M-16 auf zwei Kameraden, die bereits einen zur Umsiedlung bereiten Bauern erschossen hatten und auch noch dessen jüngeren Bruder umbringen wollten.[141] »Wenn ihr den Kleinen in die Luft jagt, mach ich verdammt noch mal das Gleiche mit euch.«[142] Der junge Mann wurde kurz darauf mit dem Rest seiner Familie von einem Hubschrauber ausgeflogen. Wie es scheint, blieb es im Verlauf von sieben Monaten bei diesem Einzelfall. Zur Rettung weiterer Leben reichte die Courage Einzelner nicht aus.

Die drei Beispiele aktiven Widerstands illustrieren zugleich, warum es Abweichlern oder Widerständlern auf Dauer schwerfiel, Spielräume zu nutzen – und weshalb sie schließlich darauf verzichteten, sich während des Einsatzes noch weitere Spielräume zu schaffen.

»Du bist ein vor Feigheit stinkender Hurensohn. Wenn du nicht deine Klappe hältst, werde ich dich erschießen«, bekam Bill Carpenter von Lieutenant Hawkins, Platoonführer der »Tiger Force« von Mitte August bis Ende Oktober 1967, zu hören.[143] Dergleichen Verwünschun-

---

138 Sallah/Weiss, Tiger Force, S. 77, 124, 127.

139 Ebenda, S. 96.

140 Ebenda, S. 99. Siehe auch CID Report of Investigation 72-CID046-27852, 10. 6. 1974, S. 9, in: NA, RG 319, AS, PI-AC, Box 55, Folder: War Crimes Allegations – 221 sowie Sworn Statement Lee J. Heaney, 28. 6. 1974, S. 1, in: NA, RG 319, AS, ODCS-PER, VWCWG, CaFi, Box 19, Folder: Coy Allegation (CID ROI 72 – CID 46 – 27852, Exhibits 151–259, Part 4 of 7), Case 221.

141 Investigative Summary, 72-CID046-27852, S. 8, in: NA, RG 319, AS, ODCS-PER, VWCWG, CaFi, Box 18, Folder: Coy Allegation (CID ROI 72 – CID 46 – 27852, Part 1 of 7), Case 221.

142 Gerald W. Bruner, zit. n. Sallah/Weiss, Tiger Force, S. 167.

143 James Hawkins, zit. n. Sallah/Weiss, Tiger Force, S. 96 sowie Sworn Statement Leland W. Carpenter, 18. 1. 1973, S. 5, 14, in: NA, RG 319, AS, ODCS-PER, VWCWG, CaFi, Box 18, Folder: Coy Allegation (CID 72 – CID 46 – 27852, Exhibits 1–60, Part 2 of 7), Case 221.

gen waren keine leere Drohung. Donald Wood wurde von einem Kameraden niedergeschlagen, sein Kommandeur gab auf den benommen am Boden Liegenden einen Warnschuss ab.[144] »Der einzige Grund, warum du noch lebst«, wurde Wood beschieden, »ist, dass du Arzt bist und wir dich noch brauchen.«[145] – »Und wenn Ybarra auf dich wütend war und wenn du dann mit ihm ausgerückt bist, hast du riskiert, ganz schlecht dazustehen.«[146] Auch aus den Reihen anderer Einheiten wird berichtet, dass aufmüpfige Soldaten ihr Leben aufs Spiel setzen. Mit der sprichwörtlichen Rede von der »To Whom it May Concern Round« waren Schüsse gemeint, die auf scheinbar tragische Weise die eigenen Leute trafen, tatsächlich aber gezielt auf Unzuverlässige oder vermeintliche Verräter abgegeben worden waren – eine weitere, aber weithin unbekannte Form des »fragging«. »Halt einfach den Mund«, so ein »Waffenbruder« an die Adresse von Dennis Lee Stout, der zeitweise den »Tiger« als Armeejournalist zugeteilt war. »Und denk dran, dass es keineswegs ausgemacht ist, dass du von deinem nächsten Einsatz heil zurückkehrst.«[147]

Für die Einhaltung der Spielregeln sorgten die »bullies«, drei bis vier Soldaten, die eine geballte Ladung Testosteron mit sich herumschleppten und allen zu verstehen gaben, dass ihnen jederzeit alles zuzutrauen war. Wer in ihren Augen eine zu große Zurückhaltung an den Tag legte, wurde im Beisein von Zeugen zum Mord genötigt – regelmäßig von Lieutenant Hawkins[148] und wiederholt auch von Sam Ybarra oder Harold Trout. »Break your cherry« – »Schluss mit der Jungfräulichkeit« –

---

144 Sallah/Weiss, Tiger Force, S. 97.

145 So erinnert Dennis Stout den Zwischenfall. Dennis Stout, Exposing Atrocities, Leserbrief, *Playboy*, April 1972.

146 Sworn Statement Larry J. Cottingham, 24. 1. 1973, S. 4, in: NA, RG 319, AS, ODCS-PER, VWCWG, CaFi, Box 18, Folder: Coy Allegation (CID 72 – CID 46 – 27852, Exhibits 1–60, Part 2 of 7), Case 221. Siehe ebenda, Sworn Statement Harold E. Fischer, 30. 11. 1972, S. 2.

147 Dennis Lee Stout, zit. n. *The Phoenix Arizona Gazette*, 12. 12. 1969: Vietnam ›Acts‹ Reported, Tempe Veteran Claims. Siehe auch Michael Sallah, Mitch Weiss, Day 4: Demons of Past Stalk Tiger Force Veterans, in: *The Toledo Blade*, 22. 10. 2003; dies., ebenda, Day 1: Rogue GIs Unleashed Wave of Terror in Central Highlands.

148 Abgesehen davon ermordete Hawkins mehrere Personen eigenhändig: CID Report of Investigation 72-CID046-27852, 10. 6. 1974, S. 8–10, in: NA, RG 319, AS, PI-AC, Box 55, Folder: War Crimes Allegations – 221 sowie Sworn Statement Leland W. Carpenter, 18. 1. 1973, S. 5, 14, in: NA, RG 319, AS, ODCS-PER, VWCWG, CaFi, Box 18, Folder: Coy Allegation (CID 72 – CID 46 – 27852, Exhibits 1–60, Part 2 of 7), Case 221.

oder »Grease her« – »Knips sie aus« – pflegte Letzterer dabei zu sagen.[149] Was immer die Gründe derer, die mal zögerlich, mal bereitwillig Folge leisteten, gewesen sein mögen, fest steht, dass Soldaten wie Ybarra, Trout, Doyle oder Barnett den inneren Zusammenhalt der Truppe nicht allein mittels Angst und erzwungenem Komplizentum herstellten. Neben der auf Gewalt und Mittäterschaft gegründeten Solidarität waren auch, vielleicht sogar in erster Linie, Vertrauen und Respekt im Spiel – Voraussetzungen für eine freiwillige Gefolgschaft. Gerade Neulinge, die für die gefallenen Mitglieder der »Tiger Force« nachgerückt waren, wollten unter die Fittiche der Aggressiven, Kampferprobten und vermeintlich Furchtlosen genommen werden. Die im achtwöchigen Rhythmus ausgetauschten Platoonführer[150] hatten keine vergleichbaren Referenzen vorzuweisen – auch Hawkins nicht, der wegen taktischer Inkompetenz eine Zeit lang verspottet wurde und am Ende feststellen musste, dass seine Befehle ignoriert wurden.[151] Wie so oft, zählte der »Dschungelrang« mehr als die formale Rangordnung. Die »bullies« führten faktisch das Kommando über die »Tiger Force«.

Skepsis, Abneigung und erst recht die Bereitschaft zur Opposition erodierten in diesem Umfeld. Mangels einschlägiger mündlicher oder schriftlicher Überlieferungen ist es unmöglich, diesen Prozess im Detail zu rekonstruieren. Glaubhaft überliefert ist nur, dass Bill Carpenter sich dazu hinreißen ließ, einen Vietnamesen zu erschießen, der zuvor von einem anderen »Tiger« schwer verwundet worden war. »Gnadentod« hin oder her, niemand seiner Vertrauten hätte Carpenter diesen Schritt zugetraut. Auch zwei andere Soldaten, die anfänglich das Marodieren abgelehnt hatten, reihten sich unter den Mördern ein. Und wie es scheint, konnten die Neulinge in der Gruppe dem Sog am wenigsten entgegensetzen. Gerade sie wären auf die Disziplin und das Vorbild von Truppenführern angewiesen gewesen – und bekamen es stattdessen mit Sergeants zu tun, denen vietnamesisches Leben noch billiger als Dreck war. Einer nach dem anderen gab seine Skrupel auf, selbst Wood und Bruner verfielen in Schweigen. Gegen eine Mischung aus Scham,

---

149 Sworn Statement James R. Barnett, 27. 11. 1974, S. 2, in: NA, RG 319, AS, ODCS-PER, VWCWG, CaFi, Box 19, Folder: Coy Allegation (CID ROI 72 – CID 46 – 27852, Exhibits 151–259, Part 4 of 7), Case 221 sowie Sallah/Weiss, Tiger Force, S. 101, 156, 202, 251.

150 Sworn Statement James W. Alexander, 5. 2. 1975, S. 3, in: NA, RG 319, AS, ODCS-PER, VWCWG, CaFi, Box 18, Folder: Coy Allegation (CID ROI 72 – CID 46 – 27852, Exhibits 61–150, Part 3 of 7), Case 221.

151 Sallah/Weiss, Tiger Force, S. 202, 83.

Unverständnis, Resignation und Angst war kein Ankommen. Festzuhalten bleibt auch, wie schnell diese Anpassung offenbar vonstatten ging. Und dass sich die Intensität des Mitmachens steigerte.[152]

In diesem Sinne schrieb die »Tiger Force« eine Tradition der Kriegsgeschichte fort: Militärische Kleingruppen erweitern nicht allein die Handlungsspielräume für Exzesstäter. Sie schaffen ein besonderes Milieu der Gewalttätigkeit, weil es sich in diesem Mikrokosmos nach selbst gemachten Regeln leben lässt – und weil es im Prinzip allen freisteht, sich die Freiheit zur Gewalt jenseits des Schlachtfeldes zu nehmen. »Wir bekamen wirklich die Chance, es herauszulassen«, so ein »Special Force«-Soldat, »und da gab es keine Mami, die schimpfte, kein Büro des Schulleiters, in das man geschickt werden konnte.«[153] Vergessen waren die Zurichtungen im Militär, außer Kraft gesetzt die Zumutungen des zivilen Alltags. Ein in Quang Ngai eingesetzter Soldat hielt fest: »Es zählt nur, was die Leute hier und jetzt über dich denken. Wichtig ist allein, was die Leute in deiner unmittelbaren Umgebung von dir halten. [...] Diese Gruppe von Leuten [...] war die ganze Welt. Was sie für richtig hielten, war richtig. Und was sie für falsch hielten, war falsch. Die Definition der Dinge wurde auf den Kopf gestellt. Mut wurde als Dummheit angesehen [...] und Grausamkeit und Brutalität galten manchmal als heldenhaft.«[154] Ob die Gelegenheiten zu Mord und Totschlag tatsächlich wahrgenommen wurden, ist damit nicht gesagt. Im Zweifel entschieden allein die Charaktereigenschaften des Einzelnen. Die Versuchung war jedenfalls groß: »Manchmal war man nur zu viert oder zu fünft«, erinnert sich ein Mitglied der »Tiger Force«. »Wenn du deinen Kameraden vertraust, wenn du gute Männer an deiner Seite hast, musst du dir über dein Verhalten keine Gedanken machen. Du kannst jeden Mist machen, den du willst, und überall, wo du willst. Wer soll dir denn auf die Finger gucken? Niemand. Du bestimmst, wo es langgeht.«[155]

In Vietnam verwandelte sich eine unbekannte Zahl von Kleingruppen in marodierende Haufen. Dokumentiert sind Fälle, die auf die eine oder andere Weise Erinnerungen an die »Tiger Force« aufrufen. Vor dem

---

152 Sallah/Weiss, Tiger Force, S. 156/157, 210/211.

153 Ein namentlich nicht identifizierter GI, zit. n. Baker, Nam, S. 163.

154 Michael Bernhardt, zit. n. Bilton/Sim, Four Hours, S. 18/19. Siehe Spector, After Tet, S. 59/60.

155 William Doyle, zit. n. Joe Mahr, Why did some Troops Target Civilians but Others did not?, in: *The Toledo Blade*, 22. 10. 2003.

nächtlichen Überfall auf das Dorf Xuan Ngoc, begangen Ende September 1966 von einem Platoon Marines in der Provinz Quang Tin, hatte der verantwortliche Lieutenant neun seiner Männer die Erlaubnis erteilt, ihre Wut an Bauern auszulassen. »Wir wollten ein paar Vietcong haben, um zu beweisen, dass wir so gut wie alle anderen waren. Unser Platoon war nämlich sehr stolz, und an diesem Tag wollten wir es unbedingt wissen.«[156] Einzige Bedingung: Sie sollten es auf eigene Faust und in seiner Abwesenheit tun. »Die Leute verraten den Vietcong normalerweise nicht«, so die beiden selbst ernannten Anführer der Gruppe. »Aber wenn wir genug Angst verbreiten, werden sie es wohl tun.«[157] Sie ließen vier Tote – darunter ein Baby, dessen Schädel von einem Gewehrkolben zertrümmert worden war –, mehrere Vergewaltigte und einen weitgehend zerstörten Ort zurück. Im »Indianerland« brauchte niemand auf nichts Rücksicht zu nehmen. »Als wir uns das Baby anschauten, sagte ich nur, dass wir zum Glück nicht in den Vereinigten Staaten waren.«[158]

Stoßtrupps anderer Einheiten, die Ende der 1960er Jahre Hinterhalte legen oder das Gelände ausspähen sollten und dabei Gefangene machten, stimmten darüber ab, wer die Exekution ausführen durfte: »Diesen Kerl möchte ich erschießen, ich will den Mann erschießen.« – »Hebt einen für mich auf.«[159] – »Ich wollte schon immer mal einem ›Gook‹

---

156 Der Führer des 2. Platoon, B Company, 1. Battalion, 5. Regiment, 1. Marine Division, zit. n. An American Atrocity, in: *Esquire*, August 1969, S. 22.

157 Zwei namentlich nicht identifizierte Marines, zit. n. An American Atrocity, in: *Esquire*, August 1969, S. 23. Die Reportage aus *Esquire* wurde in einer Untersuchung seitens des Office of the Judge Advocate General der US Navy bestätigt: Department of the Navy, Office of the Judge Advocate General. United States vs. John D. Potter, Jr., Board of Review, US Navy, 21. 1. 1967, S. 1–13, in: NA, RG 127, USMC, HMC-HDPT, TF, FRC Box 1 sowie ebenda, FRC Box 4, Folder: War Crimes – Copies of Items in Mr. Bill Anderson's File.

158 Ein namentlich nicht identifizierter Marine des 2. Platoon, B Company, 1. Battalion, 5. Regiment, 1. Marine Division, zit. n. An American Atrocity, in: *Esquire*, August 1969, S. 23.

159 Charles D. Wilkerson, 3. Marine Division, zit. n. William T. Anderson, Memorandum, Subject: An Analysis of Misconduct in Combat in Vietnam, June '86, S. 8; siehe ebenda, S. 5, in: NA, RG 127, USMC, HMC-HDPT, TF, FRC Box 1 sowie ebenda, FRC Box 4, Folder: War Crimes – Copies of Items in Mr. Bill Anderson's File. Siehe ebenda: William T. Anderson, Misconduct in Combat and Mental Responsibility: A Case Study, Chapter 3, S. 8.

zwischen die Augen schießen. [...] ›Western Style‹.«[160] Und ein Aufklärungsplatoon der E Company, 4. Battalion, 503. Infantry Regiment der 173. Airborne Brigade (Separate) wütete Ende 1970 vier Wochen lang unbeobachtet und unbehelligt in einem abgelegenen Winkel der I. Corps Tactical Zone, vernichtete Ernten, folterte Verdächtige und setzte Verhaftete als »Minenhunde« ein. »Falls es jemanden erwischen sollte, dann einen von ihnen.«[161] Über den Gruppenführer heißt es im Untersuchungsbericht der Criminal Investigation Division: »Wie es scheint, machte sich Lieutenant Ambrose in dieser Gegend zu einer Macht von eigenen Gnaden.«[162]

Colonel Kurtz, der sich in dem Film »Apocalypse Now« mit einer Handvoll Getreuer im Dschungel verschanzt und als todgeweihter Sektenführer seinem Ende im Wortsinn entgegenfiebert, entstammt diesem Milieu. Und wie diese Kunstfigur bleiben die meisten ihrer historischen Vorbilder ebenfalls Schattenmänner, Silhouetten, deren Kontur regelmäßig im Ungefähren verschwindet.

Zweifellos waren Kleingruppen mehr als andere Verbände in der Lage, ihre Exzesse zu vertuschen. Die Entführer, die tagelang eine junge Frau mit sich schleppten und vergewaltigten, bewegten sich zum Schutz vor Helikopterpatrouillen nur nachts.[163] »Make the ambush side look good« hieß, ein überfallenes Dorf niederzubrennen, Patronenhülsen sowjetischer oder nordvietnamesischer Herkunft auf dem Gelände zu verteilen, den Leichen Waffen aus Feindesbeständen in die leblosen Hände zu drücken, oder sie durch die Explosion von

---

160 John R. Lanasa, zit. n. Tan Am Base Vietnam, Feb 12, 1000 Hrs, in: *Scanlan's*, 1 (1970) 2, S. 2. Dieser Mord wurde seitens der Criminal Investigation Division ausführlich untersucht und dokumentiert. Siehe NA, RG 472, USFSEA, MACV, IG, ID, Miscellaneous Reports of Investigations, Box 3, Folder: ROI – Shooting of an Alleged ARVN Soldier near Bin Phuoc, RVN (USARV).

161 Warren Ambrose, zit. n. Report of Investigation Concerning Allegations Made Against 2Lt Warren Ambrose, 561-60-8722, for Possible War Crimes, 14. 1. 1971, S. 5, in: NA, RG 319, AS, ODCS-PER, VWCWG, CaFi, Box 16, Folder: Ambrose Incident, Case 157.

162 Report of Investigation Concerning Allegations Made Against 2Lt Warren Ambrose, 561-60-8722, for Possible War Crimes, 14. 1. 1971, S. 12/13, in: NA, RG 319, AS, ODCS-PER, VWCWG, CaFi, Box 16, Folder: Ambrose Incident, Case 157. Lieutenant Warren Ambrose wurde im März 1971 vor einem Special Court Martial angeklagt und freigesprochen.

163 Lang, Meldung.

Handgranaten bis zur Unkenntlichkeit zu entstellen[164] – Letzteres hatte auch der für den Einsatz in Xuan Ngoc zuständige Platoonführer mit seinen Marines ausgeheckt. Darüber hinaus hatten sie sich darauf geeinigt, dem Hauptquartier des Bataillons von einer Jagd auf Vietcong zu berichten: Diese hätten sich in die Hütten der Bauern geflüchtet, man habe Schreie gehört, teils aus Selbstschutz, teils aus Panik das Feuer eröffnet und dabei versehentlich auch Unbeteiligte getroffen.[165] Wer in entlegenem Gebiet operierte, konnte der Einsatzleitung über Funk jede Lüge auftischen. Und im Fall unbequemer Nachfragen gab es immer noch die Möglichkeit, das Funkgerät zu zerstören und im Logbuch »Feindbeschuss« als Ursache zu notieren – Beispiele über Beispiele,[166] die erklären, warum ein Ermittlungsverfahren nach dem anderen eingestellt werden musste.

Andererseits erzählen die Geschichten über Täuschung und Geheimnis nur die halbe Geschichte. Genauer gesagt: Aller kriminellen Energie zum Trotz hinterließen selbst Kleingruppen erkennbare Spuren. Auch das Treiben der »Tiger Force« lag im Sommer und Herbst 1967 offen zutage.

Bereits im Frühjahr 1967 waren bei der 1. Brigade, 327. Regiment, 101. Airborne Division derart viele Gerüchte und Meldungen über Verstümmelungen eingegangen, dass sich der Brigadekommandeur zu einer Direktive an alle Truppenteile und der Drohung mit harten Stra-

---

164 Bei der Kriegsgerichtsverhandlung gegen Sergeant Roy E. Bumgarner von der 1. Cavalry Division, der Ende Februar 1969 drei Bauern ermordet hatte und im Verdacht zahlreicher weiterer Morde stand, kam diese Praxis ausführlich zur Sprache. Bumgarner wurde lediglich wegen Totschlags verurteilt und kam mit einer Degradierung seines Ranges und 600 Dollar Geldstrafe davon. Siehe NA, RG 319, AS, ODCS-PER, VWCWG, CaFi, Box 15, Folder: Bumgarner Incident, Case 147 sowie ebenda, CF, Box 5, Folder: Congressional Correspondence – War Crimes Allegations, 1971–1972.

165 Department of the Navy, Office of the Judge Advocate General. United States vs. John D. Potter, Jr., Board of Review, US Navy, 21. 1. 1967, S. 4, 13, 14, in: NA, RG 127, USMC, HMC-HDPT, TF, FRC Box 1.

166 Siehe NA, RG 319, ODCS-PER, VWCWG, CaFi, Box 7, Folder: Hooks-Miller Allegation (Armstrong-Mackler Incident), Case 49; Sworn Statement Leland W. Carpenter, 18. 1. 1973, S. 11, in: NA, RG 319, AS, ODCS-PER, VWCWG, CaFi, Box 18, Folder: Coy Allegation (CID 72 – CID 46 – 27852, Exhibits 1–60, Part 2 of 7), Case 221 sowie Sworn Statement Franklin D. Massey, 1. 9. 1972, S. 3, in: ebenda, Box 19, Folder: Goodwin Allegation. Siehe auch Sallah/Weiss, Tiger Force, S. 110 sowie Baker, Nam, S. 91.

fen veranlasst sah. Doch eine Untersuchung der Vorfälle blieb aus.[167] Von einer abschreckenden Wirkung kann ebenfalls nicht die Rede sein. Andernfalls hätte die »Tiger Force« größere Vorsicht bei ihren Funksprüchen walten lassen: Bis zu achtmal am Tag Feindkontakt zu melden und »auf der Flucht erschossene Vietcong« in die »Body Count«-Statistik aufnehmen zu lassen, war auch in der Kampfzone Nord ungewöhnlich. Sicher durfte sich indes fühlen, wer noch nicht einmal nach der kompletten Zerstörung eines Dorfes mit kritischen Nachfragen zu rechnen hatte, sondern von höherer Stelle für eine gelungene Aktion belobigt wurde: »Genau deshalb nennt man euch die Tiger!«[168] Es waren die Worte von Lieutenant Colonel Gerald E. Morse, der als Nachfolger von Austin im Sommer 1967 das Kommando über das 1. Battalion übernommen hatte – ein für seine Übersicht und Genauigkeit bekannter Offizier. »Er bestand darauf«, so einer seiner Mitarbeiter, »über alle Einzelheiten in seinem Bataillon auf dem Laufenden gehalten zu werden. [...] Morse verlangte Außergewöhnliches von seinem Stab. [...] Er war [...] auffällig oft mit seinem Helikopter unterwegs, um sich über die taktische Situation seiner Einheiten ein Bild zu machen.«[169] Auch wenn es nicht erwiesen ist, dass Morse über die Verbrechen der »Tiger Force« Bescheid wusste, so waren zumindest seinen engsten Mitarbeiter im Bilde. Noch während die »Tiger« im Song Ve-Tal und in Quang Tin wüteten, hatten Donald Wood und Gerald Bruner zu drei Offizieren des Bataillonsstabes Kontakt aufgenommen und im Detail Bericht erstattet. Beide wurden von der »Tiger Force« abgezogen und zu einer anderen Einheit versetzt. Bruner, der einen Kameraden mit der Waffe bedroht und auf diese Weise einen weiteren Mord verhindert hatte, wurde von seinem Kompaniechef überdies zu einem Psychiater geraten. Und Wood bekam im Hauptquartier von einem Offizier zu hören: »Wir sind mitten in einem Krieg. Und Sie verlangen

167 Sworn Statement James W. Alexander, 5. 2. 1975, S. 4, in: NA, RG 319, AS, ODCS-PER, VWCWG, CaFi, Box 18, Folder: Coy Allegation (CID ROI 72 – CID 46 – 27852, Exhibits 61–150, Part 3 of 7), Case 221 sowie Investigative Summary, 72-CID046-27852, S. 10, in: ebenda, Folder: Coy Allegation (CID ROI 72 – CID 46-27852, Part 1 of 7), Case 221.

168 Lieutenant Colonel Gerald E. Morse, zit. n. Sallah/Weiss, Tiger Force, S. 198. Zu den Funksprüchen der »Tiger« siehe ebenda, S. 199, 208, 210.

169 Sworn Statement Kenneth A. Smith, 15. 3. 1975, S. 5, in: NA, RG 319, AS, ODCS-PER, VWCWG, CaFi, Box 19, Folder: Coy Allegation (CID ROI 72 – CID 46 – 27852, Exhibits 260–350, Part 5 of 7), Case 221 sowie Sworn Statement Joseph A. Westbrook, 19. 1. 1975, S. 2–6, in: ebenda.

von mir, dass ich unsere beste Einheit deaktiviere, nur weil ein paar Jungs Gooks umbringen?«[170]

Treffender hätte man die Quintessenz der amerikanischen Strategie in der Kampfzone Nord des Jahres 1967 kaum umschreiben können: Truppen wie die »Tiger Force« wurden gebraucht, ihre Gräueltaten waren die Späne, die beim Hobeln anfielen. Ohne Einheiten, die zum Terror willens und fähig waren, wäre der Vorsatz, die Bauern von Quang Ngai bis Quang Tri in Angst und Schrecken zu versetzen, eine unglaubwürdige Drohung geblieben. Dass »Special Forces« zur exzessiven Gewalt neigten und mitunter den Krieg selbst in die Hand nahmen, hatten einige Offiziere bei MACV bereits Mitte der 1960er Jahre zu bedenken gegeben. Doch die Kritiker wurden damals, nicht zuletzt von William Westmoreland, mit dem Hinweis auf die Besonderheiten eines Guerillakrieges in die Schranken gewiesen.[171] Dabei blieb es, ungeachtet der Tatsache, dass Sondereinheiten bisweilen 100 bis 150 getötete Feinde bei nur einem Toten aus den eigenen Reihen meldeten – ein Zahlenverhältnis, das im Vergleich zu den Kampfstatistiken regulärer Einheiten aberwitzig anmutet und nur einleuchtet, wenn man unter den getöteten Feinden einen hohen Prozentsatz Unbewaffneter vermutet.[172] Auch bei der Rekrutierung der »Tiger Force« wurden nur die aggressivsten Bewerber akzeptiert, Soldaten also, die während der Ausbildung eine entschiedene Tötungsbereitschaft hatten erkennen lassen. Die ungeschriebene Faustregel für ihren Einsatz lautete: Exekutionskommandos und Todesschwadronen durften zwar nicht überhandnehmen; aber sie sollten an einer möglichst langen Leine gehalten werden. Gleiches galt für die »bullies« innerhalb der Einheiten, wie Captain Harold McGaha zu verstehen gab, als er das Kommando über die »Tiger Force« übernom-

---

170 Ein namentlich nicht identifizierter Offizier aus dem Stab des 1. Battalion, 1. Brigade, 101. Airmobile Division, zit. n. Sallah/Weiss, Tiger Force, S. 128/129. Zu den Reaktionen auf die Beschwerden von Wood und Bruner siehe ebenda, S. 137f., 172, 193, 258. Siehe auch Investigative Summary, 72-CID046-27852, S. 8, in: NA, RG 319, AS, ODCS-PER, VWCWG, Box 18, Folder: Coy Allegation (CID ROI 72 – CID 46 – 27852, Part 1 of 7), Case 221; Sworn Statement Gerald W. Bruner, 12. 2. 1974, S. 8, in: ebenda, Folder: Coy Allegation (CID ROI 72 – CID 46 – 27852, Exhibits 61–150, Part 3 of 7), Case 221 sowie CID Report of Investigation 72-CID046-27852, 10. 6. 1974, S. 24–25, in: RG 319, AS, PI-AC, Box 55, Folder: War Crimes Allegations – 221: Coy Allegation, Part III.

171 Sallah/Weiss, Tiger Force, S. 52.

172 Marquis, Unconventional Warfare, S. 117.

men, von den Morddrohungen Sam Ybarras gegen einige seiner Kameraden erfahren und Ybarra beim Verstümmeln einer Leiche beobachtet hatte: »Wir brauchen ihn. Sorgt nur dafür, dass er nicht völlig durchdreht.«[173]

Ende 1967 trat der Krieg im »Indianerland« in seine entscheidende Phase.

---

173 Captain Harold McGaha, zit. n. Sallah/Weiss, Tiger Force, S. 207. Zum strategischen Kalkül mit Killerkommandos siehe ebenda, S. 14, 278. So kann auch die Entscheidung gelesen werden, den als extrem aggressiv bekannten und wegen mehrfachen Totschlags verurteilten Sergeant Roy E. Bumgarner (siehe Anmerkung 164) im Februar 1970 wieder in die Armee aufzunehmen und erneut nach Vietnam zu schicken: NA, RG 319, AS, ODCS-PER, VWCWG, CF, Box 5, Folder: Congressional Correspondence – War Crimes Allegations, 1971–1972.

16. März 1968 – Die Massaker von »My Lai (4)« und »My Khe (4)«

»Das Offensichtliche ist nicht die Wahrheit. Es ist nur offensichtlich.«

(Tim O'Brien)[1]

»Oderint, dum metuant.« – »Sollen sie mich hassen, solange sie mich nur fürchten.«

(Caligula, spätrömischer Kaiser)

Zu Beginn des Jahres 1968 schien das knappste Gut auf beiden Seiten zur Neige zu gehen – die moralische Ressource des Krieges. Mit einer materiellen Erschöpfung des Feindes konnte keine Kriegspartei rechnen. Aber die Motivation der Truppen und die Unterstützung der Heimatfront ließen zusehends zu wünschen übrig. Amerikanische Militärs lasen in erbeuteten Dokumenten, dass die politische Führung der Vietcong nicht nur die Planung und Koordination militärischer Einsätze, sondern auch mangelnden Enthusiasmus, unangemessene Zögerlichkeit, gar Ängstlichkeit vor dem Feind rügte – Indizien, dass die Gerüchte über eine dramatisch gestiegene Zahl kommunistischer Deserteure glaubwürdig waren.[2] Und nicht zuletzt rechnete das US-Oberkommando in Saigon mit zunehmenden Spannungen zwischen Guerilla und Landbevölkerung – weil der Bedarf an Steuern und Lebensmitteln ständig stieg und die feindliche Streitmacht nicht in der Lage war, Siedlungsgebiete ihrer Klientel vor Kampfhandlungen zu schützen. »Der Vietcong ist offensichtlich in Schwierigkeiten«, hieß es in einer Expertise, »und sucht nach einem Ausweg. [...] In den jetzt anstehenden Kämpfen wird es um das Stehvermögen, um die Entschlossenheit beider Seiten gehen.«[3] Angesichts des innenpolitischen Streits in den USA kamen Hanoi und die Nationale Befreiungsfront Südvietnams zu ähnlichen Schlussfolgerungen. William Westmoreland war im

---

1 O'Brien, Lake of the Woods, S. 30.

2 PRP Assessment of TET 68, 2/68, in: NA, RG 127, USMC, HMC-HMD, BM-68, Box 10, Folder: PRP Assessment of Tet 68.

3 Pike Assessment: December 1967, S. 3, in: NA, RG 127, USMC, HMC-HMD, BM-68, Box 10, Folder: Strategy – 12/67; siehe ebenda, S. 1, 2 sowie sowie Neil Sheehan, Westmoreland Predicted Big 1968 Gains in Vietnam, in: *The New York Times*, 21. 3. 1968.

Herbst 1967 mit seiner Forderung nach zusätzlichen Truppen gescheitert, der Präsident ging mit der Hypothek eines unpopulären Krieges in das Wahljahr 1968 und schloss eine Mobilisierung der Reserve kategorisch aus. Die USA schienen militärisch verwundbar, weil sie sich politisch übernommen hatten. »Die US-Bodentruppen leiden unter Personalmangel, die Schwarzen stehen gegen ihre Regierung auf. [...] Wir müssen die Angriffe in den Städten intensivieren und uns gleichzeitig darum bemühen, alle Gebiete im Umfeld der städtischen Zonen zu befreien.«[4] Im Grunde sahen beide Seiten die Gelegenheit zu einem entscheidenden Durchbruch gekommen: Die Kommunisten, weil sie die politische Zwangslage der Amerikaner nutzen konnten, um deren Rückzug zu erzwingen. Und die amerikanischen Kriegsherren, weil sie eine militärische Schwäche des Feindes nutzen mussten, um die Glaubwürdigkeit ihrer Kriegspolitik zu erneuern. Dass es unter diesen Bedingungen zu einer Radikalisierung des Krieges kommen würde, lag nahe. Offen war allein der Zeitpunkt.

Generale

Der Vietcong und die nordvietnamesische Armee eröffneten den Kampf um die öffentliche Meinung Amerikas. Während der »Winter-Frühjahrs-Offensive« zur Jahreswende 1967 auf 1968 verwickelte man amerikanische Einheiten an den Grenzen zu Laos und Kambodscha wiederholt in Scharmützel. Als die 325. (C) und 304. Infanteriedivision der NVA am 21. Januar 1968 zum Sturm auf einen Stützpunkt der US Marines in Khe Sanh ansetzten, schien eine Phase klassischer »set piece battles« – offener Feldschlachten oder Belagerungen also – bevorzustehen. Das amerikanische Oberkommando fürchtete gar eine Kesselschlacht wie einst um Dien Bien Phu und verlegte 15000 zusätzliche Truppen in die Provinz Quang Tri. General Giap indes hatte keinen Stellungskrieg im Sinn, sondern forcierte den psychologischen Abnutzungskrieg. Zu Beginn des buddhistischen Neujahrsfests am 31. Januar 1968 attackierten 80000 Guerillas überall in Südvietnam die städtischen Zentren – 36 von 44 Provinzhauptstädten, 64 lokale

---

4 Direktive an alle militärischen und politischen Kader, o.D., zit. n. Spector, After Tet, S. 24/25. Die interne Diskussion über die Strategie des Vietcong und der NVA ist bis dato nur in Umrissen bekannt: siehe Duiker, Ho Chi Minh; Gilbert, Why the North Won; Lanning/Craig, Inside the VC and NVA; The Military History Institute of Vietnam, People's Army.

Verwaltungszentren und die Hauptstadt Saigon.[5] Dass sie sich auf Dauer nicht würden halten können, lag auf der Hand. Aber die Offensive versprach in jedem Fall moralische Dividende. Die unvorbereiteten US-Streitkräfte hatten sich blamiert. Und die Rückeroberung der Städte war nur um den Preis ziviler Verluste möglich – und damit eines neuerlichen Imageverlustes der USA.

In der Tat zeigte sich das politische Amerika schockiert. Dass der Vietcong in der Lage sein würde, den Präsidentenpalast und das Hauptquartier der US-Streitkräfte in Saigon mit Granaten zu belegen und obendrein die amerikanische Botschaft zu stürmen, hatte niemand erwartet. Die optimistischen Prognosen aus dem Weißen Haus wie aus dem Pentagon klangen bestenfalls naiv, im schlimmsten Fall wie eine vorsätzliche Täuschung. Das Licht am Ende des Tunnels war, um ein zeitgenössisches Bonmot aufzugreifen, nur eine Grubenlampe der Guerilla. Töne, die bis dato der Antikriegsbewegung vorbehalten waren, gehörten fortan zum Repertoire von Spitzenpolitikern wie Eugene McCarthy oder Robert Kennedy, die sich anschickten, dem Präsidenten aus den Reihen seiner eigenen Partei die Wiederwahl streitig zu machen. »Die Leser der [*New York*] *Times*«, schreibt der Journalist Peter Braestrup, »fanden in den Analysen und Kommentaren des Blattes fast nur noch Bestürzung, Verzweiflung und Missbilligung.«[6] Jene Attribute also, denen sich auch Walter Cronkite bediente, als er seine abendliche Nachrichtensendung auf CBS moderierte. »Was um alles in der Welt geht dort vor? Ich dachte, wir wären dabei, diesen Krieg zu gewinnen!«[7] Als Cronkite, verschiedenen Umfragen zufolge der vertrauenswürdigste Mann Amerikas, seine Sendung beendet hatte, sah Lyndon B. Johnson das Ende seiner Präsidentschaft gekommen. »Wenn ich Walter verliere, habe ich alles verloren.«[8]

In Südvietnam eskalierten kommunistische Truppen derweil ihren Terror gegen Zivilisten. Nachdem die Guerillas Ende Januar 1968 an die 600 Gefangene aus dem Provinzgefängnis von »Quang Ngai City« befreit hatten, stürmten sie das nicht verteidigte Zivilkrankenhaus der Stadt und ermordeten wahllos Patienten, Pfleger und Ärzte.[9] Zeitgleich

---

5 Siehe Frey, Geschichte des Vietnamkriegs, S. 160f.

6 Braestrup, Big Story, S. 495. Siehe Greiner, Sommer der Anarchie.

7 Walter Cronkite, zit. n. Oberdorfer, Tet!, S. 158.

8 Lyndon B. Johnson, zit. n. Halberstam, Powers That Be, S. 514. Siehe Hallin, Uncensored War, S. 108, 168 sowie Wyatt, Paper Soldiers, S. 168, 174f.

9 Hammer, One Morning, S. 95/96.

wurde die alte Kaiserstadt Huê zum Schauplatz eines Massakers. 12000 Soldaten – mehrheitlich Angehörige der NVA – waren in der Nacht zum 31. Januar in die Stadt eingedrungen und setzten einen offenbar im Dezember 1967 von der Kommunistischen Partei Nordvietnams und der Nationalen Befreiungsfront gefassten Plan in die Tat um: Die Ermordung der politischen und intellektuellen Elite.[10] »In Huê regierte der reaktionäre Geist für mehr als zehn Jahre«, heißt es in einem erbeuteten Einsatzbericht. »Jedoch konnten wir ihn innerhalb kürzester Zeit mit der Wurzel ausreißen.«[11] Von den knapp 150000 Einwohnern wurden vermutlich 5700 hingerichtet. Spätere Exhumierungen bewiesen, dass diese Menschen – unter ihnen auch französische Priester und vier westdeutsche Mediziner – zu Tode geprügelt, erschossen, enthauptet oder bei lebendigem Leib begraben wurden. Einige fand man in Gruppen von 10 bis 15, exekutiert vor eigens ausgehobenen Massengräbern, ihre Münder mit Dreck oder Stofffetzen gestopft.[12] Eine zuverlässige Rekonstruktion des Geschehens steht nach wie vor aus. Sollte eine solche Studie im Abstand von Jahrzehnten überhaupt noch möglich sein, wird sie sich auf die Hypothesen von Douglas Pike aus dem Jahr 1970 beziehen müssen. Pike zufolge wurden die Morde allesamt planmäßig begangen. Nichts lässt auf ein unkontrolliertes Töten in der Hitze des Gefechts oder auf Panik schließen. Wie es scheint, waren die Täter ausnahmslos ortsansässige Vietcong. Und schließlich wurden die meisten Opfer kurz vor dem erzwungenen Rückzug aus der Stadt und mithin in der Absicht ermordet, so viele Zeugen wie möglich aus dem Weg zu räumen.[13]

In Huê forderte der kommunistische Terror in dieser Zeit die meisten Opfer. Aber die Stadt war keineswegs der einzige Schauplatz. Ein von amerikanischen Einheiten erbeutetes Kaderdokument der Vietcong lässt darauf schließen, dass im Gefolge von »Tet« die Repression und Willkür in der Provinz Quang Ngai eskalierten und ihren Urhebern aus den Händen zu gleiten drohten. »Wir haben es versäumt, eine sorgfältige

---

10 Zum »Säuberungsplan« vom Dezember 1967 siehe Hosmer, Viet Cong Repression, S. 70.

11 Information on the Victory of Our Armed Forces in Hue from 31 January to 23 March 1968, 29. 5. 1968, zit. n. Hosmer, Viet Cong Repression, S. 77.

12 Hosmer, Viet Cong Repression, S. 75.

13 Pike, Strategy of Terror, S. 52–61. Siehe United States Senate, The Human Cost of Communism in Vietnam. A Compendium prepared for the Subcommittee to Investigate the Administration of the Internal Security Act and other Internal Security Laws of the Committee on the Judiciary, 92d Congress, 2d Session, Washington, D.C. 1972.

Prüfung vorzunehmen, bevor eine verdächtige Person verhaftet oder missbraucht wurde. Wir haben es ohne Beweismittel und hinreichenden Grund getan, sondern nur aufgrund persönlichen Hasses.«[14] Jeder Funktionär konnte, so die Klage der Autoren, ohne Rücksprache mit vorgesetzten Stellen ihm Missliebige verhaften und internieren lassen – eine Gelegenheit, die zum Ausfechten persönlicher Streitigkeiten, zur Bereicherung an fremdem Besitz und nicht minder zur Beseitigung politischer Rivalen genutzt wurde. »Einige Gefangene wurden krank und starben an den Folgen ihrer langen Inhaftierung. [...] Die Inhaftierten wurden missbraucht. Oft wurden sie auch von dem zuständigen Wachpersonal geschlagen. [...] In einigen Gebieten gingen die für die Dörfer zuständigen Parteisekretäre dazu über, ihre Kritiker als gefährliche Tyrannen oder Spione zu denunzieren. Danach wurden diese Leute von der örtlichen Parteieinheit heimlich verhaftet und ohne Verfahren [...] hingerichtet. Mancherorts wurden 12 Jahre alte Kinder samt ihrer Eltern und Verwandten getötet.« Die Rede war von einem alltäglichen, die gesamte Provinz erfassenden Terror und einer Bevölkerung, die in der Folge zusehends auf Distanz zum Vietcong ging. »Folglich waren wir außerstande, die Kräfte des Volkes zu bündeln, um den Feind zu schlagen und die schuldigen Reaktionäre zu unterdrücken.«[15]

Auch das amerikanische Oberkommando in Saigon fürchtete um die Standfestigkeit seines Verbündeten. Zwar war die vom Vietcong erhoffte Solidarisierung in den Städten ausgeblieben. Und von einem Aufstand der Bauern gegen die »Marionetten der Amerikaner« konnte erst recht keine Rede sein. Aber »Tet« hatte 13 000 Zivilisten das Leben gekostet, 20 000 waren verwundet, eine Million Menschen befanden sich auf der Flucht.[16] Lokale Sicherungstruppen – die zur Unterstützung der südvietnamesischen Armee abgestellten »Regional Forces« und »Popular Forces« – hatten vielfach die Flucht ergriffen, manche Einheiten bestanden nur noch auf dem Papier, Deserteure waren nicht mehr auffindbar. Von Quang Tin abgesehen, attestierten US-Beobachter in allen Provinzen der I. Corps Tactical Zone angesichts schutzlos zurückgelas-

---

14 NV71 (possibly Security Agency, Security Section, Quang Ngai Province, Region 5), 21. 10. 1969, S. 1, in: NA, RG 319, AS, PI-OI, Box 6, Folder: MACV Reports (14).

15 NV71 (possibly Security Agency, Security Section, Quang Ngai Province, Region 5), 21. 10. 1969, S. 2, in: NA, RG 319, AS, PI-OI, Box 6, Folder: MACV Reports (14).

16 Operation Recovery, 26. 12. 1968, S. 1, in: NA, RG 319, AS, PI-OI, Box 5, Folder: MACV Reports (8).

sener Dörfer noch im April 1968 einen »völligen Zusammenbruch der internen Sicherheit«.[17] Selbst im Einzugsbereich großer Städte war keine Beruhigung feststellbar. »Die Bevölkerung im Umfeld von Saigon ist überaus nervös, und ganze Viertel ergreifen die Flucht, wenn auch nur ein Vietcong in der Gegend vermutet wird.«[18] In der US-Botschaft und noch mehr im Umfeld von William Westmoreland reagierte man alarmiert, wenn nicht panisch. Wie es schien, hatte der allenthalben zu beobachtende Defätismus auch die politische und militärische Führung Südvietnams erfasst.[19] Ein Bündnispartner aber, der nicht mehr an seine Chance glaubte, hätte die amerikanische Glaubwürdigkeit vollends ruiniert. In anderen Worten: Der Feind hatte eine weitere Runde im politischen Wettlauf gegen die Zeit gewonnen.

Militärisch hingegen endete »Tet« in einem Desaster für den Vietcong. Bei den Kämpfen um »Quang Tri City« wurden angeblich 900 Guerillas getötet, während des Angriffs auf »Quang Ngai City« 640 – mehrheitlich gut ausgerüstete und erfahrene Einheiten. Amerikanischen Schätzungen zufolge verloren Vietcong und NVA zwischen Januar und März 1968 allein in der I. Corps Tactical Zone 65 Prozent ihrer Mannschaften durch Tod, nachhaltige Verwundungen oder Gefangennahme. In den Monaten April bis Juni – während der »zweiten Welle« der

---

17 Quang Ngai, Territorial Security, 13. 3. 1968, S. 1, in: NA, RG 319, AS, PI-OI, Box 5, Folder: MACV Reports (6) sowie William Westmoreland, Brief an den US-Oberkommandierenden im Pazifik und alle Kommandierenden Generale in Vietnam, Subject: Pacification in South Vietnam during February 1968, Confidential NOFORN, 6. 4. 1968, S. 3, in: ebenda, Folder: MACV Reports (7). Siehe auch Office of the Province Senior Advisor, Quang Ngai Province, CORDS, Subject: Province Monthly Report, 31. 3. 1968, S. 1, in: ebenda, Box 55, Folder: Exhibits: Reports (2) sowie Headquarters Pacific Air Force, Contemporary Historical Examination of Current Operations Report, Air Support in Quang Ngai Province, 25. 2. 1970, S. 11, in: RG 319, AS, PI-AC, Box 27, Folder: RVN Trip Report Information – Folder # 3.

18 C. E. McManaway, Office of the Assistant Chief of Staff, CORDS, Brief an Deputy Assistant Administrator for Viet Nam, Agency for International Development, 28. 5. 1968, Limited Official Use, S. 2, in: NA, RG 319, AS, PI-OI, Box 5, Folder: MACV Reports (8).

19 Siehe den Schriftverkehr bei MACV vom Februar 1968, in: NA, RG 319, AS, PI-OI, Box 5, Folders: MACV Reports (6) und MACV Report (7); Lagebericht von Botschafter Ellsworth Bunker, Pacification, Secret, 17. 4. 1968, S. 3 in: ebenda, Box 65, Folder: Admin.-Secret (Open) # 2 sowie Robert Komer, Memorandum for General Westmoreland, Subject: Meeting with Sir Robert Thompson and Desmond Palmer, 16. 3. 1968, S. 1, in: ebenda, Box 5, Folder: MACV Reports (6).

»Tet-Offensive« – wurden pro Woche 4000 kommunistische Kämpfer getötet, achtmal mehr als auf Seiten der US-Streitkräfte. Wie viele Guerillas umkamen und wie hoch die Verluste der nordvietnamesischen Armee waren, kann diesen Zahlen nicht entnommen werden. Unbekannt ist auch, wie schnell und in welchem Umfang der Norden neue Truppen rekrutierte. Aber im Großen und Ganzen ist von Verlusten zwischen 50000 und 100000 Mann auszugehen. Der Aderlass für den Vietcong war im Jahr 1968 derart dramatisch, dass die Aufständischen ohne die Unterstützung aus dem Norden den Krieg nicht hätten weiterführen können.[20]

Ein politisch ermatteter Verbündeter einerseits, ein militärisch schwer angeschlagener Feind andererseits: Unter dem Eindruck dieser widerstreitenden Folgen von »Tet« drängte William Westmoreland zur Flucht nach vorne. In mehreren Schreiben an alle Kommandierenden Generale in Vietnam forderte er zwischen Anfang Februar und Mitte April 1968 zu einer Verschärfung des seit Mitte 1967 verfolgten Kurses auf. »Wir müssen jetzt den maximalen Vorteil aus der gegenwärtigen Situation ziehen und den Feind unnachgiebig unter Druck setzen. Dann können wir tatsächlich eine entscheidende Wende des Krieges herbeiführen. [...] Es liegt an uns, diese Herausforderung zu meistern. Wir dürfen die Gelegenheit nicht verpassen. [...] Wir können einen entscheidenden Sieg erringen, und wir müssen uns dieser Aufgabe sofort stellen. [...] Wir müssen durch unser Handeln unter Beweis stellen, dass wir tatsächlich dabei sind, den Krieg zu gewinnen.«[21]

---

20 Statistical Highlights, January 1968, Enemy Order of Battle, I. CTZ/DMZ Summary, Secret, S. 84, in: NA, RG 127, USMC, HMC-HMD, BM-68, Box 5, Folder: FMF Repro Order of Battle Enemy sowie Department of the Navy, Headquarters USMC, Chief of Staff, Memorandum, Subject: Symposium Book, 1968 General Officers Symposium, S. 8, in: RG 127, USMC, HMC-HDPT, TF, FRC Box 4, Folder: General Officer Symposia, 1965–1971, Extracts. Siehe auch Pike, Strategy of Terror, S. 45/46 sowie Frey, Geschichte des Vietnamkriegs, S. 165.

21 William Westmoreland, Schreiben an die Kommandierenden Generale der US-Streitkräfte in Vietnam, 11. 4. 1968, Confidential, S. 2, 4, in: NA, RG 319, AS, PI-OI, Box 3, Folder: MACV Directives (4). Siehe auch William Westmoreland, Schreiben an die Kommandierenden Generale der US-Streitkräfte in Vietnam, 1. 2. 1968, Confidential, S. 2, in: ebenda; sowie William Westmoreland, Schreiben an die US Senior Province Advisors, 9. 2. 1968, Confidential NOFORN, S. 1, 2, in: ebenda, Box 5, Folder: MACV Reports (6). Ähnlich Verlautbarungen kamen aus dem Führungsstab von CORDS, der für die »Pazifizierung« zuständigen Zivilbehörde: ebenda, Box 5, Folder: MACV Reports (8). Siehe auch Spector, After Tet, S. 282.

Innerhalb Südvietnams bestimmte Westmoreland die I. Corps Tactical Zone und das Mekongdelta zu den geographischen Schwerpunkten des »roll back«. Und zugleich spielte er mit dem Gedanken, den Krieg auf die Rückzugsgebiete der Vietcong in Kambodscha, Laos und in der entmilitarisierten Zone auszuweiten.[22] Letzteres erschien jedoch nur unter einer doppelten Voraussetzung sinnvoll: dass im Vorwege ein Großteil der Stützpunkte des Vietcong zerstört und so viele politische Kader des Vietcong wie möglich eliminiert wurden. »Wenn erforderlich, müssen Stützpunkte, von denen wir wissen, dass sie zu den gewohnheitsmäßigen Verstecken des Feindes zählen, völlig vernichtet werden. [...] Es kann sein, dass einige dieser Stützpunkte dicht gedrängt in einem Gebiet liegen. Obwohl sie von unterschiedlicher Bedeutung sein können, ist es wünschenswert, unterschiedslos das gesamte Terrain zu neutralisieren.«[23] In der I. Corps Tactical Zone wurden 114 Primärziele dieser Art festgelegt.[24] Und allein in die Provinz Quang Ngai entsandte man 120 zusätzliche Experten für Aufstandsbekämpfung – mit dem Auftrag, die Jagd auf Funktionäre, Helfer und Helfershelfer der Guerilla zu forcieren.[25] Die Implikationen lagen auf der Hand: Die Armee war gehalten, fortan enger mit der CIA und allen für das Programm »Phoenix« zuständigen Stellen der südvietnamesischen Polizei zu kooperieren. Und in besiedelten Gebiete konnten die Bewohner weniger denn je mit operativer Rücksichtnahme rechnen – erst recht nicht, wenn sie in »Regenerationszonen« der Vietcong lebten. Der asymmetrische Krieg stand an der Schwelle zur symmetrischen Eskalation.[26]

Im »Indianerland« zwischen Quang Tri und Quang Nam wollte William Westmoreland so schnell wie möglich richtungweisende Erfolge erzielen. Dort hatte die »Tet-Offensive« begonnen, in diesen Provinzen

22 Neil Sheehan, Westmoreland Predicted Big Gains in Vietnam, in: *The New York Times*, 21. 3. 1968 sowie Ellsberg, Secrets, S. 200.

23 Combined Action Plan AB 143 – 1968, Annex L (Neutralization of VC/NVA Base Areas), Confidential, S. L-2, in: NA, RG 319, AS, PI-AC, Box 17, Folder: (OCLL) Miscellaneous Documents from Peers.

24 Combined Action Plan AB 143 – 1968, Annex L (Neutralization of VC/NVA Base Areas), Confidential, S. L-1–1, in: NA, RG 319, AS, PI-AC, Box 17, Folder: (OCLL) Miscellaneous Documents from Peers. Siehe auch CINCPAC, Measurement of Progress in Southeast Asia, 31. 3. 1968, Secret NOFORN, in: RG 319, AS, PI-OI, Box 65, Folder: Admin.-Secret (Open) # 1.

25 Bilton/Sim, Four Hours, S. 201.

26 NA, RG 319, PI-FR, Vol. I: Analyses, Box 1, Vol. I, Chapter 3: Background, S. 6.

waren die Kader der Guerilla vorübergehend aus ihrer Deckung getreten, nur hier war es möglich, den Nachschub an Menschen und Material aus dem Norden effizient zu unterbrechen. Und deshalb gab der Oberkommandierende seinen Truppen in der I. Corps Tactical Zone eine beispiellose Handlungsfreiheit – indem er die Schutzbestimmungen für Zivilisten und deren beweglichen wie unbeweglichen Besitz zeitweilig außer Kraft setzte. Abweichend von der Direktive 525-18 durften Truppenführer jederzeit Dörfer und Städte ohne vorherige Rücksprache sowie mit Waffen und Verbänden ihrer Wahl angreifen.[27] Zwar gab es in den »Rules of Engagement« ohnehin zahlreiche Ausnahmeregelungen, mit denen das Gebot eines zurückhaltenden Einsatzes von Feuerkraft unterlaufen werden konnte.[28] Aber eine offizielle Rückendeckung zur Manipulation des Handlungsspielraums hatte es bis dato nicht gegeben. Wie William Peers in seinem Bericht über das Massaker von »My Lai (4)« betonte, mussten Kommandeure nach »Tet« keine Sanktionen mehr fürchten – selbst dann nicht, wenn sie ihre Freiheiten über Gebühr strapaziert oder die »Rules of Engagement« vollends ignoriert hatten.[29] Westmorelands befristete Erlaubnis kam einer Einladung zur unbefristeten Willkür gleich.

Für die neuerliche Offensive in der I. Corps Tactical Zone standen 98 Kampfbataillone zur Verfügung: 57 amerikanische, 37 südvietnamesische und vier Bataillone aus Südkorea. Die US-Einheiten gehörten zur 1. und 3. Marine Division, zur 1. Cavalry Division, zur 101. Airborne Division, zur 4. Infantry Division und zur 23. Infantry Division (»Americal«) – Letztere mit 24 000 Mann der stärkste Verband. Aus der Vielzahl der ihnen seit Ende 1967 zugewiesenen Aufgaben sind für unseren Zusammenhang die Operationen »Wheeler/Wal-

---

27 NA, RG 319, PI-FR, Vol. I: Analyses, Box 1, Vol. I, Chapter 9: Policy and Directives as to Rules of Engagement and Treatment of Noncombatants, S. 7.

28 Siehe oben, S.133–139. Zu den Anfang 1968 gültigen MACV-Direktiven siehe NA, RG 319, AS, PI-FR, Vol. III: Exhibits, Box 53, Book 2, Directives, S. 587–792; ebenda, Vol. I: Analyses, Box 1, Vol. I, Chapter 9: Policy and Directives as to Rules of Engagement and Treatment of Noncombatants, S. 20–27; RG 319, AS, PI-AC, Box 8, Folder: Conduct of the War, MACV Directives, RoE – Chron. File # 3, insbesondere S. 475–482 sowie Department of the Army, IG, Subject: Report of Investigation Concerning Alleged Atrocities Committed by Members of Co C, 1/20th Infantry, Task Force Barker, Americal Division, in the Republic of Vietnam, 19. 9. 1969, S. 14, in: ebenda, Box 12, Folder: IG Report – My Lai Task Force Copy.

29 NA, RG 319, PI-FR, Vol. I: Analyses, Box 1, Chapter 8: Significant Factors which Contributed to the Son My Tragedy, S. 5.

Iowa«[30] und »Muscatine«[31] von besonderer Bedeutung – klassische »Search and Destroy«-Einsätze in den Provinzen Quang Tin, Quang Nam und Quang Ngai, die im Wesentlichen von Einheiten der »Americal« Division bestritten wurden.[32]

Eine Handvoll Soldaten ging nach ihrer Rückkehr aus Vietnam an die Öffentlichkeit oder beschwerte sich bei Verteidigungsminister Laird und der Criminal Investigation Division der Armee über das Auftreten der »Americal« Division im Gefolge der »Tet-Offensive«. Ihre Aussagen fügten sich zum Porträt einer Division, die in allen Untergliederungen mit Gräueltaten in Verbindung gebracht werden konnte.

Ein Verhörspezialist des 1. Military Intelligence Team, 11. Light Infantry Brigade gab an, über einen längeren Zeitraum zwischen 20 und 40 Folterungen täglich beobachtet zu haben – oft auch an Frauen und Kindern. »Einmal bekam ich mit, dass ein Mädchen so lange gefoltert

---

30 Für die Operation »Wheeler/Wallowa« waren die 196. Light Infantry Brigade der 23. Infantry Division (»Americal«), die 3. Brigade, 1. Cavalry Regiment, 1. Cavalry Division sowie die B Troop, 1. Squadron, 9. Cavalry Regiment, 1. Cavalry Division zuständig.

31 Die Operation »Muscatine« wurde durchgeführt von einem Bataillon der 11. Light Infantry Brigade und der 198. Light Infantry Brigade, 23. Infantry Division (»Americal«) sowie einem Bataillon der 3. Brigade, 4. Infantry Division. Ende Februar 1968 wurde die 3. Brigade der 4. Infantry Division in die II. Corps Tactical Zone verlegt. Seither war die 11. Light Infantry Brigade der 23. Infantry Division (»Americal«) für die operative Leitung der Operation »Muscatine« verantwortlich.

32 Die »Americal« Division bestand aus drei ursprünglich selbständigen Brigaden: der 11. Light Infantry Brigade, der 196. Light Infantry Brigade und der 198. Light Infantry Brigade. Seit Anfang Januar 1968 gehörte auch die 1. Squadron, 9. Cavalry Regiment, 1. Cavalry Division zur »Americal«. Ab Oktober 1967 oblag der »Americal« die operative Kontrolle über die 3. Brigade, 1. Cavalry Regiment, 1. Cavalry Division. Vom 16. Februar bis zum 12. März 1968 war auch die 3. Airborne Brigade (Separate) der »Americal« zugeordnet, ohne jedoch ihrer operativen Kontrolle zu unterliegen. Die »Americal« war im Mai 1942 gegründet worden. Ihr Name leitet sich ab aus ihrem ersten Einsatzort: »American Troops in New Caledonia«. Im Dezember 1954 wurde die Division unter dem Doppelnamen 23. Infantry Division/»Americal« reaktiviert. Siehe NA, RG 319, PI-FR, Vol. I: Analyses, Box 1, Chapter 4, Organization, Operations, and Training of US Units, S. 2 sowie Fact Sheet, Subject: TF Oregon, Americal Division and the 11th Light Infantry Brigade, 21. 3. 1970, Confidential, in: RG 319, AS, PI-AC, Box 5, Folder: Army Staff Monitor Summary and Backup Material.

wurde, bis sie schließlich auf den Boden menstruierte.«[33] Richard H. Brummett zufolge war seine Einheit – Troop A, 1. Squadron, 1. Cavalry Regiment (Airmobile) – nicht nur mit Vorsatz, sondern aus Gewohnheit gewalttätig. »Unser Kommandeur wusste davon, hatte keine Einwände und beteiligte sich sogar«[34] – gemeint war, dass in der Provinz Quang Tin zwischen Januar und März 1968 Zivilisten auf jede erdenkliche Art schikaniert und gequält wurden, dass man wahllos ihr Vieh abschlachtete und ihre Dörfer aus geringfügigem Anlass einäscherte. Nach monatelangen Zeugenvernehmungen bestätigten Ermittlungsbeamte der Armee die Wahrhaftigkeit von Brummetts Vorwürfen in fast allen Punkten.[35] Anklagen wurden dennoch nicht erhoben – auch nicht gegen einen Sergeant, der einen alten Mann in einen Brunnen geworfen und anschließend im Schacht eine Handgranate gezündet hatte. »Der Nachweis, ob der unbekannte Vietnamese tatsächlich aus diesem Grund zu Tode kam, konnte nicht geführt werden«, hieß es in einem Schreiben des Armeeministeriums an Richard H. Brummett vom 11. 2. 1972. »Wir wissen Ihr Interesse an den Streitkräften gleichwohl zu schätzen.«[36] Unbehelligt blieb auch die B Company, 1. Battalion, 6. Infantry Regiment, 198. Light Infantry Brigade, gegen die unter anderem Richard Dell schwere Vorwürfe erhoben hatte. Die Rede war von Einsätzen in der Provinz Quang Tin, in deren Verlauf mehrfach Gefangene ermordet und Frauen vergewaltigt wurden und ein Truppenarzt eine Verletzte mit einer Überdosis Morphium vorsätzlich zu Tode spritzte. Angeblich hatte es sich die Einheit zur Gewohnheit gemacht, in niedergebrannten Dörfern Munition sowjetischen Ursprungs auszubringen, um eine Präsenz der Vietcong vorzutäuschen. In Einsatzbesprechungen

---

33 Michael Uhl, 1. Military Intelligence Team, 11. Light Infrantry Brigade, »Americal« Division, zit. n. James Higgins, Horror Takes the Stand, in: *The Nation*, 4. 1. 1971, S. 7. Siehe auch NA, RG 319, AS, ODCS-PER, VWCWG, CaFi, Box 6, Folder: Rottman-Uhl Allegation sowie ebenda, Box 11, Folder: Hale Allegation.

34 Richard H. Brummett an Verteidigungsminister Melvin Laird, 27. 10. 1970, in: NA, RG 319, AS, ODCS-PER, VWCWG, CaFi, Box 9, Folder: Brummett Allegation, Case 61. Die Troop A, 1. Squadron, 1. Cavalry Regiment (Airmobile) war der operativen Kontrolle der »Americal« Division unterstellt.

35 NA, RG 319, AS, ODCS-PER, VWCWG, CaFi, Box 9, Folder: Brummett Allegation, Case 61. Siehe auch ebenda, Box 10, Folder: Dell Allegation (Part 1 of 6), Case 70.

36 Henry H. Tufts, Colonel, MPC, an Richard H. Brummett, 11. 2. 1972, in: NA, RG 319, AS, ODCS-PER, VWCWG, CaFi, Box 9, Folder: Brummett Allegation (Correspondence), Case 61.

soll den Squadführern eingeschärft worden sein, grundsätzlich alle Flüchtenden zu erschießen und auf diese Weise die Tötungsbilanz des Bataillons zu verbessern.[37] Und dem Kompaniechef wurde ein expliziter Funkbefehl zum Gefangenenmord angelastet. »Wie oft soll ich euch Kerlen das noch eintrichtern – bringt ihn nicht zurück.«[38] Die Criminal Investigation Division zeigte trotz schwerwiegender Indizien und übereinstimmender Zeugenaussagen kein Interesse an einer eingehenden Untersuchung der »Dell Allegation«. In ihrem Abschlussbericht wurden belastende Aussagen gegen Offiziere sogar unterschlagen.[39]

Ob und wie dieses Kapitel aus der Geschichte der »Americal« Division überhaupt noch zu rekonstruieren ist, sei dahingestellt. Dass es sich um eine – selbst im Rahmen des Vietnamkrieges – außergewöhnliche Gewaltgeschichte handelt, bleibt gleichwohl zu konstatieren.

»Am 8. Februar 1968 wurden 19 Frauen und Kinder von Soldaten des 3. Platoon, B Company, 1. Battalion, [3. Brigade], 35. Infantry Regiment [der 4. Infantry Division] ermordet. Die Details können Sie der ersten Ausgabe der Zeitschrift *Scanlan's* entnehmen. Diesem Artikel habe ich wenig hinzuzufügen.« Mit diesen Worten eröffnete der Militärarzt James D. Henry am 27. Februar 1970 eine Pressekonferenz im Los Angeles Press Club. »Ich möchte betonen, dass die Morde vom 8. Februar 1968 keine isolierten Vorfälle waren und dass die ›B‹ Company keineswegs mit aus dem Rahmen fallenden Individuen besetzt war. [...] Ähnliche Vorfälle wie die von mir beschriebenen ereignen sich täglich und unterscheiden sich nur hinsichtlich der Zahl der Getöteten.«[40]

---

37 CID Report of Investigation, 31. 10. 1973, S. 1, 5–7, 12–15, 17, 19–25, 30–33, 41; Sworn Statement Richard W. Dell, Jr., 8. 2. 1971; Jesse E. Day, Investigator's Statement, 27. 12. 1972, in: NA, RG 319, AS, ODCS-PER, VWCWG, CaFi, Box 10, Folder: Dell Allegation (Part 1 of 6), Case 70. Siehe auch Sworn Statement Milbon J. Batiste, Jr., 28. 2. 1973, S. 2, in: ebenda, Box 11, Folder: Dell Allegation (Part 5 of 6), Case 70; Sworn Statement John Charles Sistrunk, 5. 4. 1973, S. 2 sowie Louis Golden, Agent's Statement, 11. 6. 1973, in: ebenda, Box 11, Folder: Dell Allegation (Part 6 of 6).

38 CID Report of Investigation, 31. 10. 1973, S. 41; siehe ebenda, S. 19, in: NA, RG 319, AS, VWCWG, CaFi, Box 10, Folder: Dell Allegation (Part 1 of 6), Case 70.

39 CID Report of Investigation, 31. 10. 1973, S. 41; CID Report of Investigation, 18. 12. 1972, S. 1; Jesse E. Day, Investigator's Statement, 27. 12. 1972, S. 1, in: NA, RG 319, AS, VWCWG, CaFi, Box 10, Folder: Dell Allegation (Part 1 of 6), Case 70 sowie Sworn Statement Walter L. Young, 2. 3. 1973, S. 2, in: ebenda, Box 11, Folder: Dell Allegation (Part 5 of 6), Case 70.

40 Press Statement by James D. Henry, 27. 2. 1970, in: NA, RG 319, AS, ODCS-PER, VWCWG, Box 5, Folder: Henry Allegation (Part 1 of 3) sowie

Fast vier Jahre später lag der Untersuchungsbericht der »Criminal Investigation Division« vor[41] – und mit ihm der Beweis, dass Henrys Einheit in die Fußstapfen der »Tiger Force« getreten war. In anderen Worten: Sie waren nicht die Ersten, die ein Massaker unter Zivilisten angerichtet hatten. Vielmehr setzten sie die Serie des Terrors im Rahmen der Operationen »Wheeler/Wallowa« und »Muscatine« und an der Seite der »Americal« Division fort.

Keines der von James D. Henry angezeigten Gräuel stand in Zusammenhang mit Kampfhandlungen. »An den Tagen, an denen sie sich ereigneten, hatte es nie Feuergefechte gegeben.«[42] Am 8. Oktober 1967 war die B Company westlich von Chu Lai in der Provinz Quang Tin im Einsatz, als einige GIs ein minderjähriges Kind festnahmen. Der Führer des 2. Platoon, ein 1. Lieutenant, fragte nach Freiwilligen zur Exekution des unbewaffneten, nur mit einer kurzen Sommerhose bekleideten Jungen. Ein Funker und ein Militärarzt meldeten sich, Ersterer misshandelte den »Gefangenen« mit Tritten in den Magen, Letzterer führte ihn hinter einen Felsen und erschoss ihn, die M-16 auf Automatik geschaltet. Dem Kompanieführer wurde ein gefallener Vietcong gemeldet, erschossen bei der Flucht durch einen Fluss und daher nicht mehr auffindbar. Drei Tage später misshandelten andere Angehörige der Einheit einen als Kollaborateur mit dem Feind verdächtigten Greis und stürzten ihn eine Klippe hinunter. Am 15. Oktober entdeckten zwei Mann des 2. Platoon – ein Unteroffizier und ein GI – einen Bauern schlafend in seiner Hütte. Sie ermordeten den Mann, holten beim Kompanieführer über Funk die Erlaubnis zum Testschießen ein und nutzten die gegen die Wand einer Höhle gelehnte Leiche als Zielscheibe. »Beide schossen auf ihn wie auf eine Büchse, wollten herausfinden, wie genau sie zielen konnten.«[43] Am 22. Oktober lockten GIs des 1. Platoon fünf Frauen in einen Hinterhalt und ermordeten sie. Dass die Opfer vorher vergewaltigt worden waren, ist anzunehmen. Gemeldet wurde Feindkontakt und ein »Body Count«

Henry, The Men of »B« Company. Zur eidesstattlichen Erklärung Henrys gegenüber der Criminal Investigation Division siehe RG 319, AS, PI-AC, Box 52, Folder: War Crimes Allegations – 32: Henry Allegation (Vol. I).

41 CID Report of Investigation, 72-CID056-29559, 16. 1. 1974, in: NA, RG 319, AS, ODCS-PER, VWCWG, Box 5, Folder: Henry Allegation (Part 1 of 3).

42 Sworn Statement James D. Henry, 28. 2. 1970, S. 10, in: NA, RG 319, AS, ODCS-PER, VWCWG, Box 5, Folder: Henry Allegation, CID Reports. Die folgende Darstellung stützt sich auf diese eidesstattliche Erklärung.

43 Sworn Statement James D. Henry, 28. 2. 1970, S. 2, in: NA, RG 319, AS, ODCS-PER, VWCWG, Box 5, Folder: Henry Allegation, CID Reports.

von fünf männlichen Feinden. »Ich persönlich weiß, dass von unserer Kompanie mindestens 50 Zivilisten exekutiert wurden, und zwar nicht in der Hitze des Gefechts oder infolge von Luft- oder Artillerieschlägen [...] Es war vorsätzlicher Mord. [...] Und dann gab es die Vergewaltigungen und die Folter. Gefoltert wurde selbst ohne den Vorwand, Informationen herausholen zu wollen.«[44] Henrys Kameraden hatten offensichtlich Spaß am Töten, am Verstümmeln von Leichen und am Sammeln von Körperteilen.[45]

Zu den 50 Opfern zählten auch die Toten vom 8. Februar 1968. An diesem Tag durchkämmte die B Company das ländliche Quang Nam – mit dem Vorsatz, fünf Kameraden zu rächen, die tags zuvor in einem Gefecht mit Heckenschützen umgekommen waren. Als Erstes ließ man die Wut an einem Bauern aus. »Er war ein Vietnamese, und er war greifbar – Grund genug für ein Todesurteil.«[46] Nachdem einige GIs über die Art des Mordes beratschlagt hatten, stießen sie den Mann vor einen gepanzerten Truppentransporter, der mehrmals über ihn hinwegrollte – im Beisein des Kompaniechefs, Captain Donald C. Reh.[47] Kurz darauf rückte das 3. Platoon in ein Dorf 15 Meilen östlich von Hoi An ein. Die Soldaten fanden 19 Personen vor, allesamt Frauen und Kinder. Der Platoonführer, Lieutenant Johnny M. Carter, fragte über Funk bei Captain Reh nach, wie er mit den – wörtlich – »Zivilisten« verfahren sollte. »Der Captain«, so James D. Henry, »fragte [...] zurück, ob er sich nicht erinnerte, wie der an diesem Morgen von oben durchgegebene Einsatzbefehl hieß, und er wiederholte den Befehl: ›Tötet alles, was sich bewegt.‹«[48] Der Hinweis auf höhere Stellen bezog sich wahrscheinlich auf Lieutenant Colonel William W. Taylor, Jr., Kommandeur des 1. Battalions, der den Einsatz von einem Hubschrauber aus beobachtete.[49] Alles Weitere spielte sich binnen Minuten ab: Eine junge Frau, offensichtlich Opfer einer Vergewaltigung, wurde nackt aus ihrer Hütte gezerrt und den anderen, in einem Kreis kauernden Dorfbewohnern zu Füßen geworfen,

44 Henry, The Men of »B« Company, S. 30.
45 Ebenda, S. 29.
46 Ebenda, S. 28.
47 Sworn Statement James D. Henry, 28. 2. 1970, S. 2, in: NA, RG 319, AS, ODCS-PER, VWCWG, Box 5, Folder: Henry Allegation, CID Reports. Siehe ebenda, S. 6.
48 Sworn Statement James D. Henry, 28. 2. 1970, S. 2, in: NA, RG 319, AS, ODCS-PER, VWCWG, Box 5, Folder: Henry Allegation, CID Reports.
49 So die Aussage zweier beteiligter GIs: Jonathan Peter Coulson, Agent's Statement, 31. 12. 1973, S. 8, in: NA, RG 319, AS, ODCS-PER, VWCWG, Box 5, Folder: Henry Allegation (Part 3 of 3).

Lieutenant Carter fragte nach Freiwilligen für das Erschießungskommando, vier oder fünf Soldaten, unter ihnen der Platoonführer, entsicherten ihre Gewehre und erschossen die gesamte Gruppe aus nächster Nähe. Der Captain ging auf die mit ausdruckslosen Gesichtern herumstehenden Beobachter zu, machte laut James D. Henry eine kurze Ansage, »ich weiß nicht mehr genau, welchen Inhalts, aber es betraf nicht die Menschen, die soeben umgebracht worden waren. Wir sammelten unseren Kram ein und zogen weiter.«[50]

Zur gleichen Zeit wüteten südkoreanische Einheiten im Einsatzgebiet der »Americal« Division, vier Bataillone aus Söldnern und Hilfstruppen, die aus der amerikanischen Kriegskasse bezahlt wurden und der 2. Republic of Korea Marine Corps Brigade unterstellt waren. Seit ihrer Ankunft in Vietnam im Jahr 1965 standen sie im Ruf, »alles niederzubrennen, alles zu zerstören, alles an sich zu reißen und alle zu töten« – so eine Studie der RAND Corporation.[51] Einem Platoonführer der 198. Light Infantry Brigade, »Americal« Division, zufolge fielen südkoreanische Truppen im Februar 1967 über ein Dorf in der Nähe von »My Lai (4)« her, zwangen 36 Bewohner zum Ausheben von Gräbern und richteten sie der Reihe nach mit Kopfschüssen hin.[52] Nach einem Einsatz in der gleichen Gegend vom Dezember 1967 vermerkten sie in ihrem Kriegstagebuch 20 eigene Verluste und 700 getötete Vietcong – angesichts von knapp 500 dort vermuteten Vietcong eine lächerliche Behauptung, die vermuten lässt, dass südkoreanische Soldaten binnen zehn Monaten

---

50 Sworn Statement James D. Henry, 28. 2. 1970, S. 7, in: NA, RG 319, AS, ODCS-PER, VWCWG, Box 5, Folder: Henry Allegation, CID Reports.

51 RAND-Memorandum RM 5487-ISA/ARPA, July 1968: The Viet Cong Style of Politics, in: NA, RG 472, USFSEA, MACV, IG, ID, ROI, Box 57, Folder: ROK Marines, 4th Series sowie RG 319, AS, PI-AC, Box 29, Folder: Sensitive Material – My Lai – Folder # 5. Diese Studie basiert auf Hunderten von Interviews mit ehemaligen Vietcong, die sich auch zum Verhalten südkoreanischer Truppen äußerten. Auch amerikanische GIs bestätigten wiederholt diese Kritik: »Die Südkoreaner, verdammt noch mal, die mussten noch nicht einmal beschossen werden. Ich meine, es war überhaupt nicht nötig, dass auch nur ein Schuss aus einem Dorf auf sie abgegeben wurde. Wenn sie den Verdacht hatten, dass sich dort Vietnamesen [sic] aufhielten, haben sie alle umgebracht, jeden Einzelnen. Und ich habe die Dörfer gesehen, durch die sie gegangen sind.« COHRO, Interview Sanders, S. 135.

52 Department of the Army, Office of the Chief of Staff, Memorandum Thru: Secretary of the Army, For: Assistant Secretary of Defense (Administration), Subject: Atrocity Allegations, 2. 2. 1970, Incl. 1, S. 4, in: NA, RG 319, AS, PI-AC, Box 33, Folder: Son My Chron. File # 6 (2 of 2). Siehe auch Hammer, One Morning, S. 91f.

das zweite Massaker an Zivilisten im Siedlungsgebiet um »My Lai (4)« verübt hatten.[53] Zahl der Opfer: Unbekannt. Keinerlei Zweifel gibt es hinsichtlich der Ereignisse vom 12. Februar 1968 in den Dörfern Phong Nhi und »Phong Nhut (2)« im Distrikt Bien Ban: Die koreanischen Marines ermordeten 79 Einwohner und zerstörten die Siedlungen bis zum letzten Gebäude.[54] »Vietnamesische Bauern«, schrieb der höchste US-Zivilberater in der Provinz Quang Nam am 18. März 1968, »leben in Todesangst vor den Koreanern. Viele sagen, dass sie den Vietcong den Koreanern vorziehen. [...] Dies könnte zu einem vermehrten Zulauf für den Vietcong führen.«[55] Und in einem Lagebericht der Dienststelle von CORDS in der Provinz Quang Nam vom 25. März 1968 ist vermerkt: »Die Bauern wollen selbst tagsüber nicht mehr in ihren Feldern arbeiten aus Angst vor koreanischen Angriffen.«[56]

Die Gewalteskalation im Rahmen der Operationen »Wheeler/Wallowa« und »Muscatine« war seit November 1967 an höchster Stelle bekannt. Der Kommandeur der 196. Light Infantry Brigade, »Americal« Division sprach von »unangemessenem Benehmen«,[57] der Stellvertreter Westmorelands, Creighton W. Abrams, monierte eine »wachsende Zahl

53 Jesse Frank Frosch, Anatomy of a Massacre, S. 137–139, 184–192, hier S. 185. Jesse Frank Frosch war Verhöroffizier im US Advisory Team für die Provinz Quang Ngai. Auch im Pentagon ging man davon aus, dass der »After Action Report« der Südkoreaner vom Dezember 1967 auf ein zweites Massaker in der Gegend von »My Lai (4)« binnen weniger Monate hinweist: Memorandum, Office Chief of Staff Army, To: General Westmoreland, General Palmer, Subject: Magazine Article »Anatomy of a Massacre«, 13. 6. 1970, in: NA, RG 319, AS, PI-AC, Box 35, Folder: Son My Chron. File # 11 (1 of 2).

54 NA, RG 472, USFSEA, MACV, IG, ID, ROI, Box 57, Folder: Victory Dragon/Vol. 1A of Vol. 1 (Correction/Follow-Up Action)

55 L. D. Puckett, Province Senior Advisor, Quang Nam, to: Deputy for CORDS/III MAF/Danang, Subject: 2nd ROK Marine Brigade, 18. 3. 1968, S. 2, in: NA, RG 472, USFSEA, MACV, IG, ID, ROI, Box 57, Folder: Victory Dragon/Vol. 1A of Vol. 1 (Correction/Follow-Up Action).

56 Clarence W. Hannon, I. CTZ Field Evaluator, Evaluation Report: Pacification in Hieu Nhon and Hoa Vang Districts, Quang Nam Province, 25. 3. 1968, Confidential, in: NA, RG 472, USFSEA, MACV, IG, ID, ROI, Box 57, Folder: Victory Dragon/Vol. 1A of Vol. 1 (Correction/Follow-Up Action). Siehe ebenda, Memorandum, James F. Mack, POLAD/Da Nang, to: Nicholas G.W. Thorne, POL/Saigon, Subject: Overview of 2d ROK Marine Brigade Activities Jan 1968–Apr 1969 in Quang Nam Province, Secret, NOFORN, 25. 4. 1969.

57 Colonel Louis Gelling, Headquarters, 196th Light Infantry Brigade, Memorandum, Subject: Standards of Conduct, 9. 11. 1967, S. 1, in: NA, RG 319, AS, PI-OI, Box 13, Folder: Americal Division, Miscellaneous (1).

von Beschuldigungen und Beschwerden über [...] Belästigungen unschuldiger Zivilisten auf der Route 1, illegale Konfiszierung von Eigentum und gewalttätige Übergriffe«.[58] Major General Samuel W. Koster schließlich, Kommandeur der »Americal«, verwies auf »Vergewaltigungen, Plünderungen und Brutalitäten« in seinem Kommandobereich. »Derartige Vorfälle [...] schaden unserer Mission und dem Bild unserer großen Nation und können [...] nicht hingenommen werden. [...] Dieses Thema verlangt die sofortige Aufmerksamkeit der Truppenführer auf allen Ebenen und muss von jedem Offizier zu einer persönlichen Angelegenheit gemacht werden. Ich werde es nicht zulassen, dass Verantwortliche die Augen verschließen, wenn vietnamesische Bürger auf ungebührliche oder unannehmbare Weise behandelt werden.«[59]

Es waren Schreiben für die Ablage, mit großem Gestus vorgetragen, aber bar jeder Konsequenzen. So auch im Fall der südkoreanischen Marines. Seit März 1968 forderten hohe amerikanische Zivilbeamte, der Leiter von CORDS und dessen Vertreter in der Dienststelle Quang Nam Maßnahmen zur Disziplinierung dieser Einheiten. Der Kommandierende General der III. Marine Amphibious Force, Lieutenant Colonel Rosson, beauftragte sogar eine »Special Study Group« mit der Ausarbeitung geeigneter Vorschläge.[60] William Westmoreland zeigte sich wenig beeindruckt. »Nach einer anfänglichen Untersuchung [des Massakers von Phong Nhi und Phong Nhut (2)]«, ließ er sein südkoreanisches Gegenüber wissen, »kamen wir zu dem Ergebnis, dass diese Angelegenheit eher in die Zuständigkeit Ihres Landes fällt. [...] Unsere Ermittlungen wurden eingestellt.«[61] Von einem Abzug der 2. Republic

---

58 Creighton W. Abrams an Robert E. Cushman, Jr., Commanding General, III. Marine Amphibious Force, Confidential, 15. 11. 1967, in: NA, RG 319, AS, PI-AC, Box 38, Folder: Don My Chron. File # 19 (1 of 2).

59 Samuel W. Koster, Memorandum, Subject: Acts of Discourtesy Toward Vietnames People, 30. 1. 1968, S. 2, in: NA, RG 319, AS, PI-OI, Box 13, Folder: Americal Division, Miscellaneous (1).

60 NA, RG 472, USFSEA, MACV, IG, ID, ROI, Box 57, Folder: Victory Dragon/Vol. 1A of Vol. 1 (Correction/Follow-Up Action).

61 William Westmoreland an Lieutenant General Myung Shin Chae, 29. 4. 1968, Confidential, S. 1, in: NA, RG 472, USFSEA, MACV, IG, ID, ROI, Box 57, Folder: Victory Dragon/Vol. 1A of Vol. 1 (Correction/Follow-Up Action). Dem US-Oberkommando lag sogar eine Fotodokumentation des Massakers von Phong Nhi und »Phong Nhut (2)« vor: siehe ebenda, Memorandum, James F. Mack, POLAD/Da Nang, to: Nicholas G.W. Thorne, POL/Saigon, Subject: Overview of 2d ROK Marine Brigade Activities Jan 1968– Apr 1969 in Quang Nam Province, Secret, NOFORN, 25. 4. 1969.

of Korea Marine Corps Brigade aus Quang Nam – eine seit Juli 1968 seitens des südvietnamesischen Leiters der Provinz wie von CORDS wiederholt vorgetragene Forderung[62] – wollte Westmoreland erst recht nichts wissen. Wie im Falle der »Tiger Force« waren die aggressivsten Einheiten aus strategischen wie taktischen Erwägungen offenbar unverzichtbar – auch um den Preis, dass sie ihre Einsatzzonen in »killing fields« verwandelten.[63]

Offiziere

Nach der »Tet-Offensive« setzte das US-Oberkommando mehr denn je auf den »Kleingruppenkrieg«. Spezialkommandos, Kompanien, Züge oder Trupps galten als das geeignete Mittel, um den in alle Winde verstreuten Guerillas nachzuspüren, sie aus ihren Rückzugsgebieten zu vertreiben und ihnen eine Reorganisation zu verwehren. Kleingruppen verlangten weniger logistischen Aufwand, waren beweglicher als andere Verbände und konnten auch mit geringer Mannschaftsstärke Angriffe auf die stark dezimierten Einheiten des Feindes wagen. »Es kommt darauf an«, so William Westmoreland am 10. März 1968 über seine Vorstellungen, »spezifische Ortschaften als Ziele auszuwählen und genau den Zeitpunkt zu bestimmen, an dem diese Objekte ein-

---

62 NA, RG 472, USFSEA, MACV, IG, ID, ROI, Box 57, Folder: Victory Dragon/ Vol. 1A of Vol. 1 (Correction/Follow-Up Action).

63 Bis April 1969 verübten südkoreanische Einheiten mindestens zwei weitere Massaker: Am 22. Oktober 1968 ermordete das 1. Platoon, 6. Company, 2. Battalion der 2. ROK Marine Corps Brigade in dem Dorf Hoang Chau, Provinz Quang Nam (I. Corps Tactical Zone) 22 Bewohner, ließ 16 schwer Verletzte zurück und zerstörte knapp hundert Häuser: MACV, IG, Memorandum, Subject: Alleged Atrocity Committed by ROK Marines on 22 October 1968, Secret, 11. 1. 1970, in: NA, RG 472, USFSEA, MACV, IG, ID, ROI, Box 57, Folder: ROK Marines/Series 3. Am 15. April 1969 operierte das 3. Platoon, 7. Company der 2. ROK Marine Corps Brigade zusammen mit einer amerikanischen Eliteeinheit in der Nähe von Phuoc My, Provinz Quang Nam (I. Corps Tactical Zone). Obwohl der Kommandeur des US-Delta-Teams sie zu hindern suchte, rächten sich die Koreaner für einen in einer Sprengfalle getöteten Kameraden auf ihre Weise. Sie stürmten den Ort, sprengten wahllos Häuser, töteten vier Zivilisten und verwundeten 12 Personen: MACV, IG, Memorandum, Subject: Alleged Atrocity Committed by ROK Marines on 15 April 1969, Secret, 10. 1. 1970, in: ebenda, Folder: Alleged Atrocity Committed by ROK Marines on 15 April 1969/ Series 2.

genommen werden. Spezialkommandos werden Zielgebiete besetzen, sie von feindlichen Streitkräften säubern und politische Kader festnehmen, die sich während der ›Tet-Offensive‹ als Mitglieder der Vietcong zu erkennen gegeben haben.«[64] Nicht zuletzt wollte Westmoreland südvietnamesische Truppen in diese Ad-hoc-Einheiten eingliedern. Die Rede war von gemeinsamen »show-the-flag-operations«, die nach »Tet« als politisches Symbol gefragt und zur Motivation eines demoralisierten Waffenbruders unverzichtbar waren. Unzufrieden mit den bis dato gemachten Anstrengungen, setzte Westmoreland seine Offiziere massiv unter Druck und forderte »intensive [...] Sofortmaßnahmen«.[65] Wenn überhaupt, war der Wettlauf gegen die Zeit nur mit »small units« zu gewinnen.

Den Verantwortlichen der »Americal« Division kam diese Initiative gelegen. Sie führten ihren Krieg bereits seit Herbst 1967 überwiegend mit Kleingruppen und stellten unter dem Eindruck von »Tet« Anfang Februar 1968 neue Spezialkommandos zusammen – unter anderem die 500 Mann starke »Task Force Barker«. In einem 150 Quadratmeilen großen Gebiet nordöstlich von »Quang Ngai City« sollte sie im Rahmen der Operation »Muscatine« eingesetzt werden und ein als Hochburg des Vietcong bekanntes Terrain innerhalb von acht Wochen »pazifizieren«. Ihr Feind: Das 48. Vietcong Local Force Battalion sowie drei Kompanien der Guerilla. Der »Task Force Barker« wurden drei Kompanien der 11. Light Infantry Brigade, »Americal« Division zur Verfügung gestellt: A Company (3. Battalion, 1. Infantry Regiment), B Company (4. Battalion, 3. Infantry Regiment) und C Company (1. Battalion, 20. Infantry Regiment) – dem Brigadekommandeur zufolge handelte es sich bei »Alpha«, »Bravo« und »Charlie« um die besten Kampfkompanien ihrer

---

64 William Westmoreland, Rundschreiben an die Senior Advisors in allen Einsatzgebieten Vietnams und an den kommandierenden General der III. Marine Amphibious Force, I. Corps Tactical Zone, 10. 3. 1968, Confidential, S. 4, in: NA, RG 319, AS, PI-OI, Box 5, Folder: MACV Reports (6).

65 William Westmoreland, Rundschreiben an die Senior Advisors in allen Einsatzgebieten Vietnams und an den Kommandierenden General der III. Marine Amphibious Force, I. Corps Tactical Zone, 10. 3. 1968, Confidential, S. 1, 2 sowie William Westmoreland, Rundschreiben an alle Kommandierenden Generale der US-Streitkräfte in Vietnam, Subject: Regaining Pacification Initiative, 2. 3. 1968, Confidential, in: NA, RG 319, AS, PI-OI, Box 5, Folder: MACV Reports (6). Siehe auch MACV, Combat Operations Center, Memorandum for Record, Subject: COMUSMACV Visit to I. CTZ, 3. 3. 1968, S. 2, in: RG 319, AS, PI-AC, Box 6, Folder: Conduct of the War in Vietnam, Chron. File # 2 (2 of 2).

jeweiligen »Mutterbataillone«.[66] Ihr neuer Befehlshaber, Lieutenant Colonel Frank Barker, hatte in den frühen 1960er Jahren die »Special Forces School« in Fort Bragg absolviert und danach 14 Monate als Berater bei den »Green Berets« verbracht. Er galt als Offizier, der für Bürokratie wenig übrig hatte, Truppen auf unkonventionelle Art führte und gelegentlich zum »Schuss aus der Hüfte« neigte. Truppenführer dieses Schlages waren jetzt mehr denn je gefragt. Dass die Männer seines Kommandos auf ihren traditionellen Namen »Jungle Warriors« verzichteten und sich fortan »Barker's Bastards« nannten, war als Zeichen der Hochachtung gedacht.[67]

Bezüglich ihrer Herkunft und Ausbildung passten die Soldaten der »Task Force Barker« ins Durchschnittsprofil der US-Streitkräfte in Vietnam. Die am Beispiel der C Company ermittelten Daten treffen mit geringfügigen Abweichungen auch auf die beiden anderen Kompanien zu: Im Schnitt waren die Unteroffiziere 22 Jahre und die Mannschaften 21,6 Jahre alt. Von den insgesamt 23 Unteroffizieren hatten 87 Prozent die High School abgeschlossen, 25 Prozent hatten ein College besucht. Sie waren damit – zumindest der Papierform nach – deutlich besser gebildet als der durchschnittliche Unteroffizier in den amerikanischen Streitkräften der 1960er Jahre. Bei den Mannschaften lag die Zahl der High-School-Absolventen mit 70 Prozent knapp oberhalb des statistischen Mittels. Nur acht Prozent der GIs in der C Company waren über das berüchtigte »Project 100000« und mithin im Rahmen drastisch reduzierter Qualifikationskriterien rekrutiert worden – vier Prozent weniger als in allen anderen Einheiten der Vietnam-Armee. Dass die C Company zur Hälfte mit schwarzen GIs besetzt war, fällt ebenfalls nicht aus dem Rahmen. Alle in Vietnam eingesetzten Kampfeinheiten hatten einen ähnlich hohen Anteil ethnischer Minoritäten. Wenn überhaupt,

---

66 NA, RG 319, AS, PI-FR, Vol. I: Analyses, Box 1, Chapter 4: Organization, Operations, and Training of US Units, S. 6, 7. Siehe auch 23d Infantry Division (Americal) History. Prepared by the 3d Military History Detachment, January 1971, in: RG 319, AS, ODCS-PER, VWCWG, CaFi, Box 20, Folder: Hoag Allegation (Part 2 of 4), Case 232,1; Hammer, One Morning, S. 90 sowie Bilton/Sim, Four Hours, S. 52, 64/65. Neben der »Task Force Barker« wurde auch eine »Task Force Miracle« gebildet. Über sie ist allerdings so gut wie nichts bekannt.

67 Deputy Chief of Staff for Personnel, Memorandum, Subject: Administrative Review of Son My Cases, 21. 9. 1971, S. 4, in: NA, RG 319, AS, ODCS-PER, VWCWG, MLM, Box 4, Folder: Administrative Review – Maj. Charles C. Calhoun (Part 1 of 2) sowie Bilton/Sim, Four Hours, S. 67, 191f.

traten die C Company wie die gesamte »Task Force Barker« nur in einer Hinsicht hervor: durch ihr vergleichsweise höheres Bildungsniveau.[68]

Das Einsatzgebiet der »Task Force Barker« glich einem riesigen Minenfeld. Von den Guerillas abgesehen, hatten auch südkoreanische Einheiten ungezählte Minen gelegt – ohne darüber Buch zu führen oder die Amerikaner zu informieren. »Die Unterlagen waren sehr, sehr unzuverlässig«, so der ehemalige Kommandeur der 11. Light Infantry Brigade, »Americal« Division. »Wir wussten nie, ob wir in Minen der Vietcong oder der Koreaner hineinliefen.«[69] Zwar hatte man auch Tote und Verwundete infolge von Feuergefechten zu beklagen. »Alpha« und »Bravo« waren im Siedlungsgebiet Son My, also im Umkreis der Ortschaften »My Lai (1)« und »My Lai (4)«, wiederholt auf gut bewaffnete Vietcong gestoßen, »Charlie« bekam es ab und an mit versprengten Heckenschützen zu tun. Aber am meisten setzten den GIs der Phantomkrieg zu: Nicht zu wissen, wo der Feind lag, kein Angriffsziel zu haben, keinen erkennbaren Gewinn zu erzielen – und trotzdem binnen kurzer Frist erhebliche Verluste wegen versteckter Fallen einstecken zu müssen. »Gezwungen zu sein, in jedem Moment, von einem Schritt zum nächsten eine Entscheidung treffen zu müssen, fordert einen hohen mentalen Preis. Und lähmt bisweilen«, schreibt Tim O'Brien über seine Erfahrungen an diesem Einsatzort. »Soldaten bewegen sich wie hölzerne Spielzeugpuppen, die Augen auf die Erde fixiert, den Rücken gekrümmt, Schultern hochgezogen, zitternd. Was einem zu schaffen macht, ist mehr als Todesangst. Es ist eine absurde Mischung aus Sicherheit und Unsicherheit.«[70]

Von der C Company fanden vier GIs in Minenfeldern den Tod, 38 wurden verwundet. An einem einzigen Tag, dem 25. Februar, verbluteten innerhalb weniger Minuten drei Soldaten, zwölf weitere erlitten schwerste Verletzungen. »Ich brachte den Arzt zu dem Soldaten«, beschrieb der Kompanieführer, Captain Ernest Medina, die Kette der Explosionen. »Sein ganzer Unterleib und seine Brust waren zerfetzt. Ich

---

68 Fact Sheets, To: Chief of Staff, United States Army, Subject: Company C, 1st Battalion, 20th Infantry, 21. 12. 1969 und 12. 1. 1970, in: NA, RG 319, ODCS-PER, VWCWG, MLM, Box 1, Folder: My Lai Army Staff Monitor Summaries, Jan. 1970 sowie RG 319, AS, PI-FR, Vol. I: Analyses, Box 1, Chapter 4: Organization, Operations, and Training of US Units, S. 9.

69 NA, RG 319, AS, PI-FR, Vol. II: Testimony, Box 51, Book 31, Lipscomb: APP T-213, S. 376. Siehe auch Box 3, Book 1, Balmer: SUM APP T-26, S. 2.

70 Tim O'Brien, Step Lightly, S. 138. Siehe ders., Lake of the Woods, S. 4f., 23, 26f., 99–102, 123–126, 156.

habe noch nie so etwas Unwirklicheres gesehen. Seine ganzen Gedärme, die Leber, der Magen sahen wie Plastik aus. Der Arzt wollte ihn hochheben, ich half ihm dabei, und wir setzten ihn direkt auf eine andere Mine. Ich kippte nach hinten um, und den Sanitätsarzt riss es über mir in Stücke.«[71] Im Laufe weniger Wochen verlor die C Company auf diese Weise ein Drittel ihres Personals. Von ehemals knapp 150 Mann waren Mitte März noch 105 einsatzfähig. Die gesamte »Task Force Barker« büßte bis zu diesem Zeitpunkt 100 Mann oder gut 20 Prozent ihres ursprünglichen Bestandes ein. Wie bei der C Company handelte es sich in den weitaus meisten Fällen um GIs, die auf Minen getreten waren und oft bleibende Schäden davontrugen.[72]

»Lieber Vater«, schrieb Gregory Olsen von der C Company am 14. März 1968 nach Hause. »Ein Platoon unserer Einheit rückte heute zu einer Routinepatrouille aus und stieß dabei auf ein 155-mm Artilleriegeschoß, das mit einer Sprengladung präpariert war. Sie riss einen der Männer in den Tod, blies zwei anderen die Beine weg und verletzte zwei weitere. Und am Ende wurde ein ohnehin schlechter Tag noch schlimmer. Auf ihrem Weg zurück nach ›Dottie‹ [zum Stützpunkt der C Company, B.G.] sahen sie eine Frau, die im Feld arbeitete. Sie schossen sie an. Dann trampelten sie die Frau zu Tode und feuerten so lange auf ihren Kopf, bis die Magazine leer waren. Sie schlugen jedes Kind, das ihnen über den Weg lief. Warum in Gottes Namen passiert das alles? Das sind doch alles ganz normale Kerle; mit einigen war ich sogar befreundet. Eine Zeit lang führten sie sich wie wilde Tiere auf. Es war Mord, und ich schäme mich vor mir selbst, weil ich nicht versucht habe, etwas dagegen zu tun. Das war nicht das erste Mal, Vater. Ich habe es schon oft gesehen.«[73]

Der Gefreite Olsen beschrieb in wenigen Zeilen den Alltag der »Task Force Barker«. Deren Soldaten benahmen sich wie ihre Kameraden aus

---

71 Ernest Medina, Zeugenaussage im Prozess gegen William Calley, zit. n. Sack, Leutnant Calley berichtet, S. 56.

72 NA, RG 319, AS, PI-FR, Vol. I: Analyses, Box 1, Chapter 4: Organization, Operations, and Training of US Units, S. 7, 8; Chapter 8: Significant Factors which Contributed to the Son My Tragedy, S. 4 sowie Bilton/Sim, Four Hours, S. 70–72, 86, 93. Eine südvietnamesische Einheit hatte in diesem Gebiet bei einem Einsatz Mitte Januar 1968 55 Tote und Verwundete zu beklagen, davon 53 durch Sprengfallen: Jesse Frank Frosch, Anatomy of a Massacre, S. 185.

73 Gregory Olsen, zit. n. Bilton/Sim, Four Hours, S. 93. Siehe O'Brien, Lake of the Woods, S. 298.

der »Tiger Force« oder vom 1. Battalion des 35. Infantry Regiments – um nur an zwei Beispiele aus der I. Corps Tactical Zone zu erinnern. Dass Bauern schikaniert und drangsaliert wurden, indem man ihnen Bart- und Kopfhaare abschnitt, war fast schon nicht mehr des Erwähnens wert.[74] Weit häufiger berichteten GIs aus der A, B und C Company von Gräueln. Man schändete Frauen und ermordete sie, erschoss wahllos Zivilisten, belegte Dörfer zur Vergeltung mit Artilleriefeuer, exekutierte Gefangene, verstümmelte Leichen und trennte ihnen die Ohren ab, folterte Verdächtige, brannte Dörfer und Felder nieder, vergiftete Brunnen mit Tierkadavern und quälte Alt wie Jung aus Spaß an der Freud.[75] Von 80 toten Guerillas ist im Kriegstagebuch der C und B Company die Rede. Gemeint war ein Einsatz vom 13. bis zum 16. Februar, in dessen Verlauf keine einzige Waffe erbeutet wurde. 75 getötete Vietcong meldete die A Company am 24. Februar 1968 – und sechs erbeutete Waffen. 300 toter Feinde rühmte sich die »Task Force Barker« bis zum 15. März 1968. Erbeutete Waffen: 20.[76] »Kill Nam«, hatte Lieutenant William Calley nach der Explosion der Sprengfalle am 14. März ausgerufen und anschließend auf Bäume in seiner Umgebung geschossen. »Haut den Ort in Klump. Kill it.«[77]

Eine Auffälligkeit verdient besondere Beachtung: Kaum eine Truppe, die in Vietnam als über die Maßen brutal auffiel, hatte sich in derart kurzer Zeit selbst brutalisiert. Die Männer der »Task Force Barker« traten von Anfang an als Gewalttäter und am Ende als Massenmörder in Erscheinung. Zwischen dem 5. und 22. Dezember 1967 waren sie in

---

74 Sworn Statement Michael A. Bernhardt, 20. 11. 1969, S. 1, in: NA, RG 319, PI-FR, Vol. IV: CID-Statements, Box 57, S. 127 sowie Sworn Statement Dennis Conti, 30. 10. 1969, S. 7, in: ebenda, S. 159.

75 NA, RG 319, PI-FR, Vol. II: Testimony, Box 33, Book 21, Carter: SUM APP T-173, S. 1; Thomas R. Partsch, Tagebucheintrag 29. 2. 1969, in: ebenda, Vol. III: Exhibits, Box 54, Book 4: Miscellaneous Documents, S. 301; Sworn Statement John H. Smail, 14. 12. 1969, S. 2, in: ebenda, Vol. IV: CID-Statements, Box 57, S. 424; RG 319, AS, ODCS-PER, VWCWG, CaFi, Box 14, Folder: Plantz Allegation, Case 105; ebenda, Box 11, Folder: Fox Allegation, Case 75; *The Washington Post*, 3. 2. 1970: Mylai Unit Accused of New Crimes; Bilton/Sim, Four Hours, S. 71, 76–79 sowie Hammer, One Morning, S. 104f.

76 Sworn Statement Lones R. Warren, 5. 12. 1969, S. 2, in: NA, RG 319, PI-FR, Vol. IV: CID-Statements, Box 57, S. 486; ebenda, Vol. I: Analyses, Box 1, Chapter 4: Organization, Operations, and Training of US Units, S. 7 sowie ebenda, Vol. II: Testimony, Box 23, Book 15, Calhoun: SUM APP T-6, S. 6.

77 William Calley, zit. n. O'Brien, Lake of the Woods, S. 103.

Vietnam gelandet, die ersten Gräuel begingen sie wenige Wochen später, am 16. März massakrierten sie in Son My die Einwohner dreier Dörfer. Über die Etappen dieser beschleunigten Radikalisierung gibt es kaum Zweifel: Viele waren nach der Grundausbildung auf Hawaii mit Vorurteilen beladen ins Land gekommen, so gut wie alle wurden von Ausbildern in Vietnam – darunter Veteranen der berüchtigten »Task Force Oregon«[78] – zur Rücksichtslosigkeit erzogen, nicht zuletzt hatten sie im Umfeld der Operationen »Wheeler/Wallowa« und »Muscatine« ein extremes Gewaltmilieu vorgefunden und waren selbst Opfer von Anschlägen geworden. Zu bedenken ist hingegen, dass viele andere Einheiten ebenfalls in »killing fields« stationiert waren oder unter extremen Verlusten durch Sprengfallen und Minen zu leiden hatten. Deswegen zogen aber längst nicht alle wie Mordbrenner durch das Land. Und nur wenige machten sich dieses Verhalten buchstäblich über Nacht zu eigen. Wie es scheint, muss die Vielzahl möglicher Erklärungen[79] um eine weitere Überlegung ergänzt werden: die Rolle von Offizieren, die sich dem Handlungs- und Zeitdruck ihres Oberkommandos nicht entziehen wollten oder konnten.

Eine Einheit wie die »Task Force Barker« hätte der rigorosen Kontrolle auf allen Kommandoebenen bedurft. Allein: Die verantwortlichen Offiziere hatten anderes im Sinn als eine Disziplinierung gewaltbereiter Mannschaften. Worum es ihnen vielmehr ging, zeigt das Beispiel der C Company. Ihr Kommandeur, Captain Medina, beschrieb das Einsatzgebiet der »Task Force Barker« als »permanente Free Fire Zone«[80] und sprach von einer seit 25 Jahren vom Vietcong beherrschten Region. In anderen Worten: Seine Soldaten sollten verstehen, dass alle Bewohner, die bis dato ihre Dörfer nicht verlassen hatten, den Vietcong entweder unterstützten oder in dessen Reihen kämpften – insbesondere jene, die bereits deportiert worden waren und entgegen aller Warnungen immer wieder nach Hause zurückkehrten. Wo aber die politische Erziehung nicht fruchtete, war erzieherische Gewalt gefragt. Man könnte auch von Abschreckung mittels gezielten Terrors sprechen oder von einer Politik, die den Lebenden

---

78 Die 11. Light Infantry Brigade, »Americal« Division, und mit ihr die späteren GIs der »Task Force Barker« wurden in Duc Pho von Veteranen der 3. Brigade, 4. Infantry Division, ehemals Mitglieder der »Task Force Oregon«, ausgebildet: NA, RG 319, PI-FR, Vol. II: Testimony, Box 5, Book 3, Kelley: SUM APP T-38, S. 1. Zur »Task Force Oregon« siehe oben, S. 211–237.

79 Siehe oben, S. 192–201.

80 Ernest Medina, zit. n. Hammer, One Morning, S. 92.

mit den Toten drohte. Wer die »off limits«-Orte betrat, musste damit rechnen, sein Leben verwirkt zu haben.[81] Ein derartiges »Erziehungsprogramm« war freilich nur möglich, wenn man – wie die »Tiger Force« – dem Grundsatz der »zero tolerance« verpflichtet war und keine Rücksichten auf niemanden nahm. Aggressionen zu fördern und gewalttätiges Handeln zu belohnen, war also das wesentliche Anliegen.

»In der Befehlskette der 11. Light Infantry Brigade gab es eine als bedrohlich zu bezeichnende Nachlässigkeit hinsichtlich des Umgang mit und der Rücksichtnahme auf Vietnamesen«, heißt es im Bericht der Peers-Kommission zum Massaker von »My Lai (4)«.[82] Gemeint waren alle Befehlshaber vom Brigadekommandeur bis zum Zugführer der »Task Force Barker«. Die Soldaten der »Task Force Barker« hatten während ihrer gesamten Ausbildung nichts über internationales Kriegsrecht oder die Genfer Konvention gehört, waren nicht mit den »Rules of Engagement« ihrer Division und den darin festgelegten Bestimmungen zum Schutz von Zivilisten vertraut gemacht worden.[83] Im Gegenteil. Medina signalisierte ihnen vom ersten Tag an, dass vietnamesisches Leben billig war. »Über die Gooks hat er noch nicht einmal geredet«, so ein GI der C Company. »Er hat ihnen noch nicht einmal Spitznamen gegeben. Sie schienen ihm einfach völlig egal. Viele von uns hatten den Eindruck, dass er sie überhaupt nicht wahrnahm, ihnen keine Beachtung schenkte, nicht registrierte, dass sie Menschen waren. Mit einer Ausnahme natürlich. Wenn einer von uns eine Kugel abbekam, dann wurde Medina wirklich wütend und sprach darüber, wie wir es denen da heimzahlen könnten. Wenn überhaupt, dann sprach er von ›denen da‹.«[84]

---

81 Sworn Statement Thomas W. Pfeifer, 9. 1. 1970, S. 2, 3 und Sworn Statement Michel F. Pagano, 8. 10. 1970, in: NA, RG 319, AS, ODCS-PER, VWCWG, CaFi, Box 11, Folder: Fox Allegation, Case 75. Siehe auch Jesse Frank Frosch, Anatomy of a Massacre, S. 187 sowie RG 319, AS, PI-FR, Vol. I: Analyses, Box 1, Chapter 8: Significant Factors which Contributed to the Son My Tragedy, S. 7.

82 NA, RG 319, AS, PI-FR, Vol. I: Analyses, Box 1, Chapter 8: Significant Factors which Contributed to the Son My Tragedy, S. 11. Siehe auch ebenda, Chapter 12: Findings and Recommendations, S. 1.

83 NA, RG 319, AS, PI-FR, Vol. I: Analyses, Box 1, Chapter 8: Significant Factors which Contributed to the Son My Tragedy, S. 13; ebenda, Chapter 9: Policy and Directives as to Rules of Engagement and Treatment of Noncombatants, S. 19; ebenda, Chapter 4: Organization, Operations, and Training of US Units, S. 10 sowie ebenda, Vol. II: Testimony, Box 37, Book 23, Medina: SUM APP T-5, S. 2.

84 Ein namentlich nicht identifizierter GI, C Company, »Task Force Barker«, zit. n. Hammer, One Morning, S. 99.

Stab und Kommandeure der »Americal« Division, März 1968. Vordere Reihe, fünfter von links: Divisionskommandeur Samuel W. Koster. Vordere Reihe, dritter von rechts: Oran K. Henderson, Kommandeur der 11. Light Infantry Brigade, »Americal« Division.
NA, RG 319, AS, PI-FR, Vol. III, Box 55, Book 6: Exhibits – Photographs.

Mehrere Zeugen bestätigten übereinstimmend, dass Captain Medina Soldaten tadelte, die seiner Meinung nach zu rücksichtsvoll mit Gefangenen umgingen, ihnen nahelegte, Gefangene zu ermorden, weil sie andernfalls für deren Bewachung aufkommen und ihre Rationen teilen müssten, und dass er wiederholt Verdächtige persönlich folterte.[85] Der Criminal Investigation Division liegen eidesstattliche Versicherungen vor, denen zufolge Medina explizit den Befehl zum Mord an zwei

85 Bilton/Sim, Four Hours, S. 79.

Fischern gab: Eine Patrouille der C Company hatte über Funk um Instruktionen gebeten, wie sie mit den auf einem See gesichteten Männern umgehen sollte. »Ihr wisst, was ihr mit ihnen zu tun habt!«, antwortete Medina und wiederholte den Erschießungsbefehl, nachdem der Platoonführer darauf verwiesen hatte, dass man die Unbewaffneten ohne großen Aufwand verhaften könnte. Angeblich beobachtete Medina die Ausführung seines Befehls mit dem Fernglas.[86] Was auch immer Soldaten der C Company sich zuschulden kommen ließen, sie wurden nie gerügt oder gar zur Rechenschaft gezogen. Von den 11 GIs der »Americal« Division, die zwischen September 1967 und Juni 1968 wegen Vergewaltigung oder Mord vor ein Militärgericht gestellt wurden, gehörte kein Einziger zur »Task Force Barker«.[87]

Die Platoonführer in der C Company waren Wachs in den Händen ihrer Vorgesetzten und Spielball ihrer Untergebenen. Diesen Befund stellte die Peers-Kommission ausgerechnet jenen Führungskräften aus, die in einem von Kleingruppen geführten Krieg überproportionale Verantwortung trugen: »Jeder Platoonführer fürchtete sich in gewisser Weise vor seinen Männern und machte nur zögernd den Versuch zu führen. Stattdessen legten sie es darauf an, zu ›Kumpel‹ ihrer Unteroffiziere und Mannschaften zu werden und machten, wie es scheint, mit ihnen wiederholt gemeinsame Sache bei unmoralischen und illegalen Aktionen gegen Vietnamesen.«[88] Zu Recht wird in diesem Zusammenhang immer wieder auf Lieutenant William Calley verwiesen. Verantwortlich für das 1. Platoon der C Company, wollte er sich bei Captain Medina durch vorauseilenden Gehorsam und Hoffärtigkeit lieb Kind machen und den GIs gegenüber als hartgesottener Offizier auftreten – mit dem Ergebnis, dass ihn keine Seite ernst nahm. Medina verspottete ihn wiederholt im Beisein Dritter als »Schätzchen«.[89] Bei den Soldaten kippte der Hohn in Verachtung. Einige sollen sogar eine Kopfprämie auf Calley ausgesetzt haben. »Er hat einfach alles vermasselt, war dem Job nicht gewachsen«, so sein ehemaliger Funker. »Wegen jeder Kleinigkeit regte er sich auf. Die meisten in der Kompanie hielten ihn für eine Niete. [...] Er wurde herumge-

---

86 NA, RG 319, AS, ODCS-PER, VWCWG, CaFi, Box 11, Folder: Fox Allegation, Case 75.

87 Bilton/Sim, Four Hours, S. 75f.; Hammer, One Morning, S. 99.

88 NA, RG 319, AS, PI-FR, Vol. I: Analyses, Box 1, Chapter 8: Significant Factors which Contributed to the Son My Tragedy, S. 10.

89 Sworn Statement Gregory Thomas Olsen, 30. 8. 1969, S. 8, in: NA, RG 319, AS, PI-FR, Vol. IV: CID-Statements, Box 57, S. 370.

schubst. Keiner wollte mit ihm zusammenarbeiten.«[90] Lieutenant Calley gehörte zu jenen Offizieren in der C Company, die um des Wohlwollens der GIs willen mitunter die Verweigerung ihrer eigenen Befehle hinnahmen. »Seine Autorität ließ sich ohne große Anstrengung untergraben.«[91] Andererseits forderte Calley eine Übererfüllung der Pflicht, sobald es um Anweisungen von Captain Medina ging.

Kumpanei mit der Truppe hieß, die Soldaten durch eine Politik der langen Leine bei Laune zu halten. Genauer gesagt: Um des Zusammenhalts der Gruppe und um des Abbaus ihrer Frustrationen willen bekamen sie auch jenseits des Schlachtfelds eine Lizenz zur Gewalt. So konnten die Vergewaltiger in der C Company davon ausgehen, selbst im Wiederholungsfall unbehelligt zu bleiben. »Klar sagte [der Squadführer], dass es nicht in Ordnung sei. Aber manchmal sagte er auch, dass ›sie es irgendwo herkriegen müssen‹. Und dann sagte er: ›Sie können es sich genauso gut im nächsten Dorf holen.‹ [...] Wenn Sie mich fragen, dann hat Charlie Company in praktisch jedem Dorf, durch das sie kamen, vergewaltigt, zumindest haben sie es überall versucht.«[92] Aus dem gleichen Grund konnten sie mit Kriegsgefangenen nach Gusto umgehen. »Je mehr Einsätze wir hatten, desto mehr Gefangene wurden umgebracht. Ich behaupte, dass es regelmäßig vorkam.«[93] In einem Fall beobachtete Calley, wie einer seiner Soldaten einen alten Mann während eines Verhörs mehrmals schlug und anschließend in einen Brunnen stieß. Der Alte klammerte sich am Gemäuer fest, Calley legte mit seiner M-16 an und erschoss den Mann.[94]

---

90 Sworn Statement Leon J. Stevenson, 3. 11. 1969, S. 2, in: NA, RG 319, AS, PI-FR, Vol. IV: CID-Statements, Box 57, S. 440; siehe Sworn Statement John H. Smail, 14. 12. 1969, S. 7, in: ebenda, S. 429. In internen Beurteilungen der Armee wurden ähnliche Urteile abgegeben: Fact Sheet, To: Chief of Staff United States Army, Subject: C Company, 1st Battalion, 20th Infantry, 21. 12. 1969, S. 1, in: RG 319, AS, PI-AC, Box 4, Folder: Army Staff Monitor Summary, Nov–Dec 69.

91 NA, RG, 319, PI-FR, Vol. II: Testimony, Box 37, Book 23, Alaux: SUM APP T-68, S. 7 sowie Bilton/Sim, Four Hours, S. 56.

92 Thomas Partsch, C Company, »Task Force Barker«, zit. n. Conduct of the Men of Charlie Company, 1/20, during the Assault on My Lai 4 on 16 March 1968, S. 25, in: NA, RG 319, AS, ODCS-PER, VWCWG, MLM, Box 5, Folder: Administrative Review – SSG Kenneth L. Hodges (Part 3 of 4).

93 Frederick Widmer, C Company, »Task Force Barker«, zit. n. Bilton/Sim, Four Hours, S. 77.

94 Sworn Statement Harry Stanley, 14. 10. 1969, S. 6, in: NA, RG 319, PI-FR, Vol. IV: CID-Statements, Box 57, S. 436. Siehe auch Talking Paper, Subject: Son My Cases, 6. 3. 1971, S. 1, in: RG 319, AS, ODCS-PER, VWCWG, MLM, Box 1, Folder: TJAG My Lai Talking Paper, Jan. 1970–Jun. 1971; Hammer, One Morning, S. 101 sowie Bilton/Sim, Four Hours, S. 79.

Einer der Soldaten, die sich diesen Gewalttätigkeiten verweigerte, war Gregory Olsen: »Ich war auch in dem Dorf. [...] Man verliert das Gespür dafür, was überhaupt noch normal ist. Man verliert sein moralisches Empfinden nicht, aber man wird sehr viel nachgiebiger. [...] Ich dachte, dass wir uns wie alle anderen Einheiten verhielten. Du weißt zwar immer noch, was richtig und falsch ist, aber du lässt Dinge, die falsch sind, viel bereitwilliger laufen.«[95]

Selbstzeugnis, Lieutenant William Laws Calley, Jr., Führer des 1. Platoon, C Company, »Task Force Barker«:
Dezember 1967: »Vietnam [war] ein schäbiges Land – mit Häusern aus Pappe und Blech. [...] Ich fühlte mich überlegen. Ich dachte: Ich bin der große Amerikaner aus Übersee. Ich werde es diesen Leuten schon geben. [...] Ich hatte mir gelobt: Ich werde mich so verhalten, als wäre ich nie sicher. Ich brüllte, schrie, schmiss Steine, warf kleine Kinder in den Fluss – ja, das tat ich. Ich hatte Angst vor vietnamesischen Kindern. Auf der Offiziersanwärterschule hatte ich oft genug von Kindern gehört, die etwas in die Benzintanks oder in die Hütten der GIs steckten.«
Januar 1968, Calley hatte gerade den Befehl zu einem großflächigen Leuchtbombenbeschuss gegeben: »›Charlie Eins. Hier Charlie Sechs.‹ Es war Hauptmann Medina. [...] ›Sie Schwachkopf! Sie sind zweifellos der blödeste Leutnant, den es auf Erden gibt.‹«
Februar 1968: »Immer wieder fragte [unser Oberst – Colonel Frank Barker, B.G.] uns: ›Tote?‹ ›Nein, Sir.‹ ›Keine Toten?‹ ›Niemand, auf den man schießen könnte.‹ [...] ›Sie sollten allmählich anfangen, gründliche Arbeit zu leisten, Leutnant. Sonst suche ich mir jemanden, der das kann.‹ [...] Es wurde langsam lächerlich. Ich konnte die GIs nicht mehr auf Trab bekommen. In einem Zug liefen die GIs ohne Helme herum, sie hatten nur T-Shirts und Badeschuhe an. [...] Ich konnte die GIs einfach nicht bei Laune halten, denn ich fragte mich ja selbst: Wo, verflucht noch mal, sind denn eigentlich die Vietcongs? Oder gibt es vielleicht überhaupt keine?«
Vermutlich Februar 1968, Einsatz in der Gegend von »My Lai (1)«: »Von der anderen Seite des Flusses [wurde] geschossen. [...] An dem Tag verbrauchte ich alle auf unserem Hügel verfügbaren Artilleriegeschosse – Munition für eine Million Dollar. [...] Denn meine Truppen wurden beschossen. Und wenn es mich fünf Millionen Dollar an Artillerie kostete, um das Leben eines Obergefreiten zu retten, hätte ich sie nur so verschleudert. Ich hätte eine Wasserstoffbombe gezündet, wenn ich sie gehabt hätte. Denn

95 Gregory Olsen, C Company, »Task Force Barker«, zit. n. Bilton/Sim, S. 79.

nicht einmal eine Million Dollar reichten aus. Eine Kugel traf meinen Funker. […] ›Charlie Sechs. Hier Charlie Eins. […] Einer meiner Männer ist tot.‹ […] ›Okay, Schätzchen! Und mach ruhig weiter Scheiße, damit die anderen auch noch abgeknallt werden!‹ […] Und einige Soldaten schoben mir die Schuld in die Schuhe. […] Es war Calleys Blödheit, dass wir auf den Dämmen gingen, anstatt im Fluss. Ja, ich gebe zu, ich war wirklich blöde an dem Tag.«

Ende Februar 1968: »Meine Soldaten sagten: ›Mein Gott, träume ich, oder werde ich verrückt?‹ Wir waren nun schon drei Monate in Vietnam – mit dem Ergebnis, dass wir Leute verloren, dass wir für blöd verkauft wurden und dass man uns abknallte. Wir waren täglich in vietnamesischen Dörfern und hatten noch keinen einzigen VC gesehen. […] Ich glaube, ich war ein mittelmäßiger Führer, denn ich konnte nicht mit den Soldaten unter mir reden. […] Ich spielte mich auf und wollte dadurch jedem zu denken geben: Wir erfüllen hier eine Aufgabe. Ich versuchte, den ›Esprit de Corps‹ aufrechtzuerhalten. Aber ich war dazu nicht in der Lage. Man konnte mir meine Zweifel ansehen, und die GIs durchschauten mich.«

Wahrscheinlich Anfang März 1968: »Einmal sah ich einen Vietnamesen vom Nachrichtendienst: Er musste nur aus einem Hubschrauber steigen, und schon bekamen alle weiche Knie. […] Ich war ein Offizier, und ich musste das auch können. Also schlug ich ab und zu einem Vietnamesen aufs Maul. Und wenn er dann umfiel, trat ich auf seinen Fußknöchel und wetzte meinen Stiefel daran. Ich habe vielleicht sogar einmal einen Vietnamesen gekillt.«

Wahrscheinlich Anfang März 1968: »Es klappte überhaupt nie etwas. […] Ich bin ein Idiot gewesen. Jeden hatte ich gefragt, wo der Vietcong sei. Aber in Wirklichkeit hatte ich mit dem Vietcong selbst gesprochen. Denn nur deshalb antwortete mir jeder: ›Ich weiß nicht.‹ Keiner wollte sich ergeben. Endlich hat es mir gedämmert: Diese Leute sind alle Vietcongs. […] Jeder da war ein VC. Die alten Männer, die Frauen, die Kinder, die Babys, sie alle waren der Vietcong oder würden es in etwa drei Jahren sein. Und ich schätze, im Bauch der VC-Frauen gab es auch noch tausend kleine Vietcongs. Ich dachte: Verdammt, was mach ich bloß? Diese verfluchten Leute zerhacken? Eine Machete ziehen und chchch? Sie alle zerstückeln? Denn genau das wird der Vietcong auch machen: die Männer der Nachhut abknallen; ein paar von der Versorgungstruppe, ein paar von der Transporttruppe, von einer Artillerieeinheit.«

März 1968: »Und wenn eine Truppe plötzlich durchdrehte, wenn sie ein vietnamesisches Kind mit Füßen traktierten oder eine verdammte unschuldige Frau töteten, für die sie kein Mitleid empfanden – mein Gott! Sollte sie Medina vielleicht zurechtstutzen? Oder ihnen ein Kriegsgerichtsverfahren an den Hals hängen? […] Verdammt noch mal, nein, Medina wollte diese Männer nicht auch noch verlieren, nur weil sie durchgedreht waren. Er musste eine kampfstarke Einheit haben.«

16. März 1968, 7 Uhr: »Medina brüllte: ›Bringen Sie endlich Ihre gottverdammten Männer hinunter zum Hubschrauber!‹ – ›Ich glaube nicht, dass die das Gefecht ohne uns anfangen werden.‹ – ›Bringen Sie Ihre Männer runter, oder ich such mir jemanden, der es kann‹.«
16. März 1968, Vormittag: »Ich stand allein an einem großen Backsteinhaus und schaute hinein. An der Feuerstelle stand ein Vietnamese, am Fenster ein anderer, und ich knallte sie ab, killte sie. Und seltsam – es machte mir einfach nichts aus. [...] Ich dachte nur: Ein Hurensohn weniger. Jetzt kann ich auch Tote melden.«[96]

Das Verhalten der »Task Force Barker« zwischen Anfang Februar und Mitte März 1968 wird gemeinhin als »leadership breakdown« bezeichnet oder mit einer »außer Kontrolle geratenen Maschine« verglichen.[97] Zweifellos traten Führungsdefizite, die auch andernorts in der »Vietnam Only«-Armee feststellbar waren,[98] bei dieser Einheit markant hervor. Dennoch greift die Rede von der »Auflösung militärischer Führung« zu kurz. Auf Inkompetenz und Fahrlässigkeit fixiert, verstellt sie den Blick auf das Kalkül des US-Oberkommandos. Genauer gesagt: auf die zu Beginn des Jahres 1968 getroffene Entscheidung, die Truppen in der I. Corps Tactical Zone taktisch an der langen Leine zu führen, um strategisch die Kontrolle über das Kriegsgeschehen zu gewinnen. Gerade deshalb rief man die »Task Force Barker« wochenlang nicht zur Ordnung. Die Führung der Truppe wurde nicht leichtfertig preisgegeben, sondern unter besonderen Bedingungen auf eine vermeintlich angemessene Weise gehandhabt.

Vor diesem Hintergrund erhielt die »Task Force Barker« Anfang März 1968 einen Sonderauftrag: die sofortige »Befriedung« von »Son My Village« in der Provinz Quang Ngai. Am südöstlichen Ende des Distrikts Son Tinh und neun Kilometer von der Hauptstadt »Quang Ngai City« entfernt gelegen, war Son My vor dem Krieg ein beliebtes Reiseziel. Seine Strände zum Südchinesischen Meer galten als die schönsten Vietnams, die Gegend hatte es mit zwei Reisernten im Jahr und üppigem Fischfang zu Wohlstand gebracht. Viele der einfachen Bauernhütten

---

96 William Calley, zit. n. Sack, Leutnant Calley berichtet, S. 28, 38–44, 47–50, 61–66, 68–69, 77, 81.
97 Seit die Peers-Kommission in ihrem Untersuchungsbericht von »leadership breakdown« sprach, hat sich dieser irreführende Begriff in der Geschichtsschreibung über die »Task Force Barker« eingebürgert. Siehe Anderson (Hg.), Facing, S. 130 sowie Bilton/Sim, Four Hours, S. 98.
98 Siehe oben, S. 123–132.

waren im Laufe der Jahre geräumigen Reetdachhäusern mit mehreren Zimmern gewichen. 1968 aber glich die Region eher einem Armenhaus. Ein Drittel der knapp 130000 Bewohner des Distrikts Son Tinh war auf der Flucht, Dörfer lagen verlassen oder waren im Zuge von »Search and Destroy«-Einsätzen verwüstet worden, 25000 Menschen kampierten hinter Stacheldrahtverhauen in Flüchtlingslagern.[99] Insbesondere das »Son My Village« hatte unter dem Krieg zu leiden – ein weitläufiger Siedlungskomplex, der lange Zeit als Operationsgebiet starker Vietcong-Verbände galt und vor der »Tet-Offensive« von der Guerilla gehalten wurde. Von dort waren Ende Januar 1968 auch die feindlichen Angriffe gegen »Quang Ngai City« vorgetragen worden.[100] Seit dieser Zeit hatten amerikanische Militärs die vier Verwaltungsbezirke – auch unter dem Namen »Hamlets« geläufig – von Son My im Blick: Tu Cung, My Lai, My Khe und Co Luy. Keines der 20 Dörfer in diesen Verwaltungsbezirken war auf US-Militärkarten mit seinem vietnamesischen Namen vermerkt. Man benannte sie stattdessen nach dem zuständigen Verwaltungsbezirk und gab ihnen Nummern – aus den Dörfern Kho Truong und My Khe (nicht zu verwechseln mit dem gleichnamigen Verwaltungsbezirk My Khe) wurde auf diese Weise *»My Lai (1)«* oder *»Pinkville«*, Xom Lang[101] und Binh Tay wurden als »My Lai (4)« und das Dorf My Hoi als »My Khe (4)« geführt.[102] Dass der Sondereinsatz den wenige Kilometer voneinander entfernt liegenden Orten »My Lai

99 CORDS, Evaluation Report: Pacification in Binh Son, Son Tinh, Tu Nghya and Nghia Hanh Districts, Quang Ngai Province, Confidential, 29. 4. 1968, S. 8–12, in: NA, RG 319, AS, PI-OI, Box 6, Folder: MACV Reports (11).

100 CORDS, Evaluation Report: Pacification in Binh Son, Son Tinh, Tu Nghya and Nghia Hanh Districts, Quang Ngai Province, Confidential, 29. 4. 1968, S. 1, in: NA, RG 319, AS, PI-OI, Box 6, Folder: MACV Reports (11) sowie Office of the Province Senior Advisor, Quang Ngai Province, I. CTZ, Memorandum, Subject: Province Monthly Report, 31. 3. 1968, S. 1–3, in: RG 319, AS, PI-OI, Box 55, Folder: Exhibits: Reports (2).

101 Von den Einwohnern auch Thuan Yen genannt: »Der Ort, zu dem kein Ärger kommt«: Hammer, One Morning, S. 4, 144.

102 In kaum einer historiographischen Darstellung werden die vietnamesischen Ortsnamen gebraucht. Das Dorf Dong De war den US-Truppen nur als *»My Lai (2)«* bekannt, Con Thieu wurde *»My Lai (3)«* genannt. Bei *»My Lai (5)«* handelt es sich um die Dörfer Phung Hoa und Binh Dong, *»My Lai (6)«* steht für Thoung An. Der richtige Name für *»My Khe (2)«* ist My Xuan, *»Co Lay (1)«* heißt richtig Xuan Duong, *»Co Lay (2)«* steht für Xuan Tung und *»Co Lay (3)«* für Xuan Cua. Zur Nomenklatur siehe Hammer, One Morning, S. 4f., 26f., 32f.

(1)«, »My Lai (4)« und »My Khe (4)« galt, steht fest. Über Sinn und Zweck der Operation gehen die Meinungen freilich auseinander.

Vieles spricht dafür, dass man das 48. Local Force Battalion der Vietcong stellen wollte. Diese im Dezember 1967 auf 500 Mann geschätzte Einheit hatte während der Kämpfe um »Quang Ngai City« zur Zeit der »Tet-Offensive« dramatische Verluste erlitten. Ihr Kommandeur, Nguyen Tram, war gefallen, südvietnamesische Truppen schleiften den hinter einen Jeep geketteten Leichnam kilometerweit durch Ortschaften. Beim Versuch, sich in das Son-My-Gebiet zurückzuziehen, wurde das 48. LF Battalion von US-Truppen gestellt. Ein amerikanischer Geheimdienstoffizier: »Angriffshubschrauber schlugen zu und schlachteten, um einen Piloten zu zitieren, die Vietcong ›wie Schweine‹.«[103] Wie viele Verluste die Guerilla erlitt, ist unklar. Amerikanische Schätzungen variierten zwischen 450 und 250 Toten. Wie stark das 48. LF Battalion auch sein mochte, man rechnete damit, dass es sich in Squads und Platoons aufgeteilt hatte, über das gesamte Gebiet von Son My verteilt und vorübergehend nicht einsatzfähig war.[104] In anderen Worten: Der größte Teil von Son My konnte vom Feind bis zum Eintreffen personellen Nachschubs nicht verteidigt werden. »Unter psychologischen Gesichtspunkten lagen auch die Bewohner von Song My am Boden. Zuerst hatten sie unter dem Massaker der Koreaner leiden müssen und dann auch noch unter den Verlusten von Tet.«[105] Es war die günstigste Gelegenheit, eine stark angeschlagene Truppe der Vietcong endgültig aufzureiben. Und der Angriff sollte bewohnten Dörfern gelten, denn dort wurden die diversen Kleingruppen des 48. LC Battalion vermutet.[106]

---

103 Jesse Frank Frosch, Anatomy of a Massacre, S. 186.

104 NA, RG 319, PI-FR, Vol. I: Analyses, Box 1, Chapter 3: Background, S. 8.

105 Jesse Frank Frosch, Anatomy of a Massacre, S. 186.

106 Department of the Army, IG, Subject: Report of Investigation Concerning Alleged Atrocities Committed by Members of Co C, 1/20th Infantry, Task Force Barker, Americal Division, in the Republic of Vietnam, 19. 9. 1969, S. 6, in: NA, RG 319, AS, PI-AC, Box 12, Folder: IG Report – My Lai Task Force Copy; RG 319, AS, PI-FR, Vol. III: Exhibits, Box 55, Book 5: Miscellaneous Documents, Overlays, Sketches, Statements and Administrative, S. 541. Zu den Schätzungen über die Verluste des 48. Local Force Battalion siehe ebenda, S. 537–541; ebenda, Box 54, Book 3: Reports, S. 254; Office of the Province Senior Advisor, Quang Ngai Province, I. CTZ, Memorandum, Subject: Province Monthly Report, Confidential, 3. 3. 1968, S. 4, in: RG 319, AS, PI-OI, Box 9, Folder: I. CTZ Reports sowie Statistical Highlights, January 1968: Enemy Order of Battle, S. 103, in: RG 127, USMC, HMC-HMD, BM-68, Box 5, Folder: FMF Repro Order of Battle Enemy und Folder: Enemy 13 Jan 68.

Zugleich gibt es Indizien, dass es die »Task Force Barker« nicht so sehr auf den bewaffneten Arm der Aufständischen, sondern auf deren zivile Kader abgesehen hatte – auf die sogenannte »Viet Cong Infrastructure« (VCI). Ausweislich diverser Memoranden der Armee und von CORDS wurde dem Kampf gegen die »VCI« und damit dem Programm »Phoenix« seit »Tet« höchste Priorität eingeräumt. So hieß es im »Project TAKEOFF« der III. Marine Amphibious Force (MAF) – der operativ sowohl für die »Americal« Division wie auch die »Task Force Barker« zuständigen Einheit – vom 22. Februar 1968: »Es gilt, die Infrastruktur der Vietcong anzugreifen. [...] Der für Quang Ngai zuständige Berater ist augenblicklich mit der Erstellung einer Master Black List [Schwarzbuch aller Verdächtigen, B.G.] beschäftigt und wird diese nach Fertigstellung an alle Distrikte und in der Provinz operierenden alliierten Einheiten weiterleiten.«[107] Und in einer Bilanz des ersten Halbjahres 1968 schrieb der Kommandierende General der III. MAF an William Westmoreland: »Mit besonderem Nachdruck wurde die VCI attackiert. Trotz der Schwierigkeiten im Februar und März wurden beeindruckende Ergebnisse erzielt. Von den 4000 ins Visier genommenen VCI wurden ungefähr 2000 eliminiert.«[108] Zwar spricht einiges dafür, dass diese »Erfolgsmeldung« maßlos übertrieben war: In der Regel erwischte man nur unbedeutende Funktionsträger. Auch waren viele der angeblich »Eliminierten« nach kurzen Verhören wieder auf freiem Fuß.[109] Nicht zu bestreiten ist hingegen ein ausgeprägtes Interesse der für Quang Ngai zuständigen Militärs an der »Viet Cong Infrastructure«.[110]

Auch die CIA verlegte Anfang 1968 120 zusätzliche »Aufstandsbekämpfer« von ihrem Trainingszentrum Da Nang ins ländliche Quang

---

107 Headquarters III. Marine Amphibious Force, Memorandum, Subject: Project TAKEOFF Summary, Confidential, 22. 2. 1968, S. 1, in: NA, RG 319, AS, PI-OI, Box 4, Folder: MACV Reports (5).

108 Schreiben des Kommandierenden Generals der III. MAF an William Westmoreland vom 14. 7. 1968, Confidential, S. 2, in: NA, RG 319, AS, PI-OI, Box 4, Folder: MACV Reports (2).

109 Project TAKEOFF, CORDS – III. Tactical Zone, For Semi-Annual Period Ending 30 June 1968, Appendix A, S. 3, in: NA, RG 319, AS, PI-OI, Box 4, Folder: MACV Reports (2). Einer anderen internen Schätzung zufolge wurden bis Mitte Mai 1968 knapp 800 zivile Kader der Vietcong »eliminiert«. Mehr als die Hälfte von ihnen wurde wahrscheinlich sofort nach der Festnahme hingerichtet: Bilton/Sim, Four Hours, S. 201.

110 Siehe auch Robert W. Komer, Deputy CORDS, an Lieutenant General Robert E. Cushman, Senior Advisor, I. Corps Tactical Zone, 7. 4. 1968, in: NA, RG 319, AS, PI-OI, Box 3, Folder: MACV Directives (3).

Ngai. Offensichtlich galt die Provinz als primäres Zielgebiet für »Phoenix«-Einsätze in der I. Corps Tactical Zone.[111] Und zweifelsfrei bestanden enge Verbindungen zwischen der »Task Force Barker« und dem neuen CIA-Team.[112] Jesse Frank Frosch, damals US-Geheimdienstoffizier in Quang Ngai und später Büroleiter der Nachrichtenagentur UPI in Phnom Penh, geht noch einen Schritt weiter. Ihm zufolge stellte der Geheimdienst alle relevanten Daten für den Einsatz im »Son My Village« zur Verfügung und überzeugte Frank Barker davon, dass sich in »My Lai (4)« ausschließlich feindliche Kämpfer aufhielten: entweder bewaffnete Mitglieder des 48. Local Force Battalion oder politische Kader der Vietcong. Zwei Drittel der Einwohner von »My Lai (4)« sollen angeblich auf einer schwarzen Liste als »VCI« vermerkt gewesen sein. »Als man die Bewohner von My Lai an die Wand stellte, folgte die C Company im Endeffekt den Direktiven der CIA. [...] Es gibt keinen Zweifel, dass Lieutenant Colonel Barker mit Geheimdienstinformationen über das Gebiet gefüttert worden war.«[113] In der Tat lautete in solchen Fällen die Einsatzorder üblicherweise: »Tötet alles, was sich bewegt.«

Weder die eine noch die andere Deutung des Sonderauftrages für die »Task Force Barker« kann überzeugen. In der Tat erstellte neben der CIA auch die Geheimdienstabteilung der »Americal« Division schwarze Listen für den Distrikt Son Tinh und das »Son My Village«. Aber ungeklärt ist, ob diese Listen bereits Mitte März 1968 vorlagen, an welche Einheiten sie weitergegeben wurden – und insbesondere, ob die »Task Force Barker« im Besitz dieser Unterlagen war und welchen Gebrauch sie davon machte.[114] Während der »My Lai (4)«-Prozesse brachten diverse Verteidiger das Thema zur Sprache, mehrere Journalisten und Historiker gingen der Spur nach – und warteten am

111 Bilton/Sim, Four Hours, S. 200. Siehe auch CORDS, Evaluation Report: Pacification in Binh Son, Son Tinh, Tu Nghya and Nghia Hanh Districts, Quang Ngai Province, Confidential, 29. 4. 1968, S. 1, in: NA, RG 319, AS, PI-OI, Box 6, Folder: MACV Reports (11). Robert W. Komer bezeichnete in einem Brief an William Westmoreland vom 12. 5. 1968 die Provinz Quang Ngai mit Blick auf die »Pazifizierung« als »unsere einzige Prioritätenprovinz in der I. CTZ«, in: RG 319, AS, PI-OI, Box 5, Folder: MACV Report (8).

112 Bilton/Sim, Four Hours, S. 90f.

113 Jesse Frank Frosch, Anatomy of a Massacre, S. 190.

114 Confidential Feature: Americal Against the Infrastructure, S. 23, in: NA, RG 319, AS, PI-OI, Box 5, Folder: MACV Report (8) sowie CORDS, Evaluation Report: Pacification in Binh Son, Son Tinh, Tu Nghya and Nghia Hanh Districts, Quang Ngai Province, Confidential, 29. 4. 1968, S. 12, in: ebenda, Box 6, Folder: MACV Reports (11).

Ende allesamt nur mit verschwörungstheoretisch eingefärbten Argumenten auf.[115] Und der vermutlich kompetenteste Gewährsmann, Jesse Frank Frosch, fand Ende Oktober 1970 in einem Hinterhalt in Kambodscha den Tod.[116] Bis dahin hatte er – zuletzt vor der Peers-Kommission – nähere Angaben zu seiner Behauptung verweigert. Die Spekulationen über eine geheimdienstliche Beeinflussung der »Task Force Barker« kommen immer wieder zur Sprache, weil die militärisch operativen Begründungen des Einsatzes fragwürdig sind. Gewiss wollte man das 48. Local Force Battalion der Vietcong endlich stellen. Aber niemand wusste, wo genau sich diese Truppe Mitte März 1968 aufhielt. Viele Geheimdienstoffiziere der »Americal« Division und ihrer 11. Light Infantry Brigade verorteten die Einheit irgendwo in den Bergen Quang Ngais, weitab von »My Lai (4)«. Ob, wann und in welcher Form diese Nachricht an die »Task Force Barker« weitergegeben wurde, ist unklar – und wird wahrscheinlich auch nicht zu klären sein, weil der Einsatzplan für die Son My-Operation nie zu Papier gebracht wurde.[117] Die plausibelste Annahme lautet daher: Die »Task Force Barker« vermutete, Teile des 48. LF Battalion aufreiben zu können. Und wahrscheinlich versprach man sich auch eine Dezimierung ziviler Funktionsträger der Vietcong. Aber weder im einen noch im anderen Fall verfügte man über auch nur halbwegs verlässliche Informationen. Das ländliche Quang Ngai war ein Kosmos so fremd wie die Rückseite des Mondes. »Die geheimdienstlichen Kompetenzen in vielen dieser Distrikte«, so ein

115 Siehe Deputy Chief of Staff for Personnel, Memorandum, Subject: Administrative Review of Son My Cases, 21. 9. 1971, S. 4, in: NA, RG 319, AS, ODCS-PER, VWCWG, MLM, Box 4, Folder: Administrative Review – Maj. Charles C. Calhoun (Part 1 of 2); Memorandum for the Record: Phonecon between LTC Stevens, OCINFO, and LTC Tucker, IO, Fort Benning, 23. 3. 1970, in: RG 319, AS, ODCS-PER, VWCWG, MLM, Box 1, Folder: My Lai Army Staff Monitor Summaries, Feb–May 1970; Jack Taylor, Did CIA Plan '68 Massacre?, in: *The Sunday Oklahoman*, 25. 3. 1973; Bilton/Sim, Four Hours, S. 88–92 sowie Valentine, Phoenix Program, S. 343f. In den CID-Verhören zu »My Lai (4)« kam das Thema »Phoenix« nur ein einziges Mal zur Sprache – mit ebenso unbefriedigendem Ergebnis: Sworn Statement Lones R. Warren, 5. 12. 1969, S. 2, in: RG 319, AS, PI-FR, Vol. IV: CID-Statements, Box 57, S. 486.

116 Lieutenant Colonel Schopper, Talking Paper, 30. 10. 1970, in: NA, RG 319, AS, PI-AC, Box 36, Folder: Son My Chron. File # 14 (2 of 2).

117 NA, RG 319, AS, PI-FR, Vol. III: Exhibits, Box 55, Book 5: Miscellaneous Documents, Overlays, Sketches, Statements and Administrative, S. 539–541; ebenda, Vol. I: Analyses, Box 1, Chapter 2: Summary Report, S. 1 sowie Bilton/Sim, Four Hours, S. 90.

amerikanischer Berater im Distrikt Son Tinh, »lagen damals fast bei null.«[118] Die »Task Force Barker« führte einen Einsatz auf Verdacht.

Andererseits passte die Operation »Son My Village« zur Stimmung im März 1968. Seitens des Oberkommandos um William Westmoreland war nachdrücklich Zeit- und Handlungsdruck signalisiert worden. »Tet« hatte ein Fenster der Gelegenheit geöffnet, es bestand eine einmalige Chance, »Flagge zu zeigen« und Hochburgen der Vietcong zu schleifen. Ein Erfolg in Son My, so das Kalkül, würde nicht allein die Konstellation in der Provinz Quang Ngai verändern, sondern auf das gesamte Land ausstrahlen und mithin die Aussichten auf eine Kriegswende verbessern. Initiative zeigen, die Verwundbarkeit der Guerilla bloßlegen, »in der Pazifizierungspolitik Maßnahmen ergreifen, die umgehend den größtmöglichen Eindruck hinterlassen«[119] – darauf kam es an. Und deshalb wurden dürftig geplante und überhastet initiierte Attacken in Kauf genommen – Hauptsache, man korrigierte das verheerende Image, das sich im Gefolge der »Winteroffensive« des Feindes eingestellt hatte. »Do battle!« Diese Losung hatten sich auch Colonel Oran Henderson, der Mitte März neu bestellte Kommandeur der 11. Light Infantry Brigade, und Lieutenant Colonel Frank Barker zu eigen gemacht – wenn auch aus anderen Gründen. Für sie bot der Son My-Einsatz die Gelegenheit, sich endlich als fähige Militärs in Szene zu setzen und die bis dato magere Kampfbilanz ihrer Einheiten zu verbessern. Allein um des Renommees der »Americal« Division und der »Task Force Barker« willen forderten beide mehr Aggressivität.[120]

---

118 Aussage des Senior Advisor für den Distrikt Son Tinh, Lieutenant Colonel David C. Gavin, vor der Peers-Kommission: NA, RG 319, AS, PI-FR, Vol. II: Testimony, Box 51, Book 31: Gavin: APP T-9, S. 78. Gavin bezog sich an dieser Stelle auf südvietnamesische Geheimdienste. Da die US Army wie die CIA in Quang Ngai einen Gutteil ihrer Informationen aus südvietnamesischen Quellen bezogen, kann seine Aussage auch auf die amerikanische Seite bezogen werden. Ähnlich äußerte sich der Deputy Senior Advisor für die Provinz Quang Ngai, Lieutenant Colonel William D. Guinn: ebenda, Guinn: APP T-24, S. 24.

119 Ohne Absender, Memorandum to Ambassador Ellsworth Bunker, Pacification, Secret, 17. 4. 1968, S. 3, in: NA, RG 319, AS, PI-OI, Box 65, Folder: Admin.-Secret (Open) # 2. So argumentierte auch der stellvertretende Leiter von CORDS, Robert W. Komer, in einem Brief vom 7. 4. 1968 an den Senior Advisor der I. CTZ, Robert E. Cushman: RG 319, AS, PI-OI, Box 3, Folder: MACV Directives (3).

120 NA, RG 319, AS, PI-FR, Vol. I: Analyses, Box 1, Chapter 2: Summary Report, S. 1; ebenda, Chapter 5: The Son My Operation, 16–19 March 1968, S. 3; ebenda, Chapter 8: Significant Factors which Contributed to the Son

Für alle Beteiligten stand eine Operation von hohem symbolischem Wert bevor, ein Einsatz, bei dem der Zweck jedes Mittel rechtfertigte.

Dementsprechend fielen die Direktiven der verantwortlichen Offiziere für den Einsatz am 16. März 1968 aus. Grundsätzlich konnte die »Task Force Barker« nach eigenem Gutdünken planen. »Die Zerstörung befestigter Ortschaften und von Anlagen in Stellungen der Vietcong oder die Zerstörung von Komplexen, die offensichtlich zu den Kampfstellungen der Vietcong gehören«, so die Regulation 525-1 der 11. Light Infantry Brigade vom 30. Januar 1968, »wird auch ohne die vorherige Zustimmung dieses Hauptquartiers genehmigt.«[121] Das »Son My Village« ließ sich ohne definitorischen Aufwand in dieses Zielprofil einpassen. Die Regulation 525-1 stellte es ferner anheim, in zwei wesentlichen Punkten von den ansonsten üblichen Einsatzrichtlinien abzusehen: Weder waren die Kommandeure verpflichtet, ihre Soldaten zum Schutz zivilen Lebens und Eigentums anzuhalten, noch mussten sie vorab einen »civic action plan« auflegen – also Maßnahmen zur eventuellen Evakuierung oder medizinischen Notfallversorgung.[122] Im Zweifel konnte sich Barker auch auf Richtlinien der III. Marine Amphibious Force berufen, die explizit erlaubten, besiedelte Gebiete als »Free Fire Zones« zu behandeln, sofern es sich um bekannte Rückzugsgebiete der Vietcong handelte oder um Gebiete, in denen die Zivilbevölkerung für ihre Unterstützung des Feindes bekannt war.[123]

My Tragedy, S. 4; ebenda, Vol. II: Testimony, Box 4, Book 2, Gamble: SUM APP T-22, S. 1, 2; ebenda, Vol. IV: CID-Statements, Box 57, S. 476–477; Sworn Statement Charles C. Calhoun, 15. 1. 1970, in: RG 319, AS, ODCSPER, VWCWG, MLM, Box 4, Folder: Administrative Review – Maj. Charles C. Calhoun (Part 1 of 2) sowie Bilton/Sim, Four Hours, S. 87, 94.

121 Headquarters, 11th Infantry Brigade, 30. 1. 1968, 11th Bde Regulation Number 525-1, § 6 (C), Absatz c, in: NA, RG 319, AS, PI-AC, Box 8, Folder: Conduct of the War, MACV Directives, RoE – Chron. File # 3.

122 Department of the Army, Office of the Deputy Chief of Staff for Military Operations, Memorandum for: Chief of Staff, United States Army, Confidential, 16. 12. 1970, S. 1, in: NA, RG 319, AS, PI-AC, Box 8, Folder: Conduct of the War, MACV Directives, RoE – Chron. File # 3.

123 Commanding General, III. Marine Amphibious Force, Memorandum, Subject: Minimizing Noncombatant Battle Casualties, 13. 12. 1966, S. 3 sowie III. Marine Amphibious Force, Force Order PO 3121.5: Standing Operating Procedure for Ground and Air Operations (SOP), 10. 11. 1967, Section IV, § 405, Absatz 2: Specified Strike Zone, in: NA, RG 319, AS, PI-AC, Box 8, Folder: Conduct of the War, MACV Directives, RoE – Chron. File # 3. Der Vorgänger von Colonel Oran Henderson im Amt des Kommandeurs der 11. Light Infantry Brigade, Brigadier General Andy A. Lipscomb, bestätigte die Handlungs-

Major Charles C. Calhoun, der für die Koordination des Einsatzplans zuständige S-3-Offizier, war sich samt seiner Kollegen darüber im Klaren, dass man zwischen »My Lai (1)« und »My Khe (4)« auf unbewaffnete Zivilisten treffen würde. Diese Erfahrung hatte man anlässlich früherer Einsätze wiederholt gemacht, davon gingen alle verantwortlichen Offiziere aus.[124] Aber es handelte sich in ihren Augen um Zivilisten zweiter Klasse – um feindliche Zivilisten eben. Angeblich erkundigte sich Calhoun bei südvietnamesischen Offiziellen nach freien Kapazitäten in umliegenden Flüchtlingslagern. Ob der negative Bescheid tatsächlich den Ausschlag gab oder nicht, sei dahingestellt.[125] In jedem Fall entschied man sich, keinerlei Vorkehrungen zu treffen, die geeignet gewesen wären, Schaden von Zivilisten abzuwenden oder zu minimieren.[126] Selbstredend wurden die Bewohner auch nicht vorab mit Flugblättern oder mittels Lautsprecherdurchsagen zum Verlassen des Gebiets aufgefordert. »Wir hätten den Überraschungseffekt preisgegeben«, so Major Calhoun[127] – und damit die Aussicht ruiniert, entweder feindlicher

---

autonomie der »Task Force Barker« in seiner Aussage vor der Peers-Kommission: RG 319, AS, PI-FR, Vol. II: Testimony, Box 51, Book 31, Lipscomb: APP T-213, S. 22; siehe ebenda, Box 4, Book 2, Granger: SUM APP T-367, S. 2.

124 NA, RG 319, AS, PI-FR, Vol. I: Analyses, Box 1, Chapter 5: The Son My Operation, 16–19 March 1968, S. 5; ebenda, Chapter 12: Findings and Recommendations, S. 24, 28; ebenda, Vol. II: Testimony, Box 25, Book 16, Stephens SUM APP T-74, S. 1 sowie Warren SUM APP T-192, S. 1.

125 Von südvietnamesischer Seite wurde das »Son My Village« ebenfalls als »Free Fire Zone« eingestuft, die Bewohner galten durchweg als feindliche Zivilisten: NA, RG 319, AS, PI-FR, Vol. I: Analyses, Box 1, Chapter 9: Policy and Directives as to Rules of Engagement and Treatment of Noncombatants, S. 26; ebenda, Vol. II: Testimony, Box 51, Book 31, Ford APP T-204, S. 18, 19, Gavin APP T-9, S. 21, 75–78 sowie Guinn APP T-24, S. 24.

126 Department of the Army, Office of the General Counsel, 3. 3. 1972, Memorandum of Law (Maj. Calhoun). S. 3, in: NA, RG 319, AS, ODCS-PER, VWCWG, MLM, Box 4, Folder: Administrative Review – Maj. Charles C. Calhoun (Part 1 of 2); RG 319, AS, PI-FR, Vol. I: Analyses, Chapter 10: Reports, Investigations, and Reviews, S. 20; ebenda, Vol. II: Testimony, Box 51, Book 31, Calhoun SUM APP T-6A, S. 4.

127 Sworn Statement Charles C. Calhoun, 15. 1. 1970, S. 5, in: NA, RG 319, AS, ODCS-PER, VWCWG, MLM, Box 4, Folder: Administrative Review – Maj. Charles C. Calhoun (Part 1 of 2). Eine interne Untersuchung bestätigte diese Aussage: MACV, IG, Memorandum, Subject: Report of Inquiry on Psychological Operations, Americal Division, 27. 6. 1969, S. 2, 8, 9, in: NA, RG 319, AS, PI-OI, Box 1, Folder: Psyops. Siehe auch RG 319, AS, PI-FR, Vol. I: Analyses, Chapter 5: The Son My Operation, 16–19 March 1968, S. 5; ebenda, Vol. II: Testimony, Keshel SUM APP T-177, S. 1–5.

Truppen oder politischer Funktionäre des Feindes habhaft zu werden. Von Unterlassungen, Versehen oder mangelnder Koordination kann also keine Rede sein. Die Einsatzplanung entsprach in allen Details den Absichten der Planer.

Am frühen Nachmittag des 15. März 1968 bestellten Oran Henderson, Frank Barker, Major Calhoun und Captain Kotouc die Kompanieführer der »Task Force Barker« in die »Firebase Dottie« ein. Ein Protokoll dieser Besprechung liegt nicht vor und wurde wahrscheinlich auch nicht verfasst.[128] Wie in zahlreichen anderen Fällen auch, lässt sich das Geschehen nur anhand der Erinnerung der Beteiligten rekonstruieren. Unstrittig ist der Auftrag an die drei Kompanien. Die C Company sollte »My Lai (4)« vom Westen kommend einnehmen und »durchkämmen«. Major Calhoun: »Wenn man mich mit den Worten zitiert, dass damit eine ›Search and Destroy‹-Operation gemeint war, so kann und will ich das nicht bestreiten.«[129] Die B Company erhielt den Auftrag, im Umfeld von »My Lai (1)« vermutete Vietcong aufzuspüren und den eventuell vor der C Company fliehenden Feinden den Rückzug zu versperren. Und die A Company war für die großräumige Sicherung des gesamten Einsatzgebietes zuständig. Von der »Americal« Division hatte man Hubschrauberunterstützung seitens der B Company (Aeroscout), 123. Aviation Battalion und seitens der 174. Assault Helicopter Company, 14. Aviation Battalion angefordert.[130] Und schließlich sollten die an den Dorfrändern gelegenen Landezonen unmittelbar vor dem Angriff für jeweils fünf Minuten mit Artilleriefeuer belegt werden, ebenso der westliche und südwestliche Teil der Dörfer von »My Lai (4)«. »Ich behaupte nicht, dass mich [dieser Befehl] gleichgültig ließ«, so der Kommandeur des zuständigen Artillerieregiments. »Wenn ein Kommandeur von Bodentruppen Unterstützungsfeuer anfordert [...] und es nachweislich um ein bewohntes Gebiet geht, habe ich die Pflicht, dagegen Einspruch zu erheben. Wenn aber der Kommandeur dennoch darauf be-

---

128 NA, RG 319, AS, PI-FR, Vol. I: Analyses, Chapter 5: The Son My Operation, 16–19 March 1968, S. 2.

129 Sworn Statement Charles C. Calhoun, 15. 1. 1970, S. 3, in: NA, RG 319, AS, ODCS-PER, VWCWG, MLM, Box 4, Folder: Administrative Review – Maj. Charles C. Calhoun (Part 1 of 2).

130 NA, RG 319, AS, PI-FR, Vol. I: Analyses, Chapter 2: Summary Report, S. 1 sowie Department of the Army, Office of the General Counsel, 20. 6. 1972, Memorandum of Law (Former CPT Medina). S. 2, in: RG 319, AS, ODCS-PER, VWCWG, MLM, Box 4, Folder: Administrative Review – CPT Ernest L. Medina.

steht, ist es meine Pflicht, das Feuer zu eröffnen.«[131] Alle Beteiligten bestätigten übereinstimmend, dass Colonel Henderson dazu mahnte, sich auch im Fall von Verlusten nicht aufhalten zu lassen und die Dörfer so schnell wie möglich zu »säubern«.[132]

Ansonsten changierte die Einweisung der Truppenkommandeure in einer Grauzone des eindeutig Uneindeutigen. Auf die frustrierenden Einsätze der zurückliegenden Wochen Bezug nehmend, erinnerte Barker daran, dass man schon einmal aus dieser Gegend »herausgeschmissen« worden war. Laut Medina soll er gesagt haben: »Wir nehmen uns diesen Ort jetzt zum letzten Mal vor, und wir wollen diesmal keine halben Sachen.«[133] Wo sich das 48. Local Force Battalion der Vietcong aufhielt, konnte auch der Aufklärungsoffizier, Captain Kotouc, nicht genau sagen. Das Hauptquartier jedenfalls vermutete man in »My Lai (4)«. Medina erwartete deshalb, es am nächsten Morgen mit 200 bis 250 feindlichen Kämpfern zu tun zu haben.[134] Ob auch Barker mit feindlichem Widerstand rechnete, ist unklar. Für den Einsatz spielte es ohnehin keine Rolle. Barker verlangte die völlige Zerstörung des Ortes. Die C und B Company sollten alle Häuser niederbrennen, Nutztiere töten oder vertreiben, Vorräte vernichten und Brunnen vergiften.[135] »Ich wusste gar nicht, dass wir auf diese Art Krieg führen«, soll ein Teilnehmer erwidert und Barker zu der Antwort provoziert haben: »Das ist ein harter Krieg.«[136] Wer wollte, konnte daraus auch eine voraussetzungslose Lizenz zur verbrannten Erde ableiten.

Ebenso schillernd waren Aussagen über die Bewohner des »Son My Village«. Henderson und Barker gaben keinen direkten Mordbefehl.

---

131 Lieutenant Colonel Robert B. Luper, Kommandeur des 6. Battalion, 11. Artillery Regiment, »Americal« Division, zit. n. NA, RG 319, AS, PI-FR, Vol. II: Testimony, Box 5, Book 3, Luper APP T-13, S. 46A.

132 Bilton/Sim, Four Hours, S. 94.

133 Department of the Army, IG, Subject: Report of Investigation Concerning Alleged Atrocities Committed by Members of Co C, 1/20th Infantry, Task Force Barker, Americal Division, in the Republic of Vietnam, 19. 9. 1969, S. 11, in: NA, RG 319, AS, PI-AC, Box 12, Folder: IG Report – My Lai Task Force Copy sowie RG 319, AS, PI-FR, Vol. II: Testimony, Box 23, Book 15, Beardslee SUM APP T-292, S. 1.

134 NA, RG 319, AS, PI-FR, Vol. I: Analyses, Box 1, Chapter 5: The Son My Operation, 16–19 March 1968, S. 4.

135 NA, RG 319, AS, PI-FR, Vol. I: Analyses, Box 1, Chapter 2: Summary Report, S. 2 sowie ebenda, Vol. II: Testimony, Box 25, Book 16, Kotouc SUM APP T-8, S. 2.

136 Fact Sheet, to: Chief of Staff, United States Army, Subject: My Lai, 17. 12. 1969, S. 2, in: NA, RG 319, AS, PI-CI, Box 8, Folder: Admin. Fil. – Dec. (1)

Aber im Unterschied zu gängigen Einsatzbesprechungen verwendeten sie kein Wort auf die Frage, wer für die ansonsten üblichen Verhöre zuständig war oder wie der Transport Verdächtiger zu den Sammelstellen vonstatten gehen sollte.[137] Stattdessen bemühten sie sich um Zuschreibungen, die für sich genommen und erst recht in ihrer Summe ein unterschiedsloses Morden legitimieren konnten. Die Rede war nicht nur von »Sympathisanten der Vietcong«, sondern von »aktiven Sympathisanten«. Wahrheitswidrig wurde unterstellt, die Bewohner hielten sich trotz vorgängiger Warnungen weiterhin in ihren Dörfern auf. Und wer frühmorgens um sieben Uhr noch zu Hause anzutreffen war, konnte angeblich nicht das Leben eines Bauern führen – andernfalls nämlich wäre er längst auf dem Feld oder unterwegs zum Markt.[138] Und Colonel Oran Henderson soll gemahnt haben, nicht erneut die Fehler vergangener Einsätze zu machen und zuzusehen, wie »Männer, Frauen oder Kinder oder andere VC-Soldaten« die Waffen aufsammelten und davonliefen.[139] An diese Bemerkung Hendersons erinnert sich zwar nur Captain Medina. Aber selbst für den Fall, dass er Henderson falsch zitierte, ist Medinas Erinnerung aufschlussreich. Sie lässt erkennen, wie die Verantwortlichen der »Task Force Barker« verstanden werden konnten – und wahrscheinlich verstanden werden wollten. Henderson wie Barker gaben, wie es im Bericht der Peers-Kommission heißt, ihren Kompanieführern hinreichend Anlass zu der Vermutung, »dass sie die Erlaubnis hatten, alle Personen zu töten, die sie dort antrafen«.[140]

Wie die Kompanieführer der A, B und C Company diese Instruktionen weitergaben, war ihre Sache. Ernest Medina rief die Soldaten der C Company am Nachmittag des 15. März zu einer halbstündigen Unterweisung zusammen. Dass die gesamte Kompanie mit den Details eines Einsatzes vertraut gemacht wurde, war ungewöhnlich. Normalerweise wurden nur die Platoonführer unterrichtet. Diesmal freilich suchte Medina den direkten Kontakt zu seinen Soldaten. Die meisten waren gerade von der Trauerfeier für den allseits beliebten Sergeant

---

137 NA, RG 319, AS, PI-FR, Vol. I: Analyses, Box 1, Chapter 2: Summary Report, S. 2 sowie Chapter 5: The Son My Operation, 16–19 March 1968, S. 8.

138 NA, RG 319, AS, PI-FR, Vol. I: Analyses, Box 1, Chapter 2: Summary Report, S. 1 sowie Chapter 5: The Son My Operation, 16–19 March 1968, S. 5.

139 So erinnert Captain Ernest Medina eine Aussage von Oran Henderson: NA, RG 319, AS, PI-FR, Vol. I: Analyses, Box 1, Chapter 5: The Son My Operation, 16–19 March 1968, S. 4.

140 NA, RG 319, AS, PI-FR, Vol. I: Analyses, Box 1, Chapter 5: The Son My Operation, 16–19 March 1968, S. 9 sowie Chapter 12: Findings and Recommendations, S. 20.

Captain Ernest Medina, Kompaniechef C Company, »Task Force Barker«.
© Associated Press

George Cox zurückgekommen, der tags zuvor während einer Patrouille auf dem »Highway One« von einer Sprengfalle tödlich verwundet worden war. Und viele standen noch unter dem Eindruck der nach diesem Anschlag verübten Racheakte – jener Gräueltaten, die der Augenzeuge Gregory Olsen in einem Brief an seinen Vater schilderte. Medinas Wort hatte gerade in dieser Situation Gewicht. Als Sohn eines mexikanischen Einwanderers in ärmlichen Verhältnissen groß geworden, stand er nicht im Verdacht eines sozial privilegierten Karrieristen. Und als Kommandeur wurde er seit dem Koreakrieg allseits geschätzt. »Mit seinem makellosen Auftreten«, so die offizielle Beurteilung, »hat er sich durchweg das Prädikat außerordentlich bis überragend verdient.«[141] Bei den Mannschaften genoss er mehr als Respekt. Sie bewunderten und verehrten ihn. »Er war ein verdammt guter Offizier. Wenn Medina in der Nähe war, konntest du dir gewiss sein, als Soldat so sicher zu sein, wie ein Soldat nur sicher sein kann. Natürlich suchte er den Kampf. Aber man hat gespürt, dass er andere nicht über die Klinge springen ließ, nur um selbst ein paar Orden zu bekommen, oder weil er ein Held sein und befördert werden wollte.«[142] – »Für mich war er der Größte.«[143] Sie nannten ihn den »bissigen Hund« – »mad dog Medina«. Es war als Kompliment gemeint.

An diesem Tag hatte Medina nur eines im Sinn: Seine Männer »heiß« zu machen. Deshalb wollte er zu allen sprechen. »Jeder von uns

141 Fact Sheet, to: Chief of Staff, United States Army, Subject: Company C, 1st Battalion, 20th Infantry, 21. 12. 1969, S. 1, in: NA, RG 319, AS, PI-AC, Box 4, Folder: Army Staff Monitor Summary, Nov–Dec 69.

142 Ein namentlich nicht identifizierter GI der C Company, »Task Force Barker«, zit. n. Hammer, One Morning, S. 99.

143 Sworn Statement John H. Smail, C Company, »Task Force Barker«, 14. 12. 1969, S. 1, in: NA, RG 319, AS, PI-FR, Vol. IV: CID-Statements, Box 57, S. 423.

hing ziemlich in den Seilen. Wir hatten viele Jungs verloren und immer noch keine Gelegenheit zum Kampf gehabt. Egal, was gewesen war, er [Medina] gab dir das Gefühl, dass du jetzt deine große Chance hattest.«[144] Die Rede war von einem »verdammt guten Kampf«:[145] Medina spielte mit der Frustration derer, die sich als Soldaten zweiter Klasse und als Versager sahen, er stellte in Aussicht, es dem Vietcong heimzahlen zu können – und er manipulierte die Phantasien jener, die Rache an den Bauern nehmen wollten. Rache an Menschen, die für den Tod in Hinterhalten verantwortlich gemacht wurden oder dafür, dass man sich überhaupt im Dschungel quälen musste. Wie den Aussagen der Beteiligten zu entnehmen ist, bediente Medina die unterschiedlichsten Erwartungen: Kampfeslust, Überwindung von Kränkungen, Ausleben von Aggressivität. Und vor allem bot er die Aussicht auf Selbstvergewisserung, auf die Bestätigung von Männlichkeit, Überlegenheit und Macht. »Der bloße Gedanke an den nächsten Tag ließ bereits das Adrenalin fließen. Endlich würden wir tun können, wofür wir hier waren. Endlich, endlich würde es passieren.«[146]

Nicht zuletzt bediente sich Medina eines bereits in der Grundausbildung beliebten Mittels. Er machte den GIs Angst, versetzte sie in Todesangst. Bis zu diesem Zeitpunkt hatte die C Company keine nennenswerte Kampferfahrung gehabt. Andererseits wusste man um die Präsenz des Feindes. Erst wenige Wochen zuvor hatten die A und B Company eine weitläufige, bis sechs Meter unter die Erde reichende Tunnelanlage mit drei Tonnen militärischer Ausrüstung entdeckt.[147] Wie viele feindliche Truppen sich wo aufhielten, vermochte Medina nicht zu sagen.

144 Abel Flores, C Company, »Task Force Barker«, zit. n. NA, RG 319, PI-FR, Vol. II: Testimony, Box 51, Book 31, Flores APP T-60, S. 29; siehe ebenda, Box 25, Book 16, Kotouc SUM APP T-8, S. 3; ebenda, Box 37, Book 23, Alaux SUM APP T-68, S. 3; ebenda, Box 40, Book 25, Bernhardt SUM APP T-46, S. 2; Vol. I: Analyses, Chapter 5: The Son My Operation, 16–19 March 1968, S. 13; ebenda, Chapter 8: Significant Factors which Contributed to the Son My Tragedy, S. 15; Vol. IV: CID-Statements, Box 57, S. 267, 364 sowie Testimony Michael B. Terry, 1. 5. 1969, S. 3, in: RG 319, AS, PI-AC, Box 45, Folder: Son My – Biographical Data (Individuals Charged) (7 of 10).

145 Ernest Medina, zit. n. Bilton/Sim, Four Hours, S. 98.

146 Frederick Widmer, C Company, »Task Force Barker«, zit. n. Bilton/Sim, Four Hours, S. 101. Siehe auch NA, RG 319, AS, PI-FR, Vol. I: Analyses, Box 1, Chapter 8: Significant Factors which Contributed to the Son My Tragedy, S. 14.

147 Sworn Statement Lones R. Warren, 5. 12. 1969, S. 2, in: NA, RG 319, AS, PI-FR, Vol. IV: CID-Statements, Box 57, S. 486.

Aber er bezeichnete das Einsatzgebiet als »heißen Ort«, mutmaßte, dass »My Lai (4)« sich als massiv verteidigte Festung erweisen könnte, wollte gar eine zahlenmäßige Überlegenheit der Vietcong nicht ausschließen und stimmte die GIs auf »schwere Verluste« in den eigenen Reihen ein.[148] Und Medina forderte dazu auf, zusätzliche Munition mitzunehmen – mit dem Ergebnis, dass nicht, wie ansonsten üblich, an die 16000 Schuss Munition für 100 Soldaten verpackt wurden, sondern mehr als das Doppelte, die zusätzlichen Granaten für M-79-Granatwerfer und 81-mm-Mörser nicht eingerechnet.[149] »Wir dachten wirklich, die Hölle würde auf uns warten.«[150] Wie es scheint, wollte Medina diesen Zustand stimulieren. Genauer gesagt: den Punkt erreichen, an dem Angst nicht mehr lähmt, sondern aggressive Energien im Übermaß freisetzt und Todesangst in Todesverachtung umschlägt. Das Stakkato aus dem »Boot Camp« hatte alle wieder eingeholt: »Töte, töte, töte – oder du kommst in einem Leichensack nach Hause.«

---

148 Tagebucheintrag des Gefreiten Thomas Partsch, C Company, »Task Force Barker«, 15. 3. 1968, in: NA, RG 319, AS, PI-OI, Box 53, Folder: Exhibits: Miscellaneous (6). Siehe auch RG 319, PI-FR, Vol. I: Analyses, Chapter 5: The Son My Operation, 16–19 March 1968, S. 12; Vol. II: Testimony, Box 37, Book 23, Alaux SUM APP T-68, S. 2, 3; ebenda, Medina SUM APP T-5, S. 3; ebenda, Vol. IV: CID-Statements, Box 57, S. 487; Sworn Statement Harry Stanley, 14. 10. 1969, S. 1, in: RG 319, AS, PI-AC, Box 45, Folder: Son My – Biographical Data (Individuals Charged) (5 of 10) sowie My Lai Incident, Weekly Update, 22–29 December 1969, in: RG 319, AS, ODCS-PER, VWCWG, MLM, Box 1, Folder: My Lai Army Staff Monitor Summaries, Jan 1970.

149 NA, RG 319, AS, PI-FR, Vol. II: Testimony, Box 41, Book 26, Garza SUM APP T-70, S. 3; ebenda, Box 43, Book 27, Smail SUM APP T-71, S. 2; ebenda, Box 45, Book 28, Jolly SUM APP T-57, S. 2; ebenda, Vol. IV: CID-Statements, Box 57, S. 121, 131, 145, 163, 209–210, 229, 327, 416, 431. Siehe auch Sack, Leutnant Calley berichtet, S. 77.

150 Sworn Statement John H. Smail, C Company, »Task Force Barker«, 14. 12. 1969, S. 2, in: NA, RG 319, AS, PI-FR, Vol. IV: CID-Statements, Box 57, S. 424. Zahlreiche andere GIs der C Company äußerten sich in diesem Sinn: ebenda, Vol. II, Box 30, Book 19, Lias SUM APP T-144, S. 2; ebenda, Box 37, Book 23, Murray SUM APP T-43, S. 2; ebenda, Box 38, Book 24, Doines SUM APP T-72, S. 1; ebenda, Box 40, Book 25, Kye SUM APP T-76, S. 1 sowie Lee SUM APP T-59, S. 1; ebenda, Box 41, Book 26, Garza SUM APP T-70, S. 2 sowie LaCroix SUM APP T-207, S. 2; ebenda, Box 43, Book 27, Flores SUM APP T-60, S. 1 sowie Trevino SUM APP T-185, S. 2; ebenda, Box 45, Book 28, Arcoren SUM APP T-69, S. 2; Fagan SUM APP T-67, S. 2 sowie Jolly SUM APP T-57, S. 2.

Explizit wurde Medina auf den Umgang mit Frauen und Kindern angesprochen. Der genaue Wortlaut der Frage ist unklar. »Sie fragten, ob sie alles und jedes, was ihnen zu Gesicht kamen, erschießen könnten«, erinnert sich Michael Terry.[151] Anderen Ohrenzeugen zufolge wollten einige GIs wissen, ob Medina auch Zivilisten als Feinde einstufte.[152] Wie die Frage auch immer formuliert war: Es ging allein darum, ob man Frauen und Kinder erschießen dürfte oder ob man sie umbringen müsste, ob eine Lizenz oder ein Befehl zum Mord an Zivilisten vorlag. Kurz: Ob es einen Ermessensspielraum gab und wie weit er gesteckt war. Wie es scheint, empfanden einige GIs dieses Szenario als ungewöhnlich.[153] Aber keiner brachte seine Irritation zum Ausdruck, niemand widersprach, nicht ein Einziger empörte sich. Es herrschte der kühle Ton des Geschäftlichen: Bringen wir auch Frauen und Kinder um? So sprachen Krieger, die sich längst an das Morden gewöhnt hatten. Oder Soldaten, denen das Skandalöse kein Skandal mehr wert war.

Indem Medina eine eindeutige Antwort verweigerte, gab er eine unmissverständliche Auskunft. Rücksichtnahme war bei diesem Einsatz nicht gefragt. »Ich sagte ihnen, dass wir die Erlaubnis hatten, [...] das Dorf zu zerstören, weil es eine Vietcong-Hochburg war, dass wir die Erlaubnis hatten, die Häuser niederzubrennen, alles Vieh zu töten, die Ernte zu vernichten, die dem Vietcong als Nahrung dienen könnte, die Brunnen zum Einsturz zu bringen.«[154] Dass Zivilisten zu schonen seien, davon war mit keinem Wort die Rede. Nichtkombattanten waren in Medinas Vorstellungswelt entweder nicht vorhanden oder schlicht nicht relevant.[155] Von 104 unter Eid befragten Soldaten der C Company erinnerte nur einer, nämlich Gregory Olsen, an Medinas Ansprache als Aufforderung zur Evakuierung von Zivilisten – allerdings mit der

---

151 Testimony Michael B. Terry, 1. 5. 1969, S. 3, in: NA, RG 319, AS, PI-AC, Box 45, Folder: Son My – Biographical Data (Individuals Charged) (7 of 10).

152 NA, RG 319, AS, PI-FR, Vol. II: Testimony, Box 45, Book 28, West SUM APP T-246, S. 2 sowie Bilton/Sim, Four Hours, S. 98.

153 NA, RG 319, AS, PI-FR, Vol. I: Analyses, Box 1, Chapter 8: Significant Factors which Contributed to the Son My Tragedy, S. 14 sowie ebenda, Vol. IV, CID-Statement, Box 57, S. 431–432.

154 Ernest Medina, zit. n. Bilton/Sim, Four Hours, S. 98 sowie NA, RG 319, AS, PI-FR, Vol. I: Analyses, Chapter 5: The Son My Operation, 16–19 March 1968, S. 13.

155 NA, RG 319, AS, PI-FR, Vol. I: Analyses, Box 1, Chapter 8: Significant Factors which Contributed to the Son My Tragedy, S. 14.

Einschränkung, alle zu töten, die wie Feinde aussahen.[156] 21 Soldaten und Unteroffiziere sprachen während des Prozesses gegen William Calley von einem expliziten Mordbefehl gegen unterschiedslos alle Bewohner.[157] Der Rest gab Kostproben von Medinas semantischer Spitzfindigkeit: »Es gibt keine unschuldigen Zivilisten im Dorf.«[158] – »Wenn ihr einen Mann, eine Frau oder ein Kind seht, dann handelt es sich wahrscheinlich um Kuriere für Waffen, Ausrüstung oder Nachschub.«[159] – »Vernichtet alles, was dem Feind Hilfe und Behaglichkeit gibt.«[160] Der genaue Wortlaut ist im Grunde zweitrangig. »Er hat nicht ausdrücklich gesagt«, so Michael Bernhardt, »jeden Mann, jede Frau und jedes Kind in My Lai zu töten. Er hielt kurz davor inne. Er gab aber alle erdenklichen Hinweise, dass er genau dies erwartete.«[161] Ob Anforderung oder Angebot – entscheidend ist, dass Medina seinen Soldaten das Marodieren und Morden anheimstellte. Sie sollten alle Feinde töten. Und wen sie für den Feind hielten, blieb der Entscheidung jedes Einzelnen überlassen.[162]

---

156 Lelyveld, Story of GI, Story of a Soldier, S. 110 sowie Bilton/Sim, Four Hours, S. 100.

157 Siehe NA, RG 319, AS, PI-FR, Vol. IV: CID-Statements, Box 57, S. 139, 145, 280, 287, 335, 339, 345, 385, 393, 399, 409; Sworn Statement Harry Stanley, 14. 10. 1969, S. 2, in: RG 319, AS, PI-AC, Box 45, Folder: Son My – Biographical Data (Individuals Charged) (5 of 10); Sworn Statement Charles A. West, 6. 12. 1969, S. 1, 2, in: ebenda, Box 46, Folder: Son My – Biographical Data (Individuals Charged) (10 of 10) sowie Bilton/Sim, Four Hours, S. 99.

158 Sworn Statement Michael A. Bernhardt, 20. 11. 1969, S. 1, in: NA, RG 319, AS, PI-FR, Vol. IV: CID-Statements, Box 57, S. 127. Siehe ebenda, S. 117, 319, 327, 391, 416, 423, 431, 450. Siehe auch Vol. II: Testimony, Box 43, Book 27, SUM APP T-60, S. 1; ebenda, Box 45, Book 28, West SUM APP T-246, S. 2; Testimony Michael B. Terry, 1. 5. 1969, S. 3, in: NA, RG 319, AS, PI-AC, Box 45, Folder: Son My – Biographical Data (Individuals Charged) (7 of 10) sowie Talking Paper, Subject: My Lai, 16. 1. 1970, S. 2, in: RG 319, AS, ODCS-PER, VWCWG, MLM, Box 1, Folder: CID My Lai Talking Papers and Fact Sheets, Jan–Jun 1970.

159 Sworn Statement James J. Dursi, 29. 8. 1969, S. 1, in: NA, RG 319, AS, PI-FR, Vol. IV: CID-Statements, Box 57, S. 181; siehe ebenda, S. 323, 385 sowie Vol. I: Analyses, Box 1, Chapter 5: The Son My Operation, 16–19 March 1968, S. 13.

160 Talking Paper, Subject: Son My Cases, 6. 3. 1971, S. 3, in: NA, RG 319, AS, ODCS-PER, MLM, Box 1, Folder: TJAG My Lai Talking Paper, Jan. 1970–Jun. 1971.

161 Michael A. Bernhardt, Gefreiter der C Company, »Task Force Barker«, zit. n. Bilton/Sim, Four Hours, S. 101.

162 NA, RG 319, AS, PI-FR, Vol. II: Testimony, Box 40, Book 25, Olsen SUM APP T-47, S. 2; ebenda, Vol. IV: CID-Statements, Box 57, S. 311 sowie

»Sie wollten eine Rechtfertigung hören, und sie bekamen, was sie wollten.«[163] Mit diesen Worten umschrieb Michael Bernhardt die Stimmung am Ende der Truppenunterweisung. Und viele GIs der C Company gaben ihm recht. »Ich hatte den Eindruck, dass einige von ihnen glücklich darüber waren. [...] Das war es, was die Kompanie sich am meisten gewünscht hatte.«[164] Dass Medina sich die Zeit nahm, zu allen zu sprechen, signalisierte noch ein Weiteres: Sie konnten sich sicher fühlen. Im Grunde gab Medina das Versprechen, wie in der Vergangenheit zu verfahren. Egal, ob sich jemand an Zivilisten verging oder Gefangene erschoss, er konnte sich der Rückendeckung durch seinen Kompanieführer gewiss sein.

Im Unterschied zu Medina unterrichtete Captain Earl Michles, Chef der B Company, nur seine Platoonführer. Auch er gab den Befehl, ihr Zielgebiet – »My Lai (1)« – dem Erdboden gleichzumachen.[165] Zwar war Michles als Offizier bekannt, der Übergriffe auf Zivilisten nicht duldete und wiederholt mit harten Strafen drohte.[166]

Vol. I: Analyses, Box 1, Chapter 5: The Son My Operation, 16–19 March 1968, S. 13.

163 Michael A. Bernhardt, Gefreiter der C Company, »Task Force Barker«, zit. n. Lelyveld, Story of GI, Story of a Soldier.

164 Sworn Statement Thomas J. Kinch, C Company, »Task Force Barker«, 28. 11. 1969, S. 2, in: NA, RG 319, AS, PI-FR, Vol. IV: CID-Statements, Box 57, S. 280. Siehe ebenda, S. 364; Sworn Statement James R. Bergthold, 3. 11. 1969, S. 1, in: RG 319, AS, PI-AC, Box 45, Folder: Son My – Biographical Data (Individuals Charged) (5 of 10); Testimony Michael B. Terry, 1. 5. 1969, S. 6, in: NA, RG 319, AS, PI-AC, Box 45, Folder: Son My – Biographical Data (Individuals Charged) (7 of 10); Testimony Frederick J. Widmer, 15. 7. 1969, in: RG 319, AS, PI-AC, Box 46, Folder: Son My Suspects (3 of 3) sowie Conduct of the Men of Charlie Company, 1/20, during the Assault on My Lai 4 on 16 March 1968, S. 31, in: RG 319, AS, ODCS-PER, VWCWG, MLM, Box 5, Folder: Administrative Review SSG Kenneth L. Hodges (Part 3 of 4).

165 NA, RG 319, AS, PI-FR, Vol. I: Analyses, Box 1, Chapter 5: The Son My Operation, 16–19 March 1968, S. 9–10; ebenda, Chapter 2: Summary Report, S. 2; ebenda, Vol. II: Testimony, Box 27, Book 17, Boatman SUM APP T-184, S. 2; ebenda, Box 28, Book 18, Congleton, SUM APP T-229, S. 1; ebenda, Box 30, Book 19, Hall SUM APP T-240, S. 2; Fact Sheet. To: Chief of Staff, US Army, Subject: Son My, 18. 2. 1970, S. 3–4, in: RG 319, AS, ODCS-PER, VWCWG, MLM, Box 1, Folder: My Lai Army Staff Monitor Summaries, Feb–May 1970.

166 Fact Sheet, Subject: Son My, 4. 6. 1970, S. 3, in: NA, RG 319, AS, ODCS-PER, VWCWG, MLM, Box 1, Folder: CID My Lai Talking Papers and Fact Sheets, Jan–Jun 1970. Siehe auch RG 319, AS, PI-FR, Vol. II: Testimony,

Ob er allerdings auch in diesem Fall darauf bestand, Unbeteiligte zu schonen oder im Zweifelsfall als Kriegsgefangene zu behandeln, ist umstritten.[167] Dass Michles keine Rachephantasien schürte, schien viele seiner Soldaten nicht zu beeindrucken. »Die Männer dachten«, erinnert sich ein Beteiligter, »nach Tagen des Umherlaufens und auf Minen Tretens endlich nach Pinkville gehen und den Leuten dort beibringen zu können, wie es sich anfühlt, verletzt zu werden.«[168] Ob und wie die A Company auf den Einsatz vorbereitet wurde, ist nicht bekannt.

Am Abend des 15. März zogen sich die meisten GIs der »Task Force Barker« wie gewohnt frühzeitig in ihre Unterkünfte zurück. Aber mehr Soldaten als sonst suchten Ablenkung bei Sexfilmen oder Alkohol. »Ich schaute bei zwei oder drei Squads vorbei. Praktisch alle tranken, als wären sie auf einer Party. Viele tranken weit mehr als sonst üblich. [...] Das war, gemessen an meinen sonstigen Erfahrungen, etwas ungewöhnlich.«[169] Michael Bernhardt: »Ich machte mir keine Gedanken. Ich dachte nicht, dass sich die Männer deutlich anders benehmen würden. Okay, sie hatten jetzt eine Erlaubnis. Aber das bedeutete noch gar nichts. Ich glaubte noch immer an die Möglichkeit, dass diese Jungs doch nicht so bösartig sein würden.«[170]

Box 28, Book 18, Dahner SUM APP T-152, S. 5 sowie ebenda, Vol. I: Analyses, Box 1, Chapter 4: Organization, Operations, and Training of US Units, S. 10.

167 NA, RG 319, AS, PI-FR, Vol. I: Analyses, Box 1, Chapter 5: The Son My Operation, 16–19 March 1968, S. 10; ebenda, Chapter 8: Significant Factors which Contributed to the Son My Tragedy, S. 13–14; ebenda, Vol. II: Testimony, Box 28, Book 18, Congleton SUM APP T-229, S. 1; ebenda, Box 30, Book 19, Hooton SUM APP T-376, S. 1; ebenda, Box 35, Book 22, McCloud SUM APP T-353, S. 1–2 sowie Fact Sheet. To: Chief of Staff, US Army, Subject: Son My, 18. 2. 1970, S. 4, in: RG 319, AS, ODCS-PER, VWCWG, MLM, Box 1, Folder: My Lai Army Staff Monitor Summaries, Feb–May 1970.

168 Sworn Testimony Larry G. Holmes, 23. 1. 1970, in: NA, RG 319, AS, PI-FR, Vol. II: Testimony, Box 30, Book 19, Holmes SUM APP T-223, S. 2; siehe auch ebenda, Vol. I: Analyses, Box 1, Chapter 5: The Son My Operation, 16–19 March 1968, S. 11.

169 Unsworn Statement Nguyen Dinh Phu, Dolmetscher bei der C Company, »Task Force Barker«, in: NA, RG 319, AS, PI-FR, Vol. II: Testimony, Box 52, Book 32, Phu APP T-96, S. 5–6. Siehe auch Bilton/Sim, Four Hours, S. 101.

170 Michael A. Bernhardt, Gefreiter der C Company, »Task Force Barker«, zit. n. Lelyveld, Story of a Soldier, S. 111.

Krieger

Am 16. März gegen 7.30 Uhr wurden 99 Soldaten der C Company in unmittelbarer Nähe von »My Lai (4)« – also den Dörfern Xom Lang und Binh Tay – von Hubschraubern abgesetzt. Das 1. Platoon mit 28 Mann, das 2. Platoon mit 24 Mann, das 3. Platoon mit 30 Mann. Hinzu kamen acht GIs aus dem Stab von Captain Medina und neun Mann des Mörserplatoons.[171]

Unmittelbar zuvor waren ihre Landezone und der westliche Rand von Xom Lang für fünf Minuten mit »vorbereitendem Feuer« belegt worden – eine seit Anfang 1966 übliche Praxis mit dem Ziel, Minen zur Explosion zu bringen und feindliche Kämpfer zur Flucht in unterirdische Verstecke zu zwingen. »Humanitäre Rücksichten werden dabei nicht genommen«, konnte man bereits im Abschlussbericht zu einer Anfang 1966 im Raum Bong Son (Provinz Binh Dinh, II. CTZ) durchgeführten Operation dieser Art lesen.[172] Im Fall »My Lai (4)« trieb Lieutenant Colonel Barker die Rücksichtslosigkeit auf die Spitze. »Der Artilleriebeschuss war der heftigste, den ich in meinen zweieinhalb Jahren in Vietnam je gehört hatte«, sagte ein GI der C Company. »Der Beschuss war so heftig, dass wir uns alle in unserer Ahnung bestätigt sahen, auf heftigen Widerstand zu treffen.«[173] Im Schnitt explodierte alle anderthalb Sekunden eine Artilleriegranate. Zusätzlich hatte Barker die Bordschützen der Transport- und Kampfhubschrauber angewiesen, ihre Granat- und Raketenwerfer sowie die »Miniguns« ohne jede Einschränkung zum Einsatz zu bringen.[174] Allein die 174. Assault Helicopter Company verfeuerte in diesen frühen Morgenstunden 13500

---

171 NA, RG 319, AS, PI-FR, Vol. I: Analyses, Box 1, Chapter 5: The Son My Operation, 16–19 March 1968, S. 16.

172 Headquarters 3d Brigade, 1st Air Cavalry Division, Subject: Combat Operations After Action Report, Operation Masher, Operation Whitewing (Eagles Claw), 10. 3. 1966, S. 11, in: NA, RG 319, AS, ODCS-PER, VWCWG, CF, Box 4, Folder: Applegate Allegation, Case 22. Über die Zerstörungen im Gefolge dieses Einsatzes berichtet Sheehan, Große Lüge, S. 583. Zum grundsätzlichen Zweck des »vorbereitenden Feuers« siehe RG 319, AS, PI-FR, Vol. II: Testimony, Box 13, Book 8, Watke SUM APP T-10, S. 1.

173 Sworn Testimony Lones R. Warren, C Company, »Task Force Barker«, 5. 12. 1969, S. 3, in: NA, RG 319, AS, PI-FR, Vol. IV: CID-Statements, Box 57, S. 487; siehe ebenda, S. 312.

174 NA, RG 319, AS, PI-FR, Vol. I: Analyses, Chapter 5: The Son My Operation, 16–19 March 1968, S. 16 sowie Bilton/Sim, Four Hours, S. 105f.

16. März 1968, Hubschrauber der »Task Force Barker« beim Landeanflug. Der Fotograf, Ronald Haeberle, ordnete die Aufnahme entweder der A Company oder der B Company zu.
NA, RG 319, AS, PI-FR, Box 55, Book 6: Exhibits – Photographs; Witness Statement: Ronald Lawrence Haeberle, 25. 8. 1969, S. 3, in: NA, RG 319, AS, PI-FR, Volume IV, Box 57.

Granaten des Kalibers 7.62 mm.[175] William Calley über die Wirkung der gleichzeitig verwendeten »Miniguns«: »Ein ›Minigun‹ ist ein erstklassiges Maschinengewehr, das einen ganzen Fußballplatz innerhalb einer Minute im Abstand von wenigen Zentimetern durchlöchert.«[176] Wie viele Häuser in Xom Lang während dieser fünf Minuten in Brand geschossen wurden, ist unklar. In jedem Fall waren die Rauchsäulen weithin zu sehen.

Kurz vor 8.00 Uhr trennten sich die drei Platoons der Kompanie. Das 1. Platoon nahm den südlichen Teil von Xom Lang ein, das 2. Platoon stürmte die nördliche Hälfte des Dorfes, zog gegen 8.45 Uhr in das 400 Meter entfernte Binh Tay weiter und kehrte eine Stunde später wieder nach Xom Lang zurück. Das 3. Platoon sowie das Mörserplatoon

175 NA, RG 319, AS, PI-FR, Vol. II: Testimony, Box 13, Book 8, Boswell SUM APP T-66, S. 4.
176 William Calley, zit. n. Sack, Leutnant Calley berichtet, S. 77.

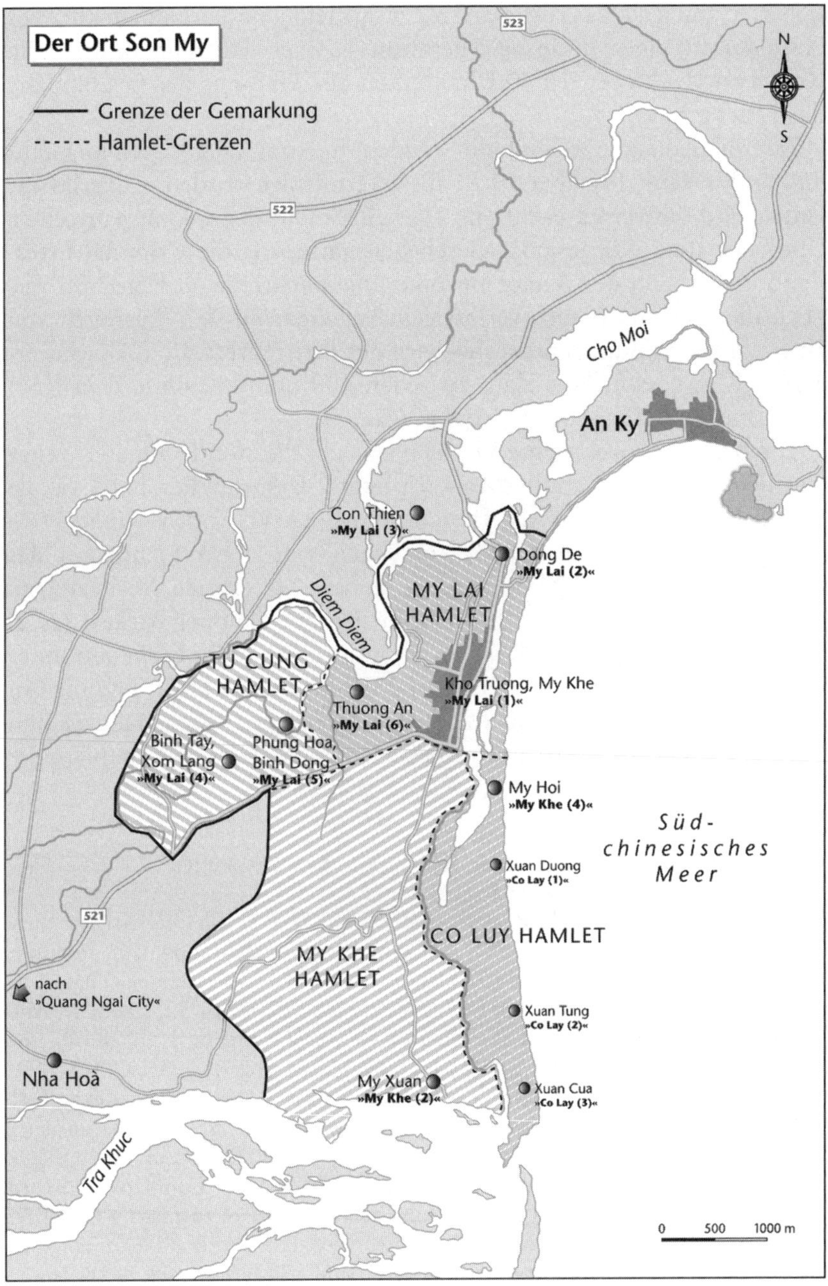
Der Ort Son My
Grenze der Gemarkung
Hamlet-Grenzen
N
S
523
522
521
Cho Moi
An Ky
Con Thien
»My Lai (3)«
Dong De
»My Lai (2)«
MY LAI
HAMLET
Diem Diem
TU CUNG
HAMLET
Thuong An
»My Lai (6)«
Kho Truong, My Khe
»My Lai (1)«
Binh Tay,
Xom Lang
»My Lai (4)«
Phung Hoa,
Binh Dong
»My Lai (5)«
My Hoi
»My Khe (4)«
Süd-
chinesisches
Meer
Xuan Duong
»Co Lay (1)«
CO LUY HAMLET
MY KHE
HAMLET
nach
»Quang Ngai City«
Xuan Tung
»Co Lay (2)«
Nha Hoà
My Xuan
»My Khe (2)«
Xuan Cua
»Co Lay (3)«
Tra Khuc
0 500 1000 m

sicherten zunächst das rückwärtige Einsatzgebiet und begannen kurz vor 9.00 Uhr mit einer »mop-up Operation« – einer »Aufräumaktion« – in Xom Lang.[177] Gegen 10.30 Uhr stellten alle Platoons der C Company das Feuer ein.

Ihre Bilanz nach zweieinhalb Stunden: In Xom Lang waren ungefähr 350 und in Binh Tay über 50 Zivilisten ermordet worden. Zuverlässige Daten sind schwer zu ermitteln. Da kein Soldat der C Company einen Überblick über das gesamte Geschehen hatte, zog die Criminal Investigation Division der Armee Bevölkerungsstatistiken zu Rate und verglich diese ebenfalls unzuverlässigen Angaben mit den Aussagen von Überlebenden und den Steuerbüchern der Provinzverwalter. Daraus ergibt sich insgesamt eine Zahl zwischen 400 und 430 Opfern in Xom Lang und Binh Tay – oder »My Lai (4)«.[178]

Die B Company erreichte Viertel nach acht die zwei Kilometer weiter westlich gelegene »Landing Zone Uptight«. Ursprünglich hatte sie die Dörfer Kho Truong und My Khe – also »My Lai (1)« oder *»Pinkville«* – »durchkämmen« sollen. Beim Vorrücken wurde ein Lieutenant des 2. Platoon von einer Mine getötet, sieben GIs erlitten Verletzungen durch Sprengfallen. Daraufhin zog Lieutenant Colonel Barker das 2. und 3. Platoon von »My Lai (1)« ab und schickte die Einheiten unter Aufsicht des Kompanieführers Earl Michles in das Dorf Thoung An (»My Lai (6)«). In Thoung An blieben Menschen, Vieh, Häuser und Vorräte unversehrt. Man kontrollierte lediglich die Ausweispapiere der Einwohner.[179]

---

177 NA, RG 319, AS, PI-FR, Vol. I: Analyses, Box 1, Chapter 5: The Son My Operation, 16–19 March 1968, S. 16.

178 NA, RG 319, AS, PI-FR, Vol. I: Analyses, Box 1, Chapter 2: Summary Report, S. 3; ebenda, Chapter 6: Company C, 1st Battalion, 20th Infantry: Actions on 16 and 17 March 1968, S. 19–21; Witness Statement Pham Lai, 5. 1. 1970, in: ebenda, Vol. II: Testimony, Box 52, Book 32, Lai SUM APP T-114, S. 1; Conduct of the Men of Charlie Company, 1/20, during the Assault on My Lai 4 on 16 March 1968, S. 2, in: RG 319, AS, ODCS-PER, VWCWG, MLM, Box 5, Folder: Administrative Review – SSG Kenneth L. Hodges (Part 3 of 4) sowie Hammer, One Morning, S. 144. Die an einer Stelle des Peers-Berichts genannte Zahl von 175–200 Opfern in »My Lai (4)« basiert ausschließlich auf Aussagen von Soldaten der C Company und wird seitens der Autoren des Berichts ausdrücklich als viel zu niedrig bewertet: RG 319, AS, PI-FR, Vol. I: Analyses, Box 1, Chapter 6: Company C, 1st Battalion, 20th Infantry: Actions on 16 and 17 March 1968, S. 18–19.

179 NA, RG 319, AS, PI-FR, Vol. I: Analyses, Box 1, Chapter 7: Company B, 4th Battalion, 3d Infantry: Actions on 16–19 March 1968, S. 3–7; ebenda, Vol. II: Testimony, Box 28, Book 18, Congleton SUM APP T-229, S. 2;

Einen Kilometer weiter östlich von »My Lai (6)« spielten sich ganz andere Szenen ab. Das 1. Platoon der B Company unter 1. Lieutenant Thomas K. Willingham umstellte gegen 9.30 Uhr das Dorf My Hoi (»My Khe (4)«), einen Weiler von knapp 20 Häusern zu beiden Seiten eines Dschungelpfades. Viele seiner Bewohner waren erst tags zuvor aus Flüchtlingslagern zurückgekehrt, im Vertrauen auf Regierungsvertreter, die ihr Dorf als sicheres Gebiet bezeichnet hatten.[180] Der per Funk übermittelte Befehl von Kompanieführer Michles war eindeutig: »Frauen und Kinder nicht in Mitleidenschaft ziehen!«[181] Der Befehl wurde nicht befolgt – aus Gründen, die bis heute im Dunkeln liegen. Dass die Einheit aus dem Dorf heraus von Heckenschützen unter Feuer genommen wurde und in der Folge in Notwehr handelte, wurde zwar von einigen Beteiligten unterstellt. Wie es scheint, bedienten sie sich aber einer weithin bekannten Schutzbehauptung.[182] Dass Captain Michles seine Order widerrief, ist äußerst unwahrscheinlich. Möglicherweise ignorierte Lieutenant Willingham seinen Vorgesetzten und deutete den Befehl in das Gegenteil um.[183] Sogar eine Meuterei in mörderischer Absicht ist nicht auszuschließen: Weder Platoonführer Willingham – erst seit wenigen

---

ebenda, Box 33, Book 21, Duff SUM APP T-268, S. 2–3 sowie Esterling SUM APP T-270, S. 1–3 sowie Fact Sheet. To: Chief of Staff, US Army, Subject: Son My, 18. 2. 1970, S. 3–4, in: RG 319, AS, ODCS-PER, VWCWG, MLM, Box 1, Folder: My Lai Army Staff Monitor Summaries, Feb–May 1970.

180 Hammer, One Morning, S. 5, 56, 60, 147.

181 Sworn Testimony Earl Rushin, 26. 1. 1970, in: NA, RG 319, AS, PI-FR, Vol. II: Testimony, Box 31, Book 20, Rushin SUM APP T-245, S. 3; siehe ebenda, Box 30, Book 19, Holmes SUM APP T-223, S. 3; ebenda, Box 33, Book 21, Mercer SUM APP T-349, S. 3; ebenda, Vol. I: Analyses, Box 1, Chapter 2: Summary Report, S. 3; Chapter 7: Company B, 4th Battalion, 3d Infantry: Actions on 16–19 March 1968, S. 7–9.

182 NA, RG 319, AS, PI-FR, Vol. 1: Analyses, Box 1, Chapter 7: Company B, 4th Battalion, 3d Infantry: Actions on 16–19 March 1968, S. 6. Siehe auch ebenda, Vol. II: Testimony, Box 30, Book 19, Hall SUM APP T-240, S. 3 sowie Jenkins SUM APP T-348, S. 2.

183 CID-Report of Investigation, 70-CID011-00039, 20. 2. 1970, S. 2, in: NA, RG 319, AS, PI-AC, Box 47, Folder: Son My – Other Individuals (1 of 3). Die Criminal Investigation Division kam nach Interviews mit 158 Personen zu dem Schluss: »Es gibt unzureichende Beweise, um die Behauptung, dass Thomas Kent Willingham […] die Morde befahl, entweder zu untermauern oder zu widerlegen«: Talking Paper, Subject: The CID Investigation Concerning the Conduct of B/4/3d Infantry and A/3/1st Infantry at Son My, 6. 7. 1971, S. 1, in: RG 319, AS, ODCS-PER, VWCWG, MLM, Box 7, Folder: Release of Peers Report to the Public, 13 Nov 1974.

Tagen bei der B Company und in den Augen seiner Soldaten ein »Flop«[184] – noch der ihm zugewiesene Sergeant hatten ihre Einheit unter Kontrolle.[185] Was auch immer den Ausschlag gegeben haben mag – zehn Soldaten, nämlich das »point team« und die 1. Squad, diktierten in der Folge das Geschehen. Vom Dorfrand aus nahmen sie die Häuser mit M-16-Sturmgewehren und M-60-Maschinengewehren für ungefähr fünf Minuten unter Feuer und erschossen mehrere Frauen und Kinder, die aufgeschreckt aus ihren Häusern geflohen waren. Anschließend stürmte die Gruppe das Dorf, sprengte Schutzbunker mit Handgranaten, legte auch auf jene an, die der Aufforderung zum Verlassen ihrer Keller nachgekommen waren, vergewaltigte, zerlegte menschliche Körper mit Maschinengewehrfeuer in zwei Hälften. Aus der Luft mit einer neuen Ladung TNT versorgt, pulverisierte der Stoßtrupp das Dorf My Hoi schließlich vollends.[186]

Die Bilanz des 1. Platoon der B Company nach knapp einer Stunde: der Peers-Kommission zufolge wahrscheinlich 90 ermordete Zivilisten in My Hoi oder »My Khe (4)«. Eigene Verluste: Keine. Erbeutete Waffen: Keine.[187] Lieutenant Willingham sprach anderthalb Jahre später in einem Verhör von 23 gefallenen Vietcong.[188]

---

184 Witness Testimony James A, Braddock, 23. 1. 1970, S. 7, in: NA, RG 319, AS, PI-FR, Vol. II: Testimony, Box 33, Book 21.

185 NA, RG 319, AS, PI-FR, Vol. I: Analyses, Box 1, Chapter 7: Company B, 4th Battalion, 3d Infantry: Actions on 16–19 March 1968, S. 8.

186 NA, RG 319, AS, PI-FR, Vol. I: Analyses, Box 1, Chapter 2: Summary Report, S. 3; ebenda, Chapter 7: Company B, 4th Battalion, 3d Infantry: Actions on 16–19 March 1968, S. 8; ebenda, Vol. II: Testimony, Box 28, Book 18, Fernandez SUM APP T-309, S. 2; ebenda, Box 30, Book 19, Hall SUM APP T-240, S. 4–5, Hooton SUM APP T-376, S. 2 sowie Jenkins SUM APP T-348; ebenda, Box 31, Book 20, Michener SUM APP T-209, S. 8 sowie Warner SUM APP T-336, S. 3; Andre C. R. Feher, Agent's Statement, 17. 12. 1969, in: RG 319, AS, PI-AC, Box 51, Folder: War Crimes Allegations – 9: Reid Allegation (Co Lay/Co Luy) sowie Fact Sheet, To: Chief of Staff, U.S. Army, Subject: Son My, 25. 2. 1970, S. 2, in: RG 319, AS, ODCS-PER, VWCWG, MLM, Box 1, Folder: CID My Lai Talking Papers and Fact Sheets, Jan–Jun 1970.

187 NA, RG 319, AS, PI-FR, Vol. I: Analyses, Box 1, Chapter 2: Summary Report, S. 4 und Chapter 7: Company B, 4th Battalion, 3d Infantry: Actions on 16–19 March 1968, S. 2.

188 Testimony Thomas K. Willingham, 8. 5. 1969, S. 8, in: NA, RG 319, AS, PI-AC, Box 47, Folder: Son My – Other Individuals (1 of 3).

Aus dem Vernehmungsprotokoll einer Überlebenden von My Hoi, Nguyen Thi Bay, zusammengefasst von dem CID-Ermittler Andre C. R. Feher: »Ungefähr 20 amerikanische Soldaten kamen in ihr Dorf. [...] Frau Bay zufolge waren weder Vietcong noch vietnamesische Truppen in dem Ort. Die US-Truppen wurden nicht beschossen. Wenn amerikanische Truppen früher in das Dorf kamen, gingen die Bewohner immer in ihre Bunker. Wenn die Truppen da waren, kamen sie aus den Bunkern heraus und bekamen Süßigkeiten und Lebensmittel von den Soldaten. An diesem Tag jedoch eröffneten die Soldaten das Feuer und erschossen sie, als sie aus den Bunkern kamen. Frau Bay sagt, dass die meisten Leute erschossen wurden, als sie aus den Bunkern kamen. [...] Damals lebten ungefähr 100 Menschen in My Hoi. [...] Frau Bay sagt, dass 90 Personen erschossen wurden und nur 10 überlebten. Die Überlebenden waren auf dem Meer zum Fischen. [...] Bay kam aus ihrem Bunker zusammen mit zwei weiteren Frauen und drei Kindern. [...] Sie wurden von zwei oder drei weißen US-Soldaten gezwungen, in ein Haus zu gehen. [...] Zu diesem Zeitpunkt waren vier Frauen und drei Kinder in dem Haus. Danach kamen zwei farbige Soldaten dazu. [...] Die beiden Farbigen [...] zogen ihre Hosen herunter und forderten die Frauen auf, sich auf den Boden zu legen, um mit ihnen Geschlechtsverkehr haben zu können. Zu diesem Zeitpunkt waren nur noch die beiden Farbigen in dem Haus. Die anderen Soldaten waren gegangen. [...] Die Frauen weigerten sich, und einer der farbigen Soldaten schlug die Frauen mit seinem Gewehrkolben. Der Soldat, der die Frauen geschlagen hatte, zog seine Hosen wieder an. [...] Zu dieser Zeit belästigten sie die Frauen nicht mehr. Kurz darauf sagten die Frauen den Soldaten, dass die Kinder Essen bräuchten. Einer der Soldaten zog Patronen heraus und sagte ihnen, dies sei Essen für die Kinder. Dieser Soldat schlug die Frauen erneut mit seinem Gewehrkolben. Danach vergewaltigten die beiden Soldaten Frau Bay. Sie weiß nicht mehr, wie oft, aber die anderen Frauen sagten ihr, dass sie von beiden Soldaten vergewaltigt wurde. Danach kam ein weißer Soldat herein und forderte die beiden Farbigen zum Verlassen des Hauses auf. Dann nahm der weiße Soldat die ganze Gruppe und brachte sie in ein anderes Haus in der Nähe des Strandes. Danach wurden Bays Hände gefesselt, und der weiße Soldat nahm sie mit in ein anderes Haus. Dort waren fünf weiße Soldaten. Einer zeigte ihr zwei Patronenhülsen, die mit einem Gummiband zusammengebunden waren. Man nannte sie Vietcong. Sie bestritt, ein Vietcong zu sein. Das war ungefähr gegen Mittag. Einer der Soldaten bedrohte Frau Bay mit einem Messer, weil er glaubte, die Patronen seien vom Vietcong benutzt worden. Sie bestritt das ebenfalls. Dann gab man ihr zwei Taschen zum Tragen, und sie ging mit den Soldaten weg. Sie wurde zu einem Feld mitgenommen und verbrachte dort die Nacht. In dieser Nacht ist ihr nichts geschehen. Am nächsten Morgen wurde sie von den Soldaten aufgefordert, sie nach My Hoi zurückzubringen. [...] Dann traf sie auf ein paar Soldaten der südvietnamesischen Armee. […] Die ARVN-Soldaten wollten von ihr Informationen über den Vietcong. Sie sagten ihr, falls ihnen etwas zustoßen sollte, würden sie Frau Bay töten. Danach wurde sie freigelassen. […] Zum Zeitpunkt des Vorfalls war Frau Bay im zweiten Monat schwanger. Am Tag nach der Vergewaltigung verlor sie ihr Baby. […] Diese Aussage wurde […] an Frau Bays Krankenbett im Hospital von Chu Lai aufgenommen.«[189]

Bei ihrem Einsatz gegen das »Son My Village« tötete die »Task Force Barker« am Vormittag des 16. März 1968 zwischen 8.00 Uhr und 10.30 Uhr um die 500 Bewohner. Die genaue Zahl dürfte irgendwo zwischen 490 und 520 liegen. Einige waren erst wenige Wochen alt, manche im Greisenalter, die meisten waren Bauern mittleren Alters.[190] Die Zahl der in Xom Lang, Binh Tay und My Hoi zu diesem Zeitpunkt anwesenden Vietcong wird mit zehn angegeben; vier von ihnen waren bewaffnet.[191]

Unter welchen Umständen begann das Morden? Welche Bedingungen fanden die Soldaten an ihrem Einsatzort vor? Wie wurde die Situation wahrgenommen? Gibt es einen Zusammenhang zwischen situativer Dynamik einerseits und Gewalttätigkeit andererseits? *Wie wurde gemordet?* Wie gingen die Täter vor? Welcher Mittel bedienten sie sich? Kann zwischen dominanten und marginalen Verhaltensweisen unterschieden werden? *Wie sahen die Verlaufskurven der Gewalt aus?* Gab es Schübe der Eskalation oder Phasen des Innehaltens? Wurden bestimmte Individuen oder Gruppen verschont, zu welchem Zeitpunkt und unter welchen Umständen? *Wie groß war die Gruppe der Täter, wer verweigerte sich der Gewalt?* Gab es eine Hierarchie in der Tätergruppe? Wer handelte freiwillig, wer wider Willen, unter Druck oder auf Befehl? Wurden Handlungsspielräume für aktiven und passiven Widerstand geschaffen und genutzt? *Warum währte das Morden so lange?* Wer intervenierte wann? Was gab den Anstoß zur Intervention?

---

189 Sworn Testimony Nguyen Thi Bay, 17. 12. 1969, S. 1–3, in: NA, RG 319, AS, PI-AC, Box 51, Folder: War Crimes Allegations – 9: Reid Allegation (Co Lay/Co Luy In dieser Akte findet sich auch noch das Aussageprotokoll einer zweiten Zeugin, Nguyen Thi Hien, aufgenommen am 19. 12. 1969. Frau Hien wusste im Unterschied zu Frau Bay nur vom Hörensagen zu berichten.

190 NA, RG 319, AS, PI-FR, Vol. I: Analyses, Box 1, Chapter 6: Company C, 1st Battalion, 20th Infantry: Actions on 16 and 17 March 1968, S. 19.

191 NA, RG 319, AS, PI-FR, Vol. I: Analyses, Box 1, Chapter 6: Company C, 1st Battalion, 20th Infantry: Actions on 16 and 17 March 1968, S. 3; ebenda, Vol. II: Testimony, Box 15, Book 9, McCrary SUM APP T-172, S. 3 sowie Sworn Statement Do Vien, 4. 1. 1970, S. 2, in: RG 319, AS, PI-AC, Box 46, Folder: Son My Suspects (1 of 3).

Wie in den meisten Fällen von Kriegsgräueln und Kriegsverbrechen in Vietnam, können diese Fragen auch im Fall des Son My-Einsatzes nur unzureichend beantwortet werden. Auf das Massaker des 1. Platoon, B Company, »Task Force Barker« in »My Khe (4)« gibt es im »After Action Report« nicht den mindesten Hinweis. Und die nachträgliche Befragung der Beteiligten wurde nicht mit dem gebotenen Nachdruck durchgeführt. Weil die Hälfte der Verdächtigten überdies die Aussage verweigerte und die andere Hälfte zum Teil konträre Erinnerungen zu Protokoll gab, lässt sich im Grunde nur festhalten, dass die Morde tatsächlich stattgefunden haben. Was sich in My Hoi genau abspielte, wird wohl für immer ungeklärt bleiben.[192]

Der Massenmord in »My Lai (4)« und das Verhalten der C Company indessen können vergleichsweise präzise rekonstruiert werden. Von Ronald Ridenhours Brief zum Handeln gezwungen,[193] führte die Criminal Investigation Division Monate vor der öffentlichen Berichterstattung und anderthalb Jahre vor der Eröffnung der Prozesse gegen Lieutenant Calley und Captain Medina weit über 100 Interviews mit Beteiligten, verhörte Täter und protokollierte die Eindrücke von Überlebenden. Die Aussagen der Mannschaften verdienen dabei besondere Beachtung. Im Unterschied zu ihren Offizieren hatten sich die meisten GIs kein abwehrendes oder leugnendes Narrativ zurechtgelegt. Im Gegenteil. Sie waren mehrheitlich auskunftsbereit, ein knappes Dutzend[194]

---

192 NA, RG 319, AS, PI-FR, Vol. I: Analyses, Box 1, Chapter 2: Summary Report, S. 4; ebenda, Chapter 7: Company B, 4th Battalion, 3d Infantry: Actions on 16–19 March 1968, S. 2–9; ebenda, Vol. II: Testimony, Box 28, Book 18, Fernandez SUM APP T-309, S. 2; ebenda, Box 35, Book 22, Myers, SUM APP T-312, S. 2–3; Department of the Army, Office of the Chief of Staff, Memorandum for Record, Subject: Followup Actions on the Peers Report, 8. 7. 1971, in: RG 319, AS, PI-AC, Box 38, Folder: Son My Chron. File # 19 (2 of 2) sowie Office Memorandum, Chief of Staff Army, Subject: Followup Actions on the Peers Report, 26. 7. 1971, in: ebenda, Box 39, Folder: Son My Chron. File # 20 (2 of 2). Siehe auch Memorandum of Law (CPT Willingham), 22. 3. 1971, S. 3, in: RG 319, AS, ODCS-PER, VWCWG, MLM, Box 1, Folder: Administrative Review – My Lai Cases (Part 1 of 4).

193 Siehe oben, S. 18–21.

194 Gemeint sind die Interviews der Criminal Investigation Division mit Ronald Haeberle am 25. 8. 1969, James Dursi am 29. 8. 1969, Gregory Olsen am 30. 8. 1969, Charles Sledge am 1. 9. 1969, Jay Roberts am 12. 9. 1969, Paul Meadlo am 18. 9. 1969, Dennis Conti am 30. 10. 1969, Herbert Carter am 6. 11. 1969, Dan Millians am 7. 11. 1969, Varnado Simpson am 9. 11. 1969 und Michael Bernhardt am 20. 11. 1969. Diese Interviews sind zu finden in: NA, RG 319, AS, PI-FR, Vol. IV: CID-Statements, Box 57, S. 51–53, 85–94,

vermittelte gar den Eindruck, auf eine Gelegenheit zur Aussage gewartet zu haben – weil sie mit den Ereignissen des 16. März 1968 nicht fertig wurden, weil sie aus der Armee entlassen waren und nicht mehr um juristische Konsequenzen fürchten mussten und vielleicht auch, weil sie sich keine Vorstellung von den publizistischen Weiterungen des Falles machten. Die Zeugen sagten unter Eid aus, mussten sich im Zweifel zu abweichenden Darstellungen ihrer Kameraden äußern und wurden je nach Bedarf mehrfach vorgeladen. Von diesen zeitnahen Schilderungen abgesehen, lagen Dutzende von Fotos vor, die der Armeefotograf Ronald Haeberle während des Einsatzes gemacht hatte – Bilder, die zur Überprüfung individueller Aussagen herangezogen werden konnten und nicht zuletzt eine Identifizierung zahlreicher Opfer ermöglichten. So gesehen, fällt die Geschichte der C Company, »Task Force Barker« aus dem Rahmen. Sie gehört zu jenen Ausnahmefällen, in denen Täter, Zuschauer und Verweigerer nicht allein über sich selbst Auskunft gaben, sondern den Blick auf den Vollzug und die Dynamik eines Massakers öffneten.

Zur Ausgangssituation: Die erste Todesschwadron näherte sich aus der Luft. Ein paar Dutzend Bewohner von Xom Lang hatten unter dem Eindruck des intensiven Artilleriebeschusses das Nötigste zusammengepackt und wollten mit etwas Kochgeschirr und Nahrungsmitteln das Dorf in südwestlicher Richtung verlassen. »Sie schienen es nicht sehr eilig zu haben. Sie gingen einfach die Straße entlang.«[195] Weit kamen sie nicht, denn Hubschrauber der 174. Assault Helicopter Company, 14. Aviation Battalion nahmen sie sofort ins Visier. Kurze Zeit kreisten sie in drei Meter Höhe über den Flüchtigen, wollten sie in die Arme der vorrückenden Infanteristen treiben.[196] Alles Weitere schilderte Brian W. Livingston, ein an der Schießerei nicht beteiligter Pilot, in einem Brief an seine Frau. »Ein Jagdkommando der Sharks, diese berüchtigten Killer von Zivilisten, setzte seine Miniguns ein, die Leute fielen einfach um.

111–114, 127–129, 145–149, 153–160, 181–184, 335–337, 363–370, 409–412, 415–421.

195 Witness Testimony, Lawrence M. Colburn, B Company (Aeroscout), 123. Aviation Battalion, 20. 12. 1969, in: NA, RG 319, AS, PI-FR, Vol. II: Testimony, Box 9, Book 5, Colburn APP T-31, S. 6. Siehe auch ebenda, Vol. I: Analyses, Box 1, Chapter 5: The Son My Operation, 16–19 March 1968, S. 17; ebenda, Chapter 6: Company C, 1st Battalion, 20th Infantry: Actions on 16 and 17 March 1968, S. 5–6 sowie ebenda Chapter 10: Reports, Investigations, and Reviews, S. 20.

196 NA, RG 319, AS, PI-FR, Vol. II: Testimony, Box 15, Book 9, Messinger SUM APP T-147, S. 3.

16. März 1968, Angriff auf »My Lai (4)«: Noch bevor die Soldaten der C Company den Ort stürmten, schossen sie auf Zivilisten, die »My Lai (4)« in südlicher Richtung verließen, um sich in Sicherheit zu bringen. Diese von Ronald Haeberle fotografierte Frau hatte sich verstecken wollen und wurde mit mehreren Schüssen aus einer M-16 niedergestreckt.
NA, RG 319, AS, PI-FR, Vol. III, Box 55, Book 6: Exhibits – Photographs; Witness Statement: Ronald Lawrence Haeberle, 25. 8. 1969, S. 1–2, in: NA, RG 319, AS, PI-FR, Volume IV, Box 57

Ich habe noch nie so viele tote Menschen auf einem Haufen gesehen. 95 Prozent von ihnen waren Frauen und Kinder. […] Mir ist schon klar, warum sie Hubschrauberpiloten hassen. Wenn in meiner Gegenwart noch einmal einer dieser Shark-Typen sein großes Maul aufreißt, werde ich ihm eine reinhauen.«[197] Schätzungsweise 30 bis 50 Menschen kamen bei dieser Attacke um. Einige der »Shark«-Piloten hatten zuvor mit veraltetem Gerät bei einer Versorgungseinheit Dienst getan. Zu einem

---

197 Brian W. Livingston, B Company (Aeroscout), 123. Aviation Battalion, Brief an seine Frau vom 16. 3. 1968, in: NA, RG 319, AS, PI-FR, Vol. III: Exhibits, Box 54, Book 4: Miscellaneous Documents; siehe auch ebenda, Vol. II: Testimony, Box 10, Book 6, Livingston SUM APP T-132, S. 4. Livingston bestätigte den Mord auch gegenüber der Criminal Investigation Division: Siehe ebenda, Vol. IV: CID-Statements, Box 57, S. 41.

Kampfeinsatz abkommandiert zu werden, war nach Meinung eines Kollegen ihr ersehntes Ziel – und ein Auftrag, bei dem sie sich auf ihre Weise auszeichnen wollten. »Die dachten wirklich, sie sollten eine Menge Leute umbringen.«[198] An Medinas Besprechung hatten diese Piloten im Übrigen nicht teilgenommen.

»Wir hörten das Feuer der Kampfhubschrauber, und ich dachte mir, dass es Widerstand geben muss«, schilderte ein GI den Moment, als er und andere Soldaten der C Company in der Landezone abgesetzt wurden. »Wenn ein Gefecht beginnt, weißt du nie, ob die eigenen Leute schießen oder ob auf dich geschossen wird.«[199] Zwar war die Landezone in Wirklichkeit »kalt«: Auf die einrückenden amerikanischen Truppen wurde zu diesem Zeitpunkt wie auch in den folgenden Stunden kein einziger Schuss abgegeben. Aber für kurze Zeit schienen sich die schlimmsten Voraussagen Captain Medinas zu bewahrheiten. Und für kurze Zeit gab es seitens der Offiziere kein klares Wort über die Lage – ob sie selbst verwirrt waren, nachlässig handelten oder die Truppen vorsätzlich in dem Glauben an eine massive Präsenz des Feindes lassen wollten, ist unklar. William Calley: »Die Angst steckte mir in allen Gliedern. Ich fühlte sie, ich rannte immer weiter [...] auf ›My Lai (4)‹ zu.«[200] Je näher sie Xom Lang kamen, desto wahlloser schossen die GIs um sich. Mehrere Beteiligte sprachen von einer »Kettenreaktion«. »Von wenigen Ausnahmen abgesehen, feuerten wir alle.«[201] – »Es passierte einfach, die Dinge wuchsen über sich hinaus. [...] Es gab große Konfusion, alles ging sehr schnell.«[202] – »Wir waren so dicht beieinander, dass

198 Witness Testimony Lanny J. McCrary, 17. 1. 1970, in: NA, RG 319, AS, PI-FR, Vol. II: Testimony, Box 15, Book 9, McCrary APP T-172, S. 42.

199 Sworn Statement Leon J. Stevenson, 3. 11. 1969, S. 3, in: NA, RG 319, AS, PI-FR, Vol. IV: CID-Statements, Box 57, S. 441. Siehe auch ebenda, S. 378 sowie Sworn Statement Charles A. West, 6. 12. 1969, S. 2, in: RG 319, AS, PI-AC, Box 46, Folder: Son My – Biographical Data (Individuals Charged) (10 of 10) und CID Report of Investigation, 69-CID011-00014, 25. 9. 1970, S. 16, in: RG 319, AS, ODCS-PER, VWCWG, MLM, Box 6, Folder: Case Folder – llt. William L. Calley, Jr. (Part 4 of 4).

200 William Calley, zit. n. Sack, Leutnant Calley berichtet, S. 78.

201 Sworn Statement Dennis M. Bunning, C Company, »Task Force Barker«, 7. 12. 1969, S. 1, in: NA, RG 319, AS, PI-FR, Vol. IV: CID-Statements, Box 57, S. 139.

202 Sworn Statement George A. Garza, C Company, »Task Force Barker«, 17. 9. 1969, S. 3, in: NA, RG 319, AS, PI-FR, Vol. IV: CID-Statements, Box 57, S. 211. Siehe ebenda, Vol. II: Testimony, Box 38, Book 24, Dursi SUM APP T-64, S. 2.

wir Angst hatten, uns gegenseitig zu treffen.«[203] – »Es gab ›on-line fire‹. In anderen Worten: Fast alle schossen mit ihrer M-16 im Gehen.«[204] – »Jeder tat so [...], als würde die Munition nie zu Ende gehen.«[205]

Die Sturmgewehre vom Typ M-16 auf Automatikfeuer gestellt, simulierte die C Company eine Kampfsituation, inszenierte ein Schlachtfeld, umgab sich mit einem undurchdringlichen Schild aus Krach und Blei. Kurz: Sie phantasierten sich in die Welt des realen Krieges und mithin in ein Universum des erlaubten Tötens. Möglicherweise erlagen einige dieser Suggestion, bildeten sich ein, es tatsächlich mit Kombattanten zu tun zu haben. Wahrscheinlich forderte die Angst ihren Tribut, verzerrte Perspektiven oder mobilisierte zusätzliche Aggressionen. Und auch ein Weiteres ist nicht auszuschließen: dass viele, die ohnehin keinen Unterschied zwischen Bewaffneten und Unbewaffneten machen wollten, unter den gegebenen Bedingungen glaubten, diesen Unterschied erst recht nicht mehr machen zu müssen. Noch bevor sie Xom Lang betraten, legten die Soldaten der C Company auf alles und jeden an. Sie nahmen Wasserbüffel aufs Korn, sie erschossen einen Bauern im Feld, der seine Hände zum Gruß erhoben hatte – oder weil er signalisieren wollte, dass er keine Waffen trug. Eine Frau, die Schutz vor dem Artilleriefeuer gesucht hatte, starb ebenso qualvoll wie zwei um ihr Leben bettelnde Kinder und 20 weitere Zivilisten, die zufällig in die Quere gekommen waren.[206] Die Opfer der Hubschrauberattacke eingerechnet, waren bereits in der ersten Viertelstunde des Einsatzes zwischen 50 und 70 Opfer zu beklagen. Über Funk wurden Phantasiezahlen gefallener Vietcong weitergegeben.

Als sie Xom Lang und wenig später Binh Tay erreicht hatten, teilten sich die drei Platoons der C Company in Squads – Kleingruppen zwischen fünf und acht Mann – auf. Einige Soldaten zogen auch allein oder

---

203 Sworn Statement Dennis I. Conti, C Company, »Task Force Barker«, 30. 10. 1969, S. 3, in: NA, RG 319, AS, PI-FR, Vol. IV: CID-Statements, Box 57, S. 155; siehe ebenda, S. 424.

204 Sworn Statement Harry Stanley, 14. 10. 1969, S. 2, in: NA, RG 319, AS, PI-FR, Vol. IV: CID-Statements, Box 57, S. 432; siehe ebenda, Vol. I: Analyses, Box 1, Chapter 6: Company C, 1st Battalion, 20th Infantry: Actions on 16 and 17 March 1968, S. 4.

205 Ein namentlich nicht identifizierter GI, C Company, »Task Force Barker«, zit. n. Hammer, One Morning, S. 121.

206 NA, RG 319, AS, PI-FR, Vol. I: Analyses, Box 1, Chapter 6: Company C, 1st Battalion, 20th Infantry: Actions on 16 and 17 March 1968, S. 3–7; ebenda, Vol. II: Testimony, Box 38, Book 24, Carter SUM APP T-53, S. 2; ebenda, Vol. IV: CID-Statements, Box 57, S. 85–86, 139–141, 145, 432. Siehe auch Bilton/Sim, Four Hours, S. 109 sowie Hammer, One Morning, S. 122.

nur in Begleitung eines Kameraden durch die Orte. Alle handelten auf eigene Faust, phasenweise verloren sie sich zwischen den dicht stehenden Bambuspflanzen und Bananenbäumen sogar aus dem Blick.[207]

Spätestens jetzt wurde den GIs jetzt klar, wer ihnen gegenüberstand. Viele Bewohner hegten trotz des Artilleriebeschusses keinen Argwohn. Mitte Januar und Anfang Februar waren schon einmal amerikanische Truppen in ihre Dörfer gekommen, hatten um Wasser gebeten, den Kindern Schokolade und Erwachsenen Zigaretten gegeben und sich um Kranke gekümmert. Lieutenant Calley erinnerte sich an Bauern, die auch jetzt erwartungsvoll vor ihren Hütten standen, einige winkten den Soldaten zu.[208] Ein anderer GI sah drei Kinder, um die neun Jahre alt, aus einem Gebüsch krabbeln. »Sie hielten ihre Hände auf und riefen ›chop chop‹. Sie baten also um Essen.«[209] Wie es scheint, suchten anfänglich nur wenige Menschen Schutz in ihren Kellern und unterirdischen Bunkern. Wer sich nicht von seinem Grundstück wagte, harrte in Häusern und Höfen aus. Andere hatten aus eigener Erfahrung oder Erzählungen von Bekannten ihre Lektion für den Umgang mit GIs gelernt. Wer davonlief, machte sich als Vietcong verdächtig und wurde beschossen. Wer sich zu schnell näherte, ebenfalls – weil er eine Granate hätte bei sich führen können. Folglich war es ratsam, langsam und mit ausgebreiteten Armen auf die Soldaten zuzugehen. Wofür sich die Einwohner von Xom Lang und Binh Tay auch immer entschieden – ihr Verhalten gab keinen Anlass zur Panik.[210]

---

207 NA, RG 319, AS, PI-FR, Vol. II: Testimony, Box 38, Book 24, Bergthold SUM APP T-55, S. 2 sowie Cowan SUM APP T-25, S. 2. Siehe auch Hammer, One Morning, S. 120 sowie Bilton/Sim, Four Hours, S. 110.

208 Captain Robert L. Hicks über ein im Juli 1968 mit William Calley geführtes Gespräch, in: *Evening Star,* 16. 9. 1971: Witness Says Capt. Medina Didn't Know About Slaughter. Die Aussage von Robert L. Hicks wurde von einem Überlebenden bestätigt: CID Report of Investigation, 69-CID011-00014, 25. 9. 1970, S. 26, in: NA, RG 319, AS, ODCS-PER, MLM, Box 6, Folder: Case Folder – llt. William L. Calley, Jr. (Part 4 of 4). Siehe auch RG 319, AS, PI-FR, Vol. II: Testimony, Box 41, Book 26, Moss SUM APP T-63, S. 2 sowie Bilton/Sim, Four Hours, S. 154.

209 Witness Testimony Dennis M. Bunning, C Company, »Task Force Barker«, 16. 1. 1970, in: NA, RG 319, AS, PI-FR, Vol. II: Testimony, Box 41, Book 26, Bunning SUM APP T-168, S. 3 sowie ebenda, Vol. IV: CID-Statements, Box 57, S. 139.

210 Siehe NA, RG 319, AS, PI-FR, Vol. II: Testimony, Box 22, Book 14, Roberts SUM APP T-23, S. 8; Statement Truong Ngu, 4. 1. 1970, S. 3, in: RG 319, AS, PI-AC, Box 46, Folder: Son My Suspects (1 of 3) sowie Hammer, One Morning, S. 123.

16. März 1968, »My Lai (4)«: Zwei vietnamesische Übersetzer (Sergeant Phu, links, und Sergeant Minh, rechts) verhören einen alten Mann. Die Soldaten im Hintergrund sind Angehörige der C Company. Ein Überlebender identifizierte den Mann als den 80-jährigen Truong Chau. Das Kind hinter ihm ist der sechsjährige Truong Duc, das Kleinkind in seinem Arm ist der zweijährige Truong Co. Alle drei überlebten das Massaker und flüchteten nach Saigon.
NA, RG 319, AS, PI-FR, Vol. III, Box 55, Book 6: Exhibits – Photographs; Witness Statement Do Vien, 4. 1. 1970, S. 13, in: NA, RG 319, AS, PI-AC, Box 46, Folder: Son My Suspects (1 of 3)

16. März 1968, »My Lai (4)«: Ein GI der C Company bei der Bewachung von Dorfbewohnern. Ein Überlebender konnte einige Personen identifizieren: Der Mann im weißen Hemd am linken Bildrand ist der 50-jährige Pham Tro; er überlebte das Massaker. Dritter von links, in der Hocke, schwarzes Hemd und weiße Kopfbedeckung: Quang Vu, 50, erschossen kurz nach Aufnahme des Fotos. Neben ihm, schwarzes Hemd und weiße Kopfbedeckung, steht der 70-jährige Do Luan. Der zweite von rechts, kniend, weißes Hemd, ist Quang Vus Sohn, der das Massaker überlebte und im Flüchtlingslager Truang An Aufnahme fand.
NA, RG 319, AS, PI-FR, Vol. III, Box 55, Book 6: Exhibits – Photographs; Witness Statement Do Vien, 4. 1. 1970, S. 14, in: NA, RG 319, AS, PI-AC, Box 46, Folder: Son My Suspects (1 of 3)

Ohne erkennbaren äußeren Anlass eröffneten die vom Norden und Süden vordringenden Kleingruppen der C Company sofort und an mehreren Stellen gleichzeitig das Feuer. Manche Soldaten schossen aus der Distanz, andere gaben aus nächster Nähe gezieltes Einzelfeuer, einige stellten ihre M-16 auf Automatik oder streuten die Kugeln im Halbrund, die M-60-Maschinengewehre in die Hüfte gestemmt. Mitunter warfen sie auch Handgranaten in verängstigt am Boden kauernde Gruppen. Körper wurden in Stücke gerissen, Gehirne von der Druckwelle der M-16-Geschosse aus der Schädeldecke gedrückt, Gewebefetzen und Knochensplitter flogen durch die Luft, Menschen lagen von

16. März 1968, »My Lai (4)«: Ein südvietnamesischer Dolmetscher der C Company, Sergeant Minh, mit einer Gruppe von Dorfbewohnern. Ein Überlebender konnte zwei Frauen identifizieren: Die weißhaarige Frau rechts im Hintergrund ist die 80-jährige Ba Luon, die das Massaker überlebte. Ermordet wurde die vor ihr sitzende, ein Kind im Arm haltende Frau namens Ba Chac.
NA, RG 319, AS, PI-FR, Vol. III, Box 55, Book 6: Exhibits – Photographs; Witness Statement Do Vien, 4. 1. 1970, S. 14, in: NA, RG 319, AS, PI-AC, Box 46, Folder: Son My Suspects (1 of 3)

Bajonetten und Messern verstümmelt in Blutlachen: GIs hatten Ohren oder Köpfe abgetrennt, Kehlen aufgeschlitzt und Zungen herausgeschnitten, Skalps genommen.[211] Sie mordeten nicht nur mittels ihrer stählernen Tötungsmaschinen, sondern legten selbst Hand an. Binnen Minuten hatte die C Company eine imaginierte Kampfzone in ein wahrhaftiges Schlachthaus verwandelt.

Zur Art und Weise des Mordens: Als »geschäftsmäßig« charakterisierten Ronald Haeberle und Jay A. Roberts das Verhalten der

---

211 Sworn Statement Dennis M. Bunning, C Company, »Task Force Barker«, 7. 12. 1969, S. 2, in: NA, RG 319, AS, PI-FR, Vol. IV: CID-Statements, Box 57, S. 139. Siehe auch Bilton/Sim, Four Hours, S. 7, 128–130, 153 sowie Hammer, One Morning, S. 128.

C Company.[212] In ihren Funktionen als Armeefotograf und Presseoffizier begleiteten beide die Einheit und konnten das Geschehen aus nächster Nähe beobachten. So auch eine Szene in Binh Tay, als sechs GIs des 3. Platoon eine Gruppe von ungefähr zehn Frauen und Kindern zusammentrieben. Offensichtlich wollten sie eine der jungen Frauen vergewaltigen. Sie zerrten an ihren Kleidern, schrien »VC boom boom« – gemeint war, dass »Vietcong-Huren« auch ihnen zu Diensten sein könnten. »Lasst mal sehen, woraus sie so gemacht ist.« – »Mein Gott, bin ich geil.«[213] Haeberle machte ein Foto von den Vietnamesinnen, nachdem sich eine ältere Frau schützend vor die Belästigte gestellt hatte und als Letztere dabei war, ihre Bluse zu knöpfen. »Passt auf, er hat eine Kamera.« – »Und was machen wir jetzt mit ihnen?« – »Wir haben doch sowieso den Befehl, sie zu töten. Also können wir es gleich machen.«[214] Sekunden später waren alle tot, erschossen von zwei Soldaten mit einem M-60-Maschinengewehr.[215] Haeberle: »Als wir weiter durch das Dorf gingen, fragte ich einige Soldaten: ›Warum?‹ Sie zuckten mehr oder weniger mit den Schultern und töteten weiter. Es war, als hätten sie nur eine Sache im Kopf – finden und vernichten. [...] Das war ihr Job. Es war unheimlich, nur dieses Schulterzucken. Keine emotionale Reaktion.«[216]

---

212 NA, RG 319, AS, PI-FR, Vol. II: Testimony, Box 18, Book 11, Haeberle SUM APP T-174, S. 5 sowie ebenda, Box 22, Book 14, Roberts SUM APP T-23, S. 9.

213 Zwei namentlich nicht identifizierte GIs, 3. Platoon, C Company, »Task Force Barker«, zit. n. Hammer, One Morning, S. 130/131. Jay A. Roberts bestätigte diesen Hergang mehrfach: siehe NA, RG 319, AS, PI-FR, Vol. II: Testimony, Box 22, Book 14, Roberts SUM APP T-23, S. 6 sowie ebenda, Vol. IV: CID-Statements, Box 57, S. 112.

214 Dialog namentlich nicht identifizierter GIs, C Company, »Task Force Barker«, in: NA, RG 319, AS, PI-FR, Vol. II: Testimony, Box 22, Book 14, Roberts SUM APP T-23, S. 6; ebenda, Box 45, Book 28, West SUM APP T-246, S. 3 sowie ebenda, Vol. IV: CID-Statements, Box 57, S. 112.

215 NA, RG 319, AS, PI-FR, Vol. I: Analyses, Box 1, Chapter 2: Summary Report, S. 3; ebenda, Chapter 6: Company C, 1st Battalion, 20th Infantry: Actions on 16 and 17 March 1968, S. 13; ebenda, Vol. IV: CID-Statements, Box 57, S. 87, 433; Memorandum of Law (Smith), o.D., in: RG 319, AS, ODCS-PER, VWCWG, MLM, Box 1, Folder: Administrative Review – My Lai Cases (Part 1 of 4) sowie Conduct of the Men of Charlie Company, 1/20, during the Assault on My Lai 4 on 16 March 1968, S. 14–21, in: ebenda, Box 5, Folder: Administrative Review – SSG Kenneth L. Hodges (Part 3 of 4). Siehe auch Hammer, One Morning, S. 131.

216 Ronald Haeberle zit. n. Bilton/Sim, Four Hours, S. 133.

16. März 1968, »My Lai (4)«: Sekunden nach dieser Aufnahme aus der Dorfmitte von Binh Tay – eines zu »My Lai (4)« gehörenden Weilers – eröffneten zwei Soldaten des 3. Platoon, C Company mit einem M-60-Maschinengewehr das Feuer auf die Frauen und Kinder und erschossen die ganze Gruppe, ungefähr zehn Personen. Die auf dem Foto zu sehenden Opfer wurden von drei überlebenden Bewohnern des Ortes identifiziert: Die Frau rechts im Bild ist die 23-jährige Do Thi Cang; sie hält Do Hac, den sechsjährigen Sohn ihres Bruders, auf dem Arm. Die Frau im Vordergrund ist die 50-jährige Ba So, eine Fischhändlerin aus einem Nachbarort. Das Mädchen links hinten ist die zehnjährige Do Thi Nhut. Neben ihr steht die 50-jährige Do Thi Phu.
NA, RG 319, AS, PI-FR, Vol. III, Box 55, Book 6: Exhibits – Photographs; Witness Statement Do Vien, 4. 1. 1970, S. 14, in: NA, RG 319, AS, PI-AC, Box 46, Folder: Son My Suspects (1 of 3); Witness Statement Truong Ngu, 4. 1. 1970, S. 3, in: NA, RG 319, AS, PI-AC, Box 46, Folder: Son My Suspects (1 of 3), Witness Statement Do Chuc, 27. 11. 1969, S. 3, in: NA, RG 319, AS, PI-AC, Box 46, Folder: Son My – Biographical Data (Individuals Charged) (10 of 10)

In den Untersuchungsberichten der Criminal Investigation Division und der Peers-Kommission über »My Lai (4)« finden sich Dutzende Beispiele »geschäftsmäßigen Tötens« – eines Mordens, das routiniert, kalkuliert und distanziert erscheint. Kurz bevor Angehörige des 1. Platoon in der Dorfmitte von Xom Lang zur Exekution einer Gruppe schritten, stellten sie sicher, dass ihre Kameraden das zu erwartende Schussfeld verließen. »Geht zur Seite, weil wir jetzt gleich das Feuer auf die Vietnamesen eröffnen.«[217] Berichtet wird von Soldaten, die in der knienden Haltung eines Sportschützen anlegten und kleine Kinder wie Wild zur Strecke brachten.[218] Schützen tauschten untereinander ihre Waffen, um so effektiv wie möglich vorgehen zu können,[219] verständigten sich darüber, wer in welcher Zeit wie viele Menschen erschossen hatte und welches Opfer auf wessen Konto gutgeschrieben werden sollte.[220] In diesem Zusammenhang ist ein von Lieutenant Calley geschilderter Vorgang aufschlussreich. Calley hatte gerade die Ermordung von mehreren Dutzend Personen befohlen, als er einen Soldaten entdeckte, der eine Frau zum Oralsex zwingen wollte. »Er hatte sie bei den Haaren gepackt, um sie auf die Knie zu zwingen. [...] Ich rannte zu ihm. ›Zieh dir deine gottverdammten Hosen an‹, schrie ich, ›geh dahin, wo du hingehörst!‹ [...] Weshalb war ich eigentlich so moralisch? Weil es nicht die Aufgabe eines GIs ist, jemanden zu vergewaltigen. Damit vernichtet er den Kommunismus nicht. [...] Es war einfach so, dass wir gekommen waren, um zu vernichten. [...] Wenn sich ein GI Vorteile verschaffen will, dann hält er sich nicht an das, für was

---

217 Ein namentlich nicht identifizierter GI, C Company, »Task Force Barker«, zit. n.: Memorandum of Law (SGT Torres), o.D., S. 2, in: NA, RG 319, AS, ODCS-PER, VWCWG, MLM, Box 1, Folder: Administrative Review – My Lai Cases (Part 1 of 4).

218 Conduct of the Men of Charlie Company, 1/20, during the Assault on My Lai 4 on 16 March 1968, S. 20, in: NA, RG 319, AS, ODCS-PER, VWCWG, MLM, Box 5, Folder: Administrative Review – SSG Kenneth L. Hodges (Part 3 of 4); RG 319, AS, PI-FR, Vol. II: Testimony, Box 22, Book 14, Roberts SUM APP T-23, S. 7 sowie Hammer, One Morning, S. 133.

219 NA, RG 319, AS, PI-FR, Vol. II: Testimony, Box 40, Book 25, Stanley SUM APP T-231, S. 2; ebenda, Vol. IV: CID-Statements, Box 57, S. 147, 268 sowie Testimony Frederick J. Widmer, 15. 7. 1969, S. 23 (1002), in: RG 319, AS, PI-AC, Box 46, Folder: Son My Suspects (3 of 3).

220 Sworn Statement Harry Stanley, C Company, »Task Force Barker«, 14. 10. 1969, S. 6, in: NA, RG 319, AS, PI-FR, Vol. IV: CID-Statements, Box 57, S. 436 sowie Hammer, One Morning, S. 126.

wir ihn bezahlen. Er ist dann nicht kampftauglich.«[221] Calley war einer der wenigen, die ihr Verhalten nicht nur beschrieben, sondern auch interpretierten – und dabei Wesentliches zu erkennen gab: Das Morden in Xom Lang und Binh Tay wurde über weite Strecken als »Tötungsarbeit« verstanden.

»Tötungsarbeit«[222] zeichnet sich in erster Linie durch berechnende Systematik aus. Die Täter betrieben einen großen Aufwand, um die Verstecke ihrer Opfer ausfindig zu machen, zogen von Hütte zu Hütte, von Bunker zu Bunker. »Sie gingen auf dreierlei Weise vor«, so Michael Bernhardt. »Sie setzten die Häuser und Hütten in Brand, warteten, bis die Leute herauskamen, und schossen sie dann nieder. Sie gingen in die Häuser hinein und mähten sie nieder. Und sie trieben die Menschen zu Gruppen zusammen und erschossen sie.«[223] Frauen mit Kleinkindern auf dem Arm wurden ebenso niedergemacht wie Gruppen von Erwachsenen, die auf den Knien um Gnade flehten, oder Greise, die man allein in ihren Unterkünften angetroffen hatte.[224] Wer in Bunkern Zuflucht suchte, hatte erst recht keine Chance. »In der Mitte des Dorfes rannten die GIs kreuz und quer durcheinander und warfen Granaten in die Bunker.«[225] Mitunter wurden die Menschen auch mit vorgehaltener Waffe in die Schutzräume getrieben und anschließend in die Luft gesprengt.[226] »Wenn jemand der Aufforderung zum Verlassen der Bunker nachkam,

---

221 William Calley, zit. n. Sacks, Leutnant Calley berichtet, S. 84/85. Siehe auch Sworn Statement Charles W. Hall, 24. 10. 1969, S. 2, in: NA, RG 319, AS, PI-FR, Vol. IV: CID-Statements, Box 57, S. 234 sowie Bilton/Sim, Four Hours, S. 372.

222 Der Begriff geht zurück auf Alf Lüdtke, Exterminating »Others«.

223 Michael Bernhardt, C Company, »Task Force Barker«, zit. n. Hammer, One Morning, S. 125.

224 NA, RG 319, AS, PI-FR, Vol. I: Analyses, Box 1, Chapter 2: Summary Report, S. 2; ebenda, Chapter 6: Company C, 1st Battalion, 20th Infantry: Actions on 16 and 17 March 1968, S. 8; ebenda, Vol. II: Testimony, Box 18, Book 11, Haeberle SUM APP T-174, S. 1; ebenda, Box 38, Book 24, Carter SUM APP T-53, S. 3; ebenda, Box 40, Book 25, Stanley SUM APP T-231, S. 3; ebenda, Vol. IV: CID-Statements, Box 57, S. 147 sowie Conduct of the Men of Charlie Company, 1/20, during the Assault on My Lai 4 on 16 March 1968, S. 1, 10, in: NA, RG 319, AS, ODCS-PER, VWCWG, MLM, Box 5, Folder: Administrative Review – SSG Kenneth L. Hodges (Part 3 of 4).

225 Witness Testimony Gregory T. Olsen, 30. 12. 1969, in: NA, RG 319, AS, PI-FR, Vol. II: Testimony, Box 40, Book 25, Olsen SUM APP T-47, S. 4.

226 Sworn Statement Dennis I. Conti, 30. 10. 1969, S. 4, in: NA, RG 319, AS, PI-FR, Vol. IV: CID-Statements, Box 57, S. 156.

16. März 1968, »My Lai (4)«:
Ein Soldat der C Company beim Niederbrennen eines Hauses.
NA, RG 319, AS, PI-FR, Vol. III, Box 55, Book 6: Exhibits – Photographs

16. März 1968, »My Lai (4)«:
Ein Soldat der C Company wirft eine Handgranate in ein Haus oder einen Schutzbunker.
NA, RG 319, PI-OI, Box 30, Folder: MacCrate – Hold for Future Use

16. März 1968, »My Lai (4)«: Von der vierköpfigen Familie überlebte die zehnjährige Pham Thi Trinh.
NA, RG 319, PI-OI, Box 30, Folder: MacCrate – Hold for Future Use; Witness Statement: Ronald Lawrence Haeberle, 25. 8. 1969, S. 2, in: NA, RG 319, AS, PI-FR, Volume IV, Box 57 sowie Bilton/Sim, Four Hours, S. 154–155

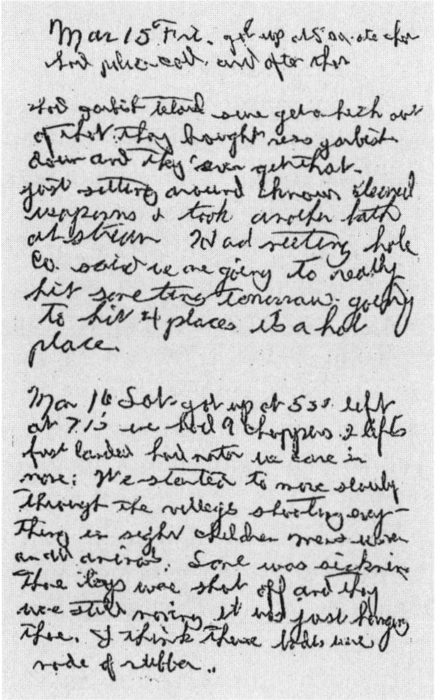
Mar 15 Fri. got up at 5:30 [illegible]
[illegible]
had garbit detail some get a kick out of that they brought resup garbit down and they even get that. just sitting around thrown cleaned weapons & took another bath at stream. Had meeting hole Co. said we are going to really hit something tomorrow going to hit 4 places its a hot place.
Mar 16 Sat. got up at 5:30 left at 7:15 we had 9 choppers 2 lifts first landed [illegible] in more; We started to move slowly through the village shooting everything in sight children men and animals. Some was sickening. There legs were shot off and they were still moving it was just hanging there. I think there bodies were made of rubber.

Eintrag vom Freitag, den 15. 3. 1968: »[…] Had meeting hole company said we are going to really hit something tomorrow going to hit 4 places its a hot place.« (»Hatten ein Treffen Ganze Kompanie sagt, dass wir morgen wirklich zuschlagen werden Werden an 4 Orten zuschlagen Ort vom Feind gehalten«.) Eintrag vom Samstag, den 16. 3. 1968: »Got up at 5:30 left at 7:15 we had 9 choppers. […] We started to move slowly through the village shooting everything in sight children men and women and animals. Some was sickening. There legs were shot off and they were still moving it was just hanging there. I think there bodies were made of rubber.« (»Standen um 5.30 auf Abmarsch um 7.15 Wir hatten 9 Hubschrauber. […] Bewegten uns langsam durch das Dorf Schossen auf alles was in die Quere kam Kinder Männer und Frauen und Tiere. Einiges war ekelerregend. Ihre Beine wurden weggeschossen und sie bewegten sich noch Sie hingen einfach herunter Ich glaube die hatten Körper aus Gummi.«)

NA, AS, PI-OI, Box 53, Folder: Exhibits: Miscellaneous (6)

wurde er meistens am Ausgang niedergestreckt.«[227] Selbst Kinder, die verwirrt und teilweise verletzt zwischen den leblosen Körpern ihrer Angehörigen umherirrten, wurden nicht verschont.[228] Und »mercy killings« bedeutete, dass niemand medizinisch versorgt oder gar evakuiert, sondern ohne Ansehen seiner Verletzungen hingerichtet wurde.[229] »Wir

227 NA, RG 319, AS, PI-FR, Vol. I: Analyses, Box 1, Chapter 6: Company C, 1st Battalion, 20th Infantry: Actions on 16 and 17 March 1968, S. 8.

228 NA, RG 319, AS, PI-FR, Vol. IV: CID-Statements, Box 57, S. 87, 113, 135, 147, 425. Siehe auch Bilton/Sim, Four Hours, S. 115 f. sowie Hammer, One Morning, S. 124, 133.

229 NA, RG 319, AS, PI-FR, Vol. I: Analyses, Box 1, Chapter 6: Company C, 1st Battalion, 20th Infantry: Actions on 16 and 17 March 1968, S. 7; Department of the Army, Office of the Inspector General, Report of Investigation Concerning Alleged Atrocities Committed by Members of C Co, 1/20th Infantry, Task Force Barker, Americal Division, in the Republic of Vietnam, 19. 9. 1969, S. 19–24. Siehe auch Hammer, One Morning, S. 136 sowie Bilton/Sim, Four Hours, S. 128.

legten Wert darauf, dass uns niemand aus dem Dorf entwischen konnte.«[230]

Als wollten sie ihre Arbeit symbolisch beglaubigen, hinterließen die Täter ihr Erkennungszeichen auf geschundenen Körpern. In die Haut einiger Opfer wurden der Schriftzug »C Company« oder die Umrisse eines Pik-Ass eingeritzt. Es war ein Spiel mit dem Aberglauben der Vietnamesen. Ihnen galt das Pik-Ass als Unglücksomen.[231] Die Soldaten der C Company – wie zahlreicher anderer Einheiten in Vietnam – sahen in der Entstellung und Verstümmelung eine kulturelle Höchststrafe für die im buddhistischen Glauben verwurzelten Bauern: Demnach begeben sich die Seelen dieser Leichen auf eine ewige Suche nach den abgetrennten Körperteilen und kommen nie zur Ruhe.[232] Die Toten waren also immer auch als abschreckende Botschaft an die Lebenden gedacht. Davon zeugt nicht zuletzt ein bekanntes, aber weithin unverstandenes Foto, das Ronald Haeberle auf einem Feldweg am Rande von Xom Lang machte. Es zeigt eine Gruppe Gemeuchelter, mittig eine junge Frau mit angewinkelten, gespreizten Beinen, die Hände schützend über die Vulva gelegt. Fast könnte man sie für eine Gebärende halten. Doch zu ihren Füßen liegt kein Baby, sondern ein Kleinkind von ungefähr zwei Jahren. In der Sprache und Haltung ihrer Körper unterscheiden sich beide auffallend von den anderen, gekrümmt Liegenden – als wäre absichtsvoll ein Bild von Mutter und Kind arrangiert worden. Und zwar gut sichtbar auf einem Weg, der direkt in das verwüstete Dorf führte und den alle nehmen mussten, die ihre Toten begraben wollten.

»Ich stellte mir die Leute von My Lai vor«, schrieb William Calley über den Tag, als er wegen seines anstehenden Kriegsgerichtsverfahrens ins Pentagon zitiert worden war. »Die Leichen, aber ich fand nichts daran. Ich hatte den VC gefunden, ich hatte mich an ihn herangemacht,

---

230 Herbert Carter, C Company, »Task Force Barker«, zit. n. Conduct of the Men of Charlie Company, 1/20, during the Assault on My Lai 4 on 16 March 1968, S. 9, in: NA, RG 319, AS, ODCS-PER, VWCWG, MLM, Box 5, Folder: Administrative Review – SSG Kenneth L. Hodges (Part 3 of 4).

231 Bilton/Sim, Four Hours, S. 129.

232 Zur Verbreitung dieser Sichtweise unter amerikanischen Truppen in Vietnam im Allgemeinen und der C Company im Besonderen siehe USCR, 6. 4. 1971, S. E2883; CID Investigative Summary, 72-CID046-27852, 10. 8. 1974, S. 7, in: NA, RG 319, AS, ODCS-PER, VWCWG, CaFi, Box 18, Folder: Coy Allegation (CID ROI 72 – CID 46 – 27852), Part 1 of 7, Case 221 sowie ebenda, Folders Part 2 of 7 und Part 3 of 7, Case 221. Siehe auch Richard Hammer, Interviews with My Lai Veterans, in: *Evergreen*, o.J., S. 56/57 sowie Valentine, Phoenix Program, S. 63.

16. März 1968, »My Lai (4)«: Feldweg am Rande von Xom Lang, eines zu »My Lai (4)« gehörenden Weilers. Ein Überlebender des Massakers identifizierte das auf dem Bauch liegende Kleinkind in der vorderen Bildmitte als seine Tochter Truong Thi Thu, die er Stunden nach dem Mord an dieser Stelle vorfand. Die in der Mitte des Bildes zu sehende, mit einer weißen Bluse bekleidete junge Frau ist die 13-jährige Truong Thi Bi. Von dem Kind am linken vorderen Bildrand, mit angewinkeltem Bein auf dem Rücken liegend, ist der Vater bekannt: Nguyen Phoa. Mehrere Soldaten der C Company behaupteten, dass der Kompaniechef, Captain Ernest Medina, kurz nach der Ermordung an den Schauplatz kam und dass in seiner Anwesenheit zwei Kinder im Alter von ungefähr drei und sechs Jahren, die orientierungslos zwischen den Leichen umherliefen, erschossen wurden.
NA, RG 319, AS, PI-AC, Box 56, Folder: War Crimes – Record of Trial, 1st Lt. William L. Calley, Jr., Vol. 4, Book 1 (2 of 4), Pros.Ex. 12-A; RG 319, AS, PI-FR, Vol. III, Box 55, Book 6: Exhibits – Photographs; Witness Statement Truong Ngu, 4. 1. 1970, S. 3, in: NA, RG 319, AS, PI-AC, Box 46, Folder: Son My Suspects (1 of 3), Witness Statement Do Chuc, 27. 11. 1969, S. 4, in: NA, RG 319, AS, PI-AC, Box 46, Folder: Son My – Biographical Data (Individuals Charged) (10 of 10). Zu den Vorwürfen gegen Captain Ernest Medina siehe unten, S. 343, 349, 350, *480*, 482, 484, 493, 501–508.

ich hatte ihn vernichtet: meine Aufgabe an dem Tag. Ich sah nichts Falsches, sonst hätte ich doch Gewissensbisse gehabt.«[233] Wenn alle noch Monate nach der Tat so gedacht hätten, wäre die Geschichte von Xom Lang und Binh Tay wohl nie ans Tageslicht gekommen. Aber zum Zeitpunkt des Mordens und unmittelbar im Anschluss – so die Beobachtung von Soldaten, die kurz nach dem Massaker zu der Einheit kommandiert wurden – teilten viele GIs der C Company diese Haltung. »Sie sagten: [...] Wenn wir die Mütter töten, die Frauen, werden sie keine Vietcong mehr produzieren. Und wenn wir die Kinder töten, werden sie nicht zu Vietcong heranwachsen. Und wenn wir alle töten, wird es am Ende keine Vietcong mehr geben.«[234] Am 16. März 1968 wähnten sie sich im Recht, weil sie als Soldaten eine schmutzige Arbeit verrichtet hatten – eine Arbeit, die ihrer Meinung nach von ihnen verlangt wurde. Und weil sie in dieser Arbeit nichts Unrechtmäßiges sahen, lobten sie sich gegenseitig für einen effizienten Job.[235]

Dass in den Berichten über »My Lai (4)« nur am Rande von Berserkern die Rede ist, passt zum Bild des kontrollierten Tötens. Zwar gab es Soldaten, die sich in einen Tötungsrausch hineinsteigerten und unter hysterischem Lachen ein Magazin nach dem anderen verfeuerten.[236] »Bei Gott, zuerst habe ich ihn überhaupt nicht erkannt. [...] Ich weiß nicht, wie man es beschreiben soll, vielleicht war es ein Lächeln oder ein Knurren oder so etwas, in jedem Fall war sein ganzes Gesicht verzerrt. Sein Gesicht war über und über mit Ruß verschmiert, und er

---

233 William Calley, zit. n. Sack, Leutnant Calley berichtet, S. 10.

234 James H. Raynor, C Company, 1. Battalion, 20. Infantry Regiment, »Americal« Divison, zit. n. Conduct of the Men of Charlie Company, 1/20, during the Assault on My Lai 4 on 16 March 1968, S. 35, in: NA, RG 319, AS, ODCS-PER, VWCWG, MLM, Box 5, Folder: Administrative Review – SSG Kenneth L. Hodges (Part 3 of 4). Ähnlich äußerte sich Paul Meadlo während des Prozesses gegen William Calley: siehe Hammer, Court-Martial of Lt. Calley, S. 153–154.

235 NA, RG 319, AS, PI-FR, Vol. II: Testimony, Box 38, Book 24, Konwinski SUM APP T-271, S. 2; ebenda, Box 41, Book 26, Fields SUM APP T-156, S. 2; ebenda, Box 43, Book 27, Raynor SUM APP T-339, S. 2; ebenda, Vol. IV: CID-Statements, Box 57, S. 283–284, 287–288; Sworn Statement Stephen F. Rose, 27. 1. 1970, S. 3–4, in: RG 319, AS, ODCS-PER, VWCWG, CF, Box 4, Folder: Rose Allegation, Case 24; Conduct of the Men of Charlie Company, 1/20, during the Assault on My Lai 4 on 16 March 1968, S. 31–33, in: NA, RG 319, AS, ODCS-PER, VWCWG, MLM, Box 5, Folder: Administrative Review – SSG Kenneth L. Hodges (Part 3 of 4). Siehe auch Hammer, Interviews, S. 56/57 sowie Bilton/Sim, Four Hours, S. 182.

236 Lelyveld, Story of a Soldier, S. 110 sowie Hammer, One Morning, S. 125.

schien auch Blut auf sich zu haben.«[237] Solche GIs flößten selbst Kameraden Angst ein, wenn sie wie von Sinnen mit dem Bowiemesser oder Bajonett auf ihre Opfer losgingen, ihnen die Kehlen durchschnitten und Eingeweide heraustrennten, wenn sie sich auf Wasserbüffel schwangen und Dutzende Male zustachen, wenn sie einem anderen die M-16 aus der Hand rissen und »Bringt sie alle um! Überstellt sie nicht an die Kompanie! Bringt sie alle um!« brüllend vier Wehrlosen buchstäblich das Gehirn aus dem Schädel schossen.[238] Dennoch gehen die vielzitierte Rede vom ungezügelten Blutrausch oder die Vorstellung des monströsen Killers an der Sache vorbei. Massaker bedürfen dessen nicht. In »My Lai (4)« konnte man die Amokläufer an zwei Händen abzählen.

Andererseits bedienten sich zahlreiche Soldaten des Handwerks von Exzesstätern, ohne wie diese in einen Tötungsrausch zu verfallen. Der GI, der auf wenige Zentimeter an einen kleinen Jungen herantrat und ihm lachend eine Kugel ins Genick jagte, gab sich völlig entspannt. »Habt ihr gesehen, wie ich diesen Hurensohn getötet habe?«[239] Rückblickend gab der Mörder zu Protokoll: »Ich kann nicht genau sagen, was ich empfand, außer, dass ich mir selbst beweisen wollte, jemanden töten zu können. Dies war nämlich das erste Mal, dass ich einen Menschen umbrachte.«[240] Frederick Widmer stand damit nicht allein. Auch andere wollten an den »dinks« – wie man die Vietnamesen abfällig nannte – ausprobieren, wie weit sie gehen konnten.[241] Einige marterten ihre Opfer, ehe sie die M-16 anlegten; andere quälten Tiere, um sich an ihrem langsamen Sterben zu

---

237 Ein namentlich nicht identifizierter GI, C Company, »Task Force Barker«, zit. n. Hammer, One Morning, S. 128.

238 NA, RG 319, AS, PI-FR, Vol. I: Analyses, Box 1, Chapter 6: Company C, 1st Battalion, 20th Infantry: Actions on 16 and 17 March 1968, S. 7; ebenda, Vol. II: Testimony, Box 41, Book 26, Fields SUM APP T-156, S. 2; ebenda, Vol. IV: CID-Statements, S. 432–433, 470. Siehe auch Bilton/Sim, Four Hours, S. 112–114, 123f., 130, 153 sowie Hammer, One Morning, S. 137.

239 Frederick J. Widmer, C Company, »Task Force Barker«, zit. n. Sworn Statement Herbert L. Carter, 6. 11. 1969, S. 3, in: NA, RG 319, AS, PI-FR, Vol. IV: CID-Statements, Box 57, S. 147; siehe ebenda, S. 434 sowie Vol. II: Testimony, Box 40, Book 25, Stanley SUM APP T-231, S. 2.

240 Testimony Frederick J. Widmer, 15. 7. 1969, S. 26 (1005), in: RG 319, AS, PI-AC, Box 46, Folder: Son My Suspects (3 of 3).

241 NA, RG 319, AS, PI-FR, Vol. IV: CID-Statements, Box 57, S. 373; Fact Sheet. To: Chief of Staff, U.S. Army, 3. 4. 1970, S. 3, in: RG 319, AS, ODCS-PER, MLM, Box 1, Folder: CID My Lai Talking Papers and Fact Sheets, Jan–Jun 1970; Bilton/Sim, Four Hours, S. 116, 298.

ergötzen.[242] In keinem dieser Fälle wird berichtet, dass die Täter besinnungslos weitergetobt hätten. Wohl aber hatten sie sich für einen Moment die Praktiken von Berserkern zu eigen gemacht und auf ihre Weise demonstriert, wie durchlässig die Grenzen zwischen kaltem und heißem Töten sind. Genauer gesagt: dass sich das kontrollierte Morden der Mehrheit und das unkontrollierte Marodieren einer Minderheit gegenseitig bedingen und wechselseitig bestärken. Allem Erschrecken zum Trotz ging von den Exzesstätern deshalb immer auch eine Faszination aus. Sie konnten sich, wie berichtet wird, wiederholt eines feixenden Publikums gewiss sein – und eines lernbereiten Publikums.[243]

Kaum zu unterscheiden waren Routine, Lust und Mordfieber bei den ungezählten sexuellen Übergriffen gegen Frauen. Wie bei allen vorherigen Einsätzen der C Company kam es auch in »My Lai (4)« zu Einzel- und Massenvergewaltigungen – selbst dann noch, als die Kommandeure den Einsatz für beendet erklärt hatten.[244] Im Unterschied zu den Wochen und Monaten zuvor beließen es die Vergewaltiger nicht bei der Schändung, sondern ermordeten und verstümmelten ihre Opfer. Nachdem sie von einer jungen Frau abgelassen hatten, griffen drei Mann zu allen verfügbaren Waffen vom Typ M-16, M-60 und Pistolen des Kalibers .45. »Das Gesicht wurde einfach weggesprengt, das Gehirn spritzte in alle Richtungen.«[245] In Binh Tay zwang ein GI des 3. Platoon sieben Frauen, sich zu entkleiden. Weil sie ihm darüber hinaus nicht zu Willen waren, entschloss er sich, die Wirkung seines bislang ungenutzten M-79-Granatwerfers zu testen – und zwar aus 30 Meter Abstand, weil die Geschosse erst über diese Distanz ihre Wirkung entfalteten. Seine umstehenden

---

242 NA, RG 319, AS, PI-FR, Vol. II: Testimony, Box 41, Book 26, Moss SUM APP T-63, S. 2; ebenda, Box 43, Book 27, Smail SUM APP T-71, S. 2; ebenda, Vol. IV: CID-Statements, Box 57, S. 432–433; Conduct of the Men of Charlie Company, 1/20, during the Assault on My Lai 4 on 16 March 1968, S. 6, in: NA, RG 319, AS, ODCS-PER, VWCWG, MLM, Box 5, Folder: Administrative Review – SSG Kenneth L. Hodges (Part 3 of 4).

243 Hammer, One Morning, S. 137 sowie Bilton/Sim, Four Hours, S. 131.

244 NA, RG 319, AS, PI-FR, Vol. I: Analyses, Chapter 6: Company C, 1st Battalion, 20th Infantry: Actions on 16 and 17 March 1968, S. 10; ebenda, Vol. II: Testimony, Box 41, Book 26, Bunning SUM APP T-168, S. 4–5; ebenda, Vol. IV: CID-Statements, Box 57, S. 140; sowie Conduct of the Men of Charlie Company, 1/20, during the Assault on My Lai 4 on 16 March 1968, S. 24–25, in: NA, RG 319, AS, ODCS-PER, VWCWG, MLM, Box 5, Folder: Administrative Review – SSG Kenneth L. Hodges (Part 3 of 4).

245 Sworn Statement Varnado Simpson, 9. 11. 1969, S. 3, in: NA, RG 319, AS, PI-FR, Vol. IV: CID-Statements, S. 411.

Kameraden, die sich die Vergewaltigung hatten ansehen wollen, übernahmen die Ermordung einiger Schwerverletzter.[246] Andernorts in »My Lai (4)« lagen tote Frauen mit aufgeschlitzter Vagina, in einem Fall hatten die Täter einen Gewehrlauf eingeführt und abgedrückt.[247]

»Wenn du einmal angefangen hast, fällt es sehr leicht weiterzumachen. Wenn du erst einmal angefangen hast.«[248] Varnado Simpson verspürte nach eigenem Bekunden keine Emotionen. Von anderen wird behauptet, dass sie sich erkennbar amüsierten. Einige kostete es offenbar Überwindung. Paul Meadlo leerte seine M-16 unter Tränen auf Dutzende Menschen, die in einem Bewässerungsgraben zusammengetrieben worden waren. Und in einem Fall wird von einer Ansprache an die Opfer berichtet: »Ich will es nicht tun. Aber ich muss es machen, weil es uns so befohlen wurde.«[249] Ob sie Tötungsmacht genossen oder ihr Selbstbild als gekränkte Verlierer dementiert sahen, ob sie Rachegelüsten nachgingen oder sadistische Neigungen auslebten, ob sie Angst besiegen wollten oder dem Sog einer Gruppe Gleichhandelnder nicht widerstehen konnten, ist nur im Einzelfall zu entscheiden.[250] Für alle indes gilt Simpsons Hinweis, dass das Morden umso leichter von der Hand ging, je länger der Einsatz währte. »Kein Ziel. Ich habe einfach nur noch getötet.« Für die Dauer des Mordens waren sie aller Rücksichtnahmen entledigt, in dieser Zeit fielen die Zumutungen eines unverstandenen Krieges nicht mehr ins Gewicht, an die Stelle von Unübersichtlichkeit und Komplexität traten einfache Wahrheiten und klare Fronten. Im Chaos des Massakers lag die Aussicht auf Ordnung. Und im Mord das Versprechen von Freiheit – weil alles andere keine Rolle mehr spielte.[251]

---

246 NA, RG 319, AS, PI-FR, Vol. I: Analyses, Chapter 6: Company C, 1st Battalion, 20th Infantry: Actions on 16 and 17 March 1968, S. 10; ebenda, Vol. II: Testimony, Box 41, Book 26, Bunning SUM APP T-168, S. 4 sowie Conduct of the Men of Charlie Company, 1/20, during the Assault on My Lai 4 on 16 March 1968, S. 7–8, in: RG 319, AS, ODCS-PER, VWCWG, MLM, Box 5, Folder: Administrative Review – SSG Kenneth L. Hodges (Part 3 of 4).

247 Bilton/Sim, Four Hours, S. 129, 153.

248 Varnado Simpson, 3. Platoon, C Company, »Task Force Barker«, zit. n. Bilton/Sim, Four Hours, S. 7.

249 NA, RG 319, AS, PI-FR, Vol. II: Testimony, Box 41, Book 26, Bunning SUM APP T-168, S. 3 sowie ebenda, Vol. IV: CID-Statements, Box 57, S. 140. Zu den unterschiedlichen Befindlichkeiten siehe ebenda, Vol. IV: CID-Statements, Box 57, S. 210–212, 287.

250 Siehe oben, S. 174–201.

251 Zu dieser wenig beachteten Seite mörderischer Gewalt siehe Reemtsma, Unzeitgemäßes über Krieg und Tod, S. 12f.

Die Verlaufskurven der Gewalt: Innerhalb einer Stunde fanden in Xom Lang und Binh Tay ungefähr 240 Bewohner den Tod: an die 70 noch vor Erstürmung der Dörfer und anschließend ungefähr 170 in ihren Häusern, Schutzkellern oder deren unmittelbarer Umgebung. Mindestens 170 weitere Menschen verbrachten diese Zeit zwischen Hoffen und Bangen, ehe auch sie von Exekutionskommandos ermordet wurden.

Das Vorgehen des 1. Platoon unterschied sich anfänglich markant vom Verhalten des 2. und 3. Platoon. Während Letztere buchstäblich auf alles schossen, was sich bewegte, ging das 1. Platoon arbeitsteilig vor. Einige seiner Angehörigen mordeten, andere trieben in Xom Lang und im benachbarten Binh Dong die Menschen zusammen und führten sie in ein Reisfeld und zu einem Bewässerungsgraben.[252] Wie viele es waren, ist umstritten. Geht man von einem Mittelwert der stark differierenden Angaben aus, dürften es im Reisfeld rund 60 und am Bewässerungsgraben um die 110 Personen gewesen sein, darunter auffallend viele Alte.[253] Während ringsum das Gemetzel tobte, wurden beide Gruppen von ein paar Soldaten des 1. Platoon bewacht. »Kümmert euch um sie«, hatte Lieutenant Calley seinen Soldaten gesagt.[254] »Meadlo und Carter spielten mit den Kindern, sagten den Leuten, wo sie sich hinsetzen sollten, und gaben den Kleinen Schokolade.«[255] – »Wir saßen da und haben auf sie aufgepasst. So wie wir das sonst auch gemacht hatten.«[256]

»Wie wir das sonst auch gemacht hatten.« Wahrscheinlich erwarteten einige Soldaten des 1. Platoon, dass auch bei diesem Einsatz Ausweise

---

252 NA, RG 319, AS, PI-FR, Vol. I: Analyses, Chapter 2: Summary Report, S. 2 sowie H. V. Hammett, Department of the Army, Judge Advocate General Office: Memorandum of Conversation with Paul D. Meadlo, 26. 8. 1969, in: RG 319, AS, PI-AC, Box 31, Folder: Son My Chron. File # 1 (1 of 3).

253 CID Report of Investigation, 69-CID011-00014, 25. 9. 1970, S. 8–20, in: NA, RG 319, AS, ODCS-PER, VWCWG, MLM, Box 6, Folder: Case Folder – ILt. William L. Calley, Jr. (Part 4 of 4).

254 Conduct of the Men of Charlie Company, 1/20, during the Assault on My Lai 4 on 16 March 1968, S. 15, in: NA, RG 319, AS, ODCS-PER, VWCWG, MLM, Box 5, Folder: Administrative Review – SSG Kenneth L. Hodges (Part 3 of 4). Siehe auch Sworn Statement Paul D. Meadlo, 18. 9. 1969, S. 1–2, in: RG 319, AS, PI-FR, Vol. IV: CID-Statements, Box 57, S. 335–336.

255 Witness Statement James J. Dursi, C Company, »Task Force Barker«, 5. 1. 1970, in: NA, RG 319, AS, PI-FR, Vol. II: Testimony, Box 38, Book 24, Dursi SUM APP T-64, S. 3 sowie ebenda, Vol. IV: CID-Statements, Box 57, S. 182.

256 Dennis I. Conti, C Company, »Task Force Barker«, zit. n. Conduct of the Men of Charlie Company, 1/20, during the Assault on My Lai 4 on 16 March 1968, S. 15, in: NA, RG 319, AS, ODCS-PER, VWCWG, MLM, Box 5, Folder: Administrative Review – SSG Kenneth L. Hodges (Part 3 of 4).

kontrolliert und Verdächtige als »detainees« zum Verhör in die dafür vorgesehenen Camps ausgeflogen würden. »Wir wussten nicht, was mit diesen Leuten geschehen sollte. Also haben wir sie zusammengeführt und sich hinsetzen lassen.«[257] Beide Erklärungen sind nicht von der Hand zu weisen, konnten doch die auf viele Kleingruppen verteilten GIs unabhängig voneinander und nach eigenem Gutdünken vorgehen. 190 Menschen innerhalb einer Stunde festzusetzen, lag durchaus im Vermögen von zwei bis drei Squads. Und dass einige Soldaten abwarten wollten, leuchtet ein. Schließlich hatten sie am Vorabend keinerlei präzise Instruktionen zum Umgang mit Zivilisten erhalten. Ob Captain Medina seine Zugführer anderweitig instruiert hatte, ist den Untersuchungsberichten nicht zu entnehmen. Und merkwürdigerweise gingen die Ermittler dieser Frage sehr nachlässig nach. Einzig William Calley sprach von einer klaren Anweisung: »Einer unserer Trupps hatte den Befehl, nicht jeden zu erschießen. Denn wir mussten noch durch Minenfelder marschieren, und die Vietnamesen kannten den Weg. [...] Also hatte mir Medina gesagt: ›Verschonen Sie ein paar Leute.‹ Ich hatte diesen Befehl an Sergeant Mitchell weitergegeben.«[258] Weder Mitchell noch Medina bestätigten diese Version.

Auch der weitere Gang der Dinge liegt im Ungefähren – wie immer, wenn es um die Rolle von Offizieren bei diesem Einsatz geht. Calley sagte aus, plötzlich von Medina massiv unter Druck gesetzt worden zu sein. Demnach sollte das 1. Platoon für den weiteren Vormarsch in Stellung gebracht werden. »Weshalb haben Sie meinen verdammten Befehl nicht befolgt?« – »Ich bin noch nicht ganz mit den Bunkern fertig.« – »Zum Teufel mit den Bunkern!« – »Und diese Leute hier [im Reisfeld, B.G.], die laufen auch nicht gerade übertrieben schnell.« – »Ich verzichte auf dieses Pack! Verdammt, räumen Sie all diese gottverdammten Leute aus dem Weg! Und beziehen Sie endlich, verdammt noch mal, Stellung!«[259] Gegen Calleys Version spricht, dass er seine Verteidigung vom ersten Tag an auf die Behauptung eines »Befehlsnotstands« aufbaute. Andererseits war, wie eine nachträgliche Auswertung des Funkverkehrs belegte, Medina um diese Zeit mindestens zweimal mit Calley in Kontakt getreten.[260] Worüber er mit seinem Platoonführer sprach und welche Worte er wählte, ist nicht überliefert. Calley freilich war für seine

257 Sworn Statement Dennis I. Conti, 30. 10. 1969, S. 4, in: NA, RG 319, AS, PI-FR, Vol. IV: CID-Statements, Box 57, S. 156.
258 William Calley, zit. n. Sack, Leutnant Calley berichtet, S. 83.
259 Ebenda, S. 86. Siehe ebenda, S. 84.
260 Bilton/Sim, Four Hours, S. 119.

Unterwürfigkeit gegenüber Medina ebenso bekannt wie für die Neigung zum vorauseilenden Gehorsam. Insofern ist nicht auszuschließen, dass er wunschgemäß so schnell wie möglich vorrücken wollte. Und dass er – um Medinas Verachtung für Vietnamesen wissend – die Bauern im Reisfeld als störendes Überbleibsel des Einsatzes ansah.

Fest steht indes, dass Lieutenant Calley kurz vor neun Uhr ins Reisfeld zurückkehrte. Unter Eid bestätigten drei Zeugen folgenden Dialog: »Ich dachte, ich hätte gesagt, dass ihr euch um sie kümmern sollt.« – »Wir kümmern uns doch um sie.« – »Ich meinte: Legt sie um. [...] Los jetzt, wir stellen sie hier in Reihe auf, wir töten sie. [...] Wenn ich Feuer sage, schießt ihr auf sie.«[261] Mindestens zwei Soldaten der 1. Squad des 1. Platoon, Calley und Meadlo, möglicherweise auch fünf, traten wenige Meter zurück und streckten die Menschen nieder. Der Zeuge Conti: »Viele Frauen hatten sich schützend über die Kinder geworfen. Und die Kinder überlebten zunächst auch. Als die Kleinen, die schon laufen konnten, aufstanden, erschoss Calley sie der Reihe nach.«[262] Calley allein soll vier oder fünf Magazine zu je 20 Schuss verfeuert haben.[263] Dennis Conti: »Er [Calley] drehte sich um und sagte: ›Okay, gehen wir.‹ Wir drehten uns um und gingen weiter.«[264] In diesem Moment entdeckten sie zehn weitere Personen, Frauen und Kinder, die Xom Lang entkommen waren und in den Dschungel flüchteten. »Holt sie euch! Holt sie euch! Tötet sie!«, brüllte Calley. Die Gruppe überlebte, weil die Squad keine Zeit zum Nachsetzen hatte. Von den Leichen im Reisfeld konnten 61 identifiziert werden.[265]

---

261 Conduct of the Men of Charlie Company, 1/20, during the Assault on My Lai 4 on 16 March 1968, S. 15, in: NA, RG 319, AS, ODCS-PER, VWCWG, MLM, Box 5, Folder: Administrative Review – SSG Kenneth L. Hodges (Part 3 of 4). Siehe auch Sworn Statement Paul D. Meadlo, 18. 9. 1969, S. 1–2, in: RG 319, AS, PI-FR, Vol. IV: CID-Statements, S. 335–336.

262 Sworn Statement Dennis I. Conti, C Company, »Task Force Barker«, 30. 10. 1969, S. 4, in: NA, RG 319, AS, PI-FR, Vol. IV: CID-Statements, Box 57, S. 156.

263 Sworn Statement Paul D. Meadlo, C Company, »Task Force Barker«, 18. 9. 1969, S. 2, in: RG 319, AS, PI-FR, Vol. IV: CID-Statements, Box 57, S. 336.

264 Witness Testimony Dennis I. Conti, C Company, »Task Force Barker«, 2. 1. 1970, in: NA, RG 319, AS, PI-FR, Vol. II: Testimony, Box 38, Book 24, Conti SUM APP T-56, S. 2 sowie Conduct of the Men of Charlie Company, 1/20, during the Assault on My Lai 4 on 16 March 1968, S. 15–16, in: NA, RG 319, AS, ODCS-PER, VWCWG, MLM, Box 5, Folder: Administrative Review – SSG Kenneth L. Hodges (Part 3 of 4).

265 CID Report of Investigation, 69-CID011-00014, 25. 9. 1970, S. 40, in: NA, RG 319, AS, ODCS-PER, VWCWG, MLM, Box 6, Folder: Case Folder – ILt. William L. Calley, Jr. (Part 4 of 4).

Calley zog mit seinen Soldaten weiter zum Bewässerungsgraben. Dort waren mittlerweile über 100 Personen zusammengetrieben worden, die meisten aus Xom Lang und einige auch aus dem 500 Meter entfernten Binh Dong.[266] Calley begrüßte die Bewacher mit den Worten: »Wir haben einen weiteren Job zu erledigen.«[267] Mehrere GIs stießen die Menschen in den Graben oder prügelten sie mit ihren Gewehrläufen hinein, Calley erschoss ein zweijähriges Kind, das zum Rand des Grabens hochgekrabbelt war, schlug und erschoss einen Mönch, der keine Auskunft über den Aufenthaltsort der Vietcong geben konnte, tötete eine alte Frau, die auf einer Trage zum Graben gebracht worden war.[268] Die Menschen kreischten, bettelten um ihr Leben. Mindestens acht GIs stellten ihre M-16 auf Automatik, einer bediente ein Maschinengewehr, ein anderer warf Handgranaten, ein Squadführer versuchte, die Schützen in einer Reihe aufzustellen, irgendjemand befahl Einzelfeuer, um Munition zu sparen, Paul Meadlo allein verbrauchte über 400 Schuss.[269] Von den Leichen im Reisfeld konnten 110 identifiziert werden.[270]

Im Reisfeld und Bewässerungsgraben wurde auf Befehl gemordet; in Binh Tay bedurfte es eines Funkspruchs, und das Morden hörte auf. »Stellt das Feuer ein« oder »Unterlasst das Töten«, wies Captain Medina gegen 9.30 Uhr den für das 2. Platoon Verantwortlichen, Lieutenant Stephen Brooks, an. Der genaue Wortlaut ist umstritten. Wer jedenfalls bis zu diesem Zeitpunkt in Binh Tay überlebt hatte, blieb fortan verschont. Um die 50 Bauern wurden zu einem Feld gebracht und zum Verlassen ihres Dorfes aufgefordert, der Ort selbst wurde niedergebrannt. Das 2. Platoon trat den Rückweg nach Xom Lang an.[271]

266 Der Hinweis auf Binh Dong stammt von einem Überlebenden, der von Richard Hammer interviewt wurde: Hammer, One Morning, S. 135.

267 Sworn Statement Paul D. Meadlo, C Company, »Task Force Barker«, 18. 9. 1969, S. 2, in: RG 319, AS, PI-FR, Vol. IV: CID-Statements, Box 57, S. 336.

268 NA, RG 319, AS, PI-FR, Vol. IV: CID-Statements, Box 57, S. 182, 418–419, 434–435; Conduct of the Men of Charlie Company, 1/20, during the Assault on My Lai 4 on 16 March 1968, S. 20, in: NA, RG 319, AS, ODCS-PER, VWCWG, MLM, Box 5, Folder: Administrative Review – SSG Kenneth L. Hodges (Part 3 of 4) sowie CID Report of Investigation, 69-CID011-00014, 25. 9. 1970, S. 11, in: NA, RG 319, AS, ODCS-PER, VWCWG, MLM, Box 6, Folder: Case Folder – ILt. William L. Calley, Jr. (Part 4 of 4).

269 NA, RG 319, AS, PI-FR, Vol. IV: CID-Statements, Box 57, S. 312, 336–337.

270 CID Report of Investigation, 69-CID011-00014, 25. 9. 1970, S. 40, in: NA, RG 319, AS, ODCS-PER, VWCWG, MLM, Box 6, Folder: Case Folder – ILt. William L. Calley, Jr. (Part 4 of 4).

271 NA, RG 319, AS, PI-FR, Vol. I: Analyses, Chapter 2: Summary Report, S. 3; ebenda, Chapter 6: Company C, 1st Battalion, 20th Infantry: Actions on 16

Am östlichen Rand von Xom Lang traf das 2. Platoon auf die anderen Abteilungen der C Company, die dort eine behelfsmäßige Stellung eingerichtet hatten. Zusammen packten sie Feldrationen aus und nahmen ihren Lunch ein. William Calley: »Ich aß ein paar Früchte und unterhielt mich ein wenig. ›Wie läuft's denn so?‹ – ›Gut.‹ – ›Bekommen wir Bier?‹ – ›Ja. Ich schätze, ich werd's mal anfordern.‹«[272] Ein Soldat hatte unterwegs zwei Mädchen, beide zwischen drei und vier Jahren, verwaist angetroffen und mit auf den Weg genommen. Man gab den Kindern Süßigkeiten, nahm sie huckepack, spielte mit ihnen und überließ sie anschließend der Obhut einiger Überlebender.[273] Auch William Calley zählte zu den Männern, die den beiden Kindern ihre Fürsorge gewährten.[274] Oder sollte es heißen: die sich jetzt darauf verstanden, die Kehrseite absoluter Tötungsmacht zu zeigen und bereit waren, von ihrer Lizenz zur Begnadigung Gebrauch zu machen? Abseits dieser Gruppe und in der Nähe des Bewässerungsgrabens hatten sich zwei GIs des 1. Platoon niedergelassen. Sie hörten das Stöhnen Schwerverletzter, gingen hinüber, erschossen die Verwundeten und aßen anschließend weiter.[275] Aus der Luft beobachtete der Hubschrauberpilot Hugh Thompson die Szenerie. »Sie saßen lässig und entspannt da, hatten ihre Stahlhelme abgenommen, rauchten und scherzten. Ganz so, als wäre überhaupt nichts passiert. Drei-, vierhundert Meter entfernt von ihnen lagen 500 oder 600 Leichen. Ich habe es einfach nicht verstanden.«[276]

---

and 17 March 1968, S. 12; ebenda, Vol. II: Testimony, Box 40, Book 25, Buchanon SUM APP T-59, S. 3; ebenda, Box 41, Book 26, Fields SUM APP T-156, S. 3 sowie Bunning SUM APP T-168, S. 5; ebenda Box 43, Book 27, Trevino SUM APP T-185, S. 3 sowie ebenda, Vol. IV: CID-Statements, Box 57, S. 140. Es gibt Hinweise darauf, dass auch in My Hoi oder »My Khe (4)« nicht alle Bewohner ermordet wurden. Angeblich wurden nach Beendigung des dortigen Einsatzes 20–30 Bauern in ihr Dorf zurückgeschickt: siehe ebenda, Vol. II: Testimony, Box 30, Book 19, Hall SUM APP T-240, S. 5–9; ebenda, Hall SUM APP T-240A, S. 1–3; ebenda, Holmes SUM APP T-223, S. 1–6; ebenda, Hooton SUM APP T-376, S. 1–2.

272 William Calley, zit. n. Sack, Leutnant Calley berichtet, S. 90.

273 NA, RG 319, AS, PI-FR, Vol. IV: CID-Statements, Box 57, S. 320, 380 sowie Bilton/Sim, Four Hours, S. 142.

274 William Calley, zit. n. Sack, Leutnant Calley berichtet, S. 91.

275 NA, RG 319, AS, PI-FR, Vol. II: Testimony, Box 40, Book 25, Olsen SUM APP T-47, S. 3 sowie Hammer, One Morning, S. 136.

276 Hugh Thompson, zit. n. Anderson (Hg.), Facing My Lai, S. 31.

16. März 1968, »My Lai (4)«: Soldaten der C Company und ein südvietnamesischer Dolmetscher, Sergeant Phu, kurz nach dem Massaker bei einer Rast inmitten des Weilers Xom Lang. In unmittelbarer Nähe lag eine große Gruppe von Leichen.
NA, RG 319, AS, PI-FR, Vol. III, Box 55, Book 6: Exhibits – Photographs

Selbstzeugnis, Lieutenant William Laws Calley, Jr., Führer des 1. Platoon, C Company, »Task Force Barker«:
Wahrscheinlich Herbst 1968: »Es ist alles so unwirklich, und ich bin schon monatelang hier gewesen, ohne dass es mir aufgefallen war. Mir war klar: Ich kann hier gewinnen, wenn ich diesen Menschen bewusst mache, was sie alles vom Leben erwarten können. Ihnen den Komfort, den die Demokratie bietet, vor Augen halte. […] Jetzt fühlte ich endlich die Unternehmungslust, die mir in Amerika immer gefehlt hatte. Ich fühlte, dass ich hier gebraucht wurde und war bereit, zu helfen, auch wenn ich keinen Dampfer oder ein Raumschiff oder sonst etwas Sensationelles baute. Ich baute eben Brunnen, zeigte den Vietnamesen Filme, sogar über die Green Berets, und behandelte ihre Krankheiten. […] Ich unterrichtete die Vietnamesen in freiem Unternehmertum. Erweckte Wünsche in ihnen und sagte: ›Seht ihr, ich kann euer Leben verbessern.‹ Und holte sie von ihren mickerigen, kleinen Reisfeldern. Jetzt sah ich ungeheure Möglichkeiten, den enormen Einfluss der Amerikaner, wenn sie sagten: ›Wir können euch helfen.‹ Ich hörte die Vietnamesen schon antworten: ›Ihr habt recht. Jetzt behandelt ihr uns wie richtige Menschen. Ihr seid keine Rassisten.‹ […] Und dann gewinnen wir wirklich ihre Herzen und Seelen.«[277]

277 William Calley, zit. n. Sack, Leutnant Calley berichtet, S. 106–108.

Täter, Zuschauer und Verweigerer: Nach 16 Monaten Ermittlungsarbeit seitens der Criminal Investigation Division der Armee sowie der Peers-Kommission galten 49 von 105 Soldaten der C Company als tatverdächtig, 44 von ihnen wegen Mordes, fünf wegen Vergewaltigung. Von ungefähr 15 GIs, die während der Exekution am Bewässerungsgraben zugegen waren, sollen der Criminal Investigation Division zufolge mindestens acht die Morde begangen haben. Vier von ihnen waren geständig.[278] Prozentual ähnlich dürfte die Verteilung im Reisfeld gewesen sein. Diese Angaben sind allesamt nur grobe Anhaltspunkte. Aber die wenigen über andere Massaker verfügbaren Berichte zeigen ein ähnliches Bild: Auf einen Mörder kam ein Verweigerer oder in Ausnahmefällen ein Soldat, der Einspruch erhob.[279] Auch deshalb scheint die Vermutung realistisch, dass ungefähr die Hälfte der C Company zur Gruppe der Täter zu rechnen ist und die andere Hälfte aus Zuschauern und Duldern bestand. Eine klare Unterscheidung ist indes nicht immer möglich. Bisweilen verweigerten sich Soldaten, die bei früheren Anlässen bereits gemordet hatten. Oder aus Verweigerern wurden andernorts Komplizen, wenn nicht Täter.

»Wenn sie umgebracht werden, will ich nichts damit zu tun haben«, brüllte Dennis Conti während der Exekution im Reisfeld und zeigte auf William Calley: »Lasst es doch ihn machen.«[280] Am Bewässerungsgraben war folgender Streit zwischen Calley und einem Gefreiten zu hören: »Maples, lad dein Maschinengewehr und erschieß diese Leute.« – »Ich werde diese Menschen nicht töten. Du kannst mir nicht befehlen, das zu tun.« – »Ich werde dich vor ein Kriegsgericht stellen.«[281]

---

278 CID Report of Investigation, 69-CID011-00014, 25. 9. 1970, S. 11, 40, in: NA, RG 319, AS, ODCS-PER, VWCWG, MLM, Box 6, Folder: Case Folder – ILt. William L. Calley, Jr. (Part 4 of 4); RG 319, AS, PI-FR, Vol. II: Testimony, Box 40, Book 25, Stanley SUM APP T-231, S. 4; ebenda, Vol. IV: CID-Statements, S. 157. Ein Überlebender der Exekutionen am Bewässerungsgraben sprach von ungefähr fünf Schützen: ebenda, Vol. II: Testimony, Box 52, Book 32, Dat APP T-93, S. 6.

279 Siehe Sworn Statement Davey V. Hoag, 5. 5. 1972, S. 2, in: NA, RG 319, AS, ODCS-PER, VWCWG, CaFi, Box 20, Folder: Hoag Allegation (Part 2 of 4) sowie ebenda, Box 12, Folders: Notley Allegation. Siehe auch *The Evening Star*, 29. 4. 1971: EX-GI's Atrocity Story Stirs Officials.

280 Dennis I. Conti, C Company, »Task Force Barker«, zit. n. Bilton/Sim, Four Hours, S. 120.

281 NA, RG 319, AS, PI-FR, Vol. II: Testimony, Box 40, Book 25, Stanley SUM APP T-231, S. 4; ebenda, Vol. IV: CID-Statements, Box 57, S. 435; Conduct of the Men of Charlie Company, 1/20, during the Assault on My Lai 4 on

Calley legte mit seiner M-16 auf Maples an, gab aber klein bei, als andere Soldaten sich schützend vor ihren Kameraden stellten. Auch James Dursi verweigerte Calleys Befehl.[282] Und von Herbert Carter, einem der zur Bewachung abgestellten Soldaten, wird berichtet, dass er die Erschießungen nicht länger mit ansehen wollte und seine Evakuierung erzwang, indem er sich selbst in den Fuß schoss. Ob Carters Verletzung mit Absicht herbeigeführt wurde oder – wie er selbst sagt – einem Unfall beim Waffenreinigen geschuldet war,[283] ist zweitrangig. Carter kündigte mit einer Handvoll GIs die Gefolgschaft auf – unter ihnen ein notorischer Vergewaltiger sowie Soldaten, die nach eigenem Bekunden beim »Durchkämmen« von Xom Lang und Binh Tay wie selbstverständlich wahllos um sich geschossen oder Bunker gesprengt hatten. In ihrem Fall wurde mit der Massenexekution eine Grenze überschritten.[284]

Obwohl als schwacher Truppenführer bekannt, konnte William Calley seinen Willen durchsetzen. Ob unentwegtes Herumschreien und Drohungen gegen Abweichler hilfreich waren, muss bezweifelt werden. Und sein großmäuliges »Ich bin hier der Boss«[285] dürfte auch kaum jemanden beeindruckt haben. Er behauptete sich auf andere Weise: Für die Willigen unter seinen Leuten war Calley ein Komplize. Eine Frau hatte er aus nächster Nähe mit seiner Pistole hingerichtet, vor aller Augen misshandelte und tötete er einen buddhistischen Geistlichen: »Der Hurensohn – bum. Er hatte mich frustriert.«[286] Und die Verunsicherten in seiner Einheit wussten ihm nichts entgegenzusetzen – wie Paul Meadlo. Im Reisfeld

---

16 March 1968, S. 18, in: NA, RG 319, AS, ODCS-PER, VWCWG, MLM, Box 5, Folder: Administrative Review – SSG Kenneth L. Hodges (Part 3 of 4).

282 Conduct of the Men of Charlie Company, 1/20, during the Assault on My Lai 4 on 16 March 1968, S. 18–19, in: NA, RG 319, AS, ODCS-PER, VWCWG, MLM, Box 5, Folder: Administrative Review – SSG Kenneth L. Hodges (Part 3 of 4). Siehe auch RG 319, AS, PI-FR, Vol. IV: CID-Statements, Box 57, S. 182, 336 sowie Bilton/Sim, Four Hours, S. 123.

283 NA, RG 319, AS, PI-FR, Vol. IV: CID-Statements, Box 57, S. 182, 234 sowie ebenda, Vol. I: Analyses, Chapter 6: Company C, 1st Battalion, 20th Infantry: Actions on 16 and 17 March 1968, S. 16.

284 NA, RG 319, AS, PI-FR, Vol. IV: CID-Statements, Box 57, S. 287–288, 316.

285 NA, RG 319, AS, PI-FR, Vol. IV: CID-Statements, Box 57, S. 419; ebenda, Vol. II: Testimony, Box 40, Book 25, Sledge SUM APP T-81, S. 2 sowie William Calley, zit. n. Sack, Leutnant Calley berichtet, S. 89.

286 William Calley, zit. n. William Styron, Rezension zu Richard Hammer (The Court Martial of Lt. Calley) und John Sack (Lieutenant Calley), in: *The New York Times Book Review*, 12. 9. 1971, S. 20. Siehe auch NA, RG 319, AS, PI-FR, Vol. IV: CID-Statements, Box 57, S. 147.

Paul Meadlo, C Company,
»Task Force Barker«
© Time Life Pictures/Getty Images

wie am Bewässerungsgraben war Meadlo das schwächste Glied in der Reihe potentieller Exekutoren. Auf ihn, der während der Bewachung mit Kindern spielte, hatte es Calley abgesehen, ihm drohte er mit Befehlen und ihm stellte er sich als Mittäter an der M-16 zur Seite. James Dursi: »Calley bemerkte Meadlos Widerwillen und ließ ihn nicht mehr in Ruhe. [...] Calley wachte persönlich über Meadlos Verhalten [...], stellte sicher, dass er bei der Stange blieb. Meadlo hat die ganze Zeit über laut geheult.«[287] Während er mit Calley und wahrscheinlich fünf anderen zusammen in den Bewässerungsgraben feuerte, schrie Meadlo einen umstehenden Kameraden an: »Warum schießt du nicht? Schieß endlich, warum schießt du nicht?«[288] Und im Reisfeld wollte er einem anderen sein Gewehr in die Hand drücken. »Erschieß du sie.«[289] Von Gruppendruck kann in diesem Fall keine Rede sein. Weil sich die Zuschauer zurückhielten, behielt der Offizier William Calley das letzte Wort.

Nur ein Einziger wagte die Konfrontation, um Bedrängten aus der Todeszone zu helfen: Hugh Thompson, Hubschrauberpilot und Warrant Officer bei der B Company (Aeroscout), 123. Aviation Battalion, »Americal« Division. Seine Kompanie war für den Einsatz in Son My

---

287 James J. Dursi, C Company, »Task Force Barker«, zit. n. Sworn Statement Joseph N. Konwinski, C Company, »Task Force Barker«, 26. 10. 1969, S. 1, in: NA, RG 319, AS, PI-FR, Vol. IV: CID-Statements, Box 57, S. 287. Varnado Simpson, 3. Platoon, C Company, »Task Force Barker«, behauptet von sich, auf ähnliche Weise wie Meadlo zum Mörder geworden zu sein: Hammer, Interviews, S. 23.

288 Paul Meadlo, C Company, »Task Force Barker«, zit. n. Sworn Statement James J. Dursi, 29. 8. 1969, S. 2, in: NA, RG 319, AS, PI-FR, Vol. IV: CID-Statements, Box 57, S. 182; siehe ebenda, S. 156.

289 Paul Meadlo, C Company, »Task Force Barker«, zit. n. Bilton/Sim, Four Hours, S. 120.

zur Unterstützung angefordert worden, Thompson sollte in Begleitung zweier Kampfhubschrauber, die ihm Feuerschutz gaben, Observationsaufgaben erledigen. In geringer Höhe kreisend, hatte er einen guten Überblick auf das Geschehen am Boden.[290] Unmittelbar nach Beginn des Einsatzes forderten er und sein Bordschütze Lawrence Colburn medizinische Hilfe für verwundete Zivilisten an. Die Antwort war Mord: Als Thompson und seine Crew den von ihnen mit Rauchmitteln markierten Ort erneut überflogen, konnten sie die Leichen ausmachen und beobachteten, wie ein Captain bis auf wenige Schritte an eine schwer Verletzte herantrat und sie erschoss – es war, so sollten sie später erfahren, Ernest Medina.

Chief Warrant Officer Hugh Thompson, B Company (Aeroscout), 123. Aviation Battalion, »Americal« Division
© Associated Press

Eine Stunde später entdeckte Thompson die Menschenmenge im Bewässerungsgraben. Er landete seinen Hubschrauber, sprach mit einem Sergeant des 1. Platoon und mit Lieutenant Calley. Beide gaben ihm zu verstehen, dass sie die Menschen nicht zu evakuieren, sondern zu erschießen gedachten.[291] Thompson glaubte an einen üblen Scherz und verließ den Ort. Kaum in der Luft, teilte ihm sein Bordschütze mit, dass auf die Menschen im Graben geschossen wurde.

Ein drittes Mal ließ sich Thompson nicht abwimmeln. Beim Anblick einer Gruppe von Soldaten des 2. Platoon, die aus Binh Tay kommend ihre Menschenjagd in Xom Lang fortsetzten und einen Unterstand mit

290 NA, RG 319, AS, PI-FR, Vol. I: Analyses, Chapter 6: Company C, 1st Battalion, 20th Infantry: Actions on 16 and 17 March 1968, S. 11; ebenda, Chapter 10: Reports, Investigations, and Reviews, S. 9 sowie ebenda, Vol. II: Testimony, Box 9, Book 5, Colburn SUM APP T-31, S. 2, 15.

291 NA, RG 319, AS, PI-FR, Vol. I: Analyses, Chapter 6: Company C, 1st Battalion, 20th Infantry: Actions on 16 and 17 March 1968, S. 12 sowie ebenda, Chapter 10: Reports, Investigations, and Reviews, S. 10. Siehe auch Sack, Leutnant Calley berichtet, S. 90.

Saturday 16 March 68

Dear Betz,

********** Well its been a long day, saw some nasty sights. I saw the insertion of infantrymen and were they animals. The [y] preped the area first, then a lot of women and kids left the village. Then a gun team from the shark[s], a notorious killer of civilians, used their minny guns, people falling dead on the road. I've never seen so many people dead in one spot. Ninety-five percent were women and kids. We told the grunts on the ground of some injured kids. They helped them al[l-]right. A captain walked up to this little girl, he turned away took five steps, and fired a volly of shots into her. This Negro sergeant started shooting people in the head. Finally our OH23 saw some wounded kids, so we acted like medivacs[medevacs]. Another kid whom the grunts were going "take care of" was next on our list. The OH23 took him to Quang Nai[Ngai] hospital. We had to do this while we held machine guns on our own troops - American troops. I'll tell you something it sure makes one wonder why we are here. I can also see why they hate helicopter pilots. If I ever here a shark open his big mouth I'm going to shove my fist into his mouth.

We're trying to get the captain and sergeant afore mentioned reprimanded. I don't know if we will be successful, but we're trying. Enough for that.

****

Brian

A TRUE EXTRACT COPY:

H. L. COOP
Major, AGC

16. März 1968, Brief von Warrant Officer Brian W. Livingston an seine Frau. Livingston, Bordschütze in einem Aufklärungshubschrauber der B Company (Aeroscout), 123. Aviation Battalion, »Americal« Division, beschreibt, wie er das Morden am Boden beobachtete und wie die Besatzung seines von Hugh Thompson gesteuerten Hubschraubers einige Zivilisten vor dem sicheren Tod bewahrte: »Wir machten das, indem wir mit Maschinengewehren unsere eigenen Soldaten in Schach hielten – amerikanische Soldaten. […] Man fragt sich schon, weshalb wir überhaupt hier sind.«

NA, RG 319, AS, PI-FR, Vol. III, Box 54, Book 4: Miscellaneous Documents

ungefähr 16 Frauen, Kindern und alten Männern im Visier hatten, setzte Thompson den Hubschrauber zwischen Angreifer und Angegriffene. Seine Bitte um Hilfe für die Zivilisten wurde vom Platoonführer, Lieutenant Stephen Brooks, auf die Thompson bereits geläufige Art beschieden: »Die einzige Art, sie herauszuholen, ist mit einer Handgranate.«[292] Thompson rief die ihn eskortierenden Kampfhubschrauber zu Hilfe, holte die Todgeweihten aus ihrem Versteck und ließ sie in den größeren Maschinen ausfliegen.[293] Die ganze Zeit über hielten Bordschützen aus Thompsons Helikopter mit Maschinengewehren ihre mordbereiten Kameraden des 2. Platoon in Schach. Thompson hatte seine Männer angewiesen, sofort scharf zu schießen, falls amerikanische Soldaten die Rettungsaktion mit Waffengewalt zu verhindern suchten.[294] Anschließend flog Thompson noch einmal zum Bewässerungsgraben, wo sie einen unverletzten Zweijährigen bergen und in Sicherheit bringen konnten. Der Kommandant eines der Kampfhubschrauber: »Über Funk teilte mir Thompson mit, dass er sofort und eigenhändig das Feuer auf die Bodentruppen eröffnen würde, sollte er sehen, dass sie auch nur eine weitere Frau oder ein weiteres Kind töteten.«[295]

Von Hugh Thompson abgesehen, wird von vier weiteren Fällen berichtet, in denen Bewohner von »My Lai (4)« ihr Leben amerikanischen Soldaten verdankten. Zu Beginn des Einsatzes geleiteten drei GIs eine Familie zum Dorfrand von Xom Lang und ermöglichten ihnen die Flucht in ein Nachbardorf.[296] Ein Angehöriger des 1. Platoon, Harry

---

292 Stephen Brooks, C Company, »Task Force Barker«, zit. n. Sworn Statement Jerry R. Culverhouse, 12. 12. 1969, S. 2, in: NA, RG 319, AS, PI-FR, Vol. IV, CID-Statements, Box 57, S. 30. Varnado Simpson bestätigte, dass er und andere Soldaten des 2. Platoon diese Menschen tatsächlich ermorden wollten: Sworn Statement Varnado Simpson, 9. 11. 1969, S. 3, in: ebenda, S. 411.

293 NA, RG 319, AS, PI-FR, Vol. I: Analyses, Chapter 6: Company C, 1st Battalion, 20th Infantry: Actions on 16 and 17 March 1968, S. 15; ebenda, Chapter 10: Reports, Investigations, and Reviews, S. 11 sowie ebenda, Vol. II: Testimony, Box 10, Book 6, Culverhouse, SUM APP T-126, S. 2.

294 NA, RG 319, AS, PI-FR, Vol. I: Analyses, Chapter 6: Company C, 1st Battalion, 20th Infantry: Actions on 16 and 17 March 1968, S. 15 sowie Brian W. Livingston, Warrant Officer, B Company (Aeroscout), 123. Aviation Battalion, Brief an seine Frau, 16. 3. 1968, in: NA, RG 319, AS, PI-FR, Vol. III: Exhibits, Book 4: Miscellaneous Documents.

295 Sworn Statement Dan R. Millians, B Company (Aeroscout), 123. Aviation Battalion, 7. 11. 1969, S. 2, in: NA, RG 319, AS, PI-FR, Vol. IV: CID-Statements, Box 57, S. 52. Zu Thompsons Darstellung der Ereignisse siehe ausführlich Anderson (Hg.), Facing, S. 28f., 50 sowie Angers, Forgotten Hero.

296 Bilton/Sim, Four Hours, S. 161.

Stanley, und ein anderer Soldat, wahrscheinlich auch zum 1. Platoon gehörend, sorgten unabhängig voneinander dafür, dass Kinder in ihren Verstecken nicht entdeckt wurden.[297] Und einem Bauern aus Binh Tay zufolge fielen zwei GIs ihren Kameraden in den Arm, die trotz des Befehls zur Feuereinstellung die Überlebenden erschießen wollten.[298] Möglicherweise gab es noch die eine oder andere Rettungsaktion dieser Art.[299] Sollte die Erzählung aus Binh Tay zutreffen und rechnet man die 50 dort Verschonten ein, dürften Verweigerer unter den GIs an die 80 Personen das Leben gerettet haben. Insgesamt überlebten wahrscheinlich etwas mehr als 200 Menschen den Einsatz im »Son My Village«.[300]

Die Frage, warum es nicht mehr Hugh Thompsons gab, wurde aktiven und passiven Verweigerern wiederholt gestellt. »Ehrlich gesagt, ich war emotional nicht aufgewühlt«, antwortete Michael Bernhardt, der in der Folge eine wichtige Rolle bei der Aufdeckung des Massakers spielen sollte. »Ich habe mich nur umgesehen und mir gesagt: Das ist doch alles krank.«[301] Andere zeigten sich ähnlich resigniert: »Da kann man sowieso nichts machen.«[302] – »Ich wollte da nicht hineingeraten und ging einfach weg.«[303] Dritte verwiesen auf ihre Angst vor dem »fragging« – auf die Möglichkeit, von den eigenen Leuten aus Rache ermordet zu wer-

---

297 Bilton/Sim, Four Hours, S. 117 sowie Hammer, One Morning, S. 137.

298 Unsworn Statement Pham Thua, 5. 1. 1970, in: NA, RG 319, PI-FR, Vol. II: Testimony, Box 52, Book 32, Thua APP T-119, S. 5.

299 Siehe NA, RG 319, AS, PI-FR, Vol. II: Testimony, Box 45, Book 28, West SUM APP T-246, S. 3.

300 In Xom Lang soll es etwa 150 Überlebende gegeben haben; hinzu kommen 50 Personen aus Binh Tay und möglicherweise 20–30 Bewohner aus My Hoi (»My Khe (4)«): NA, RG 319, AS, PI-FR, Vol. I: Analyses, Chapter 7: Company B, 4th Battalion, 3d Infantry: Actions on 16–19 March 1968, S. 11; ebenda, Vol. II: Testimony, Box 30, Book 19, Hall SUM APP T-240, S. 5 sowie ebenda, Hooton SUM APP T-376, S. 2; ebenda, Box 52, Book 32, Lai SUM APP T-114, S. 1.

301 Michael Bernhardt, C Company, »Task Force Barker«, zit. n. Lelyveld, Story of a Soldier, S. 110.

302 Conduct of the Men of Charlie Company, 1/20, during the Assault on My Lai 4 on 16 March 1968, S. 8, in: NA, RG 319, AS, ODCS-PER, VWCWG, MLM, Box 5, Folder: Administrative Review – SSG Kenneth L. Hodges (Part 3 of 4).

303 Conduct of the Men of Charlie Company, 1/20, during the Assault on My Lai 4 on 16 March 1968, S. 10, in: NA, RG 319, AS, ODCS-PER, VWCWG, MLM, Box 5, Folder: Administrative Review – SSG Kenneth L. Hodges (Part 3 of 4).

den. »Man muss bedenken, dass dort jeder ein Gewehr hatte. […] Es mag ja ganz nett sein, einem gegenüberzustehen, der auf dich wütend ist, aber nicht, wenn er ein Gewehr in der Hand hat.«[304] – »Sind Sie eigentlich noch ganz dicht? […] Wenn ich auch nur ein Wort zu dem Kerl gesagt hätte, hätte er sich umgedreht und mich umgelegt. Und er hätte sich noch nicht einmal etwas dabei gedacht.«[305] Aus diesem Grund hielt sich Michael Bernhardt im Hintergrund.[306] Und aus diesem Grund verzichtete Ronald Haeberle darauf, die Mörder in flagranti zu fotografieren.[307] Soldaten treten auf seinen Bildern nicht als Täter in Erscheinung, sondern als GIs, die ihrem in Vietnam normalen Kriegshandwerk nachgehen – also Hütten niederbrennen, Bewohner verhören oder Bunker überprüfen. Auch den Tod im Reisfeld und im Bewässerungsgraben dokumentierte Haeberle nicht. Für ihn wie für alle anderen in der C Company galt die ungeschriebene Regel: »Wenn du in Vietnam bist, lässt du von so etwas die Finger.«[308] – »Andernfalls forderst du deinen eigenen plötzlichen Tod heraus. Das sind die Jungs, mit denen du zum Gefecht rausgehst. Sie können dich verdammt leicht wegpusten.«[309]

Zur Dauer des Mordens: Bleibt die Frage, warum das Marodieren seitens der verantwortlichen Offiziere nicht frühzeitig unterbunden wurde. Welche Truppenführer hätten wann Gelegenheit zum Einschreiten gehabt? Und warum wurden diese Möglichkeiten nicht oder erst nach Stunden genutzt?

Der Artilleriebeschuss auf Xom Lang hatte gerade begonnen, als der Leiter der »Task Force Barker«, Lieutenant Colonel Frank Barker, und der Kommandeur der 11. Light Infantry Brigade, Colonel Oran Henderson, in Begleitung von vier weiteren hohen Offizieren in ihren »Command and Control«-Hubschraubern über dem Einsatzgebiet eintrafen. Wie ihre Piloten der Peers-Kommission versicherten, war bei einer durchschnittlichen Flughöhe von 300 Metern zweierlei deutlich erkennbar: Bei den aus Xom Lang Flüchtenden handelte es sich überwiegend um Frauen und Kinder. Und dem Einsatz der Artillerie sowie

---

304 Gregory Olsen, C Company, »Task Force Barker«, zit. n. Bilton/Sim, Four Hours, S. 82.
305 Ein namentlich nicht identifizierter GI, C Company, »Task Force Barker«, zit. n. Hammer, One Morning, S. 129.
306 Lelyveld, Story of a Soldier, S. 110.
307 Bilton/Sim, Four Hours, S. 183.
308 Sworn Statement James D. Henry, 28. 2. 1970, S. 9, in: NA, RG 319, AS, ODCS-PER, VWCWG, CaFi, Box 5, Folder: Henry Allegation – CID Reports.
309 Ein namentlich nicht identifizierter GI, zit. n. Baker, Nam, S. 190.

den rücksichtslosen Attacken der »Shark«-Kampfhubschrauber waren zahlreiche Zivilisten zum Opfer gefallen – Leichen säumten den Weg der vorrückenden C Company. Die Offiziere registrierten das Geschehen – ihre eigenen Aussagen und die Beobachtungen ihrer Begleiter lassen daran keinen Zweifel.[310] »Trotz dieser Beobachtungen«, heißt es im Peers-Bericht, »wurden keine Maßnahmen in die Wege geleitet, um den unbewaffneten Opfern Hilfe und Unterstützung zukommen zu lassen.«[311] Barker und Henderson kehrten zwischen 8.35 und 8.45 Uhr zur »Firebase Dottie« zurück. In anderen Worten: Möglicherweise hatten sie auch die Anfänge des Gemetzels innerhalb von Xom Lang beobachtet.[312] Frank Barker jedenfalls hatte den genauesten Überblick. Er hielt sich nur kurze Zeit in »Dottie« auf und kreiste in den folgenden Stunden, so der Peers-Bericht, »die meiste Zeit [...] über dem Operationsgebiet«.[313] Ob Major General Koster, der Kommandeur der »Americal« Division, ebenfalls im Bild war, ist umstritten. Er traf gegen 9.35 Uhr in »Dottie« ein und hatte wahrscheinlich das Son My-Gebiet überflogen. Die genaue Flugroute und die Flughöhe waren im Nachhinein nicht zu ermitteln. Allerdings gab es auch keine überzeugenden Belege, um den Zweisternegeneral vom Verdacht der Augenzeugenschaft zu entlasten.[314]

---

310 NA, RG 319, AS, PI-FR, Vol. I: Analyses, Chapter 5: The Son My Operation, 16–19 March 1968, S. 19; Chapter 6: Company C, 1st Battalion, 20th Infantry: Actions on 16 and 17 March 1968, S. 18; ebenda, Vol. II, Box 15, Book 9, Lind APP T-346, S. 64; ebenda, Box 20, Book 12, Henderson SUM APP T-1, S. 2; ebenda, Box 25, Book 16, Vazquez SUM APP T-32, S. 3 sowie Department of the Army, Judge Advocate, Memorandum of Law (Maj. McKnight), 18. 2. 1971, in: RG 319, AS, ODCS-PER, VWCWG, MLM, Box 2, Folder: Administrative Review – My Lai Cases (Part 3 of 4).

311 NA, RG 319, AS, PI-FR, Vol. I: Analyses, Chapter 10: Reports, Investigations, and Reviews, S. 19; siehe ebenda, S. 5, 18, 20; ebenda, Chapter 5: The Son My Operation, 16–19 March 1968, S. 17 sowie Chapter 6: Company C, 1st Battalion, 20th Infantry: Actions on 16 and 17 March 1968, S. 15.

312 NA, RG 319, AS, PI-FR, Vol. I: Analyses, Chapter 5: The Son My Operation, 16–19 March 1968, S. 19 sowie Chapter 11: Suppression and Withholding of Information, S. 4.

313 NA, RG 319, AS, PI-FR, Vol. I: Analyses, Chapter 6: Company C, 1st Battalion, 20th Infantry: Actions on 16 and 17 March 1968, S. 9.

314 NA, RG 319, AS, PI-FR, Vol. I: Analyses, Chapter 5: The Son My Operation, 16–19 March 1968, S. 18; ebenda, Vol. II: Testimony, Box 10, Book 6, Czarnecki, APP T-399, S. 17 sowie ebenda, Box 12, Book 7, Newell APP T-381, S. 22–23; zu Major General Kosters auffälligen Gedächtnislücken siehe ebenda, Box 5, Book 3, Koster SUM APP T-20, S. 3–11.

Dass die Truppenführer um die Folgen des Einsatzes wussten und dennoch den Dingen ihren Lauf ließen, geht auch aus einem zeitgleich verfassten »Action Report« hervor. Als Barker und Henderson zur »Firebase Dottie« zurückgekehrt waren, fanden sie mit dem Vermerk »8.40 Uhr« folgenden Eintrag im Logbuch der »Task Force Barker« vor: »69 getötete VC innerhalb von My Lai (4)«. Dem »Tactical Operations Center« der 11. Light Infantry Brigade wurde kurz darauf von 69 gefallenen Vietcong »600 Meter außerhalb von My Lai (4)« berichtet – und damit suggeriert, bei den vermeintlichen Vietcong handelte es sich um Opfer des Artillerie- oder Hubschrauberbeschusses. Wer für die Fälschung verantwortlich war, konnte die Peers-Kommission nicht herausfinden. Die Ermittler machten allerdings gegenüber vier Offizieren – unter ihnen Barker und Henderson – geltend, »dass sie an der Weitergabe erfundener Berichte an höhere Einsatzstellen und an falschen Einträgen in offizielle Akten entweder beteiligt waren oder diesen Vorgang duldeten«.[315] Und zwar in der Absicht, von den Ereignissen in Xom Lang und Binh Tay abzulenken und Nachfragen zu verhindern, »auf die es keine einfachen Antworten gab«.[316] Unter anderem hätte nämlich beantwortet werden müssen, wie die 69 feindlichen Soldaten in Xom Lang ums Leben kamen – und ohne den mindesten Hinweis auf Kampfhandlungen innerhalb des Dorfes und zu einem Zeitpunkt, als die Artillerieunterstützung längst eingestellt war.[317]

Kurz vor 9.00 Uhr bestieg Lieutenant Colonel Barker wieder seinen Observationshubschrauber. Zu dieser Zeit rückte das 3. Platoon der C Company zu seiner »Aufräumaktion« in Xom Lang ein, gefolgt von Kompaniechef Captain Ernest Medina und einem sieben Mann starken Kommandostab.[318] Spätestens jetzt hätte Medina als verantwortlicher Offizier am Boden eingreifen müssen. Das Gegenteil war der Fall. Die Peers-Kommission kam zu dem Ergebnis, dass Medina mindestens einmal selbst mordete und in zwei Fällen seine Soldaten zum Mord anstiftete oder ihr Tun kommentarlos tolerierte. Möglicherweise beging er auch drei Morde selbst.[319] Unter anderem bestätigten vier Zeugen

---

315 NA, RG 319, AS, PI-FR, Vol. I: Analyses, Chapter 12: Findings and Recommendations, S. 15; siehe ebenda, S. 20, 24–25.

316 NA, RG 319, AS, PI-FR, Vol. I: Analyses, Chapter 11: Suppression and Withholding of Information, S. 5.

317 NA, RG 319, AS, PI-FR, Vol. I: Analyses, Chapter 10: Reports, Investigations, and Reviews, S. 25–26.

318 NA, RG 319, AS, PI-FR, Vol. I: Analyses, Chapter 6: Company C, 1st Battalion, 20th Infantry: Actions on 16 and 17 March 1968, S. 11.

319 NA, RG 319, AS, PI-FR, Vol. I: Analyses, Chapter 12, Findings and Recommendations, S. 30.

unabhängig voneinander und unter Eid, dass Medina aus ungefähr 150 Metern eine Frau beschoss, auf die durch seine Schüsse schwer Verletzte zuging und aus kurzer Entfernung mehrere Salven in ihren Körper jagte – gemeint war die Szene, die auch Hugh Thompson beobachtet hatte. »Es war kaltblütiger Mord«, so der Augenzeuge Herbert Carter.[320] Einige GIs behaupteten, dass in Medinas Anwesenheit zwei Kinder im Alter von drei und sechs Jahren erschossen wurden, die orientierungslos zwischen den Leichen ihrer ermordeten Angehörigen umherirrten. Im Zuge seiner Kriegsgerichtsverhandlung zu einem Lügendetektortest bestellt, räumte Medina ein, »versehentlich« die Erschießung eines der Jungen angeordnet zu haben.[321] In mindestens einem weiteren Fall nahm er teilnahmslos hin, dass Soldaten in seiner unmittelbaren Umgebung mordeten.[322] Ein Beteiligter über die Situation, als der Captain nach dem weiteren Schicksal eines Greises gefragt wurde, den man aus seinem Haus herausgezerrt hatte: »Scheinbar teilnahmslos und als wäre es keine Entscheidung, die er zu treffen hatte, sagte Medina gar nichts. Es schien jedoch klar, dass er kein Interesse an dem alten Mann hatte und nicht mit seiner Anwesenheit belästigt werden wollte. [...] Die Soldaten erschossen den Greis. [...] Medina hielt im Gehen noch nicht einmal inne.«[323]

---

320 Sworn Statement Herbert L. Carter, 6. 11. 1969, S. 2 in: NA, RG 319, AS, PI-FR, Vol. IV: CID-Statements, Box 57, S. 149. Siehe auch ebenda, S. 3, 4 sowie ebenda, Vol. I: Analyses: Summary Report, Chapter 10: Reports, Investigations, and Reviews, S. 9; ebenda, Vol. II: Testimony, Box 9, Book 5, Colburn SUM APP T-31, S. 2, 15; ebenda, Vol. IV: CID-Statements, Box 57, S. 128. Von Notwehr, die Medina selbst geltend machte, konnte keine Rede sein. Zu den weiteren Anschuldigungen gegen Medina siehe ebenda, Vol. II: Testimony, Box 43, Book 27, Pendleton, SUM APP T-221, S. 2.

321 *The Washington Post*, 10. 9. 1971: Witness Testifies Medina Told Him of Losing Control. Siehe auch NA, RG 319, AS, PI-FR, Vol. II: Testimony, Box 52, Book 32, Phu APP T-96, S. 13; ebenda, Box 40, Book 25, Stanley SUM APP T-231, S. 2, 3.

322 NA, RG 319, AS, PI-FR, Vol. I: Analyses, Chapter 6: Company C, 1st Battalion, 20th Infantry: Actions on 16 and 17 March 1968, S. 15 sowie ebenda, Vol. IV: CID-Statements, Box 57, S. 87, 113, 379.

323 Witness Testimony Jay A. Roberts, 17. 12. 1969, in: NA, RG 319, AS, PI-FR, Vol. II, Testimony, Box 22, Book 14, Roberts SUM APP T-23, S. 8. Gegenüber der Criminal Investigation Division hatte Roberts zu Protokoll gegeben: »Medina sagte, dass der alte Mann militärisch ohne Wert sei und dass er ihn nicht wollte«: Sworn Statement Jay A. Roberts, 12. 9. 1969, S. 3, in: ebenda, Vol. IV: CID-Statements, Box 57, S. 113.

16. März 1968, »My Lai (4)«: Soldaten der C Company zwingen einen gebrechlichen Alten aus seinem Haus. Nach einem kurzen Verhör wird er in Anwesenheit des Kompaniechefs, Captain Ernest Medina, auf einer Dorfstraße sitzend erschossen.
NA, RG 319, PI-OI, Box 30, Folder: MacCrate – Hold for Future Use

Bis zum Prozess gegen Lieutenant Calley behauptete Medina sein Nichtwissen um die große Zahl der Toten. Unter dem Druck der Ankläger gestand er die Lüge ein.[324] Wie zahlreiche Beobachter geltend gemacht hatten, war Medina mehrmals auf Gruppen gemeuchelter Zivilisten gestoßen – ohne eine einzige Frage zu stellen oder Missbilligung zum Ausdruck zu bringen.[325] Ein vietnamesischer Dolmetscher in Diensten der C Company gab folgenden Dialog zwischen einem Sergeant der südvietnamesischen Armee und Medina zu Protokoll: »Warum habt ihr denn Frauen und Kinder umgebracht?« – »So lautete der Befehl. Frag nicht nach dem Warum.«[326] Ronald Haeberle erinnerte die Szene ähnlich.[327] Während der Kriegsgerichtsverhandlung gegen Medina spielte diese Aussage allerdings keine Rolle mehr. Die vietnamesischen Zeugen hatten im Kreuzverhör auf die Frage nach ihren damaligen Englischkenntnissen geantwortet: »Nicht sehr gut.«[328]

Dass nach knapp zwei Stunden der erste Befehl zur Feuereinstellung gegeben wurde, ist einzig und allein den Funksprüchen von Hubschrauberpiloten zu verdanken – und dem Umstand, dass der Funkverkehr abgehört und protokolliert wurde. »Von hier oben sieht es wie ein Blutbad aus. Was zum Teufel treibt ihr da unten?«[329] – »Die bringen hier draußen unschuldige Zivilisten um.«[330] – »Ich wurde gerade von einem Piloten angefunkt. Er sagte, überall lägen Leichen herum.«[331] Der genaue zeitliche Ablauf konnte auch nach intensiven Recherchen der Peers-Kommission nicht geklärt werden. Unstrittig ist, dass man im »Tactical Operations Center« der »Task Force Barker« von dem Funkverkehr

---

324 Department of the Army, Judge Advocate, 21. 6. 1972, Memorandum of Law (Former CPT. Medina), S. 4–5.

325 Sworn Statement Jay A. Roberts, 12. 9. 1969, S. 3, in: NA, RG 319, AS, PI-FR, Vol. IV: CID-Statements, Box 57, S. 113; siehe ebenda, S. 148 sowie *The Washington Star*, 11. 12. 1969: My Lai Pilot Aimed at GIs, Saved Viets.

326 Witness Testimony Nguyen Dinh Phu, 1. 1. 1970, in: NA, RG 319, AS, PI-FR, Vol. II: Testimony, Box 52, Book 32, Phu APP T-96, S. 13.

327 NA, RG 319, AS, PI-FR, Vol. IV: CID-Statements, Box 57, S. 88.

328 *The Washington Post*, 9. 8. 1971: Viets Tell What They Saw at Mylai.

329 NA, RG 319, AS, PI-FR, Vol. I: Analyses, Chapter 10: Reports, Investigations, and Reviews, S. 7; siehe ebenda, Vol. II: Testimony, Box 21, Book 13, Kirkpatrick SUM APP T-281, S. 2.

330 Memorandum, Subject: Time Sequence of Radio Message Traffic, o.D., S. 2, in: NA, RG 319, AS, PI-CI, Box 4, Folder: Master Recall Folder.

331 Lieutenant Colonel Frank Barker, zit. n.: NA, RG 319, AS, PI-FR, Vol. II: Testimony, Box 45, Book 28, Kinch SUM APP T-202, S. 3 sowie ebenda, Vol. IV: CID-Statements, Box 57, S. 281.

Kenntnis hatte, dass es in der Folge Kontakte zu Medina, Captain Michles und Frank Barker gab und die Kompanieführer zur Zurückhaltung gemahnt wurden.[332] Dokumentiert ist auch, dass Medina gegen 9.30 Uhr das 2. Platoon anwies, die Schießerei einzustellen. Warum jedoch das 1. und 3. Platoon noch eine volle Stunde weiter mordeten und brandschatzten und ob auch sie von Medina benachrichtigt worden waren, ist nicht zu beantworten.[333] Wie es scheint, schaltete sich Lieutenant Colonel Frank Barker gegen 10.30 Uhr noch einmal ein. Und kurz darauf stellte Medina eine Verbindung zum 1. und 3. Platoon her. Über den genauen Wortlaut gehen die Aussagen auseinander: »Hört mit dem Schießen auf. Die Party ist vorbei.«[334] – »Sie wollen, dass die Schießerei aufhört.«[335] – »Schluss mit dem Töten.«[336]

Die »Task Force Barker« verbrachte noch zwei Tage im Gebiet des »Son My Village«. Am Nachmittag des 16. März »durchkämmte« die C Company zusammen mit Platoons der B Company Ortschaften nordöstlich von »My Lai (4)«. In Phung Hoa und Binh Dong (»My Lai (5)«) wurden zehn Bewohner verhaftet, ungefähr 65 weitere hielt man zum sofortigen Verlassen ihres Dorfes an.[337] Ein vietnamesischer Dolmetscher: »Captain Medina wies mich an, den Leuten Folgendes mitzuteilen: Sie hatten das Gebiet zu räumen, weil es unter kommunistischem Einfluss stand. Und wenn sie zurückkehrten und man sie ein weiteres Mal hier anträfe, würden sie alle getötet. Genauso wie die Menschen in

---

332 Memorandum, Subject: Time Sequence of Radio Message Traffic, o.D., S. 2, in: NA, RG 319, AS, PI-CI, Box 4, Folder: Master Recall Folder. Siehe auch RG 319, AS, PI-FR, Vol. I: Analyses, Chapter 6: Company C, 1st Battalion, 20th Infantry: Actions on 16 and 17 March 1968, S. 17; ebenda, Chapter 10: Reports, Investigations, and Reviews, S. 7; ebenda, Vol. II: Testimony, Box 23, Book 15, Calhoun SUM APP T-6, S. 3 sowie ebenda, Vol. IV: CID-Statements, Box 57, S. 477.

333 NA, RG 319, AS, PI-FR, Vol. I: Analyses, Chapter 2: Summary Report, S. 3 sowie ebenda, Chapter 6: Company C, 1st Battalion, 20th Infantry: Actions on 16 and 17 March 1968, S. 12.

334 NA, RG 319, AS, PI-FR, Vol. II: Testimony, Box 45, Book 28, Kinch SUM APP T-202, S. 3 sowie ebenda, Vol. I: Analyses, Chapter 6: Company C, 1st Battalion, 20th Infantry: Actions on 16 and 17 March 1968, S. 16.

335 CID Report of Investigation, 69-CID011-00014, 25. 9. 1970, S. 14, in: NA, RG 319, AS, ODCS-PER, VWCWG, MLM, Box 6, Folder: Case Folder – ILt. William L. Calley, Jr. (Part 4 of 4).

336 Witness Testimony Harry Stanley, 24. 1. 1970, in: NA, RG 319, AS, PI-FR, Vol. II: Testimony, Box 40, Book 25, Stanley SUM APP T-231, S. 4.

337 NA, RG 319, AS, PI-FR, Vol. I: Analyses, Chapter 6: Company C, 1st Battalion, 20th Infantry: Actions on 16 and 17 March 1968, S. 19.

der Gegend, aus der wir gerade gekommen waren.«[338] Die Verdächtigen aus Phung Hoa und Binh Dong sowie 20 weitere vermeintliche Vietcong warteten am Abend – gefesselt und mit übergestülpten Kapuzen – auf ihr Verhör, das von südvietnamesischen Polizisten und dem Geheimdienstoffizier der »Task Force Barker«, Eugene Kotouc, unter Verwendung eines »Schwarzbuchs« zur »Vietcong Infrastructure« durchgeführt wurde. Kotouc wollte das Schweigen eines Gefangenen brechen, indem er ihm mit seinem Buschmesser den kleinen Finger abschnitt und im Genick eine zehn Zentimeter lange Schnittwunde zufügte. Der Mann wurde anschließend zusammen mit einem weiteren Gefangenen von Angehörigen der »National Police« erschossen.

Tags darauf trat Paul Meadlo auf eine Mine und verlor seinen linken Fuß. »Das hat Gott mir angetan als Strafe für das, wozu du mich gezwungen hast«, brüllte er William Calley an, »Gott wird auch dich kriegen.«[339] Seine Einheit zog weiter, brannte auf Befehl Medinas verlassene Dörfer und allein stehende Häuser nieder, überraschte drei Vietcong – zwei Männer und eine Frau – und nahm sie gefangen. Der notorische Vergewaltiger Dennis Conti ließ die Frau nur unbehelligt, weil er sie nach eingehender »Untersuchung« für »zu schmutzig zum Ficken« hielt.[340] Die Rolle des Folterers übernahm am 17. März Ernest Medina persönlich. Er prügelte auf einen der Verdächtigen ein, inszenierte zum Vergnügen seiner Männer eine Scheinhinrichtung mit entladener Pistole, positionierte den Mann schließlich an einem Baum und gab mit seiner M-16 zwei Schüsse ab, die Zentimeter über dem Kopf in den Stamm einschlugen. Danach gab sich der Verdächtige als politischer Kader der Vietcong zu erkennen und nannte den Standort des lange gesuchten 48. VC Local Force Battallion: Angeblich hielten sich die Guerillatruppen außerhalb des Son My-Gebietes in einer Bergregion auf.[341]

---

338 Witness Testimony Nguyen Dinh Phu, 1. 1. 1970, in: NA, RG 319, AS, PI-FR, Vol. II: Testimony, Box 52, Book 32, Phu APP T-96, S. 24.

339 Witness Statement Joseph W. Konwinski, 29. 1. 1970, in: NA, RG 319, AS, PI-FR, Vol. II: Testimony, Box 38, Book 24, Konwinski SUM APP T-271, S. 3.

340 Dennis I. Conti, C Company, »Task Force Barker«, zit. n. Bilton/Sim, Four Hours, S. 167.

341 NA, RG 319, AS, PI-FR, Vol. I: Analyses, Chapter 5: The Son My Operation, 16–19 March 1968, S. 23; ebenda, Chapter 6: Company C, 1st Battalion, 20th Infantry: Actions on 16 and 17 March 1968, S. 19–20; ebenda, Chapter 7: Company B, 4th Battalion, 3d Infantry: Actions on 16–19 March 1968, S. 2–15; ebenda, Vol. II: Testimony, Box 31, Book 20, Michener SUM APP T-209, S. 1–11, 83–85; ebenda, Box 51, Book 31, Boatman SUM APP T-184,

Luftaufnahme des zerstörten »My Lai (4)«, 4. Juli 1969.
NA, RG 472, USFSEA, MACV, IG, MACIG, ID, Box 37,
Folder: MIV-18-69 T. F. Barker (2 of 2)

Die C Company musste am 18. März zwei von Sprengfallen verwundete GIs ausfliegen lassen. Davon abgesehen, dass die B Company am Abend des 17. oder 18. März ein Boot unter Beschuss nahm und – so die Erinnerung eines Zeugen – acht Unbewaffnete tötete,[342] gab es offensichtlich keine weiteren Toten unter Zivilisten. Am 8. April 1968 wurde die »Task Force Barker« aufgelöst.

Von den Ereignissen in »My Lai (4)« sollte die Welt erst anderthalb Jahre später erfahren. Dennoch hatten die Kommunisten unter dem Eindruck der »Tet-Offensive« eine wichtige Runde im psychologischen

---

S. 4–5; ebenda, Box 52, Book 32, Hien, APP T-99, S. 8–14 sowie Bilton/Sim, Four Hours, S. 146–148, 166–177.

342 Witness Testimony Do Thanh Hien, 2. 1. 1970, in: NA, RG 319, AS, PI-FR, Vol. II: Testimony, Box 52, Book 32, Hien APP T-99, S. 21–23.

Abnutzungskrieg gewonnen. Am 10. März sorgte die *New York Times* mit ihrer Schlagzeile »Westmoreland ersucht um weitere 206000 Mann. Schürt Debatte in der Administration« für Aufregung, zwei Tage später erreichte der »Friedenskandidat« im Rennen um die Nominierung des Präsidentschaftskandidaten der Demokratischen Partei, Senator Eugene McCarthy, 42 Prozent der Vorwahlstimmen in New Hampshire. Kurz darauf meldete auch Senator Robert Kennedy seinen Anspruch auf das Weiße Haus an. Zu guter Letzt verwarf Lyndon B. Johnsons außenpolitischer Beraterkreis, die »wise men«, eine noch wenige Monate zuvor gegebene Empfehlung zur ungeminderten Fortsetzung des Krieges. Am 31. März zog der Präsident die naheliegende Konsequenz und erklärte in einer Fernsehansprache seinen Verzicht auf eine weitere Amtszeit.[343] Monate vor der Wahl im November war der Platz des Präsidenten leer, der Krieg trat in eine ambivalente Übergangsphase ein.

Weil die Aussichten für eine diplomatische Lösung und einen graduellen Abzug der US-Bodentruppen sich verbesserten, stieg das Risiko einer militärischen Eskalation. Denn beide Seiten wollten in dieser Phase des Unentschiedenen ein Maximum politisch verwertbarer Vorteile auf dem Schlachtfeld herausschlagen. Wer es jetzt verstand, dem Feind noch nennenswerten materiellen Schaden zuzufügen, konnte mit einer Optimierung seiner Verhandlungsposition rechnen. Für die USA folgte daraus, die südvietnamesischen Streitkräfte so schnell wie möglich nachhaltig zu stärken und das »roll back« militärischer Hoheitsgebiete der Vietcong zu forcieren. Westmoreland spielte deshalb mit dem Gedanken an eine Besetzung nordvietnamesischen Terrains oberhalb der entmilitarisierten Zone. Und für Hanoi war die Zeit einer vermehrten Entsendung regulärer Truppen in den Süden gekommen, weil andernfalls der Guerilla ein personelles und logistisches Fiasko drohte. In den folgenden Monaten forderte der Krieg auf beiden Seiten mehr Opfer als zu irgendeinem anderen Zeitpunkt seit der Landung amerikanischer Bodentruppen im März 1965 und dem Waffenstillstand vom Januar 1973. Allein zwischen April und Juni 1968 fielen pro Woche 800 GIs und 1600 südvietnamesische Soldaten. Die Verluste der Vietcong und der nordvietnamesischen Armee sollen sich in dieser Zeit auf wöchentlich 4000 belaufen haben.[344] Für Soldaten wie Zivilisten war 1968 das blutigste Jahr des Krieges.

---

343 Frey, Geschichte des Vietnamkriegs, S. 169–173.
344 Pike, Vietcong Strategy, S. 45.

1968–1971 – Abnutzungskrieg in den südlichen Provinzen

»Lieber Abe, Sie und ich wissen, dass die wirklich entscheidende Phase sowohl der diplomatischen wie der militärischen Operationen uns jetzt bevorsteht. Um in Paris einen Frieden gewinnen zu können, wie wir ihn uns vorstellen, müssen Sie dafür sorgen, dass der Feind aus der Defensive nicht herauskommt – in Südvietnam wie in Laos. [...] Ihr Präsident und Ihr Land erwarten von Ihnen, dass Sie dem Feind ohne Unterlass nachstellen. Gewähren Sie ihm nicht einen Moment der Ruhe. Geben Sie es ihm wie gehabt. Lassen Sie den Feind den Druck all dessen spüren, was Ihnen zur Verfügung steht.«

(Lyndon B. Johnson, Ende Oktober 1968, handgeschriebener Brief an Creighton Abrams, Befehlshaber der US-Truppen in Südvietnam)[1]

Nachdem die »Task Force Barker« ihren Einsatz im »Son My Village« beendet hatte, kam es in mehreren Nachbesprechungen auf dem Stützpunkt zu ungewöhnlichen verbalen Angriffen auf Offiziere. »Sie meinen wohl vier Vietcong und 124 Frauen und Kinder«, bekam ein Geheimdienstoffizier auf den mit Stolz verkündeten »Body Count« von 128 toten Vietcong zu hören.[2] »Die Leute sahen nicht so aus, als könnten sie uns etwas anhaben«, warfen mehrere Piloten ein. Es bedurfte der Intervention ihres Kompaniechefs, um sie zum Schweigen zu bringen.[3] GIs der B Company empörten sich noch Tage danach in ihrem Hauptquartier und nannten im Beisein von Stabsoffizieren die Namen der Mörder, andere machten sich über die offizielle Rede eines erfolgreichen Einsatzes lustig oder mutmaßten, dass Medina wegen Massenmords am Galgen und sie selbst im Gefängnis landen

1 Lyndon B. Johnson, zit. n. Berman, No Peace, S. 31.

2 Seymour M. Hersh, Interview mit *CBS Morning News*, 19. 1. 1972, WTOP TV, Washington, D.C., Transkript, S. 9, in: NA, RG 319, AS, PI-AC, Box 39, Folder: Son My Chron. File # 22 (1 of 3). Eine ähnliche Zwischenfrage von Hugh Thompson ist ebenfalls überliefert: Robert N. Zaza, Investigator's Statement, 18. 9. 1970, S. 7, in: RG 319, AS, ODCS-PER, VWCWG, MLM, Box 6, Folder: Case Folder lLt. William L. Calley, Jr. (Part 4 of 4). Siehe auch Bilton/Sim, Four Hours, S. 176–177.

3 NA, RG 319, AS, PI-FR, Vol. II: Testimony, Box 10, Book 6, Kubert SUM APP T-164, S. 3 sowie ebenda, Vol. I: Analyses, Chapter 11: Suppression and Withholding of Information, S. 10.

würden.[4] Über die waghalsige Rettung einiger Zivilisten in Xom Lang schrieb der Pilot Brian Livingston an seine Frau: »Wir mussten das tun und waren dabei gezwungen, mit *unseren* Maschinengewehren auf die eigenen Truppen anzulegen – auf amerikanische Soldaten. Ich sage Dir, man fragt sich wirklich, warum wir überhaupt hier sind.«[5] Über Hubschrauberpiloten des 123. Aviation Battalion heißt es, dass sie beim Generalinspekteur der »Americal« Division ihr Wissen schriftlich hinterlegen wollten: »Sie waren alle aufgebracht und wütend. [...] Jeder von ihnen war an diesem Abend [des 16. März 1968, B.G.] außer sich. Man diskutierte, sie redeten auch noch in den folgenden Tagen darüber.«[6]

Wie es scheint, ließen sich einige Soldaten mit dem Hinweis ihrer unmittelbaren Vorgesetzten auf eine bevorstehende Untersuchung jedoch nicht abwimmeln. Ein Angehöriger der C Company nahm zur Rechtsabteilung der »Americal« Division Kontakt auf und unterrichtete einen dort arbeitenden Captain nicht allein über die Ereignisse vom 16. März 1968, sondern auch über andere Gewaltexzesse der Einheit sowie über die Rolle Ernest Medinas. Weder der Captain noch sein Vorgesetzter wollten der Sache nachgehen. Sie glaubten angeblich, einen Denunzianten oder Wichtigtuer vor sich zu haben: »Es gab halt immer wieder derartige Gerüchte über verschiedene Gräueltaten im Laufe von Einsätzen.«[7] GIs der B Company sprachen vor der Peers-Kommission von

4 NA, RG 319, AS, PI-FR, Vol. II: Testimony, Box 45, Book 28, Fagan SUM APP T-67, S. 4; ebenda, Box 3, Book 1, Anistranski SUM APP T-135, S. 2–4 sowie Bilton/Sim, Four Hours, S. 172, 175–179.

5 Brian W. Livingston, Warrant Officer, B Company (Aeroscout), 123. Aviation Battalion, Brief an seine Frau, 16. 3. 1968, in: NA, RG 319, AS, PI-FR, Vol. III: Exhibits, Book 4: Miscellaneous Documents (Hervorhebung im Original).

6 Witness Statement Joseph Gualtier, 16. 1. 1970, in: NA, RG 319, AS, PI-FR, Testimony, Box 10, Book 6, Gualtier SUM APP T-169, S. 12. Siehe auch ebenda, Vol. IV, CID-Statements, Box 57, S. 46–53; Fact Sheet. To: Chief of Staff, United States Army, Subject: My Lai, 14. 1. 1970, S. 4, in: RG 319, AS, ODCS-PER, VWCWG, MLM, Box 1, Folder: My Lai Army Staff Monitor Summaries, Jan. 1970 sowie Son My Army Staff Monitor Summary, 14. 3. 1970, S. 3, in: ebenda, Folder: My Lai Army Staff Monitor Summaries, Feb–May 1970. Die Stimmung unter den Piloten der 174. Aviation Company war ähnlich: RG 319, AS, PI-FR, Vol. II, Testimony, Box 15, Book 9, McCrary APP T-172, S. 36.

7 Maurice E. Vorhies, zit. n. Department of the Army, Office of the Judge Advocate General, Memorandum for: The Judge Advocate General, Subject: Report of Informal Investigation, 6. 6. 1972, S. 5; siehe ebenda, S. 3, in: NA, RG 319, AS, PI-AC, Box 40, Folder: Son My Chron. File # 24, 3 May–21 Jun 72 (1 of 3).

mehreren schriftlichen Eingaben bei hochrangigen Offizieren. Warum diese Dokumente in den Divisionsakten nicht auffindbar waren, blieb ihnen rätselhaft.[8]

Von zeitnahen schriftlichen Eingaben sind nur zwei überliefert. John Ebinger, Gefreiter in der B Company, 4. Battalion, 3. Infantry Regiment, 11. Light Infantry Brigade, »Americal« Division, wandte sich am 30. Juli 1968 in einem ausführlichen, handschriftlichen Brief an Präsident Lyndon B. Johnson. Er gab an, mit eigenen Augen gesehen zu haben, wie ein bereits als »Minenhund« missbrauchter Gefangener auf Anweisung von Offizieren auch noch gefoltert wurde, und bezeichnete einige seiner Kameraden als gewohnheitsmäßige Vergewaltiger. »Es gibt zahlreiche Vorfälle wie diese, und noch viel schlimmere Dinge sind im Gange. [...] Können Sie oder irgendeine andere hochgestellte Person etwas gegen dergleichen Verhalten in diesem Krieg tun?«[9] Zur Zeit ihres Einsatzes in »My Khe (4)« gehörte Ebinger der B Company an. Ob er an dem Überfall tatsächlich beteiligt oder an diesem Tag aus welchen Gründen auch immer nicht aktiv war, ist unklar. Sein Schreiben jedenfalls wurde an das Büro des Generalinspekteurs der US Army in Vietnam weitergeleitet und mit dem Hinweis zu den Akten gelegt, dass Interviews mit sieben Offizieren und Unteroffizieren aus Ebingers Einheit angeblich keinen Hinweis auf die Stichhaltigkeit seiner Vorwürfe ergeben hätten.[10]

Der Gefreite Tom Glen – A Company, 4. Battalion, 3. Infantry Regiment, 11. Light Infantry Brigade, »Americal« Division – gehörte zwar nicht zur »Task Force Barker«. Aber sein am 27. November 1968 an General Creighton Abrams adressierter Brief war im Wissen um die Gräueltaten der »Americal« Division im Allgemeinen und das »My Lai (4)«-Massaker im Besonderen verfasst worden. »Die Art und Weise, wie der gewöhnliche GI über Vietnamesen denkt und wie er sie behandelt, ist allzu oft eine komplette Verleugnung all dessen, was unser Land auf dem Gebiet zwischenmenschlicher Beziehungen zu erreichen versucht. [...] Es geht nicht allein darum, dass Vietnamesen als ›Slopes‹

8 NA, RG 319, AS, PI-FR, Vol. I: Analyses, Chapter 11: Suppression and Withholding of Information, S. 11.

9 John Ebinger, B Company, 4. Battalion, 3. Infantry Regiment, 11. Light Infantry Brigade, »Americal« Division, Brief an Lyndon B. Johnson, 30. 7. 1968, in: NA, RG 319, AS, PI-CI, Box 8, Folder: Admin. File – Dec. (2).

10 Carroll E. Swain, Lieutenant Colonel, Inspector General, Brief an Commanding General, United States Army Vietnam, 30. 8. 1968, in: NA, RG 319, AS, PI-FR, Vol. III: Exhibits, Box 54, Book 4: Miscellaneous Documents.

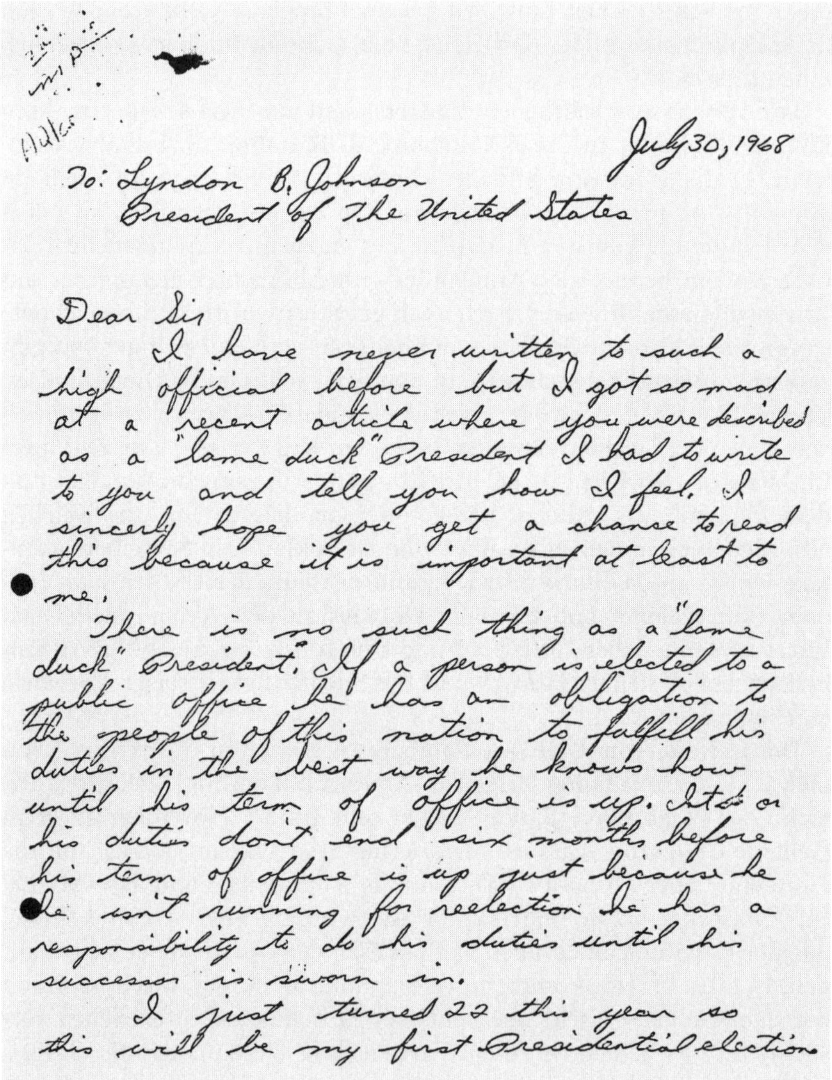

July 30, 1968

To: Lyndon B. Johnson
President of The United States

Dear Sir

I have never written to such a high official before but I got so mad at a recent article where you were described as a "lame duck" President I had to write to you and tell you how I feel. I sincerely hope you get a chance to read this because it is important at least to me.

There is no such thing as a "lame duck" President. If a person is elected to a public office he has an obligation to the people of this nation to fulfill his duties in the best way he knows how until his term of office is up. Its or his duties don't end six months before his term of office is up just because he he isn't running for reelection. He has a responsibility to do his duties until his successor is sworn in.

I just turned 22 this year so this will be my first Presidential election.

Schreiben des GI John Ebinger, Jr., B Company, 4. Battalion, 3. Infantry Regiment, 11. Light Infantry Brigade, »Americal« Division, an Präsident Lyndon B. Johnson, 30. 7. 1968. Ebinger berichtete, dass Angehörige seiner Einheit folterten, vergewaltigten und Gefangene als »Minenhunde« missbrauchten. »There are many things like this and <u>worse</u> going on. This is why many people turn V.C. [...] Can you or anyone higher up do anything about this kind of conduct in this war?« NA, RG 319, AS, PI-CI, Box 8, Folder: Admin. File – Dec. (2)

oder ›Gooks‹ verächtlich gemacht werden. [...] Viel zu viele amerikanische Soldaten scheinen ihnen abzusprechen, überhaupt Menschen zu sein.« Für Gewalttaten waren, so Glen weiter, nicht einzelne Soldaten, sondern ganze Einheiten verantwortlich zu machen. Vielen seiner Kameraden unterstellte er, aus Lust und Spaß Zivilisten zu ermorden oder ihre sadistischen Neigungen bei der Folter von Gefangenen auszuleben. »Kann es wirklich sein, dass die bloße Anwesenheit in einer Kriegszone und der Besitz eines Gewehrs einen Soldaten seiner moralischen Verantwortung entbindet? Was vielleicht noch wichtiger ist: Amerikanische Soldaten [...] praktizieren hier die gleiche Intoleranz, die unser Land so sehr spaltet. Was ich hier dargelegt habe, habe ich nicht nur in meiner eigenen Einheit gesehen, sondern auch bei anderen, mit denen wir zu tun hatten. Und ich fürchte, es trifft auf alle zu.«[11] Creighton Abrams leitete den mehrseitigen Brief an das Hauptquartier der »Americal« Division weiter. »Wer ist Glen? [...] Worüber redet er?« Glens Vorgesetzter, Lieutenant Colonel Albert L. Russell, setzte im Dezember 1968 den Schlusspunkt: »Die Tatsache, dass er [Tom Glen] einen Brief schreibt und angebliche Vergehen in vagen Verallgemeinerungen zur Sprache bringt, aber damit bis nach seiner Versetzung wartet, macht seine Aussagen verdächtig und lässt an dem moralischen Mut [...] und den idealistischen Überzeugungen zweifeln, für die er angeblich steht.«[12]

Neun Monate nach dem Massenmord ließ nichts darauf schließen, dass die Verantwortlichen in Schwierigkeiten geraten könnten. Nebulöse Anschuldigungen, wie sie John Ebinger oder Tom Glen zu Papier gebracht hatten, waren kein Grund zur Beunruhigung. Überdies wollte keiner der anfänglich Empörten wissen, wie es um ihre Eingaben bestellt war und ob tatsächlich eine Untersuchung angestrengt wurde. Selbst Hugh Thompson, der wiederholt eine außergewöhnliche Zivilcourage an den Tag gelegt hatte, zog sich zurück. Als er und seine Crewmitglieder Glenn Andreotta und Lawrence Colburn Wochen später für die Rettung von Zivilisten ausgezeichnet wurden, hieß es in der Begründung der Ordensverleihung: »[Die Geretteten] befanden sich zwischen den Linien amerikanischer und feindlicher Truppen, die sich ein heftiges Feuergefecht

11 Tom Glen, A Company, 4. Battalion, 3. Infantry Regiment, 11. Light Infantry Brigade, »Americal« Division, Brief an General Creighton Abrams, 27. 11. 1968, in: NA, RG 319, AS, PI-CI, Box 8, Folder: Admin. File – Dec. (2). Siehe auch Bilton/Sim, Four Hours, S. 175.

12 Lieutenant Colonel Albert L. Russell, Brief an Commanding General, »Americal« Division, 11. 12. 1968, in: NA, RG 319, AS, PI-CI, Box 8, Folder: Admin. File – Dec. (2).

lieferten.«[13] Thompson ließ diese Legendenbildung zu »My Lai (4)« unkommentiert. Er nahm sogar hin, dass die Empfehlungsschreiben für die Ordensverleihung ohne sein Wissen aufgesetzt worden waren – und dass man seine beglaubigende Unterschrift auf einem Augenzeugenbericht gefälscht hatte.[14] Faktisch hatten sich Verweigerer, Zuschauer, Komplizen und Täter im gegenseitigen Schweigen gefunden.

»Wir dachten, dass wir diese Geschichte nicht publik machen sollten, weil wir selbst daran Anteil hatten.«[15] Mit diesen Worten traf Ronald Haeberle eine Stimmung, die der Gefreite Thomas Partsch noch im Laufe des Son My-Einsatzes in seinem Tagebuch festgehalten hatte: »Ich dachte nicht, dass es richtig war, aber wir haben es nun einmal getan. Zumindest kann ich sagen, dass ich niemanden umgebracht habe. Ich glaube, ich hätte es gewollt, aber irgendwie habe ich es dennoch nicht getan.«[16] Schuldgefühle wegen unterlassener Hilfeleistung oder Angst vor einer Konfrontation mit der eigenen Gewalttätigkeit: Demgegenüber scheint der von Offizieren ausgeübte Druck weniger gravierend. Zwar gab es Einschüchterungsversuche, vor allem durch Captain Medina, der sich den als Abweichler bekannten Michael Bernhardt vornahm und ihn mit drohendem Unterton vor einer Kontaktaufnahme mit seinem Kongressabgeordneten warnte.[17] Und auch der Hinweis, dass

---

13 Headquarters Americal Division, Award of the Bronze Star Medal, 23. 4. 1968, in: NA, RG 319, AS, PI-FR, Vol. III: Exhibits, Box 54, Book 4: Miscellaneous Documents. Glenn Andreotta wurde unmittelbar nach dem Einsatz in »My Lai (4)« tödlich verwundet und erhielt am 23. 4. 1968 posthum die »Bronze Star Medal with ›V‹ Device«. Lawrence Colburn wurde am 14. Mai 1968 mit dem gleichen Orden ausgezeichnet. Hugh Thompson erhielt am 1. Juli 1968 das »Distinguished Flying Cross«.

14 So stellt Thompson die Hintergründe der Ordensverleihung dar: Bilton/Sim, Four Hours, S. 204f. Angesichts des Umstandes, dass im Hauptquartier der »Americal« Division mit einem Höchstmaß krimineller Energie Dokumente vernichtet und Meineide geschworen wurden, erscheint diese Behauptung plausibel.

15 Ronald Haeberle, zit. n. Bilton/Sim, Four Hours, S. 183. Andere Angehörige der C Company, »Task Force Barker«, äußerten sich ähnlich: Siehe Sworn Statement Gregory Olsen, 30. 8. 1969, S. 8, in: NA, RG 319, AS, PI-FR, Vol. IV: CID-Statements, Box 57, S. 370.

16 Tagebucheintrag Thomas R. Partsch, C Company, »Task Force Barker«, 18. 3. 1968, in: NA, RG 319, AS, PI-FR, Vol. III: Exhibits, Box 54, Book 4: Miscellaneous Documents.

17 NA, RG 319, AS, PI-FR, Vol. I: Analyses, Chapter 2: Summary Report, S. 9 sowie ebenda, Vol. II: Testimony, Box 37, Book 23, Medina SUM APP T-5, S. 6. Siehe auch Bilton/Sim, Four Hours, S. 180.

unvorsichtiges Gerede im Sinne einer »pretrial publicity« gedeutet werden und sich folglich negativ auf die juristische Bewertung der Ermittlungsergebnisse auswirken könnte, verfehlte seine Wirkung offensichtlich nicht.[18] Am Ende aber konnten sich die Täter vor allem auf eines verlassen: auf das Zusammengehörigkeitsgefühl und die Solidarität in ihrer Einheit. »Wir waren wie eine Familie.«[19] – »Es fällt mir nicht ein, Namen zu nennen. Wenn die Jungs in einem solchen Krieg nicht zusammenhalten, Mann, dann taugen sie nichts. Andere zu verpfeifen, ist bei mir nicht drin.«[20] Und Hugh Thompsons Bordschütze, Lawrence Colburn, meinte: »Ich kann nicht einsehen, dass ein Soldat, der in Vietnam sein Leben für sein Land riskiert und dort tut, was er wahrscheinlich für das Beste hält, dafür auch noch bestraft wird.«[21]

Wenn wir etwas sagen, passiert ohnehin nichts, weil Grausamkeiten wie in »My Lai (4)« ständig passieren. Auf diesen Nenner lässt sich die Haltung jener bringen, deren Schweigen nicht in Loyalität oder Scham gründete. »Ich bin sicher, dass so etwas auch vorher gegeben hat, und ich bin sicher, dass es auch nach My Lai wieder vorgekommen ist. [...] Vielleicht nicht mit derart vielen Toten, aber Zivilisten werden nun einmal getötet.«[22] Dergleichen Aussagen wurden von Angehörigen der »Task Force Barker« – Mannschaften wie Offizieren – bemerkenswert oft vorgetragen. »Der Zeuge war nur überrascht, dass so viel Wind um die Sache gemacht wurde. Der Zeuge erinnerte sich an einen Vorfall, als die A Company zwei Kinder im Alter von vier oder fünf Jahren erschoss, weil man der Meinung war, die Kinder hätten Waffen.«[23]

---

18 NA, RG 319, AS, PI-FR, Vol. I: Analyses, Chapter 11: Suppression and Withholding of Information, S. 2, 10; ebenda, Vol. IV: CID-Statements, Box 57, S. 16 sowie Tagebucheintrag Thomas R. Partsch, C Company, »Task Force Barker«, 18. 3. 1968, in: NA, RG 319, AS, PI-FR, Vol. III: Exhibits, Box 54, Book 4: Miscellaneous Documents.

19 Ein namentlich nicht identifizierter GI der »Task Force Barker«, zit. n. Bilton/Sim, Four Hours, S. 83.

20 Witness Statement Floyd D. Wright, C Company, »Task Force Barker«, 19. 1. 1970, in: NA, RG 319, AS, PI-FR, Vol. II: Testimony, Box 45, Book 28, Wright SUM APP T-180, S. 3.

21 Witness Statement Lawrence Colburn, B Company (Aeroscout), 123. Aviation Battalion, 20. 12. 1969, in: NA, RG 319, AS, PI-FR, Vol. II: Testimony, Box 9, Book 5, Colburn APP T-31, S. 43.

22 Witness Statement Lawrence Colburn, B Company (Aeroscout), 123. Aviation Battalion, 20. 12. 1969, in: NA, RG 319, AS, PI-FR, Vol. II: Testimony, Box 9, Book 5, Colburn APP T-31, S. 39.

23 Witness Testimony Ernest Marck, 18. 2. 1970, in: NA, RG 319, AS, PI-FR, Vol. II: Testimony, Box 27, Book 17, Marck SUM APP T-379, S. 3. Siehe

Und an diesem Punkt fügen sich ihre Berichte in ein bekanntes Muster von Narrativen über den Vietnamkrieg. »Es spielte einfach keine Rolle.« – »Vietnam hat dich zum Lügner gemacht. Dort hast du gelernt, zum Dieb zu werden. Unehrlich zu sein. Gegen alles zu verstoßen, was du jemals gelernt hast.«[24] Gewiss hatte, wer so redete, nicht immer Massaker im Blick. Gemeint waren in der Regel die zur Gewohnheit gewordenen Schikanen im Alltag der »Search and Destroy«-Einsätze und der Umstand, dass das Töten leicht von der Hand ging – in einem Land, das überall den Geruch des Todes verbreitete, und unter Einwohnern, deren Leben man für billig hielt. Zugleich ergab eine dreiwöchige Umfrage unter 244 aus Vietnam zurückkehrenden Soldaten, dass gerade Frontkämpfer von »My Lai (4)« kaum oder nur mäßig überrascht waren. 23 Prozent glaubten, dass Ähnliches ein paarmal vorgekommen sei, 15 Prozent sprachen von »zahlreichen Vorfällen dieser Art«. Auffallend weniger, nämlich 26 Prozent, werteten »My Lai (4)« als Einzelfall, das restliche Drittel wollte sich nicht festlegen. »Es ist deutlich geworden«, so die Interviewer, »dass ein Soldat umso eher bereitet war, derartige Vorfälle für möglich zu halten, je mehr Kampferfahrung er mitbrachte.«[25]

---

ebenda, Box 10, Book 6, Ezell APP T-208, S. 13–14; ebenda, Box 18, Book 11, Haeberle SUM APP T-174, S. 5; ebenda, Box 18, Book 11, Dunn SUM APP T-35, S. 3 sowie Ford SUM APP T-234, S. 2; ebenda, Box 21, Book 13, Moody SUM APP T-211, S. 2; ebenda, Box 38, Book 24, Konwinski SUM APP T-271, S. 5; ebenda, Box 43, Book 27, Smith SUM APP T-48, S. 3 sowie Testimony Michael D. Terry, C Company, »Task Force Barker«, 1. 5. 1969, S. 37, in: NA, RG 319, AS, PI-AC, Box 45, Folder: Son My – Biographical Data (Individuals Charged) (7 of 10).

24 Zwei namentlich nicht identifizierte GIs, zit. n. Terry, Bloods, S. 42/43, 128. Siehe ebenda, S. 2f., 7, 53, 58, 70, 82f., 93, 166, 254; Baker, Nam, 51f., 55, 75f., 78, 83–85, 99, 164, 174f., 189, 199, 204f., 212f., 277; MacPherson, Long Time Passing, S. 567–603; Caputo, Rumor of War, S. 290–320 sowie Sworn Statement Leland W. Carpenter, 18. 1. 1973, S. 14, in: NA, RG 319, AS, ODCS-PER, VWCWG, CaFi, Box 18, Folder: Coy Allegation (CID 72 – CID 46 – 27852, Exhibits 1–60) (Part 2 of 7), Case 221.

25 Joseph Neilson, Survey, o.D., S. 7, in: NA, RG 319, AS, PI-AC, Box 5, Folder: Background Info. Die Interviews wurden von einem Mitglied der »Vietnam Veterans Against the War« im Frühjahr 1971 am Flughafen von San Francisco geführt, wo die Soldaten auf Anschlussflüge in ihre Heimatorte warteten. Der Fragebogen war auf Grundlage des »Multiple Choice«-Verfahrens erstellt worden.

Mehrere »My Lais«?

Die »Nationale Befreiungsfront« (NLF) in der Provinz Quang Ngai machte in ihrer Funktion als politischer Arm der Vietcong im März und April 1968 wiederholt auf die Massaker der »Task Force Barker« aufmerksam. Gestützt auf Berichte Überlebender, brachte man Flugblätter und eine dreiseitige Erklärung in Umlauf. Wie nicht anders zu erwarten, wollte die NLF politisches Kapital aus den Morden schlagen, pries den Durchhaltewillen der Landbevölkerung und forderte die südvietnamesische Armee zur Meuterei auf. »Die amerikanischen Teufel zeigen ihr wahres Gesicht. [...] Wenn die amerikanischen Wölfe ihren Schafspelz ablegen, kommen ihre scharfen, fleischfressenden Zähne zum Vorschein. [...] Könnt ihr diese kriminellen Freunde weiterhin akzeptieren, die unser Volk abschlachten und Vietnam in ein Meer von Blut verwandeln? [...] Eine bessere Gelegenheit als jetzt wird nicht wieder kommen. Die amerikanischen Gewehre sind in eurer Hand. Ihr müsst sie den Amerikanern an die Schläfe halten und den Abzug drücken.«[26] – »Getroffen von unserer donnernden Frühjahrsoffensive, benimmt sich der Feind wie ein wildes Tier kurz vor dem Verenden.«[27] Soldaten der Vietcong trugen fortan rote Armbinden mit dem Aufdruck »Entschlossen, die Gräuel von Son Tinh zu rächen«.[28] Und Ende April fanden auf dem Highway 521 zwei Demonstrationen mit jeweils 200 bis 300 Teilnehmern statt, denen von südvietnamesischen Regional- und Provinztruppen der Zugang nach »Quang Ngai City« versperrt wurde.[29]

Im April 1971 legte das in Paris ansässige »Informationsbüro der Provisorischen Revolutionsregierung von Südvietnam« (PRG) eine 14 Seiten umfassende und von einem »Komitee zur Verurteilung von US-Kriegsverbrechen in Südvietnam« erstellte Liste vor, auf der 65 Terroraktionen vermerkt waren, die zwischen April 1968 und Ende 1970 angeblich von südvietnamesischen, südkoreanischen und amerikanischen Einheiten

---

26 Flugblatt, National Liberation Front Committee, Quang Ngai Province, o.D., The American Devils Devulge Their True Form, in: NA, RG 319, AS, PI-FR, Vol. III: Exhibits, Box 54, Book 3: Reports, S. 264–265.

27 Mitteilung, National Liberation Front Committee, Quang Ngai Province, 28. 3. 1968, S. 3, in: NA, RG 319, AS, PI-FR, Vol. III: Exhibits, Box 54, Book 4: Miscellaneous Documents, S. 145–148.

28 Sworn Statement Richard K. Blackledge, 17. 10. 1969, S, 2, in: NA, RG 319, AS, PI-FR, Vol. IV: CID-Statements, Box 57, S. 82.

29 Memorandum William R. Peers, To: Col. Whalen, Peers Inquiry, MACV IG, Saigon, 2. 2. 1970, in: NA, RG 319, PI-CI, Box 1, Folder: Vol. III – Chronology.

begangen wurden und denen knapp 16000 Zivilisten zum Opfer gefallen sein sollen. Drei Viertel der Fälle drehen sich um den Einsatz von Bodentruppen, der Rest handelt von Luftangriffen auf besiedelte Gebiete. Die Infanterie Südvietnams wurde für 17 Massaker verantwortlich gemacht, südkoreanische Bodentruppen für elf, amerikanische GIs und Marines sollen im Verlauf von 21 Operationen entweder auf sich allein gestellt oder an der Seite ihrer Verbündeten Massenmorde begangen haben.[30]

Eine Überprüfung und Bewertung erweist sich in den meisten Fällen als sehr schwierig. Bei den Angriffen mit Bombengeschwadern, Helikopterverbänden oder Artillerie ist nicht erkennbar, ob es sich um vorsätzlichen Beschuss handelt, ob fahrlässig gehandelt wurde oder ob eine Verkettung nicht intendierter Abläufe vorliegt. Ist von unverteidigten Orten die Rede? Oder hatte die Guerilla einige der in Frage stehenden Dörfer und Städte in operative Geiselhaft genommen? Wurde aus großer Höhe mit B-52 bombardiert oder auf Sicht von niedrig fliegenden Kampfhubschraubern? Auch diese Fragen bleiben offen. Im Fall von Bodenoperationen werden zwar Orte und Zeitpunkte sowie die Zahl der Toten und Verletzten präzise benannt, manchmal auch die Stärke der eingesetzten Truppen samt der Art ihrer Ausrüstung. Aber ob es sich um Kampfeinsätze oder nicht provozierte Übergriffe handelte, bleibt oft ebenso unklar wie die Identität der beschuldigten Einheiten. Mehrheitlich ist von »feindlichen Truppen« (also Amerikanern), »Marionettentruppen« (gemeint sind südvietnamesische Streitkräfte) oder »Söldnern« (ein Synonym für Südkoreaner) die Rede. Mitunter hat es den Anschein, als benutzte der Vietcong vom amerikanischen, wenn nicht vom südvietnamesischen Sprachgebrauch abweichende Ortsangaben. Sobald gemeinsame Einsätze amerikanischer und südvietnamesischer Infanterie angesprochen werden, ist nicht auszumachen, wer die behaupteten Gräueltaten verübt haben soll, wer zur operativen Sicherung des Areals abgestellt war oder möglicherweise nur logistische Unterstützung leistete und mithin abseits des Tatorts agierte.

Unter diesem Vorbehalt sollten die Behauptungen des »Informationsbüros der Provisorischen Revolutionsregierung von Südvietnam« (PRG) über das Auftreten amerikanischer Infanteristen oder Luftlandetruppen gelesen werden. Unterstellt wird,

---

30 Document of the Committee to Denounce U.S. War Crimes in South Vietnam, published by the P.R.G. Information Bureau in Paris, April 1971: Wholesale Massacres Perpretrated by U.S., Mercenary and Puppet Troops in South Vietnam in the Period between the Son My Case (3/68) and the End of 1970, in: NA, RG 319, AS, ODCS-PER, VWCWG, CaFi, Box 1, Folder: Enemy Allegations. Im Folgenden zitiert als: PRG Information Bureau.

- dass Einheiten der 9. US-Infantry Division vom 1. Dezember 1968 bis zum 1. April 1969 im Rahmen einer »verschärften Befriedungsaktion« in den Provinzen Kien Hoa und Dinh Tuong (IV. Corps Tactical Zone) weite Landstriche verwüsteten und 3000 Menschen, vornehmlich Alte, Frauen und Kinder ermordeten (Fall 9);[31]
- dass alliierte Truppen unter dem Kommando von General Cooksey (gemeint ist wohl Howard Harrison Cooksey, Brigadier General bei der »Americal« Division) von Mitte Januar bis Anfang Februar 1969 auf der Halbinsel Batangan, Provinz Quang Ngai (I. Corps Tactical Zone), und dort vornehmlich in den Distrikten Binh Son und Son Tinh, zahlreiche Ortschaften niederbrannten, 300 Bauern in dem Dorf Chau Binh, 15 in Khanh My und zehn in Phuoc Hoa exekutierten, 11000 Bewohner zwangsweise in das Flüchtlingslager Van Thanh umsiedelten und im März 1300 dieser Flüchtlinge, die man als Sympathisanten der Vietcong verdächtigte, ermordeten – die Rede ist davon, dass am 9. März 400 Flüchtlinge in den Co Luy-Fluss getrieben und ertränkt wurden, dass am 18. März US-Hubschrauber das Lager Van Thanh unter Beschuss nahmen und mehr als 100 Menschen töteten und dass in der zweiten Märzhälfte 800 Menschen, überwiegend aus dem Lager Van Thanh und zum Teil Insassen des Gefängnisses von »Quang Ngai City«, in Segelboote gepfercht, auf die offene See getrieben und dort dem Tod durch Ertrinken preisgegeben wurden (Fall 10);[32]
- dass vier US-Bataillone vom 15. bis zum 27. Januar 1969 die Ortschaft Ty Se im Distrikt Phuoc Son, Provinz Quang Nam (I. Corps Tactical Zone), zerstörten und 200 Menschen in Gruppen von 20–30 Personen exekutierten (Fall 11);[33]

31 PRG Information Bureau, Fall 9. In der Denkschrift der »PRG« ist von den Provinzen Ben Tre und My Tho die Rede. Ben Tre hieß in den 1960er Jahren noch Kien Hoa, My Tho war die Hauptstadt der später in Tien Giang umbenannten Provinz Dinh Tuong. Im Folgenden werden alle Provinzen nach ihren zum Zeitpunkt der Einsätze geläufigen Namen genannt.

32 PRG Information Bureau, Fall 10. Die Morde von Chau Binh wurden von einer Überlebenden bereits im Dezember 1969 der internationalen Presse zur Kenntnis gebracht. Amerikanische Medien, u.a. die *Baltimore Sun*, berichteten am 20. 12. 1969 darüber. Über den Massenmord an den Flüchtlingen berichtete der geheime Radiosender der Nationalen Befreiungsfront (NLF) in Südvietnam im April 1969: siehe Unger, The Press.

33 PRG Information Bureau, Fall 11.

– dass zwischen dem 9. und 12. Mai 1969 drei Bataillone des 5. Infantry Regiment, 1. US-Marine Division, mit starker Luftwaffen- und Artillerieunterstützung die Dörfer Loc Phuoc, Loc Hoa und Quang Doi in der Provinz Quang Nam (I. Corps Tactical Zone) vernichteten und dabei 300 Zivilisten töteten (Fall 16);[34]
– dass Anfang Oktober 1969 amerikanische und südvietnamesische Einheiten im Distrikt Tu Nghia, Provinz Quang Ngai (I. Corps Tactical Zone), drei Siedlungskomplexe »durchkämmten«, allein in dem Dorf Nghia Thang 77 Personen erschossen und dass auf Anordnung eines südvietnamesischen Offiziers im Flüchtlingslager Go Su vergiftete Getränke ausgeteilt wurden, die 197 Menschen den Tod brachten (Fall 25);[35]
– dass amerikanische Offiziere während der Operation »Sea Tiger«[36] vom 11. bis zum 16. November 1969 das Kommando über eine 350 Mann starke »Pazifizierungseinheit« führten, die zusammen mit südvietnamesischen und südkoreanischen Truppen innerhalb weniger Tage 12 Dörfer der Distrikte Thang Binh und Que Son, Provinz Quang Nam (I. Corps Tactical Zone) in eine tote Zone verwandelte – die Rede ist von über 1000 niedergebrannten Häusern, großflächiger Vernichtung von Ernten und Nutzvieh, dass Tausende in Flüchtlingslager umgesiedelt wurden und dass in den Siedlungsgebieten Binh Duong, Binh Giang, Binh Trieu, Binh Hoa und Binh Dao mehr als 700 Zivilisten – darunter zahlreiche Kleinkinder und gebrechliche Alte – durch Artilleriebeschuss getötet, von Exekutionskommandos hingerichtet oder von Patrouillen in Verstecken erschossen und in Häusern niedergemacht wurden (Fall 26);[37]

34 PRG Information Bureau, Fall 16.
35 PRG Information Bureau, Fall 25.
36 »Sea Tiger« war die zweite Phase der Operation »Sealords« und wurde zwischen Februar und Dezember 1969 auf dem Cua Dai-Fluss und den angrenzenden Uferregionen als »Pazifizierungsaktion« durchgeführt. Dieses südlich von Da Nang gelegene Gebiet galt als Hochburg der Vietcong, der Cua Dai-Fluss selbst wurde von amerikanischen Soldaten »Ambush Alley« genannt – »Straße der Hinterhalte«. Einheiten der US Navy führten die »Befriedung« in Kooperation mit amerikanischen und südvietnamesischen Landstreitkräften durch.
37 PRG Information Bureau, Fall 26. Die Ermordung von 700 Zivilisten im Rahmen dieses Einsatzes wurde von einer Vertreterin des »Provisional Revolutionary Government« bereits am 20. Januar 1970 während einer Plenarsitzung bei den Pariser Waffenstillstandsverhandlungen angesprochen: *Associated Press*, 20. 1. 1970.

- dass von Ende September 1969 bis Anfang Februar 1970 amerikanische Patrouillen zusammen mit südvietnamesischen Soldaten in der Provinz An Xuyen (IV. Corps Tactical Zone) eingesetzt wurden und in zwei Dörfern des Siedlungskomplexes Bien Bach und Tri Phai 162 Menschen ermordeten, 36 zu Krüppeln schlugen und 52 weitere schwer verletzten (Fall 31);[38]
- dass am 15. und 21. Januar 1970 amerikanische und südvietnamesische Truppen im Rahmen ihrer Operation »Mekong Sacred Waves« in der Provinz Kien Phong (IV. Corps Tactical Zone) plündernd und vergewaltigend durch Dörfer zogen und 36 Bewohner in einem Weiler der Siedlung An Long hinrichteten (Fall 28);[39]
- dass zwischen dem 22. und 25. Februar 1970 in der Provinz Kien Hoa (IV. Corps Tactical Zone) 50 Zivilisten getötet und Dutzende gefoltert wurden, als US-Truppen zusammen mit Südvietnamesen in mehreren Dörfern des Distrikts Ho Cay eine »Befriedungsaktion« durchführten (Fall 32);[40]
- dass Marines des 7. US-Marine Regiment am 19. Februar 1970 in den Dörfern Son Thang und Son Thach, Provinz Quang Nam (I. Corps Tactical Zone), 16 Frauen und Kinder erschossen beziehungsweise acht Erwachsenen und Kindern mit Bajonetten die Kehlen aufschlitzten (Fall 33)[41];
- dass vom 1. bis zum 6. April 1970 US-Soldaten im Verein mit südkoreanischen Truppen in den Distrikten Vinh Son und Khanh Son, Provinz Khanh Hoa (II. Corps Tactical Zone), im Verlauf eines »Search and Destroy«-Einsatzes über 30 Bauern töteten und 84 aus ihren Dörfern vertrieben (Fall 38);[42]
- dass im April 1970 ein Bataillon der 198. Light Infantry Brigade, »Americal« Division, zusammen mit einem Bataillon des 6. südvietnamesischen Infanterieregiments mehrere »Säuberungsaktionen« im Osten des Distrikts Binh Son, Provinz Quang Ngai (I. Corps Tactical Zone), durchführte, die Dörfer Binh Woa, Binh Phu, Binh Tan und Binh Thanh in Brand setzte, die Einwohner in Flüchtlingslager deportierte und 36 Menschen ermordete (Fall 39);[43]

---

38 PRG Information Bureau, Fall 31.
39 PRG Information Bureau, Fall 28.
40 PRG Information Bureau, Fall 32.
41 PRG Information Bureau, Fall 33.
42 PRG Information Bureau, Fall 38.
43 PRG Information Bureau, Fall 39.

- dass am 1. April 1970 zwei Infanteriebataillone und sechs Kompanien Sicherheitspolizei in einem amerikanisch-südvietnamesischen Einsatz das Dorf Tam Phoung in der Provinz Vinh Binh (IV. Corps Tactical Zone) mit schwerem Artilleriebeschuss belegten und bei der anschließenden »Aufräumaktion« 140 Bewohner töteten (Fall 40);[44]
- dass zwischen dem 1. und 19. April 1970 US- und südvietnamesische Truppen wiederholt in Dörfern der Distrikte An Bien und Vinh Thuan, Provinz Kien Giang beziehungsweise An Xuyen (IV. Corps Tactical Zone), einfielen und 109 Bewohner ermordeten (Fall 42);[45]
- dass am 15. April 1970 eine Kompanie des 5. US-Marine Regiment im Distrikt Duy Xuyen, Provinz Quang Nam (I. Corps Tactical Zone), das Dorf Le Bac überfiel und 37 Menschen von Exekutionskommandos hinrichten ließ (Fall 43);[46]
- dass am 7. Mai 1970 amerikanische und südvietnamesische Truppen drei Dörfer im Distrikt Dam Doi, Provinz An Xuyen (IV. Corps Tactical Zone), heimsuchten und über 70 Bewohner töteten und verwundeten (Fall 45);[47]
- dass zwischen Juni und August 1970 US-Truppen an die 50 Zivilisten in der Provinz Phong Dinh (IV. Corps Tactical Zone) ermordeten (Fall 48);[48]
- dass am 26. Juni 1970 amerikanische Hubschrauber im Tiefflug mehrere Fischerboote vor der Küste der Provinz Kien Giang (IV. Corps Tactical Zone) angriffen, 70 Personen töteten und mehr als 200 verletzten (Fall 49);[49]
- dass zwischen dem 26. und 30. Juli 1970 amerikanische Soldaten in den Distrikten To Cay und Giong Trom, Provinz Kien Hoa (IV. Corps Tactical Zone), im Laufe einer »Säuberungsaktion« 78 Zivilisten hinrichteten (Fall 50);[50]
- dass am 19. Juli 1970 1500 US-Marines und 5000 südvietnamesische Truppen mit der Operation »Pickens Forest« begannen und bei Angriffen auf Wohnhäuser in der Nähe von Da Nang, Provinz Quang

---

44 PRG Information Bureau, Fall 40.
45 PRG Information Bureau, Fall 42.
46 PRG Information Bureau, Fall 43.
47 PRG Information Bureau, Fall 45.
48 PRG Information Bureau, Fall 48.
49 PRG Information Bureau, Fall 49.
50 PRG Information Bureau, Fall 50.

Nam (I. Corps Tactical Zone), ungefähr drei Dutzend Bewohner töteten (Fall 52);[51]

- dass im September 1970 Einheiten der 4. US-Infantry Division im Bergdorf Ma Nham, Provinz Phu Yen (II. Corps Tactical Zone), 33 Zivilisten ermordeten oder schwer verletzten (Fall 55).[52]

21 Operationen allein zwischen April 1968 und September 1970, mehr als 6500 zivile Opfer, für deren Tod amerikanische Bodentruppen unmittelbar oder indirekt verantwortlich sein sollen: Als das »Informationsbüro der Provisorischen Revolutionsregierung von Südvietnam« (PRG) im April 1971 diese Behauptungen publik machte, hatte sich Lieutenant William Calley wegen des Massenmords in »My Lai (4)« vor einem Militärgericht zu verantworten, trugen die »Winter Soldiers« der »Vietnam Veterans Against the War« ähnliche Anschuldigungen vor – und in Paris stritten sich die Diplomaten um Modalitäten eines Waffenstillstandes in Vietnam. Pentagon und Weißes Haus, um Schadensbegrenzung an allen Fronten bemüht, ignorierten die neuerlichen Vorwürfe und legten das Papier der PRG ungeprüft zur Akte »Enemy Allegations«. Weder wurden die inkriminierten Einheiten um eine Stellungnahme gebeten noch erhielt die Criminal Investigation Division der Armee einen Untersuchungsauftrag. Auf der anderen Seite hatten zu diesem Zeitpunkt die Peers-Kommission und die von der Armee im Gefolge des »My Lai (4)«-Skandals einberufene »Vietnam War Crimes Working Group« bereits einen Fundus einschlägiger Materialien zusammengestellt, die zur kritischen Prüfung des Kriegsgeschehens in den Jahren 1968 bis 1971 herangezogen werden können.

Der größte Teil dieser amerikanischen Akten bezieht sich auf die in der I. Corps Tactical Zone stationierten Einheiten der Armee und der Marines, gibt also Auskunft über den Krieg in Quang Ngai, Quang Tin, Quang Nam, Thua Thien und Quang Tri – Provinzen, die im Schwarzbuch der »Provisorischen Revolutionsregierung Südvietnams« neben der IV. Corps Tactical Zone im Bereich des Mekongdeltas als hauptsächlicher Schauplatz von Massakern bezeichnet werden.

Über die I. Corps Tactical Zone lässt sich sagen, dass dieses Einsatzgebiet seit April 1968 aus zwei Kampfzonen bestand, in denen auf unterschiedliche Weise und mit verschiedenen Zielen Krieg geführt wurde. In der Provinz Quang Tri, im äußersten Norden an der Grenze

51 PRG Information Bureau, Fall 52.
52 PRG Information Bureau, Fall 55.

zur entmilitarisierten Zone gelegen, ging es darum, den Nachschub an Truppen und Material aus Nordvietnam zu unterbinden und vornehmlich die regulären Truppen der NVA aufzureiben. Die 1. und 3. Marine Division, die 3. Airborne Brigade (Separate), die 101. Airborne Division sowie Einheiten der »Americal« Division – die 196. Light Infantry Brigade seit Ende April 1968 und einige Verbände der 198. Light Infantry Brigade – trugen die Hauptlast von Kämpfen, die als die härtesten und verlustreichsten des gesamten Krieges gelten. Dafür stehen das A Shau-Tal und »Hamburger Hill« – Orte, die eher an die Abnutzungsschlachten des Ersten Weltkrieges als an einen Guerillakrieg erinnern. Weiter südlich – nämlich in den Provinzen Quang Ngai, Quang Tin und Quang Nam – wollte der im Sommer 1968 neu ernannte US-Oberkommandierende in Vietnam, General Creighton Abrams, die »Befriedung« des flachen Landes forcieren, eingedenk der Weisung von Lyndon B. Johnson: »Lieber Abe, Sie und ich wissen, dass die wirklich entscheidende Phase sowohl der diplomatischen wie der militärischen Operationen uns jetzt bevorsteht. [...] Ihr Präsident und Ihr Land erwarten von Ihnen, dass Sie dem Feind ohne Unterlass nachstellen. Gewähren Sie ihm nicht einen Moment der Ruhe. Geben Sie es ihm wie gehabt. Lassen Sie den Feind den Druck all dessen spüren, was Ihnen zur Verfügung steht.«[53] »Norfolk Victory«, »Burlington Trail«, »Wheeler/Wallowa«, »Russell Beach/Bold Mariner«, »Nantucket Beach« und »Brave Armada« hießen einige der Einsätze, die zu diesem Zweck hauptsächlich von Einheiten der Marines, von der 11. und 198. Light Infantry Brigade, »Americal« Division, von der 3. Brigade der 1. Cavalry Division sowie von der 2. Infantry Division der südvietnamesischen Armee durchgeführt wurden. Wieder einmal ging es darum, ganze Landstriche für den Vietcong unbrauchbar zu machen – also die Bevölkerung in Flüchtlingslager umzusiedeln, Ernten zu vernichten und Felder brachzulegen und nicht zuletzt Jagd auf die politischen Kader der Guerilla zu machen. Auch wenn – wie Lyndon B. Johnson unterstellte – mit einem militärischen Sieg nicht mehr zu rechnen war, rechnete man sich noch Chancen auf einen vorteilhaften Waffenstillstand aus. Die Weichen dafür wurden auch, wenn nicht in erster Linie in der I. Corps Tactical Zone gestellt.

Dass in dieser Phase des Krieges von amerikanischen Einheiten Massaker in der I. Corps Tactical Zone verübt wurden, kann anhand der Divisionsakten nicht belegt werden. Dennoch wäre es voreilig, wenn nicht

---

53 Lyndon B. Johnson, handgeschriebener Brief an Creighton Abrams, Ende Oktober 1968, zit. n. Berman, No Peace, S. 31.

fahrlässig, die seitens der NLF oder der Kommunistischen Partei Nordvietnams publizierten Berichte über Kriegsgräuel und Kriegsverbrechen von vornherein als Feindpropaganda und bewusste Irreführung abzutun. Die Verlautbarungen zum Massaker in »My Lai (4)« beispielsweise waren bemerkenswert präzise: Angaben über Umstände und Verlauf der Tat stimmten weitgehend mit den späteren Recherchen amerikanischer Ermittler überein und waren zum Teil besser recherchiert als die in US-Medien publizierten Reportagen. Allein die Zuordnung der Truppen (»3. Brigade der 82. Paratroops Division«) war aus der Luft gegriffen. Vor allem aber verzichtete man auf eine politische Dramatisierung der Opferzahlen – 502 Tote und 50 Verwundete ist eine nicht zu widerlegende Schätzung.[54] Überdies wurden diese und alle weiteren Informationen auch in den betroffenen Gebieten mittels Flugblättern und Radiosendungen verbreitet. Vorsätzliche Entstellungen wären mithin auf ihre Urheber zurückgefallen und hätten im psychologischen Abnutzungskrieg dem Feind in die Hände gearbeitet. Auch wenn diese Indizien zur Beglaubigung der kommunistischen Anklagen nicht ausreichen, so wecken sie dennoch Zweifel an der auffällig normalen, von keiner Irritation getrübten Buchführung amerikanischer Militärs.

Der amerikanische Journalist Jonathan Schell hatte bereits Ende 1967 den im Süden der I. Corps Tactical Zone geführten Krieg als kalkulierten Terror gegen Zivilisten bezeichnet[55] – ein Befund, der auch auf die folgenden Jahre zutrifft. Verbände der »Americal« Division mordeten und brandschatzten auch nach »My Lai (4)«, sie vergewaltigten und ermordeten weiterhin Gefangene. So berichtete ein Soldat der C Company, 3. Battalion, 21. Infantry Regiment, 196. Light Infantry Brigade seinem Kongressabgeordneten: »Er [der Kompaniechef] sagte uns, dass wir es möglicherweise nicht verstünden, warum man alle Männer über 15 Jahre umbringen müsste, aber wir sollten uns an diese Richtlinie halten. Die Kompanie hatte Spaß daran. Wir zogen in diesem dünn besiedelten Gebiet von Hütte zu Hütte. Jeder Mann, der uns zu Gesicht kam, wurde erschossen. Fragen wurden kaum oder gar nicht gestellt. Es galt der Grundsatz, dass in diesem Gebiet überhaupt niemand am Leben bleiben sollte.«[56]

---

54 Mitteilung, National Liberation Front Committee, Quang Ngai Province, 28. 3. 1968, S. 3, in: NA, RG 319, AS, PI-FR, Vol. III: Exhibits, Box 54, Book 4: Miscellaneous Documents, S. 145–148.

55 Siehe oben, S. 230, 231.

56 Robert L. Keck, Brief an Herman T. Schneebeli, 27. 11. 1969, S. 2–3, in: NA, RG 319, AS, ODCS-PER, VWCWG, CaFi, Box 3, Folder: Keck Allegation – Re. Schneebeli Letter (Keck Letters Incl.).

Ähnliche Vorwürfe wurden gegen Einheiten der 11. und 198. Light Infantry Brigade laut. »Der Captain mochte einen lieber, wenn du ein harter Scheißkerl warst, der die ›Dinks‹ hasste.«[57] Die für das Massaker in Xom Lang und Binh Tay verantwortliche C Company, 1. Battalion, 20. Infantry Regiment, 11. Light Infantry Brigade wurde nach dem 16. März 1968 wochenlang auf Patrouille in unbesiedelten Dschungelgebieten geschickt. Dörfer betraten sie nur selten, Zivilisten bekamen sie kaum zu Gesicht. Doch sobald sich ihnen die Gelegenheit bot, schlugen sie zu. Im Tagebuch des GIs Thomas Partsch ist unter dem 3. Mai 1968 vermerkt: »Wir gingen ins Tal hinunter. [...] Sahen einige Gooks, die davonliefen. Schossen auf sie, aber verfehlten sie. [...] Weiter unten im Tal waren einige Hütten. Wir schlugen alles kurz und klein und machten mit den Frauen rum, rissen ihnen die Kleider runter und vögelten sie.«[58]

Als die Operation »Wheeler/Wallowa« im November 1968 abgeschlossen wurde und mit ihr einer der längsten Einsätze des gesamten Krieges zu Ende ging, hatten die US-Streitkräfte in den Provinzen Quang Ngai, Quang Tin und Quang Nam nach eigenen Angaben 10020 Feinde getötet, 2053 Waffen erbeutet und 682 eigene Tote zu beklagen.[59] Demnach hatte nur jeder fünfte Vietcong oder NVA-Soldat eine Waffe getragen, auf jeden gefallenen GI kamen 15 Tote in den Reihen des Feindes. Erläuterungen zu diesen auffälligen Relationen sucht man vergeblich. Dass sich dahinter ein hoher Blutzoll Unbeteiligter verbirgt, kann und muss unterstellt werden. Dafür sprechen auch weitere Daten. Von 600000 Bewohnern der Provinz Quang Nam waren noch im Jahr darauf 270000 auf der Flucht, deutlich mehr als in allen anderen Provinzen. Anfang 1972 hatten zwischen zwei Drittel und drei Viertel der Bevölkerung ihre Heimatdörfer verlassen, 46 Prozent aller Siedlungen der Provinz waren Geisterstätten oder existierten nicht mehr.[60] In

57 Ein namentlich nicht identifizierter GI, zit. n. Gross, Calley's Army, S. 200.

58 Tagebuch Thomas Partsch, Gefreiter, C Company, 1. Battalion, 20. Infantry Regiment, 11. Light Infantry Brigade, »Americal« Division, 3. Mai 1968, in: NA, RG 319, AS, PI-FR, Vol. III: Exhibits, Book 4: Miscellaneous Documents, S. 301. Siehe auch Sworn Statement Thomas J. Kinch, 30. 11. 1970, S. 2, in: RG 319, AS, ODCS-PER, VWCWG, CaFi, Box 11, Folder: Fox Allegation, Case 75.

59 23d Infantry Division (Americal) History. Prepared by the 3d Military History Detachment, Januar 1971, S. 9, in: NA, RG 319, AS, ODCS-PER, VWCWG, CaFi, Box 20, Folder: Hoag Allegation (Part 2 of 4), Case 232, 1. Siehe auch RG 319, AS, PI-FR, Vol. I: Analyses, Box 1, Chapter 4: Organization, Operations, and Training of US Units, S. 3 sowie Tucker (Hg.), Encyclopedia, S. 487.

60 Lewy, America in Vietnam, S. 151–153.

anderen Worten: Fast jeder zweite Ort war zum Ziel militärischer Einsätze geworden, die allesamt einer operativen Vorgabe folgten – nämlich großflächig zu evakuieren, im Zweifel Gewalt gegen jene anzuwenden, die nicht evakuiert werden wollten, und dafür zu sorgen, dass es für Rückkehrwillige keine Anreize zur Rückkehr mehr gab. »Die Insel Go Noi«, hieß es im Abschlussbericht zur Operation »Pipestone Canyon«, »wurde von einem dicht besiedelten, mit dichten Wäldern bewachsenen Gebiet in ein Ödland verwandelt, in ein umgepflügtes Feld. In dieser Hinsicht war der Einsatz ein Erfolg.«[61]

Einer der schwerwiegendsten Vorwürfe des »Informationsbüros der Provisorischen Revolutionsregierung von Südvietnam« (PRG) bezog sich auf Zwangsumsiedlungen im Zuge der Operation »Russell Beach/ Bold Mariner«. Zwischen Mitte Januar und Mitte Juli 1969 führten Einheiten der US Marines und der Navy, der amerikanischen sowie der südvietnamesischen Armee auf der nordöstlich von »Quang Ngai City« gelegenen Halbinsel Batangan eine aufwendige »Pazifizierungsaktion« durch[62] – mit dem Ziel, alle Zivilisten von der Insel zu evakuieren und die politischen Kader der Guerilla auszuschalten. Unter dem Stichwort »Feindsituation« hieß es im »Spot-Report« des 4. Battalion, 3. Infantry Regiment, 11. Light Infantry Brigade, »Americal« Division, vom 13. Februar 1969: »Bis zum Beginn von Russell Beach wurde das Gebiet vom Vietcong dominiert. Dieser Kontrolle hatte die GVN [Regierung Südvietnams] nichts entgegenzusetzen. Alle Personen sollten als Vietcong oder Sympathisanten der Vietcong eingeschätzt werden. Alle Männer im wehrfähigen Alter haben als Angehörige der in diesem Gebiet operierenden Einheiten des Vietcong zu gelten.«[63] Im Zuge dieses Einsatzes wurden knapp 12 000 Menschen vertrieben, 9000 allein aus dem Siedlungsgebiet Son My, in dem neun Monate zuvor die »Task Force Barker« gewütet und die Massaker von »My Lai (4)« und »My Khe (4)« verübt hatte. Ein Teil der Bewohner wurde auf die Insel Trai Thien An verschifft, ein Teil kam in dem Dorf Binh Duc unter. Der Rest musste,

---

61 »After Action Report« zur Operation »Pipestone Canyon«, zit. n. Lewy, America in Vietnam, S. 148. Siehe ebenda, S. 141.

62 Seitens der US Army waren an diesem Einsatz zwei Bataillone der »Americal« Division beteiligt: das 4. Battalion, 3. Infantry Regiment, 11. Light Infantry Brigade und das 5. Battalion, 46. Infantry Regiment, 198. Light Infantry Brigade.

63 S/2 – S/3 Daily Staff Journal, 4. Battalion, 3. Infantry Regiment, 11. Light Infantry Brigade, »Americal« Division, Situation Report, 13. Februar 1969, zit. n. http://sitrep69/archive, aufgerufen am 21. 9. 2006.

nur mit dem Notdürftigsten versorgt, in den Wellblechhütten des Flüchtlingslagers Van Thanh hausen, umgeben von mehreren Reihen Stacheldraht und bewacht von drei Kompanien amerikanischer und südvietnamesischer Infanteristen.[64] Nach wenigen Monaten glichen Tausende Hektar der Halbinsel einer Mondlandschaft. Was nicht im Feuer von Bodentruppen, Artillerie oder Luftwaffe niedergebrannt worden war, fiel Bulldozern und Planierraupen zum Opfer. Allenfalls ein Viertel der Evakuierten konnte in ihre Dörfer zurückkehren.[65]

Bezahlten tatsächlich 1600 Zivilisten diesen Einsatz zwischen Januar und Ende März 1969 mit ihrem Leben? 300 Bauern sollen in dem Dorf Chau Binh, 15 in Khanh My und zehn in Phuoc Hoa hingerichtet worden sein, 100 Flüchtlinge seien infolge einer Hubschrauberattacke auf revoltierende Insassen des Lagers Van Thanh ums Leben gekommen. Und 1200 als »Vietcong-Sympathisanten« Verdächtige wurden angeblich in den Co Luy-Fluss sowie ins offene Meer getrieben und ertranken – so die »Provisorische Revolutionsregierung von Südvietnam« (PRG) in ihrer bereits zitierten, im April 1971 vorgelegten Übersicht über amerikanische Kriegsverbrechen nach »My Lai (4)«.[66]

Noch bevor die PRG mit diesen Anschuldigungen an die westliche Öffentlichkeit getreten war, sah sich die Army zu einer Zeugenbefragung genötigt. Ausschlaggebend waren unerwartet negative Schlagzeilen im eigenen Land. Am 28. November 1969 berichtete der Fernsehsender CBS in seinen Abendnachrichten über die 1200 vermeintlich von US-Soldaten ertränkten Vietnamesen und berief sich auf einen Überläufer des Vietcong,[67] kurz darauf trat eine Bewohnerin von Chau Binh in Paris vor die internationale Presse, im Mai 1970 veröffentlichte die zur kalifornischen »Gegenkultur« zählende Zeitschrift *Scanlan's* einen ein-

---

64 23d Infantry Division (Americal) History. Prepared by the 3d Military History Detachment, Januar 1971, S. 9, in: NA, RG 319, AS, ODCS-PER, VWCWG, CaFi, Box 20, Folder: Hoag Allegation (Part 2 of 4), Case 232, 1 sowie Department of the Army, United States Army CID Agency, Memorandum for: Deputy Secretary of the General Staff, Subject: Scanlan Article, 14. 7. 1970, Incl. 1 und 2, in: NA, RG 319, AS, PI-AC, Box 29, Folder: Sensitive Material – My Lai – Folder # 6.

65 Fact Sheet, Subject: Son My Village, 29. 11. 1969, S. 2, in: NA, RG 319, AS, PI-OI, Box 5, Folder: MACV Report (7). Siehe auch Lewy, America in Vietnam, S. 141.

66 PRG Information Bureau, Fall 10.

67 Vanderbilt University, Television News Archive: Vietnam/Viet Cong Charge, in: http://openweb.tvnews.vandervilt.edu/1969-11/1969-11-28-CBS (21. 9. 2006).

schlägigen Artikel[68] – und überdies kam der Angriff auf Van Thanh während der Untersuchung des »My Lai (4)«-Massakers zur Sprache. Der Gefreite Theodore Blauveldt beschuldigte die 11. Light Infantry Brigade, in einem Flüchtlingslager nahe »Quang Ngai City« ein Massaker verübt zu haben. Ein weiterer GI bestätigte, dass damit das Lager Van Thanh gemeint war.

Weil beide Zeugen zur fraglichen Zeit nicht zu einer an »Russell Beach/Bold Mariner« beteiligten Einheit gehört hatten und sich lediglich auf Hörensagen während ihrer Dienstzeit in Vietnam berufen konnten, wurden keine weiteren Ermittlungen angestellt.[69] Ebenso ausweichend fiel die Reaktion auf das behauptete Massaker in dem Dorf Chau Binh aus. Die Armee, so eine Empfehlung der Criminal Investigation Division, müsste sich mit dem Vorgang nur beschäftigen, falls das für dieses Gebiet operativ zuständige Marine Corps auf Verdachtsmomente stoßen sollte.[70] Mit Blick auf das massenhafte Ertränken erklärte sich das Pentagon vollends zur falschen Adresse und reichte die Akte weiter – an das Außenministerium. Ob sich am Ende dieses bürokratischen Pingpongspiels überhaupt noch jemand zuständig fühlte, ist unklar. Also steht – vorbehaltlich eines Zufallsfunds in einem entlegenen Aktenbestand – als letztes Wort folgendes Resümee der Armee zu Buche: »Diese Schlussfolgerung [der Verzicht auf eine weitere Untersuchung, B.G.] liegt darin begründet, dass niemand außer der NLF Klagen vorgebracht

---

68 Unger, The Press.

69 Memorandum for Secretary of the General Staff: Incident Report, 28. 1. 1970, in: NA, RG 319, AS, PI-AC, Box 33, Folder: Son My Chron. File # 6 (2 of 2); RG 319, AS, ODCS-PER, VWCWG, CaFi, Box 5, Folder: Blauveldt Allegation; Department of the Army, Memorandum for: Secretary of the General Staff, Subject: Incident Report, 28. 1. 1970, in: RG 319, AS, PI-AC, Box 33, Folder: Son My Chron. File # 6 (2 of 2) sowie Sworn Statement Michael A. Bernhardt, 24. 2. 1970, S. 1–2, in: RG 319, AS, ODCS-PER, VWCWG, CaFi, Box 5, Folder: Blauveldt Allegation. Theodore Blauveldt tat von März bis Juni 1968 beim 5. Battalion, 46. Infantry Regiment, 198. Light Infantry Brigade, »Americal« Division Dienst und gehörte von Juni 1968 bis Juli 1969 zum 4. Battalion, 21. Infantry Regiment, 11. Light Infantry Brigade, »Americal« Division. Letztere Einheit, das 4/21, war nicht an »Russell Beach/Bold Mariner« beteiligt. Aber die Vermutung liegt nahe, dass Blauveldt von einem Kameraden des 5/46 informiert worden war – seiner ehemaligen Einheit, die seit Januar 1969 an der besagten »Befriedungsaktion« auf der Halbinsel Batangan teilhatte.

70 Miss Lien Allegation, as of 6. 6. 1971, in: NA, RG 319, AS, ODCS-PER, VWCWG, CaFi, Box 16, Folder: Miss Lien Allegation (Transferred to USMC), Case 164.

oder Beweismittel vorgelegt hat. […] Die Informationen, die wir über die fragliche Zeit aus Interviews mit amerikanischen und vietnamesischen Offiziellen gewinnen konnten, *geben in der Tendenz dazu Anlass*, die NLF-Geschichte über das angebliche Ertränken zurückzuweisen.«[71]

Mit Blick auf die I. Corps Tactical Zone wurden die Anschuldigungen der kommunistischen Seite nur in einem Fall offiziell bestätigt – beim Massaker von Son Thang.[72] In diesem südwestlich von Da Nang gelegenen Dorf hatte ein fünfköpfiges »Killer Team« der B Company, 1. Battalion, 7. Regiment, 1. Marine Division am 19. Februar 1970 fünf Frauen und elf Kinder gemeuchelt – teils aus Rache für kurz zurückliegende Verluste in den eigenen Reihen, teils zwecks Aufbesserung ihrer »Body Count«-Bilanz und teils, weil ihnen im »Indian Country« von Quang Nam die Lizenz erteilt worden war, auf alles zu schießen, was sich bewegte.[73] Hätte einzig die PRG auf dieses Verbrechen aufmerksam gemacht, wäre es wahrscheinlich dementiert worden. Dass es zu einer Untersuchung kam, war Lieutenant Colonel Richard E. Theer, dem Operations Officer (S-3) des 1. Battalion, 7. Regiment, 1. Marine Division, zu verdanken. Auf Umwegen von der Beschwerde einer Augenzeugin in Kenntnis gesetzt, bestellte er die Verdächtigen zu einer Vernehmung ein, wies ihnen auf Grund widersprüchlicher Aussagen die Morde und den anschließenden Vertuschungsversuch nach und strengte gegen vielfachen Widerstand ein Kriegsgerichtsverfahren an.[74]

Weil amerikanische Soldaten ihr Schweigen brachen, kamen drei weitere, seit April 1968 in der I. Corps Tactical Zone begangene Massaker ans Licht, die noch nicht einmal in der Aufstellung der PRG vermerkt waren:

– Provinz Quang Ngai, Operation »Iron Mountain«, 18. April 1969: Eine Squad der E Company, 4. Battalion, 21. Infantry Regiment, 11. Light Infantry Brigade, »Americal« Division erhielt von ihrem Platoonführer den Auftrag, das 20 Kilometer von »My Lai (4)« entfernte Dorf »Truong Khanh (2)« zu stürmen und an den Einwohnern Rache für einen am Vorabend von einer Sprengfalle getöteten Kameraden zu nehmen. »Da drüben ist ein Dorf, und die Leute dort, die

71 Department of the Army, United States Army CID Agency, Memorandum for: Deputy Secretary of the General Staff, Subject: Scanlan Article, 14. 7. 1970, S. 2 sowie Incl. 2, § 1e (Hervorhebung B.G.), in: NA, RG 319, AS, PI-AC, Box 29, Folder: Sensitive Material – My Lai – Folder # 6.

72 Siehe oben, S. 150, 151.

73 Solis, Son Thang, S. 20–30, 94–96, 145–155, 177.

74 Ebenda, S. 67–73.

sind für alles verantwortlich. Ich will ein paar Tote sehen.«[75] Von den zehn Mann der Squad eröffnete die Hälfte das Feuer und tötete 30 Zivilisten, die in der »Body Count«-Statistik als 13 gefallene Vietcong vermerkt wurden. So schilderte der Gefreite Danny S. Notley, unterstützt von zwei weiteren Zeugen, den Einsatz der E Company gegenüber dem Dellums-Komitee, einem von Mitgliedern des Repräsentantenhauses im April 1971 einberufenen Ad-hoc-Ausschuss.[76] Fünf Bewohnerinnen von »Truong Khanh (2)« bestätigten Notleys Angaben,[77] zwei Soldaten des 4/21 beschuldigten vor der »Pentagon Counterintelligence Force« ihre Einheit weiterer Kriegsverbrechen: Die Rede war von Angriffen auf unverteidigte Dörfer, von Leichenschändungen, dem Einsatz von Bauern als Minenhunde und einem zur Gewohnheit gewordenen Foltern von Gefangenen mit Elektroschocks – und dass die Folterer ihr Tun auf Fotos festgehalten hätten.[78] Zwar stellte die Criminal Investigation Division ihre Nachforschungen wegen widersprüchlicher Zeugenaussagen ein.[79] Aber dass in »Truong Khanh (2)« ein Massenmord begangen wurde, ist kaum zu bezweifeln – sei es von der besagten Squad oder seitens der zusätzlich angeforderten Kampfflugzeuge, die den Ort vollkommen einäscherten und auf ihre Weise alle noch vorhandenen Beweismittel vernichteten.[80]

– Provinz Quang Nam, Ende September, Anfang Oktober 1969: Ein Aufklärungsplatoon der E Company, 4. Battalion, 31. Infantry Regiment, 196. Light Infantry Brigade, »Americal« Division führte im

---

75 Der Gefreite Danny S. Notley, E Company, 4. Battalion, 21. Infantry Regiment, 11. Light Infantry Brigade, »Americal« Division, schrieb diese Aussage Lieutenant Michael L. Bourgoine zu: *The Washington Post*, 10. 5. 1971, Viet Women Say GIs Kill 60 Villagers.

76 NA, RG 319, AS, ODCS-PER, VWCWG, CaFi, Box 12, Folders: Notley Allegation (CCI), Part 1 of 2, Case 85 und Part 2 of 2, Case 85; ebenda, Folder: Notley Allegation (Talking Papers), Case 85 sowie Folder: Notley Allegation (Press/Media), Case 85. Siehe auch Gross, Calley's Army, S. 154f.

77 Viet Women Say GIs Kill 60 Villagers, in: *The Washington Post*, 10. 5. 1971.

78 NA, RG 319, AS, ODCS-PER, VWCWG, CaFi, Box 11, Folder: Brenman-Beitzel Allegation (VVAW), Case 80. Siehe auch *Ramparts*, February 1971.

79 NA, RG 319, AS, ODCS-PER, VWCWG, CaFi, Box 12, Folder: Notley Allegation (CCI), Part 1 of 2, Case 85.

80 Department of the Army, Office of the Secretary of the Army, Memorandum for the Record, Subject: Resume of Hearing, 29. 4. 1971, Incl.: Substantiation, S. 5–6 sowie Merlin S. Kuhlman, Investigator's Statement, 28. 6. 1971, S. 4–5, in: NA, RG 319, AS, ODCS-PER, VWCWG, CaFi, Box 12, Folder: Notley Allegation (CCI), Part 1 of 2, Case 85.

Que Son-Tal einen »Search and Clear«-Einsatz durch und sollte sogenannte »Nachzügler« aufspüren – Bauern, die sich ihrer Umsiedlung in das Flüchtlingslager Hiep Duc verweigert hatten. Um der Aufforderung Nachdruck zu verleihen, legte das Platoon in einem Weiler nahe Phu Binh Feuer. »Wir wollten sicherstellen, dass sie nicht zurückkehrten, nachdem wir abgerückt waren.«[81] Die Bewohner, ein Dutzend alte Männer, Frauen und Kleinkinder, blieben dennoch. Sie wurden am folgenden Tag von der besagten Einheit allesamt erschossen.[82] Der Platoonführer forderte seine Männer auf, »sich keine Gedanken zu machen«, und vermerkte in seinem Tagesprotokoll einen erfolgreichen Einsatz gegen bewaffnete Vietcong.[83] »Es hat auch den Anschein«, so die Ermittler der Criminal Investigation Division, »dass der gesamte Vorgang niemandem jenseits der Kompanie zur Kenntnis gebracht wurde.«[84] Der Gefreite Davey V. Hoag, der im Mai 1972 an die Öffentlichkeit ging, hatte den Mord umgehend seinem Vorgesetzten zur Kenntnis gebracht. Mit dem Ergebnis, dass ein Lieutenant ihn in eine Rauferei verwickelte und er alsbald zu einer anderen Einheit verlegt wurde.[85]

- Provinz Quang Tin, 1. Juli 1969: Vier Kampfhubschrauber der D Troop, 1. Squadron, 1. Cavalry Regiment, »Americal« Division täuschten während eines Einsatzes nordwestlich von Chu Lai feindlichen Dauerbeschuss vor, erhielten von ihrer Einsatzzentrale daraufhin die Feuerfreigabe und attackierten mit 2000 Schuss Munition

---

81 Sworn Statement Larry M. Farmer, 29. 6. 1972, S. 2, in: NA, RG 319, AS, ODCS-PER, VWCWG, CaFi, Box 20, Folder: Hoag Allegation (Part 1 of 4), Case 232, 1.

82 NA, RG 319, AS, ODCS-PER, VWCWG, CaFi, Box 20, Folder: Hoag Allegation (Part 1 of 4), Case 232, 1 sowie ebenda, Folder: Hoag Allegation (Part 2 of 4), Case 232, 1.

83 Department of the Army, Judge Advocate General, Military Justice Division, Memorandum for Record, DAJA-MJ 1972/13221, Subject: Private First Class Julio Colon-Madera sowie Summary Fact Sheet, in: NA, RG 319, AS, ODCS-PER, VWCWG, CaFi, Box 20, Folder: Hoag Allegation (Part 1 of 4), Case 232, 1. Dasselbe Platoon ermordete in den folgenden Tagen zwei unbewaffnete Männer und vergewaltigte mehrere Frauen.

84 Department of the Army, United States Army Criminal Investigation Command, Memorandum for: Secretary of the Army, Subject: Hoag Allegation, 20. 10. 1972, S. 4, in: NA, RG 319, AS, ODCS-PER, VWCWG, CaFi, Box 20, Folder: Hoag Allegation (Talking Papers), Case 232, 2.

85 Sworn Statement Davey V. Hoag, 5. 5. 1972, S. 3, in: NA, RG 319, AS, ODCS-PER, VWCWG, CaFi, Box 20, Folder: Hoag Allegation (Part 2 of 4), Case 232, 1.

vom Kaliber 7.62 Millimeter und 74 Bordraketen das Dorf Phu Vinh. Ein weiterer Hubschrauber beschoss, ohne eine vorherige Erlaubnis eingeholt zu haben, den Nachbarort Diem Pho. In Phu Vinh wurden zehn Bewohner getötet und 15 verwundet.[86] Der Hergang konnte rekonstruiert werden, weil ein in der Nähe befindliches »Combined Action Platoon« zum Ort des Geschehens kommandiert worden war und die Behauptungen der Täter dementierte: Weder waren feindliche Munition noch die Überreste eines vermeintlich gesprengten Waffenlagers auffindbar.[87] »Darüber hinaus hat es den Anschein«, heißt es im abschließenden Bericht, »dass es sich hier nicht um einen Einzelfall handelt, sondern dass diese jungen Männer sich ein eigenes Verständnis der für ihre Einheit geltenden Vorschriften für Kampfeinsätze zurechtgelegt hatten.«[88]

In der Tat gibt es weitere Hinweise auf Dutzende von Toten durch Hubschrauberbeschuss in der I. Corps Tactical Zone. Ein Bordschütze der D Troop, 101. Assault Helicopter Battalion, 2. Brigade, 101. Airborne Division behauptete in einem Interview mit der Tageszeitung *Courier News* (Illinois) und kurz darauf gegenüber Ermittlern der Criminal Investigation Division, dass er und seine Kameraden Mitte August 1968 bei einem Einsatz in der Nähe von Can Thien, Provinz Thua Thien, sieben Zivilisten erschossen hätten und dass Morde dieser Art von seinem Verband regelmäßig verübt wurden.[89] Einem anderen GI zufolge nahmen im Herbst 1969 Kampfhubschrauber der 71. Assault Helicop-

---

86 Headquarters, 198th Infantry Brigade, Americal Division, Subject: Report of Investigation, 9. 7. 1969, Confidential, in: NA, RG 319, AS, PI-AC, Box 20, Folder: Other Than Son My. Ky Trong Incident: Subject/Suspects: Bell, Barnhart, Herron, Applegath. Siehe auch ebenda, Box 38, Folder: Son My Chron. File # 19 (Part 2 of 2): Seymour Hersh Interview Report, 4. 6. 1971. Die beste journalistische Recherche stammt von Hersh, The Reprimand.

87 Headquarters, 198th Infantry Brigade, Americal Division, Subject: Report of Investigation, 9. 7. 1969, Confidential, S. 7–9, in: NA, RG 319, AS, PI-AC, Box 20, Folder: Other Than Son My. Ky Trong Incident: Subject/Suspects: Bell, Barnhart, Herron, Applegath.

88 Headquarters, 198th Infantry Brigade, Americal Division, Subject: Report of Investigation, 9. 7. 1969, Confidential, S. 8, in: NA, RG 319, AS, PI-AC, Box 20, Folder: Other Than Son My. Ky Trong Incident: Subject/Suspects: Bell, Barnhart, Herron, Applegath.

89 NA, RG 319, AS, ODCS-PER, VWCWG, CaFi, Box 6, Folder: Norris Allegation. Von ähnlichen Praktiken in der Provinz Quang Ngai berichtete ein Pilot der *New York Times*: Most Helicopter Pilots Are Eager for Duty in Vietnam, in: *The New York Times*, 26. 4. 1971.

ter Company über Barrier Island – südlich von Hoi An, Provinz Quang Nam – mehrfach größere Gruppen Unbewaffneter unter Beschuss. Im Untersuchungsbericht der Criminal Investigation Division heißt es, die Piloten hätten »geglaubt, dass es sich um feindliche Kämpfer handelte«.[90] In beiden Fällen war den zuständigen Stellen an einer eingehenden Untersuchung offensichtlich nicht gelegen – auch, weil die in Frage kommenden Divisionsakten zu diesem Zeitpunkt bereits nach Okinawa ausgelagert worden waren.[91]

Operation »Speedy Express«

Von der I. Corps Tactical Zone und den nördlichen Provinzen abgesehen, bezogen sich die meisten Vorwürfe des »Informationsbüros der Provisorischen Revolutionsregierung von Südvietnam« (PRG) auf die südwestlich der Hauptstadt Saigon gelegenen Provinzen oder die IV. Corps Tactical Zone. Amerikanische Bodentruppen sollen dort zwischen Dezember 1968 und Juli 1970 zehn,[92] ihre südvietnamesischen Verbündeten zwischen Mai 1968 und August 1970 17 Massaker[93] verübt haben.

Zwischen der Provinz Kien Tuong an der Grenze zu Kambodscha und der Provinz An Xuyen am Golf von Siam lag die wirtschaftlich ertragreichste Region Südvietnams. Mit gut 14000 Quadratmeilen – ungefähr die doppelte Größe des amerikanischen Bundesstaates New Jersey – umfasste das Gebiet zwar nur ein knappes Viertel des Staatsterrains. Aber hier lebten knapp sechs Millionen Menschen, ein Drittel der Bevölkerung, von dort kamen drei Viertel der Reisproduktion und knapp 80 Prozent aller Fleischprodukte des Landes. »Die Bewohner sind mehrheitlich fatalistisch eingestellt«, hieß es in einer internen Studie der US

90 Neal Incident, as of 26. 10. 1973, in: NA, RG 319, AS, ODCS-PER, VWCWG, CaFi, Box 21, Folder: Neal Allegation, Case 238.

91 Norris Allegation, as of 20. 5. 1970, in: NA, RG 319, AS, ODCS-PER, VWCWG, CaFi, Box 6, Folder: Norris Allegation sowie ebenda, Box 13, Folder: New York Times Allegation (Correspondence, Congressional Inquiries, and Background Information), Case 92.

92 Gemeint sind die in der obigen Aufstellung vorgestellten Fälle Nr. 9, 28, 31, 32, 40, 42, 45, 48, 49 und 50.

93 In der Aufstellung des »Informationsbüros der Provisorischen Revolutionsregierung Südvietnams« vom April 1971 handelt es sich um die Fälle 3, 4, 20, 22, 23, 28, 29, 31, 32, 36, 37, 40, 41, 42, 45, 46 und 54. In sechs Fällen (28, 31, 32, 40, 42 und 45) wurden die Einsätze zusammen mit US-Truppen durchgeführt.

Army, »und begegnen den politischen Entwicklungen um sie herum mit Gleichgültigkeit.«[94] Für das Mekongdelta – also die Provinzen Dinh Tuong und Kien Hoa – indes galt dergleichen nur bedingt. In dieser Gegend war die »Nationale Befreiungsbewegung« gegründet worden, führende Kader der Vietcong stammten aus der Region. Amerikanischen Geheimdiensten galt Kien Hoa daher als Provinz »mit der vielleicht am besten entwickelten politischen Infrastruktur [des Feindes]«.[95] Dass die Guerilla im Delta weithin als legitime politische Autorität anerkannt wurde, zeigte der Alltag der Bewohner. Viele schickten ihre Kinder auf Schulen der NLF und nutzten Hospitäler, die aus den Kassen der Widerstandsbewegung alimentiert wurden. Die Dienste der südvietnamesischen Regierung waren weder erwünscht noch wurden sie gebraucht. Und das nahe Saigon war so fremd wie der Sitz einer ausländischen Regierung.

In den neuralgischen Provinzen Dinh Tuong und Kien Hoa stand die amerikanische Armee, wie in allen anderen Kriegszonen auch, vor gravierenden logistischen Problemen. Zwar war das Mekongdelta im Unterschied zum übrigen, von Hügeln und Bergen durchzogenen Vietnam gut einsehbar. Auch wucherte dort kein Dschungel, allenfalls in Ufernähe gab es dichten Bewuchs aus Mangroven, Kokosnussbäumen und Bananenstauden. Dennoch war das Terrain für große Kampfverbände denkbar ungeeignet. Flüsse, Kanäle und Bewässerungsgräben bildeten in ihrer Summe einen Mäander von 3500 Kilometern, stehende Gewässer, Brackwasser und Sümpfe schränkten die Bewegungsfreiheit selbst in der von Dezember bis Mitte April währenden Trockenzeit ein und schlossen den Einsatz schweren Geräts faktisch aus. Infanteristen wateten in der Regel durch bis zu den Knien reichendes, manchmal schulterhohes, infektiöses Wasser voller Blutegel oder bahnten sich ihren Weg durch Elefantengras, dessen Kanten wie Rasierklingen die Drilliche aufschlitzten. Patrouillen wochenlang im Einsatz zu halten, war im Unterschied zur I. Corps Tactical Zone unmöglich. Spätestens nach zwei Tagen mussten die Soldaten zurückgerufen und ersetzt werden. Die drei Brigaden der 9. Infantry Division, die seit Januar 1967 in Dinh Tuong, Long An und Kien Hoa stationiert waren, verlegten sich deshalb auf

---

94 Headquarters, USAV, 16th MHD, Subject: Combat After Action Report of Operation SPEEDY EXPRESS, 14. 6. 1969, Secret, S. 4, in: NA, RG 472, USFSEA, USAV, CH, OSE-BF, Box 15, Folder: »Speedy Express« Report/16th MHD 14 Jun 69.

95 Headquarters, 9th Infantry Division, Subject: LOI 7–69 (Kien Hoa Province Campaign, CY 69), 16. 1. 1969, Confidential, Abschnitt 1, S. 1.

Flugblätter der 9. Infantry Division, mit denen Vietcong zum Desertieren aufgefordert werden.
NA, RG 472, USAV, 9. Infantry Division, ACoS, Command Reports, Box 1, Folder: 9. InfDiv (G-5), Command Deputy File, Briefings

THE CHIEU HOI NATIONWIDE REWARD CAMPAIGN

TƯỞNG THƯỞNG ĐẶC BIỆT

Những người có thành tích kêu gọi được tập thể cán binh Cộng Sản, tiền thưởng được tính riêng từng người cộng lại, sau đó gia tăng thêm từ 20 đến 70 phần trăm.

Quyền lợi của người có công móc nối sẽ được đảm bảo cũng như danh tánh sẽ được giữ kín.

MỘT CỰU CÁN BINH BẮC VIỆT KẾT HÔN VỚI MỘT CÔ GÁI MIỀN NAM

Anh Trần Quang Huân, một cựu cán binh Bắc Việt hồi chánh đang chụp chung với người vợ miền Nam, cô Cao thị Châu. Vợ chồng anh Huấn sống tại một xã do trên 100 hồi chánh viên Bắc Việt thành lập. Họ hiện giờ là công dân với đầy đủ quyền tự do tại miền Nam Việt Nam. 2486

THIS PROGRAM PERMITS PAYMENT OF VARYING AMOUNTS RANGING FROM 2,000$VN TO 250,000$VN TO ANY VIETNAMESE PERSON WHO INDUCES A VIET CONG TO RALLY. MANY SUCH PAYMENTS HAVE ALREADY BEEN MADE.

ALL U.S. PERSONNEL CAN AID IN THE DISSEMINATION OF THIS PROGRAM. ASK YOUR S5 PERSONNEL ABOUT IT, TODAY.

den sporadischen Einsatz von Kleingruppen. Größere Verbände kamen bis Ende 1968 nicht zum Zug.[96] Aber auch der Vietcong und die nordvietnamesische Armee unterhielten im Mekongdelta nur wenige ihrer hochgerüsteten und beweglichen Verbände. Bis zur »Tet-Offensive« führten sie in dieser Region einen Guerillakrieg in seiner klassischen Form – mit stationären, lokal gebundenen Stoßtrupps, die keiner Nachschublinien bedurften, mit minimaler Ausstattung auskamen, sich mühelos aus dem Land ernähren konnten und die bei ihren Scharmützeln und Nadelstichen vor allem keine identifizierbaren Angriffspunkte boten. »Der Vietcong«, hieß es in einer von der RAND Corporation im Jahr 1967 erstellten Expertise, »kann sich im größten Teil [des Deltas] bewegen, wie er will.«[97]

Seit dem Frühjahr 1968 diskutierten amerikanische Planungsstäbe in Vietnam über die Modalitäten einer landesweit »beschleunigten Pazifizierungskampagne«. Unter militärischen Gesichtspunkten schienen die Aussichten vielversprechend. Zweifellos hatte man im Zuge der »Tet-Offensive« in allen 44 Provinzen erhebliche Rückschläge einstecken müssen. In einem Lagebericht der CIA vom März 1968 war sogar von einem Rückfall in die Zeit vor 1965 die Rede gewesen: »Wir können davon ausgehen, dass das Vorgehen des Feindes in hohem Maße der Apathie und Passivität der Landbevölkerung gegenüber den Programmen und Vertretern der Regierung Vorschub leistet.«[98] In Kien Hoa hatte die südvietnamesische Armee noch nicht einmal ihre 27 Verteidigungsstellungen rund um die Provinzhauptstadt Ben Tre halten können. Andererseits zahlte der Vietcong während »Tet« und der darauffolgen-

---

96 Department of the Army, Southeast Asia Analysis Report, July 1969, Secret, NOFORN, S. 20, in: NA, RG 319, AS, PI-AC, Box 19, Folder: Operation »SPEEDY EXPRESS« (2 of 2), Chron. File # 1.

97 Melvin Gurtov, The RAND Corporation, Memorandum RM-5353-ISA ARPA, September 1967, The War in the Delta: Views from Three Viet Cong Battalions, S. 5. Siehe auch Annex A (Intelligence) to OPLAN 1-68 (Dry Season Offensive), 22. 10. 1968, Secret, S. 4, in: NA, RG 472, USFSEA, USAV, CH, OSE-BF, Box 11, Folder: Update/OPLAN 1-68; Headquarters, 9th Infantry Division, Subject: Recommendation for Award of the Presidential Unit Citation, o.D., S. 1, 16, in: NA, RG 472, USAV, MHD, 19th MHD, HBF, Box 7, Folder: Presidential Unit Citations, Recommended + Awarded 9th Inf Div 25 Jan–26 Apr 69 sowie Spector, After Tet, S. 145.

98 Central Intelligence Agency, Directorate of Intelligence, Intelligence Memorandum: Pacification in the Wake of the Tet Offensive in South Vietnam, 19. 3. 1968, S. 1, 34, in: Texas Tech University, Vietnam Archive, Declassified Documents Reference System, No. 1990-003034.

den Offensiven vom Mai und August 1968 einen erheblichen, nach Meinung mancher Beobachter kaum wiedergutzumachenden Blutzoll. Beim US-Hauptquartier gingen aus allen Landesteilen Hinweise auf demoralisierte, schlecht organisierte und auf der Flucht befindliche Guerillaeinheiten ein. Angeblich war ein Viertel der aus ihren Reihen zwischen Januar und Oktober 1968 in der IV. Corps Tactical Zone gemachten Gefangenen zwischen 14 und 17 Jahre alt, Kindersoldaten, die den Eindruck eines letzten Aufgebots erweckten. »Der Feind verfügt nicht über die Fähigkeit, nachhaltigen Angriffen zu widerstehen«, hieß es in einer Lagebeurteilung über die südlichen Provinzen.[99] Vor allem in diesen Gebieten schien sich der Vietcong mit einem Ausgleich von Verlusten schwerzutun, weil die nordvietnamesische Armee ihren personellen Nachschub auf die I. Corps Tactical Zone im Norden konzentrierte und nur die Unerfahrenen und minder Qualifizierten für anderweitige Einsätze entbehren wollte.[100] So gesehen, bot es sich an, nach Jahren unfreiwilliger Zurückhaltung auch den Süden des Landes zu einer Zone intensivierter Kampfhandlungen zu machen.

Dass die IV. Corps Tactical Zone tatsächlich militärisch aufgewertet wurde, war indes in erster Linie politischen Überlegungen geschuldet. Wie den bruchstückhaft überlieferten Akten zu entnehmen ist, gaben zivile und militärische Berater – die Leitung von CORDS im

---

99 Annex A (Intelligence) to OPLAN 1-68 (Dry Season Offensive), 22. 10. 1968, Secret, S. 8, in: NA, RG 472, USFSEA, USAV, CH, OSE-BF, Box 11, Folder: Update/OPLAN 1-68. Siehe auch ebenda, S. 9–11 sowie Headquarters, USA-AG, IV. CTZ, Advisory Team 96, Subject: Operation Plan, IV. CTZ Dry Weather Offensive, 18. 10. 1968, Secret, S. 1–2, in: RG 472, USFSEA, USAV, CH, OSE-BF, Box 11, Folder: Dry Weather Offensive/OPLAN I-68/IV. CTZ 18 Oct 68; Headquarters, 9th Infantry Division, Subject: Recommendation for Award of the Presidential Unit Citation, o.D., S. 1, 16, in: NA, RG 472, USAV, MHD, 19th MHD, HBF, Box 7, Folder: Presidential Unit Citations, Recommended + Awarded 9th Inf Div 25 Jan–26 Apr 69 sowie Department of the Army, 3d Brigade, 9th Infantry Division, Subject: Quarterly Evaluation, 1. 10. 1968, Confidential S. 1–3, in: RG 472, USAV, MHD, 19th MHD, HBF, Box 5, Folder: Qtrly. Eval. Rpts/1st + 2nd Qtrs./9th Inf. 68.

100 Department of the Army, Headquarters 1st Brigade, 9th Infantry Division, Subject: Intelligence After Action Report for Operation in AO Kudzu, 20. 11.–17. 12. 1968, Confidential, S. 2, in: NA, RG 472, USFSEA, USAV, CH, OSE-BF, Box 15, Folder: AAR/9th Inf Div/Kudzu, 16 Feb 69 sowie Senior Advisor, Headquarters, IV. CTZ, Subject: IV. Corps Outlook, December 1968, Confidential, S. 2, in: ebenda, Box 12, Folder: Documents/SA, IV. CTZ 1–15 Dec 68. Siehe ebenda, Box 12, Folder: Messages/SA IV. CTZ Oct–Dec 68.

Zusammenspiel mit der US Army Advisory Group, Advisory Team 96, IV. CTZ – den entscheidenden Anstoß. In zahlreichen Eingaben an das Hauptquartier der amerikanischen Streitkräfte in Saigon verwiesen sie auf die symbolische Bedeutung der IV. Corps Tactical Zone. Die zentralen Stichworte waren »Paris« und »Vietnamisierung«. Wie sich die Waffenstillstandsgespräche in der französischen Hauptstadt auch immer entwickeln mochten, eines schien unverzichtbar: dafür Sorge zu tragen, dass am Tag der Unterschrift die Provinzen im unmittelbaren Umfeld der Hauptstadt Saigon nicht unter feindlicher Kontrolle standen. Damit war zugleich das Essential einer erfolgreichen »Vietnamisierung« formuliert. Noch war der Rückzug amerikanischer Truppen nicht in die Wege geleitet. Aber in absehbarer Zeit würde die südvietnamesische Armee die Hauptlast des Krieges tragen und vor allem eines gewährleisten müssen: Prestige und Anerkennung im eigenen Land zurückzugewinnen. »Vietnamisierung« stand jenseits aller operativen Erwägungen zugleich für den Kampf um das psychologische Kapital des Krieges. »Der Krieg hat im Delta begonnen, hier wird er enden«, lautete eine viel zitierte und den Vietnamesen mehrheitlich unterstellte Einstellung. In anderen Worten: Wer im »Stammland« der Vietcong die Oberhand behielt, hatte seinen Behauptungswillen beglaubigt, wer dieses Gebiet dominierte, wertete seine Verhandlungsposition nachhaltig auf. Daher rührten das Drängen und die Ungeduld amerikanischer Berater. In ihren Augen war es militärisch möglich und politisch zwingend, den südvietnamesischen Streitkräften in der IV. Corps Tactical Zone eine Bresche zu schlagen. »Von Saigon abgesehen, ist das Delta in vielerlei Hinsicht sowohl für den Vietcong als auch für die südvietnamesische Regierung das wichtigste Gebiet im gesamten Land. [...] Es wird daher vorgeschlagen, jetzt mit den notwendigen Vorbereitungen [...] für eine Offensive zu beginnen, die bis zum 1. Juni 1969 die Sicherheitslage in der IV. CTZ dramatisch verbessern wird.«[101]

---

101 Major General George S. Eckhardt, Senior Advisor, US Army Advisory Group, Advisory Team 96, IV. Corps Tactical Zone, Schreiben an General Creighton Abrams, 3. 8. 1968, in: NA, RG 472, USFSEA, USAV, CH, OSE-BF, Box 11, Folder: Ltr./MG Eckhardt to Gen. Abrams/Proposed Dry Weather Campaign/3 Aug 68. Siehe auch CORDS Field Overview, IV. Corps Tactical Zone for the Period Ending 31 May 1968, o. D., Confidential, S. 6, in: RG 319, AS, PI-OI, Box 4, Folder: MACV Reports (3); Robert W. Komer, Brief an James P. Grant, Agency for International Development, 18. 4. 1968, in: ebenda, Box 5, Folder: MACV Report (8); Interview with Major Caddigan, o. D., S. 1, in: RG 472, USFSEA, USAV, CH, OSE-BF, Box 11, Folder: AAR/Planning Documents/C-E/20th MHD Oct.–Dec. 68 sowie Headquar-

Die Eingaben der US Army Advisory Group, IV. CTZ forcierten die Entscheidung. Anfang September 1968 sprach sich der Planungsstab im US-Hauptquartier für die vorgeschlagene Offensive aus, am 14. Oktober wurde »Operational Plan 1-68« (OPLAN 1-68) verabschiedet. Zwar verzichtete man auf eine zusätzliche Luftlandebrigade aus der III. Corps Tactical Zone. Aber der Auftrag für die 9. Infantry Division blieb davon unberührt. Vor ihrem bereits beschlossenen, für Mitte 1969 avisierten Abzug aus Vietnam sollte sie noch einmal einen Großeinsatz führen und den »ersten umfassenden, auf längere Sicht konzipierten Plan für die Vernichtung aller Streitkräfte des Vietcong im Delta«[102] umsetzen. Gemeint war die »Eliminierung« von knapp 20000 stationären Guerillas, ungefähr 6000 beweglichen Truppen der Vietcong und der nordvietnamesischen Armee sowie 11000 politischen Kadern oder »Vietcong Infrastructure«.[103] Damit wurde die 9. Infantry Division

---

ters, USAV, 16th MHD, Subject: Combat After Action Report of Operation SPEEDY EXPRESS, 14. 6. 1969, Secret, S. 1, in: ebenda, Box 15, Folder: »Speedy Express« Report/16th MHD 14. Jun 69. Siehe auch RG 472, USFSEA, USAV, CH, OSE-BF, Box 16, Folder: Interview/Maj. John T. Giambruno, S-3, 34th Engr. Group, 20th Eng Bde, 2. Dec. 68 sowie ebenda, Box 12, Folder: Messages/SA IV. CTZ Oct–Dec 68.

102 Headquarters, USAV, 16th MHD, Subject: Combat After Action Report of Operation SPEEDY EXPRESS, 14. 6. 1969, Secret, S. 41; siehe ebenda, Foreword sowie S. 17, 34, 43, in: NA, RG 472, USFSEA, USAV, CH, OSE-BF, Box 15, Folder: »Speedy Express« Report/16th MHD 14. Jun 69 sowie Headquarters, USA-AG, IV. CTZ, Advisory Team 96, Subject: Operation Plan, IV. CTZ Dry Weather Offensive, 18. 10. 1968, Secret, S. 2, in: RG 472, USFSEA, USAV, CH, OSE-BF, Box 11, Folder: Dry Weather Offensive/OPLAN I-68/IV. CTZ 18 Oct 68.

103 Headquarters, 9th Infantry Division, Subject: Recommendation for Award of the Presidential Unit Citation, o.D., S. 92: Summary of Strength and Casualties, in: NA, RG 472, USAV, MHD, 19th MHD, HBF, Box 7, Folder: Presidential Unit Citations, Recommended + Awarded 9th Inf Div 25 Jan–26 Apr 69. Zur Gesamtstärke der Vietcong in der IV. CTZ siehe auch Annex A (Intelligence) to OPLAN 1-68 (Dry Season Offensive), 22. 10. 1968, Secret, S. 7–11, in: NA, RG 472, USFSEA, USAV, CH, OSE-BF, Box 11, Folder: Update/OPLAN 1-68 sowie Headquarters, USA-AG, IV. CTZ, Advisory Team 96, Subject: Operation Plan, IV. CTZ Dry Weather Offensive, 18. 10. 1968, Secret, S. 1, in: RG 472, USFSEA, USAV, CH, OSE-BF, Box 11, Folder: Dry Weather Offensive/OPLAN I-68/IV. CTZ 18 Oct 68. Im »Project Takeoff 1968« hatte CORDS für das Jahr 1968 die »Eliminierung« von 12000 politischen Kadern der Vietcong als Ziel vorgegeben: Project Takeoff 1968, CORDS, IV. Corps Tactical Zone, May 1968, Appendix A, S. 2, in: RG 319, AS, PI-OI, Box 4, Folder: MACV Reports (3).

unmittelbar in das Projekt »Phoenix« eingebunden. »Die Bedeutung eines aggressiven Vorgehens gegen die politische Infrastruktur der Vietcong kann nicht genug betont werden. [...] Selbst wenn ihre regulären militärischen Kampfverbände ausgeschaltet sind, kann der Vietcong immer noch seine politischen Kader nutzen und den irregulären Guerillakrieg weiterführen. Eine erfolgreiche Bekämpfung des Feindes setzt also voraus, dass wir große Anstrengungen zur Zerschlagung beider Strukturen machen, der militärischen wie der politischen. Sobald die politische Infrastruktur ausgeschaltet ist [...] kann der Vietcong nicht überleben.«[104] Mindestens 400 Dörfer sollten demnach bis Ende Januar 1969 zurückgewonnen und unter die Kontrolle südvietnamesischer Autoritäten gestellt werden, auch um den Preis großräumiger Zerstörung und Vertreibung der Bevölkerung.[105] In den Worten von Major General Harris W. Hollis, Kommandeur der 9. Infantry Division von April bis August 1969: »Es ging um mehr als die bloße Ausschaltung der Vietcong und nordvietnamesischer Eindringlinge. Das übergeordnete Ziel war die totale Befriedung.«[106] Die Operation – konzentriert auf die Provinzen Dinh Tuong, Kien Hoa, Kien Tuong, Kien Phong und Vinh Long – begann am 1. Dezember 1968 und endete am 1. Juni 1969. Ihr Codename lautete »Speedy Express«.

Auf alliierter Seite kamen 19000 Soldaten zum Einsatz: sieben Kampfbataillone der 1. und 2. Brigade der 9. US-Infantry Division,[107] Ein-

104 9th Infantry Division, 9th Military Intelligence Detachment, Intelligence Bulletin # 3, Subject: Viet Cong Infrastructure, 4. 12. 1968, Confidential, S. 3, in: NA, RG 472, USAV, MHD, HBF, Box 4, Folder: OPORDS/Misc. OPNS Folder I '68.

105 Headquarters, USA-AG, IV. CTZ, Advisory Team 96, Subject: Operation Plan, IV. CTZ Dry Weather Offensive, 18. 10. 1968, Secret, S. 3, in: RG 472, USFSEA, USAV, CH, OSE-BF, Box 11, Folder: Dry Weather Offensive/OPLAN I-68/IV. CTZ 18 Oct 68 sowie Headquarters, USAV, 16th MHD, Subject: Combat After Action Report of Operation SPEEDY EXPRESS, 14. 6. 1969, Secret, S. 43, in: ebenda, Box 15, Folder: »Speedy Express« Report/16th MHD 14. Jun 69.

106 Headquarters 9th Infantry Division, Summary of the 9th Infantry Division Activities to Thwart the VC Winter-Spring Offensive, 1 January 1969 to 31 May 1969, o. D., S. 6, in: NA, RG 472, USAV, 9th Infantry Division, Organizational History, Box 1, Folder: Unit Awards.

107 Von der 1. Brigade waren das 6. Bataillon, 31. Infantry Regiment sowie das 2., 3. und 4. Bataillon (jeweils vom 39. Infantry Regiment) beteiligt; sie wurden hauptsächlich in Dinh Tuong eingesetzt. Die 2. Brigade stellte das 3. und 4. Bataillon vom 47. Infantry Regiment und das 3. Bataillon vom 60. Infantry Regiment; diese Einheiten kämpften in der Provinz Kien Hoa: Department of

heiten der US-Luftwaffe und Marine sowie Teile der 7., 9. und 21. südvietnamesischen Infanteriedivision. Bodentruppen durch Hubschrauberstaffeln, taktische Luftwaffe und Patrouillenboote zu unterstützen, gehörte auch in Vietnam zum Alltag. Bei »Speedy Express« spielte die »Luftkavallerie« allerdings eine außergewöhnlich große Rolle.[108] Wenn in Einsatzplänen von ihrer »maximalen Verwendung« die Rede war, ging es weniger um Transport- als um Kampfhubschrauber, deren einziger Auftrag darin bestand, feindliche Verbände oder vermutete Stellungen mit Überraschungsangriffen zu zerstören.[109] Angesichts des für Infanteristen beschwerlichen, oft unwegsamen Terrains lag diese Option nahe. Aber man hatte auch und nicht zuletzt die operative Weiterbildung der ARVN im Blick, einer Truppe, die sich noch immer nicht von dem Schock der »Tet-Offensive« erholt hatte und der mit Rücksicht auf ihre angeschlagene Moral keine nennenswerten Verluste im Bodenkampf zugemutet werden durften.[110] An der Seite der 9. Infantry Division sollten die Südvietnamesen mit den Vorzügen eines kombinierten Boden-Luft-Krieges im Mekongdelta vertraut gemacht und auf eigenständige Einsätze in der IV. Corps Tactical Zone vorbereitet werden. In

---

the Army, Southeast Asia Analysis Report, July 1969, Secret, NOFORN, S. 21–22, in: NA, RG 319, AS, PI-AC, Box 19, Folder: Operation »SPEEDY EXPRESS« (2 of 2) Chron. File # 1. Zur Gesamtstärke der alliierten Verbände siehe Headquarters, 9th Infantry Division, Subject: Recommendation for Award of the Presidential Unit Citation, o.D., S. 92: Summary of Strength and Casualties, in: NA, RG 472, USAV, MHD, 19th MHD, HBF, Box 7, Folder: Presidential Unit Citations, Recommended + Awarded 9th Inf Div 25 Jan–26 Apr 69.

108 Beteiligt waren die D Troop, 3. Squadron, 5. Cavalry Regiment sowie die zur 3. Squadron, 17. Cavalry Regiment gehörenden B Troop und D Troop: Pertinent Data Operation Speedy Express (1 Dec 1968–31 May 1969), o.D., Secret, S. 1, in: NA, RG 319, AS, PI-AC, Box 19, Folder: Operation »SPEEDY EXPRESS« (1 of 2) Chron. File # 1.

109 Headquarters, USA-AG, IV. CTZ, Advisory Team 96, Subject: Operation Plan, IV. CTZ Dry Weather Offensive, 18. 10. 1968, Secret, S. 4, in: RG 472, USFSEA, USAV, CH, OSE-BF, Box 11, Folder: Dry Weather Offensive/OPLAN I-68/IV. CTZ 18 Oct 68.

110 Im ersten Quartal 1969 desertierten knapp 3300 Soldaten der ARVN, fast doppelt so viel wie nach Einschätzung amerikanischer Militärs für eine Streitmacht dieser Größe tolerabel war: Headquarters, USA-AG, IV. CTZ, Advisory Team 96, Subject: First Quarter Review of Implementation of Combined Campaign Plan 1969, AB-144, 10. 4. 1969, Secret, Abschnitt 15, S. 1, 2, in: NA, RG 472, USFSEA, USAV, CH, OSE-BF, Box 14, Folder: C.C.P. 69/1st Qtr. Review 1969. Siehe auch ebenda, Box 12, Folder: Messages/SA IV. CTZ Oct–Dec 68.

Operation »Speedy Express«
Stationierungsgebiet der 9th Infantry Division
A Hauptquartier 9th Division
1st Brigade [6. Battalion, 31. Infantry Regiment/ 2. Battalion, 39. Infantry Regiment/3. Battalion, 39. Infantry Regiment/ 4. Battalion, 39. Infantry Regiment]
B 3rd Brigade [2. Battalion, 47. Infantry Regiment (mech.)/ 2. Battalion, 60. Infantry Regiment/ 5. Battalion, 60. Infantry Regiment (mech.)]
C 2nd Brigade [3. Battalion, 47. Infantry Regiment/ 4. Battalion, 47. Infantry Regiment/ 3. Battalion, 60. Infantry Regiment]
Tonlé Sap
Kambodscha
N
S
Phnom Penh
Südvietnam
Saigon
CHAU DOC
KIEN PHONG
KIEN TUONG
LONG AN
DINH TUONG
Cai Lay
Dong Tam
GO CONG
AN GIANG
SA DEC
Truc Giang (Ben Tre)
VINH LONG
KIEN HOA
KIEN GIANG
PHONG DINH
VINH BINH
CHUONG THIEN
BA XUYEN
BAC LIEU
AN XUYEN
Südchinesisches Meer
Con Son Island
0
50
100 km

den Worten von Julian J. Ewell, Kommandeur der 9. Infantry Division: »Auf lange Sicht werden wir nur erfolgreich sein, wenn wir ARVN richtig auf Touren bringen. Amerikanische Truppen können zwar beim Knacken der härtesten Nüsse helfen. Aber in dieser Gegend fehlen uns selbst einfach die Mittel, um die Hauptlast zu tragen.«[111] So gesehen, handelte es sich bei »Speedy Express« – wie in einem internen Memorandum vermerkt – um ein »wertvolles Trainingsinstrument für ARVN«.[112] Man könnte auch von einem Laboratorium für die anstehende »Vietnamisierung« des Krieges sprechen. Genauer gesagt: vom Probelauf für einen Krieg, der angesichts des absehbaren Rückzugs amerikanischer Infanterie im Kern als Luftkrieg antizipiert wurde.

»Die 9. Infantry Division führte im oberen Mekongdelta eine Serie präemptiver Operationen gegen einen schwer zu ortenden Feind durch, die in der Geschichte der US Army in Vietnam beispiellos waren.«[113] Mit diesen Worten wurde »Speedy Express« in einem Belobigungsschreiben an Präsident Nixon beschrieben und der Antrag begründet, die 9. Infantry Division als »Presidential Unit« auszuzeichnen. Ob und in welcher Weise der Krieg im Delta tatsächlich »beispiellos« war, wird im Licht einer genaueren Betrachtung zu prüfen sein. In jedem Fall aber gehörten die Verantwortlichen zu den radikalen Interpreten des Abnutzungskrieges und mithin zu den kompromisslosen Befürwortern maximierter Feuerkraft. Davon zeugen die für »Speedy Express« verbindlichen Kampftaktiken.

Abweichend von der üblichen Praxis verlegte sich die 9. Infantry Division auf Einsätze rund um die Uhr. Im Rahmen ihres »24/7«-Konzepts galt auch der Nachtkampf als »Standing Operating Procedure«. Mindestens die Hälfte der »Überraschungs- und Schockangriffe« gegen vermutete Verstecke der Vietcong oder vermeintliche Aufenthaltsorte

---

111 Julian J. Ewell to Senior Advisor, IV Corps, 4. 10. 1968, Secret, S. 1, in: NA, RG 472, USFSEA, USAV, CH, OSE-BF, Box 12, Folder: Recommended Tactics/CG 9th US Div to SA, IV. CTZ, 15 + 20 Sep 68.

112 Headquarters 9th Infantry Division, Subject: Quarterly Evaluation 2d Quarter 1969, 10. 7. 1969, Confidential, S. 7, in: NA, RG 472, USAV, MHD, 19th MHD, HBF, Box 5, Folder: Otrly. Eval. Rpts/1st + 2nd Qtrs./9th Inf. 68. Siehe auch Headquarters, 164th Aviation Group, Subject: Air Cavalry Operations in the Delta, 1. 11. 1968, S. 2, in: NA, RG 472, USFSEA, USAV, CH, OSE-BF, Box 11, Folder: Air Cav. OPNS in the Delta/1st Avn Bde, Nov. 68.

113 Headquarters, 9th Infantry Division, Subject: Recommendation for Award of the Presidential Unit Citation, o.D., Summary, S. 1, in: NA, RG 472, USAV, MHD, 19th MHD, HBF, Box 7, Folder: Presidential Unit Citations, Recommended + Awarded 9th Inf Div 25 Jan–26 Apr 69.

ihrer politischen Kader wurden nach Sonnenuntergang durchgeführt, 40 Prozent der Opfer von »Speedy Express« gingen auf das Konto nächtlicher Angriffe. »Bushmaster« und »Checkerboard« hießen die entsprechenden Einsätze von Bodentruppen, die in Kompaniestärke aufgeboten wurden und im Schutz der Dunkelheit in Platoons oder Squads ausschwärmten – entweder um für anderthalb Tage unbeweglich in Hinterhalten zu lauern oder ein im Schachbrettmuster aufgeteiltes Gelände systematisch zu »durchkämmen«. Hubschrauberstaffeln wurden mit »Night Hunter«-, »Night Raid«- oder »Night Search«-Missionen beauftragt und flogen ihre Angriffe in der Regel mit zwei oder drei »Cobras«, die von einem »Huey«-Helikopter als Feuerleitzentrale begleitet wurden. Für den sprichwörtlichen »power punch« ausgerüstet, gehörten 52 Raketen, ein auf 100 Schuss pro Minute ausgelegtes Maschinengewehr und ein schnell feuernder Granatwerfer zur Standardausrüstung der »Cobras«.[114]

Dass die Hubschrauber von ihren Besatzungen als »Killermaschinen« bezeichnet wurden, war auch Neuerungen geschuldet, die bis dato nicht oder nur in geringem Umfang zum Einsatz gekommen waren. Erstens hatten die »Huey«-Hubschrauber Scharfschützen an Bord, seit Juni 1968 aus den Reihen der Infanterie rekrutierte Spezialisten des tödlichen Schusses auf eine Entfernung zwischen 150 und 600 Metern. Ihnen allein wurden 15 Prozent des im Zuge von »Night Search«-Einsätzen verbuchten »Body Count« zugeschrieben.[115]

---

114 Headquarters, 9th Infantry Division, Subject: Recommendation for Award of the Presidential Unit Citation, o.D., S. 16–26, in: NA, RG 472, USAV, MHD, 19th MHD, HBF, Box 7, Folder: Presidential Unit Citations, Recommended + Awarded 9th Inf Div 25 Jan–26 Apr 69; Headquarters, 9th Infantry Division, Subject: LOI 15–69, 6. 2. 1969, Confidential, Incl. 1: Concept of Night Search Tactics, S. 1, in: RG 472, USAV, MHD, 19th MHD, HBF, Box 6, Folder: OPORD/Toan Thang/9th Inf. Div. '68; Headquarters, USAV, 16th MHD, Subject: Combat After Action Report of Operation SPEEDY EXPRESS, 14. 6. 1969, Secret, S. 48, in: ebenda, Box 15, Folder: »Speedy Express« Report/16th MHD 14. Jun 69; Department of the Army, 8th MHD, 1st Aviation Brigade, Snipers Operating with Gunships from B Troop, 3rd Squadron, 17th Air Cavalry, S. 1, in: RG 472, USFSEA, USAV, CH, OSE-BF, Box 15, File: Gunship Snipers/9th US DIV/8th MHD, 1st Avn Bde, Apr 69 sowie Overview, Operation Speedy Express, IV. Corps Tactical Zone, 26. 1. 1972, in: RG 472, USFSEA, MACV, IG, ID, ROI, Box 143, Folder: Allegations by Newsweek re 9th Inf Div + The Delta (Part 1 of 2).

115 Headquarters, 9th Infantry Division, Subject: Recommendation for Award of the Presidential Unit Citation, o.D., S. 25–27, in: NA, RG 472, USAV, MHD, 19th MHD, HBF, Box 7, Folder: Presidential Unit Citations, Recommended +

Zweitens setzten die Helikopter Tränengas vom Typ »CS« ein, um reale oder vermeintliche Feinde aus ihren Verstecken zu treiben und in einem von Leuchtraketen weithin illuminierten Terrain dem Beschuss der »Cobras« auszusetzen. »Die Verwendung von CS«, hieß es zur Begründung, »hat sich im Zuge der Delta-Operationen bei der Zielsichtung [...] als wertvolle Innovation herausgestellt. [...] Damit steigt die Wahrscheinlichkeit, den Feind zu stellen, *bevor* Infanteristen eingeflogen werden. Auf diese Weise wird Zeit gespart und die Moral der Truppe geschont.«[116] Die offiziell »Airborne Personnel Detection«, umgangssprachlich »Menschen schnüffeln« genannte Taktik wurde drittens durch ein neuartiges Radarsystem unterstützt, das eine präzisere Oberflächenbeobachtung ermöglichte. Die Rede war von einer »außerordentlichen Effektivität bei der Bekämpfung von Feinden, die nachts in Siedlungsgebieten oder in der Nähe bewohnter Orte unterwegs sind und sich auf Terrain bewegen, das von der Artillerie nicht unter Beschuss genommen werden darf«.[117]

Awarded 9th Inf Div 25 Jan–26 Apr 69. Die Scharfschützen kamen erstmals im Dezember 1968 bei der Troop B, 3. Squadron, 17. Air Cavalry Regiment zum Einsatz. Teilweise begleiteten die »snipers« auch Bodenpatrouillen: Department of the Army, 8th MHD, 1st Aviation Brigade, Snipers Operating with Gunships from B Troop, 3rd Squadron, 17th Air Cavalry, S. 1, in: RG 472, USFSEA, USAV, CH, OSE-BF, Box 15, File: Gunship Snipers/9th US DIV/8th MHD, 1st Avn Bde, Apr 69 sowie Appendix 6 (Tactical Techniques Employed) to Annex K (9th US Div After Action Report) to Combat Operations After Action Report (Speedy Express), o.D., Confidential, S. 8–10, in: RG 319, AS, PI-AC, Box 19, Folder: Operation »SPEEDY EXPRESS« (2 of 2) Chron. File # 1.

116 Headquarters, 9th Infantry Division, Subject: Recommendation for Award of the Presidential Unit Citation, o.D., S. 18, in: NA, RG 472, USAV, MHD, 19th MHD, HBF, Box 7, Folder: Presidential Unit Citations, Recommended + Awarded 9th Inf Div 25 Jan–26 Apr 69 (Hervorhebung im Orig.). Siehe auch Headquarters 9th Infantry Division, Subject: Quarterly Evaluation 3d Quarter 68, 11. 10. 1968, Confidential, S. 13, in: RG 472, USAV, MHD, 19th MHD, HBF, Box 7, Folder: Quarterly Evaluation Oct 68 sowie Appendix 6 (Tactical Techniques Employed) to Annex K (9th US Div After Action Report) to Combat Operations After Action Report (Speedy Express), o.D., Confidential, S. 1, 2, in: RG 319, AS, PI-AC, Box 19, Folder: Operation »SPEEDY EXPRESS« (2 of 2) Chron. File # 1.

117 Headquarters, 9th Infantry Division, Subject: Recommendation for Award of the Presidential Unit Citation, o.D., S. 23, in: NA, RG 472, USAV, MHD, 19th MHD, HBF, Box 7, Folder: Presidential Unit Citations, Recommended + Awarded 9th Inf Div 25 Jan–26 Apr 69.

Mit dieser operativen Vorgabe waren die einschlägigen Auflagen zum Schutz von Zivilisten und ihrer Wohnorte von vornherein Makulatur. Im Fall von »Speedy Express« kann keine Rede davon sein, dass untergeordnete Kommandeure und vereinzelte Truppenteile über die Stränge geschlagen hätten oder Richtlinien unter dem Druck nicht antizipierter Situationen ignoriert worden wären. Die »Rules of Engagement« wurden von der Einsatzleitung bereits in der Planungsphase wie ein antiquiertes Relikt behandelt – unter Verweis auf vermeintlich neuartige Möglichkeiten bei der Koordination überlegener Feuerkraft und mit der Begründung, einen schwer zu ortenden Feind »präemptiv« an der Reorganisation seiner Einheiten hindern zu müssen. Von dieser Revision waren neben den Bewohnern umkämpfter Gebiete selbstredend auch feindliche Truppen betroffen. »Encirclement«, »Destruction« und »Annihilation« – Einkreisung, Zerstörung und Vernichtung – hießen die Schlüsselbegriffe für den Umgang mit dem Vietcong.[118] In anderen Worten: Kapitulation war nicht vorgesehen. Die operativen Vorgaben liefen nicht allein auf eine Politik des »Keine-Gefangene-Machens« hinaus. Sie forderten diese Praxis ein. Im Grunde wurde eine von Teilen der 9. Infantry Division seit längerem inoffiziell geübte Praxis nunmehr zur offiziellen Richtschnur erklärt: »Die erste Regel für den Kampfeinsatz heißt«, so ein Kompaniechef über seine Erfahrungen bei einer »Killer Patrouille« im August 1967, »bei der ersten sich bietenden Gelegenheit sofort zu töten, entweder mit Gewehren, Minen oder Handgranaten. Die zweite Regel dreht die Reihenfolge um und heißt töten mit Handgranaten, Minen oder Gewehren.«[119] Wer zur Zeit von »Speedy Express« als Vietcong das Mekongdelta betrat, begab sich in eine »allgemeine Todeszone«[120]

---

118 Headquarters, 9th Infantry Division, Subject: Recommendation for Award of the Presidential Unit Citation, o.D., S. 20, 66–68, 90, in: NA, RG 472, USAV, MHD, 19th MHD, HBF, Box 7, Folder: Presidential Unit Citations, Recommended + Awarded 9th Inf Div 25 Jan–26 Apr 69.

119 Captain Donald Price, Commanding Officer, A Company, 3. Battalion, 39. Infantry Regiment, 1. Brigade, 9. Infantry Division, Combat After Action Interview 5–67, 17. 11. 1967, S. 6, in: NA, RG 472, USAV, MHD, 19th MHD, AAI, Box 9, Folder: Folder III AA-Interview (67); siehe ebenda, Folder: Folder I AA Interview (68). Das 3. Battalion, 39. Infantry Regiment war ab Dezember 1968 auch an »Speedy Express« beteiligt.

120 Headquarters, 9th Infantry Division, Subject: Recommendation for Award of the Presidential Unit Citation, o.D., S. 28, in: NA, RG 472, USAV, MHD, 19th MHD, HBF, Box 7, Folder: Presidential Unit Citations, Recommended + Awarded 9th Inf Div 25 Jan–26 Apr 69.

und in einen vom Kriegsrecht bereinigten Raum. Wer dort als Zivilist lebte, fand sich faktisch in einer weitläufigen »Free Fire Zone« wieder und konnte jederzeit, zumal in den Abend- und Nachtstunden, ins Visier von Einheiten geraten, die keinen Unterschied zwischen Kombattanten und Nichtkombattanten machten – oder machen wollten. »Im Einsatzgebiet der 1. Brigade galt nach 19 Uhr grundsätzlich und überall alles und jedes, was sich bewegte, als Feind und wurde unter Feuer genommen.«[121] »Eine Auswertung verfügbarer Dokumente ergab«, so eine interne Auswertung von »Speedy Express«, »dass keinerlei besondere Vorkehrungen getroffen wurden, um unnötige zivile Opfer zu vermeiden.«[122] Dergleichen kam auch in anderen Kampfzonen zur Genüge vor. Dass aber höchste Stellen – Brigade- und Divisionskommandeure – eine überdehnte Lizenz zum Töten nicht nur in Kauf nahmen, sondern im Vorwege autorisierten, kam vergleichsweise selten vor.

Von Februar 1968 bis Ende März 1969 unterstand die 9. Infantry Division einem Major General, der als »Schlächter des Delta« bekannt wurde: Julian J. Ewell. Zwar führte Ewell nur in der Anfangsphase die Aufsicht über »Speedy Express«.[123] Aber seine Erwartungen und Vorgaben für die gesamte Operation hatte er hinreichend deutlich gemacht. Wie Ewell die Truppenführer und Mannschaften einstimmte, erläuterten drei West-Point-Absolventen, allesamt Offiziere im Rang von Captains, im April 1971 gegenüber der Nachrichtenagentur AP, dem Fernsehsender CBS und einem Ausschuss des Repräsentantenhauses unter Leitung von Ronald V. Dellums. Demnach forderte Ewell von Brigade- und Bataillonskommandeuren eine substantielle Erhöhung der monatlichen

---

121 Department of the Army, 8th MHD, 1st Aviation Brigade, Snipers Operating with Gunships from B Troop, 3rd Squadron, 17th Air Cavalry, S. 4, in: RG 472, USFSEA, USAV, CH, OSE-BF, Box 15, File: Gunship Snipers/9th US DIV/8th MHD, 1st Avn Bde, Apr 69. Siehe auch Headquarters, 9th Infantry Division, Subject: Recommendation for Award of the Presidential Unit Citation, o.D., S. 25, in: NA, RG 472, USAV, MHD, 19th MHD, HBF, Box 7, Folder: Presidential Unit Citations, Recommended + Awarded 9th Inf Div 25 Jan–26 Apr 69.

122 Pertinent Data Operation Speedy Express (1 Dec 1968–31 May 1969), o.D., Secret, S. 3, in: NA, RG 319, AS, PI-AC, Box 19, Folder: Operation »SPEEDY EXPRESS« (1 of 2) Chron. File # 1.

123 Ab Mitte Dezember 1968 lag die Supervision beim Senior Advisor der US Army Advisory Group, IV. Corps Tactical Zone: Department of the Army, Office Chief of Staff Army, Office Memorandum to General Westmoreland, General Palmer, 12. 6. 1972, Secret, S. 1, in: NA, RG 319, AS, PI-AC, Box 19, Folder: Operation »SPEEDY EXPRESS« (1 of 2) Chron. File # 1.

»Abschussquote«. »Er beklagte sich, dass wir monatlich nur 2000 von diesen kleinen Bastarden umbringen. [...] Er verordnete der Division eine Quote, die Division legte Quoten für die Brigaden fest. [...] Andauernd hat er Ausdrücke wie ›Gooks‹, Schlitzaugen und Bastarde verwendet und davon gesprochen, Fische jagen zu gehen.«[124] Ewell bestätigte die Vorwürfe in der Sache[125] und rekapitulierte gegenüber der Öffentlichkeit jene Einschätzung über den Krieg im Delta, die er anlässlich seines Abschieds von der 9. Infantry Division zu Protokoll gegeben hatte: »Ich bin grundsätzlich der Meinung, dass man den Versuch, die Herzen und Seelen zu gewinnen, auch übertreiben kann. Im Delta kann man die Kontrolle und den Terror der Vietcong nur durch brutale Gewalt brechen.«[126] Am 1. April 1969 übernahm Julian J. Ewell das Kommando über die II. Field Force,[127] sechs Wochen später wurde er zum Lieutenant General befördert. Nach seiner Rückkehr aus Vietnam beriet Ewell die amerikanische Delegation bei den Waffenstillstandsverhandlungen in Paris als »Chief Military Adviser«.[128]

---

124 Fact Sheet, Subject: Allegations Against LTG Julian J. Ewell, 13. 5. 1971, in: NA, RG 319, AS, ODCS-PER, VWCWG, CaFi, Box 12, Folder: Haywood Allegation (Reported Separately), Case 84. Seinen »Command and Control«-Hubschrauber soll Ewell als »Gook Mobil« bezeichnet haben: USCR, 7. 4. 1971, S. E2923. Zum »Body Count«-Fieber unter hochrangigen Kommandeuren der 9. Infantry Division äußerte sich Admiral Salzer im Rückblick wie folgt: »Er [ein Brigadekommandeur der 9. Infantry Division, B.G.] war ein Superfanatiker in Sachen ›Body Count‹. Während eines Einsatzes redete er über nichts anderes. [...] Man konnte fast den Speichel aus seinen Mundwinkeln tröpfeln sehen. Eine schrecklich hohe Zahl von Toten waren Zivilisten.« Zit. n. Spector, After Tet, S. 221.

125 Fact Sheet, Subject: Allegations Against LTG Julian J. Ewell, 13. 5. 1971, in: NA, RG 319, AS, ODCS-PER, VWCWG, CaFi, Box 12, Folder: Haywood Allegation (Reported Separately), Case 84. Gegenüber dem Fernsehsender CBS sagte Ewell, er wolle nicht in eine Schlammschlacht hineingezogen werden, stehe aber zur 9. Infantry Division und der Tatsache, dass sie ihre Aufgabe in Vietnam sehr gut erfüllt habe – nämlich so viele Feinde zu töten wie möglich.

126 Julian J. Ewell, Debriefing Report, zit. n. Lewy, America in Vietnam, S. 143.

127 Die II. Field Force hatte die operative Kontrolle über alle alliierten Streitkräfte in der III. Corps Tactical Zone. Auch in diesem Kommando tat sich Ewell als »Body Count«-Einpeitscher hervor, so ein im Hauptquartier der 25. Infantry Division eingesetzter Nachrichtenoffizier: Siehe »Vietnam War Crimes Hearings«, http://members.aol.com./warlibrary/vwch1.htm (31. 8. 2004).

128 Zu Ewells Zeit bei der 9. Infantry Division siehe auch King, Death of the Army sowie Bunting, Lionheads. Bei Buntings Buch handelt es sich um literarisch verfremdete Memoiren eines 1968 im Mekongdelta stationierten GIs. Sein Protagonist George Simpson Lemming ist Julian J. Ewell nachempfunden.

Wie die operativen Planungen für »Speedy Express« umgesetzt wurden und wie der Kriegsalltag im Mekongdelta zwischen Dezember 1968 und Ende Mai 1969 aussah, gehört nach wie vor zu den ungeschriebenen Kapiteln des Vietnamkrieges. Im Unterschied zur »Tiger Force« oder »Task Force Barker« wissen wir kaum etwas über die mentale und psychische Disposition der beteiligten Truppen, über Kriegserfahrungen und vorgängiges Verhalten, über situative Dynamik und Handlungsspielräume. »Speedy Express« ist, in anderen Worten, die wohl größte »Black Box« des Vietnamkrieges.

Bis heute liegt über die Ereignisse in den Provinzen Dinh Tuong und Kien Hoa nur eine verlässliche Quelle vor – der Bericht eines anonymen GIs, der zu dieser Zeit zum 4. Battalion, 39. Infantry Regiment, 1. Brigade, 9. Infantry Division gehörte und in der Provinz Dinh Tuong eingesetzt war. Ende Mai 1970 und unter dem Eindruck der Debatte über »My Lai (4)« verschickte er von seinem neuen Standort in der Bundesrepublik Deutschland einen Brief an William Westmoreland. Am 30. März 1971 wandte er sich mit einem geringfügig modifizierten Schreiben an den Kommandeur von Fort Benning, Major General Orwin C. Talbott, am 30. Juli 1971 schließlich an Major General William A. Enemark, den Inspector General der amerikanischen Armee. Der in seiner handschriftlichen Fassung 15-seitige Brief war zwar voller orthographischer und grammatikalischer Fehler, bestach aber durch eine in der Sache präzise und im Ton ebenso sachliche wie eindringliche Argumentation. Unterzeichnet waren die Schreiben mit »Very truly yours, Concerned Sgt.« – »Ihr besorgter Sergeant«. Seinen Namen wollte der Autor nur unter der Bedingung preisgeben, dass die Army eine Untersuchung der geschilderten Vorfälle in die Wege leitete. »Ich würde auch vor einem Kriegsgericht aussagen, wenn man mich fragte.« Die Öffentlichkeit gedachte er, zumindest vorerst, nicht zu unterrichten. »Ich fürchte, ich könnte der Army damit schaden. […] Ich mag die Army, weil sie mir gegenüber fair gewesen ist und mir im Gegenzug für meine harte Arbeit ein anständiges Leben ermöglicht hat.« Andererseits behielt er sich weitere Schritte vor. »Wenn Sie nichts unternehmen, sollten Sie Ihre Gründe tunlichst Senator [sic] Dellums mitteilen. Dieser wird nämlich am 1. September einen großen Umschlag mit Kopien aller meiner Schreiben erhalten.« Der Grund: »Ich habe Kenntnis von Dingen, die so übel sind wie My Lai oder noch schlimmer.«[129]

---

129 »Concerned Sgt.« an Major General William A. Enemark, 30. 7. 1971, in: NA, RG 319, AS, ODCS-PER, VWCWG, CaFi, Box 1, Folder: Concerned Sergeant Allegation. Die Briefe an William Westmoreland und Orwin C.

»Es geht einfach darum, dass niemand einen Dreck auf die Vietnamesen gibt, egal, auf welcher Seite sie stehen.«[130] Der »Concerned Sergeant« behauptete, während »Speedy Express« mit eigenen Augen Hunderte von Fällen vorsätzlichen Terrors beobachtet zu haben – in erster Linie gegen Zivilisten, aber auch gegen feindliche Soldaten. »Aus Hinterhalten heraus haben wir wahllos getötet, und eine Menge Opfer waren keine Vietcong. Wir benutzten Claymores [Antipersonenminen, B.G.] gegen jede Person und jedes Boot, das vorbeikam, und manchmal war es ein Kahn mit [...] ein paar Frauen oder manchmal ein Bauer mit einer Hacke. Nix Besonderes, sobald wir sie getötet hatten, waren sie eben Vietcong. Meistens war es am frühen Morgen, wenn die Vietnamesen auf dem Weg zum Feld oder zum Markt waren. [...] Ich fragte bei meinem Platoonführer nach, und er sagte, wir könnten sie ausknipsen, wenn sie sich während der Sperrstunde bewegen, aber er wusste keine Antwort, als ich fragte, ob die Vietnamesen wüssten, dass Sperrstunde sei. Er erwiderte knallhart: Ausknipsen. [...] In meinem Platoon passierte das ungefähr 15- oder 20-mal.« Da die Bodentruppen um die Aufwertung der Luftwaffe während »Speedy Express« wussten, so der Zeuge weiter, machten sich viele Platoons erst gar nicht die Mühe, ihren Kampfaufträgen nachzugehen. »Jedes Mal, wenn vom Waldrand aus auf uns geschossen wurde, forderten wir Artillerie, Hubschrauber oder Kampfjets an. Und sehr oft wurden sie auch dann gerufen, wenn kein einziger Schuss auf uns abgegeben worden war. Und wenn wir dann in das Dorf kamen, fanden wir weinende Kinder und Frauen vor und manches Mal Verletzte und Tote.« Der »Concerned Sergeant« zeichnete »Speedy Express« als Operation, in deren Verlauf alle Terrormethoden gleichzeitig und mit besonderer Skrupellosigkeit zum Einsatz kamen – neben Luftwaffe und Artillerie der unterschiedslose Beschuss aus Hubschraubern auf alles, was sich am Boden bewegte, Tränengas auch gegen Siedlungen oder die Verwendung von Gefangenen als »Minenhunde«. »Die Scharfschützen waren die schlimmsten Killer.« Allein den »snipers« seines Bataillons lastete er mindestens 600 Morde pro Monat an. »Er [der Bataillonskommandeur]

Talbott befinden sich ebenfalls in diesem Folder. Merkwürdigerweise spielte »Speedy Express« in den Anhörungen der »Winter Soldiers« kaum eine Rolle. Zu den Ausnahmen gehört die Aussage von Gregory R. Motoka, der am 1. 12. 1970 vor der Citizens' Commission of Inquiry on US War Crimes in Vietnam (CCI) aussagte: Siehe RG 319, AS, ODCS-PER, VWCWG, CaFi, Box 11, Folder: Motoka Allegation, Case 72.

130 Sofern nicht anders gekennzeichnet, sind die folgenden Zitate alle dem Brief an William A. Enemark entnommen.

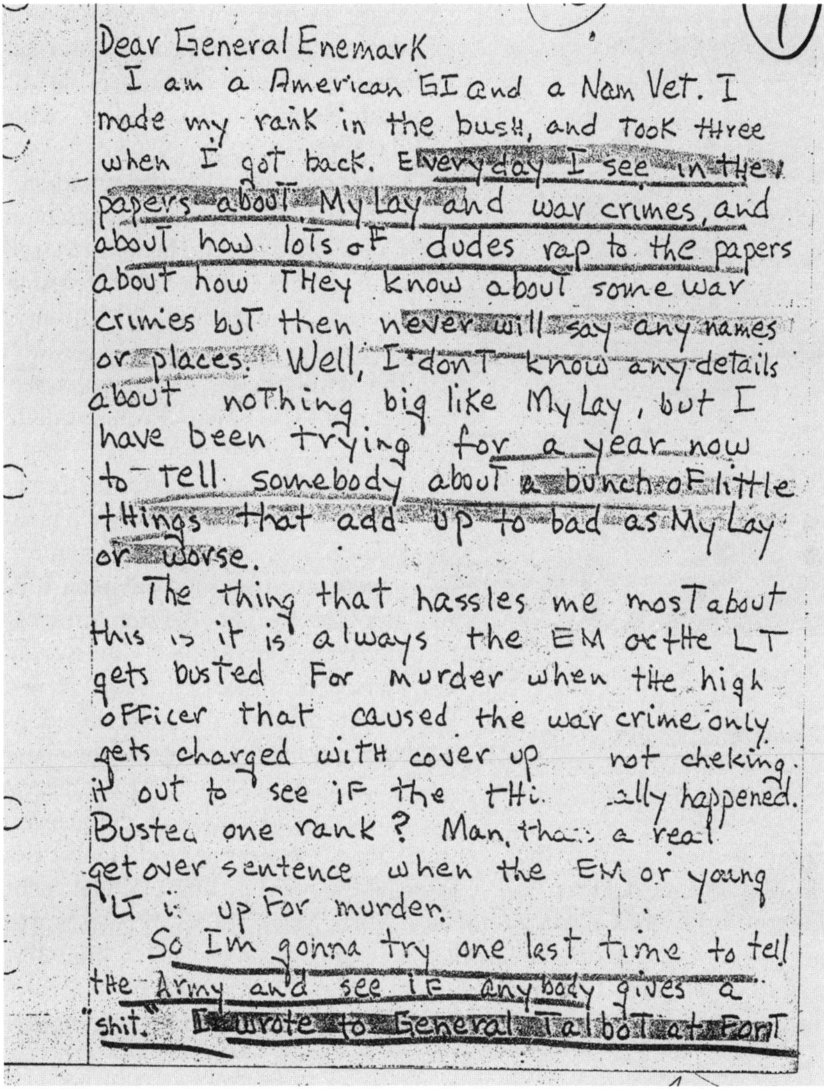

Dear General Enemark
I am a American GI and a Nam Vet. I made my rank in the bush, and took three when I got back. Everyday I see in the papers about My Lay and war crimes, and about how lots of dudes rap to the papers about how they know about some war crimes but then never will say any names or places. Well, I don't know any details about nothing big like My Lay, but I have been trying for a year now to tell somebody about a bunch of little things that add up to bad as My Lay or worse.

The thing that hassles me most about this is it is always the EM or the LT gets busted for murder when the high officer that caused the war crime only gets charged with cover up not cheking it out to see if the thi[illegible]ally happened. Bustea one rank? Man, tha[illegible] a real get over sentence when the EM or young LT i[illegible] up for murder.

So I'm gonna try one last time to tell the Army and see if anybody gives a shit. I wrote to General Talbot at Fort

Schreiben eines anonymen GI (»Concerned Sergeant«), 4. Battalion, 39. Infantry Regiment, 1. Brigade, 9. Infantry Division an Major General William A. Enemark, Generalinspekteur der US Army, 30. 7. 1971. Der Schreiber berichtet über seine Erfahrungen während der Operation »Speedy Express«: »I have been trying for a year now to tell somebody about a bunch of little things that add to bad as My Lay or worse.«
NA, RG 319, AS, ODCS-PER, VWCWG, CaFi, Box 1, Folder: Concerned Sergeant Allegation

Lieutenant Colonel David H. Hackworth, Kommandeur des 4. Battalion, 39. Infantry Regiment, 9th Infantry Division.

sagte zu meinem Kompanieführer, dass es bald wohl keine Reisfarmer mehr gebe, weil die Snipers sie alle umbringen würden. Und er lachte darüber.«

Bei dem Bataillonskommandeur handelte es sich um Lieutenant Colonel David H. Hackworth, seit dem 1. Februar 1969 Befehlshaber des 4. Battalion, 39. Infantry Regiment, 9. Infantry Division.[131] Ihn schildert der »Concerned Sergeant« als einen Kommandeur, der zusammen mit einer Reihe namentlich nicht genannter höherer Offiziere unablässig darauf pochte, sich über die »Rules of Engagement« und die Bedenken südvietnamesischer Berater hinwegzusetzen, der keinen Unterschied zwischen militärischen und zivilen Zielen machte, der keinen Gedanken auf die Angemessenheit der eingesetzten Mittel verwendete – und dessen Druck sich die meisten Untergebenen nicht gewachsen zeigten. »Der Kompaniechef und der FO [Air Forward Observer][132] taten alles, nur um den Colonel nicht dauernd im Genick sitzen zu haben.« Mitte März 1969 soll Hackworth gar explizit den Mord an Zivilisten befohlen haben: »Das kümmert mich einen Dreck. Erschießt sie, egal, ob es Frauen sind oder nicht.« Und kurz darauf misshandelte er angeblich eigenhändig Gefangene.

131 David H. Hackworth beschreibt seine Zeit im Mekongdelta in einem zusammen mit Eilhys England verfassten, im Jahr 2002 erschienenen Buch: The Hopeless to Hardcore Transformation of 4th Battalion, 39th Infantry. Der Titel ist Programm: Hackworth zeigt sich stolz, das »4/39« zu einer hartgesottenen Kampfeinheit gemacht und Julian J. Ewells Anweisung umgesetzt zu haben: »Das ist ein Bataillon voller Miezen, Colonel. Ich will Tiger, keine Miezen.« Ebenda, S. 1. Hackworth hat seine triumphalistischen Kriegserinnerungen in einem weiteren Buch niedergeschrieben: About Face.

132 Für die Zielortung und Koordination von Kampfflugzeugen im Endanflug zuständiger Luftbeobachter.

»Sein ›Body Count‹-Fieber brachte viele Jungs dazu, Dinge zu tun, die dazu führen könnten, dass es ihnen am Ende wie Lieutenant Calley ergeht. [...] Was ich Ihnen wie den anderen Generalen damit sagen will, ist, dass es nicht die einfachen Soldaten oder die Offiziere auf Kompanieebene allein sind, die sich in Vietnam schuldig gemacht haben. [...] Statt auf der unteren Ebene muss das Problem an der Spitze und bei Leuten wie Colonel Hackworth angepackt werden.«

Mit Blick auf den »Hubschrauberkrieg« wurden die Ausführungen des »Concerned Sergeant« indirekt durch Jeffrey Record bestätigt. Record, von September 1968 bis August 1969 Mitarbeiter der Agency for International Development und in dieser Zeit als Assistant Province Advisor for Psychological Operations in der Provinz Bac Lieu tätig, schilderte in mehreren internen Memoranden und schließlich in einem Aufsatz für die Zeitschrift *Washington Monthly* seine Erfahrungen mit Kampfhubschraubern während sogenannter »Night Raids«. In Bac Lieu, am südwestlichen Ende der IV. Corps Tactical Zone gelegen, dienten Helikopter ursprünglich nur dem Truppentransport. Seit Oktober 1968 wurde aber – wie überall in der Region – der Luftkrieg mit dem Zweck intensiviert, die Landbevölkerung am Verlassen der Flüchtlingslager zu hindern.

Aus eigener Anschauung beschrieb Record, dass sich »Cobra«-Piloten während ihrer »Phantom Missions« mitnichten auf »Free Fire Zones« konzentrierten. Ohne selbst attackiert worden zu sein, ohne ihr Ziel als militärisches Objekt identifizieren zu können und ohne eine Feuererlaubnis eingeholt zu haben, gingen die Besatzungen dazu über, »die unbeteiligte und nicht bewaffnete Bevölkerung unterschiedslos zu morden und zu terrorisieren«. Laut Record litten nicht die auf 3000 Kämpfer geschätzten Vietcong, sondern hauptsächlich die Bauern Bac Lieus unter diesen Angriffen – Kinder und Jugendliche, die Wasserbüffel hüteten, Erwachsene, die in Sampans auf Flüssen unterwegs waren, Menschen, die vor im Tiefflug nahenden »Cobras« Schutz hinter Bäumen suchten, Bewohner von Dörfern, die zufällig im Einzugsbereich der Flugrouten lagen. »Ungefähr 85 Prozent aller im Zuge von »Phantom Missions« in dieser Provinz attackierten Ziele liegen außerhalb der Free Fire Zones.«[133] Sogar Wasserbüffel wurden anschließend in der »Body

---

133 Jeff Record, Richard Wilson, Paul Molineaux, Brief an Province Senior Advisor, Bac Lieu, 7. 4. 1969, S. 2, in: NA, RG 319, ODCS-PER, VWCWG, CaFi, Box 13, Folder: Record Allegation (Congressional Inquiries and Background Information), Case 90. Siehe auch Sworn Statement Jeffrey Record, 2. 9. 1971, in: ebenda.

Count«-Statistik als feindliche Verluste geführt – weil sie dem Vietcong als Transportmittel dienten.[134] »Die stärkste Opposition gegen eine Beschränkung der Lufteinsätze kam von älteren Offizieren, darunter viele kurz vor der Pension, für die Vietnam die erste und letzte Chance eines Kampfeinsatzes bot. [...] Andere wollten einfach nicht einsehen, dass militärische Effektivität nicht allein an der zur Verfügung stehenden Feuerkraft gemessen wird. [...] Der Province Senior Advisor seinerseits verstand nicht, dass das Problem nichts mit dem *wahllosen* Einsatz der »Cobras« zu tun hatte, sondern im Wesen dieser Hubschrauber selbst lag. *Jeder* Einsatz von »Cobras« in einer dicht besiedelten Provinz [...] muss zwangsläufig unkontrollierbare Effekte haben. [...] Ein Programm, das einmal dazu dienen sollte, die militärischen Operationen der Vietcong zu unterbinden, verwandelte sich in einen aus dem Ruder gelaufenen und monströsen Terror gegen die gesamte ländliche Bevölkerung.«[135] Wiederholte Proteste seitens politischer Berater fruchteten nichts. Wie Jeffrey Record kehrten sie verbittert und im Wissen aus Vietnam zurück, dass in Bac Lieu eine »dramatisch hohe Zahl von Zivilisten getötet oder verwundet wurde«.[136]

Mit welchen Exzessen die im Rahmen von »Speedy Express« betriebene Jagd auf politische Kader der Vietcong einherging, kam im Frühjahr 2001 öffentlich zur Sprache. Damals erschien im *New York Times Magazine* ein Aufsatz über das Delta Platoon, »SEALs« Team One, Fire Team Bravo, »Task Force 115« – eine Spezialeinheit der Navy, die Anfang 1969 für das »Phoenix«-Programm abgestellt und in der Provinz Kien Hoa gegen die »Vietcong Infrastructure« eingesetzt war.[137] Die »Task Force 115« unterstand Captain Roy Hoffmann, der bereits im Sommer 1968 durchgesetzt hatte, bei Einsätzen im Mekongdelta die »Rules of Engagement« nach eigenem Dafürhalten auslegen zu dürfen. Seine Soldaten mussten nicht auf einen Feindkontakt warten, sondern konnten das Feuer bereits eröffnen, wenn sie sich subjektiv bedroht

---

134 Diese Beobachtung Records wurde gegenüber der Criminal Investigation Division von einem südvietnamesischen Major bestätigt: Sworn Statement Le Van Sy, 7. 6. 1972, in: NA, RG 319, AS, ODCS-PER, VWCWG, CaFi, Box 13, Folder: Record Allegation, Case 90.

135 Record, Maximizing Cobra Utilization, S. 9, 10, 12 (Hervorhebungen im Orig.).

136 Paul D. Molineaux, Brief an The Editors, *The Washington Monthly*, 13. 5. 1971, S. 1, in: NA, RG 319, AS, ODCS-PER, VWCWG, CaFi, Box 13, Folder: Record Allegation, Case 90.

137 Vistica, One Awful Night. Siehe auch ders., The Education of Lieutenant Kerrey.

fühlten. Eine Regelung, die dem Kommandeur des Delta Platoon zupass kam. Dieser 25-jährige Lieutenant war eigenen Aussagen zufolge bereit, Hanoi mit einem »Messer zwischen den Zähnen« zu stürmen. Zwei Jahrzehnte später sollte er den Staat Nebraska als Senator in Washington vertreten und als Bewerber für das Weiße Haus gehandelt werden, Anfang 2001 wurde er zum Präsidenten der New School University in New York, besser bekannt unter ihrem vormaligen Namen New School for Social Research, berufen. Sein Name: Robert (»Bob«) Kerrey. Das ihm in Vietnam zugeteilte Platoon nannte sich inoffiziell »Kerrey's Raiders« oder »Überfallkommando«.

Im Februar 1969 stand ein halbes Dutzend Dörfer in Kien Hoa, 75 Meilen südöstlich von Saigon, auf der Liste von »Kerrey's Raiders«, Orte, in denen man politische Funktionäre der Vietcong vermutete. Der Dorfvorsteher der 150-Seelen-Gemeinde Thanh Phong plante angeblich eine geheime Versammlung mit lokalen Guerillaführern – und sollte bei dieser Gelegenheit »unschädlich« gemacht, das heißt entweder entführt oder ermordet werden. Was genau sich kurz vor Mitternacht am 25. Februar in Thanh Phong abspielte, ist umstritten. Von den sieben Soldaten in Kerreys Team verweigerten vier die Aussage, einer verstrickte sich bisweilen in Widersprüche. Kerrey selbst und zwei seiner Männer bestätigten, dass sich ihr Team in das Dorf schlich und bereits in der ersten Hütte fünf Personen erdolchte – einen Mann, eine Frau und drei Kinder, die zur falschen Zeit am falschen Ort waren, weil sie die eigentlichen Zielpersonen hätten warnen können. »Es war Standing Operating Procedure«, so Kerrey, »entweder die Leute umzubringen, auf die man stieß, oder die Operation abzubrechen.«[138] Dass das Kommando kurz darauf beschossen wurde und in Notwehr das Feuer erwiderte, wies einer der Beteiligten als Falschaussage Kerreys zurück. Vielmehr hätte man ungefähr 15 Bewohner, mehrheitlich Frauen und Kinder, in der Mitte des Dorfes zusammengetrieben, über den Ortsvorsteher ausgefragt und anschließend aus zwei bis drei Meter Abstand erschossen – eine Version, die auch von zwei ehemaligen Vietcong gegenüber dem Fernsehsender CBS im Jahr 2001 bestätigt wurde.

»Ich werde diese Sache nicht noch schlimmer machen, indem ich die Erinnerung von jemand anderem in Frage stelle«, meinte Kerrey auf Nachfrage. »Wir hatten die Erlaubnis zu töten, wenn wir der Meinung waren, dass es die bessere Lösung war. Wir hatten die Anweisung, keine Gefangenen zu machen.«[139] Fest steht, dass Kerrey in seinem

---

138 Robert Kerrey, zit. n. Vistica, Awful Night.
139 Ebenda.

»After Action Report« 21 Vietcong als »Body Count« angab. Und fest steht auch, dass tags darauf Überlebende das Massaker öffentlich zur Sprache brachten und amerikanische Militärberater in der Provinz umgehend in Kenntnis gesetzt wurden. »Augenblicklich hat es den Anschein«, heißt es in den protokollierten Funksprüchen der US Army vom 27. Februar 1969, »dass 24 Personen getötet wurden, darunter 13 Frauen und Kinder und ein alter Mann. Die Identität von elf weiteren ist unbekannt. [...] Untersuchungen dauern an.«[140] Statt einer Vorladung erhielten »Kerrey's Raiders« ein Schreiben von vorgesetzter Stelle, die zu einem erfolgreichen Einsatz gratulierte. Kerrey selbst wurde mit dem »Bronze Star« ausgezeichnet.

Als die Morde von Thanh Phong publik wurden, meldete sich David H. Hackworth aus dem Ruhestand zu Wort. Er verteidigte Kerrey mit dem Hinweis auf den kriegerischen Alltag in Vietnam und verwies auf »Tausende derartiger Gräueltaten«. Für »mindestens ein Dutzend solcher Horrortaten«[141] im Mekongdelta machte er seine eigene Einheit, das 4. Battalion, 39. Infantry Regiment, verantwortlich – eine späte Bestätigung des »Concerned Sergeant«, die freilich folgenlos blieb. Anders als im Fall der »Tiger Force« kam keine nachträgliche Untersuchung in Gang. Es fiel noch nicht einmal das Stichwort »Speedy Express«.

Folglich befinden wir uns im Fall von »Speedy Express« nach wie vor auf dem Wissensstand der frühen 1970er Jahre. Der »Concerned Sergeant« hatte von ungefähr 1500 Toten pro Monat gesprochen und die Zahl ermordeter Zivilisten mit monatlich mindestens 200 veranschlagt – eine seiner Meinung nach extrem niedrige Schätzung.[142] Das »Informationsbüro der Provisorischen Revolutionsregierung von Südvietnam« (PRG) warf der 9. Infantry Division im April 1971 vor, in den Provinzen Dinh Tuong und Kien Hoa 3000 Unbewaffnete und am Krieg Unbeteiligte getötet zu haben.[143] Und im Juni 1972 veröffentlichte der Journalist Kevin P. Buckley in *Newsweek* einen Aufsatz über die 9. Infantry Division: »Pacification's Deadly Price«. Buckley hatte monatelang das Mekongdelta bereist, mit Bewohnern gesprochen, Krankenhausakten eingesehen und Verlautbarungen der 9. Infantry Division ausgewertet. Seit Ende November 1971 stand er überdies in Kontakt

---

140 US Army Radio Log, 27. February 1969, zit. n. Vistica, Awful Night.

141 Colonel David H. Hackworth, zit. n. Valentine, Fragging Bob.

142 »Concerned Sgt.« an Major General W.A. Enemark, 30. 7. 1971, in: NA, RG 319, AS, ODCS-PER, VWCWG, CaFi, Box 1, Folder: Concerned Sergeant Allegation.

143 PRG Information Bureau, Fall 9.

mit dem US-Hauptquartier in Saigon und bat mehrfach um Stellungnahmen zu den von ihm ermittelten Daten.[144] »Wehrlose Dorfbewohner werden aus der Luft bombardiert und ins flache Land hinausgejagt, ihr Vieh wird mit Maschinengewehren niedergemacht und die Häuser mit Brandmunition abgefackelt: So etwas wird Befriedung genannt«, fasste Buckley in *Newsweek* seine Recherchen zusammen. »Meiner Meinung nach hat das US-Militär weit mehr als Rücksichtslosigkeit zu verantworten. Es kann, davon bin ich überzeugt, bewiesen werden, dass Tausende vietnamesischer Zivilisten von amerikanischen Truppen vorsätzlich getötet wurden.« Starke Worte, die Buckley unter Verweis auf ihm ausdrücklich bestätigte Daten rechtfertigte: 10 899 getötete Feinde waren demnach in der »Body Count«-Statistik der 9. Infantry Division vermerkt. Die Zahl der erbeuteten Waffen lag derselben Buchführung zufolge bei 748. 10 899 zu 748 aber heißt: Nur jeder 15. Tote war bewaffnet. »Die Vietcong wurden erschossen, bevor sie ihre Waffen holen konnten«, erhielt Buckley von Offizieren der 9. Infantry Division zur Antwort. Der Korrespondent von *Newsweek* zog einen anderen und näherliegenden Schluss: Von den knapp 11 000 Getöteten waren wahrscheinlich 5000 Zivilisten.[145]

Möglicherweise liegt selbst Buckleys Schätzung zu niedrig. Zu diesem Ergebnis kam Colonel Maurice L. Clouser, Leiter der Untersuchungsabteilung beim Inspector General, MACV. »Es hat den Anschein«, hielt er wenige Tage nach der Veröffentlichung des *Newsweek*-Artikels in einem Memorandum mit diversen Anlagen fest, »dass das Ausmaß an Opfern tatsächlich beträchtlich war und dass mit hinreichend guten Gründen von mehreren tausend zivilen Opfern gesprochen werden kann (zwischen 5000 und 7000). […] US-Luftangriffe wurden gegen Gebiete geführt, in denen feindliche Truppenkonzentrationen *vermutet* wurden. Da das gesamte Delta dicht besiedelt ist, verursachten diese Angriffe unvermeidlich den Tod einiger Nichtkombattanten.«[146] Clouser stützte sich auf die im US-Hauptquartier zur damaligen Zeit zugänglichen Akten der 1. und 2. Brigade, 9. Infantry Division. Diesen Unterlagen zufolge kamen

---

144 NA, RG 472, USFSEA, MACV, IG, ID, ROI, Box 143, Folder: Allegations by Newsweek Re 9th Inf Div + The Delta (Part 1 of 2).

145 Buckley, Deadly Price, S. 43.

146 Maurice L. Clouser, Chief, Investigations Division, MACV, Operation Speedy Express – Allegations in Newsweek Article and Comments Concerning, 23. 6. 1972, S. 2, 3, 4, in: NA, RG 472, USFSEA, MACV, IG, ID, ROI, Box 143, Folder: Allegations by Newsweek Re 9th Inf Div + The Delta (Part 1 of 2). (Hervorhebung B.G.)

während »Speedy Express« insgesamt 30300 Personen ums Leben – gut 11000 infolge amerikanischer Einsätze und mehr als 19000 durch Operationen der südvietnamesischen Armee.[147] Dass angesichts dieser Angaben auch die Gesamtzahl der zivilen Opfer zu korrigieren ist und vermutlich weit über den vermuteten 5000 bis 7000 liegen dürfte, leuchtet ein. Alles Weitere bleibt Spekulation, weil einschlägige Einsatzberichte der ARVN entweder nicht zur Verfügung stehen oder bis dato nicht ausgewertet wurden.

Amerikanischen Angaben zufolge ließen maximal 300 GIs im Laufe von »Speedy Express« ihr Leben.[148] Auf jeden gefallenen US-Soldaten kamen demnach 37 getötete Vietcong – wenn wir davon ausgehen, dass es sich bei den 11000 feindlichen Verlusten tatsächlich um Kämpfer handelte.[149] Stellt man hingegen 5000 zivile Opfer in Rechnung, läge das Verhältnis nicht bei 1:37, sondern bei 1:20. Major General Harris W. Hollis, Nachfolger von Julian J. Ewell als Kommandeur der 9. Infantry Division, sprach mit Blick auf die »Tötungsquote« von »einer Meisterleistung ohnegleichen in der Kampfgeschichte der US Army in

147 Maurice L. Clouser, Chief, Investigations Division, MACV, Operation Speedy Express – Allegations in Newsweek Article and Comments Concerning, 23. 6. 1972, S. 2, 5, in: NA, RG 472, USFSEA, MACV, IG, ID, ROI, Box 143, Folder: Allegations by Newsweek Re 9th Inf Div + The Delta (Part 1 of 2). Siehe auch ebenda: Phillip H. Stevens, Chief of Information MACV, Memorandum to COMUSMACV, 29. 11. 1971 sowie John T. Carley, Assistant Chief of Staff MACV, J 3, Memorandum to Chief of Staff MACV, 26. 1. 1972, Confidential, Subject: Overview of Operations in the Delta, 1 December 1968–31 May 1969, IV. CTZ Overview - Incl. 2 (IV. CTZ Results) und Overview, Operation Speedy Express, 9th US Division. S. 5. Zu den Opferzahlen siehe auch Headquarters, USA-AG, IV. CTZ, Advisory Team 96, Subject: First Quarter Review of Implementation of Combined Campaign Plan 1969, AB-144, 10. 4. 1969, Secret, Abschnitt 11, S. 2, in: NA, RG 472, USFSEA, USAV, CH, OSE-BF, Box 14, Folder: C.C.P. 69/1st Qtr. Review 1969.

148 Die Angaben schwanken zwischen 245 und 292: John T. Carley, Assistant Chief of Staff, MACV, J 3, Memorandum to Chief of Staff MACV, 26. 1. 1972, Confidential, Subject: Overview of Operations in the Delta, 1 December 1968–31 May 1969, Overview, Operation Speedy Express, 9th US Division – Incl. 4 (Casualties by Week), 5 (Composite Casualties), 6 (Weapons Captured), 7 (Comparative Data by Division), in: NA, RG 472, USFSEA, MACV, IG, ID, ROI, Box 143, Folder: Allegations by Newsweek Re 9th Inf Div + The Delta (Part 1 of 2).

149 Für das zweite Quartal 1969 ist in den Akten gar eine Quote von 1:54 vermerkt: 9th Infantry Division in Vietnam, December 1966–July 1969, Statistics, S. 12: Enemy Losses/US KIA, in: NA, RG 472, USAV, 9th Infantry Division, Organizational History, Box 1, Folder: Publications.

Vietnam«.[150] Tatsächlich hatte keine in Vietnam eingesetzte Infanterieeinheit je eine derartige Bilanz vorgelegt. Zum Vergleich die Daten der 9. Infantry Division aus der Zeit vor »Speedy Express«: In den Jahren 1966 und 1967 lag ihre Quote bei 1:10, von Januar bis Dezember 1968 bei 1:11.[151] Und als die 3. Brigade dieser Division zwischen Februar 1967 und März 1968 in der Provinz Long An zur »Pazifizierung« eingesetzt war, kamen auf einen toten GI acht vermeintliche Vietcong.[152] Selbst die südvietnamesische Armee hatte während »Speedy Express« mit 3411 Gefallenen elfmal mehr Tote als die Amerikaner zu verzeichnen und kam auf eine im Vergleich miserable Quote von 1:5,5.[153]

Man kann die Daten drehen und wenden, wie man will, sie illustrieren stets den gleichen Sachverhalt: Auf eine »Killed in Action«-Relation von 1:37 oder 1:20 konnten nur Truppen kommen, die am Boden vergleichsweise wenig direkten Kontakt zu feindlichen Truppen hatten. Aus den Kampfstatistiken der 9. Infantry Division geht eindeutig hervor, dass US-Infanteristen allenfalls bei einem Drittel ihrer Einsätze überhaupt Feindberührung hatten und nur für die Hälfte aller dem Vietcong zugeschriebenen Toten verantwortlich waren.[154] In anderen

---

150 Harris W. Hollis to Commanding General, II Field Force Vietnam, o.D., in: NA, RG 472, USAV, MHD, 19th MHD, HBF, Box 7, Folder: Presidential Unit Citations, Recommended + Awarded 9th Inf Div 25 Jan–26 Apr 69.

151 9th Infantry Division in Vietnam, December 1966–July 1969, Statistics, S. 2: Annual Results, in: NA, RG 472, USAV, 9th Infantry Division, Organizational History, Box 1, Folder: Publications.

152 Operation Enterprise, in: NA, RG 472, USAV, MHD, HBF, Box 4, Folder: OPORDS/Enterprise 1967–68. Zur Operation »Enterprise« siehe ebenda, Box 5, Folder: Operations in VN/9th Inf Div 1967–68 sowie Folder: Qtrly. Eval. Repts/1st + 2nd Qtrs./9th Inf. 68.

153 John T. Carley, Assistant Chief of Staff, MACV, J 3, Memorandum to Chief of Staff MACV, 26. 1. 1972, Confidential, Subject: Overview of Operations in the Delta, 1 December 1968–31 May 1969, IV. CTZ Overview – Incl. 2: IV. CTZ Results, in: NA, RG 472, USFSEA, MACV, IG, ID, ROI, Box 143, Folder: Allegations by Newsweek Re 9th Inf Div + The Delta (Part 1 of 2).

154 John T. Carley, Assistant Chief of Staff MACV, J 3, Memorandum to Chief of Staff MACV, 26. 1. 1972, Confidential, Subject: Overview of Operations in the Delta, 1 December 1968–31 May 1969, Overview, Operation Speedy Express, 9th US Division, S. 4–9, in: NA, RG 472, USFSEA, MACV, IG, ID, ROI, Box 143, Folder: Allegations by Newsweek Re 9th Inf Div + The Delta (Part 1 of 2) sowie Headquarters, 9th Infantry Division, Subject: Recommendation for Award of the Presidential Unit Citation, o.D., Summary, S. 2, in: NA, RG 472, USAV, MHD, 19th MHD, HBF, Box 7, Folder: Presidential Unit Citations, Recommended + Awarded 9th Inf Div 25 Jan–26 Apr 69.

Worten: Die von Hollis als »Meisterleistung« gelobte Quote war in erster Linie dem exzessiven Luftkrieg geschuldet. Genauer gesagt der Luftwaffe, die ungefähr 6500 taktische Einsätze flog,[155] der Artillerie, die allein von der 1. Brigade 6300-mal angefordert wurde,[156] und den Kampfhubschraubern. Wie oft Letztere angefordert wurden, ist den Unterlagen nicht zu entnehmen. Aber allein den Scharfschützen an Bord der »Cobras« wurden zehn Prozent der feindlichen Todesopfer zugeschrieben.[157]

Alles in allem gesehen, scheint »Speedy Express« in der Tat beispiellos. Genauer gesagt: Die zur Verfügung stehenden schriftlichen Quellen,

---

155 Phillip H. Stevens, Chief of Information, MACV, to Kevin Buckley, 14. 12. 1971, in: NA, RG 472, USFSEA, MACV, IG, ID, ROI, Box 143, Folder: Allegations by Newsweek Re 9th Inf Div + The Delta (Part 1 of 2). Die Angaben über taktische Lufteinsätze sind widersprüchlich. An anderer Stelle ist von 3381 »taktischen Luftangriffen« die Rede: Department of the Army, Office Chief of Staff Army, Office Memorandum to General Westmoreland, General Palmer, 12. 6. 1972, Secret, S. 1, in: NA, RG 319, AS, PI-AC, Box 19, Folder: Operation »SPEEDY EXPRESS« (1 of 2) Chron. File # 1 sowie John T. Carley, Assistant Chief of Staff MACV, J 3, Memorandum to Chief of Staff MACV, 26. 1. 1972, Confidential, Subject: Overview of Operations in the Delta, 1 December 1968–31 May 1969, Overview, Operation Speedy Express, 9th US Division, Incl. 9: Air Operations, in: NA, RG 472, USFSEA, MACV, IG, ID, ROI, Box 143, Folder: Allegations by Newsweek Re 9th Inf Div + The Delta (Part 1 of 2). Möglicherweise gehen die Differenzen auf eine unterschiedliche Zählweise zurück. Je nachdem, ob nur »preplanned strikes« gezählt oder die »immediate requests« hinzugerechnet werden, kommt man zu unterschiedlichen Ergebnissen.

156 John T. Carley, Assistant Chief of Staff MACV, J 3, Memorandum to Chief of Staff MACV, 26. 1. 1972, Confidential, Subject: Overview of Operations in the Delta, 1 December 1968–31 May 1969, Overview, Operation Speedy Express, 9th US Division, Incl. 8: Artillery Support, in: NA, RG 472, USFSEA, MACV, IG, ID, ROI, Box 143, Folder: Allegations by Newsweek Re 9th Inf Div + The Delta (Part 1 of 2).

157 Angeblich töteten Scharfschützen aus Helikoptern 1158 Personen: 9th Infantry Division in Vietnam, December 1966–July 1969, Statistics, S. 9: 9th Div Sniper Kills, November 1968–July 1969, in: NA, RG 472, USAV, 9th Infantry Division, Organizational History, Box 1, Folder: Publications sowie John T. Carley, Assistant Chief of Staff MACV, J 3, Memorandum to Chief of Staff MACV, 26. 1. 1972, Confidential, Subject: Overview of Operations in the Delta, 1 December 1968–31 May 1969, Overview, Operation Speedy Express, 9th US Division, S. 4, in: NA, RG 472, USFSEA, MACV, IG, ID, ROI, Box 143, Folder: Allegations by Newsweek Re 9th Inf Div + The Delta (Part 1 of 2).

die Aussagen von Beteiligten und Beobachtern samt einer Vielzahl von Indizien geben keinen Anlass, das Schreiben des »Concerned Sergeant« an William Westmoreland im Allgemeinen und folgenden Passus im Besonderen in Zweifel zu ziehen: »Sicherlich gab es einige wirklich große Kämpfe mit hartgesottenen feindlichen Einheiten. Aber dergleichen kam *sehr* selten vor. [...] Wenn ich nur zu zehn Prozent richtig liege [...], dann versuche ich Ihnen plausibel zu machen, dass es monatlich 120 bis 150 Morde gab oder ein ganzes Jahr lang ein My Lai pro Monat.«[158] Offenkundig falsch ist an dieser Bemerkung nur eines: »Speedy Express« dauerte nicht zwölf, sondern sechs Monate. Und im Unterschied zu »My Lai (4)« traten die Täter ihren Opfern in den meisten Fällen wohl nicht von Angesicht zu Angesicht gegenüber, sondern töteten aus der Distanz – von Orten wie beispielsweise Thanh Phong abgesehen; allerdings entzieht sich deren Zahl unserer Kenntnis.

Verwischte Spuren

In Erklärungsnöte kam das Pentagon hinsichtlich der im Laufe von »Speedy Express« erbeuteten Waffen. Der offiziell bestätigten Angabe von Kevin P. Buckley zufolge waren es 748 Stück. Von »My Lai (4)« abgesehen, war damals kein Einsatzbericht mit einer ähnlich absurden Relation bekannt: 748 Waffen auf 11 000 getötete Feinde im einen,[159] drei zu 128 im anderen Fall.[160] In den Akten der 9. Infantry Division für die Zeit vor »Speedy Express« war noch nicht einmal annähernd von einem Verhältnis von 1:15 die Rede. Für 1966 und 1967 stand 1:2,3 zu Buche,

---

158 »Concerned Sgt.« an General William Westmoreland, 25. 5. 1970, in: NA, RG 319, AS, ODCS-PER, VWCWG, CaFi, Box 1, Folder: Concerned Sergeant Allegation (Hervorhebung im Orig.).

159 Die Rede war von 688 individuellen und 60 Gruppenwaffen (»crew served weapons«). Bei Letzteren handelt es sich um Waffen, die in der Regel von mehreren Personen bedient wurden – zum Beispiel schwere Maschinengewehre, Granat- oder Minenwerfer: John T. Carley, Assistant Chief of Staff MACV, J 3, Memorandum to Chief of Staff MACV, 26. 1. 1972, Confidential, Subject: Overview of Operations in the Delta, 1 December 1968–31 May 1969, Overview, Operation Speedy Express, 9th US Division, Incl. 6: Weapons Captured, in: NA, RG 472, USFSEA, MACV, IG, ID, ROI, Box 143, Folder: Allegations by Newsweek Re 9th Inf Div + The Delta (Part 1 of 2).

160 NA, RG 319, AS, PI-FR, Vol. III: Exhibits, Box 54, Book 3, S. 401–405: Task Force Barker, 11th Infantry Brigade, Combat Action Report, 28. 3. 1968.

für die ersten elf Monate des Jahres 1968 war 1:4,2 vermerkt[161] – Quoten, die noch unterhalb des bei anderen Einheiten üblichen statistischen Mittels von 1:4,5 lagen.[162] Gegenüber Buckley zog sich der Pressesprecher von MACV auf eine Erklärung zurück, die wortwörtlich aus dem »After Action Report« der 9. Infantry Division abgeschrieben war: Da viele Opfer während Nachteinsätzen und durch Luftangriffe ums Leben kamen, konnte man ihrer Ausrüstung nicht habhaft werden; viele Vietcong waren nicht mit individuellen Gewehren ausgerüstet; im Mekongdelta hatte es der Feind besonders leicht, Waffen in Kanälen, Flüssen und Reisfeldern verschwinden zu lassen; der Vietcong ist im Verstecken besser trainiert als der durchschnittliche GI im Auffinden; insbesondere in weitläufig vermintem Terrain war es amerikanischen Soldaten nicht zuzumuten, sich auf die Suche nach entsorgtem oder deponiertem Kriegsgerät zu machen.[163] Senator Jacob K. Javits wurde Monate später von einem Staatssekretär des Verteidigungsministeriums mit der derselben Antwort abgespeist.[164] »Es bedarf schon einer besonderen Naivität gegenüber der Geschichte und einer speziellen Abgebrühtheit, um der-

---

161 9th Infantry Division in Vietnam, December 1966–July 1969, Statistics, S. 2: Annual Results, in: NA, RG 472, USAV, 9th Infantry Division, Organizational History, Box 1, Folder: Publications. Siehe auch RG 472, USAV, MHD, 19th MHD, HBF, Box 6, Folder: Commanders' Conference, 22 July 68.

162 Für die III. Corps Tactical Zone lag der Mittelwert für das Jahr 1969 bei 1:4,1: Pertinent Data Operation Speedy Express (1 Dec 1968–31 May 1969), o.D., Secret, S. 3, in: NA, RG 319, AS, PI-AC, Box 19, Folder: Operation »SPEEDY EXPRESS« (1 of 2) Chron. File # 1. Siehe auch Comparative Statistics, Enemy KIA vs. Individual Weapons Captured, o.D., Confidential – Close Hold, in: RG 319, AS, PI-AC, Box 19, Folder: Operation »SPEEDY EXPRESS« (2 of 2) Chron. File # 1 sowie Commanding General, II. FFV, Rundschreiben, 30. 1. 1969, S. 10, in: RG 472, USAV, II. FFV, G 3, Situation Reports, Box 3, Folder: G-3 SITREPS Jan. 1969.

163 Phillip H. Stevens, Chief of Information, MACV, to Kevin Buckley, 2. 12. 1971, in: NA, RG 472, USFSEA, MACV, IG, ID, ROI, Box 143, Folder: Allegations by Newsweek Re 9th Inf Div + The Delta (Part 1 of 2). Zum »After Action Report« der 9. Infantry Division siehe ebenda, Folder: Allegations by Newsweek Re 9th Inf Div + The Delta (Part 1 of 2): John T. Carley, Assistant Chief of Staff MACV, J 3, Memorandum to Chief of Staff MACV, 26. 1. 1972, Confidential, Subject: Overview of Operations in the Delta, 1 December 1968–31 May 1969, Overview, Operation Speedy Express, 9th US Division, S. 5.

164 Assistant Secretary of Defense to Jacob K. Javits, 22. 9. 1972, in: NA, RG 319, AS, PI-AC, Box 19, Folder: Operation »SPEEDY EXPRESS« (1 of 2) Chron. File # 1.

art komische Lügen als ernsthafte Erklärungen für die Opferzahlen anzubieten«, kommentierte Garry Wills in der *Washington Post* vom 3. Juli 1972. »Es gibt nur eine Figur, die regelmäßig derartige Ergebnisse produziert – der Auftragskiller im Westernfilm, ein Mann, der nach dem Motto handelt: ›Der Tod ist mein Geschäft, und die Geschäfte gehen gut‹.«[165] Dieses Motto hatte auch Kevin P. Buckley in seinem *Newsweek*-Artikel zitiert. Es war ihm in riesigen Lettern am Standort einer Hubschrauberstaffel begegnet.

Im Grunde wäre es ein Leichtes gewesen, auf Grundlage des Buckley-Artikels weitere Fragen über »Speedy Express« aufzuwerfen. Wieso erbeutete die südvietnamesische Armee ein Zehnfaches feindlicher Waffen?[166] Reicht zur Erklärung dieser Differenz der Hinweis auf den von amerikanischer Seite bevorzugten Luftkrieg? Was taugt der Hinweis auf in Flüssen versteckte Waffen im Falle einer Operation, die als »Dry Weather Campaign« geführt wurde und bei Soldaten deshalb Zuspruch fand, weil ein Großteil des Terrains ausgetrocknet war und selbst Kanäle oftmals kein Wasser führten? Welchen Reim soll man sich darauf machen, dass bei 11000 dem Vietcong zugeschriebenen Toten nur 550 Gefangene gemacht wurden[167] – und die diesbezügliche Quote von 20:1 dramatisch unter der üblicherweise von der 9. Infantry Division reklamierten Relation von 9:1 oder 10:1 lag?[168] Wie passt die Zahl von 11000 gefallenen Vietcong zu der Schätzung, dass sich nach Abschluss

---

165 Gary Wills, GI Outdrew Foe On a Giant Scale, in: *The Washington Post*, 3. 7. 1972.

166 ARVN-Einheiten erbeuteten angeblich 7485 Waffen: John T. Carley, Assistant Chief of Staff MACV, J 3, Memorandum to Chief of Staff MACV, 26. 1. 1972, Confidential, Subject: Overview of Operations in the Delta, 1 December 1968–31 May 1969, Overview, Operation Speedy Express, 9th US Division, Incl. 7: Comparative Data by Division, in: NA, RG 472, USFSEA, MACV, IG, ID, ROI, Box 143, Folder: Allegations by Newsweek Re 9th Inf Div + The Delta (Part 1 of 2).

167 Summary of 9th Infantry Division Activities to Thwart the VC Winter-Spring Offensive, 1 January 1969 to 31 May 1969, S. 4, in: NA, RG 472, USAV, 9th Infantry Division, Organizational History, Box 1, Folder: Unit Awards.

168 Diese Quoten sind den Kampfstatistiken der 9. Infantry Division aus der Zeit vor »Speedy Express« entnommen: 9th Infantry Division in Vietnam, December 1966–July 1969, Statistics, S. 2: Annual Results, in: NA, RG 472, USAV, 9th Infantry Division, Organizational History, Box 1, Folder: Publications. Siehe auch Annex A (Intelligence) to OPLAN 1–68 (Dry Season Offensive), 22. 10. 1968, Secret, S. 7, in: RG 472, USFSEA, USAV, CH, OSE-BF, Box 11, Folder: Update/OPLAN 1–68.

von »Speedy Express« ungefähr genauso viele feindliche Kämpfer in der IV. Corps Tactical Zone aufhielten wie vorher, nämlich 45 000 – und dass die nordvietnamesische Armee keine nennenswerten Anstrengungen unternommen hatte, die Reihen der Guerilla mit frischen Truppen aus dem Norden aufzufüllen?[169] Wie war es um die 250 000 Flüchtlinge bestellt, die in der IV. Corps Tactical Zone Ende Februar 1969 offiziell gezählt wurden?[170]

Im Sommer 1972 war das öffentliche Interesse an einer neuerlichen Kontroverse über Kriegsgräuel und Kriegsverbrechen erlahmt. Der Pressestelle des Stabschefs der US Army zufolge lag auch acht Wochen nach der Publikation des *Newsweek*-Artikels über »Speedy Express« noch keine einzige journalistische Nachfrage vor.[171] Selbst Kevin P. Buckley verfolgte das Thema nicht weiter. »Offensichtlich sind bei *Newsweek* keine verunglimpfenden Briefe von Soldaten eingegangen, die an ›Speedy Express‹ teilgenommen haben und mittlerweile aus der Armee entlassen wurden«, hieß es in einer internen Zwischenbilanz des Pentagon. »Es ist überraschend, dass die ›Vietnam Veterans Against the War‹ [VVAW] keine ehemaligen Soldaten der 9. Infantry Division

---

169 John T. Carley, Assistant Chief of Staff MACV, J 3, Memorandum to Chief of Staff MACV, 26. 1. 1972, Confidential, Subject: Overview of Operations in the Delta, 1 December 1968–31 May 1969, IV. CTZ Overview, S. 2 sowie Incl. 5: Enemy Strength, IV. CTZ, in: NA, RG 472, USFSEA, MACV, IG, ID, ROI, Box 143, Folder: Allegations by Newsweek Re 9th Inf Div + The Delta (Part 1 of 2); Maurice L. Clouser, Chief, Investigations Division, MACV, Operation Speedy Express – Allegations in Newsweek Article and Comments Concerning, 23. 6. 1972, S. 2, in: NA, RG 472, USFSEA, MACV, IG, ID, ROI, Box 143, Folder: Allegations by Newsweek Re 9th Inf Div + The Delta (Part 1 of 2); Headquarters, USAV, 16th MHD, Subject: Combat After Action Report of Operation SPEEDY EXPRESS, 14. 6. 1969, Secret, S. 10, in: RG 472, USFSEA, USAV, CH, OSE-BF, Box 15, Folder: »Speedy Express« Report/16th MHD 14. Jun 69 sowie Headquarters, 9th Infantry Division, Subject: Recommendation for Award of the Presidential Unit Citation, o.D., S. 1, in: NA, RG 472, USAV, MHD, 19th MHD, HBF, Box 7, Folder: Presidential Unit Citations, Recommended + Awarded 9th Inf Div 25 Jan–26 Apr 69.

170 Headquarters, USA-AG, IV. CTZ, Advisory Team 96, Subject: First Quarter Review of Implementation of Combined Campaign Plan 1969, AB-144, 10. 4. 1969, Abschnitt 8, S. 4, in: NA, RG 472, USFSEA, USAV, CH, OSE-BF, Box 14, Folder: C.C.P. 69/1st Qtr. Review 1969.

171 Department of the Army, Office of the Chief of Staff, Aktennotiz, 26. 7. 1972 und 9. 8. 1972, in: NA, RG 319, AS, PI-AC, Box 19, Folder: Operation »SPEEDY EXPRESS« (1 of 2) Chron. File # 1.

ausfindig gemacht haben, die gestützt auf eigene Erfahrungen Buckleys Schlussfolgerungen unterstützen.«[172] Seitens des Kongresses gingen bis Ende November 1972 beim Pentagon 17 Bitten um Stellungnahmen ein. »Wenn man die Schwere von Buckleys Anschuldigungen in Rechnung stellt, so sind die Zahl der Anfragen und das Interesse an dem Fall bis dato erstaunlich gering.«[173] Noch erstaunlicher war, mit welchen Auskünften sich Kongressabgeordnete und Senatoren zufriedengaben. Das Armeeministerium behauptete, zeitweilig keinen Zugriff auf die Akten der 9. Infantry Division zu haben. Auch »würde eine Untersuchung der Rules of Engagement weitere militärische Operationen der Vereinigten Staaten und ihrer Verbündeten in Vietnam gefährden.« Und schließlich könnten die im Oktober 1972 veröffentlichten Modalitäten eines Waffenstillstandes – insbesondere der Abzug amerikanischer Truppen innerhalb von 60 Tagen – »die Durchführung einer Untersuchung in dem geforderten Umfang entscheidend behindern.«[174] Selten wurde der Armee eine Politik der Vertuschung derart leicht gemacht.

---

172 Department of the Army, Office of the Chief of Staff, Aktennotiz, 19. 7. 1972, Subject: Speedy Express Letters to the Editor, in: NA, RG 319, AS, PI-AC, Box 19, Folder: Operation »SPEEDY EXPRESS« (1 of 2) Chron. File # 1. Bis Ende Juli veröffentlichte *Newsweek* nur einen Leserbrief eines ehemaligen Soldaten der 9. Infantry Division. Der Autor beklagte die durchgängige Missachtung des Kriegsrechts in seiner Einheit. Bereits 1965 in Vietnam stationiert, konnte er über »Speedy Express« nicht aus eigener Anschauung berichten: Donald A. Thompson, Leserbrief, in: *Newsweek*, 17. 7. 1972. Von 1965 bis Sommer 1972 wurden von GIs 14 Beschuldigungen gegen die 9. Infantry Division vorgebracht, die meisten Ende Januar 1971 im Laufe der »Winter Soldiers Investigation«. »Speedy Express« wurde dabei allerdings nicht thematisiert: Department of the Army, Office of the Chief of Staff, Memorandum for Record, Subject: War Crime Allegations of Possible Relevance to Operation Speedy Express, 31. 7. 1972, in: ebenda.

173 Department of the Army, Memorandum for the Secretary of Defense, Subject: Operation »Speedy Express«, o.D., Sensitive, S. 1, in: NA, RG 319, AS, PI-AC, Box 19, Folder: Operation »SPEEDY EXPRESS« (1 of 2) Chron. File # 1.

174 Department of the Army, Office of the Chief of Staff, Memorandum for Record, Subject: Senator Javits 13 November 1972 Letter to SECDEF Concerning Operation »Speedy Express«, 24. 11. 1972, in: NA, RG 319, AS, PI-AC, Box 19, Folder: Operation »SPEEDY EXPRESS« (1 of 2) Chron. File # 1. Siehe ebenda: Assistant Secretary of Defense, Brief an Jacob K. Javits, 22. 9. 1972. In der Korrespondenz mit Kevin P. Buckley bediente man sich derselben Argumente: RG 472, USFSEA, MACV, IG, ID, ROI, Box 143, Folder: Allegations by Newsweek Re 9th Inf Div + The Delta (Part 1 of 2).

Von einem vorsätzlichen Verwischen der Spuren zu sprechen, ist angesichts der seit Mai 1970 vorliegenden Eingabe des »Concerned Sergeant« angebracht. Von der Beschwerde in Kenntnis gesetzt, hatte Armeeminister Stanley R. Resor die Rechtsabteilung seines Ministeriums im Juni 1970 um eine Stellungnahme gebeten. »Die Eindringlichkeit des Briefes hat mich beeindruckt«, antwortete ein hochrangiger Mitarbeiter, »ebenso die Aufrichtigkeit, mit der über die Verantwortung der militärischen Führung für die Politik des ›Body Count‹ berichtet wird.« Auch wurde Resor darauf hingewiesen, dass die Kritik des unbekannten GI »in gewisser Weise eine unausweichliche Logik hat. Wir wissen alle, dass eine Offizierskarriere in Vietnam befördert oder zerstört werden kann. Ein dortiges Kommando ist sehr begehrt. Wer die einmalige Chance bekommt, hat in der Regel zwischen sechs Monaten und einem Jahr Zeit, sich im ›Stahlbad der Schlacht‹ zu beweisen. Der Erfolgsdruck ist zwangsweise enorm; und ich habe den Eindruck, dass in der Vergangenheit der ›Body Count‹ einer Einheit als primäres Erfolgskriterium herangezogen wurde. [...] Unter diesen Bedingungen [...] scheint der Druck zum unterschiedslosen Töten – oder zumindest die Versuchung, jeden toten Vietnamesen als gefallenen Feind zu verbuchen – praktisch unwiderstehlich.« Zwar riet man dem Minister, eine Studie in Auftrag zu geben und Mittel und Möglichkeiten zur Eindämmung der »Body Count«-Exzesse prüfen zu lassen. Eine Überprüfung der 9. Infantry Division war freilich nicht gemeint. Vielmehr ging es um eine optimale Vorbereitung für den Calley-Prozess. »Wir sind auf diesem Gebiet angreifbar, und es ist sehr wohl möglich, dass Argumente von der Art, wie sie in dem anonymen Brief vorgetragen wurden, in den Kriegsgerichtsverhandlungen über Son My von der Verteidigung geltend gemacht werden.« Und gefragt war nicht zuletzt eine argumentative Aufrüstung gegenüber der Presse. »Was können wir tun, um das Interesse der Presse am ›Body Count‹ als Indiz unseres ›Erfolgs‹ in Vietnam zu verringern?« Der Brief des »Concerned Sergeant«, so die abschließende Empfehlung, sollte zu den Akten gelegt werden – angeblich wegen fehlender Hinweise auf Ort, Zeit und beteiligte Akteure.[175]

Letzteres war aus der Luft gegriffen. Der »Concerned Sergeant« hatte zwei aus eigener Anschauung bekannte Einheiten – das 4. Battalion,

175 Department of the Army, R. Kenly Webster, Acting General Counsel, Memorandum for Secretary Resor, Subject: Letter to General Westmoreland from an Anonymous Enlisted Man Concerning »Body Count« Pressures in Vietnam, 16. 6. 1970, in: NA, RG 319, AS, ODCS-PER, VWCWG, CaFi, Box 1, Folder: Concerned Sergeant Allegation.

39. Infantry Regiment und das 6. Battalion, 31. Infantry Regiment – erwähnt und verantwortliche Offiziere namentlich identifiziert: Lieutenant Colonel David H. Hackworth vom »4/39« und den Kommandeur der 1. Brigade, 9. Infantry Division, Colonel Ira A. Hunt. Nicht zuletzt lag mit dem 18. März 1969 das Datum eines besonders brutalen Einsatzes vor.[176] In zahlreichen anderen Fällen – wie zum Beispiel der »Tiger Force« – hatten unpräzisere Angaben ausgereicht, um Nachforschungen der Criminal Investigation Division in Gang zu bringen. Der CID hatte zwar seit August 1971 den Auftrag, den »Concerned Sergeant« ausfindig zu machen. Ob der Kontakt tatsächlich zustande kam, ist aber unklar.[177] Unstrittig ist indes, dass eine Ermittlung zu »Speedy Express« in den folgenden Monaten von höchster Stelle blockiert wurde. »Zum gegenwärtigen Zeitpunkt keinen Untersuchungsplan konzipieren«, lautete der abschließende handschriftliche Vermerk auf einem Memorandum, das im Juni 1972 in der »Investigations Division« bei MACV zirkulierte.[178] Und in einem Ende Juli 1972 von Mitarbeitern des Stabschefs der Army verfassten Schreiben an Verteidigungsminister Melvin Laird hieß es: »Eine Untersuchung würde für sich genommen bereits Nachrichtenwert haben und den Verdacht stärken, dass sich das Militär in Südvietnam unehrenhaft verhalten hat. Jedes Ergebnis, das nicht zu einem Eingeständnis von Schuld kommt und keine entsprechenden Strafmaßnahmen nach sich zieht, würde wahrscheinlich als Weißwäscherei angegriffen. [...] Eine Untersuchung wäre der Moral der Armee abträglich.« Und sollten sich die Vorwürfe als zutreffend erweisen, »so

---

176 »Concerned Sgt.« an Major General William A. Enemark, 30. 7. 1971 und an Major General Orwin C. Talbott, 30. 3. 1971, in: NA, RG 319, AS, ODCS-PER, VWCWG, CaFi, Box 1, Folder: Concerned Sergeant Allegation.

177 Department of the Army, IG, Telegram to MACV IG, 22. 9. 1971, in: NA, RG 319, AS, ODCS-PER, VWCWG, CaFi, Box 1, Folder: Hackworth Allegations (Col. David H. Hackworth).

178 Maurice L. Clouser, Chief, Investigations Division, MACV, Brief an IG, MACV, Subject: Newsweek Article on Operation Speedy Express »Pacification's Deadly Price«, 23. 6. 1972, in: NA, RG 472, USFSEA, MACV, IG, ID, ROI, Box 143, Folder: Allegations by Newsweek Re 9th Inf Div + The Delta (Part 1 of 2). Nachdem Kevin P. Buckley im Januar 1972 erstmals beim Pentagon um Informationen zu »Speedy Express« nachgefragt hatte, arbeitete man dort an einem Public-Relations-Plan und an den Modalitäten eines Dementis: Department of the Army, Office of the Deputy Chief of Staff for Military Operations, Memorandum for: Chief of Staff, United States Army, Subject: Operation Speedy Express, 27. 1. 1972, in: RG 319, AS, PI-AC, Box 19, Folder: Operation »SPEEDY EXPRESS« (1 of 2) Chron. File # 1.

ist es fraglich, ob wir tatsächlich dazu in der Lage sind, auf den Befund mit sinnvollen säubernden Maßnahmen zu reagieren«.[179]

Lieutenant Colonel David H. Hackworth war zu diesem Zeitpunkt bereits im vorzeitigen Ruhestand. Ohne die Anschuldigungen des »Concerned Sergeant« auch nur mit einem Wort zu erwähnen, hatten die Criminal Investigation Division und der Inspector General, MACV ein achtbändiges Dossier zusammengestellt, das eine vorzeitige Demission zwingend nahelegte. Hackworth, so der Vorwurf, habe Devisentransaktionen zum eigenen Vorteil betrieben und Dritte an seinen illegalen Geschäften beteiligt, Prostitution und Glücksspiel befördert, mit ihm unterstellten Offizieren und Mannschaften Marihuana konsumiert und sich der Loyalität von Untergebenen durch unverdiente, mit gefälschten Dokumenten legitimierte Auszeichnungen versichert.[180] An einer gerichtlichen Überprüfung war der Army offensichtlich nicht gelegen. In einem internen Gutachten war gar von »überzeugenden Indizien« die Rede, »dass hinreichende Beweise für schweres kriminelles Vergehen [...] wahrscheinlich nicht zu erbringen sind«.[181] Es ging vielmehr um eine stillschweigende Übereinkunft mit Hackworth zum beiderseitigen Vorteil: Rückzug ins Privatleben, Einstellung eines rufschädigenden Verfahrens und Absicherung gegen eine erneute Thematisierung von Kriegsgräueln oder Kriegsverbrechen. Ein pensionierter Militär nämlich konnte nicht mehr vor ein Militärtribunal zitiert werden. Hackworth ließ sich auf das Geschäft ein, die Army entließ ihn zum 30. September 1971 in allen Ehren und übergab seine Akte der Steuerfahndung zur weiteren Befassung. Im Jahr darauf antwortete Hackworth auf seine Art – mit einem geharnischten Aufsatz über den maroden Zustand der vermeintlich kriegsuntauglichen US Army. Seine Reformvorschläge stellte er unter das Motto: »Vergesst Vietnam wie einen schlechten Traum.«[182]

---

179 Department of the Army, Memorandum for the Secretary of Defense, Subject: Operation »Speedy Express«, o.D., Sensitive, S. 4, in: NA, RG 319, AS, PI-AC, Box 19, Folder: Operation »SPEEDY EXPRESS« (1 of 2) Chron. File # 1.

180 United States Army, Investigation Division/Criminal Investigation Division, Talking Paper, Subject: Colonel David H. Hackworth, 10. 9. 1971, in: NA, RG 319, AS, ODCS-PER, VWCWG, CaFi, Box 1, Folder: Hackworth Allegations (Col. David H. Hackworth).

181 Department of the Army, Lieutenant Colonel Johns, Memorandum, Subject: Colonel Hackworth, 10. 7. 1972, in: NA, RG 319, AS, ODCS-PER, VWCWG, CaFi, Box 1, Folder: Hackworth Allegations (Col. David H. Hackworth).

182 David H. Hackworth, Commentary: A Soldier's Disgust, in: *Harper's*, July 1972. Siehe auch ders., Our Great Vietnam Goof, in: *Popular Mechanics*, June 1972.

Andererseits wäre es voreilig, unser bruchstückhaftes Wissen über Einsätze wie »Speedy Express« allein mit politischer Rankünе beim Vertuschen von Beweismitteln in Verbindung zu bringen. Dass auch andere, nicht minder gewichtige Faktoren eine Rolle spielten, zeigt sich am Beispiel der von Jeffrey Record vorgetragenen Beschwerde. Anderthalb Jahre nach der Publikation seines Aufsatzes über Hubschrauberterror in der IV. Corps Tactical Zone stellte die Criminal Investigation Division unter Verweis auf »unzureichende Beweise« ihre Arbeit ein. Desinteresse an der Sache und Verzögerungstaktik gingen dabei zweifellos Hand in Hand: Wie der Abschlussbericht zeigt, ließ man präzise Hinweise über Tatbeteiligte auf sich beruhen oder wertete das Dementi von Verdächtigen ungeprüft als glaubwürdige Widerlegung der Anschuldigung.[183] Doch selbst mit höherem Aufwand und motivierten Ermittlern hätten sich die Nachforschungen schwierig gestaltet. Wie Record in einer Anhörung zu Recht bemerkte, war auf die schriftliche Dokumentation der fraglichen Einsätze kein Verlass. Entweder hatten die beteiligten Einheiten ihre Akten schlampig verwaltet oder überhaupt keine Protokolle angefordert. »Wo genau sich der Vorfall abspielte, wird vielleicht niemals festzustellen sein, weil der fragliche Angriff im Logbuch der für Bac Lieu zuständigen taktischen Operationszentrale nicht vermerkt ist – ungeachtet der Regelung, dass über alle Lufteinsätze in Bac Lieu detailliert Buch geführt werden sollte.«[184] Dergleichen betrifft nicht allein die IV. Corps Tactical Zone oder die Operation »Speedy Express«. Vielmehr kommt man auch beim Blick auf andere Kriegszonen regelmäßig zu ein und demselben Befund: Die Art und Weise, wie in Vietnam Kriegsakten angelegt, geführt und hinterlegt wurden, steht einer Rekonstruktion des Kriegsgeschehens diametral entgegen. Die bürokratische Überlieferung akkumulierte kein »institutionelles Gedächtnis«, sondern leistete einer institutionalisierten Amnesie Vorschub. Die Frage ist nicht, ob kalkulierter Vorsatz oder routinierte Achtlosigkeit den Ausschlag gaben. Das Problem liegt eher in der Verschränkung von Kalkül und Routine – und mithin darin, dass das Verwischen von Spuren zu einer unhinterfragten Gewohnheit geworden war.

---

183 NA, RG 319, AS, ODCS-PER, VWCWG, CaFi, Box 13, Folder: Record Allegation (Congressional Inquiries and Background Information), Case 90; ebenda, Folder: Record Allegation, Case 90.

184 Sworn Statement Jeffrey Record, 2. 9. 1971, S. 2, in: NA, RG 319, AS, ODCS-PER, VWCWG, CaFi, Box 13, Folder: Record Allegation (Congressional Inquiries and Background Information), Case 90.

»Es scheint bei allen Einheiten eine Tendenz zu geben, Akten zu vernichten, statt sie den existierenden Vorschriften entsprechend ordnungsgemäß zu archivieren«, stellte die Peers-Kommission fest. »Bei Unterlagen, die an die vorgesehenen Sammelstellen übergeben wurden, lässt sich feststellen, dass sie nachlässig ausgewählt und sortiert und bisweilen falsch identifiziert waren. [...] Offenbar werden Unterlagen zu Beständen zusammengestellt, ohne dass erkennbar ist, auf welches Hauptquartier sie sich beziehen, von welcher Zeit oder von welchem Gegenstand sie handeln. Auch gibt es kein System, mit dessen Hilfe Dokumente rasch zu identifizieren oder zu lokalisieren wären. Die Ablage fand erkennbar ohne Oberaufsicht statt. [...] Auch ist es so, dass jede Einheit sich ihre eigenen Regeln zurechtlegte.«[185] Egal, ob es sich um »Daily Messages«, »Action« und »After Action Reports«, »Field Commander Reports«, »G-3 Journals« oder »Unit Histories« handelt, überall stößt man auf gravierende Dokumentationslücken. Willkürliche Buchführung war das eine; das Ausnutzen von Schlupflöchern in den MACV-Direktiven das andere. Beispielsweise mussten Akten über Luftangriffe und mit ihnen die Angaben über den Zweck der Operation, die Art und Menge der verwendeten Munition, den Zielort und den Zeitpunkt des Einsatzes nur drei Monate lang aufbewahrt werden. Wie danach mit den Unterlagen verfahren wurde, war Ermessenssache.[186] Bodentruppen konnten auf »After Action Reports« verzichten, wenn die Beteiligten vorläufige Zwischenberichte, sogenannte »on the spot investigations«, übermittelt hatten. Und wenn Artillerieeinheiten gegen vermeintlich kleine Ziele »unbeobachtetes Feuer« einsetzten, waren sie nachträglich nicht zur Vorlage einer Schadensbilanz verpflichtet.[187] Insofern ist es wenig erstaunlich, dass Kevin P. Buckley auf seine Nachfragen über Lufteinsätze und »Free Fire Zones« während »Speedy Express« keine Auskünfte erhielt. Der ein um das andere Mal wiederholte

---

185 NA, RG 319, AS, PI-FR, Vol. I: Analyses, Box 1, Annex B: Peripheral Issues, S. 1, 2. Siehe auch Department of the Army, Office of the Adjutant General, Memorandum for: Secretary of General Staff, Subject: Lessons Learned from the Son My Incident, 31. 5. 1972, in: NA, RG 319, AS, PI-AC, Box 14, Folder: Lessons Learned – My Lai (Input from Agencies and Col. Schopper's Compilation – 1972) (2 of 2).

186 NA, RG 319, AS, PI-AC, Box 6, Folder: Conduct of the War in Vietnam, Chron. File # 2 (2 of 2): Memorandum, An Analysis of the Evolution of MACV Rules of Engagement Pertaining to Ground Operations 1965–69, o. D., S. 8/9.

187 NA, RG 319, AS, PI-FR, Vol. I: Analyses, Box 1, Annex B: Peripheral Issues, S. 3.

Hinweis auf fehlende Daten sollte jedenfalls nicht von vornherein als billige Ausrede verstanden werden.[188] Und so gesehen scheint auch der Hinweis von Lieutenant Colonel Douglas A. Huff nicht an den Haaren herbeigezogen – die Behauptung nämlich, »dass ein Vorfall wie jener, der sich mutmaßlich in My Lai zugetragen hat, tatsächlich geschehen könnte, ohne dass darüber etwas an irgendeiner Stelle innerhalb des Systems der Armee in einem Bericht vermerkt würde«.[189] Wie dem auch sei: Eine vom Stabschef der Armee mit der Prüfung von Aktenbeständen beauftragte Arbeitsgruppe teilte die Kritik der Peers-Kommission in allen Punkten.[190]

Auch die tatsächlich verfassten, überlieferten und zuordenbaren Einsatzberichte sind nur begrenzt brauchbar, wurden sie doch unter dem Eindruck einer in Washington formulierten Erwartungshaltung zu Papier gebracht. Von Verteidigungsminister Robert McNamara war bekannt, dass er nur einen Maßstab zur Beurteilung von Gesellschaft, Politik und Krieg gelten ließ: Statistiken. An ihnen wurden Erfolg oder Misserfolg gemessen, auf ihrer Grundlage wurden Zielvorgaben formuliert. Wie Untergebene beurteilt wurden, hing von ihrem Willen und ihrer Begabung ab, Probleme in Zahlen, Diagramme und Schaubilder übersetzen zu können. Mit den »whiz kids« seiner unmittelbaren Umgebung, den jungen Mathematikern und Kybernetikern aus der Schule Herman Kahns, hatte der Verteidigungsminister Verwandte im Geiste gefunden. Aber seit den 1950er Jahren hatte sich auch im Militärapparat eine am industriellen Management orientierte Ausbildung und Verwaltung durchgesetzt. Die »Operational Reports« aus Vietnam spiegeln diesen Hintergrund bis an die Grenze der Absurdität: Die Kampfstärke der Vietcong oder die

---

188 Phillip H. Stevens, Chief of Information, MACV, Brief an Kevin Buckley, 14. 12. 1971, in: NA, RG 472, USFSEA, MACV, IG, ID, ROI, Box 143, Folder: Allegations by Newsweek Re 9th Inf Div + The Delta (Part 1 of 2).

189 Lieutenant Colonel Douglas A. Huff, Change to USARV Regulations Pertaining to Investigations of Friendly Fire Incidents, Memorandum, o.D., in: NA, RG 472, USAV, DCSO, PSOT, AOC, Accident Case Files, Box 2, Folder: Reports of Investigations (General) 1969. Zur internen Kritik dieser Praxis siehe Schreiben an den Kommandierenden General der II. Field Force, 20. 8. 1966, in: NA, RG 472, USAV, II. FFV, S 3, Reports of Artillery Accidents and Incidents, Box 1, Folder: Volume August 1966 sowie Lieutenant General Jonathan O. Seaman, Errors in Artillery and Mortar Fires, 21. 3. 1967, in: ebenda, Box 2, Folder: Volume IV, March 1967. Siehe oben, S. 94, 95.

190 Briefing of Lt. General McCaffrey by Ollon D. McCool, 24. 4. 1970, in: NA, RG 319, AS, PI-AC, Box 21, Folder: Peers Report Fallout.

Anzahl seiner politischen Kader wurde in jedweder Größenordnung bis zum letzten Mann präzisiert, der relative Anteil »freundlicher« oder »feindlicher« Dörfer am gesamten Siedlungsgebiet Südvietnams bis auf die zweite Stelle hinter dem Komma berechnet, die erbeutete Menge Reis in Pfund und Gramm angegeben und die Stückzahl der requirierten Hühner so penibel wie die Transaktion einer riesigen Summe Geldes vermerkt.[191] Die routinierte Produktion nichtssagender Datenwüsten geriet am Ende zur Konstruktion einer virtuellen Realität. »Das Doppelspiel wurde so weit verinnerlicht«, kommentierte ein Major, »dass untergeordnete Dienststellen allmählich die Dinge glaubten, die sie ihren Hauptquartieren mitteilten. Es stand auf dem Papier, und dagegen verblasste alles, was sich tatsächlich zugetragen hatte. Die Graphiken und Aufstellungen wurden zur eigentlichen Wirklichkeit.«[192]

Wie es scheint, standen manipulierte »Body Count«-Statistiken im Zentrum dieser fiktiven Zahlenwelt. Je mehr gefallene Vietcong in den Büchern vermerkt waren, desto günstiger beurteilte man in Washington die Siegeschancen. Und desto besser waren die Aussichten von Kommandeuren wie Soldaten auf Urlaub, Belobigung und Beförderung. »Während der gesamten zwölf Monate, die ich in Vietnam verbrachte, tötete mein Platoon vielleicht fünf Vietcong«, so ein zur 1. Infantry Division gehörender GI. »Wir gaben aber einen ›Body Count‹ von beinahe 100 an. Und ich weiß, dass die anderen Platoons das Gleiche gemacht haben.«[193] Im »After Action Report« über einen Angriff auf die »Fire Support Base Crook« (Provinz Tay Ninh) berichtete der Kommandeur des 3. Battalion, 22. Infantry Regiment, 25. Infantry Division Anfang Juni 1969 von 312 getöteten nordvietnamesischen Soldaten und einem gefallenen GI. Tatsächlich hatte man in der Kampfzone nur etwa 30 tote und einige wenige Verwundete gefunden. »Man machte sich anschließend im taktischen Operationszentrum der Division darüber lustig, dass das 3. Battalion auf der ›Body Count‹-Tafel so einen großen Sprung nach vorne gemacht hatte.«[194] Nachdem Lieutenant General Julian J.

---

191 Unter ungezählten Beispielen siehe: 173d Airborne Brigade (Separate), Operational Report Lessons Learned (1 November 1968/31 January 1969, in: NA, RG 319, AS, ODCS-PER, VWCWG, CaFi, Box 7, Folder: Marhoun-Anderson Allegation (CCI) (Part 1 of 2), Case 56.

192 Ein namentlich nicht identifizierter Major, zit. n. Gibson, Perfect War, S. 152.

193 Wayne Novick, 1. Battalion, 26. Infantry Regiment, 1. Infantry Division, zit. n. USCR, 7. 4. 1971, S. E2924.

194 Gregory J. Hayward, Brief an Major General Ellis W. Williamson, 2. 5. 1971, S. 3, in: NA, RG 319, ODCS-PER, VWCWG, CaFi, Box 12, Folder: Hayward Allegation (Case 84).

CONFIDENTIAL

70-CID315-20379

AVBE-SC/MHD 15 February 1969

SUBJECT: Operational Report Lessons Learned

AMMO, MINES AND EXPLOSIVES	OPN DAN SINH	OPN DAN HOA	OPN WALKER	BRIGADE TOTAL
Chicom MG rds	480	0	0	480
30 Cal rds	1576	0	0	1576
7.62 (Russ)	57	0	0	57
7.62 (M-14)	0	0	100	100
7.62 (Linked)	50	0	200	250
B-41 rds	0	0	2	2
RPG Rkts	2	0	0	2
81mm mtr rds	31	0	0	31
Unk rkt rds	48	0	0	48
AP mines	1	0	0	1
AT mines	1	0	0	1
MG Ammo (Unk)	0	0	150	150
FOOD				
Rice (lbs)	13,000	493	13,005	26,498
Salt (lbs)	3,475	0	700	4,175
Corn (lbs)	40	0	2,850	2,890
Milk (cans)	0	0	20	20
Soy Bean Oil (gal)	0	0	10	10
Pigs	0	0	6	6
Chickens	0	0	36	36
Potatoes (lbs)	10	0	0	10
MISCELLANEOUS				
AK Mags	39	0	5	44
Poncho's	10	1	8	19
Picks	11	0	0	11
Shovels	8	0	8	16
Blankets	2	0	3	5
Pistol Belts	10	1	7	18

EXHIBIT

(31)

CONFIDENTIAL

173. Airborne Brigade (Separate), Operational Report Lessons Learned (1. November 1968/31. January 1969), 15. 2. 1969. NA, RG 319, AS, ODCS-PER, VWCWG, CaFi, Box 7, Folder: Marhoun-Anderson Allegation (CCI), (1 of 2), Case 56

Ewell das Kommando über die II. Field Force, Vietnam und damit auch die Zuständigkeit für die 25. Infantry Division übernommen hatte, wurden in dieser Division die Statistiken so lange frisiert, bis die verordnete Quote von monatlich 2000 toten Vietcong erfüllt war.[195] Bei anderen Einheiten, die wegen mangelnder Feindberührung die inflationierten »Body Count«-Erwartungen nicht erfüllen konnten, wird sogar von Ent-Erdung berichtet: Sie sollen sich auf Friedhöfen Leichen beschafft und als gefallene Vietcong ausgegeben haben.[196] Nicht umsonst gehörte der Begriff »›Body Count‹-Märchen« zu den geflügelten Worten unter amerikanischen Soldaten.

Andererseits wurden »Body Count«-Daten im Zweifel auch bewusst niedrig gehalten. Wiederholt berichteten GIs, dass sich ihre Vorgesetzten auf diesem Weg gegen kritische Nachfragen oder gar Untersuchungen wappnen wollten – vornehmlich dann, wenn eine große Zahl von Zivilisten zu Schaden gekommen war oder eine unglaubwürdige Relation zwischen getöteten Feinden und erbeuteten Waffen den Verdacht auf Kriegsverbrechen nahelegte.[197] Im Fall von »My Lai (4)« war deshalb nur von 128 toten Vietcong die Rede. Bei vielen anderen »After Action Reports« fällt die stereotype Quantifizierung toter Feinde und erbeuteter Waffen im Verhältnis 3:1 oder 5:1 auf – eine Marge, die erfahrungsgemäß von übergeordneten Dienststellen als unverdächtig akzeptiert wurde. Selbst die in dieser Hinsicht aus dem Rahmen fallenden Berichte über »Speedy Express« scheinen nach unten korrigiert worden zu sein. »Die wahrscheinliche Verlustrate des Feindes«, heißt es in einer internen Auswertung, »wurde von der 9. Infantry Division nicht geschätzt, obwohl es überzeugende Belege dafür gibt, dass die tatsächliche Todesrate signifikant über den ›Body Count‹-Zahlen liegt.«[198] In anderen Worten: Der Respekt vor dem Kriegsrecht und den »Rules of

195 Fact Sheet, Allegations Against LTG Julian J. Ewell, 13. 5. 1971, in: NA, RG 319, ODCS-PER, VWCWG, CaFi, Box 12, Folder: Hayward Allegation (Case 84).

196 USCR, 7. 4. 1971, S. E2910.

197 Notley Allegation, as of 3. 12. 1971, in: NA, RG 319, AS, ODCS-PER, VWCWG, CaFi, Box 12, Folder: Notley Allegation (CCI) (Part 1 of 2), Case 85 sowie »Concerned Sgt.«, Brief an Major General William A. Enemark, 30. 7. 1971, in: ebenda, Box 1, Folder: Concerned Sergeant Allegation.

198 Headquarters, 9th Infantry Division, Subject: Recommendation for Award of the Presidential Unit Citation, o.D., S. 92: Summary of Strength and Casualties, in: NA, RG 472, USAV, MHD, 19th MHD, HBF, Box 7, Folder: Presidential Unit Citations, Recommended + Awarded 9th Inf Div 25 Jan–26 Apr 69.

Engagement« zeigte sich letztlich nur noch in der Energie, mit der Dokumente gefälscht wurden.

Dass Verletzungen des Kriegsrechts, Kriegsgräuel und Kriegsverbrechen nicht freiwillig in Einsatzberichten protokolliert wurden, liegt auf der Hand. Deshalb wurden alle Mannschaften und Offiziere seitens MACV auf die Direktive 20-4 verpflichtet: Offensichtliche oder vermutete Verstöße sollten persönlich angezeigt werden. Allerdings mussten sich GIs bis zur Revision von MACV 20-4 im Jahr 1970 an den auch ansonsten üblichen Dienstweg halten: Ihr einziger Ansprechpartner war der unmittelbar vorgesetzte Offizier. Zeigte sich derselbe desinteressiert, zählte er gar selbst zum Kreis der Täter oder Tatbeteiligten, war eine Beschwerde faktisch aussichtslos.[199] Wer sich dennoch an höhere Instanzen wandte, wurde in aller Regel zurückverwiesen und setzte sich obendrein dem Verdacht der Denunziation aus. Letztendlich hatten es die operativ Verantwortlichen – vom Zugführer bis zum Kompaniechef – in der Hand, die Ereignisberichte aus ihrem Zuständigkeitsbereich nach Belieben zu gestalten.

In der Tat machten Vorgesetzte von dieser Einladung zur Vertuschung hinlänglich Gebrauch. War ein Dorf grundlos niedergebrannt worden, definierte man im »After Action Report« die Schutzkeller von Zivilisten in militärische Bunker und die fragliche Siedlung in einen »verteidigten Ort« um.[200] Gab es Hinweise auf getötete Zivilisten, war gemeinhin von Feuergefechten mit Heckenschützen und nicht vermeidbaren Opfern durch anschließendes Kreuzfeuer die Rede.[201] Als die Vorgesetzten der »Tiger Force« Rechenschaft über einen exorbitanten »Body Count« ablegen und das Fehlen feindlicher Waffen erklären mussten, beschrieben sie die Opfer als unbewaffnete, aber auf dem Weg zu ihren Waffenlagern befindliche Vietcong oder machten die schlechten,

---

199 NA, RG 319, AS, PI-FR, Vol. I: Analyses, Box 1, Chapter 9: Policy and Directives as to Rules of Engagement and Treatment of Noncombatants, S. 24. Siehe auch RG 319, ODCS-PER, VWCWG, CF, Box 4, Folder: Reporting and Investigating War Crimes Allegations – Procedures and Regulations: Memorandum, Procedures for Reporting War Crimes Involving US Army Personnel within HQ, DA, undatiert, S. 2 sowie RG 319, AS, PI-AC, Box 8, Folder: Conduct of the War, MACV Directives, ROE – Chron. File # 3: Memorandum, Policy and Directives as to Rules of Engagement and Treatment of Noncombatants, undatiert, S. 9–24.

200 Lewy, America in Vietnam, S. 345.

201 Stellvertretend für ungezählte Berichte dieser Art siehe NA, RG 319, AS, ODCS-PER, VWCWG, CaFi, Box 12, Folder: Notley Allegation (CCI) (Part 1 of 2), Case 85 sowie Solis, Son Thang, S. 50–55, 63–65.

zu Verwechslungen Anlass gebenden Sichtverhältnisse im Dschungel verantwortlich.[202] Und so weiter und so fort in einer Reihe von Entstellungen und Lügen, die in zig Variationen stets auf dasselbe hinausliefen: dass das Narrativ der Täter ungefiltert und ungeprüft Eingang in die Akten fand. Dieser jahrelang bekannte Missstand[203] kam erst unter dem Eindruck des »My Lai (4)«-Skandals zur Sprache. Zwar wurden in der Folge Richtlinien zur Kontrolle von »After Action Reports« erlassen und neue Modalitäten zur Meldung von Kriegsverbrechen an die Hand gegeben.[204] Ob sich in der Praxis etwas änderte, ist hingegen zweifelhaft. Ohnehin traten die moderaten Reformen erst in Kraft, als die Bodentruppen aus Vietnam abgezogen wurden.

»Bezugnehmend auf Ihren Brief vom 20. November 1972 müssen wir Ihnen leider mitteilen, dass wir in Erwartung eines bevorstehenden Waffenstillstandes unsere Akten über Kriegsverbrechen vernichtet haben. [...] Da ein erheblicher Teil unserer Verschlusssachen mit Kriegsverbrechen zu tun hatte, die selten, wenn überhaupt Gegenstand des Büroalltags sind, haben wir um die Erlaubnis zu ihrer sofortigen Vernichtung gebeten. Diese Erlaubnis wurde am 3. November 1973 [sic] erteilt. Die Akten über Kriegsverbrechen aus den Jahren 1965 bis 1971 wurden zwischen dem 9. und 13. November 1972 entsorgt. [...] Da wir Ihnen regelmäßig Kopien aller von der Armee abschließend untersuchten Kriegsverbrechen zugeschickt haben, sollten Ihre Unterlagen vollständig sein. Überdies wurde die große Mehrheit der Unterlagen über Kriegsverbrechen von der Dokumentationsabteilung des US-Hauptquartiers in Vietnam auf Mikrofilm aufgenommen und an das Archiv der US Army, Carlisle Barracks in Pennsylvania, übergeben. Diese Stelle könnte zusätzlich behilflich sein.«[205]

---

202 Sworn Statement Gerald E. Morse, 17. 3. 1975, S. 5 sowie Sworn Statement Joseph A. Westbrook, 19. 1. 1975, S. 4, in: NA, RG 319, AS, ODCS-PER, VWCWG, CaFi, Box 19, Folder: Coy Allegation (CID ROI 72 – CID 46 – 27852, Exhibits 260–350) (Part 5 of 7), Case 221.

203 Siehe Carl C. Turner, Provost Marshal General, Brief an Karl W. Gustafson, Provost Marshal, USAV, 15. 1. 1968, in: NA, RG 319, AS, PI-AC, Box 5, Folder: Background Info.

204 Lewy, America in Vietnam, S. 344. Fortan konnten sich Soldaten direkt an den für sie zuständigen Inspector General, an die Militärpolizei, an Militäranwälte oder Militärseelsorger wenden.

205 Colonel Joseph N. Tenhet, Staff Judge Advocate, an Colonel Waldemar A. Solf, Office of the Judge Advocate General, o.D., in: NA, RG 319, AS, ODCS-PER, VWCWG, CF, Box 6, Folder: Background Information – War Crimes Reporting and Investigation.

Aus dieser Perspektive wird deutlich, wieso selbst Massenmorde für geraume Zeit keine Beachtung fanden oder unter Umständen noch immer der Aufdeckung harren. Das Massaker von »My Lai (4)« blieb 14 Monate unentdeckt und kam erst zur Sprache, nachdem ein aus zweiter Hand informierter GI, Ronald Ridenhour, Dutzende von Briefen an das Weiße Haus, an Minister und Kongressabgeordnete geschrieben hatte. Als der Inspector General im Frühjahr 1969 tätig wurde, konnte man zunächst den Eindruck haben, dass die Ermittlungen vorsätzlich sabotiert wurden. Stabsoffiziere der 11. Light Infantry Brigade waren ihnen um Tage zuvorgekommen und hatten die Registraturen gesäubert.[206] Nachträgliche Aktenvernichtung war indes, wie sich alsbald herausstellte, nur ein Randproblem. Die Verantwortlichen der »Task Force Barker« hatten sich im März 1968 dieser grobschlächtigen Vertuschung ohnehin nicht bedient. Sie verließen sich stattdessen auf die unhinterfragte Autorität der Einsatzführer. »Wir hatten es mit ungefähr 200 Zivilisten zu tun, die den Vietcong in unserem Einsatzgebiet unterstützten«, schrieb Lieutenant Colonel Frank Barker am 28. März 1968 in seinem »Combat Action Report« für »My Lai (4)«. »Daraus ergaben sich Probleme hinsichtlich der Kontrolle und medizinischen Versorgung jener Zivilisten, die im Kreuzfeuer der sich bekämpfenden Einheiten lagen. Infanteristen und Hubschrauberpiloten waren jedoch in der Lage, Zivilisten beim Verlassen des Gebietes Hilfe zu leisten und die Verwundeten entweder zu versorgen oder zu evakuieren.«[207]

Frei erfunden waren auch die Einträge im »Army Operations Center Daily Summary«, im »Daily Journal« der »Americal« Division und im »Daily Staff Journal« der 11. Light Infantry Brigade, allesamt am 16. und 17. März 1968 verfasst.[208] Ihre Autoren schrieben in der Gewissheit, dass selbst eklatante Defizite keinen Anlass zu kritischen Rückfragen geben würden. Und in der Tat forderte niemand eine Erklärung, weshalb in diesen Berichten von einer »intensiven Kampfaktion« die

---

206 NA, RG 319, AS, PI-FR, Vol. I, Analyses, Box 1, Chapter 2: Summary Report, S. 9 sowie ebenda, Chapter 11: Suppression and Withholding of Information, S. 1, 14. Siehe auch Hersh, Cover-Up, S. 169, 205f., 218–222 sowie Bilton/Sim, Four Hours, S. 300.

207 Task Force Barker, 11. Infantry Brigade, Americal Division, Combat Action Report, 28. 3. 1968, S. 4, in: NA, RG 319, AS, PI-FR, Vol. III: Exhibits, Box 54, Book 3: Reports, S. 404. Siehe auch RG 319, AS, PI-FR, Vol. I, Analyses, Box 1, Chapter 2: Summary Report, S. 10 sowie ebenda, Chapter 11: Suppression and Withholding of Information, S. 7.

208 NA, RG 319, AS, PI-FR, Vol. III: Exhibits, Box 54, Book 3: Reports, S. 15, 235–243.

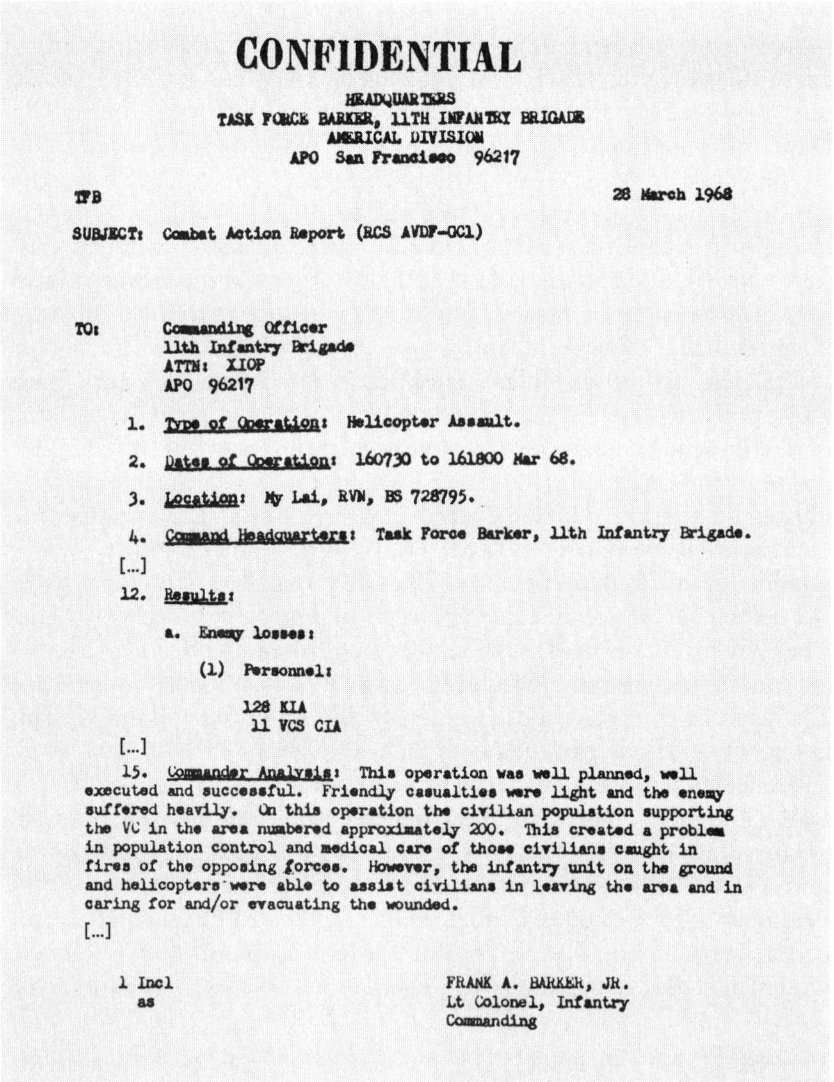
CONFIDENTIAL

HEADQUARTERS
TASK FORCE BARKER, 11TH INFANTRY BRIGADE
AMERICAL DIVISION
APO San Francisco 96217

TFB 28 March 1968

SUBJECT: Combat Action Report (RCS AVDF-GC1)

TO: Commanding Officer
11th Infantry Brigade
ATTN: XIOP
APO 96217

1. Type of Operation: Helicopter Assault.

2. Dates of Operation: 160730 to 161800 Mar 68.

3. Location: My Lai, RVN, BS 728795.

4. Command Headquarters: Task Force Barker, 11th Infantry Brigade.

[...]

12. Results:

a. Enemy losses:

(1) Personnel:

128 KIA
11 VCS CIA

[...]

15. Commander Analysis: This operation was well planned, well executed and successful. Friendly casualties were light and the enemy suffered heavily. On this operation the civilian population supporting the VC in the area numbered approximately 200. This created a problem in population control and medical care of those civilians caught in fires of the opposing forces. However, the infantry unit on the ground and helicopters were able to assist civilians in leaving the area and in caring for and/or evacuating the wounded.

[...]

1 Incl
as

FRANK A. BARKER, JR.
Lt Colonel, Infantry
Commanding

Bericht über den Einsatz am 16. März 1968 in »My Lai (4)«, verfasst vom Kommandeur der »Task Force Barker«, Lieutenant Colonel Frank A. Barker, 28. 3. 1968: Vermerkt wurden schwere Gefechte mit feindlichen Truppen und 128 getötete Vietcong. Ferner behauptete Barker, seine Truppen hätten Zivilisten beim Verlassen des Einsatzortes geholfen und Verwundete evakuiert.
NA, RG 319, AS, PI-FR, Vol. III, Box 54, Book 3: Reports

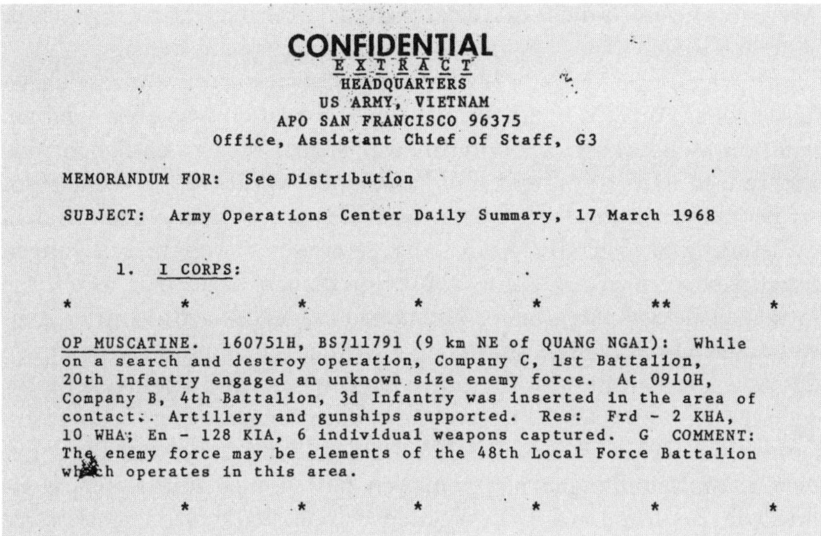

CONFIDENTIAL
EXTRACT
HEADQUARTERS
US ARMY, VIETNAM
APO SAN FRANCISCO 96375
Office, Assistant Chief of Staff, G3

MEMORANDUM FOR: See Distribution

SUBJECT: Army Operations Center Daily Summary, 17 March 1968

1. I CORPS:

* * * * * ** *

OP MUSCATINE. 160751H, BS711791 (9 km NE of QUANG NGAI): While on a search and destroy operation, Company C, 1st Battalion, 20th Infantry engaged an unknown size enemy force. At 0910H, Company B, 4th Battalion, 3d Infantry was inserted in the area of contact. Artillery and gunships supported. Res: Frd - 2 KHA, 10 WHA; En - 128 KIA, 6 individual weapons captured. G COMMENT: The enemy force may be elements of the 48th Local Force Battalion which operates in this area.

* * * * * *

Offizieller Aktenvermerk über den Einsatz am 16. März 1968 in »My Lai (4)«, Army Operations Center Daily Summary, 17. 3. 1968: Gemeldet wurden 128 getötete feindliche Soldaten und sechs erbeutete Waffen.
NA, RG 319, AS, PI-FR, Vol. III, Box 54, Book 3: Reports

Rede war, obwohl die beteiligten Truppen zu keinem Zeitpunkt über Funk Feindberührung gemeldet hatten. Kein Stabsoffizier fragte nach, wieso eine angeblich unter schwerem Beschuss liegende Einheit das in solchen Situationen Übliche unterlassen hatte – nämlich Artillerie- und Luftunterstützung anzufordern.[209] Auch an der Truppenzugehörigkeit der gefallenen »Feinde« gab es kein Interesse: Gehörten sie tatsächlich zum legendären 48. Local Force Battalion der Vietcong? Oder hatten die Nordvietnamesen frische Truppen geschickt? Hatte man Dokumente sicherstellen können, die über den Zustand feindlicher Truppen und deren künftige Verwendung Aufschluss gaben? So gleichgültig vorgesetzte Stellen mit diesen Fragen umgingen, so wenig nahmen sie an den manipulierten »Body Count«-Daten Anstoß. Wie erwartet, wurde die Bilanz von 128 toten Vietcong und einer Handvoll erbeuteter Waffen als grandioser Erfolg gewertet und von General William Westmoreland persönlich belobigt. In anderen Worten: Der »Cover Up« von

209 NA, RG 319, AS, PI-FR, Vol. I: Analyses, Box 1, Chapter 10: Reports, Investigations, and Reviews, S. 25–26.

»My Lai (4)« brach nicht mit den Spielregeln bürokratischer Praxis. Er folgte den Regeln eines bei allen Einheiten gängigen Systems.

Im Nachgang zu »My Lai (4)« musste nichtsdestotrotz ein vergleichsweise großer Aufwand zum Verwischen der Spuren betrieben werden. Denn der Zeuge Hugh Thompson war seinen dienstrechtlichen Verpflichtungen nachgekommen und hatte einem vorgesetzten Offizier sofort Bericht erstattet. Aus »Quang Ngai City«, wohin er einen aus dem Bewässerungsgraben von Xom Lang geretteten, zweijährigen Jungen ausgeflogen und in ärztliche Obhut übergeben hatte, zur »Firebase Dottie« zurückgekehrt, suchte Thompson in Gegenwart mehrerer Zeugen um die Mittagszeit den Kompaniechef der B Company (Aeroscout), 123. Aviation Battalion, »Americal« Division auf und schilderte Major Frederick W. Watke seine Erlebnisse des Vormittags.[210] Der »Thompson Report« ließ keinen Zweifel daran, dass in Xom Lang und Binh Tay keine Kampfhandlungen stattgefunden hatten und stattdessen Hunderte von Zivilisten ermordet worden waren. Watke seinerseits setzte Lieutenant Colonel Frank Barker und Lieutenant Colonel John L. Holladay in Kenntnis und sprach am folgenden Tag zusammen mit Holladay bei Brigadier General George M. Young vom Stab der »Americal« Division vor. Den Recherchen der Peers-Kommission zufolge unterrichtete Young am 17. März den Divisionskommandeur, Major General Samuel W. Koster. Binnen eines Tages waren also fünf hochrangige Offiziere über den »Thompson Report« im Bilde.[211]

Das Dilemma der Führungsspitze lag auf der Hand. Der MACV-Direktive 20-4 zufolge waren sie gehalten, Kriegsverbrechen wie auch den unbeabsichtigten Tod einer großen Zahl von Zivilisten dem Hauptquartier in Saigon zu melden. Dieser Verpflichtung nicht nachzukommen, barg im vorliegenden Fall ein hohes Risiko – Thompson hätte schließlich auf eigene Faust handeln und seinerseits MACV informieren können. Zur Tagesordnung überzugehen, war mithin keine Option. Man musste vielmehr Nichtwissen geltend machen können. In den Worten

210 NA, RG 319, AS, PI-FR, Vol. I: Analyses, Box 1, Chapter 6: Company C, 1st Battalion, 20th Infantry: Actions on 16 and 17 March 1968, S. 17 sowie Witness Testimony Hugh Thompson, 22. 12. 1969, in: RG 319, AS, PI-FR, Vol. II: Testimony, Box 13, Book 8: Thompson SUM APP T-3, S. 3.

211 NA, RG 319, AS, PI-FR, Vol. I: Analyses, Box 1, Chapter 2: Summary Report, S. 6; ebenda, Chapter 10: Reports, Investigations, and Reviews, S. 12–15; ebenda, Vol. II: Testimony, Box 10, Book 6: Holladay SUM APP T-12, S. 5 sowie Box 23, Book 15: Calhoun SUM APP T-6, S. 3. Siehe auch ebenda, Vol. IV: CID-Statements, Box 57, S. 478.

von George M. Young: »Man muss sich darüber im Klaren sein, dass ein Kriegsverbrechen begangen wurde, bevor man Meldung erstattet.«[212] In anderen Worten: Es bedurfte des Nachweises, dass man sich um Thompsons Aussage gekümmert und gute Gründe hatte, sie nicht ernst zu nehmen. Mit dieser Aufgabe wurde Colonel Oran Henderson, Kommandeur der 11. Light Infantry Brigade, »Americal« Division betraut.

General Samuel W. Koster, Sr., Kommandeur »Americal« Division. © US Army Photo

Wie Oran Henderson im Einzelnen instruiert wurde, konnte die Peers-Kommission auch nach wochenlangen Verhören im Detail nicht rekonstruieren. Dass Brigadier General George M. Young und Major General Samuel W. Koster den Ton angaben und die anfänglich skeptischen Kollegen Watke und Holladay auf ihre Linie verpflichteten, legt die Untersuchung indes nahe.[213] Weder sollte Henderson Zeugen unter Eid vernehmen noch schriftliche Protokolle über die Aussagen vorlegen.[214] Die sogenannte Untersuchung verlief den Erwartungen gemäß. Keine der detaillierten Informationen, die Henderson in Gesprächen mit Hugh Thompson und seiner Besatzung erfahren hatte, fand Eingang in seinen

212 Brigadier General George M. Young, zit. n. Investigator's Statement, 13. 12. 1969, S. 3, in: NA, RG 319, AS, PI-FR, Vol. IV: CID-Statements, Box 57, S. 25.

213 NA, RG 319, AS, PI-FR, Vol. I: Analyses, Box 1, Chapter 2: Summary Report, S. 6, 11; ebenda, Chapter 10: Reports, Investigations, and Reviews, S. 16 sowie ebenda, Vol. II: Testimony, Box 10, Book 6: Holladay SUM APP T-12, S. 3.

214 NA, RG 319, AS, PI-FR, Vol. II: Testimony, Box 10, Book 6: Holladay SUM APP T-12, S. 4; ebenda, Box 20, Book 12: Henderson APP T-1, S. 61 sowie ebenda, Vol. I: Analyses, Box 1, Chapter 12: Findings and Recommendations, S. 13.

Abschlussbericht.[215] Stattdessen kolportierte er Medinas Lüge von 20–28 zivilen Opfern, getötet im Kreuzfeuer feindlicher Einheiten.[216] Vollends zur Farce geriet das »Verhör« mit 30–40 Soldaten der C Company. Nach Beendigung des »Pinkville«-Einsatzes gerade in der »Firebase Dottie« angekommen, beglückwünschte Henderson sie zu ihrem Erfolg und stellte eine einzige Frage: »Hat eures Wissens nach irgendjemand bei dieser Operation Zivilisten erschossen?« – »Kein Kommentar«, unterbrach ein Sergeant das Schweigen.[217] Henderson salutierte und entließ die Gruppe ohne weitere Nachfragen. Kein GI der C Company sollte ihn in dieser Sache je wieder zu Gesicht bekommen. »Ihr Aussehen und Verhalten waren nicht das von Männern, die gerade eine große Anzahl Frauen und Kinder ermordet hatten«, erklärte Henderson Monate später.[218] Fast überflüssig zu erwähnen ist, dass Henderson keine Ortsbegehung in Xom Lang und Binh Tay vornehmen ließ. Wie von seinen Auftraggebern gewünscht, meldete er nach 72 Stunden bei Samuel W. Koster Vollzug. Der Divisionskommandeur gab sich mit einer mündlichen Zusammenfassung zufrieden. »Für uns steht fest«, so die Peers-Kommission, »dass Henderson die Reichweite seiner Untersuchung und die ihm zugetragenen Informationen vorsätzlich falsch darstellte.«[219]

---

215 NA, RG 319, AS, PI-FR, Vol. I: Analyses, Box 1, Chapter 2: Summary Report, S. 6; ebenda, Vol. II: Testimony, Box 10, Book 6: Culverhouse SUM APP T-126, S. 3–4; ebenda, Box 13, Book 8: Thompson SUM APP T-3, S. 4 sowie ebenda, Box 20, Book 12: Henderson SUM APP T-1, S. 4.

216 NA, RG 319, AS, PI-FR, Vol. I: Analyses, Box 1, Chapter 10: Reports, Investigations, and Reviews, S. 5, 32–34. Monate später räumte Medina ein, dass er Henderson vorsätzlich belogen hatte: Department of the Army, Judge Advocate, Memorandum of Law (Former CPT Medina), o.D., S. 3, in: NA, RG 319, AS, ODCS-PER, VWCWG, MLM, Box 4, Folder: Administrative Review – CPT Ernest L. Medina.

217 NA, RG 319, AS, PI-FR, Vol. I: Analyses, Box 1, Chapter 10: Reports, Investigations, and Reviews, S. 34–35.

218 Witness Testimony Oran Henderson, 2. 12. 1969, in: NA, RG 319, AS, PI-FR, Vol. II: Testimony, Box 20, Book 12, Henderson SUM APP T-1, S. 9.

219 NA, RG 319, AS, PI-FR, Vol. I: Analyses, Box 1, Chapter 2: Summary Report, S. 7. Noch Anfang Dezember 1969, auf dem Höhepunkt der journalistischen Berichterstattung über »My Lai (4)«, machte sich Colonel Henderson für eine fortgesetzte Vertuschung stark. Er schlug in einem am 10. Dezember 1969 an General Westmoreland adressierten Brief vor, dass die Armee ihre Untersuchungen so schnell wie möglich einstellen sollte »und dass die Verantwortung [für die bisherigen Versäumnisse bei der Aufklärung, B.G.] ohne jede Einschränkung nur mir persönlich zugeschrieben werden sollte«. West-

Eine schriftliche Fassung des »Henderson-Berichts« wurde erst unter dem Eindruck einer südvietnamesischen Eingabe erstellt. Mitte April 1968 erfuhr das Hauptquartier der »Americal« Division, dass der Leiter des Distrikts Son Tinh, Tran Ngoc Tan, sich an den südvietnamesischen Verwalter der Provinz Quang Ngai gewandt und das »barbarische Verhalten« und die »wahnsinnige Gewalt« amerikanischer Truppen beklagt hatte.[220] Auf Anraten von Major General Koster legte Henderson daraufhin am 24. April 1968 einen zweiseitigen »Report of Investigation« vor und bekräftigte seine bekannte Lesart, kombiniert mit einem implizit auf Hugh Thompson gemünzten Dementi: »Zu keinem Zeitpunkt wurden Zivilisten zusammengetrieben und von amerikanischen Soldaten getötet.« Abschließend zitierte der Bericht hochrangige südvietnamesische Gewährsleute, denen zufolge anderslautende Behauptungen von der Propagandaabteilung der Vietcong in die Welt gesetzt wurden. »Es wird daher vorgeschlagen«, so Henderson, »eine propagandistische Gegenoffensive gegen den Vietcong im östlichen Teil des Distrikts Son Tinh in die Wege zu leiten.«[221] Die im Zuge der Peers-Ermittlungen von Samuel W. Koster aufgestellte Behauptung, er habe aus Unzufriedenheit mit dem »Henderson-Bericht« eine weitere Untersuchung in Auftrag gegeben und könnte sein Nichtwissen über ein Massaker mit einer Vielzahl handschriftlich beglaubigter Atteste beweisen, war nachweislich eine Lüge. Die vermeintlichen Nachforschungen waren nirgendwo dokumentiert, weil niemand sie in Auftrag gegeben hatte.[222] Diese Einsicht war der Schlussstein für den niederschmetternden Befund der Peers-Kommission: »Innerhalb

---

moreland wies das Ansinnen zurück. Ebenda, Vol. III: Exhibits, Box 54, Book 4: Miscellaneous Documents, S. 29.

220 Tran Ngoc Tan, District Chief, Son Tinh, Schreiben an Lieutenant Colonel Khien, Province Chief, Quang Ngai, 11. 4. 1968, in: NA, RG 319, AS, PI-FR, Vol. III: Exhibits, Box 54, Book 4: Miscellaneous Documents, S. 127. Siehe ebenda, Book 3: Reports, S. 263; ebenda, Book 4: Miscellaneous Documents, S. 231 sowie RG 319, AS, PI-AC, Box 18, Folder: (OCLL) 5 Documents for Reddan. Der Brief von Tran Ngoc Tan wurde der Führung der »Americal« Division umgehend zur Kenntnis gebracht: RG 319, AS, PI-FR, Vol. I: Analyses, Box 1, Chapter 2: Summary Report, S. 7 sowie ebenda, Chapter 10: Reports, Investigations, and Reviews, S. 61.

221 Oran K. Henderson, Report of Investigation, 24. 4. 1968, in: NA, RG 319, PI-FR, Vol. I: Analyses, Box 1, Chapter 10: Reports, Investigations, and Reviews, S. 57–58, 65. Siehe auch ebenda, Vol. 1: Analyses, Chapter 2: Summary Report, S. 8.

222 NA, RG 319, PI-FR, Vol. I: Analyses, Box 1, Chapter 2: Summary Report, S. 9; ebenda, Chapter 10: Reports, Investigations, and Reviews, S. 40, 66.

der ›Americal‹ Division wurden auf jeder einzelnen Kommandoebene, von der Kompanie bis hin zur Division, Handlungen in die Wege geleitet oder unterlassen, die in ihrer Summe dazu beitrugen, das Geschehen von Son My zu vertuschen.«[223]

Als die offiziellen Ermittlungen gegen die »Americal« Division im Frühsommer 1969 begannen, befand sich diese Einheit in einem fortgeschrittenen Stadium der Selbstauflösung. »Von Disziplin war nirgendwo etwas zu merken«, so ein GI, der im April 1968 dem 3. Platoon, C Company, 1. Battalion, 20. Infantry Regiment zugewiesen worden war – jener Kompanie also, die das Massaker von »My Lai (4)« zu verantworten hatte. »Jeder machte, was er wollte. [...] Die Kommandeure kümmerten sich um nichts.«[224] Viele Soldaten hatten mit dem Krieg abgeschlossen, tranken Alkohol während der Einsätze, stellten Versetzungsanträge, meldeten sich krank, verweigerten die Marschbefehle oder hielten es mit »search and evade« – Patrouillen, die sie nicht im Feld, sondern in Verstecken hinter sich brachten. Faktisch hatten selbsternannte Gruppenführer das Kommando übernommen. Vorgesetzte, die ihrer Aufgabe gerecht werden wollten, ernteten im besten Fall Hohn und Spott. »Was machst du um zehn heute Abend? Du kannst mich jederzeit auf meiner Pritsche besuchen und mir einen blasen.«[225] Im schlimmsten Fall wurden Kopfgelder ausgesetzt und Todesdrohungen ausgesprochen, unter anderem gegen Lieutenant William Calley. Dass dergleichen ernst gemeint war, erfuhr der Kommandeur des »1/20« während einer Inspektion am eigenen Leib: Gezielten Schüssen entging Lieutenant Colonel Edwin Beers nur durch Zufall.[226] Als Norman

---

223 NA, RG 319, PI-FR, Vol. I: Analyses, Box 1, Chapter 2: Summary Report, S. 9. Siehe auch ebenda, Chapter 11: Suppression and Withholding of Information, S. 14 sowie ebenda, Chapter 12: Findings and Recommendations, S. 9–12.

224 Sworn Statement James H. Raynor, C Company, 1. Battalion, 20. Infantry Regiment, »Americal« Division, 11. 12. 1969, S. 2, in: NA, RG 319, AS, PI-FR, Vol. IV: CID-Statements, Box 57, S. 396. Siehe auch ebenda, Vol. II: Testimony, Box 33, Book 21, Braddock SUM APP T-217, S. 7 sowie Box 37, Book 23, Hobscheid SUM APP T-368, S. 4. Siehe auch Bilton/Sim, Four Hours, S. 164 und Sack, Leutnant Calley berichtet, S. 99–100.

225 Sworn Statement James H. Raynor, C Company, 1. Battalion, 20. Infantry Regiment, »Americal« Division, 11. 12. 1969, S. 1–2, in: NA, RG 319, AS, PI-FR, Vol. IV: CID-Statements, Box 57, S. 396–397.

226 Witness Testimony James H. Raynor, C Company, 1. Battalion, 20. Infantry Regiment, »Americal« Division, 7. 2. 1970, in: NA, RG 319, AS, PI-FR, Vol. II: Testimony, Box 43, Book 27: Raynor SUM APP T-339, S. 1 sowie Bilton/Sim, Four Hours, S. 196–197.

Schwarzkopf im Dezember 1969 das Kommando über das 1. Battalion, 6. Infantry Regiment, »Americal« Division übernahm, fand auch er seine schlimmsten Befürchtungen bestätigt: Soldaten, die weder Stahlhelme noch Waffen und Munition, wohl aber verrostete Gewehre mit sich führten, die auf nächtlichen Patrouillen den Vietcong vorbeiziehen ließen und noch nicht einmal ihre eigenen Basislager absicherten. »Sie hatten nicht für den mindesten Schutz gesorgt. Der Feind hätte hereinmarschieren, das Feuer eröffnen und Dutzende töten können.«[227]

Tatsächlich kam Letzteres wiederholt vor, beispielsweise am 28. März 1971: 40–50 Vietcong stürmten in den frühen Morgenstunden die »Fire Support Base Mary Ann«, eine dem 1. Battalion, 46. Infantry Regiment, 196. Light Infantry Brigade, »Americal« Division im Westen der Provinz Quang Tin zugewiesene Stellung. »In der fraglichen Nacht«, hieß es in einer anschließenden Untersuchung, »war der Alarmstatus der Basis gleich null. Im besten Fall [...] kann man die Verteidigungsmaßnahmen als unachtsam und gänzlich unangemessen bezeichnen.«[228] Die wenigen Nachtwachen waren nicht auf ihren Posten, wussten nicht, wo Munitionsvorräte lagerten und hätten im Zweifelsfall ohnehin keinen Gebrauch davon machen können, weil die Bestände nicht aufgefüllt worden waren. Die Guerillas nahmen das Lager unbemerkt ein und zerstörten innerhalb von 45 Minuten die wichtigsten Einrichtungen, darunter das taktische Operationszentrum des »1/46«. 30 GIs fanden den Tod, 82 wurden verwundet. Truppeninspekteure und Criminal Investigation Division stellten den zuständigen Offizieren bis zur Spitze der »Americal« Division ein verheerendes Zeugnis aus – nicht zuletzt, weil sie es angeordnet beziehungsweise geduldet hatten, dass die Leichen von fünf bei dem Angriff gefallenen Vietcong in einer Abfallgrube ver-

---

227 Schwarzkopf, Autobiography, S. 155. Siehe auch ebenda, S. 151–154, 167; *Time*, 8. 11. 1971: The Americal Goes Home sowie Headquarters Americal Division, Memorandum, Subject: Firing Incidents, 21. 4. 1970, in: NA, RG 319, AS, PI-AC, Box 18, Folder: (OCLL) Documents Seen by Hebert Special Subcommittee (Item AD).

228 Fire Support Base Mary Ann Incident Backup Papers: Background, S. 3, o.D., in: NA, RG 319, AS, PI-AC, Box 10, Folder: Fire Support Base Mary Ann File # 1 (4 Jul 71–9 Feb 72) (1 of 2). Anfang Dezember 1968 war eine Fire Support Base der A Company, 4. Battalion, 503. Infantry Regiment, 173. Airborne Brigade (Separate) auf ähnliche Weise gestürmt worden: Sworn Statement Anthony B. Herbert, 6. 11. 1970, S. 1–2, in: RG 472, USFSEA, MACV, DRAC, IG, Preliminary Inquiry Re: Colonel Franklin, Box 2, Folder: Preliminary Investigation Re: Col. Franklin Vol. III (Pt. 3 of 4), 1971.

brannt wurden. »Die Unbotmäßigkeit der Truppen ist das Ergebnis unzureichender Führung.«[229]

»Die vorliegenden Fakten deuten darauf hin, dass bei amerikanischen Truppen in Vietnam Zustände herrschen, die in diesem Jahrhundert nur von den Meutereien in der französischen Armee im Jahr 1917 und dem Zusammenbruch der zaristischen Armee 1916 und 1917 übertroffen wurden«, schrieb Colonel Robert D. Heinl 1971 im *Armed Forces Journal*.[230] Die aus allen Teilen Vietnams eingehenden Nachrichten ließen kaum einen anderen Schluss zu. Weit über die Hälfte der heimkehrenden GIs gab an, in Vietnam Marihuana, Heroin oder Opium konsumiert zu haben.[231] 1970 desertierten allein in den Reihen der Marines 60 von 1000 Soldaten – während des Zweiten Weltkrieges hatte die höchste Quote bei 17:1000, im Koreakrieg bei 30:1000 gelegen. An jedem Tag des Jahres 1971 belief sich die Zahl der dauerhaft oder vorübergehend fahnenflüchtigen Marines auf die Stärke eines kompletten Infanteriebataillons.[232] Wenn Robert D. Heinl von Meutereien sprach, hatte er hauptsächlich Akte der Selbstdestruktion im Blick, die es in dieser Form in der amerikanischen Armee noch nie gegeben hatte. Das »fragging« – Anschläge auf Vorgesetzte und Kameraden mit »fragmentation grenades« hoher Streuwirkung – forderte eine bis heute unbekannte Menge an Todesopfern. Offiziell stehen 126 Mordversuche an Offizieren und Unteroffizieren für das Jahr 1969 zu Buch; 1971 waren es 333 bestätigte Fälle. Die tatsächliche Zahl dürfte um ein Vielfaches höher liegen und neben verhassten Vorgesetzten auch GIs einschließen, die sich auf die eine oder andere Art unbeliebt gemacht hatten.[233]

---

229 Headquarters, 196th Infantry Brigade, 23rd Infantry Division, Memorandum, Subject: Report of Investigation Concerning Alleged War Crime, 29 March 1971, on LZ Mary Ann, 11. 8. 1971, S. 6; siehe ebenda, S. 4, in: NA, RG 319, AS, ODCS-PER, VWCWG, CaFi, Box 19, Folder: Potter Incident (FSB Mary Ann Incident), Case 226 sowie Fire Support Base Mary Ann Incident Backup Papers: Assessment of Responsibility, S. 7, o.D., in: NA, RG 319, AS, PI-AC, Box 10, Folder: Fire Support Base Mary Ann File # 1 (4 Jul 71–9 Feb 72) (1 of 2).

230 Heinl, Collapse of the Armed Forces, S. 35. Siehe Westmoreland, Facing Up to Challenges.

231 Lewy, America in Vietnam, S. 154 sowie Spector, After Tet, S. 277.

232 1971 General Officers' Symposium: Manpower Programs – The State of Marine Corps Manpower, S. 28–29, in: NA, RG 127, HMC-HDPT, TF, FRC Box 4, Folder: General Officers' Symposia, 1965–1971 – Extracts.

233 Lewy, America in Vietnam, S. 155; Gibson, Perfect War, S. 209f.; Terry, Bloods, S. 252. Siehe auch NA, RG 127, HMC-HDPT, TF, FRC Box 4, Folder: Command Concerns: Drugs/Racial Strife/Fragging sowie Commanding

Noch weiter verbreitet und in ihrer Wirkung ungleich nachhaltiger waren die gewaltsam ausgetragenen Rassenkonflikte. Zunächst mehrheitlich auf Versorgungstruppen beschränkt, traten sie seit 1969 auch vermehrt unter Frontsoldaten auf. Bisweilen war sogar von einer Beeinträchtigung der Kampffähigkeit die Rede. Zwischen Januar und Dezember 1970 sind allein in den Akten des Marine Corps 1060 gewalttätige Auseinandersetzungen zwischen schwarzen und weißen Soldaten vermerkt. Bei anderen Einheiten kann von ähnlichen Größenordnungen ausgegangen werden.[234] Wie es scheint, richteten sich die Aufstände in den mehrheitlich mit Schwarzen belegten Militärgefängnissen von Long Binh und Camp Baxter – die im August 1968 beziehungsweise im Dezember 1970 ausgebrochen waren und erst nach Tagen beendet werden konnten – nicht allein gegen schikanöse Haftbedingungen. Offenbar sah ein Teil der Revoltierenden die Zeit gekommen, ein Fanal zu setzen und die Kameraden an der Front zur allgemeinen Befehlsverweigerung zu ermutigen – unter anderem mit dem Hinweis auf die ihrer Sache vermeintlich wohlgesinnten Vietcong.[235] »Im Augenblick kämpft die amerikanische Armee ihre gefährlichste Schlacht«, hieß es im September 1972 in der *Washington Post*, »eine Schlacht um das Überleben als Institution.«[236]

Zum Teil hingen die Disziplinprobleme mit Erschrecken und Scham über die eigene Gewalttätigkeit zusammen. Diese Beobachtung machte Seymour M. Hersh am Beispiel der C Company, 1. Battalion, 20. Infantry Regiment, »Americal« Division. Einer ihrer Soldaten trug eine Armbinde mit der Aufschrift »Beschämt über die Morde der Americal«, andere nahmen jede Gelegenheit zur Konfrontation mit ihren Vorgesetzten wahr. Von einem GI wird behauptet, dass er alle für »My Lai (4)«

General, III. Marine Amphibious Force, Rundschreiben, 31. 8. 1969, in: ebenda, Folder: Federal Records Center.

234 Solis, Son Thang, S. 211–212; Spector, After Tet, S. 245, 249, 259; Moser, New Winter Soldiers, S. 74; Moskos, Dilemma in Uniform, S. 94–116 sowie NA, RG 127, HMC-HDPT, TF, FRC Box 4, Folder: Command Concerns: Drugs/Racial Strife/Fragging.

235 Zum Aufstand in Long Binh siehe NA, RG 472, USFSEA, USAV, PM, AO-CGR, Box 5, Folder: Confinement Instruction File (Pt. 3 of 4), 1969. Zur Revolte in Camp Baxter siehe RG 472, USFSEA, MACV, IG, ID, Miscellaneous Reports of Investigations, Box 8, Folder: ROI – Racial Incident at Camp Baxter, Da Nang (2 of 2) sowie RG 472, USFSEA, USAV, IG, ICD, ROI, CaFi, Box 39, Folder: Case # 71–48. Alleged Racial Disorder in 329th Trans Co.

236 Haynes Johnson/George C. Wilson, The U.S. Army: A Battle for Survival, in: *The Washington Post*, 12. 9. 1972. Siehe auch Cortright, Soldiers in Revolt; Cincinnatus, Self-Destruction sowie Hauser, Army in Crisis.

verantwortlichen Offiziere ermorden wollte. »Sie waren schlicht unkontrollierbar.«[237] Die eigentliche Ursache für den passiven und aktiven Widerstand liegt indes in der Erwartung eines bevorstehenden Rückzugs begründet. Seit Ende 1968 war offenkundig, dass der Krieg mit den vorhandenen Mitteln nicht zu gewinnen war und dass Washington aus politischen Gründen keine weiteren Mittel investieren konnte. Die GIs zogen daraus ihre eigenen Schlüsse: »Wer will schon als Letzter beim Kofferpacken getötet werden?«

Die 9. Infantry Division war der erste Großverband, der nach Hause beordert wurde – zwei Monate nach Abschluss der Operation »Speedy Express«. Im August 1969 hatten alle amerikanischen Kampfbataillone die IV. Corps Tactical Zone geräumt, bis Ende Dezember 1969 waren 68000 GIs aus Vietnam abgezogen worden. Im Jahr darauf verließen weitere 140000 das Land und am 1. Dezember 1971 war die US-Militärpräsenz auf 184000 Mann geschrumpft.[238] Statt mit Kampfaufträgen waren sie vornehmlich mit der Ausbildung und Versorgung vietnamesischer Truppen befasst. Über den Alltag des seither »vietnamisierten Krieges« ist kaum etwas bekannt. In der vom Vietcong publizierten Liste über Kriegsverbrechen und Massaker wird die südvietnamesische Armee seit Mitte 1969 für die Mehrzahl aller Vergehen verantwortlich gemacht: Die ARVN soll bei 22 Übergriffen das alleinige Kommando geführt und Tausende Zivilisten ermordet haben.[239] Konnten dergleichen Anschuldigungen mit Blick auf US-Truppen nur in wenigen Fällen überprüft werden, so entzieht sich der »Bruderkrieg« vollends einer kritischen Würdigung. Die Wahrheit liegt auch hier im Grauen.

---

237 Seymour M. Hersh, zit. n.: Interview with *CBS Morning News*, WTOP TV, Washington, D.C., 19. 1. 1972, Transkript S. 5, in: NA, RG 319, AS, PI-AC, Box 39, Folder: Son My Chron. File # 22 (1 of 3). Siehe auch RG 319, AS, PI-FR, Vol. II: Testimony, Box 37, Book 23: Alaux SUM APP T-68, S. 5; ebenda, Box 45, Book 28: T'Souvas SUM APP T-293, S. 2; ebenda, Vol. IV: CID-Statements, Box 57, S. 454; Sworn Statement Victor Romero, Company C, 1. Battalion, 20. Infantry Regiment, »Americal« Division, 29. 10. 1969, S. 1, in: RG 319, AS, PI-AC, Box 46, Folder: Son My Biographical Data (Individuals Charged) (9 of 10) sowie Anderson, Facing, S. 39.

238 Department of the Army, Office of the Deputy Chief of Staff for Military Operations, Pertinent Data Operation Speedy Express (1 Dec 1968–31 May 1969), o.D., Secret, S. 2, in: NA, RG 319, AS, PI-AC, Box 19, Folder: Operation »SPEEDY EXPRESS« (1 of 2) Chron. File # 1 sowie RG 472, USAV, MHD, HBF, Box 4, Folder: OPORD/Redeployment of 9th Inf. Div to Dong Tam/AAR May 68.

239 PRG Information Bureau: Fall 13–15, 17–20, 22–24, 26, 27, 29, 36, 37, 40, 41, 46–48, 50 und 54.

Richter

»Es [»My Lai 4«] wurde vertuscht, weil es im Interesse des Landes war. [...] Wir wissen doch, warum es passiert ist. Diese Jungs, getötet von Frauen, die Munition in ihren Handtaschen rumschleppen. [...] Schaffen wir die Sache aus dem Weg.«

(Richard Nixon)[1]

»Die Diskussion über Vietnam erwies sich oft als Faszination über Dinge, die bestenfalls peripher waren. [...] Das Phoenix-Programm wurde attackiert, obwohl die Taktiken der Nordvietnamesen und der Vietcong unendlich brutaler waren. Der My Lai-Zwischenfall beschmutzte das Ansehen einer amerikanischen Armee, die zwar nicht immer, aber im Allgemeinen im Umgang mit der Zivilbevölkerung sehr mitfühlend gewesen war.«

(Henry Kissinger)[2]

Vom »My Lai (4)«-Massaker abgesehen, befasste sich die Criminal Investigation Division (CID) der Armee bis Ende 1972 mit 244 gravierenden Verstößen gegen das Kriegsrecht. Bis Oktober 1971 waren die Untersuchungen in 172 Fällen und gegen 216 Beschuldigte abgeschlossen. Auf Grundlage ihrer Ermittlungen empfahl die CID, gegen 152 GIs und Offiziere ein Strafverfahren einzuleiten. 84 mussten sich tatsächlich vor einem Militärtribunal verantworten. 30 von ihnen wurden erstinstanzlich verurteilt, 30 weitere freigesprochen, und 24 gingen als Kronzeugen oder aus anderen, nicht spezifizierten Gründen straffrei aus.[3] Dass auch 48 Marines wegen Mordes oder Totschlags an Vietnamesen verurteilt wurden, sei nur der Vollständigkeit halber erwähnt. Aussagekräftig ist diese Information nicht. Denn die Statistik des »Naval Investigative Service« (NIS) gibt keine Auskunft darüber, wie viele Vorwürfe

---

1 Richard Nixon, Telefongespräch mit Henry Kissinger am 17. 3. 1970, in: NA, NPMP, NSC, Box 612, Folder: Israel Aid.

2 Henry Kissinger, undatiertes Memorandum an Gerald Ford, zit. n. Berman, No Peace, S. 281.

3 ODCS-PER, Talking Paper 3. 9. 1971 und 1. 10. 1971, in: NA, RG 319, AS, ODCS-PER, VWCWG, CF, Box 1, Folder: War Crimes Allegations Talking Papers – Sep. 1971 und Folder: War Crimes Allegations Talking Papers – Oct. 1971; ebenda, Box 3, Folder: War Crimes Allegations Index (for Allegations other than My Lai). Siehe auch Solis, Son Thang, S. 188.

gegen Marines vorgelegen hatten und ob die Täter bei Einsätzen oder in ihrer Freizeit straffällig geworden waren.[4]

Obwohl im Vergleich zu den Marines wesentlich detaillierter, sind auch die Daten über Armeeangehörige nur als grobe Anhaltspunkte zu verstehen. Sie beziehen sich ausschließlich auf Fälle, die seit Herbst 1969 von GIs angezeigt worden waren und hauptsächlich auf die Zeit zwischen dem Sommer 1967 und dem Herbst 1969 zu datieren sind. Wie viele weitere Verfahren anhängig waren, ist unklar und im Nachhinein kaum zu ermitteln. Denn weder führte die Armee über Ermittlungsverfahren und Strafprozesse kontinuierlich Buch, noch gab es beim Judge Avocate General – der obersten Justizabteilung aller Waffengattungen – oder andernorts im Pentagon ein einschlägiges, die gesamte Kriegszeit erfassendes Zentralregister.[5] Infolgedessen sind die meisten Protokolle über Militärtribunale, so sie denn aufbewahrt wurden, schwer lokalisierbar. Unser Wissen über die Zeit vor dem »My Lai (4)«-Skandal basiert auf Zufallsfunden in den Beständen einzelner Divisionen oder Regimenter. Aus der Kombination der vorliegenden Daten ergibt sich, dass – bezogen auf alle Kriegsjahre – gut 47 Prozent aller Beschuldigten vor einem Militärtribunal angeklagt und knapp 25 Prozent der Angeklagten in erster Instanz verurteilt wurden.[6]

Kriegsrecht und militärische Rechtskultur

Im Prinzip unterstanden amerikanische Truppen in Vietnam dem internationalen Kriegsrecht. Zwar handelte es sich um einen von beiden Seiten unerklärten Krieg. Ob in einem solchen Fall die Gebote und Verbote

---

4 Guenther Lewy, America in Vietnam, S. 456.

5 Department of the Army, Office of the Judge Advocate General, International Affairs Division, Memorandum for: The Judge Advocate General. Subject: Investigation and Prosecution of War Crimes and the Maintenance and Custody of Reports of Investigation and Other Records Pertaining to Such Crimes, 14. 6. 1968, S. 3, in: NA, RG 338, USA-AC, HD22-UR, Box 44, Folder: S11–02 Vietnam. Investigation and Prosecution of War Crimes (1968) sowie Department of the Army, Office of the Judge Advocate General, International Affairs Division, Fact Sheet, Subject: Possible or Suspected War Crimes, 9. 12. 1969, in: RG 319, AS, PI-AC, Box 32, Folder: Son My Chron. File # 3 (2 of 2).

6 Diese Mischkalkulation legt die oben vorgestellten Daten der Criminal Investigation Division sowie Angaben von Guenter Lewy zugrunde. Siehe Lewy, America in Vietnam, S. 324f., 348, 352, 457–459.

der Landkriegsordnung uneingeschränkt gelten, ist von jeher ebenso strittig wie der Status irregulärer Kämpfer: Können Guerillas und Aufständische, die abweichend von militärischen Gepflogenheiten ihre Waffen nicht offen tragen und weder an Uniformen noch an Rangabzeichen zu erkennen sind, die Schutzbestimmungen der Haager und Genfer Konventionen für sich in Anspruch nehmen? Aber diese Fragen waren seit März 1966 gegenstandslos. Indem die politische Führung der USA den Krieg in Vietnam nicht mehr als Bürgerkrieg, sondern als internationalen Konflikt interpretierte, schuf sie auch juristische Klarheit. Und ging eine auch seitens des Militärs ausdrücklich akzeptierte Selbstverpflichtung ein: Wie andernorts galten in Vietnam sowohl die schriftlich kodifizierten wie gewohnheitsmäßig respektierten Regeln zur Einhegung des Krieges – Geist und Buchstabe aller Verpflichtungen also, die seit der Übereinkunft von Den Haag im Jahr 1907 von der internationalen Gemeinschaft anerkannt worden waren. Jedes Militärgericht war gehalten, seine Urteile auf der Basis internationalen Rechts zu finden.[7]

Unhintergehbar waren die im kriegsrechtlichen Kanon formulierten Verbote: das vorsätzliche Töten von Zivilisten und Kriegsgefangenen, Angriffe auf nicht verteidigte Orte oder Gebäude, unmenschliche Behandlung jeder Art und gegenüber jedermann, Folter, Geiselnahme, militärisch nicht gerechtfertigte Zerstörungen sowie Plünderungen, Deportationen mit dem Zweck der Versklavung oder der militärischen Indienstnahme, Entrechtung von Zivilisten oder Gefangenen eines Feindstaates.[8] Der Umstand, dass unbeteiligte Zivilisten oft Opfer von Luftangriffen wurden, hatte keinen Einfluss auf die für Bodentruppen geltenden Restriktionen. In der viel zitierten Formulierung des Nürnberger Einsatzgruppenprozesses: »Bomben werden beispielsweise mit dem Ziel abgeworfen, Eisenbahndepots zu zerstören. Möglich, dass sie Häuser entlang der Bahnlinien treffen und viele ihrer Bewohner töten. Juristisch wie faktisch ist es hingegen etwas gänzlich anderes, wenn Infanteristen dieses Ziel erstürmen, die Häuser

7 NA, RG 319, AS, PI-FR, Vol. I: Analyses, Box 1, Chapter 9: Policy and Directives as to Rules of Engagement and Treatment of Noncombatants, S. 2 sowie An Analysis of the Evolution of MACV Rules of Engagement Pertaining to Ground Operations 1965–69, o. D., in: RG 319, PI-AC, Box 6, Folder: Conduct of the War in Vietnam, Chron. File # 2 (2 of 2). Siehe auch Lewy, America in Vietnam, S. 343 sowie Solis, Son Thang, S. 187.

8 NA, RG 319, AS, PI-FR, Vol. I: Analyses, Box 1, Chapter 9: Policy and Directives as to Rules of Engagement and Treatment of Noncombatants, S. 3.

besetzen, alle Männer, Frauen und Kinder ins Freie zerren und erschießen.«[9]

Darüber hinaus wurden auch die Gebote des Kriegsrechts als verbindlich akzeptiert – juristische Richtlinien, die vergleichsweise deutungsoffen waren und mehr Spielraum für subjektives Ermessen boten, aber auf ihre Weise unterstrichen, dass Krieg kein rechtsfreier Raum war und auch der Ausnahmezustand nicht als Lizenzierung von Willkür gedeutet werden konnte. Das bekannteste und zugleich umstrittenste dieser Gebote handelt von der Verhältnismäßigkeit der Mittel. Vor dem Hintergrund der nach 1945 geführten Prozesse lässt sich mit Blick auf Vietnam feststellen, dass jede Kriegspartei für sich in Anspruch nehmen durfte, dem Feind die Quellen materieller Reproduktion streitig zu machen. Trotzdem war nicht jedwede Zerstörung der Infrastruktur, sei es mittels Entlaubung, Vergiftung von Brunnen oder der Einrichtung von »Free Fire Zones«, automatisch als »militärische Notwendigkeit« entschuldbar. Im Zweifel musste sich ein Kommandeur dafür genauso verantworten wie für den übermäßigen Einsatz von Feuerkraft gegen militärische Ziele in Siedlungsgebieten oder strategisch irrelevante Orte.[10] Vor allem aber stellten die Gebote des Kriegsrechts auf ein nach 1945 durchgängig reklamiertes Prinzip ab – das Prinzip der individuellen Verantwortlichkeit von Offizieren und Mannschaften.

Für Offiziere galt ein als »respondeat superior« umschriebener Grundsatz. Dass der »Vorgesetzte antworten möge«, ist im Sinne von »sich verantworten« zu lesen und unterstellt eine Haftung für die von Untergebenen verursachten Schäden. Im Fall des japanischen Generals Tomoyuki Yamashita war erstmals über die damit verbundenen Voraussetzungen und Weiterungen verhandelt worden. Yamashita, Kommandierender General der 14. Armeegruppe der kaiserlichen Armee, wurde wegen der Ermordung von 25000 philippinischen Zivilisten im Zuge der Einnahme Manilas zwischen Oktober 1944 und August 1945 der Prozess gemacht. Von einer US-Militärkommission Anfang Dezember

---

9 Zit. n. Army Report – Southeast Asia Rules of Engagement, Law of War, Annex A, o.D., S. 7, in: NA, RG 319, ODCS-PER, VWCWG, CF, Box 4, Folder: Army Report – Law of South Asia Rules of Engagement, Law of War (Undated).

10 Army Report – Southeast Asia Rules of Engagement, Law of War, Annex A, o.D., S. 8–14, in: NA, RG 319, ODCS-PER, VWCWG, CF, Box 4, Folder: Army Report – Law of South Asia Rules of Engagement, Law of War (Undated) sowie MACV Directive 20-4: Inspections and Investigations of War Crimes, in: ebenda, Folder: Reporting and Investigating War Crimes Allegations – Procedures and Regulations.

1945 zum Tod durch Erhängen verurteilt, ging Yamashita in die Revision und verwies in erster Linie darauf, dass er sich zur fraglichen Zeit nachweislich nicht auf den Philippinen aufgehalten hatte. Die Gründe, die zur Ablehnung seines Antrags geltend gemacht wurden, gingen in die Geschichte des internationalen Kriegsrechts ein. Den Anklägern zufolge musste sich Yamashita über die Vorgänge auf den Philippinen im Klaren gewesen sein – weil eine große Zahl von Menschen unter Beteiligung sehr vieler Täter ermordet wurde und weil sich die Verbrechen über einen Zeitraum von fast elf Monaten erstreckten. Auf Nichtwissen zu plädieren, entbehrte im konkreten Fall jeder Plausibilität. Möglicherweise, so hielt man dem General zugute, wären die Morde auch gegen seinen ausdrücklichen Befehl begangen worden. Das Urteil bedeutete also nicht, dass ein Kommandeur zu jeder Zeit und unter allen Umständen für die Praktiken der ihm anvertrauten Truppen verantwortlich gemacht werden kann. Den Ausschlag gab vielmehr, dass Yamashita seiner Aufsichtspflicht vorsätzlich und auf grob fahrlässige Weise nicht nachgekommen war. In anderen Worten: Schuldig im Sinne des »respondeat superior« sind Vorgesetzte, sobald sie verfügbare Mittel und Möglichkeiten zur Kontrolle und Disziplinierung ihrer Untergebenen ungenutzt lassen.[11]

Das Yamashita-Urteil wurde in der Folge vom Obersten Gerichtshof der USA bestätigt und spielte in den Nürnberger Nachfolgeprozessen gegen das Oberkommando der Wehrmacht (Fall 12) wie beim Internationalen Militärtribunal für Fernost eine Rolle. In Nürnberg wurden die Kriterien für eine Haftbarkeit von Vorgesetzten enger gefasst: »Die Vergehen [der Truppen, B.G.] müssen *erkennbar* krimineller Natur sein«, hieß es, »und es muss ein *persönlich zuordenbares* Versäumnis [des Vorgesetzten, B.G.] vorliegen, das auf eine *mutwillige, unmoralische* Nichtbeachtung und mithin auf *Einverständnis* hinausläuft.«[12] Ob Yamashita

---

11 Army Report – Southeast Asia Rules of Engagement, Law of War, Annex A, o.D., S. 17–29, in: NA, RG 319, ODCS-PER, VWCWG, CF, Box 4, Folder: Army Report – Law of South Asia Rules of Engagement, Law of War (Undated) sowie A Commander's Responsibility for War Crimes Committed by Persons Subject to his Control, o. D., in: RG 319, PI-AC, Box 6, Folder: Conduct of the War in Vietnam, Chron. File # 2 (2 of 2).

12 Nürnberger Nachfolgeprozess, Fall 12: Oberkommando der Wehrmacht, zit. n.: Trials of War Criminals Before the Nuremberg Military Tribunals Under Control Law No. 10, Washington, D.C. 1950, Vol. XI, S. 543–544. (Hervorhebungen B.G.) Siehe auch: NA, RG 338, USA-AC, HD22-UR, Box 44, Folder: S11-02 Vietnam. War Crimes Allegations and Replys to Allegations (1971) (Folder 2 of 2).

verurteilt worden wäre, wenn die Ankläger sein »Einverständnis« mit dem Vorhandensein »erkennbarer« – also Kriegsverbrechen zweifelsfrei identifizierender – Informationen hätten nachweisen müssen, sei dahingestellt.[13] Demgegenüber weitete man im Tokioter Prozess das Spektrum justitiabler Versäumnisse aus. Auch ein Kommandeur, der wiederholt auf die Einhaltung des Kriegsrechts gedrungen hatte, konnte schuldig gesprochen werden. »*Seine Pflicht ist es*, Befehle zu erteilen und praktische Maßnahmen in die Wege zu leiten, die geeignet sind, das Begehen weiterer Kriegsverbrechen zu verhindern, und *sich persönlich davon zu überzeugen, dass diesen Befehlen Folge geleistet wird.*«[14] Dass die juristische Interpretation dieser Vorgaben bis heute umstritten ist, liegt angesichts der komplexen Materie auf der Hand.[15] Für unseren Zusammenhang soll der Hinweis genügen, dass Truppenkommandeure in Vietnam gewärtig sein mussten, an den Kriterien des Yamashita-Urteils gemessen zu werden. »Der Vorgesetzte ist auch verantwortlich«, hieß es im damals verbindlichen Field Manual »27-10« der US Army, »wenn er tatsächlich darüber informiert ist oder – durch ihm zugegangene Berichte beziehungsweise auf anderem Wege – darüber informiert sein sollte, dass seiner Kontrolle unterstellte Truppen oder andere Personen entweder im Begriff sind, Kriegsverbrechen zu begehen oder sie bereits begangen haben, und wenn er es versäumt, die notwendigen und angemessenen Maßnahmen zur Einhaltung des Kriegsrechts zu ergreifen oder die in Frage kommenden Schuldigen zu bestrafen.«[16]

Einfache Soldaten haben unter Verweis auf »respondeat superior« immer wieder eine Generalentschuldung für ihre eigenes Verhalten ein-

13 In seinem Fall wurde das Vorhandensein »erkennbarer« Informationen nur als plausibel unterstellt. Einschlägige Dokumente standen der Anklage nicht zur Verfügung: Kenneth J. Hodson, Judge Advocate General, US Army, From Nuremberg to My Lai, in: *American Bar Association Journal*, 57 (1971) 3, S. 10.

14 Internationales Militärtribunal für Fernost, zit. n. International Military Tribunal for the Far East, International Japanese War Crimes Trial, Tokio: US Navy, Office of the Judge Advocate General, 1946–1948, Vol. 203, S. 49; siehe ebenda, S. 809. (Hervorhebung B.G.) Siehe auch NA, RG 338, USA-AC, HD22-UR, Box 44, Folder: S11–02 Vietnam. War Crimes Allegations and Replys to Allegations (1971) (Folder 2 of 2).

15 Siehe Belknap, War on Trial sowie Nill-Theobald, »Defences« bei Kriegsverbrechen.

16 Department of the Army, Field Manual 27-10: The Law of Land Warfare, Washington, D.C., Department of the Army: 18. 7. 1956, S. 178–179: § 501. Siehe auch NA, RG 319, ODCS-PER, VWCWG, CF, Box 4, Folder: Army Report – Law of South Asia Rules of Engagement, Law of War (Undated).

gefordert – also »höheren Befehl« oder wahlweise »Befehlsnotstand« geltend gemacht. Obwohl amerikanische Militär- wie Zivilrichter bereits Mitte des 19. Jahrhunderts die uneingeschränkte Verantwortung auch des Untergebenen betont und im Fall illegaler Befehle gar von einer Pflicht zum Ungehorsam gesprochen hatten,[17] konnten sich GIs jahrzehntelang ihrer Immunität gewiss sein. Dafür stehen Urteile aus der Zeit des auf den Philippinen geführten Krieges[18] und nicht zuletzt die vom US-Kriegsministerium im Jahr 1914 herausgegebenen »Regeln des Landkrieges«: »Angehörige der Streitkräfte werden für diese Vergehen *nicht* bestraft werden, sofern sie auf Befehl oder mit der Zustimmung ihrer Regierung oder ihres Kommandeurs begangen wurden.«[19] Bis weit in den Zweiten Weltkrieg wurden auf dieser Grundlage Freisprüche erster Klasse vergeben. Und auch die einschneidende Korrektur im Field Manual der US Army vom November 1944 stieß zunächst auf erheblichen Widerstand. »Höherer Befehl kann nur dann vor einer Verurteilung schützen«, hieß es dort, »wenn der Angeklagte nicht wusste oder nach Lage der Dinge nicht wissen konnte, dass der Befehl illegal war.«[20] Letzteres zu akzeptieren fällt keiner auf Gehorsam verpflichteten Institution leicht. Im amerikanischen Fall kam die traditionelle Fixierung auf Befehlstaktik erschwerend hinzu – der Umstand also, dass Untergebene darauf gedrillt waren, sich strikt an die Weisungen ihrer Vorgesetzten zu halten und sich jener Interpretationsfreiheit

17 Eric J. Fygi, Military Justice Division, Judge Advocate General, Department of the Army, Memorandum 1969/8751, o.D., S. 2–4, in: NA, RG 319, AS, PI-CI, Box 1, Folder: Vol. III – Chronology. Die uneingeschränkte Verantwortung von Untergebenen wird auch betont in den Manuals for Courts Martial, US Army, 1921 und 1928, § 415 beziehungsweise § 148a.

18 Department of the Army, Judge Advocate General, Military Justice Division, Fact Sheets 77317 (19. 6. 1970) und 714187 (18. 6. 1970), in: NA, RG 319, ODCS-PER, VWCWG, CF, Box 6, Folder: Background Information – History of War Crimes sowie Kenneth J. Hodson, Judge Advocate General, US Army, Vortrag vor der Minnesota State Bar Association, 18. 6. 1971, in: USCR, Senate, 29. 6. 1971, S. S10209–S10211.

19 US War Department, Rules of Land Warfare, 1914, zit. n. Solis, Son Thang, S. 269. (Hervorhebung B.G.) Zu den Freisprüchen von Angeklagten, die im Jahr 1902 des mehrfachen Mordes an Filipinos beschuldigt wurden, siehe Department of the Army, Judge Advocate General, Military Justice Division, Fact Sheets 77317 (19. 6. 1970) und 714187 (18. 6. 1970), in: NA, RG 319, ODCS-PER, VWCWG, CF, Box 6, Folder: Background Information – History of War Crimes.

20 Kenneth J. Hodson, Judge Advocate General, US Army, From Nuremberg to My Lai, in: *American Bar Association Journal*, 57 (1971) 3, S. 10.

zu begeben, die unter den Bedingungen einer auf Improvisation orientierten Auftragstaktik erwünscht, wenn nicht gefordert ist. In einem solchen Milieu wird in der Tat nur geduldet, wer keine Fragen stellt.[21]

Andererseits ist die nachhaltige Wirkung des Nürnberger Tribunals und insbesondere des im Anschluss geführten Einsatzgruppenprozesses (Fall 9) in Rechnung zu stellen – und mit ihr eine als »mens rea« bekannte lateinische Rechtsmaxime: »Actus non facit reum nisi mens sit rea.« In problemorientierter Übersetzung: Um eine strafrechtliche Verantwortlichkeit zu begründen, muss hauptsächlich die subjektive Seite der Tat oder die »innere Tatseite« gewürdigt werden – der »Geist der Dinge« in Gestalt einer dem Täter vorwerfbaren Gesinnung.[22] Den für unsere Zwecke relevanten Bezug verdeutlicht ein Schriftsatz aus dem Jahr 1954. In Revisionsverfahren hatten sich die Gutachter mit dem Gnadengesuch eines GIs zu befassen, der in Korea einen Zivilisten ermordet und sich auf den Befehl seines Vorgesetzten berufen hatte. »Ein Soldat oder ein Pilot ist kein Roboter«, hielten die Juristen in Fortschreibung der Nürnberger Argumentation fest, »sondern ein zu logischem Denken fähiges Wesen. Als solches hat er die Pflicht, bei Befehlen eines vorgesetzten Offiziers sein Urteilsvermögen walten zu lassen. Insofern diese Befehle offensichtlich jenseits der Zuständigkeit des betreffenden Offiziers liegen und insofern sie eindeutig und schon beim bloßes Ansehen als illegal kenntlich sind, auf dass jeder Mensch von gewöhnlichem Sinn und Verstand sie als illegal erkennen würde, schützt der Gehorsam gegenüber einem höheren Befehl einen Soldaten nicht mit Blick auf die Taten, die im Vollzug derart illegaler Befehle begangen werden.« In anderen Worten: Nur klinische Unzurechnungsfähigkeit ist im strafrechtlichen Sinn schuldbefreiend. Andernfalls hatte, wer einem Mordbefehl Folge leistete, sich als Mörder zu verantworten. »So lautet das Gesetz in Sachen höherer Befehle.«[23] Auch dieses Votum ging als verbindlicher Grundsatz in das Field Manual »27-10« der US Army aus dem Jahr 1956 ein.

---

21 Solis, Son Thang, S. 95, 144.

22 Piragoff, Article 30, in: Triffterer (Hg.), Commentary on the Rome Statute, S. 732–740.

23 Aus der »Jury Instruction« eines Richters während eines Militärgerichtsverfahrens gegen eines des Mordes angeklagten GI der D Company, 1. Battalion, 8. Cavalry Regiment, 1. Cavalry Division (Airmobile), zit. n. United States Army Judiciary, Office of the Judge Advocate General, Board of Review, 2. 7. 1968, S. 3, in: NA, RG 319, AS, ODCS-PER, VWCWG, CaFi, Box 14, Folder: Ogg Incident, Case 112.

Für die Umsetzung des internationalen Kriegsrechts innerhalb der amerikanischen Streitkräfte war die Verabschiedung des Uniform Code of Military Justice (UCMJ) im Jahr 1951 von entscheidender Bedeutung. Nicht nur wurden die »Rules of Land Warfare« in allen ihren Bestandteilen – einschließlich der aus »respondeat superior« und »mens rea« abgeleiteten Prinzipien – als rechtsdogmatisch verbindliche Grundlagen von Militärgerichten bestätigt. Darüber hinaus legte man neue verfahrensrechtliche Prinzipien fest. Bis dato hatte das amerikanische Militärrechtswesen wie eine Illustration des berühmten Spruchs von Georges Clemenceau angemutet: Militärisches Recht verhält sich zu Recht wie Militärmusik zu Musik. Betroffene wie außenstehende Beobachter kritisierten über Jahrzehnte den mangelhaften Rechtsbeistand und insbesondere die zur Gewohnheit gewordene Praxis, für ein und dasselbe Vergehen unterschiedliche, wenn nicht willkürlich bemessene Strafen zu verhängen – und machten mit gutem Grund geltend, dass es in diesen Verfahren nicht um die Aufklärung von Tatbeständen und Rechtsprechung, sondern vornehmlich um die rigorose Durchsetzung von Disziplin ging.[24] Mit dem UCMJ wurde alldem ein Ende bereitet. Fortan galten für ein militärisches Strafverfahren die Regeln ziviler Strafprozesse. Angeklagte hatten von der ersten Einvernahme bis zur Urteilsfindung das Recht auf anwaltliche Vertretung, konnten zwischen einem militärischen und zivilen Verteidiger wählen und – so der Richterspruch auf unehrenhafte Entlassung oder eine Gefängnisstrafe von einem Jahr oder mehr lautete – automatisch in die Revision gehen. Über Letztere mussten ein Board of Review, der Court of Military Appeals, der Oberste Militärrichter oder die für die Teilstreitkräfte zuständigen Minister befinden. Möglich war aber auch die Anrufung eines Zivilgerichtes. Alles in allem war also dafür Sorge getragen, dass die bislang nur an der Peripherie tätigen Anwälte aller Beteiligten ins Zentrum eines Militärprozesses traten. Allein dieser Verfahrensgarantien wegen muss der UCMJ als nachhaltigste Reform in der Geschichte des amerikanischen Militärrechts gelten.[25]

Dass ausgerechnet diese Reform in der Praxis mit einer Entwertung von Militärtribunalen einherging, gehört zu den wenig beachteten Seiten amerikanischer Militärjustiz. Wurden während des Ersten Weltkrieges von 1000 Soldaten jährlich 19 vor einem General Court Martial – der für gravierende Vergehen zuständigen Instanz – angeklagt, so

---

24 Hillman, Defending America, S. 13f.
25 Ebenda, S. 3, 17.

waren es in den 1970er Jahren nur noch zwei von tausend. Von einer unwesentlichen Unterbrechung in den Jahren 1968 und 1969 abgesehen, wies die statistische Kurve nach der Einführung des UCMJ steil nach unten. Nach 1951 wurden weniger als fünf Prozent aller Kriegsgerichtsprozesse vor einem General Court Martial abgewickelt. 95 Prozent der Verfahren lagen in der Hand von Special oder Summary Court Martials. Letztere aber waren nur für minder schwere Vergehen zuständig.[26] Da es keinen Anhaltspunkt gibt, dass die Rate schwerer Verbrechen dramatisch rückläufig gewesen wäre und infolgedessen kaum Veranlassung für die Einberufung von General Court Martials bestanden hätte, drängt sich eine andere Vermutung auf: Entweder wurden Schwerverbrechen zu Alltagsdelikten umdefiniert oder in den weitaus meisten Fällen erst gar nicht vor Gericht gebracht. In beiden Fällen aber hätte man es mit einer vorsätzlichen Blockade des Rechtswegs zu tun.

In der Tat hatten die Urheber des UCMJ Mittel und Möglichkeiten zur Aushebelung ihres eigenen Werkes an die Hand gegeben. Die Rede ist von der traditionell starken Stellung Kommandierender Offiziere in der Militärgerichtsbarkeit und von der Entscheidung, diese autokratische Dominanz im UCMJ festzuschreiben. Die Divisionskommandeure waren Ermittler, Ankläger und Revisoren in eigener Sache. Sie entschieden darüber, wann und ob Untersuchungen in die Wege geleitet wurden, ob ein Soldat ihrer Einheiten eines Kriegsverbrechens angeklagt oder unter Hinweis auf die militärischen Besonderheiten des Einsatzes entlastet wurde, ihnen stand es als »convening authority« anheim, zwischen einem General, Special oder Summary Court Martial zu wählen oder auf einen Prozess gänzlich zu verzichten und stattdessen administrative Strafen auszusprechen, sie setzten die Richter ein und wählten die Jury aus, sie hatten es der Hand, unmittelbar nach Beendigung eines Verfahrens das Strafmaß nach unten zu korrigieren oder ein Urteil in Gänze zu kassieren. Für Telford Taylor, Ankläger während der Nürnberger Prozesse, war diese – jeder Legitimation durch Verfahren hohnsprechende – Personalisierung schlicht ein »Fiasko«[27], der Militärjurist Gary D. Solis sprach von einer institutionalisierten Erosion der Rechtskultur.[28]

---

26 Ebenda, S. 14f., 17.

27 Telford Taylor, The Course of Military Justice, in: *The New York Times*, 2. 2. 1972.

28 Solis, Son Thang, S. 294.

Warum die Mehrheit der Kommandeure ihren Ermessensspielraum ausschöpfte und nur in Ausnahmefällen einen General Court Martial einberief, bedürfte einer eigenen Untersuchung. Vielleicht gaben in dem einen oder anderen Fall grundsätzliche Vorbehalte gegen das internationale Kriegsrecht den Ausschlag. Anhaltspunkte für diesen Verdacht liegen zur Genüge vor.[29] Wie es scheint, war noch eine Vielzahl anderer Gründe im Spiel, allen voran eine Rücksichtnahme auf das Militär als Institution. Einem Angeklagten die im Zivilrecht vorgesehenen Rechte angedeihen zu lassen, wurde als Aufwertung von Individualität und mithin Infragestellung von Unterordnung, Disziplin und Gehorsam gedeutet, zumal in einer Zeit kultureller, mit militärischen Wertvorstellungen schwer vereinbarer gesellschaftlicher Umbrüche. Und nicht zuletzt erregte die im UCMJ verankerte Anwaltsklausel Missfallen. Die Präsenz ziviler Strafverteidiger lief unweigerlich auf eine größere Publizität der Verfahren hinaus und stellte die Kontrolle über interne Abläufe wie über die Außendarstellung der Streitkräfte in Frage. Dass die Sorge um Renommee und Prestige umso stärker ins Gewicht fielen, je unpopulärer der Krieg in Vietnam wurde, liegt auf der Hand. Und dass Offiziere kein Interesse hatten, über ihre eigenen Leute zu Gericht zu sitzen und sich unweigerlich dem Verdacht mangelnder Führungsqualitäten auszusetzen, ebenfalls. Aber dieser kriegsbedingten Umstände hätte es im Grunde nicht bedurft. Die Ursachen der Obstruktion lagen jenseits tagespolitischer Verwerfungen und verweisen auf die Widerständigkeit eines institutionellen Milieus, das die Abwehr erneuernder Impulse im Grundsatz prämierte.[30]

Die institutionellen Widerlager gegen eine Strafverfolgung im Sinne des UCMJ traten in einem weiteren Fall nicht minder deutlich zutage: beim Streit um die Frage, ob Soldaten nach ihrer Entlassung aus dem Dienst noch vor ein Militärgericht gestellt werden könnten. Auch hier haben wir es mit einem verminten juristischen Terrain zu tun, das zu konträren Interpretationen einlud. Laut Artikel 3a und 18 UCMJ waren die Streitkräfte zur nachträglichen Anklage und Rechtsprechung befugt. Unter Bezugnahme auf diese seit dem Ersten Weltkrieg anerkannte Klausel wurden noch in den 1950er Jahren ehemalige GIs für Verstöße aus ihrer Soldatenzeit zur Rechenschaft gezogen. Hatten sie sich über ihre normale Wehrpflicht hinaus auf Zeit verpflichtet oder

---

29 Siehe oben, S. 139–144.

30 Siehe Lewy, America in Vietnam, S. 160 sowie Hillman, Defending America, S. 15f., 22.

eine Militärkarriere gar als Beruf gewählt, griff dieser Vorbehalt allemal. Soldaten im Ruhestand hatten nämlich nicht nur ein Anrecht auf Pensionsbezüge, sondern zugleich die Verpflichtung, ihrem früheren Arbeitgeber jederzeit wieder zur Verfügung zu stehen – auch als Angeklagte oder Zeugen vor einem Militärgericht.[31] Kritiker verwiesen demgegenüber auf einen Präzedenzfall aus dem 19. Jahrhundert: Alle Angehörigen der »Colorado Volunteers«, die im November 1864 beim »Sand Creek«-Massaker indianische Frauen und Kinder vom Stamm der Cheyenne gemeuchelt hatten, blieben unbehelligt, weil sie unmittelbar nach der Tat aus dem Militärdienst ausgeschieden waren.[32]

Auch eine Intervention des Obersten Gerichtshofes aus dem Jahr 1955 brachte keine verbindliche Klärung. Im Streitfall Toth vs. Quarles gaben die Verfassungsrichter der Habeas Corpus-Klage eines GIs statt, der fünf Monate nach seinem Ausscheiden aus der Luftwaffe wegen eines im September 1952 begangenen Mordes vor ein Militärtribunal gestellt werden sollte. Der Supreme Court verwarf Artikel 3a UCMJ als verfassungswidrig und machte geltend, »dass ehemaligen Angehörigen der Streitkräfte, wie anderen Zivilisten auch, jene Schutzbestimmungen zustehen, die nach Maßgabe von Artikel III der Verfassung für Verfahren vor regulären Gerichten vorgesehen sind«.[33] Die Sprachregelung scheint auf den ersten Blick unmissverständlich. Aber Robert W. Toth war nicht ein Kriegsverbrechen, sondern der Mord an einem südkoreanischen Zivilisten in einem militärischen Sperrbezirk zur Last gelegt worden – und mithin eine Straftat ohne jeden Zusammenhang mit einem Militäreinsatz. Folglich wollte der Oberste Gerichtshof seine Entscheidung nicht als rechtsverbindliche Vorgabe zur Verhandlung von Verbrechen im Sinne des internationalen Kriegsrechts verstanden wissen. Andererseits sprach der vorsitzende Richter in einem individuellen

---

31 Department of the Army, Office of the Chief of Staff, Memorandum for the Assistant Attorney General (Office of Legal Counsel), Subject: Trial of Discharged Servicemen for Violation of the Law of War, 2. 12. 1969, S. 2, 8, in: NA, RG 319, PI-AC, Box 17, Folder: (OCLL) Miscellaneous Documents from Peers. Siehe auch Lewy, America in Vietnam, S. 365.

32 Department of the Army, Office of the Chief of Military History, Memorandum for: Secretary of the General Staff, Subject: Request by the Hebert Subcommittee for Information Regarding Charges Similar to Those of the Current Son My Charges Having Been Filed During a Period of Actual Combat, 2. 7. 1970, in: NA, RG 319, AS, ODCS-PER, CF, Box 6, Folder: Background Information – History of War Crimes.

33 U.S. Supreme Court, Toth v. Quarles, 350 U.S. 11 (1955), Decided November 7, 1955, § 4, Absatz g, zit. n. http://caselaw.lp.findlaw.com.

Urteilskommentar den Streitkräften jegliche Jurisdiktion über entlassene Soldaten ab, »unabhängig davon, wie eng die Verbindung ihres Vergehens mit der Aufrechterhaltung militärischer Disziplin zusammenhängen mag«.[34] Rechtsgutachter der Armee zeigten sich unbeeindruckt und reklamierten weiterhin die Gültigkeit von Artikel 3a UCMJ im Falle schwerer Verletzungen des Kriegsrechts.[35] Unumstritten war folglich nur eines: dass der Gesetzgeber aufgefordert war, eine Interpretationslücke zu schließen.

Im Prinzip hatte der Kongress zwei Möglichkeiten: entweder die umstrittenen Passagen des UCMJ in ihrer ursprünglichen Fassung zu bestätigen oder mit einem neuen Gesetz dafür zu sorgen, dass Soldaten, die nach ihrem Ausscheiden aus dem aktiven Dienst eines Kriegsverbrechens beschuldigt wurden, sich vor einem Zivilgericht verantworten mussten. Im Lichte der von den USA ratifizierten Genfer Konvention aus dem Jahr 1949 hätte man sich für eine dieser Varianten entscheiden müssen. Dort nämlich hieß es: »Die Hohen Vertragschließenden Parteien sind gehalten, Personen, die im Verdacht stehen, solche schweren Verletzungen begangen oder angeordnet zu haben, ausfindig zu machen und sie, unabhängig von ihrer Nationalität, vor ihre eigenen Gerichte zu stellen.«[36] In diesem Sinne und zwecks Entlastung der Militärgerichtsbarkeit hatten sich die obersten Juristen der US-Streitkräfte, vertreten durch den Judge Advocate General, bereits in den frühen 1950er Jahren für eine Zuständigkeit ziviler Gerichte stark gemacht.

---

34 Hugo LaFayette Black, zit. n. Department of the Army, Office of the Chief of Staff, Memorandum for the Assistant Attorney General (Office of Legal Counsel), Subject: Trial of Discharged Servicemen for Violation of the Law of War, 2. 12. 1969, S. 7, in: NA, RG 319, PI-AC, Box 17, Folder: (OCLL) Miscellaneous Documents from Peers. Auch Telford Taylor interpretierte Toth vs. Quarles in diesem Sinne: Telford Taylor, The Course of Military Justice, in: *The New York Times*, 2. 2. 1972.

35 Department of the Army, Office of the Chief of Staff, Memorandum for the Assistant Attorney General (Office of Legal Counsel), Subject: Trial of Discharged Servicemen for Violation of the Law of War, 2. 12. 1969, S. 8, in: NA, RG 319, PI-AC, Box 17, Folder: (OCLL) Miscellaneous Documents from Peers.

36 »Grave Breaches«-Artikel der Genfer Konvention (1949), zit. n. NA, RG 319, AS, PI-FR, Vol. I: Analyses, Box 1, Chapter 9: Policy and Directives as to Rules of Engagement and Treatment of Noncombatants, S. 2. Die Formulierung sieht für den Kreis der verdächtigen Personen keine Ausnahmeregelungen vor. Siehe auch U.S. Supreme Court, Toth v. Quarles, 350 U.S. 11 (1955), Decided November 7, 1955, § 4, Absatz c, zit. n. http://caselaw.lp.findlaw.com.

Jahrzehntelang nahm sich allerdings niemand mehr des Themas an. Die Streitkräfte ließen Toth vs. Quarles auf sich beruhen, seitens der Politik zeigte man sich demonstrativ desinteressiert. Die Senatoren Thomas Hennings und Sam J. Ervin, die als einzige einschlägige Gesetzesentwürfe ausarbeiteten und für eine Strafverfolgung ehemaliger GIs durch Zivilgerichte eintraten, schafften noch nicht einmal den Gang ins Plenum. Ihre Anträge wurden ein um das andere Mal vom Justizausschuss des Senats blockiert.[37] Selbst die Debatte über das Massaker von »My Lai (4)« zeitigte keine Wirkung. Anfang April 1971 gab ein Sprecher des Pentagon bekannt, »dass nach 18-monatiger Beratung das Verteidigungs- und Justizministerium nicht in der Lage waren, sich im Falle ehemaliger Soldaten auf ein Verfahren zur Strafverfolgung von Kriegsverbrechen zu einigen [...] und dass in der Konsequenz das Problem nicht weiter verfolgt wird«.[38] Mit Blick auf »My Lai (4)« folgte daraus: Von den 26 Angehörigen der C Company, die laut Criminal Investigation Division und Peers-Kommission sowie ausweislich des Belastungsmaterials vor ein Kriegsgericht hätten gestellt werden müssen, blieben 15 dem Zugriff der Justiz entzogen.[39] Die mit Toth vs. Quarles zur Norm erhobene Gewohnheit, aus der Armee entlassene Straftäter nicht zu belangen, sollte erst 1996 mit der Verabschiedung des »War Crimes Act« korrigiert werden. Seither können solche Fälle vor Zivilgerichten

---

37 Sam J. Ervin, Jr., Chairman of the Committee on the Judiciary, United States Senate, Brief an Verteidigungsminister Melvin R. Laird, 1. 12. 1969 sowie Pressemitteilung, Senate Subcommittee on Constitutional Rights: Ervin Introduces Bills to Permit Federal Court Trials of Former Servicemen, o.D., in: NA, RG 319, AS, ODCS-PER, VWCWG, MLM, Box 7, Folder: Congressional Correspondence My Lai: Hebert Subcommittee Investigation. Siehe auch Lewy, America in Vietnam, S. 365.

38 Department of the Army, Judge Advocate General, Military Justice Division, Memorandum: Status of Cases as of 23 May 1971, o.D., in: NA, RG 319, AS, ODCS-PER, VWCWG, MLM, Box 1, Folder: TJAG My Lai Talking Paper, Jan. 1970–Jun 1971.

39 Department of the Army, Criminal Investigation Division, Army, Memorandum, Subject: Status of Investigations, 4. 9. 1970, in: NA, RG 319, AS, PI-AC, Box 36, Folder: Son My Chron. File # 13 (1 of 2). Dieser Aufstellung zufolge hatten die Ermittlungen bis Anfang September 1970 in 26 Fällen einen dringenden Tatverdacht ergeben. Siehe auch ebenda, Folders: Son My Chron. File # 13, 1 of 2 und 2 of 2; Son My Chron. File # 14, 1 of 2; ebenda, Box 46, Folder: Son My Suspects (1 of 3) sowie Department of the Army, Office of the Secretary of the Army, Memorandum, My Lai Investigation, o. D., S. 1, in: RG 319, AS, ODCS-PER, VWCWG, MLM, Box 7, Folder: Congressional Correspondence My Lai: Hebert Subcommittee Investigation.

verhandelt werden – Vietnamveteranen ausgenommen. Für sie und alle anderen, die vor 1996 den Militärdienst quittiert hatten, gilt das Rückwirkungsverbot.[40]

Ermittlungen

Von rechtsdogmatischen Hürden und institutionellen Blockaden abgesehen, stand die Strafverfolgung vor einer Reihe weiterer Probleme. Im Unterschied zu Polizeibehörden, die im Zivilleben begangene Verbrechen aufzuklären haben, konnten die Ermittler der Armee und Marine in der Regel weder auf forensische Befunde, ballistische Gutachten oder am Tatort hinterlassene Beweisstücke zurückgreifen – so denn Ort und Zeit der vermeintlichen Tat überhaupt präzise bestimmbar waren. Auch angesichts des Umstandes, dass militärische Einsatzakten keine verlässliche Auskunft über das zu untersuchende Geschehen gaben, war man fast ausschließlich auf die Aussagen von Tatbeteiligten oder Beobachtern angewiesen und folglich von der Kooperationsbereitschaft individueller Zeugen abhängig. Die Folgen sind protokolliert: In ungezählten Befragungen behaupteten Interviewte, sich an nichts mehr erinnern zu können, gaben einsilbige, nur als Aussageverweigerung zu charakterisierende Antworten, verweigerten aus Rücksicht auf ihre Kameraden die Aussage oder forderten im Vorwege volle Immunität und die Zusicherung, dass gegen sie persönlich keine Verfahren eingeleitet würden.[41] Auch vergleichsweise ergiebige Vernehmungen wurden den verfahrensrechtlichen Anforderungen eines Prozesses wiederholt nicht gerecht – wenn Aussage gegen Aussage stand, Zeugen ihre Angaben widerriefen beziehungsweise eine Erklärung an Eides statt verweigerten. Oder wenn sich herausstellte, dass vermeintliche Augenzeugen nur vom Hörensagen berichtet hatten.[42]

---

40 Federal Law 18 USC, Sec. 2441 sowie 104th Congress, House Resolution 3680.

41 Dieses Verhalten behinderte u.a. die Ermittlungen gegen die »Tiger Force«. Siehe NA, RG 319, AS, ODCS-PER, VWCWG, CaFi, Box 18, Folders: Coy Allegation (Part 1–7).

42 Siehe NA, RG 319, ODCS-PER, VWCWG, CF, Box 9, Folder: Halverson Allegation I (Part 1 of 2); ebenda, Folder: Halverson Allegation II (Investigation Reports); ebenda, Folder: Halverson Allegation II (Part 1 of 3); ebenda, Folder: Halverson Allegation II (Messages, Correspondence, and Press).

Vietnamesische Zeugen vorzuladen lag jenseits der Autorität amerikanischer Militärs. Sie waren auf die Kooperation südvietnamesischer Behörden angewiesen, die entsprechenden Ersuchen wiederholt mit einer Mischung aus Gleichgültigkeit, Widerwillen und Unverständnis begegneten – oder sich verweigerten, weil ein Imageverlust des Verbündeten als Gefährdung der Waffenbrüderschaft gedeutet wurde. Letzteres erklärt beispielsweise, warum politische Funktionsträger in Südvietnam und Spitzenmilitärs der ARVN nichts unversucht ließen, um die Opfer von »My Lai (4)« als Parteigänger der Vietcong und die Untersuchungen des Massakers als Zeitverschwendung zu denunzieren.[43] Dass US-Ermittler ihrerseits der Landbevölkerung mit Misstrauen begegneten und sich von tiefsitzenden Vorurteilen blenden ließen, kommt noch in nachträglich verfassten Protokollen zum Ausdruck. »Die meisten dieser Leute waren schmutzig, hatten Schuppen und abgeschürfte Haut. [...] In diesem primitiven Umfeld [...] bedurfte es eines hohen Maßes an Geduld.«[44] – »Man hat es mit Analphabeten und in jeder Hinsicht ungebildeten Leuten zu tun. [...] Sie waren völlig unbeeindruckt, als man ihnen sagte, dass das CID-Team extra aus Washington angereist war, um mit ihnen zu reden. Ihr Wissen von der Welt reichte oft [...] nicht über einen Umkreis von fünf bis sechs Meilen hinaus.«[45] – Ebenso kontraproduktiv waren die nach amerikanischen Standards normierten Interviewtechniken. Ein und dieselbe Geschichte wiederholt vortragen zu müssen und bei geringfügigen Abweichungen sich dem Verdacht der

---

43 Diese Obstruktionspolitik südvietnamesischer Behörden wäre eine eigene Untersuchung wert. Zu einschlägigen Quellen siehe NA, RG 319, AS, PI-FR, Vol. II: Testimony, Box 52, Book 32: Vien, Te APP T-102 und APP T-103, S. 1–9; ebenda, Vol. III; Exhibits, Book 3: Reports, S. 487–492; RG 319, AS, PI-AC, Box 4, Folder: Army Staff Monitor Summary, Jan 70; ebenda, Box 14, Folder: Lessons Learned – My Lai (Input from Agencies and Col. Schopper's Compilation – 1972) (2 of 2); ebenda, Box 18, Folder: (OCLL) 5 Documents for Reddan; RG 319, AS, PI-OI, Box 1, Folder: GVN Reports – Rogers Working Papers; ebenda, Box 2, Folder: Department of State sowie RG 319, AS, PI-CI, Box 1, Folder: Volume II – Chronology.

44 Department of the Army, Army Criminal Investigation Command, Memorandum: Lessons Learned from the Son My Incident (Revision 1), o. D., S. 34, 35, in: NA, RG 319, AS, PI-AC, Box 14, Folder: Lessons Learned – My Lai (Input from Agencies and Col Schopper's Compilation – 1972) (1 of 2).

45 Department of the Army, Army Criminal Investigation Command, Memorandum for: Chief of Staff, United States Army, Subject: Lessons Learned from the Son My Incident, 8. 6. 1972, Abschnitt Q: Interview Techniques, in: NA, RG 319, AS, PI-AC, Box 14, Folder: Lessons Learned – My Lai (Input from Agencies and Col Schopper's Compilation – 1972) (2 of 2).

Lüge auszusetzen, grenzte im vietnamesischen Verständnis an Demütigung. Und dass die eigene Glaubwürdigkeit von der Fähigkeit abhängen sollte, einen Kompass lesen, Luftaufnahmen identifizieren oder die Zeit mit Hilfe des gregorianischen Kalenders unterteilen zu können, nicht minder. Unüberwindlich waren die Differenzen, wenn vietnamesische Zeugen auf der Gleichwertigkeit von selbst Erlebtem und aus zweiter Hand Gehörtem bestanden. Unter dieser Voraussetzung waren auch jenen Ermittlern die Hände gebunden, die den Bedingungen einer ihnen fremden Kultur Rechnung trugen.[46]

Nicht zuletzt wurden Nachforschungen durch politisch und ideologisch begründete Zeugnisverweigerungen blockiert. Nachdem die »Winter Soldiers« ihre dreitägige Konferenz Anfang Februar 1971 beendet hatten, ging die Criminal Investigation Division 46 ihrer Anschuldigungen nach. In 23 Fällen führten die Ermittlungen zu keinem verwertbaren Ergebnis, weil die beschwerdeführenden Veteranen jegliche Zusammenarbeit mit militärischen Dienststellen ablehnten.[47] »Es widerspricht der Politik der Winter Soldiers, irgendwelche Namen preiszugeben. [...] Wir wollen keine Sündenböcke schaffen. [...] Wir wollen nicht, dass die da oben auf irgendjemandem herumtrampeln. Wir wollen eine Veränderung der Regierungspolitik. Wir wollen nicht, das sie sich ersatzweise noch mehr Calleys herausgreifen.«[48] – »Ich will die US Army, genauer gesagt das Pentagon anklagen. [...] Mein einziger Beweggrund war und ist, die Gräueltaten zu stoppen. [...] Dies erreicht man nicht, indem man ein paar Individuen herausgreift und bestraft, denn sie sind ebenso sehr Opfer wie die Menschen, die sie getötet haben.«[49] – »Wenn ich dem Wunsch der Armee folgen und [...] aussagen würde, so würden meine Angaben nicht nur dazu beitragen, sich

---

46 Solis, Son Thang, S. 136f.

47 Department of the Army, Office of the Chief of Staff, Memorandum, Subject: Investigation of War Crime Allegations, 10. 11. 1971, S. 4, in: NA, RG 319, AS, ODCS-PER, VWCWG, CF, Box 3, Folder: Procedures and Responsibilities for Monitoring War Crimes Allegations. Politisch motivierte Aussageverweigerungen sind u.a. dokumentiert in RG 319, AS, ODCS-PER, VWCWG, CaFi, Box 11, Case 71; ebenda, Box 16, Cases 169, 170, 173, 174, 176, 177, 178, 179, 181, 182, 183; ebenda, Box 17, Cases 184, 185, 186, 188, 189, 191, 200, 201, 203, 204, 206 sowie ebenda, Box 18, Case 210 (2).

48 Einer der Moderatoren während der »Winter Soldier«-Anhörung in Detroit, 30. 1. 1971, zit. n. USCR, 7. 4. 1971, S. E2923.

49 James D. Henry, The Men of »B« Company. Henry hatte auf ein im Februar 1968 verübtes Massaker aufmerksam gemacht: Siehe oben, S. 267–270.

weiterhin ausschließlich auf die untersten Ebenen der Verantwortung zu konzentrieren. Sie würden auch eine fest etablierte Politik des Genozids in Vietnam legitimieren [...] und von jenen ablenken, die in erster Linie für die politischen Entscheidungen verantwortlich sind. Stattdessen würde die Aufmerksamkeit auf jene gelenkt, die gezwungen sind, diese Politik umzusetzen.«[50] Ein genozidaler Krieg als Abbild einer rassistischen Gesellschaft, Vietnam als Nemesis für »AmeriKKKa«: Einige waren an einer mit juristischen Mitteln betriebenen Aufklärung im Grundsatz nicht interessiert und ließen seitens ihrer Anwälte politische Erklärungen über eine an der Wurzel vergiftete Klassenjustiz oder ein politisch verderbtes »System« verbreiten. Andere knüpften politische Vorbedingungen an ein Auftreten im Zeugenstand – von einer öffentlichen Verhandlung bis hin zu einem den gesamten Krieg betreffenden Untersuchungsausschuss des Kongresses. Und Dritte schließlich wollten um der Mobilisierungseffekte willen keine Details über Einheiten und Beteiligte nennen: Nur wer vor Strafverfolgung sicher sein konnte, würde sich den »Winter Soldiers« und ihrer Kampagne gegen den Krieg anschließen.

Dennoch wäre es voreilig, einzig widrige Umstände oder unwillige Zeugen für gescheiterte Ermittlungen verantwortlich zu machen. »Die Administration stellte sich hin [...] und behauptete zu ihrer Entschuldigung: ›Diese Jungs wollten nicht mit der Wahrheit herausrücken und uns Informationen geben.‹ Das ist Mist. Sie bekamen alles außer den Namen. [...] Und ich sagte den Leuten von der Naval Intelligence, dass sie Zugang zu den Logbüchern der Einheit hätten, dass sie herausfinden könnten, wer zu dieser Einheit gehörte, [...] wer das Kommando innehatte und die Einsätze durchführte, aber dass ich persönlich nicht helfen wollte, weitere Sündenböcke wie Calley zu schaffen. [...] Sie hatten hinreichend Gelegenheit, andere Beteiligte vorzuladen und herauszufinden, ob ich gelogen oder die Wahrheit gesagt hatte.«[51] Ob dieser Vorwurf im vorliegenden Fall tatsächlich gerechtfertigt ist, entzieht sich einer durch Quellen gestützten Überprüfung. Unbestreitbar ist indes, dass tatsächlich viele GIs zwar nicht die Namen ihnen bekannter Täter, wohl aber Einheiten sowie Orte und Zeitpunkte präzise nannten. Die Criminal Investigation Division hingegen schien oft nur auf einen Vorwand zu warten, um belastenden Hinweisen nicht nachgehen zu müssen. Es ging

---

50 Elliott L. Meyrowitz, Brief an General Creighton Abrams, 8. 11. 1972, S. 2, in: NA, RG 319, AS, ODCS-PER, VWCWG, CaFi, Box 18, Folder: Meyrowitz Allegation (Correspondence and Messages), Case 210 (2).

51 COHRO, Interview Camil, S. 94.

also keineswegs darum, dass Ermittlungsbehörden aufgrund unzureichender Informationen nicht hätten tätig werden können. Vielfach wollten sie ihre Möglichkeiten gar nicht ausschöpfen. Im Zweifel wog das Bemühen um »Imagemanagement« und öffentliche Schadensbegrenzung schwerer als strafrechtliche Interessen.

»Dieser Bericht strotzt nur so von Widersprüchen. [...] Wenn die Presse von dieser liederlichen Untersuchung Wind bekäme, würde die Army [...] ein weiteres Mal gekreuzigt. Die Gleichgültigkeit gegenüber dem Leben eines Individuums ist unerträglich. Ausdrücke wie ›in Frage kommendes männliches Wesen‹ sind verkitschter Unsinn – aber jeder ›Zeuge‹ führt sie im Mund. Die Behauptung, dass die Hubschrauberbesatzung ihn um seinen Ausweis gebeten und er sich verweigert hätte, ist lächerlich. Ich könnte in einem fortfahren.«[52] Dieser mit dem 30. Oktober 1969 datierte Brief eines hochrangigen Offiziers an den Kommandierenden General der 25. Infantry Division gehört zu den seltenen Zeugnissen interner Kritik an der CID. Es ging um die Besatzung eines »Centaur«-Hubschraubers der D Troop, 3. Squadron, 4. Cavalry Regiment, 25. Infantry Division, die ohne ersichtlichen Grund einen Zivilisten vor sich hergetrieben, erschossen und in ihrem Einsatzbericht als gefallenen Vietcong vermerkt hatte. Da sich die CID-Ermittler Logik und Sprache der Täter offensichtlich zu eigen gemacht hatten, befürwortete der Divisionskommandeur die Überweisung des Falls an den Inspector General von MACV – und forderte im Vorwege zu einer neuerlichen Vertuschung auf. »Die Untersuchung seitens des Inspector General sollte sehr zurückhaltend und ausgewogen sein, eingedenk der dem Geschehen eigenen Dynamik.«[53]

Wenn irgend möglich, stärkte auch die Criminal Investigation Division die Lesart der Beschuldigten. »Die Bedingungen lassen darauf schließen, dass es sich bei den attackierten Individuen um Vietcong, Unterstützer der Vietcong oder Vietcong-Sympathisanten handelte«, lautete ein stets wiederkehrendes Resümee.[54] Über eine Einheit, die nach einem

---

52 Handschriftliche Notiz an den Commanding General der 25. Infantry Division, 30. 10. 1969. Die Unterschrift ist unleserlich. Verwendet wurde Papier mit dem Briefkopf »Office of the Assistant Division Commander«: NA, RG 472, USFSEA, MACV, IG, ID, Miscellaneous Reports of Investigation, Box 5, Folder: ROI – Death of Vietnamese Civilian by Air Delivered Ord., 14 Oct 69.

53 Commanding General, 25. Infantry Division, Aktennotiz 31. 10. 1969, in: NA, RG 472, USFSEA, MACV, IG, ID, Miscellaneous Reports of Investigation, Box 5, Folder: ROI – Death of Vietnamese Civilian by Air Delivered Ord., 14 Oct 69.

54 Danh Allegation, as of 31 Mar 72, in: NA, RG 319, AS, PI-AC, Box 55, Folder: War Crimes Allegations – 224: Danh Allegation.

Feuergefecht mit zwei gefallenen Vietcong Schindluder trieb und die Leichen auf einem Panzer zur Schau stellte, hieß es: »Das Verhalten schien primär bedingt durch die Bedingungen des Gefechts, durch Neugierde und fehlendes Verständnis des Kriegsrechts [...] und hat weniger mit dem Wunsch nach Entwürdigung der Toten zu tun. Disziplinarische Maßnahmen [...] wären von vernachlässigenswerter Bedeutung.«[55] Ob wegen Mordes, Folter oder Leichenschändung ermittelt wurde, war im Grunde nebensächlich. Beim Plädoyer auf mildernde bis exkulpierende Umstände schien das argumentative Repertoire unerschöpflich. Beispielsweise galten im Laufe von Kampfeinsätzen verübte sexuelle Übergriffe gemeinhin nur unter einer Voraussetzung als strafwürdig: wenn die Kampfmoral oder die Kontrolle über die Truppe Schaden nahm.[56] Selbst wenn Vergewaltigte Anzeige erstatteten und um eine medizinische Untersuchung baten, vermochten sie gegen die allfällige Verdächtigung als Vietcong-Hure nichts auszurichten. In einem dieser Fälle war den CID-Agenten noch nicht einmal an einer korrekten Identifizierung der Beschuldigten gelegen: In ihren Memoranden verwechselten sie durchgängig die »2. Brigade« mit dem »2. Bataillon«.[57] Und als man herausfinden sollte, warum Kinder, die im Umfeld eines Stützpunktes nach Verwertbarem gesucht hatten, mit Handgranaten beworfen worden waren, beschloss man den Auftrag mit einer sechszeiligen Stellungnahme: »Die Kinder kamen aus einem Dorf, das als Ort feindlichen Feuers bekannt war, und es war möglich, dass es sich bei ihnen um Terroristen handelte.«[58]

---

55 RSB Schuller Incident, as of 8. 6. 1972, S. 1, in: NA, RG 319, AS, ODCS-PER, VWCWG, CaFi, Box 20, Folder: RSB Schuller Incident, Case 235.

56 Aus einer Vielzahl von Fällen siehe NA, RG 472, USFSEA, MACV, IG, ID, ROI, Box 69, Folder: Alleged Rape sowie Folder: Alleged Rape/Volume 1A of 1; RG 319, AS, PI-AC, Box 42, Folder: Son My Chron. File # 28 (2 of 2); RG 319, AS, ODCS-PER, VWCWG, MLM, Box 5, Folder: Administrative Review – SSG Kenneth L. Hodges (Part 2 of 4). Abgesehen davon, dass nur wenige Fälle von Vergewaltigung zur Anzeige kamen, sind die überlieferten Akten unvollständig. Auffälligerweise wurden zahlreiche Unterlagen seit 2001 wieder unter Verschluss genommen – parallel zu der in Den Haag getroffenen Entscheidung, Vergewaltigung künftig als Kriegsverbrechen einzustufen. Zu dieser Wende in der Militärgerichtsbarkeit siehe Mühlhäuser, Sexuelle Gewalt.

57 NA, RG 472, USFSEA, USAV, IG, ICD, ROI, CaFi, Box 12, Folder: Case # 69-16. Alleged Misconduct of US Military Personnel. In diesem Fall monierte der zuständige Divisionskommandeur, Major General Charles P. Stone von der 4. Infantry Division, die obstruktive Arbeit der Criminal Investigation Division. Ob seine Intervention fruchtete, ist den Akten nicht zu entnehmen.

58 IG Investigation/Inquiry Summary, 29. 6. 1970, in: NA, RG 472, USFSEA, USAV, IG, ICD, ROI, CaFi, Box 25, Folder: Case # 70-50. Cpt. Fred L. Glea-

Ob ernsthafte Untersuchungen eingeleitet wurden oder nicht, hing vom öffentlichen Skandalwert eines Falles ab. Ausweislich der peniblen Dossiers über Tagespresse und Wählerpost wurde im Pentagon von Woche zu Woche das Risiko schwer kontrollierbarer Weiterungen ausgelotet – die »Fallgruben der öffentlichen Angelegenheiten«, wie es in einem Memorandum aus der Presseabteilung des Armeeministeriums hieß.[59] Als der Abgeordnete Morris Udall, der wiederholt zur Aufklärung von Kriegsverbrechen gemahnt hatte, Ende September 1969 erneut vorstellig wurde und eine Stellungnahme zur Ermordung eines fahnenflüchtigen Soldaten der südvietnamesischen Armee einforderte, reagierte das Pentagon umgehend und machte die Verantwortlichen ausfindig.[60] Aussagen hingegen, die vor einem Ad-hoc-Ausschuss des vergleichsweise einflusslosen und zum linken Abweichler stigmatisierten Angeordneten Ronald Dellums gemacht wurden, blieben folgenlos[61] – es sei denn, sie fanden ihren Weg in die Tagespresse oder auflagenstarke Magazine wie *Esquire*, *Playboy* oder *Life*. Mit Nachdruck und bisweilen unter Verwendung Hunderter Kriminalisten wurden die im Zuge des »My Lai (4)«-Skandals thematisierten Verbrechen behandelt. Kaum hatte das öffentliche Interesse nachgelassen, wendete sich

---

son Throwing Concussion Grenades at Children. Mit fast identischen Worten schloss die Criminal Investigation Division einen anderen Vorfall dieser Art ab und stufte – obwohl keine feindlichen Soldaten in der Nähe waren und es kein Feuergefecht gegeben hatte – zwei getötete Kinder »als kampfbedingte Opfer« ein: RG 319, AS-AC, Box 51, Folder: War Crimes Allegations – 10: Gray Allegation.

59 Department of the Army, Office of the Chief of Information, Memorandum for: Assistant Deputy Chief of Staff for Personnel, Subject: Administrative Review of Son My Cases, 14. 2. 1972, in: NA, RG 319, AS, ODCS-PER, VWCWG, MLM, Box 5, Folder: Administrative Review – SSG Kenneth L. Hodges (Part 2 of 4).

60 Morris Udall war von einem Augenzeugen, George D. Chunko, über den »Fall Duffy« und Kriegsverbrechen der C Company, 2. Battalion, 47. Infantry Regiment, 3. Brigade, 9. Infantry Division in Kenntnis gesetzt worden: NA, RG 472, USFSEA, MACV, IG, ID, Miscellaneous Reports of Investigations, Box 3, Folder: ROI – Shooting of an Alleged ARVN Soldier near Bin Phuoc, RVN (US ARV). Zu den Hintergründen des Mordes siehe RG 319, AS, ODCS-PER, VWCWG, CaFi, Box 3, Folders: Duffy – Lanasa Incident; Duffy – Lanasa Incident, Correspondence Udall (Chunko Letter) sowie Duffy – Lanasa Incident, Press Releases. Siehe auch *Scanlan's* 1 (1970) 2. Chunko wurde zwei Tage nach Abfassung seines Briefes an Morris Udall bei einem Einsatz getötet.

61 Zu den Initiativen von Ronald Dellums siehe Citizens Commission of Inquiry, Dellums Committee Hearings sowie Dellums, Lying Down with Lions.

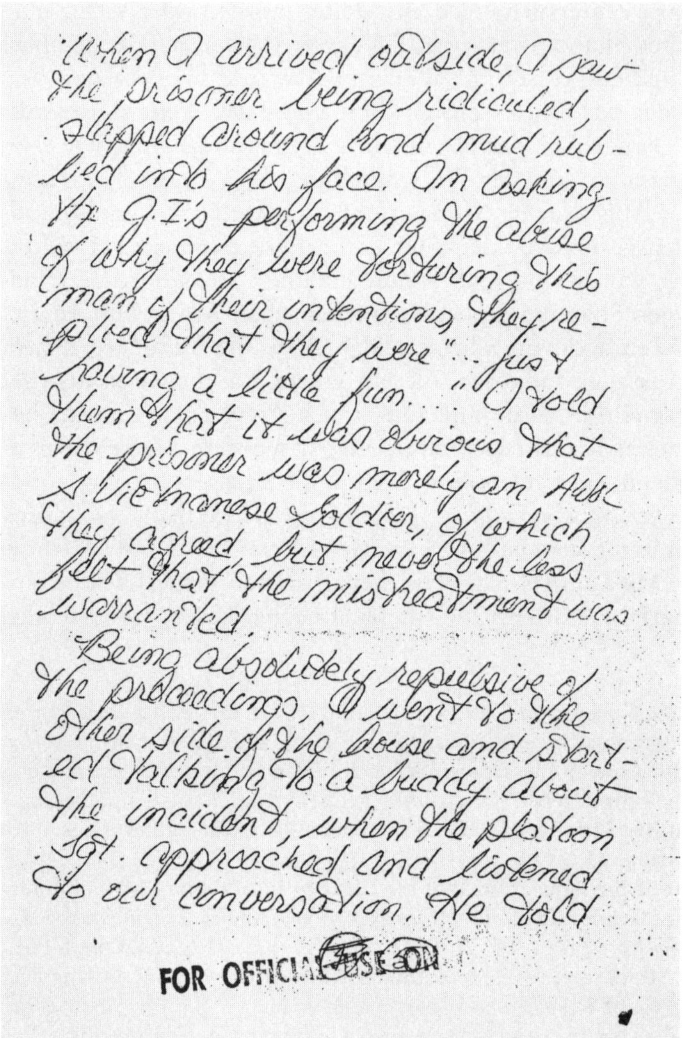
When I arrived outside, I saw the prisoner being ridiculed, slapped around and mud rubbed into his face. On asking the G.I.'s performing the abuse of why they were torturing this man of their intentions, they replied that they were "...just having a little fun..." I told them that it was obvious that the prisoner was merely an ARVN Vietnamese Soldier, of which they agreed but nevertheless felt that the mistreatment was warranted.

Being absolutely repulsive of the proceedings, I went to the other side of the house and started talking to a buddy about the incident, when the platoon Sgt. approached and listened to our conversation. He told

FOR OFFICIAL USE ONLY

Brief des GI George D. Chunko (C Company, 2. Battalion, 47. Infantry Regiment, 3. Brigade, 9. Infantry Division) an den Kongressabgeordneten Morris K. Udall (Arizona), 12. 9. 1969. Chunko schildert, wie Angehörige seines Platoons am 7. September 1969 in dem Ort Binh Phuoc, Provinz Phuoc Long (III. Corps Tactical Zone), einen fahnenflüchtigen Soldaten der südvietnamesischen Streitkräfte aufspürten, folterten und ermordeten. Die Criminal Investigation Division untersuchte und bestätigte den Vorwurf. George D. Chunko wurde am 14. 9. 1969 tödlich verwundet.
NA, RG 472, USFSEA, MACV, IG, MACIG, ID, Box 3, Folder: ROI – Shooting of an Alleged ARVN Soldier near Binh Phuoc, RVN (US ARV)

das Blatt. Danach wurden selbst Massenmorde dilatorisch und nach dem stets gleichen Muster behandelt. Entweder man zog die Untersuchungen in die Länge oder stellte sie vorzeitig ein, entwertete in den Abschlussberichten die Evidenz der eigenen Befunde oder ließ beweiskräftige Dokumentationen auf sich beruhen.

»Er regte sich sehr auf, wurde grob und vermittelte mir den Eindruck, dass er entschieden hinter mir und nicht hinter dem Fall her war.«[62] So erinnert James D. Henry das Auftreten eines Armeejuristen, dem er im September 1968 in Fort Hood über den Mord an über 50 Zivilisten in den Provinzen Quang Tin und Quang Nam berichten wollte.[63] Nachforschungen wurden erst anderthalb Jahre später aufgenommen, nachdem Henry in Los Angeles eine Pressekonferenz gegeben und seine Erlebnisse in der Zeitschrift *Scanlan's* publiziert hatte. Dieses randständige Magazin hätte man im Zweifel ignorieren können. Brisant war indes die zeitliche Koinzidenz mit dem anstehenden Calley-Prozess. Sollte Henry recht haben, musste »My Lai (4)« in anderem Licht erscheinen – nämlich als Fortsetzung eines monatelang eingeübten Marodierens in den nördlichen Provinzen und als weiteres Beispiel des mörderischen Zusammenspiels zwischen Offizieren und Mannschaften.

Der im Januar 1974 vorgelegte Abschlussbericht gab Henry in allen wesentlichen Punkten recht und hätte zur Grundlage einer Mordanklage gegen neun Verdächtige gemacht werden können.[64] Dass dennoch kein Prozess angestrengt wurde, war nicht zuletzt den Bewertungen des Beweismaterials seitens der CID geschuldet. Zwar hatte der Bataillonskommandeur seine Soldaten angewiesen, gefangene Zivilisten zu erschießen, falls sie sich bewegten. Weil die Verdächtigen aber aus anderen Gründen und unter anderen Umständen getötet worden waren, konstruierte man eine gewundene Entlastung der Vorgesetzten. »Sofern der Bataillonskommandeur diese Bemerkung machte, handelte es sich nicht um eine Order, die Gefangenen in der Weise zu exekutieren, wie sie tatsächlich exekutiert wurden.«[65] Ähnlich verfuhr man im Fall des

---

62 Sworn Statement James D. Henry, 28. 2. 1970, S. 3, in: NA, RG 319, AS, ODCS-PER, VWCWG, CaFi, Box 5, Folder: Henry Allegation – CID Reports.

63 Zu den Vorwürfen siehe oben, S. 267–270.

64 Henry Allegation (CCI), as of 16 February 1973, in: NA, RG 319, AS, PI-AC, Box 52, Folder: War Crimes Allegation – 32: Henry Allegation (Vol. I) sowie RG 319, AS, ODCS-PER, VWCWG, CaFi, Box 5, Folder: Henry Allegation (Part 1 of 3).

65 Agent's Statement, 31. 12. 1973, S. 8, in: NA, RG 319, AS, ODCS-PER, VWCWG, CaFi, Box 5, Folder: Henry Allegation (Part 3 of 3).

Kompaniechefs. Verantwortlich im Sinne des Militärstrafrechts war demnach nur, wer einen bis ins Detail der Tatausführung gehenden Mordbefehl gegeben hatte.[66] Eine juristische Prüfung im Sinne des »respondeat superior«-Prinzips zu beantragen, wäre im Prinzip möglich gewesen. Doch angesichts des längst abgeschlossenen Rückzugs der Bodentruppen aus Vietnam war dergleichen weniger denn je gefragt. »Wegen unzureichender Beweise wurden keine Maßnahmen gegen Angehörige der Einheit [...] ergriffen«, stand auf dem abschließenden Aktenvermerk vom 21. Februar 1975.[67] James D. Henry erfuhr darüber genauso wenig wie die ohnehin mit anderen Fragen befasste Presse.[68]

Auch Danny S. Notley hatte den Behörden einen Massenmord zur Kenntnis gebracht – das Massaker an 30 Zivilisten in »Truong Khanh (2)«.[69] Andere Angehörige der Einheit führten zu ihrer Entschuldigung an, aus dem Dorf heraus beschossen worden zu sein. Dass sie sich einer gängigen Schutzbehauptung bedienten, war zu vermuten. »Als sie das Dorf verließen«, so ein weiterer Zeuge, »befahl der Squadführer [...], über die Köpfe des Vorauskommandos zu schießen. Wie es scheint, wollte er den in einiger Entfernung positionierten Platoonführer täuschen und ihn glauben machen, dass die Patrouille unter feindlichem Beschuss lag.«[70] Die Criminal Investigation Division ignorierte diesen Hinweis und sprach unbeirrt von der Präsenz feindlicher Truppen. Als Beweis reklamierten die Ermittler das »Daily Staff Journal Log« des betreffenden Bataillons, das heißt eine von den Tatverdächtigen selbst verfertigte schriftliche Quelle. Und sie machten Widersprüche im Aussageprotokoll einer Überlebenden als Dementi der Anklage geltend – Widersprüche, die nicht zuletzt durch Suggestivfragen und massive Einschüchterung provoziert worden waren: »Da waren doch eine ganze

---

66 Summary Fact Sheet, S. 2, o. D., in: NA, RG 319, AS, ODCS-PER, VWCWG, CaFi, Box 5, Folder: Henry Allegation (Part 1 of 3).

67 Department of the Army, Human Resources Development Division, Information Paper, To: Chief of Staff, Army, Subject: Allegations of War Crimes, 21. 2. 1975, in: NA, RG 319, AS, PI-AC, Box 56, Folder: Working File – Talker.

68 Auf ähnliche Weise wurden die in der Substanz berechtigten Anschuldigungen des Gefreiten Richard Dell, der Anfang Dezember 1970 die »Americal« Division bis dato unbekannter Verbrechen bezichtigt hatte, im abschließenden Untersuchungsbericht entstellt: NA, RG 319, AS, ODCS-PER, VWCWG, CaFi, Box 10, Folders: Dell Allegation, Parts 1–6.

69 Siehe oben, S. 378, 379.

70 Notley Allegation, as of 16 Sep 71, S. 1, in: NA, RG 319, AS, ODCS-PER, VWCWG, CaFi, Box 12, Folder: Notley Allegation (CCI) (Part 1 of 2), Case 85.

Menge Guerillas, oder? Denken Sie darüber nach. Da waren doch eine ganze Menge.«[71] Die dürftige öffentliche Resonanz spielte bei der Entscheidung, weder den Bataillonskommandeur noch andere zusätzliche Zeugen vorzuladen und den Fall aus Mangel an Beweisen abzuschließen, eine entscheidende Rolle. Allein die *Washington Post* hatte anfänglich über Notleys öffentlichen Auftritt und seine Forderung berichtet, den Abgeordneten Dellums zu Gesprächen mit der CID hinzuziehen.[72] Danach erlahmte das journalistische Interesse. Anfang Juni 1971 war in einem Memorandum von der »untergeordneten Behandlung der Angelegenheit in den Medien« die Rede. »Jede Stellungnahme der Armee zum jetzigen Zeitpunkt würde die Geschichte nur wieder ans Tageslicht holen und vielleicht zu einer neuerlichen Berichterstattung führen. Bis zum heutigen Tag liegt dem Verteidigungsministerium und dem Armeeministerium keine einzige Nachfrage zu der Geschichte seitens der Presse vor.«[73]

Von einer vorsätzlichen Sabotage durch mehrere Mitarbeiter der CID muss im Fall der »Tiger Force« gesprochen werden.[74] Gegen diese Todesschwadron wurde ermittelt, weil sich im Frühjahr 1971 mit Gustav Apsey ein für seine Unparteilichkeit und Hartnäckigkeit bekannter Militärjurist nicht mit den üblichen Ausreden abfinden wollte. Angesichts des Umstandes, dass in den Armeeakten keine Spezialeinheit des Namens »Tiger Force« geführt wurde, wäre es ein Leichtes gewesen, die Aussagen der Soldaten Gary D. Coy und Dennis Lee Stout unbesehen zurückzuweisen. In Dutzenden anderer Fälle waren Nachforschungen wegen geringfügig abweichender Angaben über Ort und Zeit eingestellt worden. Apsey jedoch nahm – nicht zuletzt wegen des Hinweises auf ein geköpftes Baby – den Anfangsverdacht ernst und sorgte dafür, dass knapp anderthalb Jahre nach dem öffentlichen Auftritt von Dennis Lee

---

71 Testimony of Nguyen Thi Mam, 14. 5. 1971, Transkript, S. 2, 11, 12, in: NA, RG 319, AS, ODCS-PER, VWCWG, CaFi, Box 12, Folder: Notley Allegation (CCI) (Part 2 of 2), Case 85. Auch GIs berichten von derartigen Verhörmethoden: »Ich musste mit dem Inspector General drohen, um durchzusetzen, dass meine Aussage so aufgeschrieben wurde, wie ich das haben wollte«: Sworn Statement Edwin B. Jackson, Jr., 4. 5. 1971, S. 2, in: RG 319, AS, ODCS-PER, VWCWG, CaFi, Box 13, Folder: Jackson Allegation, Case 91.

72 Ex-Sergeant Won't Testify on Atrocities, in: *The Washington Post*, 8. 5. 1971.

73 Department of the Army, Deputy Chief of Information, Memorandum for: Secretary of the General Staff, Subject: Notley and Herbert Press Conference, 2. 6. 1971, S. 1, in: NA, RG 319, AS, ODCS-PER, VWCWG, CaFi, Box 12, Folder: Notley Allegation (Appearances of Danny S. Notley and LTC Anthony B. Herbert at a CCI News Conference, 2 Jun 1971), Case 85.

74 Siehe oben, S. 231–255.

Stout die CID aktiv wurde.[75] Aber er war nicht Herr über das sich bis 1975 hinziehende Verfahren. Eine nennenswerte Gruppe von CID-Agenten sah ihren Auftrag als Kotau vor Wehrdienstverweigerern und Antikriegsprotestanten. Entsprechend widerwillig führten sie ihre Interviews. Von einem stereotypen Fragekatalog ausgehend, bat man nur um Stellungnahmen zu den unmittelbar auf Coy und Stout zurückgehenden Behauptungen. Weiterführende Angaben wurden nicht aufgegriffen, darunter Hinweise auf bislang unbekannte Verbrechen und Täter.[76] Auch Zeugen, die sich in Widersprüche verwickelten oder offenkundig logen, mussten nicht mit Nachfragen rechnen. Überlebende lud man erst gar nicht vor. Von zwei Agenten ist überdies bekannt, dass sie ehemalige »Tiger« – darunter einen Mordverdächtigen – explizit zum Schweigen aufforderten. »Tu mir einfach einen Gefallen und behaupte, du könntest dich an nichts erinnern.« – »Es gibt da eine Gruppe von CID-Leuten, […] die euch Jungs zu schützen versuchen.«[77]

Dementsprechend trug der Anfang 1975 vorgelegte Abschlussbericht über die »Tiger Force« auch mehr zur Vertuschung denn zur Aufklärung bei. Die eidesstattlichen Aussagen von vier GIs, die vom Mord an mehreren in ihren Feldern arbeitenden Bauern berichtet hatten, wurden nicht berücksichtigt, weil sich die Zeugen über die Zahl der Toten uneinig waren. Grund genug für den CID, das Verbrechen selbst anzuzweifeln. Unerwähnt blieben auch die in ihren Schutzbunkern durch Handgranaten zu Tode gekommenen Opfer. Obwohl mehrere »Tiger« von Frauen und Kindern gesprochen hatten, bezeichnete der CID die Ermordeten als feindliche Kämpfer und schloss mit der Standardformel: »Die Nachforschungen brachten keine hinreichenden Beweise, um die Anschuldigungen zu bestätigen oder zu widerlegen.« Zwei ursprünglich als »bewiesen« eingestufte Aussagen kamen im Resümee überhaupt nicht zur Sprache, ebenso wenig die Namen von fünf dringend Tatverdächtigen. Ob man die Vorlage des Abschlussberichts im Wissen um die bevorste-

---

75 Sallah/Weiss, Tiger Force, S. 222–229.

76 Die Nachlässigkeiten fallen in der Mehrzahl der Verhörprotokolle auf. Siehe u.v.a. die Nichtbeachtung der Aussage von David B. Johnson, eines ehemaligen Sergeant der »Green Berets« und späteren Beraters der »Tiger Force«, der nach zweijähriger Fahnenflucht in die USA zurückgekehrt war und dem CID angeboten hatte, weitere Täter zu identifizieren: NA, RG 319, AS, ODCS-PER, VWCWG, CaFi, Box 21, Folder: Johnson Allegation, Case 246.

77 Robert DiMario, CID-Agent, sowie ein namentlich nicht identifizierter Kollege, zit. n. Sallah/Weiss, Tiger Force, S. 268 und 294.

hende Entlassung der meisten Beschuldigten vorsätzlich hinauszögerte, sei dahingestellt. Fest steht nur, dass am Ende der Ermittlungen von 18 mutmaßlichen Tätern, die an knapp zwei Dutzend Kriegsverbrechen beteiligt gewesen sein sollen, nur noch zwei beim Militär Dienst taten – darunter ein Befehlshaber der »Tiger Force«, Lieutenant James Hawkins. Die Entscheidung der zuständigen Stellen, überhaupt kein Kriegsgerichtsverfahren auf den Weg zu bringen, war unter diesen Voraussetzungen fast zwangsläufig.[78]

Ronald Ridenhour, November 1969.

Selbst die Ermittlungen zu »My Lai (4)« hingen lange Zeit am seidenen Faden. Den Anstoß hatte ein Soldat gegeben, der nur vom Hörensagen über das Massaker informiert war, der Gefreite Ronald Ridenhour. Von Dezember 1967 bis Ende 1968 bei verschiedenen Einheiten der »Americal« Division – teils als Bordschütze eines Hubschrauberverbandes, teils als Infanterist bei einer »Long Range Reconnaissance Patrol« (LRRP) – eingesetzt, hatte er mehrfach beobachtet, wie seine Kameraden Zivilisten und Kriegsgefangene mordeten und in einem Fall einen Verdächtigten bei lebendigem Leib häuteten.[79] Und seit April 1968 erzählten ihm Soldaten der C Company, die mittlerweile zu Ridenhours LRRP versetzt worden waren, über »My Lai (4)« und ihre Rolle bei dem Gemetzel. »Die Leute, die da drin hingen [...], waren nicht nur Freunde, sondern gute Freunde. Ich war mitten im Dschungel mit ihnen, während ich versuchte herauszufinden, was genau in My Lai passiert war. In den fünf oder sechs

---

78 NA, RG 319, AS, ODCS-PER, VWCWG, CaFi, Box 19, Folder Coy Allegation (CID ROI 72 – CID 46 – 27852, Exhibits 260–350) (Part 5 of 7), Case 221 sowie Michael Sallah, Mitch Weiss, Day 2: Inquiry Ended without Justice, in: *The Toledo Blade*, 22. 10. 2003.

79 Anderson (Hg.), Facing My Lai, S. 34–35 sowie NA, RG 319, AS, PI-FR, Vol. II: Testimony, Box 22, Book 14: Ridenhour SUM APP T-266, S. 5.

Ronald Ridenhour, Saigon, 30. 3. 1971.

Mann starken LRRP-Teams waren das genau die Leute, die [...] bereit waren, ihr Leben für meines einzutauschen. Und ich hätte auch mein Leben für ihres gegeben. Zur gleichen Zeit war ich hinter der Wahrheit über My Lai her, war ich bereit, die Sache anzuzeigen. Es war eine schwierige Situation, aber ich musste eine Wahl treffen, mit der ich leben konnte.«[80] Die Entscheidung wurde erleichtert, als Michael Bernhardt – einer der Verweigerer in »My Lai (4)« – einen Pakt vorschlug: Wenn Ridenhour den ersten Schritt machte, würde auch er Zeugnis ablegen. Obwohl viele Freunde und Verwandte ihm dringend abrieten,[81] verschickte Ridenhour Ende März 1969 einen ausführlichen, »My Lai (4)« detailliert darstellenden Brief an Präsident Nixon, den Vorsitzenden der Vereinten Stabschefs, den Außen- und Verteidigungsminister sowie an 29 Senatoren und Abgeordnete des Repräsentantenhauses.

80 Ronald Ridenhour, zit. n. Bilton/Sim, Four Hours, S. 217. Siehe ebenda, S. 215–216, 373.
81 Bilton/Sim, Four Hours, S. 218.

»Ich bin der Meinung, dass der Kongress die Untersuchung führen und Maßnahmen in die Wege leiten sollte. Als pflichtbewusster Bürger habe ich kein Interesse daran, das Bild des amerikanischen Soldaten in den Augen der Welt noch weiter zu beschmutzen.«[82]

Mr. Ron Ridenhour
1416 East Thomas Road # 104
Phoenix, Arizona

March 29, 1969

Gentlemen:

It was late in April, 1968 that I first heard of »Pinkville« and what allegedly happened there. I received that first report with some skepticism, but in the following months I was to hear similar stories from such a wide variety of people that it became impossible for me to disbelieve that something rather dark and bloody did indeed occur sometime in March, 1968 in a village called »Pinkville« in the Republic of Viet Nam. [...]

When »Butch« told me this I didn't quite believe that what he was telling me was true, but he assured me that it was and went on to describe what had happened. The other two companies that made up the task force cordoned off the village so that »Charlie« Company could move through to destroy the structures and kill the inhabitants. Any villagers who ran from Charlie Company were stopped by the encircling companies. I asked »Butch« several times if all the people were killed. He said that he thought they were, men, women and children. [...]

When I arrived at »Echo« Company, 51st Infantry (LRP) the first men I looked for were Pfc's Michael Terry and William Doherty. Both were veterans of »Charlie« Company, 1/20 and »Pinkville.« Instead of contradicting »Butch« Gruver's story they corroborated it, adding some tasty tidbits of information of their own. [...]

If Terry, Doherty and Gruver could be believed, then not only had »Charlie« Company received orders to slaughter all the inhabitants of the village, but those orders had come from the commanding officer of Task Force Barker, or possibly even higher in the chain of command. [...]

82 Ronald Ridenhour, Brief vom 29. 3. 1969, in: NA, RG 319, AS, PI-FR, Vol. III: Exhibits, Book 4: Miscellaneous Documents, Box 54, S. 289–293.

Exactly what did, in fact, occur in the village of »Pinkville« in March, 1968 I do not know for certain, but I am convinced that it was something very black indeed. I remain irrevocably persuaded that if you and I do truly believe in the principles, of justice and the equality of every man, however humble, before the law, that form the very backbone that this country is founded on, then we must press forward a widespread and public investigation of this matter with all our combined efforts. [...]

Sincerely,

/ a / Ron Ridenhour

A TRUE COPY[83]

Obwohl Ronald Ridenhour vorerst nicht an die Öffentlichkeit gehen wollte, musste das Pentagon handeln. Immerhin hatte eine Handvoll Abgeordneter und Senatoren auf sein Schreiben reagiert, das Militär um Aufklärung gebeten und ihr vorläufiges Stillschweigen vom Ergebnis interner Untersuchungen abhängig gemacht.[84] Da vom Hauptquartier MACV in Saigon keine sachdienlichen Hinweise zu erwarten waren,[85] übertrug der Inspector General der Armee die Recherche an Colonel William V. Wilson. Wilson hatte sich während des Zweiten Weltkrieges

83 Schreiben von Ronald Ridenhour an führende Politiker und Militärs, 29. 3. 1969, maschinenschriftliche Abschrift. Diese detaillierte Schilderung des Massakers von »My Lai (4)« setzte die internen Untersuchungen in Gang. NA, RG 319, AS, PI-FR, Vol. III, Box 54, Book 4: Miscellaneous Documents.

84 Die Büroleiter von 16 Kongressabgeordneten und Senatoren behaupteten, den Brief nicht erhalten zu haben. Einzig der Abgeordnete Morris K. Udall (Demokrat aus Arizona) hielt zu Ridenhour Kontakt und stellte überdies eigene Nachforschungen an: *Congressional Quarterly*, National Report, 5. 12. 1969, S. 2464–2465 sowie Chronology of Key Events and Congressional Notification Son My Incident, in: NA, RG 319, AS, PI-AC, Box 36, Folder: Son My Chron. File # 14 (1 of 2).

85 Noch Anfang Juli 1969 war in einer Stellungnahme seitens MACV von schweren Kampfhandlungen am Morgen des 16. März 1968 die Rede. Und: »Die Einwohner des Dorfes My Lai (4) sind Vietcong, Sympathisanten der Vietcong oder Verwandte der Vietcong«: Summary of Headquarters, MACV, Report of Inquiry to Obtain Information, Task Force Barker, 8. 7. 1969, S. 5, 6, in: NA, RG 319, AS, PI-AC, Box 18, Folder: (OCLL) Summary of MACV Survey for Reddan (Item AB).

und später als Offizier der »Green Berets« zwar militärische Meriten erworben, mit den Usancen kriminalistischer Ermittlungsarbeit aber war er nicht vertraut. Entsprechend widerwillig fügte sich Wilson. Nur mit einem Stenographen an seiner Seite, reiste er wochenlang über Land, sprach mit Ronald Ridenhour und zahlreichen Angehörigen der »Task Force Barker«, unter ihnen Michael Terry, Larry LaCroix, Charles Gruver, William Doherty, Ernest Medina, Hugh Thompson, Michael Bernhardt, Oran Henderson, Paul Meadlo und schließlich Thomas K. Willingham, der am 16. März 1968 als Platoonführer der B Company in »My Khe (4)« eingesetzt war.[86] »Ich hatte keinen Zweifel mehr, dass es in ›My Lai 4‹ ein Massaker gegeben hatte. Etwas in mir starb, als ich Meadlo beobachtete, wie er sich seine Abscheu [...] in Erinnerung rief. Ich hatte zu Gott gebetet, dass diese Angelegenheit eine Fiktion sein möge. Jetzt wusste ich, dass es eine Tatsache war.«[87]

Entweder glaubte Colonel Wilson noch an die Möglichkeit einer vorbeugenden Schadensbegrenzung. Oder er wollte aus dem Gehörten schlicht nicht die naheliegenden Schlüsse ziehen. Jedenfalls stellte er den über 1000 Seiten Verhörprotokollen Anfang August 1969 eine Auswertung zur Seite, die sich wie eine modifizierte Fortschreibung der bis dato praktizierten Vertuschung liest. Demnach hielten starke Guerillaeinheiten »My Lai (4)« und »My Khe (4)« besetzt und bezahlten ihre intensive Gegenwehr mit 128 Gefallenen. Obendrein schmückte Wilson das vermeintliche Geschehen mit Bemerkungen aus, die einzig seiner Phantasie geschuldet waren. Dass der Vietcong am Rande von »My Lai (4)« »Kampfpositionen« bezogen hatte, war in keinem offiziellen Schriftstück der »Task Force Barker« vermerkt. Erst recht hatte sich keiner der von ihm vernommenen GIs in diesem Sinne geäußert. Gleiches gilt für die Behauptung, dass sich am Ende des mehrstündigen Feuergefechts eine unbekannte Zahl von Feinden in Sicherheit bringen konnte, »indem sie sich unter fliehende Zivilisten mischten oder in dem

86 William V. Wilson, Report of Investigation Concerning Alleged Atrocities Committed by Members of C Co, 1/20th Infantry, Task Force Barker, Americal Division, in the Republic of Vietnam, 19. 9. 1969, in: NA, RG 319, AS, PI-AC, Box 12, Folder: IG Report – My Lai Task Force Copy. Ein Transkript von Wilsons Interview mit Captain Thomas K. Willingham findet sich in: ebenda, Box 47, Folder: Son My – Other Individuals (1 of 3). Siehe auch Belknap, War on Trial, S. 105–110.

87 William Wilson, »I had Prayed to God that this Thing was Fiction ...«, in: *American Heritage Magazine*, Vol. 41, No. 1, February 1990, S. 44–53. Nachgedruckt in: Olson/Roberts, History with Documents, S. 152–163.

weitläufigen Tunnelsystem des Gebiets Zuflucht suchten«.[88] Die Massaker zweier Kompanien nahmen sich in Wilsons Darstellung wie ein Kampfeinsatz aus, in dessen Verlauf ein Beteiligter, nämlich William Calley, über die Stränge schlug. Abweichende Aussagen relativierte Wilson bis zur Unkenntlichkeit. Aus dem großen Kreis von Zeugen attestierte er nur Paul Meadlo Glaubwürdigkeit. »Sämtliche Hinweise auf von Lieutenant Calley getötete Menschengruppen sind Hörensagen, die Aussage von Meadlo ausgenommen, der aus der Sicht eines Augenzeugen darlegt, wie Calley auf eine Gruppe von Dorfbewohnern schoss.«[89]

Mitte August 1969 übernahm die Criminal Investigation Division anstelle des sichtlich überforderten Wilson die weiteren Ermittlungen – mit einer sogenannten »Task Force« von drei Agenten,[90] die sich unter Anleitung von Chief Warrant Officer Andre C. R. Feher auf die Spur einer kompletten Kompanie setzen sollten. Vom ersten Tag an hatten es die Ermittler mit mehrheitlich willigen Zeugen zu tun, unter ihnen GIs, die darauf gewartet hatten, sich ihre Erlebnisse von der Seele zu reden und – anders als die Mehrheit der »Winter Soldiers« – keinerlei Vorbehalte gegen die CID hegten. »Ich weiß sehr wohl«, meinte Herbert Carter, »dass ich jetzt Dinge sage, die gegen meine Freunde verwendet werden können. Aber jetzt ist es an der Zeit für die Wahrheit.«[91] Dennoch blieb auch die »Task Force« bei ihrer Arbeit weit unterhalb des Möglichen. Ausweislich der nach Washington übermittelten Akten verrichteten die Agenten ihren Dienst größtenteils nach Vorschrift. Nur so ist zu erklären, dass man an Hinweisen auf andere Täter als Calley nicht interessiert war und selbst dann nicht nachhakte, wenn ein Angehöriger der C Company sich persönlich des Mordes bezichtigte.[92] In internen

88 William V. Wilson, Report of Investigation Concerning Alleged Atrocities Committed by Members of C Co, 1/20th Infantry, Task Force Barker, Americal Division, in the Republic of Vietnam, 19. 9. 1969, S. 8, 9, in: NA, RG 319, AS, PI-AC, Box 12, Folder: IG Report – My Lai Task Force Copy. Zur bürokratischen Fortschreibung dieser Legende siehe RG 319, AS, PI-CI, Box 8, Folder: Admin. Fil. – Dec. (1) sowie ebenda, Box 27, Folder: IG Report (Copy 1).

89 William V. Wilson, Report of Investigation Concerning Alleged Atrocities Committed by Members of C Co, 1/20th Infantry, Task Force Barker, Americal Division, in the Republic of Vietnam, 19. 9. 1969, S. 16, in: NA, RG 319, AS, PI-AC, Box 12, Folder: IG Report – My Lai Task Force Copy.

90 Bilton/Sim, Four Hours, S. 239, 273.

91 Sworn Statement, Herbert L. Carter, 6. 11. 1969, S. 1, in: NA, RG 319, AS, PI-FR, Vol. IV: CID-Statements, Box 57, S. 145.

92 Siehe NA, RG 319, AS, PI-FR, Vol. IV: CID-Statements, Box 57, S. 263–268, 312, 345, 410.

Auswertungen war Monate später von einer »fehlenden investigativen Orientierung« und »unzähligen Informationen bei gleichzeitiger Abwesenheit klarer Anweisungen aus dem Hauptquartier« die Rede.[93]

Andererseits gaben die von der »Task Force« Interviewten in 47 an Eides statt unterschriebenen Aussagen alles Wesentliche über Vorgeschichte und Verlauf des Massakers von »My Lai (4)« zu Protokoll, wer gemordet, wer sich abseits gehalten und wer aktiv interveniert hatte.[94] Vor allem aber erfuhr ein sichtlich konsternierter Andre C. R. Feher am 25. August im Gespräch mit dem Armeefotografen Ronald Haeberle von der Existenz nicht zu widerlegender Beweise: »Ich war der Fotograf bei diesem Einsatz und hatte eine Leica M3 und für meine persönlichen Zwecke eine Nikon dabei. [...]« – »Sie haben, wenn ich es recht sehe, ungefähr 20 Farbdias, die den gesamten Einsatz zeigen?« – »Ja. [...] Und sobald die Abzüge fertig sind, werde ich sie der Regierung gegen eine Quittung aushändigen. Sie sind mein Eigentum. Ich habe sie mit meiner eigenen Kamera aufgenommen.« Auch dass er diese Dias mehrmals bei Vorträgen in Ohio gezeigt hatte, ließ Haeberle nicht unerwähnt. »Ich schätze, dass 600 Personen oder mehr die Bilder gesehen haben.«[95]

Offensichtlich sorgte diese Information intern für beträchtliche Unruhe. In Abstimmung mit dem Pentagon bereitete die Öffentlichkeitsabteilung des Weißen Hauses wenige Tage später einen »angemessenen Presseplan« für den als »höchst wahrscheinlich« angenommenen Fall vor, dass Zeitungsredaktionen in den Besitz der Haeberle-Fotos kamen oder Kongressabgeordnete wegen des Ridenhour-Briefes an die

---

93 Department of the Army, Army Criminal Investigation Command, Memorandum for: Chief of Staff, United States Army, Subject: Lessons Learned from the Son My Incident, 8. 6. 1972, Abschnitt C: Language Skills for CID Investigators, in: NA, RG 319, AS, PI-AC, Box 14, Folder: Lessons Learned – My Lai (Input from Agencies and Col Schopper's Compilation – 1972) (2 of 2) sowie ebenda, Folder: (1 of 2): Department of the Army, Army Criminal Investigation Command, Memorandum: Lessons Learned from the Son My Incident (Revision 1), o. D., S. 26A; siehe auch ebenda, S. 29, 30.

94 Die ergiebigsten Interviews wurden geführt mit Ronald Haeberle (25. 8. 1969), Paul Meadlo (18. 9. 1969), Harry Stanley (14. 10. 1969), Max Hutson (28. 10. 1969), Herbert Carter (6. 11. 1969), William Lloyd (10. 11. 1969), Charles Hutto (17. 11. 1969) und Michael Bernhardt (20. 11. 1969). Siehe NA, RG 319, AS, PI-FR, Vol. IV: CID-Statements, Box 57, S. 85–96, 127–131, 145–151, 261–266, 267–271, 311–315, 335–339, 431–439.

95 Sworn Statement Ronald L. Haeberle, 25. 8. 1969, S. 1, 5, in: NA, RG 319, AS, PI-FR, Vol. IV: CID-Statements, Box 57, S. 85, 89.

Öffentlichkeit gingen.[96] Wie das Armeeministerium mit der neuen Situation jedoch juristisch umzugehen gedachte, ist den Akten nur in Umrissen zu entnehmen. Fest steht, dass William Calley aufgrund der Wilson-Berichte Anfang Juni nach Washington zitiert und von der Vorbereitung einer Mordanklage unterrichtet worden war.[97] Und in der ersten Septemberwoche wurde die Presse in unspezifischen Worten auf ein bevorstehendes Kriegsgerichtsverfahren hingewiesen. Fest steht auch, dass man nach Möglichkeit nur Calley anklagen wollte. Von ihm abgesehen, wurden keine weiteren Entlassungssperren über andere Verdächtige verhängt. Die meisten Soldaten und Offiziere der C Company durften also damit rechnen, rechtzeitig ihren Abschied nehmen und durch die Maschen eines verschleppten Verfahrens schlüpfen zu können. Bis heute nicht belegt ist eine Information, die der Journalist Seymour M. Hersh in Erfahrung gebracht hatte: »Man bot ihm [Calley] im Herbst 1969 die Anklage auf Totschlag an. So hat es mir jedenfalls sein Anwalt George Latimer berichtet. Ich glaube, obwohl ich dafür keinen Beweis habe und nur meinen Eindruck wiedergeben kann, dass sie [die Armee] den Fall geschlossen hätte, wenn Calley einen Rückzieher gemacht und sich des Totschlags für schuldig erklärt hätte.«[98]

Sollte dem tatsächlich so gewesen sein, so machte »Sy« Hersh der Armee einen Strich durch die Rechnung. Er war beileibe nicht der erste Reporter, dem man Informationen über »My Lai (4)« zugetragen hatte. Ronald Ridenhour war – enttäuscht über das Verhalten der Armee, die ihn über der Fortgang der versprochenen Ermittlungen im Unklaren ließ – mit Hilfe eines Mittelsmanns mehrfach an große Zeitungen in Boston und New York sowie einige führende Fernsehsender herangetreten. Und musste sich mit der stets gleichen Antwort abfinden: »Warum laden Sie sich eine derartige Geschichte auf?«[99] Hersh war derlei Abwieglung fremd. Auch hatte er als Pentagon-Korrespondent von *Associated Press* und während der Recherche zu einem Buch über biologische Kriegführung gute Kontakte zu »Maulwürfen« im Pentagon aufgebaut, die sich als konservative Opponenten gegen einen zunehmend korrupten Apparat verstanden. Nachdem ihn einer dieser Vertrauten auf das bevorstehende

---

96 David Packard, Memorandum for the President, Subject: My Lai Atrocity, 4. 9. 1969, S. 2, in: NA, NPMP, NSC, AMH-SF, Box 1004, Folder: Possible My Lai Commission.

97 Belknap, War on Trial, S. 109.

98 Seymour M. Hersh, zit. n. Anderson (Hg.), Facing My Lai, S. 60.

99 Ronald Ridenhour, zit. n. Bilton/Sim, Four Hours, S. 251. Siehe auch Anderson (Hg.), Facing My Lai, S. 61 f.

Kriegsgerichtsverfahren gegen William Calley aufmerksam gemacht und Hersh sich in mühsamer Kleinarbeit von der Substanz der Vorwürfe überzeugt hatte, dauerte es zwar Wochen, ehe er einen Verleger gefunden hatte,[100] aber angesichts der Prominenz der Blätter und der weltweiten Verbreitung ihrer Nachricht standen der Armee kaum mehr Möglichkeiten zu einer internen Schadensabwicklung zur Verfügung. Seit dem 13. November 1969 – als »My Lai (4)« erstmals in die Schlagzeilen kam – blieb dem Pentagon nur noch die Vorneverteidigung.

Seymour M. Hersh,
Ende der 1960er Jahre.
© Associated Press

Am 26. November 1969 kündigten Armeeminister Stanley Resor und der Stabschef der US Army, William Westmoreland, in einem gemeinsamen Kommunique eine Ausweitung der »My Lai (4)«-Ermittlungen an. William R. Peers hatte den Auftrag erhalten, Art und Umfang der unmittelbar nach der Tat betriebenen Vertuschung aufzudecken. Dem Dreisternegeneral ging der Ruf eines Wertkonservativen alter Schule voraus: unabhängig, querköpfig und unbestechlich. Obwohl kein Absolvent der Militärakademie West Point, hatte sich Peers seit dem Zweiten Weltkrieg Schritt für Schritt seinen Weg nach oben gebahnt – als Angehöriger des Geheimdienstes OSS mit Aufgaben in Burma und China, danach als Mitarbeiter der CIA und im Stab der Vereinten Stabschefs, die er während der 1960er Jahre als Experte für Aufstandsbekämpfung beriet. Den Krieg in Vietnam kannte er aus eigener Anschauung. Anfang 1967 war Peers an die Spitze der 4. Infantry Division berufen worden und hatte anschließend – von März 1968 bis März 1969 – das Kommando über die I. Field Force, also über 50000 in der II. Corps Tactical Zone stationierte Truppen, übernommen.[101]

100 Siehe oben, S. 14.
101 Bilton/Sim, Four Hours, S. 289, 293–295.

Seymour M. Hersh, Ende 1997.
© Associated Press

13 Mitarbeiter zählten ursprünglich zu Peers »My Lai (4)«-Team, unter ihnen der Anwalt Jerry Walsh und ein Sozius aus der New Yorker Kanzlei Sullivan & Cromwell, Robert MacCrate. Wie seine Kollegen war Peers entschlossen, sich während der Untersuchungen von niemandem beeinflussen oder einschränken zu lassen. Die Entscheidung, den in »My Lai (4)« widerständigen Hubschrauberpiloten Hugh Thompson auf ihre Erkundungsreise nach Vietnam mitzunehmen, war so gesehen auch eine symbolische Botschaft an die Auftraggeber: Das Abwiegeln sollte ein Ende haben.

Zeitgleich zur Ernennung von William Peers wurde die »Task Force« der Criminal Investigation Division von drei auf 15 Agenten erweitert und um einen administrativen Stab ergänzt.[102] Ende November 1969 reisten sie erstmals nach Vietnam, suchten den Ort der Massaker auf, machten Überlebende in Flüchtlingslagern ausfindig und führten über 100 Interviews. Nach anfänglichen Schwierigkeiten mit Übersetzern und gegen den Widerstand südvietnamesischer Offizieller, die mit Blick auf die Ermordeten von einem selbstverschuldeten Schicksal sprachen,

102 Bilton/Sim, Four Hours, S. 273, 287.

Die Peers-Kommission, Ende November 1969.
Zweiter von rechts: Lieutenant General William R. Peers.
NA, RG 319, AS, PI-CI, Box 4, Folder: LTG Peers' Notes # 1 (1)

William R. Peers bei der Ankunft in Südvietnam, Ende Dezember 1969.
NA, RG 319, AS, PI-OI, Box 29, Folder: My Lai Visit, 1969 (2)

William R. Peers bei der Ankunft in Südvietnam, Ende Dezember 1969.
NA, RG 319, AS, PI-OI, Box 29, Folder: LTG Peers RVN Trip – Photographs (1)

William R. Peers beim Lokaltermin in »My Lai (4)«, Anfang Januar 1970.
NA, RG 319, AS, PI-OI, Box 29, Folder: LTG Peers RVN Trip – Photographs (7)

William R. Peers beim Lokaltermin in »My Lai (4)«, Anfang Januar 1970.
NA, RG 319, AS, PI-OI, Box 29, Folder: LTG Peers RVN Trip – Photographs (6)

Die erweiterte Peers-Kommission, Januar 1970.
NA, RG 319, AS, PI-OI, Box 30, Folder: Peers Miscellaneous Material

gelang der Durchbruch. 370 Tote hatten die Dorfbewohner aufgrund einer Haushaltszählung ermittelt. Und von zwei aus »My Khe (4)« stammenden Frauen erfuhr ein CID-Agent, dass es am Morgen des 16. März 1968 ein weiteres Massaker gegeben hatte, begangen von der B Company der »Task Force Barker«.[103] Nachdem ein GI der verantwortlichen B Company, Terrence Reid, am 28. November 1969 in einem Interview mit einer Provinzzeitung aus Wisconsin ebenfalls über die Morde in »My Khe (4)« berichtet und *Associated Press* wie die *New York Times* die Meldung verbreitet hatten, waren die Ermittler erst recht in Zugzwang. »Der Präsident möchte wissen, ob an Reids Geschichte etwas dran ist«, schrieb Henry Kissinger am 8. Dezember 1969 an Verteidigungsminister Melvin Laird, »und ob damit zu rechnen ist, dass noch weitere solcher Geschichten mit einem gewissen Glaubwürdigkeitswert ans Tageslicht kommen.«[104] Und den Stabschef des Weißen Hauses, Alexander Haig, ließ Kissinger wissen: »Al, sorg dafür, dass wir so bald wie möglich eine Antwort bekommen.«[105] Aufgrund der weiten Verbreitung des Reid-Interviews wurde William Peers am 10. Dezember 1969 angewiesen, den Anschuldigungen nachzugehen.[106] Ob und in welcher Weise die Ermittlungen im Licht dieser neuen Erkenntnisse tatsächlich ausgeweitet würden, hatten die Vorgesetzten der CID-»Task Force« zu entscheiden.

Aus Vietnam zurückgekehrt, nahm William Peers die Entscheidung vorweg. Er setzte das Armeeministerium unter Druck und forderte eine

---

103 Sworn Statements Nguyen Thi Bay, 17. 12. 1969 und Nguyen Thi Hien, 19. 12. 1969, in: NA, RG 319, AS, PI-AC, Box 51, Folder: War Crimes Allegations – 9: Reid Allegation (Co Lay/Co Luy).

104 Henry Kissinger, Memorandum for the Secretary of Defense, 8. 12. 1969, Confidential, in: NA, NPMP, NSC, AMH-SF, Box 1004, Folder: Possible My Lai Commission. Das Interview mit Terrence Reid war in der Zeitung *The Paper* aus Oshkosh, Wisconsin, erschienen. Im Januar 1970 bekräftigte Terrence Reid seine Anschuldigungen gegenüber der Criminal Investigation Division: Sworn Statement Terrence J. Reid, 21. 1. 1970, in: NA, RG 319, AS, PI-AC, Box 51, Folder: War Crimes Allegations – 9: Reid Allegation (Co Lay/Co Luy).

105 Alexander Haig, Memorandum for Henry A. Kissinger, Subject: Vietnam Atrocity Stories, 4. 12. 1969, Confidential – Handschriftlicher Vermerk von Henry Kissinger, o. D., in: NA, NPMP, NSC, AMH-SF, Box 1004, Folder: Possible My Lai Commission.

106 Department of the Army, Office of the Secretary of the Army, Memorandum: Information for Members of Congress, 16. 10. 1970, Incl.: Chronology of Key Events and Congressional Notification, Son My Incident, o. D., S. 5, in: NA, RG 319, AS, PI-AC, Box 36, Folder: Son My Chron. File # 14 (1 of 2).

Revision seines Auftrages. Neben der Untersuchung des »Cover-Up« wollte er auch den Tatverlauf vom 16. März 1968 in allen Teilen rekonstruieren – »My Khe (4)« eingeschlossen. Mit der Einwilligung von Stanley Resor und William Westmoreland rekrutierte Peers 70 neue Mitarbeiter. Er hatte einen Wettlauf gegen die Zeit zu gewinnen. Dem Uniform Code of Military Justice entsprechend, konnte nämlich ein Prozess gegen ihre Dienst- und Aufsichtspflichten verletzende Offiziere nur vorbereitet werden, wenn die fraglichen Vergehen spätestens zwei Jahre nach der Tat schriftlich fixiert und die Akten den klageberechtigten Instanzen zur Prüfung vorgelegt wurden – in diesem Fall lief die Frist am 15. März 1970 ab. Entscheidend an Peers' Vorstoß war der Umstand, dass die Criminal Investigation Division fortan nicht mehr die Deutungsmacht über die von ihr erhobenen Beweismittel und Interviews hatte. 118 Verhöre über »My Lai (4)« und »My Khe (4)« wurden Peers und seinen Mitarbeitern in den folgenden Wochen zur Verfügung gestellt, ergänzt um eine Vielzahl von Quellen, die man den Registraturen der »Americal« Division und anderer Einheiten entnommen hatte. Darüber hinaus führte die Peers-Kommission eigenständig Interviews mit Verdächtigen, Zeugen und Überlebenden. Zweifellos konnten wegen des enormen Zeitdrucks viele Fragen nicht in der wünschenswerten Weise behandelt werden. Dessen ungeachtet lag Mitte März mit dem mehrbändigen Abschlussbericht der Peers-Kommission die gründlichste Dokumentation vor, die je zu einem einzelnen Kriegsverbrechen in Vietnam erhoben wurde[107] – mit über 20000 Seiten Zeugenaussagen und an die 10000 Seiten Beweisstücken eine Fundgrube für Historiker und vor allem eine solide Grundlage für eine Anklageerhebung in Sachen »Task Force Barker«.

Wäre es nach William Peers gegangen, hätten die »My Lai (4)«-Prozesse nach dem Nürnberger Vorbild als Sammelprozess an einem prominenten Ort stattgefunden. Und 37 Angehörige der »Task Force Barker« hätten gemeinsam auf der Anklagebank gesessen. Peers wusste, dass er an vielen Stellen noch im Dunkeln tappte. Allein aus der Gruppe hochrangiger Offiziere hatten sechs Geladene jede Aussage verweigert. »Es gibt Belege dafür«, so das Resümee von Peers, »dass noch eine viel größere Anzahl von Zeugen entweder Informationen zurückgehalten oder falsch ausgesagt hat.«[108] Da zur Klärung umstrittener Fälle weder

107 The Department of the Army Review of the Preliminary Investigations into the My Lai Incident, in: NA, RG 319, AS, PI-FR, Vol. I–IV.

108 NA, RG 319, AS, PI-FR, Vol. I: Analyses, Box 1, Chapter 11: Suppression and Withholding of Information, S. 1.

Zeit noch Ressourcen zur Verfügung standen, konzentrierte sich Peers auf juristisch nach allen Seiten abgesicherte Fälle. Die Beschuldigten durften den Militärdienst noch nicht quittiert haben. Und statt auf Indizien sollte sich die Anklage auf eine Vielzahl eidesstattlich attestierter Aussagen stützen können.

Gegen elf GIs machte Peers einen dringenden Verdacht auf mehrfachen Mord geltend, einem Offizier wurde Folter vorgeworfen und 25 weitere Offiziere – vom Zweisternegeneral bis zum Lieutenant – sollten wegen anderer gravierender Verstöße gegen das internationale Kriegsrecht zur Rechenschaft gezogen werden. Aus dem Kreis der Kommandeure und Truppenführer der »Task Force Barker« fehlten nur zwei Namen: Lieutenant Colonel Frank Barker, der im Juni 1968 bei einem Hubschrauberabsturz ums Leben gekommen war, und Lieutenant Stephen Brooks, gefallen während eines Einsatzes kurz nach »My Lai (4)«.[109]

Welche Schritte wegen kriegsrechtlicher Verfehlungen in die Wege geleitet wurden, hing normalerweise von den Divisionskommandeuren der Beschuldigten ab. In Übereinstimmung mit dem Uniform Code of Military Justice stand es diesen Generalen frei, ohne Hinzuziehung weiterer Instanzen eine Akte zu schließen und dem Betroffenen entweder Straffreiheit zu gewähren oder eine Disziplinarstrafe – eine sogenannte »Administrative Sanction« im Sinne von Artikel 15 UCMJ – zu verhängen. Der Katalog möglicher Strafen reichte von schriftlichen Abmahnungen, die als »Letters of Censure«, »Letters of Admonition« beziehungsweise »Letters of Reprimand« zu den Personalakten genommen wurden, bis hin zu Geldbußen und Haft von nicht mehr als einem Monat. Dergleichen administrative Sanktionen konnten sich negativ auf Beförderungen auswirken, aber keine galt als Vorstrafe im Sinne des UCMJ. Seit den frühen 1950er Jahren hatten – unter Ausschluss der Öffentlichkeit abgehaltene – Artikel-15-Schnellverfahren die ursprünglich für leichte und mittlere Vergehen vorgesehene Variante eines Kriegsgerichts, die Summary Court Martials, faktisch abgelöst.[110]

Als Alternative konnten Kommandeure unter Rückgriff auf Artikel 32 UCMJ eine aus dem Zivilrecht bekannte und übliche Beweisprüfung anordnen. Im Unterschied zu zivilrechtlichen Verfahren durfte der

109 In der Literatur ist gemeinhin von 28 beschuldigten Offizieren die Rede. In diese abweichende Zählung gehen drei wegen Mord und Folter Beschuldigte ein: William Calley, Ernest Medina und Eugene Kotouc.

110 Hillman, Defending America, S. 20.

Beschuldigte anwesend sein und hatte das Recht, sich von einem Anwalt verteidigen zu lassen, die gegen ihn vorgebrachten Beweise einzusehen, Entlastungsmaterial in eigener Sache vorzulegen sowie Zeugen der Anklage zu vernehmen oder ins Kreuzverhör nehmen zu lassen.[111] Am Ende einer Artikel-32-Anhörung musste sich ein Kommandeur zwischen zwei Möglichkeiten entscheiden: Er konnte die Ermittlungen einstellen und dem Beschuldigten, so er nicht straffrei ausgehen sollte, nach eigenem Ermessen eine Disziplinarstrafe auferlegen. Oder er konnte den Fall zur weiteren Behandlung an ein Militärtribunal übertragen und die Entscheidung der Jury abwarten – unter Wahrung seines Rechts auf jederzeitige Urteilsrevision.

Major General Orwin C. Talbott, Leiter des Ausbildungslagers Fort Benning.

Abweichend von der üblichen Praxis, wurden bei den »My Lai (4)«-Verfahren nicht die Divisionskommandeure der Beschuldigten mit der juristischen Oberaufsicht betraut, sondern Lieutenant General Jonathan O. Seaman, Kommandierender General der 1. US Army, Lieutenant General Albert O. Connor, Kommandeur der 3. US Army, sowie Major General Orwin C. Talbott, der das Ausbildungslager Fort Benning leitete. Seaman zeichnete für die inkriminierten Offiziere verantwortlich, Connor war für Unteroffiziere und Mannschaftsdienstgrade zuständig und Talbott anfänglich für den nach Fort Benning zurückbeorderten William Calley.

Von den 37 Fällen, die William Peers mit Nachdruck zur Verhandlung vor einem Kriegsgericht empfohlen hatte, wurden 25 zur weiteren Befassung akzeptiert. Warum 12 Verdächtige – allesamt Offiziere – von vornherein ausgenommen wurden und ob Seaman, Connor und Talbott mit dieser Entscheidung befasst waren, ist den Akten nicht zu entnehmen. Seit Frühjahr 1970 standen also folgende Fälle zur Entscheidung an:

111 Fact Sheet: Court Martial of First Lieutenant William Calley, o.D., S. 1, in: NA, RG 318, AS, ODCS-PER, VWCWG, MLM, Box 6, Folder: My Lai Lessons Learned Reports (Drafts and Working Papers).

- Des Mordes und tätlichen Angriffs mit Tötungsabsicht in mehreren Fällen verdächtig waren elf Angehörige der »Task Force Barker«: William Calley, Ernest Medina, David Mitchell, Charles Hutto, Esequiel Torres, Kenneth Schiel, William F. Doherty, Robert W. T'Souvas, Gerald Smith, Max Hutson und Kenneth Hodges.[112]
- Unter Folterverdacht stand Captain Eugene Kotouc. Die Peers-Kommission sah es als erwiesen an, dass er Stunden nach dem Massaker von »My Lai (4)« einem Gefangenen während eines Verhörs einen Finger abschnitt und Angehörige der südvietnamesischen Sicherheitspolizei ermunterte, zwei Gefangene zu erschießen. Kotouc selbst bestritt die Komplizenschaft beim Mord, gab aber die Verstümmelung zu.[113]
- Gegen 13 Offiziere lagen Beschuldigungen vor, die im Sinne des »respondeat superior«-Prinzips und nach dem Buchstaben des Uniform Code of Military Justice justitiabel waren: Verstoß gegen das Kriegsrecht, Missachtung der in Vietnam gültigen Einsatzrichtlinien, Verletzung der Aufsichtspflicht, nachträgliche Vertuschung eines Kriegsverbrechens und Meineid. Einigen dieser Offiziere wurden mehrfache Vergehen in Tateinheit attestiert. Bei Colonel Robert P. Luper, Major Charles C. Calhoun und Captain Dennis H. Johnson stand die vorsätzliche Nichtbeachtung der »Rules of Engagement« im Mittelpunkt.[114] Hauptsächlich wegen des Verstoßes gegen die Direktive MACV 20-4, die zur umgehenden Meldung eines Kriegsverbrechens verpflichtete, und wegen gemeinschaftlicher Vertuschung wurden belastet: Major General Samuel Koster, Brigade General George H. Young, Jr., Colonel Nels A. Parson, Lieutenant Colonel David C. Gavin, Lieutenant Colonel William D. Guinn, Major Robert W. Knight, Major Frederick W. Watke, Captain Kenneth W.

---

112 NA, RG 319, AS, ODCS-PER, VWCWG, MLM, Box 1, Folder: Administrative Review – My Lai Cases (Part of 4) sowie ebenda, Box 5, Folder: Administrative Review, PVT Gerald A. Smith.

113 Department of the Army, Provost Marshal General, Fact Sheet, to: Chief of Staff, United States Army, Subject: My Lai, 31. 12. 1969, S. 2, in: NA, RG 319, AS, ODCS-PER, VWCWG, MLM, Box 1, Folder: My Lai Army Staff Monitor Summaries, Jan. 1970 sowie ebenda, Box 4, Folder: Administrative Review – CPT Eugene M. Kotouc.

114 NA, RG 319, AS, ODCS-PER, VWCWG, MLM, Box 2, Folder: Administrative Review – My Lai Cases (Part 4 of 4); ebenda, Box 2, Folder: Administrative Review – Col. Robert B. Luper, Part 1 of 2 und Part 2 of 2 sowie ebenda, Box 4, Folder: Administrative Review – Maj Charles C. Calhoun (Part 1 of 2).

Boatman und Colonel Oran Henderson.[115] Und Lieutenant Thomas Willingham stand im Verdacht, während des Einsatzes in »My Khe (4)« verbrecherische Befehle erteilt zu haben.

Jonathan O. Seaman, Albert O. Connor und Orwin C. Talbott trafen ihre Entscheidungen zwischen Juni 1970 und Juli 1971 wie folgt:

- Gegenüber neun Beschuldigten machten sie von ihrem Recht Gebrauch, kein Verfahren zu eröffnen und stattdessen nach eigenem Gutdünken zu entscheiden, ob und wie bestraft werden sollte: Die Offiziere Luper, McKnight, Boatman, Gavin, Guinn und Willingham wurden ohne Einschränkung entlastet, schriftliche Abmahnungen erhielten ihre Kollegen Young (»Letter of Censure«), Parson (»Letter of Censure«) und Calhoun (»Letter of Reprimand«).[116] Zur Begründung wurden angeblich nicht hinreichende Beweise geltend gemacht. Eine abwägende Auseinandersetzung mit den seitens der Peers-Kommission vorgelegten Untersuchungsergebnissen sucht man in den Akten indes vergeblich.
- 16-mal ordneten sie Artikel-32-Anhörungen an und verfügten nach Eingang der Abschlussberichte in zehn Fällen eine Einstellung weiterer Ermittlungen – erneut mit dem stereotypen Hinweis auf vermeintlich nicht überzeugendes Belastungsmaterial. Frederick W. Watke wurde in vollem Umfang rechtskonformes Verhalten bescheinigt, Dennis H. Johnson erhielt einen »Letter of Reprimand« und Samuel Koster – zu diesem Zeitpunkt Superintendent der Militärakademie West Point – einen »Letter of Censure«.[117] Auch gegen die des mehrfachen Mordes

---

115 NA, RG 319, AS, ODCS-PER, VWCWG, MLM, Box 2, Folder: Administrative Review – My Lai Cases (Part 3 of 4); ebenda, Box 2, Folder: Administrative Review – BG George H. Young, Jr.; ebenda, Box 3, Folder: Administrative Review – Col. Nels A. Parson, Jr., Part 1 of 4 und Part 2 of 4; ebenda, Box 3, Folder: Administrative Review – LTC William D. Guinn sowie ebenda, Box 3, Folder: Administrative Review – LTC Frederic W. Watke.

116 NA, RG 319, AS, ODCS-PER, VWCWG, MLM, Box 1, Folder: TJAG My Lai Talking Papers, Jul 1971–Jul 1972 sowie ebenda, Box 4, Folder: Administrative Review – Maj Charles C. Calhoun, Part 1 of 2 und Part 2 of 2.

117 NA, RG 319, AS, ODCS-PER, VWCWG, MLM, Box 1, Folder: TJAG My Lai Talking Papers, Jul 1971–Jul 1972. Faktisch kam der »Letter of Censure« für Samuel Koster einem Schuldspruch gleich, bestätigte er doch, dass der Divisionskommandeur definitiv um die zivilen Opfer von »My Lai (4)« wusste und trotzdem seine schützende Hand über die Täter hielt. Wegen der gleichzeitigen Rückstufung zum Brigadier General war Kosters militärische Karriere beendet.

verdächtigen GIs Torres, Schiel, Doherty, Hutson, Smith, T'Souvas und Hodges konnten in der Folge nur noch administrative Strafen verhängt werden. Gestützt auf eine entsprechende Empfehlung des Judge Advocate General, wurden sie aus der Armee entlassen und für alle Zeit von einer Wiederaufnahme ausgeschlossen.[118]
- Sechs Verdächtige sollten sich, dem Befund der Artikel-32-Ermittlungen entsprechend, vor einem General Court Martial verantworten: Henderson, Kotouc, Medina, Mitchell, Hutto und Calley.

Mit gutem Grund sprach William Peers von einem »schreckenerregenden Vorgang«.[119] Nimmt man nämlich die Rechtsgutachten zum Maßstab, die von verschiedenen Militärjuristen – teils aus dem Stab der 1. und 3. US Army, teils aus den Reihen des Judge Advocate General – zu den Empfehlungen der Peers-Kommission ausgearbeitet worden waren, so gab es angesichts der Seaman und Connor vorliegenden Beweismittel keine Veranlassung zur vorzeitigen Einstellung von Verfahren. Wie gegenüber Oran Henderson und Eugene Kotouc war auch bei zwölf weiteren Offizieren kein einziger Anklagepunkt ausgeräumt. Und wie Medina, Mitchell, Hutto und Calley standen sechs weitere Angehörige der »Task Force Barker« weiterhin unter dringendem Mordverdacht: Esequiel Torres in sechs bis 15 Fällen, Kenneth Schiel und William F. Doherty in nicht näher zu beziffernden Fällen, Robert T. Souvas in zwei Fällen, Gerald Smith in mindestens sieben Fällen und Max Hutson in zehn Fällen.[120]

Einzig die gegen Kenneth Hodges formulierten Vorwürfe ließen Zweifel an einer juristischen Weiterung seines Falles zu: Mehrere Zeugen

118 NA, RG 319, AS, ODCS-PER, VWCWG, MLM, Box 1, Folder: TJAG My Lai Talking Papers, Jul 1971–Jul 1972.

119 William Peers, zit. n. Lewy, America in Vietnam, S. 358.

120 Zu den sechs weiterhin Mordverdächtigen siehe NA, RG 319, AS, ODCS-PER, VWCWG, MLM, Box 1, Folder: Administrative Review – My Lai Cases (Part 1 of 4); ebenda, Box 5, Folder: Administrative Review – PVT Gerald A. Smith. Zu den 12 nach wie vor belasteten Offizieren siehe ebenda, Box 2, Folder: Administrative Review – My Lai Cases, Part 3 of 4 und Part 4 of 4; ebenda, Box 2, Folder: Administrative Review – BG George H. Young, Jr.; ebenda, Box 2, Folder: Administrative Review – Col. Robert B. Luper, Part 1 of 2 und Part 2 of 2; ebenda, Box 3, Folder: Administrative Review – LTC William D. Guinn; ebenda, Box 3, Folder: Administrative Review – Col. Nels A. Parson, Jr. (Part 1 of 4); ebenda, Box 3, Folder: Administrative Review – LTC Frederic W. Watke sowie ebenda, Box 4, Folder: Administrative Review – Maj Charles C. Calhoun, Part 1 of 2 und Part 2 of 2.

hatten im Verlauf der Artikel-32-Untersuchung ihre ursprünglichen, Mord unterstellenden Aussagen revidiert oder gänzlich zurückgenommen. Hinsichtlich des Vorwurfs sexueller Gewalt profitierte Hodges wie die meisten mutmaßlichen Vergewaltiger von dem Umstand, dass ihre Opfer keine Anzeige erstattet hatten und Militärjuristen geneigt waren, Vergewaltigung zu einem »sexual frolic«, einem »über die Stränge schlagen«, umzudefinieren. »Er [der Zeuge, B.G.] sagte aus, [...] dass er Staff Sergeant Hodges auf dem Mädchen liegen sah [...] und dass er sich in jener Weise auf und ab bewegte, die man normalerweise mit Geschlechtsverkehr in Verbindung bringt. Er [der Zeuge, B.G.] hatte keine Sicht auf den Intimbereich von Staff Sergeant Hodges und konnte nicht sagen, ob es zu einer Penetration gekommen war.«[121] Vor die Wahl gestellt, einer Aussage Glauben zu schenken, der zufolge das Opfer um sich schlug und schrie, oder die Unterstellung für bare Münze zu nehmen, dass sich die Frau an einer Orgie mit drei Männern erfreute, entschieden sich die Gutachter für Letzteres.[122] Wenn man den Fall Hodges dennoch als Sonderfall gelten lassen will, bleibt als Fazit: Nicht nur über die Schuld oder Unschuld von sechs, sondern von 24 der insgesamt 25 Belasteten hätte vor einem Kriegsgericht verhandelt werden müssen.

Die verfahrensrechtliche Privilegierung Kommandierender Generale erwies sich auch und gerade im Fall »My Lai (4)« als entscheidendes Hindernis für die Rechtsprechung. Ursprünglich als Widerlager gegen die rechtferne Einmischung von Politikern und Ministerialbürokraten gedacht, leistete sie einer Blockade auf anderer Ebene Vorschub – einem »reverse command influence«, wie es euphemistisch im internen Sprachgebrauch der Streitkräfte hieß. Angesichts des Umstandes, dass es keine Möglichkeiten interner Korrektur gab, könnte man auch von einer Überdehnung individueller Ermessensspielräume, wenn nicht von einer Einladung zu subjektiver Willkür sprechen.

---

121 Department of the Army, Judge Advocate General, Memorandum of Law (SSG Hodges), o.D., S. 2, in: NA, RG 319, AS, ODCS-PER, VWCWG, MLM, Box 5, Folder: Administrative Review – SSG Kenneth L. Hodges (Part 2 of 4). Der verharmlosende Begriff des »sexual frolic« wurde verwendet in: Department of the Army, Judge Advocate General, Memorandum to: Secretary of the Army, Subject: Sergeant Kenneth L. Hodges, 12. 3. 1973, in: NA, RG 319, AS, PI-AC, Box 42, Folder: Son My Chron. File # 28 (2 of 2).

122 Conduct of the Men of Charlie Company, 1/20, during the Assault on My Lai 4 on 16 March 1968, o: D., S. 26, in: NA, RG 319, ODCS-PER, VWCWG, MLM, Box 5, Folder: Administrative Review – SSG Kenneth L. Hodges (Part 3 of 4).

Obwohl Jonathan O. Seaman und Albert O. Connor ihre Kompetenzen bis zur Neige ausschöpften, ginge es an der Sache vorbei, sie allein für die faktische Nichtahndung der in »My Lai (4)« begangenen Verbrechen verantwortlich zu machen. Zwar ist anhand der zur Verfügung stehenden Quellen nicht zu belegen, dass sie persönlich unter Druck gesetzt worden wären. Keinen Zweifel gibt es indes, dass das politische und professionelle Umfeld ihre Wahl erleichterte oder nahelegte. Die Rede ist von Politikern, hochrangigen Militärs und Ministerialbürokraten, die »My Lai (4)« so schnell wie möglich hinter sich bringen wollten und zu diesem Zweck einem juristischen Minimalismus das Wort redeten. Bereits der frühe Entschluss des Pentagon, keinen Sammelprozess nach Nürnberger Vorbild zu führen, wurde in diesem Sinne getroffen. Und es gibt eine Vielzahl weiterer Belege für die zeitgenössische, in einem Schlagwort unabhängiger Beobachter verdichtete Kritik: »Politics reigns« – »Die Politik hält die Zügel in der Hand«.[123]

Seit dem Herbst 1969 war im Pentagon davon die Rede, dass Militärtribunale die Pariser Friedensverhandlungen negativ beeinflussen und das innenpolitische Klima zugunsten der Antikriegsaktivisten wenden könnten.[124] Wahlweise räumte man dem Betriebsklima innerhalb der Streitkräfte und insbesondere dem Schutz ihres Offizierskaders vor negativer Publizität höchste Priorität ein. »Die Bedürfnisse der Armee als Institution müssen in aller Ernsthaftigkeit bedacht werden. [...] Dieser Gedanke spielte eine wichtige Rolle bei der Entscheidung, nach dem Ridenhour-Brief eine umfängliche Untersuchung in Gang zu setzen und die Peers-MacCrate-Kommission ins Leben zu rufen«, hieß es in einem Dossier des Armeeministeriums vom 10. Januar 1970, also Wochen vor Abschluss der Peers-Untersuchung. »Andererseits ist der Armeeminister der Meinung, dass jedwede Public-Relations-Erfolge, die sich kurzfristig aus Strafmaßnahmen gegen Kommandeure ergeben könnten, auf lange Sicht zunichte gemacht würden – weil nämlich derartige Maßnahmen das Interesse der Armee negativ beeinflussen, als Institution wahrgenommen zu werden, die fair und gerecht mit jedem Einzelnen ihrer

---

123 Anderson (Hg.), Facing My Lai, S. 44, 49. Zur Diskussion dieses Problems siehe auch: Paust, Case for War Crime Jurisdiction sowie Paulson/Banta, »Grave Breaches« Under the Geneva Conventions.

124 Department of Defense, The Secretary of Defense, Memorandum for the President, Subject: The My Lai Atrocity, Confidential, Entwurf, 3. 9. 1969, in: NA, RG 319, AS, PI-CI, Box 2, Folder: Related Chronology.

Mitglieder umgeht. Der Minister ist abschließend der Meinung, dass My Lai ein Einzelereignis ist. Die Truppen in Vietnam handeln gemäß detaillierter Direktiven, die es verbieten, Gefangene oder Zivilisten zu töten oder zu misshandeln.«[125] Ein weiteres Argument führte der Stabschef der Armee ins Feld: Man sollte und durfte vor Kritikern wie Telford Taylor, dem ehemaligen Ankläger von Nürnberg, und ihrer Forderung nach schonungsloser Militärjustiz nicht in die Knie gehen. Als Antwort auf Taylors Buch »Nürnberg und Vietnam« gab William Westmoreland deshalb eine Studie mit einem a priori formulierten Ergebnis in Auftrag: »Da Taylor die Effektivität der Kontrolle über amerikanische Kampfeinsätze in Frage stellt, muss die Arbeitsgruppe das Vorhandensein einer solchen Kontrolle auf zweifelsfreie Weise herausarbeiten. [...] Das Projekt muss deutlich machen, dass nie zuvor in der Kriegsgeschichte ein Krieg geführt worden ist, in dessen Verlauf dermaßen viel Wert auf den Schutz von Zivilisten und den menschlichen Umgang mit Nichtkombattanten gelegt worden ist wie während der Aufstandsbekämpfung durch amerikanische Truppen in der Republik Vietnam.«[126]

»Schmutzige Tricks – die oberste Ebene auslassen; den einen oder anderen Zeugen diskreditieren, Fakten über Huê an die Öffentlichkeit bringen; Linie der Administration – vielleicht wird man einen Senator oder zwei einsetzen müssen. Sich nicht in unterschiedlichen Richtungen verzetteln; an dem Problem dranbleiben.«[127] Diese Notizen über ein Gespräch mit Richard Nixon vom 1. Dezember 1969 brachte der Präsidentenberater Harry Robbins Haldeman zu Papier. Sie gehören zu den wenigen Archivalien, die über die einschlägigen Diskussionen im Weißen Haus Aufschluss geben und zeigen einen Präsidenten, der in »My Lai (4)« eine unmittelbare Bedrohung seiner gesamten Vietnampolitik witterte. Sollte die Opposition, so Nixons Befürchtung, aus dem Fall Kapital schlagen und weitere Unterstützung für einen bedingungslosen Rückzug mobilisieren können, so stand sein mittelfristiges Kalkül in Frage –

---

125 Department of the Army, Army Staff Monitor Section, My Lai Army Staff Monitor Summary, 10. 1. 1970, S. 1, in: NA, RG 319, AS, PI-AC, Box 4, Folder: Army Staff Monitor Summary, Jan 1970.

126 Department of the Army, Office of the Deputy Chief of Staff for Military Operations, Memorandum, for: Secretary of the General Staff, Subject: Research Project: Conduct of the War in Vietnam, 29. 1. 1971, Outline: Conduct of the War in Vietnam, S. 2, in: NA, RG 319, AS, PI-AC, Box 7, Folder: Conduct of the War in Vietnam, Chron. File # 4 (2 of 2) sowie Referral Slip CS 091 Vietnam, 13. 1. 1971, S. 2, in: ebenda, Box 8, Folder: Conduct of the War, MACV Directives, RoE – Chron. File # 3.

127 Harry Robbins Haldeman, zit. n. Bilton/Sim, Four Hours, S. 321.

nämlich der Entschluss, trotz des eingeleiteten Rückzugs der Bodentruppen den Krieg zu eskalieren und Hanoi mittels ausgedehnter Luftschläge binnen Jahresfrist zum Nachgeben zu zwingen.[128] Im Repertoire für eine propagandistische Gegenoffensive wurde kaum etwas ausgespart. Nixon forderte zum wiederholten Male eine Offensive gegen missliebige Medien, wollte den »dreckigen, verderbten Juden aus New York«[129] – wie er die Herausgeber und Chefredakteure der *New York Times* und andere vermeintliche Hintermänner der »My Lai (4)«-Berichterstattung titulierte – mit Kartellrecht und Steuerbehörden drohen, verlangte Nachforschungen über Ronald Ridenhour und eine geheimdienstliche Beschattung von Seymour M. Hersh durch Agenten der National Security Agency.[130] »Wir müssen unter allen Umständen diese Attacke ersticken, mit einer machtvollen und unüberwindlichen Reaktion.«[131] Falls es die Umstände erforderten, pflichtete Henry Kissinger bei, »sollten wir ein Programm durchführen [...], das nicht bis ins Weiße Haus zurückverfolgt werden kann.«[132] Auch wenn eine hintergründig orchestrierte Intervention in militärrechtliche Verfahren bis dato nicht nachweisbar ist – zum Katalog der »schmutzigen Tricks« würde eine solche Maßnahme allemal passen.

Auf welche Weise der Umgang mit den »My Lai (4)«-Ermittlungen politisch manipuliert wurde, sollte William Peers anlässlich der öffentlichen Präsentation seines Abschlussberichts am 17. März 1970 erfahren. 225 Seiten wurden an diesem Tag der Presse zur Verfügung gestellt, ungefähr ein Zehntel des kompletten Berichts. Gegen den vehementen Widerspruch von Peers setzten Armeeminister Stanley Resor und ein für die Öffentlichkeitsarbeit zuständiger Major General zunächst eine neue Sprachregelung durch: Der Begriff »Massaker« wurde durch »Tragödie großen Ausmaßes« ersetzt, statt des Hinweises auf getötete Frauen, Kinder, Babys und Alte war von »Opfern unter Nichtkombattanten« die Rede und aus Vergewaltigungen wurden »sexuelle Belästigungen«. Von diesen semantischen Korrekturen abgesehen, bestanden die zuständigen Stellen im Pentagon auch auf einer vollständigen Vertuschung des

---

128 Greiner, Nicht-Aufhören-Können, S. 381.

129 Richard Nixon in einer Diskussion mit seinem Berater Alexander Butterfield über »My Lai (4)«, zit. n. Bilton/Sim, Four Hours, S. 321.

130 Bilton/Sim, Four Hours, S. 315–325.

131 Richard Nixon, zit. n. Bilton/Sim, Four Hours, S. 321.

132 Henry Kissinger, Memorandum for the President, Subject: My Lai Atrocities, 4. 12. 1969, Secret/Sensitive, S. 2, in: NA, NPMP, NSC, AMH-SF, Box 1004, Folder: My Lai Incident (2 of 2).

Stanley R. Resor, Armeeminister.
© 25. Infantry Division Association

Massakers von »My Khe (4)«. Ob die Gerüchte über einen zweiten Massenmord zutrafen, wollten Reporter unter Bezug auf die Monate zuvor gemachten Aussagen von Terrence Reid wissen. Die Sprecher des Pentagon wiesen die Vermutung nicht zurück, schoben aber – Westmorelands Linie folgend, der zufolge die Ereignisse vom 16. März 1968 ein einmaliges Abweichen vom breiten Pfad eines regulär geführten Krieges waren – die Morde von »My Khe (4)« einer südvietnamesischen Einheit in die Schuhe. Noch Stunden zuvor hatte William Peers sich dem Verwirrspiel verweigern und seine Teilnahme an der Pressekonferenz absagen wollen. Warum er dennoch einlenkte, ist unklar. Vermutlich wollte er nicht jenen in die Hände spielen, die ohnehin auf seinen freiwilligen Rückzug hofften – nicht näher benannte Spitzenkräfte des Pentagon, die es Peers zufolge darauf angelegt hatten, alle Prozesse, das Calley-Tribunal eingeschlossen, platzen zu lassen.[133]

---

133 Hersh, Cover Up, S. 248–250 sowie Bilton/Sim, Four Hours, S. 306–310.

Vor diesem Hintergrund gibt es also hinreichend Gründe für die Annahme, dass zumindest im Fall »My Khe (4)« unmittelbar auf die Entscheidungen von Jonathan O. Seaman und Albert O. Connor Einfluss genommen und von außen veranlasst wurde, die Akte Thomas Willingham zu schließen. Zum Zeitpunkt der Pressekonferenz waren die Vorwürfe gegen den Platoonführer der in »My Khe (4)« eingesetzten B Company, »Task Force Barker« keineswegs ausgeräumt. Im Gegenteil. In einem mit dem 11. März 1970 datierten Memorandum, ausgestellt von Juristen, die im Auftrag des Judge Adocate General den Peers-Bericht geprüft hatten, heißt es: »Es gibt ernst zu nehmende Hinweise, dass Captain Willinghams Platoon am 16. März 1968 zwischen 15 und 90 Zivilisten, Einwohner von ›My Khe (4)‹, tötete. Zeugen zufolge handelte es sich bei den Toten überwiegend um Frauen und Kinder. [...] Dass Captain Willingham um die Vergehen der unter seinem Kommando stehenden Soldaten wusste und versuchte, sie durch die Vorlage gefälschter Berichte an seinen Kommandeur zu vertuschen, lässt sich aus den vorliegenden Beweismitteln folgern.«[134] Der Leiter der Criminal Investigation Division, Colonel Henry Tufts, hatte sich am 12. Februar 1970 ähnlich geäußert und in Übereinstimmung mit dem Provost Marshal General, der obersten für Disziplinarmaßnahmen zuständigen Behörde, eine Ausweitung der Ermittlungen verlangt.[135] Einige Dossiers lassen darauf schließen, dass es deswegen zu einer internen Kontroverse kam. So wurde Colonel Tufts aus dem Hauptquartier der US Army, Vietnam beschieden: »Bedenken Sie: Die ›unschuldigen‹ Zivilisten [aus »My Khe (4)«, B.G.] verstießen gegen die Gesetze der Republik Vietnam, indem sie an der Seite der Vietcong lebten. Zwischen ›unschuldigen‹ Zivilisten und Vietcong unterscheiden zu wollen, ist daher rein

134 Department of the Army, Office of the Judge Advocate General, Memorandum, for: The Judge Advocate General, Subject: Review of Evidence Obtained by the Peers' Inquiry, 11. 3. 1970, Abschnitt: CPT (then 2LT) Thomas K. Willingham (1st Platoon Leader, B/4/3), in: NA, RG 319, AS, PI-CI, Box 27, Folder: Col. H. Miller's Report to TJAG on Offenses. Zu den Zeugenaussagen von Beteiligten der B Company, »Task Force Barker« siehe Department of the Army, Office of the Provost Marshal General, Memorandum, for: Deputy Secretary of the General Staff, Subject: Son My Investigation – Company B, 4th Battalion, 3d Infantry, 11. 4. 1970, in: RG 319, AS, PI-AC, Box 46, Folder: Son My Suspects (2 of 3).

135 Department of the Army, United States Army CID Agency, Memorandum, Subject: Reorientation of My Lai (4) Investigation, 12. 2. 1970, in: NA, RG 319, AS, PI-AC, Box 33, Folder: Son My Chron. File # 7 (1 of 2).

akademisch.«[136] Monate später wurde von der Rechtsabteilung des Pentagon in Sachen Thomas Willingham ein Dossier ähnlichen Tenors erstellt: »Es würde nicht der Realität entsprechen, nur Männer im militärischen Alter als ›Vietcong‹ einzustufen. Es gibt genügend Beweise, dass auch Frauen und möglicherweise Kinder zu den Kämpfern der Vietcong zählen konnten. Daher kann man kaum zu dem Schluss kommen, dass Captain Willingham wusste, dass alle 38 Vietnamesen, die er als gefallene Vietcong meldete, in Wirklichkeit Nichtkombattanten waren.«[137] Doch wer im Einzelnen an der Diskussion beteiligt war und wie die Debatte geführt wurde, ist anhand der verfügbaren Akten nach wie vor nicht zu rekonstruieren. Auffällig ist nur die Hast, mit der Seaman und Connor die Entlastung von Thomas Willingham betrieben. Obwohl in der Zwischenzeit kein zu seinen Gunsten sprechendes Material präsentiert worden war, wurde er bereits am 8. Juni 1970 aller Vorwürfe enthoben. Selbst auf eine Beweisführung gemäß Artikel 32 hatten Seaman und Connor verzichtet.[138]

Erwähnenswert bleibt auch, dass man sich im Pentagon derweil auf eine Politik des Abwartens und der »schmutzigen Tricks« verlegte. Bei Letzterer ging es um die öffentliche Diskreditierung von Seymour M. Hersh und Richard Hammer, die im Frühjahr 1970 die ersten Bücher über das Massaker vom 16. März 1968 vorgelegt hatten. »Mit Blick auf Hersh machen wir interessierte Korrespondenten und Reporter in privaten Gesprächen auf einige Schwachstellen und Ungenauigkeiten aufmerksam. [...] Bei Hammer suchen wir nach den Verantwortlichen seines Verlagshauses. [...] Wir werden in Hintergrundgesprächen die schrecklichen Ungenauigkeiten und belegbaren Verzerrungen verdeutlichen, in

---

136 Headquarters, United States Army Vietnam, Memorandum, to: Commanding Officer, United States Army Criminal Investigation Division Army, 17. 1. 1970, in: NA, RG 319, AS, PI-AC, Box 51, Folder: War Crimes Allegations – 9: Reid Allegation (Co Lay/Co Luy).

137 Department of the Army, Judge Advocate General, Military Justice Division, Memorandum of Law (CPT Willingham), 22. 3. 1971, S. 4, in: RG 319, AS, ODCS-PER, VWCWG, MLM, Box 1, Folder: Administrative Review – My Lai Cases (Part 1 of 4).

138 Department of the Army, Military Justice Division, Talking Paper, Subject: Son My Cases, 20. 3. 1971, S. 11, in: NA, RG 319, AS, ODCS-PER, VWCWG, CF, Box 6, Folder: Background Information – History of War Crimes sowie Department of the Army, Judge Advocate General, Military Justice Division, Memorandum of Law (CPT Willingham), 22. 3. 1971, S. 1, in: RG 319, AS, ODCS-PER, VWCWG, MLM, Box 1, Folder: Administrative Review – My Lai Cases (Part 1 of 4).

der Hoffnung, dass wir Hammers ohnehin nicht allzu gute Reputation noch mehr schädigen können.«[139] Was immer auf diesem Weg erreicht wurde, die Verzögerungstaktik war und blieb der Schlüssel zur Vertuschung von »My Khe (4)«. Einerseits war auf das Schweigekartell der mutmaßlichen Täter Verlass: Von 40 Interviewten hatten bis April 1970 an die 30 behauptet, nichts gesehen und gehört zu haben. Auch Terrence Reid wollte keine näheren Angaben machen: »Die Schuld, glaube ich, liegt nicht nur bei ihnen, sondern bei den Leuten, die ihnen die Überzeugung von der Unbesiegbarkeit der eigenen Rasse und des eigenen Glaubens antrainiert haben.«[140] Solange man diese Aussageverweigerung akzeptierte und auf die Einvernahme weiterer südvietnamesischer Zeugen verzichtete, stand nichts zu befürchten – zumal auch »Sy« Hersh noch im Dunkeln tappte. Aus einem Dossier vom 8. Juli 1971, verfasst im Stab von William Westmoreland: »Lieutenant Colonel Kerwin wies darauf hin, dass es augenblicklich keinen Grund gibt, diese Seite der My-Lai-Ermittlungen wieder zum Thema zu machen. Hersh muss mit neuen Ergebnissen aufwarten, um dazu Veranlassung zu haben. Abschließender Hinweis: [...] Das Büro des Armeeministers sollte das Büro des Verteidigungsministers und das Weiße Haus in dieser Sache informieren.«[141]

---

139 Department of the Army, Office of the Chief of Information, Memorandum, for: General Peers, Subject: »One Morning in the War« by Richard Hammer, 10. 6. 1970, in: NA, RG 319, AS, PI-CI, Box 8, Folder: Admin. File – June.

140 Sworn Statement Terrence J. Reid, 21. 1. 1970, in: NA, RG 319, AS, PI-AC, Box 51, Folder: War Crimes Allegations – 9: Reid Allegation (Co Lay/Co Luy). Seit November 1969 hatte man die Publikationen von Seymour M. Hersh unter diesem Gesichtspunkt akribisch ausgewertet: Department of the Army, Executive Officer, Peers Inquiry, Memorandum, for: Lieutenant General Peers, Subject: »Harper's« Magazine Article, »My Lai (4)«, 20. 4. 1970, in: RG 319, AS, PI-AC, Box 16, Folder: My Lai Allegations sowie Seymour M. Hersh, Comment: Uncovered, in: *The New Yorker*, 10. 11. 2003. In Sicherheit wähnte man sich gleichwohl nicht: »Ich kenne Cy Hersch (sic) seit vielen Jahren und weiß, dass er völlig unberechenbar ist. Wenn er sagt, er würde sich mit etwas anderem beschäftigen, so bedeutet dies rein gar nichts. Er ist ein unermüdlicher Arbeiter und wühlt ständig nach Informationen. Ich habe keinen Zweifel, dass er irgendetwas Neues über den Son My-Fall ausgegraben hat«: Department of the Army, Office of the Chief of Information, Memorandum, for: Secretary of the General Staff, Subject: Follow-Up Actions on the Peers-Report, 2. 8. 1971, S. 2, in: RG 319, AS, PI-AC, Box 39, Folder: Son My Chron. File # 20 (2 of 2).

141 Department of the Army, Office of the Chief of Staff, Memorandum for Record, Subject: Followup Actions on the Peers Report, 8. 7. 1971, in: NA, RG 319, AS, PI-AC, Box 38, Folder: Son My Chron. File # 19 (2 of 2).

So gesehen, ist Hershs Hinweis, dass die Ermittlungen zu »My Khe (4)« einer gemeinschaftlichen Intervention von Armeeführung und Weißem Haus zum Opfer fielen,[142] weniger eine Spekulation denn eine begründete Vermutung.

Damit neigte sich das juristische Kapitel über »My Lai (4)« seinem Ende zu. Am 5. Juni 1972 berichtete Seymour M. Hersh – gestützt auf unveröffentlichte Teile des Peers-Berichts, die ihm von einem Vertrauten aus dem Pentagon zugespielt worden waren – erstmals über »My Khe (4)«.[143] Im Unterschied zum November 1969 blieben öffentliche Reaktionen aus. Und ohnehin hatte die Armee zu diesem Zeitpunkt nur einen Public-Relations-Schaden begrenzten Ausmaßes zu befürchten. Denn angesichts des Umstandes, dass alle Beteiligten der B Company ihren Dienst bereits quittiert hatten, war die Eröffnung eines Prozesses ausgeschlossen.[144] Auch waren die sechs anhängigen Militärtribunale – gegen Oran Henderson, Eugene Kotouc, Ernest Medina, David Mitchell, Charles Hutto und William Calley – längst zu Ende gegangen: mit Freisprüchen erster Klasse für Henderson, Kotouc, Medina und Mitchell und einer unehrenhaften Entlassung für Hutto.

Büßen musste nur William Calley, wenn auch nicht hinter Gefängnismauern. Stunden nach der Verurteilung zu lebenslanger Haft am 31. März 1971 – begründet mit vorsätzlichem Mord in nicht weniger als 22 Fällen und eines Übergriffs mit Tötungsabsicht – verfügte Präsident Nixon, dass Calley die Zeit bis zum Abschluss des von der Verteidigung angekündigten Revisionsverfahrens unter Hausarrest verbringen konnte. Im Übrigen, so Nixon, würde er sich persönlich des Falles annehmen und in letzter Instanz entscheiden.[145] Dieser wider Geist und Buchstaben der Gewaltenteilung verstoßende, gleichwohl in der Öffent-

---

142 Seymour M. Hersh, Interview mit *CBS Morning News*, WTOP TV, Washington, D.C., 19. 1. 1972, Transkript, S. 4, in: NA, RG 319, AS, PI-AC, Box 39, Folder: Son My Chron. File # 22 (1 of 3).

143 Seymour M. Hersh, The Army's Secret Inquiry Describes a 2nd Massacre, Involving 90 Civilians, in: *The New York Times*, 5. 6. 1972.

144 Department of the Army, Judge Advocate, Division for Military Justice, Talking Paper, Subject: »Coverup«, the Seymour Hersh Articles in *The New Yorker*, 29. 1. 1972, S. 2, in: NA, RG 319, AS, ODCS-PER, VWCWG, MLM, Box 1, Folder: TJAG My Lai Talking Papers, Jul 1971–Jul 1972 sowie Department of the Army, Judge Advocate General, Memorandum of Law (CPT Willingham), 22. 3. 1971, S. 1, in: RG 319, AS, ODCS-PER, VWCWG, MLM, Box 1, Folder: Administrative Review – My Lai Cases (Part 1 of 4).

145 Belknap, War on Trial, S. 200.

lichkeit nur mäßig kritisierte Eingriff der Politik in justitielle Belange[146] gab künftigen Entscheidungen die Richtung vor. Bereits fünf Monate später hob Albert O. Connor das ursprüngliche Urteil auf und verhängte 20 Jahre Haft bei harter Arbeit – eine Maßnahme, die von der höchsten militärischen Appellationsinstanz, dem Court of Military Appeals, im Dezember 1973 bestätigt wurde. Mitte April 1974 senkte der Armeeminister das Strafmaß auf zehn Jahre, Ende September ordnete ein Zivilgericht in Columbus, Georgia, die Freilassung Calleys auf Kaution an – unter Verweis auf die »Ungerechtigkeit« des Militärgerichtsverfahrens. Richter Robert Elliott: »Man muss bedenken, dass Krieg eben Krieg ist und dass es alles andere als ungewöhnlich ist, wenn unschuldige Zivilisten zu Opfern werden. Das war in der Geschichte schon immer so. So war es auch, als Joshua in biblischen Zeiten Jericho einnahm. [...] Und Joshua wurde nicht wegen des Gemetzels unter den Zivilisten von Jericho angeklagt. Sondern der ›Herr war mit Joshua‹, wie wir [aus der Bibel, B.G.] wissen.«[147] Armeeminister Howard H. Callaway verwahrte sich gegen die Intervention eines Zivilrichters. »Wir vom Militär sind selbstverständlich der Meinung, dass wir das Recht haben, über die Disziplin in unseren Reihen mittels des Uniform Code of Military Justice selbst zu wachen.«[148] In der Sache aber hatte Callaway keine Einwände und gab im November 1974 Calleys Gnadengesuch statt. Nach 44 Monaten Hausarrest war der Massenmörder von »My Lai (4)« wieder auf freiem Fuß.[149]

Einerseits fallen die »My Lai (4)«-Ermittlungen aus dem Rahmen: Nur 25 Prozent der Beschuldigten wurden vor ein Kriegsgericht gestellt – ein Wert deutlich unterhalb des statistischen Durchschnitts von 47 Prozent. Und lediglich einer von sechs Angeklagten wurde verurteilt, wohingegen im langjährigen Mittel auf vier Beklagte ein Verurteilter kam. Dessen ungeachtet sollte der juristische Umgang mit »My Lai (4)« als pars pro toto für die Militärgerichtsbarkeit zur Zeit des Vietnamkrieges gelesen werden. Dieses Resümee stützt sich auf drei Beobachtungen:

---

146 Siehe Goldstein/Marshall/Schwartz, Beyond the Reach of Law?, S. 1–20 sowie Knoll/McFadden (Hg.), War Crimes and the American Conscience, S. 1–47, 104–182.

147 Robert Elliott, zit. n. Bilton/Sim, Four Hours, S. 356.

148 Howard H. Callaway, Pressekonferenz, 13. 11. 1974, S. 5, in: NA, RG 319, AS, ODCS-PER, MLM, Box 7, Folder: Release of Peers Report to the Public, 13. Nov. 1974.

149 Belknap, War on Trial, S. 149–190, 217–233, 252, 256.

Erstens machten Kommandierende Generale durchgängig und auf großzügige Weise von ihrem Recht Gebrauch, es gar nicht zu einer Anklage kommen zu lassen oder ein Verfahren mittels administrativer Strafen vorzeitig zu beenden. Zur Illustration sei auf einige, seitens der Criminal Investigation Division mit großem Aufwand recherchierte und in anderem Zusammenhang bereits diskutierte Fälle verwiesen – Beispiele aus einer Luftlandebrigade, einer Infanterieeinheit und eines Verbandes von Kampfhubschraubern. Von 29 Elitesoldaten der 173. Airborne Brigade (Separate), die unter dem dringenden Verdacht der Folter standen, hatten 15 ihre Taten eingestanden – bestraft wurden vier Hauptverdächtige: einer mittels einer mündlichen, drei mittels einer schriftlichen Abmahnung. Ein Fünfter legte Widerspruch ein und blieb ganz und gar unbehelligt.[150] Gegen einen Soldaten der 196. Light Infantry Brigade, »Americal« Division, der mutmaßlich an einem zwölffachen Mord beteiligt war, wurde zwar ein Artikel-32-Verfahren eingeleitet, aber trotz fehlenden Entlastungsmaterials nach acht Wochen wieder eingestellt – mit der Auflage einer unehrenhaften Entlassung aus der Armee.[151] Auch die Hubschrauberpiloten, die im Laufe des Jahres 1969 in den Provinzen Binh Long und Quang Tin wahllos Dutzende von Bauern gemordet hatten, kamen mit Abmahnungen davon.[152] Weil man jenseits dieser willkürlich herausgegriffenen Beispiele in den Akten immer wieder auf ähnliche Vorgänge stößt, können wir mit guten Gründen feststellen: Selbst angesichts schwerster Verletzungen des Kriegsrechts, den sogenannten »grave breaches«, verzichteten Kommandeure gegenüber einem Großteil mutmaßlicher Täter auf die Eröffnung eines Strafverfahrens. Dass knapp über die Hälfte der Belasteten auf diese Weise entlastet wurde, ist ausweislich der vorliegenden, aber lückenhaften Daten zu vermuten – und dass die Zahl tatsächlich noch höher lag, nicht auszuschließen.

---

150 DeJohn Incident, as of 6. 7. 1971, in: NA, RG 319, AS, PI-AC, Box 53, Folder: War Crimes Allegations – 124: DeJohn Incident. Siehe oben, S. 107–109

151 Siehe oben, S. 373 sowie Hoag Allegation, as of 11. 3. 1974, in: NA, RG 319, AS, ODCS-PER, VWCWG, CaFi, Box 20, Folder: Hoag Allegation (Part 1 of 4), Case 232, 1.

152 Siehe oben, S. 146, 380, 381 sowie NA, RG 319, AS, PI-AC, Box 20, Folder: Other than Son My – Ky Trong Incident: Subject/Suspects: Bell, Barnhart, Herron, Applegath. Siehe auch Brooks Incident, as of 1. 5. 1972, in: ebenda, Box 54, Folder: War Crimes Allegations – 219: Brooks Incident sowie Helicopter Gunship Incident, as of 3. 6. 1971, in: RG 319, AS, ODCS-PER, VWCWG, CaFi, Box 8, Folder: Helicopter Gunship Incident, Case 57.

Zweitens waren manipulierende Eingriffe in strafrechtliche Angelegenheiten keineswegs auf den Fall »My Khe (4)« beschränkt. Auf Betreiben höchster Stellen wurde auch die Aufklärung von Morden der »Green Berets« und der »Tiger Force« hintertrieben. Aus dem Tagebuch des Präsidentenberaters Harry Robbins Haldeman geht hervor, dass Richard Nixon und Henry Kissinger im Spätsommer 1969 – bereits im Wissen um das von der »Task Force Barker« verübte Massaker – darauf drangen, den anstehenden Prozess gegen acht Soldaten der »Green Berets« und einen Mitarbeiter der CIA platzen zu lassen.[153] Die Beschuldigten hatten – so der Befund einer von MACV angeordneten Untersuchung – einen südvietnamesischen Doppelagenten exekutiert und den Leichnam in der Nha Trang Bay den Haien zum Fraß vorgeworfen. Trotz – oder wegen – der großen Publizität des Falls verfügte Armeeminister Stanley Resor Ende September 1969 eine Einstellung des Verfahrens.[154] Welche Rolle Präsident Nixon bei der Vertuschung der »Tiger Force«-Verbrechen[155] spielte, ist unklar. Zwei Jahre lang – von 1971 bis 1973 – erhielt das Weiße Haus wöchentlich Zusammenfassungen zum Stand aller wegen Kriegsverbrechen angestrengter Ermittlungsverfahren, darunter zehn Dossiers über die Todesschwadron »Tiger Force«, und der 1973 fertiggestellte Abschlussbericht wurde umgehend an das Büro des Verteidigungs- und des Armeeministers gesandt. Möglich, dass von dieser Seite auf Abhilfe gedrungen wurde.[156] Wenn nicht, handelten hochrangige Mitarbeiter des Pentagon auf eigene Faust, als sie 1973 einen ehemaligen Platoonführer der »Tiger Force«, den Berufssoldaten Lieutenant James Hawkins, einbestellten und im Vertrauen mitteilten, dass er nicht mit einem Prozess rechnen musste.[157] Wie es scheint, wurden in anderen Verfahren Zeugen massiv zum Widerruf früherer Aus-

153 Haldeman Diary, S. 86, 88, 90f.

154 Green Beret Incident, as of 13. 7. 1971, in: NA, RG 319, AS, ODCS-PER, VWCWG, CaFi, Box 16, Folder: Green Beret Incident, Case 162 sowie Bilton/Sim, Four Hours, S. 235f.

155 Siehe oben, S. 231–255.

156 Ron Royhab, Massacre Story Needs to be Told, in: *The Toledo Blade*, 20. 10. 2003; Michael Sallah, Mitch Weiss, Day 2: Inquiry Ended without Justice. Army Substantiated Numerous Charges – Then Dropped Case of Vietnam War Crimes, in: *The Toledo Blade*, 22. 10. 2003; Vietnam Archive Casts a Shadow Across Decades, in: *The New York Times*, 17. 11. 2005 sowie Sallah/Weiss, Tiger Force, S. 262f., 276–279, 300, 318f.

157 Michael Sallah, Mitch Weiss, Day 2: Inquiry Ended without Justice. Army Substantiated Numerous Charges – Then Dropped Case of Vietnam War Crimes, in: *The Toledo Blade*, 22. 10. 2003.

sagen gedrängt[158] oder ermittelnde Offiziere mit dem vorzeitigen Ende ihrer Karrieren bedroht.[159] Über Anzahl und Wirkung derartiger Interventionen lassen die offiziellen Militärakten indes keine Rückschlüsse zu.

Drittens wurden vor Kriegsgerichten außergewöhnlich nachsichtige Urteile gesprochen. Soldaten, die wegen Mordes, Totschlags oder Vergewaltigung überführt worden waren, erhielten deutlich geringere Strafen als ihre außerhalb Vietnams wegen derselben Vergehen angeklagten Kameraden. In Europa oder den USA wurde bei Mord ein durchschnittliches Strafmaß von 29 Jahren verhängt, in Vietnam von 16 Jahren. Für Totschlag an Vietnamesen fiel die Freiheitsstrafe in der Regel um ein knappes Viertel geringer aus – zehn statt 13 Jahre.[160] Dass ein notorischer und des dreifachen Mordes zweifelsfrei überführter Gewalttäter wie Sergeant Roy E. Bumgarner nur einen Rang zurückgestuft wurde, 600 Dollar Geldstrafe zu bezahlen hatte und obendrein einen um zwölf Monate verlängerten Einsatz in Vietnam absolvieren durfte,[161]

---

158 So beispielsweise im Zuge der Artikel-32-Untersuchung »Hartmann, Lee, O'Connor«, in deren Verlauf geklärt werden sollte, ob eine Einheit überschüssige Munition auf ein Dorf verfeuerte und vorsätzlich mehrere Zivilisten tötete oder verwundete: NA, RG 319, AS, Records Relating to the Courts Martial of 1st Lt. W. Calley, Capt. V. Hartman, 1 Lt. R. Lee, and Capt. O. O'Connor, Box 23, Folder: 404-02 GCM Case – Lee, Robert G. Jr., 1 Lt – 497 – 50 – 1779 (Folder 207) (1 of 2); ebenda, Folder: CID Report of Investigation – Hartman and Lee (Folder 206) (3 of 3) sowie ebenda, Box 33, Folder: Charges and Allied Papers in Case of Captain Vincent N. Hartman – U.S. v. Capt. Voncent N. Hartman (Folder 335) (1 of 2).

159 Dem mit den Foltervorwürfen gegen die 173. Airborne Brigade (Separate) befassten Major Carl Hensley wurde von Vorgesetzten zur Konsultation eines Psychiaters geraten. Schlug er den Rat aus, musste er Sanktionen unbekannter Art gewärtigen. Nahm er ihn an, war mit einem Eintrag über eine vermeintliche psychische Instabilität in seiner Personalakte zu rechnen. Hensley wählte am 16. April 1971 den Freitod. Siehe: Colonel's Victory of Sorts, in: *The Evening Standard*, 13. 8. 1971. In diesem Artikel ist auch von massiven Einschüchterungsversuchen gegenüber Lieutenant Colonel Anthony B. Herbert die Rede.

160 Lewy, America in Vietnam, S. 352f. Für Europa wurden diese Daten in den Jahren 1967 bis 1969 erhoben, für Vietnam zwischen 1965 und 1970.

161 Roy E. Bumgarner, Sergeant bei der 1. Cavalry Division und später bei der 173. Airborne Brigade (Separate), hatte Ende Februar 1969 drei Bauern ermordet, ihre Leichen mit Handgranaten verstümmelt und mittels nachträglich platzierter Waffen den Eindruck erwecken wollen, bei den Toten handelte es sich um Vietcong: NA, RG 319, AS, ODCS-PER, VWCWG, CaFi, Box 15, Folder: Bumgarner Incident, Case 147 sowie Department of the Army, Office

mag auf den ersten Blick als extremes Beispiel erscheinen – gäbe es nicht ungezählte Fälle dieser Art.[162] Zweifellos wurden auch drastische Urteile verhängt. Die Vergewaltiger und Mörder der jungen Phan Thi Mao wurden mit lebenslanger Haft, 15, zehn und acht Jahren Freiheitsentzug bestraft,[163] die am Überfall auf das Dorf Xuan Ngoc im September 1966 beteiligten Marines erhielten mehrjährige Haftstrafen, darunter einmal lebenslänglich,[164] zwei wegen des Massakers von Son Thang Angeklagte sollten auf Lebenszeit beziehungsweise fünf Jahre hinter Gitter.[165] Doch wie die erstinstanzlichen Urteile auch immer ausfielen, in den vom Uniform Code of Military Justice zwingend vorgeschriebenen Revisionsverfahren wurden sie durchgängig nach unten korrigiert, wenn nicht gänzlich aufgehoben. Mit der Folge, dass die meisten zu

---

of the Deputy Chief of Staff for Personnel, Brief an den Kongressabgeordneten Peter H. B. Frelinghuysen, 2. 4. 1972, in: RG 319, AS, ODCS-PER, VWCWG, CF, Box 5, Folder: Congressional Correspondence – War Crimes Allegations, 1971–1972.

162 Siehe NA, RG 319, AS, ODCS-PER, VWCWG, CaFi, Box 3, Folder: Duffy – Lanasa Incident; ebenda, Folder: Duffy – Lanasa Incident – Correspondence – Udall (Chunko Letter); ebenda, Folder: Duffy – Lanasa Incident – Press Release; ebenda, Box 6, Folder: Parker Allegation; ebenda, Box 14, Folder: Ogg Incident, Case 112 sowie Folder: Esquire Allegation, Case 113; ebenda, Box 14, Folder: CBS News Allegation, Case 119; ebenda, Box 15, Folders: Jones Allegation, Case 122; Zupho Incident, Case 127; Pilago Incident; Gilbert Incident, Case 135; Ulysses Williams Incident, Case 136; Son Tinh Incident, Case 139; Kapranopoulous Incident, Case 142; Swain Allegation, Case 143; Somers Incident, Case 144; Trotta Incident, Case 145; Kneer Incident, Case 148; Lawhon Incident, Case 149; Garcia Incident, Case 150; ebenda, Box 16, Folders: Ambrose Incident, Case 157; Alvarado Incident, Case 159; Albert Anderson Incident, Case 160; Torres Allegation, Case 161; Green Bereit Incident, Case 162; Greer Incident, Case 163 sowie ebenda, Box 20, Folder: Hoag Allegation (Part 1 of 4), Case 232, 1.

163 Siehe oben, S. 223, 224. Berufungsrichter setzten die Verurteilten nach wenigen Jahren auf freien Fuß: Lang, Die Meldung, S. 23, 35, 39, 42, 64 sowie NA, RG 319, AS, ODCS-PER, CaFi, Box 15, Folder: Garcia Incident, Case 150.

164 Siehe oben, S. 224, 225, 249–252. Der lebenslänglich Verurteilte saß im August 1969 noch ein, eine 50-jährige Freiheitsstrafe wurde auf zehn Jahre reduziert. Alle anderen Verurteilten kamen binnen dreier Jahre frei: An American Atrocity, in: *Esquire*, August 1969.

165 Siehe oben, S. 180, 181, 369, 370. Die lebenslange Haftstrafe für Michael A. Schwarz wurde vom Kommandierenden General der 1. Marine Division auf fünf Jahre reduziert, Samuel G. Green wurde nach neun Monaten entlassen: Solis, Son Thang, S. 276, 282f.

Zeitstrafen verurteilten Täter in der Regel nur wenige Monate und Lebenslängliche maximal sieben Jahre einsaßen.[166] Der Hinweis, dass auch Zivilgerichte in den 1960er und 1970er Jahren einer großzügigen Rechtsauslegung verpflichtet waren und Delinquenten vor der Zeit begnadigten, entbehrt zwar nicht der vordergründigen Evidenz.[167] Trotzdem geht er am Kern des Problems vorbei. Genauer gesagt: an der Tatsache, dass in den weitaus meisten Prozessen der Täterschutz auf die Spitze getrieben wurde.

Warum dem so war, ist angesichts der rudimentär überlieferten Prozessakten nicht in der wünschenswerten Präzision zu beantworten. Dennoch können wir anhand gut dokumentierter Einzelfälle materielle, personelle und weltanschauliche Hintergründe benennen, die für sich genommen oder in wechselseitiger Verschränkung der Militärgerichtsbarkeit dieser Zeit ihr unverwechselbares Profil gaben.

Prozesse, die in Vietnam selbst anberaumt wurden, fanden unter denkbar schlechten äußeren Voraussetzungen statt. Der in 450 Fällen im Auftrag der 1. und 3. Marine Division zum Chefankläger berufene Militärjurist Gary D. Solis wies darauf hin, dass Ankläger in der Regel auf sich allein gestellt waren, weder über die erforderliche technische Ausstattung verfügten noch auf Hilfskräfte zurückgreifen konnten – und bisweilen zu ihren Terminen per Anhalter anreisen mussten, weil sich niemand für die Bereitstellung von Transportmitteln zuständig fühlte. An eine Begehung von Tatorten oder Einvernahme vietnamesischer Zeugen war unter solchen Bedingungen kaum zu denken. »Selbst die Vorladung von Marines in den Zeugenstand war problematisch – oft waren sie vor Prozessbeginn versetzt worden [...], und im Uniform Code of Military Justice gibt es für solche Dinge keine Vorkehrungen. Sobald ein wichtiger Zeuge ausfiel, hatten Verteidiger oder Ankläger ausgespielt.«[168] Wie viele Freisprüche erwirkt wurden, weil von den betroffenen Einheiten keine für die Beweisführung erforderlichen Unterlagen zur Verfügung gestellt wurden, weil die Stromzufuhr bei Gericht unterbrochen wurde oder die zum Protokollieren eingesetzten Aufnahmegeräte aus anderen Gründen ausfielen, vermag Solis nicht zu sagen. Wohl aber, dass dergleichen regelmäßig vorkam und zahlreiche Beobachter deshalb den Schaden der Prozesse zu Recht höher veranschlagten als ihren Nutzen. »Wenn es in einer Kampfzone angewendet wird,

166 Lewy, America in Vietnam, S. 370f. Bei diesen Angaben handelt es sich um Extrapolationen auf der Grundlage gut dokumentierter Einzelfälle.
167 Solis, Son Thang, S. 267 sowie Lewy, America in Vietnam, S. 370f.
168 Solis, Son Thang, S. 215.

erweist sich das System [des Uniform Code of Military Justice, B.G.] als vollkommen unbrauchbar.«[169]

Von materiellen Misslichkeiten abgesehen, hatte die Personalpolitik des Pentagon erheblichen Einfluss auf die Vorbereitung und Durchführung von Militärtribunalen. Drei Viertel der nach Vietnam entsandten Juristen kamen frisch von den Universitäten und kannten Mordprozesse allenfalls aus Lehrbüchern. Und nur eine Minderheit war auf internationales Kriegsrecht spezialisiert oder mit einschlägigen Kursen auf ihren Einsatz vorbereitet worden. »Die Kosten«, schreibt Gary D. Solis, »schlugen in Gestalt abgewiesener Anklagen und ungestrafter Kriminalität zu Buche«[170] – selbst im Fall des häufig als Musterprozess apostrophierten Verfahrens gegen die Mörder von Son Thang, das im Sommer 1970 in der I. Corps Tactical Zone anberaumt worden war.[171] In diesem Fall war die Beweislage eindeutig: Weder waren die Marines von feindlichen Einheiten beschossen worden noch konnten sie andere Entschuldigungen für das Meucheln von 16 Menschen – unter ihnen Babys und eine erblindete junge Frau – geltend machen. Obgleich der Richter die in der Anklageschrift geforderte Höchststrafe befürwortete und die Jury entsprechend instruierte, verließen zwei von vier Angeklagten den Gerichtssaal als freie Männer. Sie waren von erfahrenen Zivilanwälten verteidigt worden, die aus den handwerklichen Fehlern der Ankläger – beispielsweise bei der Instruktion des Kronzeugen – maximales Kapital schlugen und unter Verweis auf juristisch nicht tragbare Verfahrensmängel die Freisprüche erwirkt hatten.[172] Dass ebendiese Verteidiger ihr Honorar von Bürgerinitiativen bezogen und sich als politische Anwälte im Dienst eines Weltanschauungskrieges gegen die vermeintliche Willkürjustiz der Streitkräfte verstanden, spielte zumindest in den Augen der Jury keine Rolle. Sie hatte sich – wie einige ihrer Mitglieder einräumten – vom ersten Tag an durch das souveräne und

---

169 Brigadier General William Tiernan, zit. n. Solis, Son Thang, S. 297. Siehe auch ebenda, S. 250f.

170 Solis, Son Thang, S. 216. Siehe auch ebenda, S. 213f., 294.

171 Auf der Anklagebank saßen Randell Dean Herrod, Michael A. Schwarz, Thomas R. Boyd und Samuel G. Green. Ein fünfter mutmaßlicher Mörder, Michael S. Krichten, erhielt als Kronzeuge der Anklage Immunität.

172 Beispielsweise hatten die Ankläger ihren Kronzeugen nicht darauf aufmerksam gemacht, dass die einmal vorgetragene Schilderung eines Tathergangs bei nachfolgenden Kreuzverhören nicht ergänzt oder anderweitig korrigiert werden darf: Solis, Son Thang, S. 295. Die beiden Verurteilten, Michael A. Schwarz und Samuel G. Green, waren von unerfahrenen Militäranwälten verteidigt worden.

kompromisslose Auftreten von professionellen Juristen blenden lassen.[173] »Wenn man ein Kriegsgericht austricksen will«, so ein zur Beobachtung des Son Thang-Prozesses abgestellter General, »muss man sich einen renommierten, aggressiven Zivilisten als Verteidiger suchen. Er wird die jungen Captains auf Seiten der Militärgerichtsbarkeit einfach zusammenfalten.«[174]

Am meisten profitierten die Täter jedoch von der Verachtung des internationalen Kriegsrechts. Egal, ob in Vietnam oder auf Stützpunkten in den USA verhandelt wurde – durchgängig stoßen wir auf Richter und Geschworene, die demonstrativ wider Geist und Buchstabe des Uniform Code of Military Justice handelten. »Wir werden doch das Leben dieser jungen Marines nicht wegen ein paar Vietnamesen ruinieren«, zitiert Solis einen Geschworenen, der über Vergewaltiger zu befinden hatte.[175] Die sogenannte »Jury Nullification« erlaubte es den Geschworenen, ihr subjektives Empfinden über das Gesetz zu stellen und selbst überführte Angeklagte freizusprechen. Wie oft man das Privileg nutzte, ist unklar. Solis jedenfalls machte während seiner langjährigen Gerichtspraxis wiederholt diese Erfahrung – auch und gerade mit Richtern. »Wenn es sich bei den Opfern um Vietnamesen handelte, neigten die Militärrichter öfter, als man anzunehmen geneigt ist, zu Freisprüchen oder geringfügigen Strafen – und zwar aus Sympathie für Soldaten, die im Umgang mit einer feindlich gesinnten Bevölkerung ständig Frustrationen erlebten.«[176] Wie oft rassistische Motive – die sprichwörtlich gewordene »Mere Gook Rule« und mithin die Geringschätzung der als »Gooks« apostrophierten Vietnamesen – den Ausschlag gegeben haben, sei dahingestellt. Im Grunde hätte es ihrer gar nicht bedurft. Der Schlachtfeldbonus reichte zur Rechtfertigung allemal aus – unabhängig von Art und Schwere der Tat und gleichgültig, ob die Beschuldigten im Zuge eines Einsatzes oder abseits des Gefechtsfeldes straffällig geworden waren.

Am Beispiel der Prozesse gegen die Offiziere Eugene Kotouc und Ernest Medina drängt sich der Eindruck auf, dass es die vorsitzenden Richter auf ein symbolträchtiges Dementi von Geist und Buchstabe des Kriegsrechts angelegt hatten. In beiden Fällen bedienten sie sich der sogenannten »Jury Instruction« – richterlicher Interpretationen der

---

173 Solis, Son Thang, S. 217–226, 251–254.
174 Brigadier General Edwin H. Simmons, United States Marine Corps, zit. n. Solis, Son Thang, S. 266.
175 Ein namentlich nicht identifizierter Geschworener, zit. n. Solis, Son Thang, S. 103.
176 Solis, Son Thang, S. 210.

Captain Eugene M. Kotouc
© Associated Press

Gesetzeslage, an die sich die Geschworenen bei ihrer Urteilsfindung zu halten hatten und die als unhintergehbare Richtlinien weder von der Anklage noch von der Verteidigung angefochten werden konnten. Obwohl die »Jury Instructions« über das anstehende Verfahren hinaus keine bindende Wirkung hatten, so ging dennoch von ihnen ein Signal aus. Zumal es sich bei den genannten, mit der »Task Force Barker« und dem Massaker von »My Lai (4)« befassten General Court Martials um eine publikumswirksame Form der Rechtsprechung handelte.

Gegen Eugene Kotouc, ausweislich von Zeugenaussagen und seines eigenen Geständnisses der Folter und körperlichen Verstümmelung eines Gefangenen überführt, hätte der Uniform Code of Military Justice sowie die von den USA ratifizierte und daher im amerikanischen Recht als gültig akzeptierte Genfer Konvention zur Anwendung kommen müssen. Letztere ließ in Artikel 17 keinen Spielraum für täterfreundliche Milde: »Gleichgültig, welche Informationen man von ihnen bekommen will, ist es nicht erlaubt, gegen Kriegsgefangene körperliche oder psychische Folter oder irgendeine andere Form des Zwangs einzusetzen. Kriegsgefangene, die eine Antwort verweigern, dürfen weder bedroht oder beleidigt noch auf irgendeine andere ungebührliche oder nachteilige Art behandelt werden.«[177] Der Richter freilich wies die Jury an, nicht nach Maßgabe des nationalen und internationalen Kriegsrechts zu befinden, sondern ein gegen Recht und Gesetz verstoßendes Handbuch der amerikanischen Armee – das Field Manual »30-15«: Intelligence Interrogation[178] –

177 Genfer Konvention des Jahres 1949, Artikel 17: Behandlung von Kriegsgefangenen, zit. n. Department of the Army, Memorandum of Law (CPT Kotouc), o. D., S. 10, in: NA, RG 319, AS, ODCS-PER, VWCWG, MLM, Box 4, Folder: Administrative Review – CPT Eugene Kotouc.

178 Dieses Field Manual wurde von ranghohen Militärs zur Rechtfertigung von Folterpraktiken herangezogen. So wies der Inspector General der I. Field

zur Richtschnur zu nehmen. »Ich weise Sie darauf hin, dass Captain Kotouc auf Grund der zur Tatzeit gültigen Verhörrichtlinien der US Army sehr wohl der Meinung hätte sein können, dass das Gesetz es erlaubte, das Opfer verbal hart zu attackieren und mit der Anwendung von Gewalt zu drohen, um Informationen zu gewinnen. [...] Deshalb lautet meine Unterweisung in diesem Fall wie folgt: Wenn Sie der Meinung sind, dass Captain Kotouc dem vermeintlichen Opfer lediglich Gewalt angedroht hat, dann wäre ein solches Handeln von Captain Kotouc durch das Gesetz gerechtfertigt.«[179] Dass der Beklagte seinem Opfer einen Finger abgeschnitten hatte, spielte im Ratschluss der Jury keine Rolle mehr. Eugene Kotouc wurde am 29. April 1971 freigesprochen.

Im Prozess gegen Ernest Medina hatte der Richter zu befinden, ob und in welcher Weise das Rechtsprinzip des »respondeat superior« zur Anwendung kommen sollte. Genauer gesagt: Ob Medina des »unfreiwilligen Totschlags« von 100 Zivilisten schuldig war, weil er seine Aufsichtspflicht gegenüber der C Company, »Task Force Barker« in sträflicher und strafwürdiger Weise vernachlässigt hatte. Die Ankläger hatten geltend gemacht, dass Medina in ständigem Funkkontakt mit seiner Einheit stand, dass er über das Nichtvorhandensein feindlicher Truppen informiert war und frühzeitig um den massenhaften Mord an Zivilisten wusste oder hätte wissen müssen. Man bezog sich also auf § 501, US Army Field Manual »27-10« und die dort verankerte Strafbarkeitsklausel: »Der Vorgesetzte ist auch verantwortlich, wenn er tatsächlich darüber informiert ist *oder* [...] *darüber informiert sein sollte*, dass seiner Kontrolle unterstellte Truppen oder andere Personen entweder im Begriff sind, Kriegsverbrechen zu begehen oder sie bereits begangen haben.«[180] In seiner »Jury Instruction« legte Richter Kenneth A. Howard diese rechtsverbindliche Vorgabe verkürzt und sinnentstellend

---

Force Vietnam die gegen 2. Lieutenant Warren Ambrose erhobenen Vorwürfe wegen Elektrofolter als nicht justitiabel zurück: »Da keine offensichtlichen Schäden oder permanenten Verletzungen zugefügt wurden, erscheint der Vorgang als vergleichsweise geringfügig«: Headquarters I. Field Force Vietnam, IG, Memorandum, Subject: Report of Investigation Concerning Allegations Made Against 2LT Warren Ambrose, 561-60-8722, for Possible War Crimes, 14. 1. 1971, S. 13, in: NA, RG 319, AS, ODCS-PER, VWCWG, CaFi, Box 16, Folder: Ambrose Incident, Case 157.

179 Department of the Army, Memorandum of Law (CPT Kotouc), o. D., S. 9, in: NA, RG 319, AS, ODCS-PER, VWCWG, MLM, Box 4, Folder: Administrative Review – CPT Eugene Kotouc.

180 Department of the Army, Field Manual 27-10: The Law of Land Warfare, Washington, D.C., Department of the Army: 18. 7. 1956, S. 178–179: § 501.

aus: Er hielt die Geschworenen an, Medina nur schuldig zu sprechen, wenn sie überzeugt waren, dass er »tatsächlich informiert war«. Das nicht minder entscheidende Kriterium, dass er hätte »informiert sein sollen«, erwähnte Howard mit keinem Wort. Er stellte also die Verpflichtung von Kommandeuren, sich über das Geschehen während eines Einsatzes jederzeit auf dem Laufenden zu halten, in Abrede: »Die bloße Anwesenheit am Tatort [...] reicht nicht aus.«[181] Zweitens sollte die Jury laut Richter Howard einen möglichen Schuldspruch von dem Nachweis abhängig machen, dass das Töten weiterging, nachdem Medina davon erfahren hatte. Und drittens stellte er anheim, statt »unfreiwilligen Totschlags« in 100 Fällen auf »fahrlässigen Totschlag« zu entscheiden und dem Gericht die Handhabe zu einer von drei Jahren auf zwölf Monate verkürzten Freiheitsstrafe zu geben.[182]

Welche Zwecke Richter Kenneth A. Howard auch immer verfolgt haben mag, fest steht, dass er der Jury zu einem Schuldspruch auf Grundlage von »respondeat superior« keine Möglichkeit ließ. Hätte er sich an den Buchstaben des amerikanischen Armeerechts gehalten, wäre Medina möglicherweise für schuldig befunden worden – denn die Klausel des »hätte informiert sein sollen« war in Vietnam wegen der im Vergleich zu anderen Kriegen nachhaltig verbesserten und umfänglicher denn je genutzten Kommunikationsmöglichkeiten ein hartes Kriterium zur Beurteilung von Kommandeuren. Überdies war die zweite Richterinstruktion, wie Telford Taylor anmerkt, weltfremd: »Da niemand den Verlauf dieses Morgens in My Lai mit der Stoppuhr festhielt, ist nicht einzusehen, wieso eine gewissenhafte Jury dergleichen [die Fortdauer des Mordens nach einer Information Medinas, B.G.] hätte feststellen sollen.«[183] Tatsächlich befand die Jury im wichtigsten aller Anklagepunkte – »unfreiwilliger Totschlag« in 100 Fällen – auf »nicht schuldig«. Damit hatte sie ein Präzedenzurteil zu Gunsten aller gesprochen, die in Vietnam ihrer Aufsichtspflicht nicht nachgekommen waren oder nicht hatten nachkommen wollen. Noch einmal Telford Taylor: »Es ist unbestreitbar, dass Medinas Freispruch alle in der Befehlskette über ihm vor einer Strafverfolgung schützte. Denn wenn der Captain der Kompanie, der sich in Hörweite der Morde aufhielt und Funkkontakt zu der tatschuldigen Einheit hatte, nicht verantwortlich zu ma-

---

181 Kenneth A. Howard, zit. n. Belknap, War on Trial, S. 232.

182 Homer Bigart, Medina May Get a Lesser Charge. Jury to Weigh the Option of Misdemeanor Conviction, in: *The New York Times*, 22. 9. 1971.

183 Telford Taylor, The Course of Military Justice, in: *The New York Times*, 2. 2. 1972.

chen war, wie hätte man dann die Colonels und Generale, die das Geschehen aus ihren Helikoptern verfolgten, zur Rechenschaft ziehen sollen?«[184]

Der Vollständigkeit halber sei erwähnt, dass Medina auch von allen anderen Anklagepunkten entlastet wurde. Der vermeintliche Mord an einem kleinen Jungen wurde der Jury erst gar nicht zur Beratung aufgegeben, nachdem ein Gefreiter, Gene Oliver, im Kreuzverhör die Schuld auf sich genommen und ein weiterer Zeuge, Frederick Widmer, die Aussage verweigert hatte. Wie es scheint, waren auch in diesem Prozess die Ankläger ihren Kontrahenten auf Seiten der Verteidigung – allesamt erfahrene Zivilstrafrechtler – nicht gewachsen. Ratlos standen sie der Demontage ihrer Hauptzeugen gegenüber: Michael Bernhardt, von Medinas Anwalt unter Druck gesetzt, wollte nicht ausschließen, um eines gerechten Urteils willen auch die Unwahrheit zu sagen. Gerald Hemin verspielte mit dem Eingeständnis von Alkohol- und Drogenkonsum jede Glaubwürdigkeit. Warum statt ihrer keine weiteren Soldaten, die seit Herbst 1969 Medina schwer belastet hatten, in den Zeugenstand gerufen wurden, bleibt das Geheimnis der Ankläger. Diese Unterlassung schadete ihrer Sache noch mehr als die Formfehler, derentwegen Major William Eckhardt und seine Kollegen wiederholt vom Gericht gerügt wurden.[185] Dass die Jury unter diesen Voraussetzungen den mutmaßlich in einem Reisfeld begangenen Mord an einer Frau nicht ahndete, stand zu erwarten. Ebenfalls zurückgewiesen wurde der Vorwurf der Folter. Zwar hatte Medina gestanden, wenige Stunden nach dem Einsatz in »My Lai (4)« einen Gefangenen geschlagen und mit einer Scheinhinrichtung bedroht zu haben. Aber das Gericht schloss sich – wie gehabt – dem Argument der Verteidigung an, dass dergleichen Verhörmethoden durch das Field Manual »30-15« gedeckt waren und die Genfer Konvention mithin nicht geltend gemacht werden durfte.[186]

Am 21. September 1971 verließ Ernest Medina den Gerichtssaal als freier Mann und versicherte den wartenden Reportern sein ungebrochenes, zu keinem Zeitpunkt erschüttertes Vertrauen in die Militärjustiz. Drei Wochen später schied er auf eigenen Wunsch aus der Armee aus, mit der Auflage, sich nicht um eine Wiederaufnahme bemühen zu dürfen und einen für den »My Lai (4)«-Einsatz verliehenen Orden zurückgeben

---

184 Ebenda. Siehe auch Lewy, America in Vietnam, S. 360f.

185 Belknap, War on Trial, S. 230f. sowie Kathryn Johnson, Acquitted Medina – Not Bitter but Leaving, in: *The Evening Star*, 22. 9. 1971.

186 Lewy, America in Vietnam, S. 361. Die Atmosphäre im Gerichtssaal wird anschaulich geschildert bei McCarthy, Medina.

zu müssen. Monate später trug seine Aussage im Prozess gegen Colonel Oran Henderson entscheidend zum Freispruch des Kommandeurs der 11. Light Infantry Brigade, »Americal« Division bei – weil Medina erstmals zugab, über das Massaker im Bilde gewesen zu sein und aus Rücksicht auf die Streitkräfte seine Vorgesetzten wie auch die Ermittler der Armee belogen zu haben. Er selbst hatte nichts mehr zu befürchten. Wegen ein und derselben Sache konnte er nicht erneut angeklagt werden. Und eine Meineidsklage kam nicht in Betracht, weil er die Uniform bereits abgelegt hatte.[187]

Festzuhalten bleibt also, dass die Verantwortlichkeit militärischer Führer und das Rechtsprinzip des »respondeat superior« in keinem Militärtribunal zum Tragen kamen. Vom Medina-Prozess abgesehen, wurde dieser Eckpfeiler des Kriegsrechts und des Uniform Code of Military Justice bereits im Laufe der Voruntersuchungen oder am Ende eines Artikel-32-Verfahrens als irrelevant verworfen. Folglich wurden belastete Offiziere nicht wegen der Teilhabe an einem Kriegsverbrechen oder dessen Billigung zur Rechenschaft gezogen, sondern allenfalls wegen der Nichtweitergabe nachträglich erworbener Informationen beziehungsweise der Behinderung von Ermittlungsverfahren. Auf dergleichen Vergehen zweiter Ordnung standen administrative Strafen – Abmahnungen oder geringfügige Geldbußen. 500 Dollar und ein »Letter of Reprimand« waren der von Lieutenant Lewis R. Ambort zu entrichtende Preis dafür, dass er sein »Killer Team« zum unterschiedslosen Töten in Son Thang aufgestachelt hatte.[188] Allein Telford Taylor sorgte mit dem Hinweis, dass William Westmoreland ausweislich seiner wiederholten Mahnungen an die Truppe um Kriegsverbrechen gewusst, trotzdem keine Strafmaßnahmen in die Wege geleitet und sich demnach mitschuldig gemacht hatte, für kurzfristige Unruhe im Pentagon. Die intern bereits vorbereiteten Dementis erwiesen sich jedoch als überflüssig. Jenseits akademischer Zirkel fand Taylor kein Gehör.[189]

Vor Kriegsgerichten angeklagte Soldaten beriefen sich zu ihrer Verteidigung in der Regel auf höhere Befehle und »Befehlsnotstand«. Wahlweise wurden auch die »Body Count«-Politik, die Strategie des »Search and Destroy« oder die fehlende Unterweisung im Kriegsrecht während der Grundausbildung zur Sprache gebracht. Richter und Geschworene

---

187 Bilton/Sim, Four Hours, S. 349.

188 Solis, Son Thang, S. 106.

189 Zur Stichhaltigkeit der Taylor'schen Kritik siehe Lewy, America in Vietnam, S. 238–242.

waren also aufgefordert, sich zum zweiten fundamentalen Rechtsprinzip des Uniform Code of Military Justice zu verhalten – zum Prinzip des »mens rea« oder der Maxime, dass Soldaten von gewöhnlichem Sinn und Verstand Befehle verweigern durften, sofern eine Order beim bloßen Ansehen als illegal zu erkennen war. In den Worten der Ankläger des Son Thang-Prozesses: »Ein Befehl zum Bankraub ist auf den ersten Blick illegal. Die Regierung besteht darauf, dass ein Befehl, eine Gruppe unbewaffneter Frauen und Kinder zu erschießen, auch umstandslos als ungesetzlich zu verstehen ist.«[190]

»Mens rea« wurde in einem 1969 gefällten Präzedenzurteil bestätigt. Unter Hinweis auf das Recht und die Pflicht zur Verweigerung verbrecherischer Befehle verurteilte ein Militärtribunal in »United States vs. Keenan« einen des Doppelmordes beschuldigten Angehörigen der Marines. Das Urteil machte Schule, weil die Geschworenen die in Vietnam obwaltenden Kriegsbedingungen berücksichtigt und gleichwohl nicht als mildernde Umstände anerkannt hatten. Davon abgesehen haben Präzedenzurteile in der pragmatischen, für situative Revisionen deutungsoffenen Rechtskultur der USA einen besonderen Stellenwert – ein weiterer Grund für die Übernahme der »Keenan Instruction« in zahlreichen General Court Martials.[191] Im Grunde hätte also die auf »Befehlsnotstand« abstellende Verteidigungsstrategie nur in Fällen klinisch attestierter Unzurechnungsfähigkeit zur Geltung kommen dürfen.

William Calley beharrte dennoch auf »Befehlsnotstand«. »Wir hatten die *politische* Erlaubnis, alles in der Gegend niederzubrennen und zu zerstören. [...] Er [Medina] sagte, dass damit alles gemeint war.«[192] Seine Verteidiger wollten mit Hilfe neurologischer Untersuchungen gar den Nachweis führen, dass ihr Mandant nicht über die zur Unterscheidung von Recht und Unrecht notwendigen mentalen Fähigkeiten verfügte. Dass sie auf der ganzen Linie scheiterten, lag nicht allein an den über jeden Zweifel erhabenen, zu Lasten des Beschuldigten sprechenden Beweisen. Geschworene in anderen Prozessen hatten dergleichen oft genug ignoriert. Calley aber wurde von inkompetenten, sich teilweise der

---

190 Captain Franz P. Jevne, zit. n. Solis, Son Thang, S. 173. Siehe ebenda, S. 144, 157.

191 Solis, Son Thang, S. 179.

192 William Calley, zit. n. Department of the Army, Military Justice Division, Status of Cases as of 14 March 1971, S. 4, in: NA, RG 319, AS, ODCS-PER, VWCWG, CF, Box 6, Folder: Background Information – History of War Crimes (Hervorhebung B.G.).

Aubrey Daniel, Ankläger im Prozess gegen William Calley.
University of Missouri-Kansas City School of Law

Lächerlichkeit preisgebenden Anwälten um George W. Latimer vertreten, die im Verlauf des Prozesses zigmal ihre Strategie änderten und in entscheidenden Phasen der Verhandlung völlig unvorbereitet auftraten. Der Unterschied zu Medinas Verteidigern hätte größer kaum sein können: Calley war, in Michael Belknaps Worten, faktisch ohne Verteidigung.[193] Und im Unterschied zur üblichen Praxis bot die Anklage mit Aubrey Daniel einen im Kriegsrecht bewanderten, ungewöhnlich eloquenten und aggressiven Ankläger auf. Wie das erstinstanzliche Urteil – »lebenslänglich« – unter umgekehrten Vorzeichen gelautet hätte, könnte Gegenstand eines trefflichen Juristenstreits über die Bedeutung des subjektiven Faktors in der Rechtsprechung sein. Calley jedenfalls hatte es mit einer für ihn denkbar ungünstigen Konstellation zu tun.

Tatsächlich geriet »mens rea« samt der »Keenan Instruction« unter veränderten personellen Bedingungen zur Makulatur. Zeitgleich zu Calley hatte sich ein weiterer mutmaßlicher »My Lai (4)«-Mörder vor einem General Court Martial zu verantworten: Charles Hutto, dem Vergewaltigung und Mord an einer jungen Frau sowie ein tätlicher, in Tötungsabsicht geführter Angriff auf eine Gruppe Zivilisten vorgeworfen wurde. Hutto hatte im Laufe der Voruntersuchung unter Eid zugegeben, zwischen acht und zehn Personen mit einem M-60-Maschinengewehr getötet zu haben – zwar auf Befehl, aber im Wissen um die Schändlichkeit desselben: »Es war Mord. [...] Ich schoss auf diese Menschen und feuerte in ihre Häuser.«[194] Während des Prozesses bestätigte

193 Belknap, War on Trial, S. 168–185. Zum Procedere des Calley-Prozesses siehe im Detail: NA, RG 153, Records of the Judge Advocate General (Army), U.S. Army Judiciary, Office of the Clerk of Court Records of the Calley General Court Martial, 1969–1974, Box 1–30.

194 Sworn Statement Charles E. Hutto, 17. 11. 1969, S. 2, in: NA, RG 319, AS, PI-FR, Vol. IV: CID-Statements, Box 57, S. 268.

Hutto diese Aussage. Sein Verteidiger, ein Zivilanwalt aus Miami, legte daraufhin ein psychologisches Gutachten vor, demzufolge es sich bei Hutto um eine außengesteuerte, auf Autoritätsfiguren fixierte und im Grunde zu eigenen Entscheidungen unfähige Persönlichkeit handelte. Das Gericht folgte dem Antrag und sprach Hutto am 14. Januar 1971 frei – auf Grund eines einzigen Gutachtens und ohne der Frage nachzugehen, wer die vermeintlich von Hutto als Gesetz interpretierten Befehle überhaupt gegeben hatte. In einem nachträglich seitens des Armeeministeriums erstellten Rechtsgutachten wurde die Entscheidung als in jeder Hinsicht unbegründet kritisiert.[195] Was das Gutachten nicht erwähnte, war die Haltung des Richters und der Geschworenen. Der Richter akzeptierte einen Colonel als Obmann der Jury, der im Rahmen einer vorgängigen Personalanhörung nach seiner Meinung über den Umgang mit Kriegsgefangenen befragt worden war und geantwortet hatte: »Dies ist kein konventioneller Krieg. Die Anstandsregeln müssen wir vergessen.«[196] Und der Ankläger William Eckhardt wurde zu Beginn des Prozesses Ohrenzeuge einer Unterhaltung in der Offiziersmesse von Fort McPherson: »Wie in aller Welt kann man einen derart anständigen Offizier eines solch grauenhaften Vorfalls beschuldigen?« Gemeint war William Calley. Und gesprochen hatte die über Charles Hutto zu Gericht sitzende Jury.[197]

Das Hutto-Urteil wurde in allen noch zur Entscheidung anstehenden »My Lai (4)«-Mordfällen wie ein Präzedenzfall behandelt. Als Hutto freigesprochen wurde, hatte Lieutenant General Albert O'Connor darüber zu befinden, ob auf Grund der Artikel-32-Verfahren gegen Esequiel Torres, Kenneth Schiel, William Doherty, Robert W. T'Souvas, Gerald Smith und Max Hutson sechs weitere Prozesse anberaumt werden sollten. In allen sechs Fällen lehnte er trotz gravierender Verdachtsmomente eine juristische Weiterung ab – unter explizitem Verweis auf Hutto und »im besten Interesse der Justiz«.[198] Und wahrscheinlich in

---

195 Department of the Army, Judge Advocate General, Memorandum of Law (Hutto), o.D., S. 2, in: NA, RG 319, AS, ODCS-PER, VWCWG, MLM, Box 1, Folder: Administrative Review – My Lai Cases (Part 1 of 4). Siehe ebenda, Box 5, Folder: Administrative Review – SGT Charles E. Hutto.

196 Ein namentlich nicht identifizierter Colonel, zit. n. USCR, 6. 4. 1971, S. E2876.

197 William Eckhardt, zit. n. Belknap, War on Trial, S. 226.

198 NA, RG 319, AS, ODCS-PER, VWCWG, MLM, Box 1, Folder: Administrative Review – My Lai Cases (Part 1 of 4); ebenda, Box 5, Folder: Administrative Review – SP 4 Kenneth F. Doherty sowie RG 319, AS, PI-AC, Box 37, Folder: Son My Chron. File # 15 (2 of 2).

der Erwartung, dass die Geschworenen sich aus Sympathie für die Angeklagten ohnehin über alle justitiable Evidenz hinwegsetzen würden. So hatte sich die Jury nicht allein gegenüber Hutto, sondern bereits Mitte Oktober 1970 im Tribunal gegen David Mitchell verhalten.[199] Ausgerechnet das Massaker von »My Lai (4)« wurde also zum Anlass genommen, das neben »respondeat superior« wichtigste Axiom des amerikanischen und internationalen Kriegsrechts auszuhebeln – die Vorgabe nämlich, dass eine auf »Befehlsnotstand« gegründete Verteidigung als rechtswidrig abzulehnen ist.

Die anderen Verbote und Gebote des Kriegsrechts kamen in den Vietnamprozessen noch nicht einmal zur Sprache: Angriffe auf nicht verteidigte Orte, militärisch ungerechtfertigte Zerstörungen, übermäßiger Einsatz von Feuerkraft, Verhältnismäßigkeit der Mittel, Vertreibung von Zivilisten und Zerstörung ihrer Lebensgrundlagen, Einsatz von Streubomben und anderer Anti-Personen-Munition – um nur die wichtigsten Punkte zu nennen. Womit nicht gesagt sein soll, dass das Kriegsrecht in der militärischen Rechtskultur der USA keinen Platz gehabt hätte. Wie der Uniform Code of Military Justice und das Auftreten verschiedener Juristen zeigt, verstand man sich auf die einschlägigen Verpflichtungen. Gleichwohl müssen wir die juristische Praxis als Selbstentbindung von Recht und Gesetz beschreiben. Anders gesagt: Im Laufe des Krieges in Vietnam wurden der Wille, die Fähigkeit und die Mechanismen zur institutionellen Selbstkorrektur massiv beschädigt. Darum ging es Seymour M. Hersh, als er das Urteil gegen William Calley als »reine Public-Relations-Sache« beschrieb.[200] Und desgleichen meinte Mary McCarthy mit ihrem wütenden Satz von Amerika als einem Land, in dem »man kaum noch an ein übergeordnetes Recht glaubt«.[201]

---

199 Belknap, War on Trial, S. 224 sowie Bilton/Sim, Four Hours, S. 329.

200 Seymour M. Hersh, Interview in der Sendung »Firing Line«, WETA-TV, 7. 7. 1971, Washington, D.C., Transkript, S. 38, in: NA, RG 319, AS, PI-AC, Box 38, Folder: Son My Chron. File # 20 (1 of 2).

201 McCarthy, Medina, S. 51. Siehe ebenda, S. 33, 47.

Schluss

»Ihr seid daran schuld, dass wir den Krieg in Vietnam verloren haben.«[1]

»Sie werden damit nicht durchkommen. Ich hatte schon meinen bescheidenen Anteil daran, die Green-Beret-Sache zu Fall zu bringen, und ich werde auch dabei sein, wenn es darum geht, diese Geschichte zu stoppen.«[2] Mit diesen Worten wandte sich einer der einflussreichsten Abgeordneten des Repräsentantenhauses am 10. April 1970 an 600 begeisterte Zuhörer in Altus, Oklahoma. Mendel Rivers, Vorsitzender des House Armed Services Committee und Verbindungsmann der Legislative zum Pentagon und Weißen Haus für alle die Streitkräfte betreffenden Fragen, versprach nichts weniger als eine vorzeitige Einstellung der Ermittlungen gegen William Calley – und bestätigte damit eine Wochen zuvor abgegebene öffentliche Erklärung. »Es bleibt dabei«, hatte er Mitte März 1970 gesagt, »dass wir nicht tatenlos zusehen werden, dass Soldaten, denen man keine Einsatzrichtlinien gegeben hatte, wegen Kriegsverbrechen angeklagt werden, Soldaten in einem Krieg, in dem der Feind seine Gefangenen auf bestialische Weise behandelt und in dem einfach alle – Männer, Frauen und Kinder – ihre Wohltäter mit Handgranaten angreifen.«[3] Statt die kämpfende Truppe zu erniedrigen, sollte sich das Pentagon auf seine eigentliche Aufgabe besinnen und Führungsstärke demonstrieren. »Ich bin immer noch der Meinung, dass wir

---

1 Aus einem Leserbrief an den *Toledo Blade*, nachdem die Zeitung im Oktober 2003 den ersten Artikel in einer vierteiligen Serie über die Morde der »Tiger Force« publiziert hatte. Zit. n. Sallah/Weiss, Tiger Force, S. 320.

2 Mendel Rivers, zit. n. *The Washington Post*, 12. 4. 1970: Mylai Trials' End Sought. Der Prozess gegen mehrere »Green Berets«, die sich des Mordes an einem südvietnamesischen Doppelagenten zu verantworten hatten, war im Herbst 1969 überraschend eingestellt worden – angeblich, so Armeeminister Resor, weil die CIA aus Gründen der »nationalen Sicherheit« die Vorladung wichtiger Zeugen ablehnte: Presseerklärung Stanley Resor, 29. 9. 1969, S. 1, in: NA, RG 319, AS, PI-AC, Box 11, Folder: Green Beret Case – Accused of Murder.

3 Mendel Rivers, zit. n. *The Washington Post*, 20. 5. 1970: Rivers Urges ›Win‹ Policy in Asia, Decries Latest Mylai Charges. Siehe auch Department of the Army, Office of the Secretary of the Army, Memorandum, for: Chief of Staff, Subject: Status Report as to the Hebert Special Subcommittee on Son My, 10. 4. 1970, in: NA, RG 319, AS, PI-AC, Box 11, Folder: Hebert Subcommittee Hearings, 15–24. Apr 70.

gewinnen sollten. Wir sollten unsere Luftwaffe loslassen. Niemand auf dieser Welt kann aushalten, was wir aus der Luft anrichten können.«[4]

Über ein ganzes Jahr hinweg nutzte Mendel Rivers den Kongress als Forum zur Denunziation der anstehenden Kriegsgerichtsverfahren. Ein von ihm bestellter Unterausschuss des House Armed Services Committee unter Leitung des Abgeordneten F. Edward Hebert (Louisiana) lud im Dezember 1969 William Peers und Hugh Thompson zu einer Anhörung über »My Lai (4)« vor. Obwohl es sich um eine nicht öffentliche Sitzung handelte und alle Anwesenden zum Stillschweigen verpflichtet waren, wandte sich Rivers sofort an die Presse und diskreditierte den Augenzeugen Thompson als Nestbeschmutzer und Lügner. »Auf Grund seiner [Thompsons] Aussage kann meines Erachtens niemandem vorgeworfen werfen, irgendwelche Personen massakriert zu haben.«[5] Andere Beteiligte widersprachen dieser Darstellung und kritisierten Rivers für eine mit Vorsatz betriebene »Weißwäscherei« – aus Furcht vor Repressalien wollten sie aber nicht namentlich genannt werden.[6] In der Tat war gegen Rivers' Stimmungsmache kein Ankommen. Er und einige seiner Kollegen hielten Verteidigungsminister Melvin Laird vor, mittels der Anklage gegen William Calley die Moral der Truppe und die Verteidigungsfähigkeit des Landes zu untergraben, sprachen mit Blick auf die Peers-Ermittlungen von einer »frivolen Politik« und »hochnäsigen Untersuchungen« und einer inakzeptablen Missachtung des Volkswillens. »Wenn Sie die My Lai-Geschichte aus meiner Perspektive als Vorsitzender dieses Ausschusses [des House Armed Services Committee] sehen würden«, so Rivers an die Adresse von Melvin Laird, »würden Sie erkennen, dass das amerikanische Volk sehr unglücklich über die ganze Sache ist. [...] Es muss einfach zu einem Ende kommen. [...] Ich erinnere mich noch sehr gut, wie wir Deutschland bombardiert haben. Junge, Junge, sie haben sie zu Zehntausenden umgebracht. Ich war in

---

4 Mendel Rivers, zit. n. *UPI Special Wire Service News*, 19. 3. 1970, in: NA, RG 319, AS, PI-AC, Box 5, Folder: Army Staff Monitor Summary and Backup Material.

5 Mendel Rivers, zit. n. *The Washington Star*, 11. 12. 1969: My Lai Pilot Aimed at GIs, Saved Viets.

6 *The Washington Star*, 13. 12. 1969: Army Gets Rivers to Close My Lai ›Massacre‹ Hearing. Auch William Peers bezichtigte Rivers, die anstehenden Prozesse hintertreiben zu wollen: Department of the Army, Office Memorandum, Office Chief of Staff Army, Memorandum, to: General Westmoreland, General Palmer, Subject: Brief Analysis of Hebert Subcommittee Report, Confidential, 22. 7. 1970, S. 2, in: NA, RG 319, AS, PI-AC, Box 35, Folder: Son My Chron. File # 12 (1 of 2). Siehe auch Anderson (Hg.), Facing My Lai, S. 46.

Pforzheim. Und die Deutschen, von denen ich eine Menge kenne, erzählten mir, dass an einem einzigen Samstagnachmittag 60000 Menschen von unseren wundervollen Bombern getötet wurden. [...] Krieg ist eben Krieg. Und deshalb sind wir so wütend darüber, was seit einiger Zeit daraus [aus »My Lai (4)«, B.G.] gemacht wird.«[7]

Welchen Fahrplan sich die Abgeordneten Mendel Rivers und F. Edward Hebert zurechtgelegt hatten, wurde im Laufe der seit Mitte April 1970 anberaumten Anhörungen des Hebert-Ausschusses deutlich. 39 Zeugen nahmen zu »My Lai (4)« Stellung, darunter 13 Soldaten und Offiziere, die einer Anklage wegen Kriegsverbrechen oder Behinderung von Ermittlungen entgegensahen.[8] Des moralischen Freispruchs seitens der Volksvertreter konnten sie alle so gewiss sein wie Ernest Medina, der am Ende seiner Ausführungen vom gesamten Komitee mit großem Beifall bedacht und von jedem der Anwesenden mit Handschlag verabschiedet wurde.[9] Nach drei Monaten legte Hebert seinen Abschlussbericht der Öffentlichkeit vor. Genauer gesagt: eine Denkschrift, die in populistischer Diktion zum Schutz von Soldaten vor den Zumutungen des internationalen Kriegsrechts aufforderte. »Wir sind wie Polizisten im Einsatz. [...] Sie [die Bürokraten im Pentagon, B.G.] wissen nicht, wo wir als Nächstes zuschlagen, aber wenn wir zuschlagen, wissen wir, wovon wir reden.«[10]

Der erste Schlag galt den Zeugen Hugh Thompson und Ronald Haeberle, die mit ehrenrührigen Zuschreibungen bedacht wurden und

---

7 Mendel Rivers, zit. n. House of Representatives, Stenographic Transcript of Hearings before the Committee on Armed Services, Secret, 5. 3. 1970, S. 18–19, in: NA, RG 319, AS, PI-AC, Box 48, Folder: Untitled – 22 Sep 72 (2 of 2).

8 Department of the Army, Office of the Secretary of the Army, Memorandum, for: Chief of Staff, Subject: Status Report as to the Hebert Special Subcommittee on Son My, 10. 4. 1970, in: NA, RG 319, AS, PI-AC, Box 11, Folder: Hebert Subcommittee Hearings, 15–24 Apr 70. Siehe auch Department of the Army, Office of the Secretary of the Army, Memorandum: Information for Members of Congress: Son My, Chronology of Key Events and Congressional Notification Son My Incident, S. 16, in: ebenda, Box 36, Folder: Son My Chron. File # 14 (1 of 2) sowie Stanley R. Resor, Secretary of the Army, Brief an F. Edward Hebert, 14. 4. 1970, in: RG 319, AS, ODCS-PER, VWCWG, MLM, Box 7, Folder: Congressional Correspondence My Lai: Hebert Subcommittee Investigation.

9 Bilton/Sim, Four Hours, S. 348.

10 F. Edward Hebert, zit. n. Transcript of Hebert Subcommittee News Conference in Rayburn House Office Building, 15. 7. 1970, S. 10, in: NA, RG 319, AS, PI-AC, Box 35, Folder: Son My Chron. File # 12 (1 of 2).

wie Lügner oder Rosstäuscher erscheinen mussten. Dass die Criminal Investigation Division Monate zuvor die Authentizität der von Haeberle aufgenommenen Fotos bestätigt hatte, focht den Ausschuss nicht an. »Da lagen Körper in einem Graben – sie hätten auch irgendwo sonst in einem Graben liegen können.«[11] Von einem Massaker wollte Hebert ohnehin nicht reden. »Also, wenn jeder von diesen Männern [von den Mordverdächtigen, B.G.] so viele umgebracht hätte, wie behauptet wird, dann muss es so gewesen sein, dass einige ihre Opfer drei- oder viermal umbrachten.«[12] Demnach kam nur eine Minderheit der C Company, »Task Force Barker« als mutmaßliche Schützen in Betracht – aber wohlgemerkt nicht als Täter. »Ich meine, dass einige Leute [Soldaten der C Company, B.G.] die unschuldigen Opfer einiger Vorgesetzter in der Armee sind, die ihren Pflichten nicht nachgekommen sind.«[13]

In diesem Sinne sahen sich Rivers und Hebert zur Obstruktion der Militärjustiz verpflichtet. Als die mit der Vorbereitung mehrerer Prozesse befassten Anklagevertreter und Verteidiger Einsicht in die vom Hebert-Komitee protokollierten Aussagen von Tatverdächtigen forderten, verweigerte Hebert die Herausgabe der Akten. »Einige unserer Zeugen«, teilte er Armeeminister Stanley Resor am 27. April 1970 mit, »haben ihre offenen und ehrlichen Schilderungen nur unter der Zusage gemacht, dass ihre Aussagen nicht freiwillig an irgendjemanden außerhalb des Unterausschusses weitergegeben würden.«[14]

---

11 F. Edward Hebert, zit. n. Transcript of Hebert Subcommittee News Conference in Rayburn House Office Building, 15. 7. 1970, S. 15, in: NA, RG 319, AS, PI-AC, Box 35, Folder: Son My Chron. File # 12 (1 of 2) Die Authentizität der Aufnahmen war zu diesem Zeitpunkt längst verbürgt: Department of the Army, Office of the Secretary of the Army, Memorandum: Information for Members of Congress: Son My, Chronology of Key Events and Congressional Notification Son My Incident, S. 9, in: ebenda, Box 36, Folder: Son My Chron. File # 14 (1 of 2).

12 F. Edward Hebert, zit. n. Transcript of Hebert Subcommittee News Conference in Rayburn House Office Building, 15. 7. 1970, S. 6, in: NA, RG 319, AS, PI-AC, Box 35, Folder: Son My Chron. File # 12 (1 of 2). Siehe auch Department of the Army, Office of the Secretary of the Army, Memorandum for the Record, Subject: Resume of Congressional Hearings, 9. 12. 1969, S. 2, in: NA, RG 319, AS, PI-AC, Box 18, Folder: OCLL MFRs.

13 F. Edward Hebert, zit. n. Transcript of Hebert Subcommittee News Conference in Rayburn House Office Building, 15. 7. 1970, S. 16, in: NA, RG 319, AS, PI-AC, Box 35, Folder: Son My Chron. File # 12 (1 of 2); siehe ebenda, S. 4.

14 F. Edward Hebert, Brief an Stanley R. Resor, 27. 4. 1970, in: NA, RG 319, AS, PI-AC, Box 17, Folder: (OCLL) Item B-H Folder. Diese Position vertrat Hebert auch gegenüber der Presse: Siehe Department of the Army, Office of

Ob dieser Standpunkt einer juristischen Prüfung standgehalten hätte, ist mehr als zweifelhaft – und warum Stanley Resor keine Rechtsmittel einlegte, leuchtet nur unter der spekulativen Annahme ein, dass er selbst Vorbehalte gegen die Verfahren hegte. Auch das Plenum des Repräsentantenhauses hielt still. Von weit über 400 Abgeordneten – ein Viertel von ihnen waren Reserveoffiziere[15] – forderten lediglich 18 ihren Kollegen Hebert zur Revision seiner Blockadepolitik auf.[16]

Den Nutzen hatte der Gefreite David Mitchell, dem ein Angriff mit Tötungsabsicht auf 30 Zivilisten in »My Lai (4)« vorgeworfen wurde. Weil der Hebert-Ausschuss seine Protokolle unter Verschluss hielt, setzten sich Mitchells Verteidiger mit ihrer Forderung durch, vier Hauptzeugen der Anklage – unter ihnen Hugh Thompson – vor Gericht nicht zuzulassen. Wegen Mangels an Beweisen wurde der Angeklagte am 20. November 1970 freigesprochen.[17] Ein ähnliches Desaster wäre auch im Calley-Prozess möglich gewesen, hätte der vorsitzende Richter, Colonel Reid W. Kennedy, nicht von seinem Ermessensspielraum Gebrauch gemacht und dem Antrag zur Vorladung aller in Frage kommenden Zeugen stattgegeben.[18] Doch nichts kam Rivers und Hebert in ihrem ideologischen Kreuzzug mehr zupass als der über Calley

---

the Secretary of the Army, Memorandum for the Record, Subject: 15 July 1970, Press Conference by Chairman Hebert Concerning Subcommittee Report »Investigation of the My Lai Incident«, in: RG 319, AS, PI-AC, Box 35, Folder: Son My Chron. File # 12 (1 of 2).

15 Tuchman, Torheit, S. 418. Der in dieser Zeit als Kritiker der Vietnampolitik hervortretende Senator J. William Fulbright hielt sich beim Thema Kriegsverbrechen bedeckt. Senator Edward Kennedy hingegen schloss sich der Kritik der »Winter Soldiers« in Teilen an. Kennedy hatte bereits in den Jahren zuvor im Subcommittee on Refugees des Senate Committee on the Judiciary massive Kritik an der Abnutzungsstrategie und den Gewaltexzessen in Vietnam geübt: siehe Edward M. Kennedy, Brief an Verteidigungsminister Melvin R. Laird, 10. 5. 1971, in: NA, RG 319, AS, PI-AC, Box 6, Folder: Conduct of the War in Vietnam, Chron. File # 2 (1 of 2).

16 F. Edward Hebert, Press Release, 4. 12. 1970, in: NA, RG 319, AS, PI-AC, Box 36, Folder: Son My Chron. File # 14 (2 of 2).

17 NA, RG 319, AS-AC, Box 36, Folder: Son My Chron. File # 14 (1 of 2). Siehe auch Bilton/Sim, Four Hours, S. 329 sowie Belknap, War on Trial, S. 224.

18 Roy H. Steele, Investigations Division Office, Office of the Secretary of the Army, Department of the Army, Brief an John T. M. Reddan, Special Subcommittee – My Lai, Committee on Armed Services, House of Representatives, 24. 11. 1970, in: NA, RG 319, AS, ODCS-PER, VWCWG, MLM, Box 7, Folder: Congressional Correspondence My Lai: Hebert Subcommittee Investigation.

verhängte Schuldspruch. »Das gesamte System der Armee steht vor Gericht«, erklärte der Abgeordnete Stratton am 8. Februar 1972 im Rückblick auf seine Tätigkeit im Hebert-Ausschuss. »Und der Kongress und das amerikanische Volk fordern eine Lösung, ein Urteil, in diesem Prozess.«[19]

Dieses Urteil hatten Rivers und Hebert nach Beendigung ihrer Anhörungen im Juli 1970 bereits vorformuliert – mit dem Aufruf zu einer substantiellen Überarbeitung des Uniform Code of Military Justice. Erstens sollte sich jeder GI zu seiner Verteidigung auf »Befehlsnotstand« berufen können. Zweitens wollte man das Rechtsprinzip des »mens rea« ersatzlos streichen und das Verhalten von Soldaten nicht am Kriterium individueller Verantwortung gemessen sehen, sondern unter den grundsätzlichen Vorbehalt einer zeitweiligen, dem Kriegsstress geschuldeten »Geistesstörung« stellen. Und drittens sollten psychiatrische Gutachten bereits im Zuge der Vorermittlungen angefordert werden. Kriegsgerichtsprozesse kamen mithin nur in Frage, wenn Sachverständige für den Zeitpunkt der Tat eine über jeden Zweifel erhabene geistige Zurechnungsfähigkeit attestiert hatten.[20] So kontrovers die politische Diskussion über das internationale Kriegsrecht nach 1945 auch immer geführt worden war, ein derart radikales Plädoyer zur strafrechtlichen Immunisierung von Soldaten im Kriegseinsatz sucht seinesgleichen.

Die Intervention der beiden Abgeordneten spiegelte das Meinungsbild einer Öffentlichkeit, die ihr Entsetzen angesichts der Medienberichte über »My Lai (4)« vom November 1969 binnen weniger Wochen

---

19 Der Abgeordnete Stratton (New York), zit. n. USCR, House, 8. 2. 1972, S. H895. Zur Kritik am Hebert-Ausschuss siehe auch Anderson (Hg.), Facing My Lai, S. 28f.

20 Report of the Armed Services Investigating Subcommittee of the Committee on Armed Services, House of Representatives, 91st Congress, Second Session, 15. 7. 1970; Department of the Army, Memorandum: Discussion of Recommendations Contained in the Report of the My Lai Incident Subcommittee of the House Armed Services Committee, o. D., S. 2, in: NA, AS, RG 319, ODCS-PER, VWCWG, MLM, Box 7, Folder: Congressional Correspondence My Lai: Hebert Subcommittee Investigation; Department of the Army, Information Division, Fact Sheet, Subject: Press Coverage of the Hebert Subcommittee News Conference, o.D., in: RG 319, AS, PI-AC, Box 35, Folder: Son My Chron. File # 12 (1 of 2) sowie *The Washington Post*, 16. 7. 1970: Mylai Probers Would Allow Insanity Plea on War Crimes. Die Forderungen von Rivers und Hebert fanden auch außerhalb Washingtons ein reges politisches Echo: siehe Lewy, America in Vietnam, S. 356.

hinter sich gelassen hatte. In der vehementen Kritik von Militärtribunalen fanden »strange bedfellows« eine gemeinsame Sprache, Bürger, die sich unter anderen Umständen nur darauf einigen konnten, dass sie nicht einer Meinung waren – Linke, Liberale und Konservative, »Falken« und »Tauben«, Parteigänger der Demokraten und Republikaner, »rednecks« und »peacenicks«, an Politik desinteressierte Landbewohner und politisch engagierte Bürger der Metropolen, Alte und Junge, Frauen wie Männer, Arm und Reich, Weiße und Schwarze. Selbst die Antikriegsbewegung verbannte – von wenigen Aktivisten abgesehen – das Thema Kriegsverbrechen und deren juristische Ahndung von ihrer Agenda und verlegte sich wie die protestierenden Soldaten der »Vietnam Veterans Against the War« auf die Generalkritik eines kriminellen, für alle Verfehlungen einzelner Akteure verantwortlichen »Systems«.[21] So gesehen, sollte das lautstarke »Peace Now« nicht nur den Krieg beenden, sondern mit dem Ende des Krieges auch eine Debatte aus der Welt schaffen, die man nicht führen wollte oder nur um den Preis der gesellschaftlichen Selbstisolierung führen konnte. Den Herausgebern von *Time* präsentierte sich Amerika als ein zur »Akzeptanz des Inakzeptablen« bereites Land,[22] in dem eine »fürchterliche Verwirrung« und eine »erstaunliche, wahrhaft widerliche Entstellung moralischer Sensibilität«[23] um sich griffen. In jedem Fall hatte es den Anschein, als wollte sich eine seit Jahren zerstrittene und ihrer Zukunft ungewisse Nation neu konstituieren – in der kollektiven Erregung über Kriegsverbrecherprozesse einerseits und einer gemeinschaftlichen Verweigerung gegenüber den dort verhandelten Problemen andererseits.[24]

Blitzumfragen von Zeitungen und Erhebungen professioneller Meinungsforschungsinstitute wie Gallup oder Harris ergaben durchweg Mehrheiten von zwei Drittel und mehr zu Gunsten beschuldigter GIs. Die *Minneapolis Tribune* stellte im Dezember 1969 bei einer Befragung von 600 Personen fest, dass 49 Prozent die Nachricht über »My Lai (4)« für eine Presselüge hielten und der Rest es bei einem achselzuckenden »Krieg ist Krieg« bewenden ließ.[25] Bei einer von *Time* in Auftrag

21 Engelhardt, Victory Culture, S. 231–235, 244; Chatfield, Peace Movement, S. 137–146 sowie Lewy, America in Vietnam, S. 357.

22 *Time*, 12. 1. 1970, S. 11.

23 The Camour Over Calley, in: *Time*, 12. 4. 1971, S. 21.

24 Siehe Steinfels, Calley and the Public Conscience; Lesher, The Calley Case Re-Examined; Greiner, »You'll Never Walk Alone«.

25 *Minneapolis Tribune*, 21. 12. 1969, S. 4B.

gegebenen Recherche in 1600 Haushalten bezeichneten 65 Prozent das Massakrieren von Zivilisten als normales, keiner weiteren Diskussion würdiges Ereignis und taten den Hinweis auf rechtliche Einhegungen des Krieges als »absurd« ab.[26] Die vom *Wall Street Journal* in zwölf Städten Befragten hieben in die gleiche Kerbe: »Wenn die Leute hier wüssten, was der Vietcong anstellt, würde niemand behaupten, dass unsere Jungs irgendwie schlecht sind.« – »Warum geben sie den Soldaten Patronen? Damit sie diese in ihre Hosentaschen stecken?« – »Zu sagen, wir sollten Kinder töten, hört sich schrecklich an. Aber viele von unseren Jungs, die dort drüben getötet werden, sind doch auch nur Kinder.« – »Ich meine, wir sollten dort drüben ein paar Bomben werfen und gründlich ausmisten.«[27]

»Wenn Soldaten anderer Nationen sich dergleichen in der Vergangenheit zuschulden kommen ließen, fanden wir deutliche und starke Worte der Empörung«, schrieb Jonathan Schell. »Und wir betrachteten Gräueltaten aus der Perspektive der Opfer. Jetzt aber [...] nehmen wir die Perspektive der Täter ein, und [...] die Opfer werden nur noch verschwommen wahrgenommen – sie sind beinahe unsichtbar. Ein Toter in unseren eigenen Reihen erscheint von alles überragender Bedeutung, aber ihre Toten schrumpfen für uns zu bloß abstrakten Größen.« Dass Schell des Weiteren von einer Art Sündenstolz sprach – »als ob wir einen Initiationsritus zum Erwachsenwerden als Nation durchlaufen hätten, oder als ob das Begehen großer Verbrechen zum Wesen einer großen Nation gehörte wie die Verfügung über ein riesiges Bruttosozialprodukt oder wie eine Reise zum Mond«[28] – mag auf den ersten Blick wie eine weit hergeholte Polemik erscheinen – wäre nicht eine Woche vor der Publikation seines Aufsatzes im *New Yorker* an anderer prominenter Stelle eine großformatige Anzeige erschienen, die sich wie eine Illustration von Schells These ausnimmt. In *Time* vom 12. Dezember 1969 waren in faksimilierter Handschrift folgende, suggestiv alle Amerikaner einschließenden Ja-Aber-Sätze zu lesen: »Ich bin in Vietnam gestorben. Aber ich bin auf der Oberfläche des Mondes spazieren gegangen.« – »Ich habe meine Feinde mit Knüppeln niedergeschlagen. Aber ich habe Gerichtssäle gebaut, um ihnen die Freiheit zu sichern.« –

---

26 The Camour Over Calley, in: *Time*, 12. 4. 1971, S. 14–21. Siehe auch *Time*, 12. 1. 1970, S. 8, 10–11 sowie Oliver, History and Memory, S. 89, 106, 116.

27 Assessing Songmy. Doves Recoil, but Hawks Tend to See ›Massacre‹ as Just a Part of War, in: *The Wall Street Journal*, 1. 12. 1969.

28 Schell, Observing the Nixon Years, S. 17, 19.

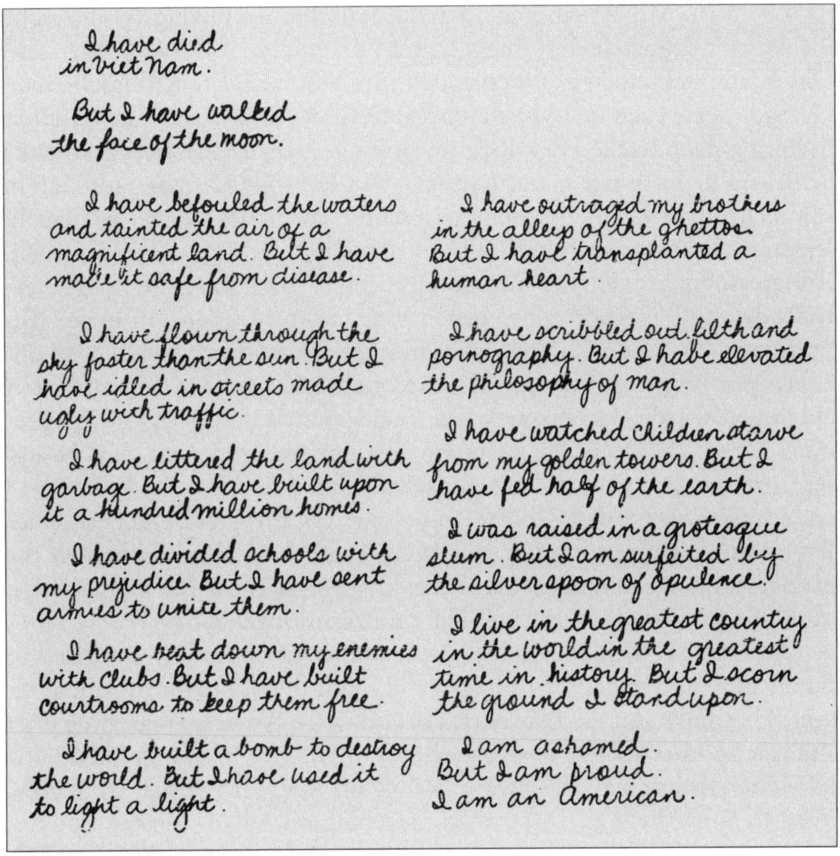

Anzeige in *Time*, 12. 12. 1969, S. 70–71.

»Ich habe von meinen goldenen Zinnen aus Kindern beim Sterben zugesehen. Aber ich habe die halbe Welt ernährt.« – »Ich schäme mich. Aber ich bin stolz. Ich bin ein Amerikaner.«[29]

---

29 *Time*, 12. 12. 1969, S. 70–71. Dieser Text war Teil einer seit Mai 1969 in *Time* geschalteten Anzeigenserie unter dem Namen »The Power of Print«. Unter diesem Titel hatte *Time* landesweit Werbeagenturen eingeladen, ein von ihnen frei gewähltes Thema auf vier Kolumnen und mit Mitteln ihrer eigenen Wahl vorzustellen. Abgesehen von kommerziellen Produkten durfte jede Idee beworben werden. »Wir hofften auf eine rege innovative Nutzung der gedruckten Seite«, wie der Herausgeber erklärte (To our Readers: A Letter from the Publisher, in: *Time*, 1. 6. 1970). Von mehr als 200 eingereichten Vorschlägen

Sobald ein Militärtribunal anstand, wurden regelmäßig symbolische Plebiszite zugunsten der Angeklagten inszeniert. 160000 Bürger von Oklahoma bekundeten in Petitionen ihre Solidarität mit Randell Dean Herrod, der wegen der Morde von Son Thang angeklagt war. »Meiner Meinung nach hacken die doch nur auf ein paar Leuten herum, die ihr Schicksal nicht in der Hand hatten.«[30] In Herrods Heimatstadt Calvin sammelte man Geld, um dem Großvater einen Besuch bei seinem in Vietnam in Untersuchungshaft einsitzenden Enkel zu ermöglichen, Kongressabgeordnete der Region schlugen sich auf die Seite der Protestierenden und überboten sich gegenseitig in ihrer Denunziation der Militärjustiz – wohl auch in der Erwartung, dass das Verfahren wegen unzulässiger Beeinflussung der Geschworenen seitens der Öffentlichkeit eingestellt würde.[31] In Brownsville, Texas, wurde im Juli 1970 ein »Esequiel Torres Tag« gefeiert, nachdem bekannt geworden war, dass besagter Torres einem Prozess wegen mehrfachen Mordes in »My Lai (4)« entgegensah. Dass der Geehrte an diesem Tag mit den Besuchern einer Bar in Streit geriet und dabei mehrere Schüsse abgab, verbuchten die Strafverfolgungsbehörden als unter den gegebenen Umständen entschuldbares Verhalten und stellten die Ermittlungen ein.[32]

»My name is William Calley. I'm a soldier of this land. / I've tried to do my duty and to gain the upper hand. / But they've made me out a villain. They have stamped me with a brand. / [...] As we go marching on. / I'm just another soldier from the shores of U.S.A. / Forgotten on a battlefield ten thousand miles away. / While life goes on as usual from New York to Santa Fe. / [...] As we go marching on. / I've seen my buddies ambushed on the left and on the right. / And their youthful bodies riddled by bullets of the night. / Where all the rules are broken and the only law is might. / [...] As we go marching on. / While we're fighting in the jungles, they were marching in the street. / While we're dying in the

wurden 34 seit Mai 1969 kostenlos gedruckt, darunter Texte zu Rassismus, Umweltverschmutzung, Kindesmissbrauch, Patriotismus – und eben Vietnam. Bei der Anzeige vom 12. Dezember 1969 handelte es sich zweifellos um einen Kommentar auf die seit Mitte November geführte Diskussion über das Massaker von »My Lai (4)«.

30 Ein Unterstützer von Randell Dean Herrod, zit. n. Solis, Son Thang, S. 220.

31 Solis, Son Thang, S. 217f.

32 Department of the Army, Office of the Secretary of the Army, Memorandum: Information for Members of Congress: Son My, Chronology of Key Events and Congressional Notification Son My Incident, S. 23, in: NA, RG 319, AS, PI-AC, Box 36, Folder: Son My Chron. File # 14 (1 of 2).

ricefields, they were helping our defeat. / While we're facing VC bullets, they were sounding a retreat. / […] As we go marching on.«[33] Allein in der ersten Woche nach Calleys Verurteilung gingen bei der Plattenfirma Singleton in Nashville, Tennessee, eine halbe Million Bestellungen für diese von Countrysänger Tony Nelson nach der Melodie der »Battle Hymn of the Republic« intonierte Ballade auf William Calley ein. »Es sieht danach aus, als würde es ein noch größerer Hit als ›Harper Valley P.T.A.‹«, meinte der Verleger und verwies darauf, dass die Zurückhaltung großer Rundfunkstationen wie NBC von den Programmen lokaler Rock- und Countrysender mehr als wettgemacht wurde, die das Lied fortlaufend spielten.[34] In der Tat bediente der Text alle Emotionen, die zur Verteidigung Calleys und anderer mobilisiert wurden – das Bild des pflichtbewussten Patrioten, der stigmatisiert wird und für die Fehler anderer büßen muss, des tapferen Kämpfers, der seine Kameraden in nächtlichen Hinterhalten sterben sieht und nur überleben kann, indem er die Gesetzlosigkeit des Feindes mit gleicher Münze zurückzahlt, des von der Heimat Verratenen, der sein Leben aufs Spiel setzt, während wohlbehütete Demonstranten in New York oder Santa Fe eine zweite Front eröffnen. Und nicht zuletzt wurde eine Wahrnehmung bestätigt, die sich allen detaillierten Medienberichten zum Trotz unerschütterlich behauptete – das Bild von »My Lai (4)« als einer vom Vietcong gehaltenen Festung: »We responded to their rifle fire with everything we had.«

Mit allem zu antworten, was einem zur Verfügung steht, wurde auch zur Losung, als der Calley-Prozess in seine entscheidende Phase trat. Einer Umfrage zufolge verfolgten 96 Prozent aller Befragten das Geschehen im Gerichtssaal – eine selbst in Zeiten flächendeckender Medien beispiellos hohe Zahl.[35] Die Veteranenverbände American Legion and Veterans of Foreign Wars – Interessenvertreter von 29 Millionen damals noch lebenden Soldaten, die seit dem Ersten Weltkrieg in den amerikanischen Streitkräften gedient hatten – wurden ein weiteres Mal ihrem Ruf als mächtigste Lobbyorganisation des Landes gerecht.[36]

---

33 The Battle Hymn of Lieutenant Calley, zit. n. *The Miami Herald*, 6. 4. 1971: Sales of Calley Record Soar, but Battle Stirs on Air Waves.

34 Shelby Singleton, zit. n. *The Miami Herald*, 6. 4. 1971: Sales of Calley Record Soar, but Battle Stirs on Air Waves.

35 ABC TV Reports, The Calley Case: A Nation's Agony, 23. 5. 1971, Transkript, S. 1, in: NA, RG 319, AS, PI-AC, Box 38, Folder: Son My Chron. File # 18 (2 of 2).

36 Die American Legion hatte damals 700000 Mitglieder, die Veterans of Foreign Wars 500000 und die Disabled American Veterans 196000. Ungefähr 350000 Vietnamveteranen hatten sich diesen drei Verbänden angeschlossen;

Landesweit organisierten sie »Rallies for Calley«, Geldsammlungen, Protestveranstaltungen und Demonstrationen. Auf Einladung der American Legion sprachen die Gouverneure von Alabama, George Wallace, und Mississippi, John Bell Williams, in Columbus, Georgia, zu einer Versammlung, deren Mitorganisator, ein Pfarrer des Ortes, der Presse eine bemerkenswerte Schlagzeile anbot: »Vor zweitausend Jahren wurde ein Mann namens Jesus Christus gekreuzigt. Ich glaube nicht, dass wir eine weitere Kreuzigung eines Mannes namens Rusty Calley brauchen.«[37] Jimmy Carter, zu dieser Zeit noch Gouverneur von Georgia, rief einen »Tag der amerikanischen Kriegskämpfer« aus, forderte von den Bürgern seines Staates, als Zeichen der Unterstützung für Calley die Scheinwerfer ihrer Autos anzuschalten und »die Flagge so zu ehren, wie ›Rusty‹ es getan hatte«.[38]

»Er hat nur getan, was man ihm gesagt und wofür man ihn ausgebildet hatte und was Millionen von uns im Ersten und Zweiten Weltkrieg und in Korea getan haben«, meinte ein Vertreter der American Legion während einer Demonstration in Waterloo, Illinois,[39] und gab damit das Stichwort für zahlreiche Veteranen, die in den folgenden Wochen ihre Orden ans Pentagon zurückschickten, sich selbst der Kriegsverbrechen beschuldigten oder – wie Audie Murphy, Amerikas höchstdekorierter Soldat des Zweiten Weltkrieges – behaupteten, dass sie in einer Situation wie »My Lai (4)« wohl auch so gehandelt hätten wie Calley.[40] Noch aktive Soldaten wählten drastischere Ausdrucksmittel. »Tötet einen Gook für Calley«, sprühten einige auf eine Hauswand in Saigon, eine in Khe Sanh stationierte Einheit stellte an ihrem Stützpunkt eine Tafel auf mit dem Schriftzug »A Troop, 1st CAV salutiert Lt. William Calley« und Artilleristen im A Shau-Tal tauften ein Geschütz auf den Namen »Calley's Rächer«. Und in Fort Benning skandierten Rekruten ein neues Marschlied: »Calley, Calley, he's our man. If he can't do it,

---

sie stellten damit ungefähr ein Viertel ihrer Mitglieder: Fact Sheet, o.D., in: NA, RG 127, HMC-HDPT, TF, FRC Box 4, Folder: Command Concerns: Drugs/Racial Strife/Fragging. Im Weißen Haus hatte man im Dezember 1969 ein symbolträchtiges Treffen des Präsidenten mit den Führern der Veteranenorganisationen erwogen: NPMP, NSC, AMH-CF, Box 960, Folder: Haig Chron Dec 17–20, 1969 (2 of 2).

37 Reverend Michael Lord, zit. n. Bilton/Sim, Four Hours, S. 340.

38 Jimmy Carter, zit. n. Bilton/Sim, Four Hours, S. 340.

39 Ein Vertreter der American Legion, zit. n. Oliver, History and Memory, S. 158.

40 Oliver, History and Memory, S. 90. Siehe ebenda, S. 108 sowie Bilton/Sim, Four Hours, S. 341.

Medina can.«[41] Sich in dieser Zeit für Militärtribunale auszusprechen, meint der Journalist David Halberstam mit Blick auf seinen Kollegen Neil Sheehan und dessen aufsehenerregenden Text in der *New York Times Book Review*, war wagemutiger als die Publikation der geheimen Pentagon-Papiere.[42]

Die Chronik der öffentlichen Erregung ließe sich mühelos fortsetzen, etwa mit dem Hinweis auf Todesdrohungen gegen die Familie eines über Calley zu Gericht sitzenden Geschworenen, auf die Halbmastbeflaggung vor privaten Firmen in Florida und öffentlichen Gebäuden quer durch andere Südstaaten, oder auf die kleine Ziege, die mit einem Uniformjackett und der Aufschrift »SCAPEGOAT« versehen per Luftfracht am National Airport in Washington, D.C., ankam und als »Sündenbock« dem Weißen Haus zugestellt werden sollte.[43] Derweil schrieben aufgebrachte Mütter Protestbriefe an Zeitungen und Zeitschriften, in denen Ronald Haeberles Fotos aus »My Lai (4)« gedruckt worden waren – sie empörten sich darüber, dass auf den Bildern Unbekleidete zu sehen waren.[44] Wie den eigentlich Schuldigen behandelte man den Verweigerer und Rettungsflieger von »My Lai (4)«: Als Hugh Thompson in seine Heimat Louisiana zurückkehrte, erhielt auch er telefonische Todesdrohungen. »30 Jahre lang galt er als Verräter«, so Thompsons Biograph Trent Angers. »Er wurde darauf ausgerichtet, den Mund zu halten. Jedes bisschen Information, das ich von ihm bekam, musste ich ihm aus der Nase ziehen.«[45] – »Tote Tiere auf meiner Veranda, verstümmelte Tiere, die ich morgens vorfand. Ich war nicht gerade einer der Guten«, erinnerte sich Thompson 2004 in der CBS-Sendung »Sixty Minutes«.[46]

---

41 Bilton/Sim, Four Hours, S. 338–340.

42 Halberstam, Powers, S. 567. Gemeint war der Aufsatz von Neil Sheehan, War Crime Trials? Sheehan plädierte in seiner Rezension von 33 Büchern über den Vietnamkrieg entschieden für Prozesse gegen alle Verdächtigen, ob GIs oder Offiziere.

43 Bilton/Sim, Four Hours, S. 341, 345.

44 *Look*, 2. June 1970.

45 Trent Angers, zit. n. *Associated Press*, 7. January 2006: My Lai Hero Hugh Thompson Jr. Dies at 62. Am 30. Jahrestag des Massakers, dem 16. März 1968, erhielten Thompson und seine Bordschützen Lawrence Colburn und Glenn Andreotta (posthum) die »Soldier's Medal«, eine der höchsten Auszeichnungen, die von der US Army verliehen wird. Sie wurden für »Heldentum in Abwesenheit des Feindes« belobigt.

46 Hugh Thompson, zit. n. Richard Goldstein, Hugh Thompson, 62, Who Saved Civilians at My Lai, Dies, in: *The New York Times*, 7. January 2006.

Hugh Thompson und sein ehemaliger Bordschütze Lawrence Colburn in »My Lai (4)« am 30. Jahrestag des Massakers, 16. 3. 1998.
© From the book, The Forgotten Hero of My Lai: The Hugh Thompson Story, © 1999 by Trent Angers

Im Kreis der »Guten« suchten die »Vietnam Veterans Against the War« ihren Platz. Monatelang waren die »Winter Soldiers« damit beschäftigt, die Opposition gegen Militärtribunale zu stärken und angeklagte Kriegsverbrecher als Opfer des Systems zu entlasten. Ihr Sprecher John F. Kerry: »Wir alle in diesem Land haben uns schuldig gemacht, indem wir zugelassen haben, dass der Krieg weitergeht. Wir wollen nur, dass dieses Land erkennt, dass es einen Calley nicht für Dinge vor Gericht stellen kann, die zu tun Generale und Präsidenten wie auch unsere Lebensweise ihn ermutigt haben. Wenn man ihn verurteilt, muss man gleichzeitig jene Generale und Präsidenten und Soldaten verurteilen, die an der Verantwortung teilhaben. Tatsächlich müssen wir dieses Land vor Gericht stellen.«[47] – »Wir fragen hier und heute: Wo sind McNamara,

47 John F. Kerry während einer Kundgebung in New York City im April 1971, zit. n. Oliver, History and Memory, S. 110.

John F. Kerry, Sprecher der »Vietnam Veterans Against the War«, im Gespräch mit Senator Edward Kennedy während einer Protestkundgebung gegen den Krieg, Washington Mall, 21. 4. 1971.

Rostow, Bundy, Gilpatric und so viele andere? [...] Sie alle sind Kommandeure, die ihre Truppen im Stich gelassen haben, und es gibt im Kriegsrecht kein schlimmeres Verbrechen. Die Armee sagt, sie lassen ihre Verwundeten niemals zurück. Die Marines sagen, dass sie noch nicht einmal ihre Toten zurücklassen. Diese Männer haben alle Opfer zurückgelassen. [...] Diese Administration hat uns in ultimativer Weise entehrt. Sie haben versucht, uns die Opfer abzusprechen, die wir für dieses Land gebracht haben.«[48] Und als Kerry während einer von ABC ausgestrahlten

48 John F. Kerry am 22. April 1971 vor dem Senate Committee on Foreign Relations, zit. n. The Voice of the Winter Soldier, in: *Playboy*, August 1971. Zu vergleichbaren Äußerungen anderer »Winter Soldiers« und ihnen nahestehender Organisationen siehe USCR, 6. 4. 1971, S. E2825–E2865 und 7. 4. 1971, S. E2935–E2936 sowie *The Washington Post*, 29. April 1971: Ex-GI Tells Atrocities Panel He Saw Another U.S. Massacre Near My Lai. Um für ihre Opfer anerkannt zu werden, schalteten die »Winter Soldiers« im Februar 1971 eine kostenlose, ganzseitige Anzeige im *Playboy*, die ihnen angeblich einen Zulauf von 10000 neuen Mitgliedern brachte.

Anzeige der »Vietnam Veterans Against the War«, *Playboy*, Februar 1971. Angeblich gewannen die VVAW mit dieser Aktion 10000 neue Mitglieder.

Fernsehdiskussion aufgefordert wurde, zu einem Mitdiskutanten Stellung zu nehmen, der das Kriegsrecht als romantische Illusion verhöhnt und Calleys Morde als normales Verhalten in einem Krieg bezeichnet hatte, antwortete er: »Ich stimme Mr. Reel zu.«[49]

Entscheidend ist, dass die Inszenierungen einer am Rande der Hysterie wandelnden Öffentlichkeit landesweit politische Wirkung zeitigten. In den Staatsparlamenten von North Carolina, Colorado, Kansas, Alabama und Michigan wurden im Frühjahr 1971 Resolutionen zur sofortigen Begnadigung Calleys eingebracht, der Senat des Staates Georgia sprach sich Mitte Februar 1974 für diese Forderung aus.[50] Monate vor Prozessbeginn hatten sich das Repräsentantenhaus von Florida und der Senat des Staates Oklahoma bereits für eine Einstellung des Verfahrens stark gemacht. »Die mit den Vorwürfen einhergehende Publizität legt vielfach nahe, dass man eine Verurteilung dieser Männer herbeiführen will, um die Army von jeder Schuld an dem Geschehen zu entlasten«, hieß es in der in Tallahassee verabschiedeten Eingabe.[51] Und die Gesetzgeber in Oklahoma City bestritten kategorisch, dass der aus dem Zivilrecht bekannte Straftatbestand des Mordes auf kriegerische Umstände angewendet werden könnte – auf das internationale Kriegsrecht kamen die Parlamentarier erst gar nicht zu sprechen. »Mordprozesse, die das normale Kriegsgeschehen zum Thema haben«, hieß es weiter, »würden unsere Truppen demoralisieren und würden die uns mögliche maximale

---

49 ABC TV Reports, The Calley Case: A Nation's Agony, 23. 5. 1971, Transkript, S. 23, in: NA, RG 319, AS, PI-AC, Box 38, Folder: Son My Chron. File # 18 (2 of 2). Bei dem besagten Frank Reel handelte es sich um den Anwalt, der 1945 im Tokioter Prozess den wegen Kriegsverbrechen angeklagten japanischen General Yamashita verteidigt hatte. Auch in Zeitungen und Zeitschriften, die sich bis zu diesem Zeitpunkt sehr differenziert mit »My Lai (4)« befasst hatten, wurde die Annahme einer juristischen Verantwortlichkeit von Soldaten als »grobe Vereinfachung« bezeichnet und zurückgewiesen. Im Falle von Vietnam, so *Newsweek*, wären Gerichtsurteile nicht Ausdruck von Recht, sondern von »Vergeltung«: *Newsweek*, 12. 4. 1971, S. 32: Who Else is Guilty? Siehe auch *Columbus Inquirer*, 18. 12. 1969: Alleged My Lai Photograph Shows Armed Boys, Women sowie *Chicago Tribune*, 8. April 1970: Footnote on My Lai.

50 Bilton/Sim, Four Hours, S. 341 sowie NA, RG 319, AS, PI-AC, Box 42, Folder: Son My Chron. File # 29 (1 of 2).

51 State of Florida, House of Representatives, Resolution No. 5265, S. 1, in: NA, RG 319, AS, ODCS-PER, VWCWG, MLM, Box 7, Folder: Congressional Correspondence My Lai: Hebert Subcommittee Investigation.

Sicherheitsgarantie für unsere Truppen in Mitleidenschaft ziehen.«[52] Präsident Nixon dachte im Kreis seiner Berater darüber nach, in einer öffentlichen Erklärung »die obsolete Idee [anzusprechen], dass Krieg ein Spiel mit Regeln ist« und dass man »angesichts der Krise eines Krieges diese Form der Anklage nicht vertreten kann, es sei denn, es läge eine eindeutige Missachtung von Befehlen vor«.[53] Nixon verzichtete auf diese Intervention. Aber die bloße Erwägung der Option verdeutlicht, wie weit die Unterstützung der von den Abgeordneten Mendel Rivers und F. Edward Hebert auf Capitol Hill angestoßenen Kampagne reichte.

Derlei Vorgänge zu beschreiben, ist einfach; sie zu erklären, tun sich Historiker wie Gesellschaftswissenschaftler nach wie vor schwer. Im Grunde begegnen wir zwei Modellen, die sich psychoanalytischer beziehungsweise mentalitätsgeschichtlicher Argumente bedienen und in mannigfacher Weise variiert werden. Robert J. Lifton hatte bereits 1969 in einem Gespräch mit *US News & World Report* sein in späteren Jahren bekannt gewordenes Verständnis von »psychic numbing« mit »My Lai (4)« in Verbindung gebracht. Demnach praktizierte die amerikanische Gesellschaft eine Art Selbstschutz: Befangen in der Illusion, anderen Nationen nicht nur materiell, sondern auch moralisch überlegen zu sein und die Avantgarde einer aufgeklärten Kultur zu repräsentieren, erlebte man die Nachrichten über »My Lai (4)« als Dementi des Exzeptionalismus im Allgemeinen und insbesondere der in den 1960er Jahren virulenten Idee, sich mit guter Erziehung gegen die Einbrüche des Gewalttätigen gewappnet zu haben.[54] In den Worten des Historikers Stephen Ambrose: »My Lai […] erschütterte mich bis ins Mark. Ich habe seither lange darüber nachgedacht, dahinterzukommen, wie das geschehen konnte – wie amerikanische Jungs tun konnten, was die SS getan hatte, wie Pfadfinder tun konnten, was die Nazi-Jugend getan hatte.«[55] Sollten also fragwürdig gewordene Selbstbilder und Schuldgefühle durch aggressive Abwehr geschützt beziehungsweise getilgt werden?

52 Oklahoma State Senate, Senate Concurrent Resolution No. 51, 29. 1. 1970, S. 1, in: NA, RG 319, AS, PI-AC, Box 33, Folder: Son My Chron. File # 7 (1 of 2).

53 Richard Nixon, zitiert nach einem auf Tonband diktierten Tagebucheintrag von Harry Robbins Haldeman, in: Oliver, History and Memory, S. 162.

54 Interview with Prominent Psychiatrist. Why Civilians are War Victims«, in: *US News & World Report,* 15. 12. 1969, S. 25–28 sowie Kelman, Social Context of Torture, in: Crelinsten/Schmidt (Hg.), Politics of Pain.

55 Stephen Ambrose, zit. n. Anderson (Hg.), Facing My Lai, S. 116.

Könnte es gar sein, dass ein Bewusstsein von Schuld durch die Identifikation mit den Tätern aufgelöst wurde? Für John F. Kerry, 1971 Sprecher der »Vietnam Veterans Against the War«, lag die Antwort auf der Hand: »Was das Land auf dem Umweg über Calley wirklich sagt, [...] ist meiner Meinung nach, dass es die Zerstörung der Illusion und all die Widersprüchlichkeiten nicht akzeptieren kann.«[56]

Die Historiker Tom Engelhardt und Gabriel Kolko verweisen demgegenüber auf einen ins kollektive Gedächtnis eingravierten Mythos: Amerika, so die seit den Indianerkriegen populäre Meistererzählung, führt seine Kriege nicht aus freien Stücken oder selbstsüchtigen Motiven, sondern findet sich stets in der Rolle des überraschend und aus dem Hinterhalt Angegriffenen. Seine Truppen haben es mit Feinden zu tun, die den offenen Kampf scheuen und stattdessen die Wehrlosen und Schwachen, Frauen und Kinder, attackieren – und damit zu verstehen geben, dass sie Freiheit und Sicherheit an der Wurzel treffen wollen. Diese Verachtung für das Leben anderer findet sich in der Geringschätzung des eigenen Lebens gespiegelt: Vor die Wahl zwischen Kapitulation und Untergang gestellt, optieren die fanatisierten Feinde der Zivilisation für Letzteres. Wer es aber mit Kamikazekämpfern im Dienste des Übels zu tun hat, wird notgedrungen zu einem Krieg ohne Regeln gezwungen und muss sich um der Rettung vor der Barbarei willen zeitweilig selbst barbarischer Mittel – den alles vernichtenden Gegenschlag eingeschlossen – bedienen. In diesem Sinne ist das Narrativ von Verrat und anfänglicher Niederlage, von Rache und letztendlichem Triumph immer auch die Geschichte einer von außen aufgezwungenen Selbstviktimisierung, eines Selbstopfers im Dienste des kulturellen Fortschritts – und mithin eine Geschichte, die über moralische Kritik erhaben ist.[57]

Wie immer wir diese unterschiedlichen Erklärungen im Einzelnen bewerten mögen, eine Schwäche scheint ihnen allen gemeinsam. Sie verlieren sich, sobald man nach dem spezifisch Amerikanischen fragt, im Ungefähren. Liftons »psychic numbing« wird neben Vietnam und mit identischen Argumenten auf die Perzeption und Verarbeitung vieler anderer Ereignisse angewendet: Nazi-Verbrechen, Hiroshima, Gulag,

---

56 John F. Kerry, zit. n. ABC TV Reports, The Calley Case: A Nation's Agony, 23. 5. 1971, Transkript, S. 25, in: NA, RG 319, AS, PI-AC, Box 38, Folder: Son My Chron. File # 18 (2 of 2).

57 Engelhardt, Victory Culture, S. 4f., 9–15, 24–28, 41–46; Kolko, Century of War, S. 373–485. Siehe auch Gibson, Warrior Dreams, S. 23; Lewis, The Tainted War sowie Greiner, »First to Go, Last to Know«.

Kuba-Krise, nukleare Hochrüstung, Golfkrieg. Es ist zu einem »catch-all«-Modell der Zeitgeschichte avanciert, das mit jeder beantworteten Frage zig neue aufwirft. Nicht viel besser ist es um Engelhardts »Selbstopferdiskurs« bestellt. Ihm begegnen wir in frappierend ähnlicher Form in Deutschland, Japan, in der Türkei, in Österreich, in Frankreich, Schweden, den Niederlanden, in Ruanda, Kuba oder Indonesien. Man ist fast versucht, von einem Standardrepertoire Krieg führender Gesellschaften zu sprechen, egal, ob tribalistische »warlords« oder Atommanager das Sagen haben und unabhängig davon, ob mit Handfeuerwaffen oder Langstreckenbombern gekämpft wird.

Umso mehr erstaunt der geringe wissenschaftliche Aufwand, der zum Schließen unserer Wissenslücken bislang betrieben wurde. Gerade die »My Lai (4)«-Debatte bot, gemessen an der Zahl der Beteiligten oder der emotionalen Intensität, eine einzigartige Gelegenheit für sozialwissenschaftliche Feldstudien. Aber repräsentative und vergleichstüchtige empirische Daten wurden kaum erhoben – von zwei Ausnahmen abgesehen. Herbert Kelman führte mit einem Soziologenteam der Universität Harvard im Mai und Juni 1971 – unmittelbar nach der Verurteilung von William Calley – auf der Basis eines »block quota sample« eine nationale Umfrage durch. Nach dem Zufallsprinzip wurden im gesamten Land Wohneinheiten in »Blockgröße« ausgesucht. Aus ihnen wählte man 990 Personen aus, die für die Geschlechts- und Altersverteilung in den USA repräsentativ waren, und bat sie um Antwort auf die Frage, ob Befehle zur Ermordung von Zivilisten befolgt werden dürften. Auf die Ergebnisse wird zurückzukommen sein. Fünf Jahre später gab die Universität von Massachusetts eine methodisch ähnlich konzipierte Folgestudie in Auftrag, beschränkte sich dabei jedoch auf den Großraum Boston und auf Interviewpartner, die hinsichtlich ihrer Bildung und Einkommen deutlich über dem Landesdurchschnitt lagen und auch in anderer Hinsicht – beispielsweise mit Blick auf religiöse Einstellungen – signifikante Eigenheiten aufwiesen. Dergleichen Defizite sind kein Zufall. Noch weit über die 1970er Jahre hinaus gehörte das Verhältnis von Krieg und Zivilgesellschaft nicht zu den präferierten Themen der Gesellschaftswissenschaften.

Eine geschichtswissenschaftliche Annäherung ist mit Hilfe jener Briefe und Petitionen möglich, die amerikanische Bürger im zeitlichen Umfeld des Calley-Urteils ihren Abgeordneten oder Ministern der Bundesregierung und dem Präsidenten schrieben – Solidaritätsadressen, die in neun von zehn Fällen für eine sofortige Freilassung des Verurteilten plädierten. Wie viele Schreiben insgesamt verschickt wurden, ist nicht bekannt. Aber von einer im hohen sechsstelligen Bereich angesiedelten Zahl ist in jedem Fall auszugehen. Allein beim Abgeordneten F. Edward Hebert gingen von Ende 1969 bis Mitte 1970 wöchentlich 2000 Briefe ein, nach dem Calley-Urteil meldeten sich im Verlauf zweier Tage 6000 Bürger telefonisch in Fort Benning, 1500 weitere sandten Telegramme und Briefe an den Leiter des Ausbildungslagers.[58] Das Pentagon wurde in den ersten beiden Aprilwochen des Jahres 1971 mit 12500 Schreiben eingedeckt,[59] die Poststelle des Weißen Hauses registrierte 335000 Sendungen – eine bis dato von keinem anderen Ereignis übertroffene Rekordmarke.[60] Ob der schieren Zahl konnten bei weitem nicht alle Briefe beantwortet werden. Ungefähr 30000 unbeantwortete Eingaben hat die Armee in einer geschlossenen Sammlung abgelegt. In den beiden letzten Märztagen und während der ersten Aprilwoche des Jahres 1971 verfasst, gestatten sie uns einen Blick in die »Seelenlandschaft« ihrer Verfasser. Im Reden über Krieg und Kriegsverbrechen können wir Selbst- und Gesellschaftsbilder erkennen, vor allem aber die Motive der emotionalen Aufwallung.

Die folgenden Überlegungen stützen sich auf eine repräsentative Auswahl von 907 Briefen in Sachen William Calley – 811 massive Urteilsschelten und 96 Voten für das Urteil.[61] Bei 31 Prozent dieser 907 Schreiben

---

58 Department of the Army, Office of the Chief of Staff, Memorandum, Subject: Response to Calley Verdict, 1. 4. 1971, in: NA, RG 319, AS, PI-AC, Box 37, Folder: Son My Chron. File # 17 (1 of 2).

59 Department of the Army, Office Memorandum, Office Chief of Staff Army, to: General Westmoreland, Subject: Five Representative »Calley« Letters, 12. 4. 1971, S. 2, in: NA, RG 319, AS, PI-AC, Box 37, Folder: Son My Chron. File # 17 (2 of 2).

60 Oliver, History and Memory, S. 231 sowie Belknap, War on Trial, S. 195.

61 Die »Calley Correspondence« füllt 30 Archivboxen, hinterlegt in NA, RG 319. Dieser Bestand wird im Folgenden zitiert als CC. Bis einschließlich Box 12 wurden jeweils der erste Folder aus Boxen mit ungerader Ordnungszahl und der letzte Folder aus Boxen mit gerader Ordnungszahl ausgewertet; ab Box 13 erfolgte die Auswahl in umgekehrter Reihenfolge. Weitere Briefe an Calley, wenn auch in wesentlich geringerer Zahl, finden sich in: NA, RG 319, AS, Records Relating to the Court Martials of 1st L.T. W. Calley, Capt. V. Hartman, 1Lt R. Lee, and Capt. O. O'Connor, Box 15, Folder: Freedom Mail; ebenda, Box 24, Folder: Incoming Unsolicited Letters Concerning Trial Counsel; Folder: Incoming Unsolicited Letters Concerning the Trial of 1 LT Calley; Folder: 401-34 GCM Case File – Calley – Incoming Unsolicited Letters; RG 319, AS, PI-AC, Box 37, Folder: Son My Chron. File # 16 (3 of 3) sowie ebenda, Folder Son My Chron. File # 17 (2 of 2); ebenda, Box 38, Folder: Son My Chron. File # 18 (1 of 2); ebenda, Box 41, Folder: Son My Chron. File # 25 (2 of 2) sowie Folder: Son My Chron. File # 26 (1 of 3); ebenda, Box 42, Folder: Son My Chron. File # 27 (1 of 3) sowie ebenda, Folder: Son My Chron. File # 28 (2 of 2); ebenda, Box 43, Folder: Son My Chron. File # 29 (2 of 2); ebenda, Folder: Son My Chron. File # 30 (2 of 2) sowie ebenda, Folder: Son

handelte es sich um vorgefertigte Kettenbriefe oder Resolutionen mit bis zu 8000 Unterschriften, 24 Prozent entfielen auf wenige Zeilen umfassende Telegramme sowie andere Kurzmitteilungen. Eine knappe Hälfte der Schreiber hingegen verwandte viel Mühe und Zeit für argumentativ differenzierte Texte, die im Gros eine Seite und in 113 Fällen zwischen zwei und vier Seiten lang sind. Gemeinsam ist ihnen ein angespannter, zum Teil mit harschen Worten unterlegter Ton. »Es ist gegen das Gesetz, jene Worte schriftlich festzuhalten, die unseren Gefühlen wegen dieser Sache angemessen wären.«[62] Die Zuschriften kamen aus allen Landesteilen und spiegelten die geographische Verteilung der Bevölkerung. Wir können weder regionale Häufungen noch ein vom Durchschnitt abweichendes Stadt-Land-Gefälle feststellen. Alterskohorten und Zugehörigkeit zu Berufsgruppen sind wegen unzureichender Angaben nicht erkennbar. Wenn man freilich jene fünf Prozent der Briefe zugrunde legt, die auf Geschäftspost geschrieben wurden, ergibt sich von Pfarrern über Textilunternehmer bis zu Gastronomen ein denkbar breites Spektrum. Das Schriftbild – 262 Eingaben liegen in Handschrift vor – lässt auf nicht minder ausgeprägte Altersunterschiede schließen. Gemessen an Syntax, Grammatik und Rechtschreibung verfügten fast alle Schreiber über ein mindestens durchschnittliches Bildungsniveau. Drei und mehr einschlägige Fehler tauchen nur in einem guten Dutzend der Briefe auf. Sieht man von den Unterschriftenlisten sowie den unleserlich gezeichneten individuellen Anschreiben ab, wurden 47 Prozent der Eingaben von Frauen und 53 Prozent von Männern verfasst – wobei viele Frauen dazu neigten, sich noch drastischer, wenn nicht vulgärer als Männer auszudrücken.[63] 115 Personen, zum größten Teil Männer, gaben sich als Kriegsteilnehmer oder ehemalige Militärangehörige aus. Die Dunkelziffer dürfte in diesem Fall gering sein, weil militärische Erfahrung als Ausweis besonderer Urteilsfähigkeit zitiert wurde. Wir können folglich davon ausgehen, dass weit über 80 Prozent der Schreiber nie Uniform getragen hatten.[64]

My Chron. File # 31 (1 of 2); RG 319, AS, ODCS-PER, VWCWG, MLM, Box 7, Folder: Public Correspondence – My Lai, Part 1 und Part 2 sowie ebenda, Folder: Congressional Correspondence – My Lai: Constituent Letters.

62 »Loyal American Citizens«, Brief an Richard Nixon, 30. 3. 1971, in: CC, Box 16, erster Folder.

63 Diese Beobachtung trifft auch auf andere Briefbestände zu. Siehe NA, RG 319, AS, PI-AC, Box 37, Folder: Son My Chron. File # 16 (3 of 3).

64 Siehe Elizabeth Cummings, Brief an US Army Headquarters, 30. 3. 1971, in: CC, Box 16, erster Folder; Richard Brown, undatierter Brief, in: CC, Box 1, erster Folder; Mitarbeiter der Business Supplies Corporation, Ma-

»Bei uns ist es vorgekommen«, heißt es in einem Brief, »dass einige Leute aus der American Legion und den V.F.W. [Veterans of Foreign Wars, B.G.] ausgetreten sind, weil diese sich in der Sache nicht genug engagiert haben.«[65] In der Tat lassen nur 31 Prozent der Eingaben – Kettenbriefe und Resolutionen – auf eine Federführung politischer oder militärischer Interessenorganisationen schließen. Weit über zwei Drittel wurden demnach von Bürgern verfasst, die einem spontanen Impuls folgend auf eigene Faust handelten. Sie bedienten sich einer Sprache jenseits der Parteien- und Verbandsrhetorik. Keine Floskeln, keine Formeln, keine ritualisierten Metaphern, stattdessen unverbrauchte Bilder und Argumente, unterlegt mit einer Reihe umgangssprachlicher Flüche und Verwünschungen. Viele hielten die Politik für ein fremdes, wenn nicht vermintes Terrain, das sie allenfalls im Notfall betreten wollten. Als solcher wurde der Calley-Prozess offenbar verstanden. »Die schweigende Mehrheit erhebt das Wort, und wir fordern die Aufmerksamkeit der Regierenden.«[66]

Als hätte das Calley-Urteil ein Ventil geöffnet, machten viele ihrem Unmut über die 1960er Jahre Luft – eine Zeit, die in ihren Augen für Chaos, Anarchie und Erniedrigung stand. »Das Land, in dem wir derzeit leben, wird allmählich zugrunde gerichtet.«[67] Die Briefe in Sachen Calley künden von der Unfähigkeit oder dem Unwillen, sich den Herausforderungen einer im Umbruch befindlichen Welt zu stellen. Man kann sie auch als Belege einer »kollektiven Ermüdung« deuten. Präsidentenmorde, brennende Gettos, eskalierende Kriminalität, Rauschgifthandel, Jugendrevolte, ein Krieg, der nie offiziell erklärt worden war, dessen Ziele niemand so recht verstand, der allen Versprechen zum Trotz nicht enden wollte und täglich mehr Opfer forderte – und zum schlechten Ende ein Urteil, das den eigenen Alltagserfahrungen scheinbar hohnsprach. »Sehen Sie, Calley hätte das hier in den Vereinigten Staaten machen sollen. Hierzulande kann man Polizisten umbringen oder eine Schauspielerin [Sharon Tate, B.G.] samt ihrer drei Freunde – wen kümmert das schon. Wahrscheinlich kommst du ja ohnehin davon.«[68]

---

rietta, Georgia, Brief an Melvin R. Laird, 30. 3. 1971, in: CC, Box 4, letzter Folder.

65 Fred Johnson, Brief »To whom it may concern«, undatiert, in: CC, Box 7, erster Folder.

66 A. E. Tilton, Brief an die Joint Chiefs of Staff, 31. 3. 1971, in: CC, Box 1, erster Folder.

67 Mary A. Carr, Brief »Dear Sirs«, 31. 3. 1971, in: CC, Box 1, erster Folder.

68 Mrs. C. Leo Detunler, Brief »Sirs«, 6. 4. 1971, in: CC, Box 16, erster Folder.

Dass die Militärrichter auf ihre Weise dieser Entwicklung entgegentreten wollten, wurde als Einwand nicht akzeptiert. Vielmehr erschien eine über sich selbst zu Gericht sitzende Armee als ultimatives Symbol der Ohnmacht. Ein Symbol, das zur Flucht in Panikmetaphern Anlass gab. Mal ist von Selbstfesselung die Rede, mal von Faszination am eigenen Untergang und immer wieder von Selbstentmannung. In einem Fall mutierte der Adressat »Pentagon« zu einem »patsygon« oder zur Mutter aller Kastraten. »Meine Herren, Sie alle haben uns gerade den größten Schlappschwanz in der Geschichte der Vereinigten Staaten beschert.«[69] Eine von Bildern und Ritualen der Männlichkeit dominierte politische Kultur war an mehreren empfindlichen Stellen getroffen.[70]

Hinter der Wut auf die 1960er Jahre steckte zugleich die Angst vor einer Wiederholung der eigenen Geschichte. Die Rassenunruhen zu Hause und der Krieg in Übersee hatten die amerikanische Gesellschaft so tief gespalten wie ehedem nur der Bürgerkrieg – und mit der Erinnerung an den Bürgerkrieg zugleich das Gespenst einer an sich selbst scheiternden Gesellschaft aus der Versenkung geholt. Hier wie dort klang die Forderung nach »unity« beschwörend. Aus dem in die Jahre gekommenen Ritual einer – für Störungen ihres Gemeinschaftsgefühls besonders anfälligen – Einwanderungsgesellschaft wurde wieder ein politischer Kampfbegriff: alles oder nichts, »One Nation under God« oder Abschied vom amerikanischen Traum. Wer nach Belegen sucht, kann die Calley-Briefe wie einen Steinbruch nutzen. Unablässig arbeiteten ihre Autoren an der symbolischen Wiederherstellung der Einheit der Nation. Sei es durch die Konstruktion einer Kollektivschuld, der zufolge die Gesellschaft als Ganzes den Krieg in Vietnam gutgeheißen hatte und daher gemeinschaftlich für die dort verübten Verbrechen geradestehen musste. Sei es durch den mit einer Stimme vorgetragenen Widerstand gegen Calleys Richter. »Als AMERIKANER fordern wir

69 Laurence Saleeby, Brief an die Joint Chiefs of Staff, 29. 3. 1971, in: CC, Box 1, erster Folder.

70 Siehe »Concerned in Columbus, Georgia«, Brief an Richard Nixon, 31. 3. 1971, in: CC, Box 1, erster Folder; Mrs. und Mr. H.G. Kuehn, Brief an die Joint Chiefs of Staff, 3. 4. 1971, in: CC, Box 1, erster Folder; Cogil Medical Electronics Corp., Brief an General William Westmoreland, 30. 3. 1971, in: CC, Box 9, erster Folder; Kathy R. Riley, Brief »Sir«, undatiert, in: CC, Box 16, erster Folder; Mrs. Jack Tinsley, Brief an Richard Nixon, 1. 4. 1971, in: CC, Box 21, letzter Folder; Mrs. Fred W. Schraegle, Brief an Richard Nixon, 30. 3. 1971, in: CC, Box 21, letzter Folder; James T. Mann, Brief an Richard Nixon, 1. 4. 1971, in: CC, Box 23, letzter Folder.

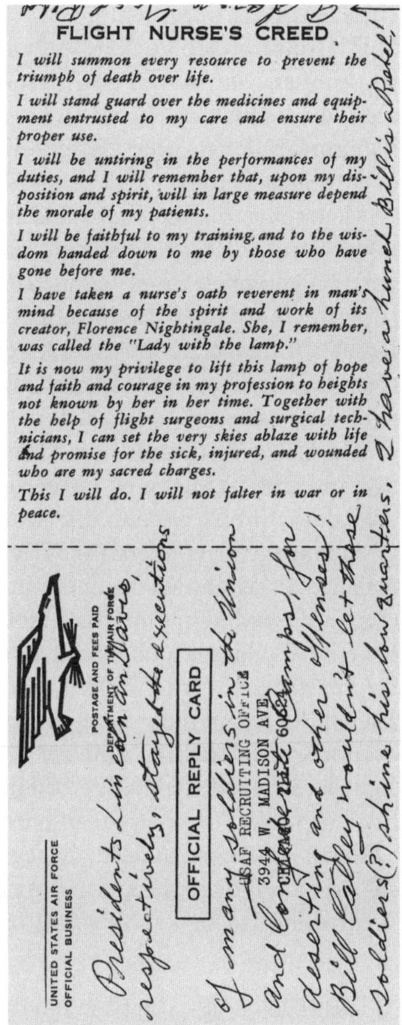

FLIGHT NURSE'S CREED

I will summon every resource to prevent the triumph of death over life.

I will stand guard over the medicines and equipment entrusted to my care and ensure their proper use.

I will be untiring in the performances of my duties, and I will remember that, upon my disposition and spirit, will in large measure depend the morale of my patients.

I will be faithful to my training, and to the wisdom handed down to me by those who have gone before me.

I have taken a nurse's oath reverent in man's mind because of the spirit and work of its creator, Florence Nightingale. She, I remember, was called the "Lady with the lamp."

It is now my privilege to lift this lamp of hope and faith and courage in my profession to heights not known by her in her time. Together with the help of flight surgeons and surgical technicians, I can set the very skies ablaze with life and promise for the sick, injured, and wounded who are my sacred charges.

This I will do. I will not falter in war or in peace.

POSTAGE AND FEES PAID
DEPARTMENT OF THE AIR FORCE

OFFICIAL REPLY CARD

USAF RECRUITING OFFICE
3944 W. MADISON AVE.

UNITED STATES AIR FORCE
OFFICIAL BUSINESS

Protestschreiben von Krankenschwestern der Luftwaffe gegen die Verurteilung von William L. Calley, undatiert (vermutlich März 1971): »Presidents Lincoln and Davis, respectively, stayed the executions of many soldiers in the Union and Confederate Camps for deserting and other offenses! Bill Calley wouldn't let these soldiers (?) shine his low quarters. I have a hunch Bill is a rebel! A damn Good Rebel!« – »Die Präsidenten Lincoln und Davis hoben die Todesurteile gegen viele Soldaten auf, die in der Armee der Union beziehungsweise in der Konföderiertenarmee wegen Fahnenflucht und anderer Vergehen verurteilt worden waren! Bill Calley würde diese Soldaten (?) noch nicht einmal seinen Fußboden putzen lassen. Mir scheint, Bill ist ein Rebell! Ein verdammt Guter Rebell!«
NA, RG 319, AS, CC, Box 7, Folder: First Folder

euch auf: Bitte unternehmt etwas dagegen.«[71] Eindrucksvoller hätte die Solidarität mit den noch in Vietnam kämpfenden Soldaten kaum ausfallen können. Sie sollten gewiss sein, in eine Gesellschaft zurückzukommen, die sie für den Dienst an der Gemeinschaft nicht bestrafte, sondern belohnte. Die passende Umschreibung dieser Selbsttherapie stammt aus den 1860er Jahren: »To Heal a Nation«.[72]

»Verstehen Sie uns nicht falsch«, schrieben vier Bürger an Armeeminister Stanley Resor, »wir sind uns darüber im Klaren, dass ein Massaker tatsächlich stattgefunden hat [...], und wir wissen auch, dass bestimmte Individuen unmittelbar für diese tragische Auslöschung von Leben verantwortlich waren.«[73] Dennoch insistierten sie auf der sofortigen Freilassung von William Calley – mit Argumenten, die uns jenseits aller tagespolitischen Irritationen zum Kern des Problems führen. Es ging um das Verhältnis von Militär und Zivilgesellschaft. Genauer gesagt um eine Vermessung bürgerlicher Freiheiten: Wie weit darf der Zugriff des Militärs reichen und wann muss zum Schutz des Citoyen eine Grenzlinie gezogen werden? Welchen materiellen, vor allem aber immateriellen Preis zahlen Individuum und Gesellschaft für den Unterhalt eines aufwendigen, dauerhaft etablierten Militärapparates? Können die für eine Zivilgesellschaft bindenden Normen und Gesetze auf das Militär übertragen werden? Der Streit über diese Fragen gehört zu den klassischen Konflikten der Demokratie in Amerika. Er wurde länger als andernorts ausgefochten und vor allem leidenschaftlicher. Wer ihn außer Acht lässt, wird die Calley-Briefe weder entschlüsseln noch das spezifisch Amerikanische in ihnen entdecken können.[74]

Idealtypisch reduziert, begegnet uns die an Grund- und Menschenrechten orientierte Schelte des Calley-Urteils in folgender Gestalt: Wehrpflichtige ziehen nicht aus freien Stücken in den Krieg. Sie werden

---

71 Keith und Peggy Schulz, Brief »Gentlemen«, 31. 3. 1971 (Hervorhebung im Orig.), in: CC, Box 1, erster Folder.

72 Siehe Benjamin R. Day, Brief an die Joint Chiefs of Staff, 31. 3. 1971, in: CC, Box 1, erster Folder; A. Lynch, Brief an Stanley Resor, 4. 4. 1971, in: CC, Box 7, erster Folder; William L. Hinkson, Brief an US Army Chief of Staff, undatiert, in: CC, Box 9, erster Folder; Jim Newsome, Brief an General William Westmoreland, 30. 3. 1971, in: CC, Box 9, erster Folder; »Concerned Citizens« of Los Angeles, California & Livonia, Michigan, Brief an Richard Nixon, 30. 3. 1971, in: CC, Box 16, erster Folder.

73 »A Group of not-so-proud citizens of America«, Brief an Stanley Resor, 31. 3. 1971, in: CC, Box 11, erster Folder.

74 Siehe Everette S. McDonald, Brief an Judge Advocate General, 1. 4. 1971, in: CC, Box 14, erster Folder.

entweder vom Militär gezwungen oder folgen aus patriotischer Überzeugung einem Appell der Regierung. In jedem Fall müssen sie sich einer Institution unterwerfen, die zwar zum Schutz der Freiheit ins Leben gerufen wurde, aber ihren Mitgliedern keine Freiheiten lässt. Für die Dauer seiner Dienstzeit wird der Soldat also buchstäblich ausgebürgert. Obendrein wird er zur Preisgabe seiner zivilisatorischen Errungenschaften genötigt. Erst wenn die Erinnerung an Moral und Ethik verdrängt ist, erfüllt er die in eine Kampfmaschine gesetzten Erwartungen: »Kill, kill, kill«. Im Krieg wird diese »Enteignung« des Individuums auf die Spitze getrieben. Kampf bedeutet Entbehrung, Stress, Schmerz, Konfrontation mit dem Tod – Erfahrungen, die in der Regel zu Kontrollverlust, wenn nicht zu psychischer Regression führen. »Unser Land hat aus ihm eine Maschine gemacht, die ohne zu fragen kämpft, leidet, tötet. Wird unser Land ihn jetzt bestrafen, weil diese Maschine nicht an einer Stelle innegehalten hat, an der sie unserer Meinung nach hätte innehalten sollen?«[75] Ein auf diese Weise deformiertes, der Autonomie, der Würde und des freien Willens beraubtes Individuum aber ist kein rechtsfähiges Subjekt mehr. Folglich ist auch den Bestimmungen des bürgerlichen Strafrechts der Boden entzogen: Sie gelten für Freie im Frieden, nicht für Genötigte im Krieg.

Wer sich dennoch auf das zivile Strafrecht berufen will, muss gegenüber Soldaten zumindest den Katalog strafmildernder Umstände in Rechnung stellen und von einer Anklage wegen »vorsätzlichen Mordes« prinzipiell absehen. Wird sie trotzdem erhoben und – wie im Fall Calley – zum Maß der Strafe gemacht, droht der Staat seinen Untertanen nicht nur mit vorübergehender Freiheitsberaubung, sondern mit lebenslänglichem Freiheitsentzug. Dann freilich ist die Grenze zum Despotismus überschritten, die Bürger dürfen und müssen ihrer Regierung die Gefolgschaft aufkündigen. »Loyalität funktioniert in zwei Richtungen – von unten nach oben wie umgekehrt.«[76] Der staatsbürgerliche Ungehorsam wurde derart häufig und in einem Ton vorgetragen, als wollten die Betreffenden künftig das Recht – oder was sie dafür

---

75 Der Bruder eines Angeklagten, zit. n. Jack Shepherd, Incident at Van Duong, in: *Look*, 17. 8. 1969, S. 22. Gemeint war ein Soldat der Co A, 1. Battalion, 27. Regiment, 1. Marine Division, der zusammen mit mehreren Kameraden Anfang Mai 1968 östlich von Huê, Provinz Thua Thien (I. Corps Tactical Zone) Gefangene ermordet hatte. Siehe oben, S. *194*.

76 Arthur G. Trudeau, Brief an Major General Benjamin F. Evans, Jr., Third US Army, 29. 9. 1970, in: NA, RG 319, AS, PI-AC, Box 37, Folder: Son My Chron. File # 16 (3 of 3).

hielten – in die eigenen Hände nehmen. Oder zumindest ihrer Regierung signalisieren, dass sie künftig – egal, ob in der Innen- oder Außenpolitik – nicht mehr mit der Loyalität der »schweigenden Mehrheit« rechnen konnte. »Ich weiß nicht, wie man das bei euch sieht, aber in unserer Gegend könnte jeder mit dem Versprechen, den Spruch gegen Calley aufzuheben, sich als Demokrat oder Republikaner um die Präsidentschaft bewerben und gewinnen.«[77] Eine derartige Dokumentation des Misstrauens ist zumindest für die Epoche des Kalten Krieges einzigartig.[78]

»Free Calley« ging jenen leicht über die Lippen, die im Urteil einen Missbrauch des richterlichen Amtes sahen. Ihrer Meinung nach war das Schlachtfeld überall und zu jeder Zeit ein anarchischer, rechtsfreier Raum. Ein »Recht des Krieges«, wie es in der Haager Landkriegsordnung oder der Genfer Konvention zum Schutz von Zivilisten niedergelegt war, erschien aus dieser Perspektive wie die Kopfgeburt weltfremder Bürokraten. »Und überhaupt, schaut euch Japan an, war das keine im Voraus geplante Sache? Und wie viele haben wir dort eigentlich

---

77 Mary Beth Willey, Brief an Richard Nixon, 5. 4. 1971, in: CC, Box 20, erster Folder. In der Tat überschrieb die Zeitschrift *National Review* in ihrer Ausgabe vom 20. April 1971 einen vierseitigen Artikel mit »Calley for President?«. Siehe Mitchell N. Daroff, Brief an Adjutant General, Department of the Army, 12. 4. 1971, in: CC, Box 16, erster Folder; Pat Krumenauer, Brief an die Joint Chiefs of Staff, 7. 4. 1971, in: CC, Box 1, erster Folder; Lyn Baker, Brief an Richard Nixon, 3. 4. 1971, in: CC, Box 18, erster Folder; Donna Penn, Brief an Richard Nixon, 2. 4. 1971, in: CC, Box 23, letzter Folder; Sammelbrief an William Westmoreland, 1. 4. 1971, in: CC, Box 11, erster Folder.

78 Siehe Christianne M. Hearn, Brief an Melvin Laird, 31. 3. 1971, in: CC, Box 2, letzter Folder; Eddie Huckabee, Brief an Melvin Laird, 31. 3. 1971, in: CC, Box 5, erster Folder; Ronald C. Peterson, Brief an Melvin Laird, 30. 3. 1971, in: CC, Box 5, erster Folder; Mr. und Mrs. James C. Davis, Brief »Dear Sir«, undatiert, in: CC, Box 6, letzter Folder; James und Sharon Strohl, Brief an Stanley Resor, 31. 3. 1971, in: CC, Box 6, letzter Folder; Glenda Grooms Davis, Brief »To Whom It May Concern«, 30. 3. 1971, in: CC, Box 9, erster Folder; Lyle O. Grenchef, Brief an Chief of Staff – Armed Forces, 12. 4. 1971, in: CC, Box 10, letzter Folder; Richard A. Wuenker, Brief an Commanding General – Department of the Army, 5. 4. 1971, in: CC, Box 11, erster Folder; E. A. Baker, Brief an Department of the Army, 30. 3. 1971, in: CC, Box 15, letzter Folder; Don R. Pearson, Brief an Senator Howard H. Baker, 1. 4. 1971, in: CC, Box 17, letzter Folder; Mrs. Lois S. Dunn, Brief an Representative Wilmer Mizell, 31. 3. 1971, in: CC, Box 17, letzter Folder; Edward J. Callahan, Brief an Richard Nixon, 4. 4. 1971, in: CC, Box 23, letzter Folder.

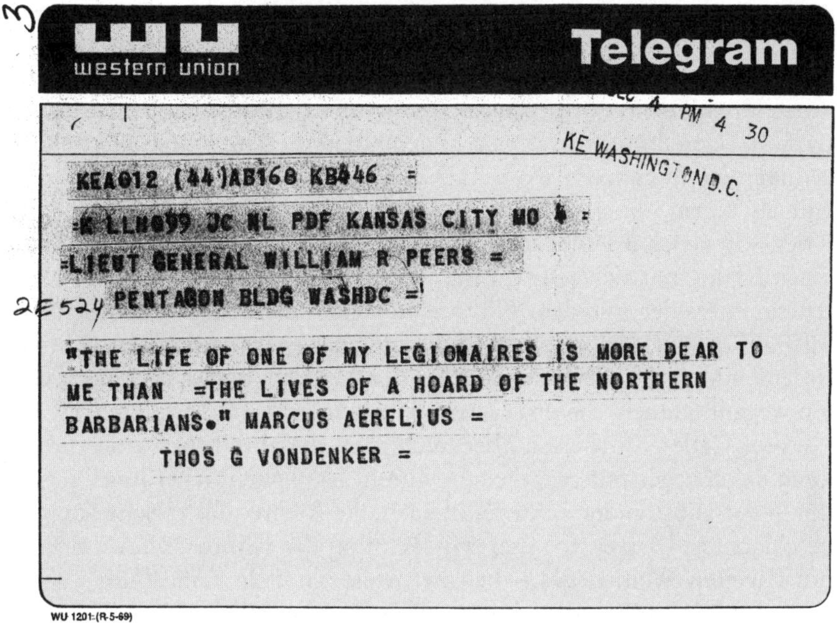
western union Telegram

PM 4 30

KE WASHINGTON D.C.

KEA012 (44)AB168 KB446 =

=K LLH099 JC NL PDF KANSAS CITY MO =

=LIEUT GENERAL WILLIAM R PEERS =

2E524 PENTAGON BLDG WASHDC ='

"THE LIFE OF ONE OF MY LEGIONAIRES IS MORE DEAR TO ME THAN =THE LIVES OF A HOARD OF THE NORTHERN BARBARIANS." MARCUS AERELIUS =

THOS G VONDENKER =

WU 1201 (R 5-69)

Protesttelegramm wegen der Verurteilung William L. Calleys an Lieutenant General William R. Peers: »Das Leben eines meiner Legionäre liegt mir mehr am Herzen als die Leben einer Horde von Barbaren aus dem Norden.« (Marc Aurel) NA, RG 319, AS, PI-CI, Box 9, Folder: Fan Mail File

getötet?«[79] Oder: »Eine der größten menschlichen Katastrophen war der Abwurf der Atombombe auf Japan am Ende des Zweiten Weltkrieges. Die Vereinigten Staaten mussten die Bombe gar nicht abwerfen, um die Japaner zu besiegen. Die standen ohnehin kurz vor der Kapitulation.«[80] Indianerkriege, Erster und Zweiter Weltkrieg, Korea und immer wieder der Hinweis auf Hiroshima und Nagasaki: Die Geschichte des modernen Krieges konnte wie der unumstößliche Beweis gelesen werden, dass es längst keinen Unterschied zwischen Kombattanten und Nichtkombattanten mehr gab. Und in Zukunft auch nicht mehr geben würde.

Vietnam wurde als vorläufiger Höhepunkt dieser Entwicklung gesehen – ein Krieg, in dem alte Männer, Frauen und Kinder die angeblich schlimmsten, weil im Hinterhalt mit Handgranaten und Sprengfallen

---

79 A. Lynch, Brief an Stanley Resor, 4. 4. 1971, in: CC, Box 7, erster Folder.

80 Jerry E. Stanford, Brief an Stanley Resor, 31. 3. 1971, S. 2, in: CC, Box 6, letzter Folder.

lauernden Feinde waren. Dass an dieser Stelle Fakten mit Fiktionen vermengt wurden, mag für den Historiker ein Einwand sein. Nicht aber für Calleys Unterstützer. Denn in der Vergangenheit war die Grenze zum Unvorstellbaren derart oft überschritten worden, dass sich selbst surrealistische Übertreibungen wie eine angemessene Beschreibung der Realität ausnahmen. In anderen Worten: Das 20. Jahrhundert samt seiner Kriege galt als Norm, die alle anderen Normen außer Kraft setzte. »Krieg ist Krieg«. In vielen Briefen inszenierten die Autoren zum Beleg dieser These einen Dialog mit sich selbst. Ethische oder moralische Einwände brachten sie entweder mit dem Hinweis auf eherne Gesetze der Geschichte oder auf regelmäßig verspielte Chancen in der Vergangenheit zu Fall. »Es ist jetzt einfach ein bisschen spät für den Versuch, von den Grausamkeiten wegzukommen, die uns seit der Jahrhundertwende begleiten.«[81]

»Free Calley« forderten aber auch jene, die am Prinzip einer Einhegung des Krieges mit rechtlichen Mitteln festhielten. Allerdings hatten, um in der Diktion der Texte zu bleiben, die Richter das falsche Schwein geschlachtet. Und zwar unter Missachtung der von den USA am Ende des Zweiten Weltkrieges – beispielsweise im Fall Yamashita – selbst gesetzten Maßstäbe. »Wenn wir schon diese rechtlichen Präzedenzfälle setzen, warum gehen wir jetzt dazu über, sie zu ignorieren?«[82] An Begründungen, das Prinzip des »respondeat superior« weiterhin zum juristischen Maß aller Dinge zu machen, fehlte es nicht: Im Unterschied zum einfachen Soldaten bewegen sich politische Strategen und hohe Offiziere abseits der Kampf- und Todeszonen; sie sind folglich weder dem physischen noch dem psychischen Druck einer Schlacht ausgesetzt und verfügen über einen wesentlich größeren Handlungsspielraum; in Vietnam ging die Initiative zur Radikalisierung des Krieges und zur Verschiebung der moralischen Maßstäbe von oben aus – mit Flächenbombardierungen, Entlaubung, Napalm und »Body Count«. »Was ich damit meine, ist, dass womöglich keine expliziten Befehle gegeben wurden, aber dass

---

81 Jerry E. Stanford, Brief an Stanley Resor, 31. 3. 1971, S. 2, in: CC, Box 6, letzter Folder. Siehe Carolyn S. Thomas, Brief an Melvin Laird, 31. 3. 1971, in: CC, Box 2, letzter Folder; Pearl Reed, Brief an Melvin Laird, 3. 4. 1971, in: CC, Box 2, letzter Folder; Pete Thompson, Brief an Melvin Laird, April 1971, in: CC, Box 4, letzter Folder; Bob Green, Brief an Stanley Resor, undatiert, in: CC, Box 9, erster Folder; Joseph A. Shelley, Brief an Richard Nixon, 1. 4. 1971, in: CC, Box 19, letzter Folder; Mary Beth Willey, Brief an Richard Nixon, 5. 4. 1971, in: CC, Box 20, erster Folder; Pearl Williams, Brief an Richard Nixon, 31. 3. 1971, in: CC, Box 21, letzter Folder; Donna Penn, Brief an Richard Nixon, 2. 4. 1971, in: CC, Box 23, letzter Folder.

82 G.M. Davis, Brief an Melvin Laird, 31. 3. 1971, in: CC, Box 6, letzter Folder.

Calley sehr wohl die Absichten seiner vorgesetzten Offiziere richtig interpretierte und entsprechend handelte.«[83] Musste schließlich der Umstand, dass die Armeeführung erst nach Bekanntwerden des Massakers über eine Einführung von »Ethikkursen« nachdachte, nicht als Entlastung Calleys und unfreiwillige Selbstverurteilung seiner Vorgesetzten gelesen werden? »Calley verkörpert jenen Teil unserer Vergangenheit, der in der Gegenwart nicht mehr hingenommen wird, aber zwischenzeitlich hat es die Gesellschaft versäumt, Leute wie ihn auf den neuesten Stand zu bringen. [...] Für ihn war My Lai mindestens ein Krieg zu spät.«[84] Also durfte das Pentagon neue Maßstäbe für das Verhalten seiner Soldaten nur unter der Bedingung einklagen, dass man vorab eine Neubewertung der Institution Militär akzeptierte.[85]

»Die ganze verdammte Armee gehört angeklagt und vor Gericht.«[86] Hinter dem tiefen Misstrauen gegen den »top brass« steckte das Echo einer zählebigen Tradition. Sie führt uns in die frühen Tage einer Republik, die mit dem Hinweis auf das militaristisch verderbte Europa die Einrichtung eines stehenden Heeres ablehnte. Und sie erinnert an die 1920er und 1930er Jahre, als es letztmals gelungen war, die im Verlauf eines Krieges aufgeblähten Streitkräfte wieder drastisch zu reduzieren. Dieses Erbe war selbst im Kalten Krieg nicht restlos aufgezehrt worden. Wir kommen also zu dem ebenso paradoxen wie zwingenden Befund, dass die Sache eines Kriegsverbrechers mit anti-militaristischen Argumenten vertreten werden konnte. Wahlweise auch mit anti-institutionellen Affekten gegen den als Mitankläger auftretenden Staat, jenes notwendige Übel, das seit jeher als größte Bedrohung des freiheitsliebenden

---

83 Edward J. Callahan, Brief an Richard Nixon, 4. 4. 1971, in: CC, Box 23, letzter Folder.

84 Martin C. Sandor, Brief an Richard Nixon samt Anlage aus Detroit Free Press, 1. 4. 1971, in: CC, Box 16, erster Folder.

85 Siehe Donald J. Tobkin, Brief an Stanley Resor, 4. 4. 1971, in: CC, Box 7, erster Folder; Gertrud J. Thompson, Brief an General William Westmoreland, 30. 3. 1971, in: CC, Box 10, letzter Folder; Dan Alpton, Brief an General William Westmoreland, 31. 3. 1971, in: CC, Box 11, erster Folder; Mrs. John Sisko, Brief an Richard Nixon, 31. 3. 1971, in: CC, Box 15, letzter Folder; Stanley McCaffrey, Brief, ohne Anrede, April 1971, in: CC, Box 15, letzter Folder; Shirley V. Sinclair, Brief, ohne Anrede, undatiert, in: CC, Box 17, letzter Folder; James B. Kostelnik, Brief an Richard Nixon, 2. 4. 1971, in: CC, Box 21, letzter Folder; J.E.Clare, Brief an Richard Nixon, 31. 3. 1971, in: CC, Box 21, letzter Folder; Charles L. Patterson, Jr., Brief an Richard Nixon, 31. 3. 1971, in: CC, Box 22, erster Folder.

86 »A Disgusted Veteran«, Brief an Stanley Resor, 31. 3. 1971, in: CC, Box 6, letzter Folder.

Individuums galt. »Sie erschießen auch Studenten [...] Oder etwa nicht??«, stand auf einem eingesandten Foto, das einen am Boden liegenden jungen Mann zeigt, getötet von Schützen der Nationalgarde während einer Vietnam-Demonstration auf dem Campus der Kent State University.[87] Vor dieser Stimmung mussten jene 10 Prozent der Briefeschreiber kapitulieren, die das Calley-Urteil begrüßten. Sie fanden umso weniger Gehör, je mehr der Kampf für Calley Züge einer Schlacht gegen das verräterische »big government« annahm. David gegen Goliath, Allmacht gegen Ohnmacht, Staat gegen den »common man«, Sonderinteressen gegen Gemeinwohl: Auch von diesem Stoff lebt die »politics of emotion« in den Vereinigten Staaten.

Und so gesehen drehte sich der wegen »My Lai (4)« entbrannte Streit am Ende gar nicht mehr um Kriegsverbrechen. Man kann ihn auch als symbolische Auseinandersetzung der Calley-Sympathisanten um ihr politisches Selbstverständnis und ihre Rolle im gesellschaftlichen System lesen – mithin als Konflikt, der von einem gewaltsamen Ereignis ausgelöst wurde, aber mit der von der eigenen Gesellschaft generierten Gewalt nur indirekt, wenn überhaupt etwas zu tun hatte.[88] Herbert C. Kelman kam in seiner bereits erwähnten Untersuchung zu frappierend ähnlichen Befunden. Im Unterschied zu den von Harris oder Gallup beauftragten Interviewern interessierte er sich nicht in erster Linie für die Meinungen zum Calley-Urteil, sondern wollte dem staatsbürgerlichen Selbstbild der Befragten auf die Spur kommen. Die Antworten dokumentieren im Kern ein gestörtes Rechtsgefühl und kreisen stets um Varianten ein und desselben Vorwurfs: »Die My Lai-Ankläger haben einen Vertrag verletzt.« Gemeint war ein »politischer Vertrag« zwischen Regierenden und Regierten, in dem festgelegt ist, was ein Bürger von seiner Regierung erwarten darf und welche Ansprüche eine Regierung an den Bürger richten kann.

Von Kelman und seinen Kollegen nach »My Lai (4)« befragt, definierten sich Angehörige der Unterschicht als politisch einflusslose, der Initiative anderer ausgelieferte Gruppe – und dennoch als im Prinzip opferbereite Bürger. Sie waren bereit, die Kosten der ihnen verordneten Politik zu tragen, und schätzten Loyalität als politische Primärtugend,

---

87 Earl F. Higgins, Brief ohne Anrede samt Foto, undatiert, in: CC, Box 15, letzter Folder.

88 Siehe Betty Pittman, Brief »Dear Sir«, 31. 3. 1971, in: CC, Box 6, letzter Folder; Donald J. Tobkin, Brief an Stanley Resor, 4. 4. 1971, in: CC, Box 7, erster Folder; Madeleine V. Woodland et al., Resolution an Richard Nixon, 31. 3. 1971, in: CC, Box 18, erster Folder; Mr. und Mrs. Gerald F. Mahsem, Sr., Brief an Richard Nixon, 31. 3. 1971, S. 1, in: CC, Box 20, erster Folder.

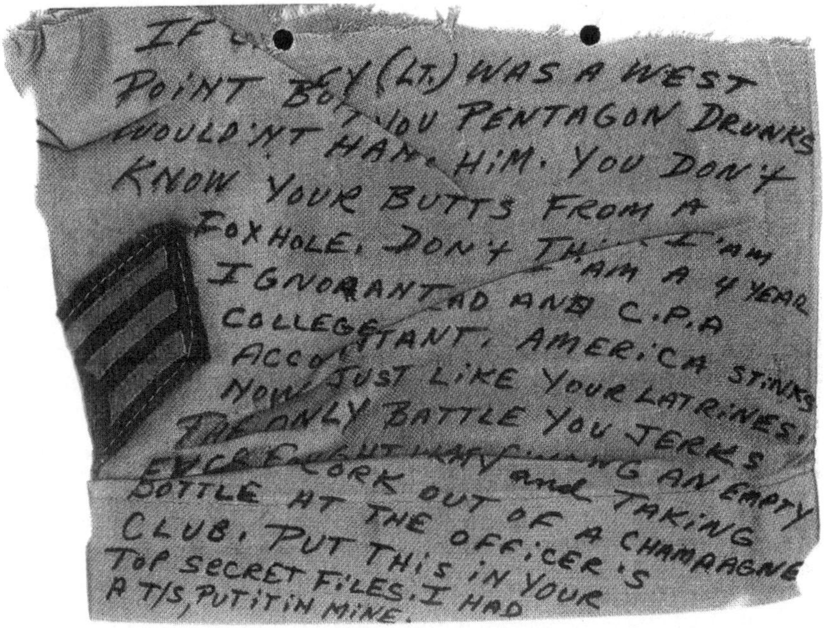

Protest eines von 1958 bis 1962 in West-Berlin stationierten Sergeant der US Air Force, der seine an das Armeeministerium adressierte Kritik des Calley-Urteils auf einem Fetzen seiner alten Uniform zum Ausdruck brachte, 31. 3. 1971: »You don't know your butts from a foxhole. […] America stinks now just like your latrines.« – »Ihr könnt euren Hintern nicht von einem Foxhole [Erdloch für Infanteristen] unterscheiden. […] Amerika stinkt heute genauso wie eure Latrinen.«
NA, RG 319, AS, CC, Box 11, Folder: First Folder

freilich nur unter der Bedingung, dass die Mächtigen ihren eigenen Verpflichtungen nachkamen. Auf den Kriegsdienst bezogen folgt daraus, dass der Staat seine Bürger zum Dienst an der Waffe zwingen kann, aber für die Konsequenzen dieses erzwungenen Handelns geradestehen muss. Den Einzelnen für die Folgen einer verfehlten Politik in die Pflicht nehmen zu wollen, würde den moralisch bindenden Vertrag aufkündigen und zivilen Ungehorsam legitimieren. Die Rede vom »Sündenbock« Calley handelte also vom Trotz der Gegängelten, die vom amerikanischen Traum nur die Krümel abbekommen hatten, aber im Grunde nicht aufhören wollten, diesen Traum weiterhin zu träumen.[89]

89 Kelman/Hamilton, Crimes of Obedience, S. 168f., 173f., 181, 212, 233, 236f., 241f. Siehe auch Kelman/Lawrence, Assignment of Responsibilty sowie Lawrence/Kelman, Reactions to the Calley Trial.

In diesem Sinne hatte Paul Meadlos Mutter ihren wegen der »My Lai (4)«-Morde beschuldigten Sohn verteidigt: »Ich habe ihnen einen guten Jungen gegeben, [...] und sie haben einen Mörder aus ihm gemacht.«[90] Und in diesem Sinne stellte ein Unteroffizier seinen Ausbilder in Fort Benning zur Rede: »Sir, in allen Beispielen, die Sie uns gegeben haben, scheint die Nation weniger Verantwortung zu haben als die individuellen Soldaten. [...] Sir, Sie sagen uns, dass Sie das Recht haben, uns zu hängen, aber dass wir kein Recht haben, das Verhalten der Nation in Frage zu stellen.«[91]

Repräsentanten des Mittelstandes – gut ausgebildet und sozial wie wirtschaftlich besser positioniert – sprachen ebenfalls von Verrat, wenn auch mit anderen Argumenten. Ihr Stichwort gebender Ausgangspunkt war nicht Exklusion oder politische Entfremdung, sondern ein bis zur Identifikation mit der Nation reichendes Engagement. Ob Angestellte, Freiberufler oder Kleinunternehmer, ausweislich der von Kelman vorgelegten Fragebögen neigten sie mehrheitlich dazu, staatsbürgerlichen Gehorsam als höchsten und deshalb unhintergehbaren moralischen Wert einzustufen. »My Lai (4)« stellte sie vor ein Dilemma: Calley hatte sich in ihrer Sicht einer Verletzung nationaler Werte – vorab des Prinzips individueller Verantwortung – schuldig gemacht und stand in dieser Hinsicht zu Recht vor Gericht. Andererseits durfte dieses Beispiel nicht Schule machen – es sei denn, man riskierte das Ansehen staatstragender Institutionen und mithin das Prestige der Nation. Letzteres wäre unweigerlich der Fall gewesen, hätte man die Anklage auf die Symbolfiguren nationaler Integrität ausgeweitet, auf die im Verdacht der Tatbeteiligung oder Vertuschung stehenden Offiziere. Die Angst vor unwägbaren Weiterungen aber war das hintergründige Motiv, im Zweifel in den Chor jener einzustimmen, die kompromisslos jeden Prozess ablehnten – allen Vorbehalten gegen Calley zum Trotz.[92] Diese mittelständische Befindlichkeit hatte ein Kommentator des *Philadelphia Inquirer* im Blick, als er schrieb: »Es sind Leute, für die [...] jeder Hinweis auf die dunklen Seiten amerikanischer Institutionen einen Angriff auf ihre eigenen Loyalitäten und ihren persönlichen Lebenssinn bedeutet.«[93]

---

90 Myrtle Meadlo, zit. n. Bilton/Sim, Four Hours, S. 263.

91 Lieutenant Stengo während einer Unterrichtung über das internationale Kriegsrecht in Fort Benning, zit. n. William Greider, Teaching of War Law Revitalized by Army, in: *The Washington Post*, 14. 2. 1971.

92 Kelman/Hamilton, Crimes of Obedience, S. 262–277, 292–297, 318–324, 348f. sowie Kelman/Lawrence, Assignment of Responsibility, S. 188, 199.

93 Our Country, Right or Wrong, in: *Philadelphia Inquirer*, 19. 5. 1972.

»Die schweigende Mehrheit erhebt das Wort, und wir fordern die Aufmerksamkeit der Regierenden«, hatte ein Bürger die Vereinten Stabschefs wissen lassen.[94] Damit war nicht nur eine Wortmeldung in Sachen Calley gemeint. Vielmehr gab die »schweigende Mehrheit« über den Tag Hinausweisendes zu verstehen. Es ging um die Frage, welchen Preis man für Amerikas Kriege zu zahlen bereit war und wo die Grenzen des Tolerablen lagen. In anderen Worten: Jene 70 Prozent der Bevölkerung, die in den folgenden Jahren den Krieg in Vietnam als falsch und moralisch verwerflich bezeichneten, hatten keine pazifistische Wende vollzogen.[95] Unannehmbar war allein der entgangene Sieg. Und unverzeihlich blieb der Umstand, dass die Führung des Landes es vermeintlich an der politischen Entschlossenheit hatte fehlen lassen, der kämpfenden Truppe die notwendige Unterstützung angedeihen zu lassen. »Get out or win«: Darin liegt der Kern des sogenannten »Vietnamsyndroms«. Es handelte nicht von geläuterter Zurückhaltung, sondern von der Weigerung, eine Niederlage zu akzeptieren, nicht von Selbstbeschränkung, sondern von der Aversion gegen militärische, politische und juristische »Selbstfesselungen«.[96] So gesehen, war das »Vietnamsyndrom« eine Fortschreibung der traditionellen »Victory Culture«. Wer von ihrer Warte aus argumentierte, konnte den Krieg in Vietnam als amoralisch verwerfen, ohne Anstoß an der Amoralität von Kriegsgräueln und dem Leiden der anderen zu nehmen. Diese normative Selbstbezogenheit und das Pochen auf der über alles und jedes erhabenen Sonderstellung der Vereinigten Staaten hatte Telford Taylor im Blick, als er am Ende seines Buches »Nürnberg und Vietnam« schrieb: »Wir haben es irgendwie nicht geschafft, die Lektionen zu lernen, die wir in Nürnberg lehren wollten, und genau dieses Versagen ist die Tragödie des heutigen Amerika.«[97]

---

94 A. E. Tilton, Brief an die Joint Chiefs of Staff, 31. 3. 1971, in: CC, Box 1, erster Folder.

95 Zu den einschlägigen Meinungsumfragen siehe Oliver, History and Memory, S. 154, 162f., 273.

96 Zahlreiche Meinungsumfagen aus den späten 1960er und frühen 1970er Jahren belegen diese These: Die Mehrheit kritisierte nicht den Krieg als solchen, sondern die vermeintlich unentschlossene Art, in der er geführt wurde. Dass Lyndon B. Johnson im Frühjahr 1968 gegen den »Friedenskandidaten« Eugene McCarthy Vorwahlen verlor, ist kein Widerspruch: Die Mehrheit der McCarthy-Wähler gab kein Votum für den Frieden ab. Vielmehr ging es ihnen um ein »Anti-Johnson«-Votum und um einen härteren Kurs in Vietnam: Braestrup, Big Story, S. 500, 506; Spector, After Tet, S. 315 sowie Belknap, War on Trial, S. 133.

97 Taylor, Nürnberg und Vietnam, S. 241.

Dank

Angesichts mehrerer Tausend Archivboxen nicht die Zuversicht in das Machbare zu verlieren, war eine reizvolle und in jeder Hinsicht aufregende Herausforderung. Ob ihr der Autor gerecht geworden ist, bleibt dem Urteil des Publikums überlassen.

Davon unberührt ist der Dank an alle, die auf unterschiedliche Weise die Arbeit am Manuskript begleitet und zur Publikation beigetragen haben – ein Satz, der sich in dieser oder ähnlicher Form in den meisten Vorworten zu zeit- und arbeitsaufwendigen Büchern findet und deshalb allzu leicht vergessen macht, worauf er eigentlich abzielt. Gemeint ist nichts weniger als der Hinweis darauf, dass die einem Individuum zugeschriebene Arbeit weit mehr als das Ergebnis individuellen Arbeitens darstellt.

Bei meiner Tochter Lena bedanke ich mich als Erste und für über die Maßen vieles. Richard Boylan von der militärhistorischen Abteilung der National Archives, College Park (Maryland) hat bei der Suche nach einschlägigen Dokumenten unverzichtbare Hilfe geleistet. Gar Alperovitz habe ich für jahrelangen Zuspruch, Rat und freundschaftliche Unterstützung zu danken, Peter Weiss für die Nutzung seines Privatarchivs, Seymour M. Hersh und Daniel Ellsberg für anregende Gespräche und das Drängen, über aller wissenschaftlichen Akribie nicht das Interesse an einer zügigen Veröffentlichung zu verlieren. Stig Förster stand mir als Freund und Kollege nicht allein bei diesem Projekt zur Seite – ein weiterer Grund für die Vorfreude auf Kommendes. Bei Gaby Zipfel und Martin Bauer möchte ich mich nicht nur für gute Zusammenarbeit bedanken, sondern auch für ihre stete Bereitschaft, Vorüberlegungen und erste Ergebnisse dieser Arbeit im *Mittelweg 36* zu publizieren. Gleiches gilt für Thomas Neumann, dem ich mich über seinen frühen Tod hinaus verbunden fühle. Jörg Nagler, Michael Hochgeschwender, Wilfried Mausbach, Frank Schumacher, Fabian Hilfrich, Ann-Kathrin Colomb und Annette Jander haben mich in mehreren Workshops zur Geschichte Vietnams beim Nachdenken über das Thema weitergebracht. Ihnen sei dafür ebenso gedankt wie den Kolleginnen und Kollegen des Arbeitsbereichs »Theorie und Geschichte der Gewalt« am Hamburger Institut für Sozialforschung: Cornelia Berens, Birthe Kundrus, Regina Mühlhäuser, Klaus Naumann, Christian Th. Müller, Reinhard Müller, Jan Philipp Reemtsma, Dierk Walter und Michael Wildt; Ingwer Schwensen, Christoph Fuchs und Paula Bradish haben mir bei kniffligen Recherchen weitergeholfen; Birgit Otte, Jürgen Determann und Hannes Sieg sowie Wilfried Gandras haben vom Lektorat über die Illustration bis hin zur Werbung dafür gesorgt, dass das Manuskript jetzt endlich als Buch auf dem Markt ist.

Ihrer aller Beitrag wird nicht geschmälert, wenn ich sage, dass die angemessenen Worte für einen besonderen Dank hier nicht ihren richtigen Ort haben. Deshalb die Anleihe bei der Musik von »New Beginning«: »Another day over, and all I ask is to share the next with you« – für Dich, Betsy.

Berlin, den 13. Juni 2007.

Abkürzungsverzeichnis

AAI	After Action Interviews
ACoS	Assistant Chief of Staff
AMH-CF	Alexander M. Haig Chronological File
AMH-SF	Alexander M. Haig Special File
AOC	Army Operations Center
AO-CGR	Administrative Office Security Classified General Records
AS	Army Staff
BM-68	Background and Draft Materials for »US Marines in Vietnam The Defining Year 1968«
CaFi	War Crimes Allegations Case Files
CC	Calley Correspondence Unanswered Letters, 1971
CF	War Crimes Allegations Central File
CGR	Security Classified General Records
CH	Command Historian, United States Army Vietnam
CINUSARPAC	Commander in Chief, United States Army, Pacific
COHRO	Columbia University Oral History Research Office
COMUSMACV	Commander in Chief, United States Military Assistance Command Vietnam
CORDS	Civil Operations and Revolutionary Development Support
CSO-CGR	Assistant Chief of Staff for Operations (G 3) Plans Division Security Classified General Records
DCSO	Deputy Chief of Staff for Operations
DRAC	Delta Regional Assistance Command
FFV	Field Force Vietnam
FRUS	US Department of State, Foreign Relations of the United States, Diplomatic Papers, Annual Volumes
G-3	Assistant Chief of Staff for Operations
HAK	Henry A. Kissinger Papers
HBF	Historian's Background Files
HD22-CR	Headquarters Detachment, 22. United States Army, Prisoner of War/Civilian Internee Information Center Confidential Records
HD22-SR	Headquarters Detachment, 22. United States Army, Prisoner of War/Civilian Internee Information Center Secret Records
HD22-UR	Headquarters Detachment, 22. United States Army, Prisoner of War/Civilian Internee Information Center Unclassified Records
HMC-HMD	Headquarters United States Marine Corps, History and Museum Division
HMC-HDPT	Headquarters United States Marine Corps, Historian's Department
IA	Interservice Agencies
ICD	Investigation and Complaint Division

ID	Investigations Division
IG	Inspector General
MACV	Military Assistance Command Vietnam
MHD	Military History Detachment
MLM	Records Pertaining to the My Lai Massacre, 1969–1974
NA	National Archives, College Park (Maryland)
NPMP	Nixon Presidential Materials Project
NSC	National Security Council
NVA	North Vietnamese Army
OCMH	Office of the Chief of Military History
ODCS-PER	Office of the Deputy Chief of Staff for Personnel
OSA	Office of the Secretary of the Army
OSE-BF	Operation Speedy Express Background Files
PI-AC	Peers-Inquiry Records Created after the Completion of the Peers-Inquiry, 1969–1975
PI-CI	Peers-Inquiry Administrative and Background Materials Files – Closed Inventory, 1967–1970
PI-FR	Peers-Inquiry Final Report, Edited Version, 1970–1975 (Report of the Department of the Army Review of the Preliminary Investigations into the My Lai Incident)
PI-OI	Peers-Inquiry Administrative and Background Materials Files – Open Inventory, 1967–1970
PM	Provost Marshall Section
PSOT	Plans and Security Operations and Training Division
RG	Record Group
RI	Reports of Investigations
RICF	Reports of Investigation Case Files
S 3	Assistant Chief of Staff for Operations
SGR	Administrative Office Security Classified General Records
SJA	Staff Judge Advocate
SJA-GR	Staff Judge Advocate General Records
SOP	Standing Operating Procedure
TF	Trial by Fire 1968–1969 NA, 127-94-0012
TRAC	Third Regional Assistance Command
USA-AG	United States Army, Advisory Group
USA-CH	United States Army, Commands Headquarters
USAV	United States Army Vietnam
USCR	United States Congress, Congressional Record Veterans' Testimony on Vietnam
USFSEA	United States Forces in Southeast Asia
USMC	United States Marine Corps
VWCWG	Vietnam War Crimes Working Group

Quellen

National Archives, College Park (Maryland)
Record Group 127:
Records of the United States Marine Corps, Headquarters United States Marine Corps, Historian's Department:
- Trial by Fire 1968–1969, NA, 127-94-0012

Record Group 127:
Records of the United States Marine Corps, Headquarters United States Marine Corps, History and Museum Division:
- Background and Draft Materials for US Marines in Vietnam: »The Defining Year 1968«

Record Group 153:
Records of the Judge Advocate General (Army), United States Army Judiciary:
- Office of the Clerk of Court: Records of the Calley General Court Martial, 1969–1974

Record Group 273:
Records of the National Security Council:
- National Security Action Memoranda (NSAM)

Record Group 319:
Records of the Army Staff, Office of the Deputy Chief of Staff for Personnel, Vietnam War Crimes Working Group:
- War Crimes Allegations Case Files
- Central File
- Records Pertaining to the My Lai Massacre, 1969–1974

Record Group 319:
Records of the Army Staff, Records of the Peers Inquiry, Final Report, Edited Version, 1970–1975 (Report of the Department of the Army Review of the Preliminary Investigations into the My Lai Incident):
- Vol. I: Analyses, Findings, Conclusions and Recommendations
- Vol. II: Testimony Developed by the Peers Inquiry
- Vol. III: Exhibits
- Vol. IV: Testimony Developed by the Criminal Investigation Division

Record Group 319:
Records of the Army Staff, Records of the Peers-Inquiry:
- Records Created after the Completion of the Peers-Inquiry, 1969–1975
- Administrative and Background Materials Files – Closed Inventory, 1967–1970
- Administrative and Background Materials Files – Open Inventory, 1967–1970

Record Group 319:
Records of the Army Staff, Calley Correspondence:
- Unanswered Letters, 1971

Record Group 319:
Records of the Army Staff, Office of the Chief of Military History:

– Records Relating to the Courts Martial of 1st Lt. W. Calley, Capt. V. Hartman, 1st Lt. R. Lee, and Capt. O. O'Connor
Record Group 319:
Records of the Army Staff, Assistant Chief of Staff for Operations (G 3) Plans Division:
– Security Classified General Records
Record Group 334:
Records of Interservice Agencies, MACV, DRAC:
– Staff Judge Advocate: General Records
Record Group 338:
Records of United States Army Commands Headquarters, Headquarters Detachment:
– 22. United States Army, Prisoner of War/Civilian Internee Information Center: Confidential Records
– 22. United States Army, Prisoner of War/Civilian Internee Information Center: Secret Records
– 22. United States Army, Prisoner of War/Civilian Internee Information Center: Unclassified Records
Record Group 472:
Records of the United States Forces in Southeast Asia, Headquarters United States Army Vietnam:
– Command Historian: Operation Speedy Express Background Files
Record Group 472:
Records of the United States Forces in Southeast Asia, Military Assistance Command Vietnam:
– Inspector General, Investigations Division: Reports of Investigations
– Inspector General, Investigations Division: Miscellaneous Reports of Investigations
Record Group 472:
Records of the United States Forces in Southeast Asia, Headquarters United States Army Vietnam:
– Inspector General Section, Investigation and Complaint Division: Reports of Investigation Case Files
– Provost Marshal Section, Administrative Office: Security Classified General Records
Record Group 472:
Records of the United States Forces in Southeast Asia, Military Assistance Command Vietnam, Delta Regional Assistance Command:
– Inspector General: Preliminary Inquiry Re: Colonel Franklin
– Assistant Chief of Staff for Intelligence (G 2) Advisor: Security Classified General Records
– Staff Judge Advocate: General Records
Record Group 472:
Records of the United States Forces in Southeast Asia, Military Assistance Command Vietnam, Third Regional Assistance Command:

– Staff Judge Advocate: Reports of Investigations

Record Group 472:

Records of the United States Army Vietnam, Headquarters United States Army Vietnam:

– Deputy Chief of Staff for Operations, Plans and Security Operations and Training Division, Army Operations Center: Accident Case Files

Record Group 472:

Records of the United States Army Vietnam, II. Field Force Vietnam:

– Assistant Chief of Staff for Operations (G 3), Plans Division: Security Classified General Records

– Assistant Chief of Staff for Operations (G 3): Situation Reports

– Assistant Chief of Staff for Operations (G 3): Daily Journal

– Assistant Chief of Staff for Operations (G 3): Operational Reports –Lessons Learned

– Assistant Chief of Staff for Operations (G 3): VC/NVA Base Area Neutralization Reports

– Assistant Chief of Staff for Operations (S 3): Reports of Artillery Accidents and Incidents

– Staff Judge Advocate: Reports of Investigations

Record Group 472:

Records of the United States Army Vietnam, 9th Infantry Division:

– Organizational History

– Assistant Chief of Staff G-5: Command Reports

Record Group 472:

Records of the United States Army Vietnam, 16th Military History Detachment:

– Operation Speedy Express Background Files

Records of the United States Army Vietnam, 19th Military History Detachment:

– Historian's Background Files

– After Action Interviews

Nixon Presidential Materials Project:

National Security Council Files:

– Name Files

– Alexander M. Haig Special File

– Alexander M. Haig Chronological File

– Presidential/HAK MemCons

– Staff Files: Lake Chron. Series

Nixon Presidential Materials Project:

White House Special Files:

– Charles W. Colson

Columbia University, New York City

Butler Library, Oral History Research Office:

– Interviews conducted for the Oral History Research Office by Professor Clark Smith

Texas Tech University:

Vietnam Archive, Declassified Documents Reference System

Literatur

Anderson, David L. (Hg.), Facing My Lai. Moving Beyond the Massacre, Lawrence/Ks. 1998.

Andrade, Dale, Ashes to Ashes: The Phoenix Program and the Vietnam War, Lexington, Mass. 1990.

Angers, Trent, The Forgotten Hero of My Lai: The Hugh Thompson Story, Lafayette/La. 1999.

Appy, Christian G., Patriots. The Vietnam War Remembered From All Sides, New York 2003.

Ders., Working-Class War: American Combat Soldiers & Vietnam, Chapel Hill 1993.

Arreguin-Toft, Ivan, How the Weak Win Wars: A Theory of Asymmetric Conflict, Cambridge/New York 2005.

Bacevich, Andrew J., The New American Militarism. How Americans are Seduced by War, Oxford 2005.

Bailey, Brian, Masacres. An Account of Crimes Against Humanity, London 1994.

Baker, Michael, Nam. The Vietnam War in the Words of the Men and Women Who Fought There, New York 2001.

Ball, George, The Past Has Another Pattern. Memoirs, New York 1982.

Baritz, Loren, Backfire. A History of How American Culture Led Us into Vietnam and Made Us Fight the Way We Did, Baltimore 1985 (1998).

Barrett, Frank J., Die Konstruktion hegemonialer Männlichkeit in Organisationen: Das Beispiel der US-Marine, in: Christine Eifler/Ruth Seifert (Hg.), Soziale Konstruktionen – Militär und Geschlechterverhältnis, Münster 1999.

Baskir, Lawrence M./William A. Strauss, Chance and Circumstance: The Draft, the War and the Vietnam Generation, New York 1978.

Bates, Milton J., The Wars We Took to Vietnam. Cultural Conflict and Storytelling, Berkeley 1996.

Beckett, Ian F. W., Modern Insurgencies and Counter-Insurgencies: Guerillas and their Opponents since 1750, London 2001.

Belknap, Michael R., The Vietnam War on Trial. The My Lai Massacre and the Court-Martial of Lieutenant Calley, Lawrence/Ks. 2002.

Bergerud, Eric M., Red Thunder, Tropic Lightning: The World of a Combat Division in Vietnam, New York 1994.

Berman, Larry, Lyndon Johnson's War: The Road to Stalemate in Vietnam, New York 1989.

Ders., No Peace, No Honor. Nixon, Kissinger, and Betrayal in Vietnam, New York 2001.

Ders., Planning a Tragedy: The Americanization of the War in Vietnam, New York 1982.

Best, Geoffrey, Humanity in Warfare: The Modern History of the International Law of Armed Conflicts, London 1980.
Bilton, Michael/Kevin Sim, Four Hours in My Lai, New York 1992.
Blaufarb, Douglas S., The Counter-Insurgency Era: U.S. Doctrine and Performance 1950 to the Present, New York 1977.
Boulanger, Ghislane/Charles Kadushin (Hg.), The Vietnam Veteran Redefined: Fact and Fiction, London 1986.
Bourke, Joanna, An Intimate History of Killing. Face-to-Face Killing in Twentieth-Century Warfare, London 1999.
Bourne, Peter G., Men, Stress, and Vietnam, Boston 1970.
Braestrup, Peter, Big Story. How the American Press and Television Reported and Interpreted the Crisis of Tet 1968 in Vietnam and Washington, Garden City 1978.
Browne, Malcolm W., Das neue Gesicht des Krieges, Frauenfeld 1966.
Brownmiller, Susan, Gegen unseren Willen. Vergewaltigung und Männerherrschaft, Frankfurt am Main 1978.
Buckley, Kevin P., Pacification's Deadly Price, in: *Newsweek*, 19. June 1972.
Burr, William/Jeffrey Kimball, Nixon's Nuclear Ploy, in: *The Bulletin of the Atomic Scientists*, January/February 2003.
Buzzanco, Robert, Masters of War. Military Dissent and Politics in the Vietnam Era, New York 1996.
Cable, Larry E., Conflict of Myths: The Development of American Counterinsurgency Doctrine and the Vietnam War, New York 1986.
Camp, Norman M./Robert H. Stortch, William C. Marshall (Hg.), Stress, Strain and Vietnam: Bibliography of Two Decades of Psychiatric and Social Science Literature, Westport, Conn. 1988
Caputo, Philip, A Rumor of War, New York 1977.
Carlton, Eric, Massacres. An Historical Perspective, Aldershot 1994.
Casella, Alexander, The Politics of Prisoners of War, in: *The New York Times Magazine*, 28. 5. 1972.
Chanoff, David/Doan Van Toai, »Vietnam«. A Portrait of its People at War, London/New York 1996.
Chatfield, Charles, The American Peace Movement. Ideals and Activism, New York 1992.
Chickering, Roger/Stig Förster/Bernd Greiner (Hg.), A World at Total War. Global Conflict and the Politics of Destruction, 1937–1945, Cambridge 2005.
Cincinnatus, Self-Destruction: The Disintegration and Decay of the United States Army During the Vietnam Era, New York 1981.
Citizens Commission of Inquiry (Hg.), The Dellums Committee Hearings on War Crimes in Vietnam. An Inquiry into Command Responsibility in Southeast Asia, New York 1972.
Clergy and Laymen Concerned About Vietnam, In the Name of America. The Conduct of the War in Vietnam by the Armed Forces of the United States as Shown by Published Reports, New York 1968.

Colby, William, Lost Victory: A Firsthand Account of America's Sixteen-Year Involvement in Vietnam, Chicago 1989.
Cook, John L., The Advisor, Philadelphia 1973.
Cooling, B. F. (Hg.), Close Air Support, Washington, D.C. 1990.
Cortright, David, Soldiers in Revolt. The American Military Today, New York 1975.
Cuordileone, K. A., Manhood and American Political Culture in the Cold War, New York/London 2005.
Daase, Christopher, Kleine Kriege – Große Wirkung. Wie unkonventionelle Kriegführung die internationale Politik verändert, Baden-Baden 1999.
Daum, Andreas/Lloyd C. Gardner/Wilfried Mausbach (Hg.), America, the Vietnam War, and the World, Cambridge 2003.
Davidson, Phillip, Vietnam at War, New York 1988.
Dean, Jr., Eric T., Shook Over Hell. Post-Traumatic Stress, Vietnam, and the Civil War, Cambridge, Mass., London 1997.
Dellums, Ronald V. (mit H. Lee Halterman), Lying Down with the Lions. A Public Life from the Streets of Oakland to the Halls of Power, Boston 2000.
Diem, Bui (with David Chanoff), In the Jaws of History, New York 1987.
Di Leo, David L., George Ball, Vietnam, and the Rethinking of Containment, Chapel Hill 1991.
Dower, John, War Without Mercy: Race and Power in the Pacific War, New York 1986.
Draper, Theodore, Abuse of Power, New York 1967.
Duiker, William J., The Communist Road to Power in Vietnam, Boulder, Co. 1981
Ders., Ho Chi Minh. A Life, New York 2000.
Duncan, Donald, The New Legions, New York 1967.
Dunn, Peter W., Armed Forces and Modern Counterinsurgency, New York 1985.
Dunnigan, James F./Albert A. Nofi, Dirty Little Secrets of the Vietnam War, New York 1999.
Eckhardt, William G., Command Criminal Responsibility: A Plea for a Workable Standard, in: *Military Law Review* 97 (1982) 1.
Edelmann, Bernard (Hg.), Dear America: Letters Home from Vietnam, New York 1986.
Ellsberg, Daniel, Secrets. A Memoir of Vietnam and the Pentagon Papers, New York 2002.
Engelhardt, Tom, The End of Victory Culture. Cold War America and the Disillusioning of a Generation, New York 1995.
Eszterhas, Joe, The Toughest Reporter in America. Interview with Seymour Hersh. Part I, in: *Rolling Stone*, 10. 4. 1975.
Falk, Richard A./Gabriel Kolko/Robert Jay Lifton (Hg.), Crimes of War. A Legal, Political-Documentary, and Psychological Inquiry into the Responsibility of Leaders, Citizens, and Soldiers for Criminal Acts in Wars, New York 1970.

Ders. (Hg.), The Vietnam War and International Law, 4 Bde., Princeton 1976.
Ders., Nuremberg and Vietnam. An American Tragedy, by Telford Taylor, in: *The New York Times Book Review*, 27. 12. 1970.
Fall, Bernard B., Street Without Joy, Harrisburg 1961.
Ders., This Isn't Munich, It's Spain, in: *Ramparts*, December 1965.
Ders., Hell in a Very Small Place. The Siege of Dien Bien Phu, Philadelphia/New York 1967.
FitzGerald, Frances, Fire in the Lake. The Vietnamese and the Americans in Vietnam, Boston/Toronto 1972.
Flynn, George Q., The Draft, 1940–1973, Lawrence, Ka. 1993.
Foley, Michael S. (Hg.), Dear Dr. Spock. Letters about the Vietnam War to America's Favorite Baby Doctor, New York 2005.
French, Peter A. (Hg.), Individual and Collective Responsibility. Massacre at My Lai, Cambridge, Ma. 1972.
Frey, Marc, Geschichte des Vietnamkriegs. Die Tragödie in Asien und das Ende des amerikanischen Traums, München 1998.
Frey-Wouters, Ellen/Robert S. Laufer, Legacy of a War. The American Soldier in Vietnam, New York 1986.
Friedman, Leon (Hg.), The Law of War. A Documentary History, Bd. 1, New York 1972.
Frosch, Jesse Frank, Anatomy of a Massacre, in: *Playboy*, Juli 1970.
Fursenko, Alexander/Timothy Naftali, One Hell of a Gamble. Khrushchev, Castro, and Kennedy, 1958–1964, New York 1997.
Gabriel, Richard A./Paul L. Savage, Crisis in Command: Mismanagement in the Army, New York 1987.
Gaiduk, Ilya V., The Soviet Union and the Vietnam War, Chicago 1996.
Gardner, Lloyd C., Pay Any Price. Lyndon Johnson and the Wars for Vietnam, Chicago 1995.
Gardner, Lloyd/Ted Gittinger (Hg.), International Perspectives on Vietnam, Texas A&M University Press, 2000.
Garfinkle, Adam, Telltale Hearts. The Origins and Impact of the Vietnam Antiwar Movement, New York 1995.
Gelb, Leslie H., Vietnam: Nobody Wrote the Last Act, in: *The Washington Post*, 20. 6. 1971.
Ders./Richard K. Betts, The Irony of Vietnam: The System Worked, Washington, D.C. 1979.
Gellhorn, Martha, The Face of War, London 1993.
Gettleman, Marvin E.,/Jane Franklin/Marilyn B. Young/H. Bruce Franklin, Vietnam and America: A Documented History, New York 1995.
Giap, Vo Nguyen, People's War, People's Army. The Viet Cong Insurrection Manual for Underdeveloped Countries, London 1979.
Gibson, James William, The Perfect War: The War We Couldn't Lose and How We Did, New York 1988.
Ders., Warrior Dreams. Violence and Manhood in Post-Vietnam America, New York 1994.

Gilbert, Marc Jason, Why the North Won the Vietnam War, New York 2002.
Gilkes, Madeleine, Missing from History: The other Prisoner of War, in: *Trouble & Strife*, 41, 2000.
Gilkes, Madeleine, »There Was No One Who Could Escape This Horrible Situation«. Gender-Based Violence in the American-Vietnam War, 1954–1975, Center for Women's Studies, University of York 2000.
Gleichmann, Peter/Thomas Kühne (Hg.), Massenhaftes Töten. Kriege und Genozide im 20. Jahrhundert, Essen 2004.
Goldstein, Joseph/Burke Marshall/Jack Schwartz, The My Lai Massacre and Its Cover-Up: Beyond the Reach of Law. The Peers Commission Report with a Supplement and Introductory Essay on the Limits of Law, New York/London 1976.
Goodwin, Richard N., Remembering America. A Voice from the Sixties, Boston 1988.
Gottlieb, Sherry Gershon, Hell No, We Won't Go! Resisting the Draft During the Vietnam War, New York 1991.
Greider, William: Teaching of War Law Revitalized by Army, in: *The Washington Post*, 14. 2. 1971.
Greiner, Bernd, »A Licence to Kill«. Annäherungen an die Kriegsverbrechen von My Lai, in: *Mittelweg 36*, 6, 1998.
Ders., »First To Go, Last to Know«. Der Dschungelkrieger in Vietnam, in: *Geschichte und Gesellschaft*, 29, 2003.
Ders., »Mad Man« zu Weihnachten. Das Pariser Friedensabkommen vom 27. Januar 1973, in: *Damals*, 1, 2003.
Ders., »The silent majority is beginning to speak and we beg the officials to listen«: Die amerikanische Debatte um Kriegsverbrechen in Vietnam, in: *Amerikastudien/American Studies*, 3, 2004.
Ders., »Violence Hits Home.« Kriegsverbrechen in Vietnam und die amerikanische Debatte über die Ursachen von Gewalt und Destruktivität, in: Traditionen – Visionen. Berichtsband zum 44. Deutschen Historikertag in Halle an der Saale 2002, Andreas Ranft/Markus Meumann (Hg.), München 2003.
Ders., »Die Beschäftigung mit der fernen Vergangenheit ist nutzlos«: Der »Totale Krieg« im Spiegel amerikanischer Militärzeitschriften, in: Stig Förster (Hg.), An der Schwelle zum Totalen Krieg. Die militärische Debatte über den Krieg der Zukunft 1919–1939, Paderborn/München 2002.
Ders., »You'll Never Walk Alone«. Amerikanische Reaktionen auf Kriegsverbrechen in Vietnam, in: *Mittelweg 36*, 5, 2000.
Ders., Das alltägliche Verbrechen – Sexuelle Gewalt im Vietnamkrieg, in: Peter Gleichmann/Thomas Kühne (Hg.), Massenhaftes Töten. Kriege und Genozide im 20. Jahrhundert, Essen 2004.
Ders., Der »Alice in Wonderland«-Präsident, in: *Damals*, 11, 2003.
Ders., Der kurze Sommer der Anarchie. Zur Rolle der amerikanischen Presse während des Vietnamkriegs, in: *Mittelweg 36*, 3, 2001.
Ders., Die amerikanische Guerilla. Zur Wiederentdeckung der Special Forces, in: *Blätter für deutsche und internationale Politik*, 7, 2003.

Ders., Die Blutpumpe. Zur Strategie und Praxis des Abnutzungskrieges in Vietnam, 1965–1973, in: Bernd Greiner/Christian Th. Müller/Dierk Walter (Hg.), Heiße Kriege im Kalten Krieg, Hamburg 2006.
Ders., Gesellschafts-Bilder. Philip Jones Griffiths' Fotoreportage über den Vietnamkrieg, in: *Fotogeschichte*, 85/86, 2002.
Ders., Spurensuche – Akten über amerikanische Kriegsverbrechen in Vietnam, in: Wolfram Wette/Gerd R. Ueberschär (Hg.), Kriegsverbrechen im 20. Jahrhundert, Darmstadt 2001.
Ders., Vietnam und die Falle des Nicht-aufhören-Könnens: Richard Nixon (1913–1994), in: Stig Förster/Markus Pöhlmann/Dierk Walter (Hg.), Kriegsherren der Weltgeschichte. 22 historische Porträts, München 2006.
Ders., Zwischen »Totalem Krieg« und »Kleinen Kriegen«. Überlegungen zum historischen Ort des Kalten Krieges, in: *Mittelweg 36*, 2, 2003.
Grimsley, Mark/Clifford J. Rogers, Civilians in the Path of War, Lincoln, Nebraska 2002.
Gross, Robert A., Lieutenant Calley's Army, in: *Esquire*, October 1971.
Grossman, Dave, On Killing: The Psychological Cost of Learning to Kill in War and Society, Boston 1995.
Hackworth, David H. (zus. m. Julie Sherman), About Face. The Odyssey of an American Warrior, New York 1998.
Ders., A Soldier's Disgust, in: *Harper's Magazine*, Juli 1972.
Ders., About Face. The Odyssey of an American Warrior, New York 1989.
Ders., The War Was Winnable. Army Leadership Is Ineffective, in: *The Washington Post*, 29. 6. 1971.
Ders., Our Great Vietnam Goof, in: *Popular Mechanics*, June 1972.
Ders., Steel My Soldiers' Hearts. The Hopeless to Hardcore Transformation of 4th Battalion, 39th Infantry, United States Army, Vietnam, New York 2002.
Halberstam, David, The Powers That Be, London 1979.
Haldeman, Harry Robbins, The Ends of Power, New York 1978.
Hallin, Daniel C.,»The »Uncensored War«. The Media and Vietnam, Berkeley 1989 (1986).
Hammer, Richard, Interviews with My Lai Veterans, in: *Evergreen*, o.J.
Ders., One Morning in the War. The Tragedy at Son My (Pinkville), London 1970.
Ders., The Court-Martial of Lt. Calley, New York 1971.
Hammond, William, Public Affairs: The Military and the Media, 1968–1973, Washington, D.C. 1996.
Hauser, William L., America's Army in Crisis. A Study in Civil-Military Relations, Baltimore/London 1973.
Head, Steven, The Other War: Counterinsurgency in Vietnam, in: Olson, James S., The Vietnam War. Handbook of the Literature and Research, London 1993.
Heinemann, Larry, Paco's Story, New York 1986.
Heinl, Jr., Robert D., The Collapse of the Armed Forces, in: *The Armed Forces Journal*, 108 (19) 1971.

Henry, James D. (as told to Donald Duncan), The Men of »B« Company, in: *Scanlan's*, 1 (1970) 3.
Herbert, Anthony B., Interview mit *Life*, Confessions of the Winter Soldiers, 9. 7. 1971.
Ders., Soldier, New York/Chicago 1973.
Herde, Robert, Command Responsibility. Die Verfolgung der »Zweiten Garde« deutscher und japanischer Generäle im alliierten Prozeßprogramm nach dem Zweiten Weltkrieg, Baden-Baden 2001.
Herr, Michael, Dispatches, New York 1968.
Herring, George C., America's Longest War: The United States and Vietnam, 1950–1975, New York 1996.
Herrington, Stuart A., Silence was a Weapon: The Vietnam War in the Villages, Novato, Ca. 1982.
Hersh, Seymour M., Cover-Up: The Army's Secret Investigation of the Massacre at My Lai 4, New York 1972.
Ders., My Lai 4. A Report on the Massacre and its Aftermath, New York 1970.
Ders., The Army's Secret Inquiry Describes a 2nd Massacre, Involving 90 Civilians, in: *The New York Times*, 5. 6. 1972.
Ders., The Reprimand, in: *The New Yorker*, 9. 10. 1971.
Ders., The Story Everyone Ignored, in: *Columbia Journalism Review*, Winter 1969/1970.
Ders., The Price of Power, Kissinger in the Nixon White House, New York 1983.
Herzog, Tobey C., Vietnam War Stories: Innocence Lost, London 1992.
Hillman, Elizabeth Lutes, Defending America. Military Culture and the Cold War Court-Martial, Princeton/Oxford 2005.
Hoffmann, Michael, Das Massaker von My Lai am 16. März 1968 und die (späte) Würdigung der Leistungen der Soldaten Thompson, Colburn und Andreotta, in: *Humanitäres Völkerrecht* 11 (1998) 2.
Hoopes, Townsend, The Nuremberg Suggestion, in: *The Washington Monthly*, January 1970.
Hosmer, Stephen T., Viet Cong Repression and Its Implications for the Future, Santa Monica 1970.
Huan, Any Cheng, The Vietnam War from the Other Side. The Vietnamese Communists' Perspective, New York 2002.
Isaac, Arnold R., Without Honor: Defeat in Vietnam and Cambodia, Baltimore 1983.
James, Lawrence, The Savage Wars: British Campaigns in Africa, 1870–1920, New York 1985.
Jamieson, Neil L., Understanding Vietnam, University of California Press 1995.
Janowitz, Morris, The Professional Soldier: A Social and Political Portrait, Chicago 1985 (1954).
Janowitz, Morris/Roger William Little, Sociology and the Military Establishment, Chicago 1974.

Jeffords, Susan, The Remasculinization of America. Gender and the Vietnam War, Bloomington 1989.
Jeffreys-Jones, Rhodri, Peace Now! American Society and the Ending of the Vietnam War, New Haven, London 1999.
Joes, Anthony James, America and Guerilla Warfare, Lexington, Kt. 2000.
Johnson, Haynes/George C. Wilson, The U.S. Army: A Battle for Survival, in: *The Washington Post*, 12. 9. 1972.
Jones, Adams (Hg.), Genocide, War Crimes and the West. History and Complicity, New York 2004.
Jones, Howard, Death of a Generation. How the Assassinations of Diem and JFK Prolonged the Vietnam War, Oxford 2003.
Joseph, Paul, Cracks in the Empire: State Politics in the Vietnam War, New York 1987.
Kaiser, David, American Tragedy. Kennedy, Johnson, and the Origins of the Vietnam War, Cambridge/Mass. 2000.
Karlin, Wayne, Rumors and Stones: A Journey, Willimantic/Conn. 1996.
Karnow, Stanley, Vietnam. A History, New York 1984 (1983).
Karsten, Peter, Law, Soldiers and Combat, Westport/Conn. 1978.
Kelman, Herbert C., The Social Context of Torture, in: Ronald D. Crelinsten/Alex P. Schmidt (Hg.), The Politics of Pain: Torturers and Their Masters, Boulder/Co. 1995.
Ders./Lee H. Lawrence, Assignment of Responsibilty in the Case of Lt. Calley: Preliminary Report on a National Survey, in: *Journal of Social Issues*, 28 (1972) 1.
Ders./V. Lee Hamilton, Crimes of Obedience: Toward a Social Psychology of Authority and Responsibility, New Haven 1989.
Kimball, Jeffrey, Nixon's Vietnam War, Lawrence/Ks. 1998.
Ders., The Vietnam War Files. Uncovering the Secret History of Nixon-Era Strategy, Lawrence/Ks. 2004.
Kindsvatter, Peter S., American Soldiers. Ground Combat in the World Wars, Korea, and Vietnam, Lawrence 2003.
King, Edward L., Making It in the U.S. Army, in: *The New Republic*, 30. 5. 1970.
Ders., The Death of the Army. A Pre-Mortem, New York 1972.
Kinnard, Douglas, The War Managers. American Generals Reflect on Vietnam, New York 1991 (1977).
Kissinger, Henry, Nuclear Weapons and Foreign Policy, New York 1957.
Kitfield, James, Prodigal Soldiers: How the Generation of Officers Born of Vietnam Revolutionized the American Style of War, New York 1995.
Klein, Thoralf/Frank Schumacher (Hg.), Kolonialkriege. Militärische Gewalt im Zeichen des Imperialismus, Hamburg 2006.
Knoll, Edwin/Judith Nies McFadden (Hg.), War Crimes and the American Conscience, New York 1970.
Kolko, Gabriel, Anatomy of a War. Vietnam, the United States, and the Modern Historical Experience, New York 1985.

Ders., Century of War. Politics, Conflict, and History Since 1914, New York 1994.
Kovic, Ron, Born on the Fourth of July, New York 1976.
Kramer, Paul A., Race-Making and Colonial Violence in the U.S. Empire: The Philippine-American War as Race War, in: *Diplomatic History*, 30 (2006) 2.
Krepinevich, Jr., Andrew F., The Army and Vietnam, Baltimore 1986.
Lane, Mark, Conversations with Americans. Testimony from 32 Vietnam Veterans, New York 1970.
Lang, Daniel, Die Meldung: 18. November 1966, Vietnam, Hamburg 1970.
Langguth, A.J., Our Vietnam. The War 1954–1975, New York 2000.
Lanning, Michael Lee/Dan Craig, Inside the VC and NVA: The Real Story of North Vietnam's Armed Forces, New York 1992.
Lawrence, Lee H./Herbert C. Kelman, Reactions to the Calley Trial: Class and Political Authority, in: *Worldview*, 16 (1973) 6.
Leepson, Marc (Hg.), Webster's New World Dictionary of the Vietnam War, New York 1999.
Lehrack, Otto J., No Shining Armor. The Marines at War in Vietnam. An Oral History, Lawrence, Ka. 1992.
Lelyveld, Joseph S., Most Helicopter Pilots are Eager for Duty in Vietnam, in: *The New York Times*, 26. 4. 1971.
Ders., The Story of a Soldier Who Refused to Fire at Songmy, in: *The New York Times Magazine*, 14. 12. 1969.
Lesher, Stephan, The Calley Case Re-Examined«, in: *The New York Times Magazine* 11. 7. 1971.
Levene, Mark/Penny Roberts, The Massacre in History, New York, Oxford 1999.
Levy, David W., The Debate over Vietnam, Baltimore/London 1995 (1991).
Lewis, Lloyd B., The Tainted War. Culture and Identity in Vietnam War Narratives, Westport 1985
Lewy, Guenter, America in Vietnam, Oxford 1978.
Ders., The Punishment of War Crimes: Have We Learned the Lessons of Vietnam?, in: *Parameters*, 9 (1979) 4.
Lifton, Robert Jay, Home From The War. Vietnam Veterans: Neither Victims nor Executioners, New York 1973.
Logevall, Fredrik, Choosing War. The Lost Chance for Peace and the Escalation of War in Vietnam, Berkeley 1999.
Lüdtke, Alf, The Appeal of Exterminating »Others«: German Workers and the Limits of Resistance, in: *Journal of Modern History*, 64, Supplement, December 1992.
Ders./Bernd Weisbrod (Hg.), No Man's Land of Violence. Extreme Wars in the 20th Century, Göttingen 2006.
Lutz, Catherine, Homefront. A Military City and the American 20th Century, Boston 2001.
Lurie, Jonathan, Pursuing Military Justice. Volume 2: The History of the United States Court of Appeals for the Armed Forces, 1951–1980, Princeton 1998.

Lynn, John A., Battle. A History of Combat and Culture, Boulder/Co. 2003.
Mack, Andrew, Why Big Nations Lose Small Wars: The Politics of Asymmetric Conflict, in: *World Politics*, 2, 1975.
MacPherson, Myra, Long Time Passing. Vietnam and the Haunted Generation, New York 1984.
Maguire, Peter, Law and War. An American Story, New York 2000.
Manning, Frederick J., Morale, Cohesion, and Esprit de Corps, in: David Mangelsdorff u.a. (Hg.), Handbook of Military Psychology, New York 1991.
Marquis, Susan L., Unconventional Warfare. Rebuilding U.S. Special Operations Forces, Washington, D.C. 1997
Marshall, S.L.A., Battles in the Monsoon: Campaigning in the Central Highlands, South Vietnam, Nashville/Tenn. 1967.
Maurer, Harry, Strange Ground. An Oral History of Americans in Vietnam, 1945–1975, New York 1998.
McCarthy, Mary, Medina. Die My Lai-Prozesse, Zürich 1973.
McMahon, Robert J., Major Problems in the History of the Vietnam War, Boston/New York 2003.
Ders. (Hg.), Major Problems in the History of the Vietnam War. Documents and Essays, Boston, New York 2003 (3).
Ders., Contested Memory: The Vietnam War and American Society, 1975–2001, in: *Diplomatic History*, 26 (2002) 2.
McNamara, Robert S./James G. Blight/Robert K. Brigham, Argument Without End. In Search of Answers to the Vietnam Tragedy, New York 1999.
McT. Kahin, George/John W. Lewis, The United States in Vietnam, New York 1969.
Moise, Edwin, Land Reform in China and Vietnam, Chapel Hill 1983
Morgan, Joseph G., The Vietnam Lobby. The American Friends of Vietnam 1955–1975, Chapel Hill 1997.
Moser, Richard R., The New Winter Soldiers. GI and Veteran Dissent During the Vietnam Era, New Brunswick 1996.
Moskos, Jr., Charles C., The American Dilemma in Uniform: Race in the Armed Forces, in: *The Annals of the American Academy of Political and Social Science*, 406, 1973.
Ders., The American Enlisted Man: The Rank and File in Today's Military, New York 1970.
Moyar, Mark, Phoenix and the Birds of Prey: The CIA's Secret Campaign to Destroy the Viet Cong, Annapolis 1997.
Mühlhäuser, Regina, Sexuelle Gewalt als Kriegsverbrechen: Eine Herausforderung für die Internationale Strafgerichtsbarkeit, in: *Mittelweg 36*, 13 (2004) 2.
Münkler, Herfried, Der Wandel des Krieges. Von der Symmetrie zur Asymmetrie, Weilerswist 2006.
Ders., Guerillakrieg und Terrorismus, in: *Neue Politische Literatur*, 25, 1980.
Murphy, Audie, To Hell and Back. The Epic Combat Journal of World War II's Most Decorated G.I., New York 1977 (1949).

Mutchler, Bradford E., Sworn Witness Statement, 18. 1. 1973.
Myers, Thomas, Walking Point: American Narratives of Vietnam, New York 1988.
Neier, Aryeh, War Crimes: Brutality, Ggenocide, Terror, and the Struggle for Justice, New York 1998.
Neill, Kevin Gerard, Duty, Honor, Rape: Sexual Assault Against Women During War, in: *Journal of International Women's Studies*, 2, 2000.
Nelson, Deborah/Nick Turse, A Tortured Past, in: *The Los Angeles Times*, 20. 8. 2006.
Newman, John M., JFK and Vietnam: Deception, Intrigue, and the Struggle for Power, New York 1992.
Nicosia, Gerald, Home to War. A History of the Vietnam Veterans' Movement, New York 2001.
Nill-Theobald, Christiane, »Defences« bei Kriegsverbrechen am Beispiel Deutschlands und der USA. Zugleich ein Beitrag zu einem allgemeinen Teil des Völkerstrafrechts, Freiburg i. Br. 1998.
O'Brien, Tim, If I Die in a Combat Zone, Box Me Up and Ship Me Home, New York 1999 (1975).
Ders., In the Lake of the Woods, New York 1994.
Ders., The Things They Carried, New York 1998 (1990).
Ders., Going after Cacciato, New York 1978.
Ders., Step Lightly, in: *Playboy*, Juli 1970.
Oliver, Kendrick, The My Lai Massacre in American History and Memory, Manchester, New York 2006.
Olson, James S., The Vietnam War. Handbook of the Literature and Research, London 1993.
Ders./Randy Roberts, My Lai. A Brief History with Documents, Boston/New York 1998.
Palmer, Jr., Bruce, The 25-Year War: America's Military Role in Vietnam, Lexington/Kt. 1984.
Paulson, Stanley L./John S. Banta, The Killings at My Lai: ›Grave Breaches‹ Under the Geneva Conventions and the Question of Military Jurisdiction, in: *The Harvard International Law Journal*, 12 (1971) 2.
Paust, Jordan J., After My Lai: The Case for War Crime Jurisdiction over Civilians in Federal District Courts, in: *Texas Law Review*, 50 (1971) 1.
Ders., My Lai and Vietnam: Norms, Myths and Leader Responsibility, in: *Military Law Review* 57 (1972) 2.
Pearson, Willard, Vietnam Studies: The War in the Northern Provinces, 1966–1968, Washington, D.C.: Department of the Army 1975.
Peers, William R., The My Lai Inquiry, New York 1979.
Peterson, Michael E., The Combined Action Platoons: The U.S. Marines' Other War in Vietnam, Westport/Conn. 1989.
Pike, Douglas, A History of Vietnamese Communism, 1925–1978, Stanford 1978.
Ders., The Viet-Cong Strategy of Terror, Saigon, February 1970.

Ders., PAVN: People's Army of Vietnam, Novato, Ca. 1986.
Piragoff, Donald K., Article 30: Mental Element, in: Triffterer, Otto (Hg.), Commentary on the Rome Statute of the International Criminal Court. Oberservers' Notes, Article by Article, Baden-Baden 1999.
Poirier, Normand, An American Atrocity, in: *Esquire*, August 1969.
Prados, John, The Blood Road. The Ho Chi Minh Trail and the Vietnam War, New York 1999.
Preston, Andrew, The War Council. McGeorge Bundy, the NSC, and Vietnam, Cambridge, Ma. 2006.
Prochnau, William, Once Upon a Distant War. David Halberstam, Neil Sheehan, Peter Arnett – Young War Correspondents and Their Early Vietnam Battles, New York 1995.
Record, Jeffrey, Maximizing Cobra Utilization, in: *The Washington Monthly*, 3 (1971), 2.
Ders., The Wrong War. Why We Lost in Vietnam, Annapolis 1998.
Reemtsma, Jan Philipp, Warum Hagen Jung-Ortlieb erschlug. Unzeitgemäßes über Krieg und Tod, München 2004.
Resic, Sanimir, American Warriors in Vietnam. Warrior Values and the Myth of the War Experience during the Vietnam War, 1965–1973, Malmö 1999.
Reston, James, Who Is to Blame for Song (sic) My?, in: *International Herald Tribune*, 27. 11. 1969.
Robertson, Geoffrey, Crimes Against Humanity. The Struggle for Global Justice, New York 2000.
Rogers, Clifford J., By Fire and Sword: Bellum Hostile and »Civilians« in the Hundred Years' War, in: Mark Grimsley/Clifford J. Rogers (Hg.), Civilians in the Path of War, Lincoln/Ne. 2003.
Rorty, Richard, Stolz auf unser Land. Die amerikanische Linke und der Patriotismus, Frankfurt am Main 1999.
Rose, Kenneth D., One Nation Underground. The Fallout Shelter in American Culture, New York 2001.
Rosenberg, Douglas, Arms and the American Way, in: Bruce M. Russett/Alfred Stepan, Military Force and American Society, New York 1973.
Rowe, Terry E., Nevada Reacts to My Lai, in: *Nevada Historical Society Quarterly*, 17 (1974) 2.
Russell, Kent A., My Lai Massacre: The Need for an International Investigation, in: *California Law Review*, 58 (1970) 3.
Sack, John, »Ich war gern in Vietnam.« Leutnant Calley berichtet, Frankfurt am Main 1972.
Sagan, Scott D./Jeremi Suri, The Madman Nuclear Alert: Secrecy, Signaling, and Safety in October 1969, in: *International Security*, 27 (2003) 4.
Sallah, Michael/Mitch Weiss, Tiger Force, London 2006.
Santoli, Al (Hg.), Everything We Had: An Oral History of the Vietnam War, New York 1981.

Schell, Jonathan, Observing the Nixon Years. ›Notes and Comment‹ from *The New Yorker* on the Vietnam War and the Watergate Crisis, 1969–1975, New York 1989.
Ders., Quang Ngai and Quang Tin, in: *The New Yorker*, 9. und 16. 3. 1968.
Ders., The Real War: The Classic Reporting on the Vietnam War, New York 1987.
Schell, Orville, Cage for the Innocents, in: *The Atlantic*, Januar 1968.
Schlesinger, Jr., Arthur M., A Thousand Days: John F. Kennedy in the White House, Boston 1965.
Ders., The Imperial Presidency, Boston 1973.
Schulzinger, Robert D., A Time for War. The United States and Vietnam, 1941–1975, New York 1997.
Schwarzkopf, H. Norman, It Doesn't Take a Hero. The Autobiography, London, New York etc. 1992.
Segal, David, Recruiting for Uncle Sam: Citizenship and Military Manpower Policy, Lawrence/Ks. 1989.
Seifert, Ruth, Der weibliche Körper als Symbol und Zeichen. Geschlechtsspezifische Gewalt und die kulturelle Konstruktion des Krieges, in: Andreas Gestrich (Hg.), Gewalt im Krieg. Ausübung, Erfahrung und Verweigerung von Gewalt in Kriegen des 20. Jahrhunderts, Münster 1995.
Dies., Krieg und Vergewaltigung. Ansätze zu einer Analyse, in: Alexandra Stiglmayer (Hg.), Massenvergewaltigung. Krieg gegen die Frauen, Freiburg i. Br. 1993.
Semelin, Jacques, Säubern und Vernichten. Die politische Dimension von Massakern und Völkermorden, Hamburg 2007.
Shaw, Martin, War and Genocide. Organized Killing in Modern Society, Oxford 2003.
Shay, Jonathan, Achill in Vietnam. Kampftrauma und Persönlichkeitsverlust, Hamburg 1998.
Ders., Odysseus in America. Combat Trauma and the Trials of Homecoming, New York 2002.
Sheehan, Neil, Die Große Lüge. John Paul Vann und Amerika in Vietnam, Wien/Zürich 1992.
Ders., Five Officers Say They Seek Formal War Crimes Inquiries, in: *The New York Times*, 13. 1. 1971.
Ders., Should We Have War Crime Trials?, in: *The New York Times Book Review*, 28. 3. 1971.
Ders., Westmoreland Predicted Big 1968 Gains in Vietnam, in: *The New York Times*, 21. 3. 1968.
Ders., Not a Dove, But No Longer a Hawk, in: *The New York Times Magazine*, 9. 10. 1966.
Sheehan, Susan: Ten Vietnamese, New York 1967.
Shephard, Ben, A War of Nerves. Soldiers and Psychiatrists in the Twentieth Century, Cambridge, Mass. 2001.
Shepherd, Jack, Incident at Van Duong, in: *Look*, 17. 5. 1969.

Shils, Edward A., The Torment of Secrecy. The Background and Consequences of American Security Policies, Chicago 1996 (1956).
Showalter, Dennis, The War That Was Never Fought: The U.S. Army, the Bundeswehr, and the NATO Central Front, unveröffentlichtes Manuskript, 2004.
Shultz, Jr., Richard H., The Secret War Against Hanoi. Kennedy's and Johnson's Use of Spies, Saboteurs, and Covert Warriors in North Vietnam, New York 1999.
Slotkin, Richard, Gunfighter Nation: The Myth of the Frontier in Twentieth-Century America, New York 1992.
Small, Melvin/William D. Hoover, Give Peace a Chance. Exploring the Vietnam Antiwar Movement, Syracuse, NY 1992.
Solis, Gary D., Marines and Military Law in Vietnam: Trial by Fire, Washington D.C. 1989.
Ders., Son Thang. An American War Crime, Annapolis 1997.
Spector, Ronald H., After Tet. The Bloodiest Year in Vietnam, New York 1993.
Stacewicz, Richard, Winter Soldiers. An Oral History of the Vietnam Veterans Against the War, New York 1997.
Steinfels, Peter, Calley and the Public Conscience«, in: *Commonweal* 94, 16. 4. 1971.
Steinman, Ron, Women in Vietnam: The Oral History, New York 2000.
Stuhldreher, Karen, State Rape: Representations of Rape in Viet Nam, in: Nobody Gets Off the Bus: *The Viet Nam Generation Big Book*, 5 (1994) 1–4.
Suid, Lawrence H., Guts and Glory: The Making of the American Military Image in Film, Lawrence 2002.
Summers, Harry G., On Strategy: A Critical Analysis of the Vietnam War, New York 1984.
Ders., On Strategy: A Critical Analysis of the Vietnam War, Presidio, Ca. 1982.
Tang, Truong Nhu, A Viet Cong Memoir, New York 1985.
Taylor, Maxwell, The Uncertain Trumpet, New York 1960.
Taylor, Sandra C., Vietnamese Women at War. Fighting for Ho Chi Minh and the Revolution, Lawrence Ks. 1999.
Taylor, Telford, Nürnberg und Vietnam. Eine amerikanische Tragödie, München 1971.
Ders., Nuremberg and Son My, in: *The New York Times*, 21. 11. 1970.
Ders., The Course of Military Justice, in: *The New York Times*, 2. 2. 1972.
Terry, Wallace, Bloods. An Oral History of the Vietnam War by Black Veterans, New York 1985.
The Military History Institute of Vietnam, Victory in Vietnam. The Official History of the People's Army of Vietnam, 1954–1975, Lawrence, Ks. 2002.
Thompson, Kenrick S./Alfred C. Clarke/Simon Dinitz, Reactions to My-Lai: A Visual-Verbal Comparison, in: *Sociology and Social Research*, 8 (1974) 2.

Triffterer, Otto (Hg.), Commentary on the Rome Statute of the International Criminal Court. Oberservers' Notes, Article by Article, Baden-Baden 1999.
Trullinger, James W., Village at War: An Account of Conflict in Vietnam, Stanford 1994.
Truscott, Colonel Lucian K. 3d, Duty, Honor (and Self), in: *The New York Times*, 4. 2. 1972.
Tuchman, Barbara, Die Torheit der Regierenden. Von Troja bis Vietnam, Frankfurt am Main 1989 (1984).
Tucker, Spencer C. (Hg.), The Encyclopedia of the Vietnam War. A Political, Social and Military History, Oxford 1998.
Turner, Karen Gottschang, Even the Women Must Fight. Memories of War from North Vietnam, New York 1998.
Unger, Jon, The Press. The NLF Radio Scooped the American Press By a Year and a Half on Son My. That Makes It News, in: *Scanlan's*, 1 (1970), 3.
Valentine, Douglas, The Phoenix Program, New York 1990.
Ders., Fragging Bob: Bob Kerrey, CIA War Crimes, and the Need for a War Crimes Trial, in: *CounterPunch*, 17. 5. 2001.
Valentino, Benjamin A., Final Solutions. Mass Killing and Genocide in the 20th Century, Ithaca, London 2004.
van den Haag, Ernest, When is a Crime a War Crime?, in: *National Review*, 5. 11. 1971.
Vandervort, Bruce, Wars of Imperial Conquest in Africa 1830–1914, Bloomington/Ind. 1998.
Vietnam Veterans Against the War, The Winter Soldier Investigation. An Inquiry into American War Crimes, Boston 1972.
Vistica, Gregory L., One Awful Night in Thanh Phong, in: *The New York Times Magazine*, 25. 4. 2001.
Ders., The Education of Lieutenant Kerrey, New York 2003.
Wakin, Malham M. (Hg.), War, Morality, and the Military Profession, Boulder, London 1986.
Walter, Dierk, Symmetry and Asymmetry in Colonial Warfare ca. 1500–2000. The Uses of a Concept, Norwegian Institute for Defence Studies (IFS), Info 3/05, Oslo 2005.
Weigley, Russell F., The American Way of War: A History of United States Military Strategy and Policy, New York 1973.
Westbrook, Joseph A., Sworn Witness Statement, 19. 1. 1975
Westmoreland, William C., A Soldier Reports, New York 1976.
Ders., Facing Up to the External and Internal Challenges, in: *The Armed Forces Journal*, 108 (1971) 9.
Wills, Gary, John Wayne's America: The Politics of Celebrity, New York 1997.
Wilson,William, »I had Prayed to God that this Thing was Fiction …«, in: *American Heritage Magazine*, 41 (1990) 1. Nachgedruckt in: James S. Olson/Randy Roberts, My Lai. A Brief History with Documents, Boston/New York 1998.

Wyatt, Clarence R., Paper Soldiers. The American Press and the Vietnam War, Chicago/London 1995.
Young, Marilyn B., The Vietnam Wars 1945–1990, New York 1991.
Dies./Robert Buzzanco (Hg.), A Companion to the Vietnam War, Oxford 2002 (2006).
Zhai, Quing, China and the Vietnam Wars, London 2000.
Zipfel, Gaby, »Blood, Sperm and Tears«. Sexuelle Gewalt in Kriegen, in: *Mittelweg 36*, 5, 2001.

Register

Kursiv gesetzte Zahlen beziehen sich auf Fußnoten und Bildunterschriften

Zusammenstellung der Kampftruppen

Nordvietnam

Südkorea

Südvietnam

Vietcong